# DÄNEMARK

D1393236

**Edgar Hoff Verlag**
ist Mitglied der
**Verlagsgruppe**

# DÄNEMARK
## Handbuch

Christoph Schumann

**Von den Stränden
Jütlands bis zur
Kulturmetropole
Kopenhagen**

**Impressum**

Christoph Schumann

**Dänemark Handbuch**

**Von den Stränden Jütlands**
**bis zur Kulturmetropole Kopenhagen**
ISBN: 3-923716-13-3

© by *Edgar Hoff Verlag*

1. Auflage 1996/4

erschienen im
*Edgar Hoff Verlag*
Zwalbacher Str. 3
D-66709 Rappweiler


*Recherche:* Christoph Schumann;
außer Århus: Text von Stefanie Czechowsky
*Umschlaggestaltung:* M. Schömann, P. Rump
*Karten:* Hans-Joachim Ehrig
*Cartoons:* Bärbel Koslowski-Peltzer
*Fotos:* der Autor und andere
*Layout:* Marita Korst, Edgar P. Hoff
*Druck:* Clausen & Bosse
*Lithos:* M & R Reprotechnik

Gesamtzeichenzahl des Buches: ca. 1.000.000

Vertrieb für den Buchhandel
*Deutschland:* prolit, Postfach 9, 35461 Fernwald/ Annerod
oder die Barsortimente
*Schweiz:* buch 2000, Postfach 27, CH-8910 Affoltern
*Österreich:* Mohr Morawa, Sulzengasse 2, A-1232 Wien
*Niederlande:* Nilsson & Lamm, Postbus 195, NL-1380 AD Weesp

Das *Dänemark Handbuch* ist im Buchhandel erhältlich oder gegen
Voreinsendung des Kaufpreises (34,80 DM) plus 3,20 DM (Versandkosten)
direkt beim Verlag (Anschrift siehe oben).

## Land und Leute

## Reisevorbereitung

## Tips für unterwegs

## Reiseteil

# Anhang

# Abkürzungen und besondere Zeichen

| | |
|---|---|
| **Mo** | Montag |
| **Di** | Dienstag |
| **Mi** | Mittwoch |
| **Do** | Donnerstag |
| **Fr** | Freitag |
| **Sa** | Samstag |
| **So** | Sonntag |
| → | Verweiszeichen, d. h., an anderer Stelle gibt es zum Thema oder Ort weitere Informationen. |
| ◆ | Zeichen für einen abseits der Route liegenden Ort oder eine Sehenswürdigkeit in der Umgebung eines Ortes. |
| ➝ | Zeichen, das die Kapitel 'Weiterfahrt auf der Route' anzeigt. |
| **DKK** | Dänische Krone |
| **DSB** | Dänische Staatsbahnen |
| **EZ** | Einzelzimmer |
| **DZ** | Doppelzimmer |
| **FALCK** | Pannendienst, Rettungsdienst |
| **Gl.** | Gamle, Gammel (Alt-) |
| **klg.** | kongelige (königliche) |
| **Ndr.** | Nørdre (Norden) |
| **Sct. (Skt.)** | Sankt, Heilige, Heiliger |
| **Sdr.** | Sønder, Søndre (Süden) |

# Verzeichnis der besonderen Artikel

# *Vorwort*

Dänemark zieht an. Dänemark hat mich angezogen, vom ersten Augenblick - vor immerhin mehr als zwei Jahrzehnten - bis heute. Und nicht nur, weil die Dänen so kräftig für sich werben, wie es die dänischen Alt-Rocker der Gruppe *Shu-bi-dua* in ihrem ironischen Lied von der "Costa Kalundborg" vor Jahren taten: "Tag til Danmark, det er billigt, det er smukt" - "Reise nach Dänemark, es ist billig, es ist schön". Schön ist Dänemark ganz ohne Frage, billig - zugegeben - nicht immer.

Sicher aber ist, daß die dänischen Gastgeber alles fürs Gelingen des Urlaubs tun. Denn nachdem ich Land und Menschen aus verschiedenen Perspektiven kennengelernt habe, kann ich nur immer wieder meine Freude darüber äußern, wie beispiellos die Herzlichkeit und Offenheit sind, mit der die Dänen Fremden (ganz egal, ob sie nur kurz oder länger bleiben) begegnen. Und das trotz starker Zunahme des Touristenstroms. Da fällt es als Gast leicht, ebenso nett und höflich zu sein und in die entspannte Atmosphäre menschlicher Nähe einzutauchen, die ich hier so liebe. Und wenn man Glück hat, läßt sich auch hiervon - und nicht nur von vielen Naturein-drücken - ein wenig in den Alltag zu Hause hinüberretten.

Mit der Touristenmenge sind Infrastruktur und Service im Land gewachsen; es gibt kaum einen größeren Ort, der nicht sein eigenes Touristenbüro hätte, kaum eine Straße, an der nicht auf Sehenswürdigkeiten hingewiesen würde. Warum ist da noch ein Reiseführer über dieses Land nötig? Zum einen, um einige persönliche Erfahrungen mit dem kleinen Königreich weiterzugeben, das ich anfangs nur als Tourist kennengelernt habe. Einiges von dem, was ich von der dänischen Gesellschaft im ausgehenden 20. Jahrhundert, den Menschen und ihrer Geschichte, Kunst und Wirtschaft weiß, habe ich in diesem Buch zu bündeln versucht. So kann auch der Kurzurlauber einen Blick "hinter die Kulissen" Dänemarks werfen. Ein Blick, der sich lohnt!

Weil viele sehenswerte Natur- und Kulturdenkmäler abseits der touristischen Hauptstrecken liegen, führen meine Routen auch in weniger bekannte Gegenden. Dabei versteht sich dieses Buch in erster Linie als Angebot zum Selbst - Entdecken, denn keinesfalls soll behauptet werden, *ganz* Dänemark wäre hier erfaßt. Aber alles Schöne von der Landspitze *Grenen* im Norden bis nach Südjütland an der deutschen Grenze und Bornholm, weitab vom Festland vor der schwedischen Küste, ist dabei. Da wird man Bekanntes wiederfinden, hoffentlich aber auch viel Neues entdecken, eine gehörige Portion Neugier vorausgesetzt.

Ich habe mich bemüht, alle Informationen auf einen aktuellen Stand zu bringen. Selbstverständlich treten laufend Änderungen ein, zum Beispiel bei Preisen, Öffnungszeiten oder Telefonnummern. Darum sind Verlag und ich dankbar für alle Zuschriften, die Ungenauigkeiten und Änderungen zu aktualisieren helfen. Das kommt dem Buch und vor allem denjenigen zugute, die in Zukunft damit reisen. Für verwertbare Tips zu diesem Buch gibt es vom Verlag ein Freiexemplar.

Eine gute Reise und viel Spaß im Land von Lego und Hans Christian Andersen!

Christoph Schumann
Hamburg und Dresden, April 1996

## *Zum Aufbau des Buches*

Das Kapitel 'Land und Leute' präsentiert fundiertes Wissen zu zahlreichen Themen, so zu Landschaften, Bevölkerung, Landesgeschichte und Politik, Kunst und Kultur.

Die beiden folgenden Kapitel geben umfassende Informationen zur Reisevorbereitung und praktische Tips für den Reisealltag. Auch die **Entfernungstabelle** und **Flugpreisliste** im Anhang sind bereits bei der Urlaubsvorbereitung zu Hause sehr nützlich.

Im Reiseteil werden dann **Kopenhagen** und **16 Routen** vorgestellt; die Routen sind so angelegt, daß sie miteinander kombiniert werden können. Liegt ein Ort nicht unmittelbar an der Route, so ist er mit einer Raute (♦) gekennzeichnet. Das **Zeichen "→"** verweist darauf, daß es zu einem Artikel, Thema oder Ort an anderer Stelle im Buch weitere Informationen gibt. Hier bewähren sich dann die Register im Anhang und die Verzeichnisse vorne im Buch.

Wer individuell seine Reiseroute zusammenstellen will oder von seinem Ferienhaus Ausflüge in die Umgebung unternehmen möchte, findet mit Hilfe des umfangreichen **Ortsregisters** mühelos alle Orte oder Sehenswürdigkeiten, die im Buch aufgeführt bzw. behandelt sind. So sind auch Orte, die abseits einer der beschriebenen Routen liegen oder unter einer benachbarten Route vermerkt wurden, per Register schnell ausfindig zu machen.

Das **Sachwortregister** umfaßt wichtige Begriffe und Schlagwörter. Im **Personenregister** ist vermerkt, auf welchen Seiten im Buch etwas über eine Persönlichkeit zu erfahren ist.

Zum schnellen Auffinden der **Pläne und Karten** dient ein spezielles Verzeichnis im Anhang. In den Stadtplänen sind für die Reise wichtige Besonderheiten verzeichnet, so Touristeninformation, Übernachtungsmöglichkeiten, Sehenswürdigkeiten u. a. Dazu erfährt man auch im Text Näheres. Soweit wie möglich sind alle Karten und Pläne mit Maßstab versehen. Sie sollen zur ersten Orientierung dienen. Für detailliertere Informationen jedoch sind spezielle Reisekarten unerläßlich.

Die genannten **Übernachtungspreise** sind Ca.-Angaben; Abweichungen davon sind also möglich. Sind **Eintrittspreise** für Sehenswürdigkeiten angegeben, so bezieht sich die erste Angabe auf Erwachsene, die zweite auf Kinder (z.B. 'Eintritt 40/10 DKK').

---

## Legende zu den Karten

| | |
|---|---|
| ⬗ | Stadt |
| ● | Ort |
| ≡ | Autobahn |
| ══ | Hauptstraße |
| ── | Nebenstraße |
| ⋯⋯ | Routenverlauf |
| ▨ | Fußgängerzone |
| * | Sehenswürdigkeiten (auf Routenkarten) |
| ▲ | Berg |
| ▨ | Grünanlagen |
| ▭ | Gewässer |

*Land und Leute*

## Unser Nachbar "Dänemark"

Von Deutschland aus betrachtet, liegt Dänemark sehr nah, Millionen deutscher Urlauber fahren seit Jahrzehnten immer wieder dorthin, die deutsche und dänische Geschichte sind seit Jahrhunderten aufs engste miteinander verknüpft. Und trotzdem scheint in vielen Köpfen des "südlichen Nachbarn" - der wir ja für die Dänen sind - das Wissen über Dänemark fast nur aus Klischees zu bestehen: Klein ist Dänemark (und zwar geographisch wie politisch und wirtschaftlich), landwirtschaftlich geprägt, die Einwohner nett und freundlich. Ein kleines Königreich mit einer kleinen Meerjungfrau, blonden, dynamischen Fußballspielern, einer unmöglichen Sprache (Stichwort *"rødgrød med fløde"* - "rote Grütze mit Sahne") der Menschen, die alle irgendwie Jensen, Hansen oder Christensen heißen - und das Ganze umgeben von unheimlich viel Wasser.

Schluß damit! Hier nun die wichtigsten Fakten:

Nicht alle Dänen heißen Jensen. Aber immerhin haben 7,7 % diesen Familiennamen. Die nächsthäufigen sind Nielsen, 7,3 %, und Hansen, 6,2 %.

Nicht alle Dänen leben in Dänemark, aber doch rund 5,2 Millionen, die meisten von ihnen im Großraum Kopenhagen, nämlich gut 2 Millionen.

Nicht alle Dänen arbeiten in Landwirtschaft oder Fischerei - es sind nur 6 %! Industrie und Handwerk sind mit 20 % der Beschäftigten da weitaus größere Arbeitgeber.

Nicht alle Dänen gehören der Staatskirche (*Folkekirke*) an, aber insgesamt 88 %.

Nicht alle Dänen trinken Alkohol, aber dennoch werden jährlich über

600.000 Liter Bier (*øl*) getrunken. Nationalgetränk Nummer eins ist jedoch Kaffee.

Nicht alle Dänen sind *roligans* (so nennen sich die Anhänger der Fußballnationalmannschaft von *"ro"* für "ruhig"), aber das dänische Lebensmotto ist in der Tat *"tag det roligt"*, "nimm's gelassen". Trotzdem sind auch in Dänemark Herzkrankheiten mit 30 % die häufigste Todesursache bei Männern und Frauen.

Nicht alle Dänen lieben *smørrebrød* und *rødgrød med fløde*, aber wegzudenken sind beide nicht von der Speisekarte.

Nicht alle Dänen sind blond, aber - hierzu gibt es keine Zahlen.

Sicher dagegen ist: Alle Dänen reden über das Wetter, obwohl - oder weil - ihnen weder Wind noch Regen etwas anhaben können.

Dänemark ist tatsächlich klein (bei einer Fläche von nur 43.000 km²) - darum läßt es sich leicht bereisen.

Dänemark ist flach (die höchste Erhebung mißt gerade 173 m über dem Meeresspiegel) - darum sind gerade Radfahrer vom Land begeistert.

Dänemark ist umgeben von Wasser - darum gehören so viele Segler zu seinen Gästen.

Dänemark hat lange Küsten mit herrlichen Stränden - darum ist es vor allem bei Familien mit Kindern so beliebt.

Landgrenzen hat Dänemark nur eine einzige, die 67,7 km lange zu Deutschland.

Außerdem ist Dänemark nah (ob nach Jütland über Land oder mit der Fähre über die Ostsee) - darum trifft man fast überall deutsche Urlauber, die es 1995 auf rund 25 Millionen Übernachtungen brachten. Dennoch: Dänemark hat viel von seinem Charme und seiner *hygge* (Gemütlichkeit) erhalten können und radikalen Veränderungen getrotzt. Hoffentlich bleibt es noch ein wenig so!

## Lage, Größe, Grenzen

Das Königreich Dänemark ist ein Inselreich. Und es ist reich an Inseln im eigentlichen Sinn des Wortes, denn neben dem Festland Jütland gibt es 406 Inseln, von denen ungefähr hundert bewohnt sind. Addiert man alle Küstenstreifen, ergibt sich eine Gesamtlänge von 7.400 Kilometern.

Seine Größe von 43.074 km² verteilt sich mit 29.766 km² auf die Halbinsel Jütland und mit den übrigen 13.309 km² über die Inseln. Die größte Insel ist Seeland (*Sjælland*) mit 7.026 km², gefolgt von Fünen (*Fyn*) mit 2.984 km², Lolland (1.243 km²), Bornholm (588 km²) und Falster (514 km²).

Allerdings ist es schwierig, die genaue Größe des Landes anzugeben, denn kaum ein Land wird so stark von der Natur verändert wie Dänemark. Wer einmal die zerklüfteten Dünen an der Westküste gesehen hat, weiß, wie das Meer ständig Boden vernichtet, während es gleichzeitig an anderer Stelle Neuland entstehen läßt. Nicht zur berechneten Fläche gehören auch *Fjorde* (Förden), wie *Ringkøbing Fjord*, die einen offenen Zugang zum Meer haben.

Der nördlichste Punkt Dänemarks ist *Skagens Odde* (57°45'), die Landspitze nördlich von Skagen, der südlichste die Landspitze *Gedser Odde* im südlichen Falster auf 54°34' nördlicher Breite - eine Entfernung von 356 km.

*Blåvands Huk* nahe Esbjerg an der Westküste ist Dänemarks westlichster Punkt auf 8°5', der östlichste liegt nordöstlich von Bornholm, die *Ertholme* (15°12'). Dies ist eine Entfernung - von Breite läßt sich schlecht sprechen - von 453 km. Sie macht eigentlich einen Zeitunterschied von einer halben Stunde aus, den man aber aus praktischen Gründen nicht berücksichtigt.

Die nördliche Lage führt dazu, daß die Tageslängen im Jahresverlauf stark variieren und den sommerlich hellen 17 ½ Stunden im Winter graue Tage mit höchstens sieben Stunden folgen. Dafür kann man im Sommer - besonders im äußersten Norden - noch einen Schein der endlosen "weißen" Mittsommernächte entdecken, wenn die Sonne um Mitternacht dicht unter dem nördlichen Horizont steht.

## Autonome Gebiete - Grönland und Färöer

Eine historische Besonderheit Dänemarks sind seine beiden autonomen Gebiete *Grönland* und die *Färöer*. Fernab vom eigentlichen Festland gelegen, werden sie vom Staat finanziell unterstützt. Beide entsenden je zwei Vertreter ins Kopenhagener Parlament, das *Folketing*. Polizei und Gerichte (*Østre Landsret* - Östliches Landgericht) sind auch der Regierung in Kopenhagen unterstellt. Als oberste Amtsinstanz ist in beide Regionen ein Reichsombudsmann (*Rigsombudsmand*) entsandt, der aber nicht in innere Angelegenheiten eingreifen darf.

Zwar werden Außenpolitik und Verteidigung von der Reichsregierung wahrgenommen, doch alles andere fällt unter die *hjemmestyreordninger* (Selbstverwaltungen). Weder Grönland noch die Färöer gehören der Europäischen Union oder der NATO - die gleichwohl in beiden Gebieten Stützpunkte hat - an. Beide haben eigene Flaggen und ihre Sprachen sind amtlich anerkannt.

## Grönland

Die größte Insel der Welt, von ihren Ureinwohnern, den *Inuit* (d. i. Mensch), "*Kalaallit Nunat*" (Land der Grönländer) genannt, ist fünfzigmal größer als Dänemark: 2.186.000 km². Nur 380.000 km² davon an den Küsten sind eisfrei. Von Nord nach Süd mißt Grönland 2.700 km, von Ost nach West 1.050 km. Sein nördlichster Punkt ist nur 740 km vom Nordpol entfernt. Von seinem nordwestlichsten Punkt bis zu den ersten kanadischen Inseln sind es lediglich 26 km, zum nächsten Land nach Osten, Island, 290 km.

Vom heutigen Kanada aus wurde Grönland vermutlich zwischen 2.100 und 1.800 v. Chr. erstmals von Eskimos besiedelt. Die letzten dieser Seehund- und Walfänger kamen um 900 auf die Insel und sind die Vorfahren der heutigen Inuit. Um 985 besiedelten Isländer unter *Erik dem Roten* (ca. 950-1002) das Land von Westen aus. Erik gilt als Erstentdecker Grönlands. Er war nach einem Verbrechen von seinem Hof auf Westisland verbannt worden, machte sich von dort auf und entdeckte und erforschte

zwischen 982 und 985 die Südwestküste Grönlands. Später gründete er dort auch zwei Siedlungen. Doch diese Landnahme war in den folgenden Jahrhunderten durch Anpassungsschwierigkeiten beeinträchtigt. Erst im 17. Jahrhundert nahmen Holländer den Handel wieder auf, und ab 1721 missionierte der dänische Priester *Hans Egede* Grönland von Godthåb aus. In der Folge wurde verstärkt privater Handel betrieben, das Monopol aber hatte ab 1776 der *Kongelig Grønlandske Handel*. Bis 1953 hatte Grönland dann den offiziellen Status eines dänischen *Amts* (vergleichbar mit einem Landkreis) mit gravierenden politischen und wirtschaftlichen Nachteilen für die Inuit. Jedoch der wachsende Wunsch nach Selbstbestimmung führte dann am 1. Mai 1979 zur formellen Autonomiegewährung. Seitdem werden ein Parlament (*Landsting*) und eine Regierung (*Landsstyre*) für jeweils vier Jahre gewählt.

Heute leben ca. 55.000 Menschen in Grönland, davon 90 % an der Westküste. Es gibt einen Geburtenüberschuß, doch bedingt durch Auswanderung stagniert die Einwohnerzahl - jedenfalls seit Anfang der neunziger Jahre. Das Durchschnittsalter ist beträchtlich niedriger als im übrigen Dänemark, und die Selbstmordrate mit 14 % (1990), darunter besonders junge Männer, sehr viel höher. Immer noch sind die Inuit sozial benachteiligt, so z. B. was Aufstiegmöglichkeiten im Beruf betrifft, wenn auch ihre Kultur, die verloren zu gehen drohte, allmählich wieder Anerkennung findet. Hinzu kommen wirtschaftliche Probleme: Der traditionelle Fischfang entwickelt sich schlecht, der bislang vielgefangene Dorsch scheint in andere Gewässer abzuwandern, Krabben sterben aus. So hofft man, während das Bruttoinlandprodukt fällt, auf mehr Tourismus, vor allem aber auf die Entdeckung neuer Rohstoffvorkommen. Gefördert werden Blei, Zink,

Kryolith und auch Uran; es wurden auch - jedoch in schwer zugänglichen Regionen Ostgrönlands - Gold und Platin gefunden. Als nachteilig stellt sich die hohe Abhängigkeit von Dänemark heraus, das über 93 % des Exports abnimmt und damit zum Beispiel die Preise diktieren kann - Großbritannien folgt mit etwa 2,5 % auf Platz zwei.

## Färöer

Die Inselgruppe, einsam im Atlantik gelegen (bis zu den Shetland-Inseln sind es 300 km, bis Norwegen 675, nach Kopenhagen gar 1.500 km), besteht aus achtzehn Inseln mit ingesamt 1.399 km².

Im feucht-kalten Klima (die Temperaturen schwanken nur von 3 °C im Januar bis 11 °C im Juli) leben 47.400 Menschen. Von rund hundert Ansiedlungen ist Tórshavn mit seinen 15.000 Einwohnern die größte Stadt. Die *Färinger* stammen von norwegischen Einwanderern ab, die um 800 vom Festland kamen. Die Inselgruppe wurde nach der Christianisierung (um 1000) im Jahr 1035 Norwegen, 1380 dann der dänisch-norwegischen Doppelmonarchie unterstellt. Das Parlament, erst *Althing*, dann *Løgting* genannt, wurde 1816 aufgehoben; 1852 trat es mit eingeschränkter Machtbefugnis wieder auf.

Danach begann eine nationale Bewegung, die färöische Kultur und Sprache vor dänischer Bevormundung bewahren wollte und erstmals eine Schriftsprache entwickelte.

Heute sind beide Sprachen gleichgestellt, Dänisch ist in den Schulen erste Fremdsprache. 1948 wurde die *hjemmestyrordning* (Selbstverwaltung) eingeführt. Eine erstaunlich vielgestaltige Kunst und Literatur sind heute vertreten. Es gibt acht Zeitungen, eigenes Radio und Fernsehen. Wie die Grönländer leben auch die

Färinger hauptsächlich vom Fischfang (Seelachs, Kabeljau). 18 % der Arbeitnehmer sind dort beschäftigt, noch einmal 17 % in der meist weiterverarbeitenden Industrie. Diese einseitige Abhängigkeit schlägt sich in den Exportzahlen nieder: Knapp 90 % sind Fisch oder Fischprodukte. Die zunehmende Umweltzerstörung und die damit weltweit sinkenden Fischbestände sind eine große Bedrohung.

Die Landwirtschaft kann den größten Eigenbedarf an Milch, die Hälfte an Kartoffeln, aber nur einen Teil des Rindfleisch- und Eierbedarfs decken.

Arbeit finden die Färinger auch in den Werften der Fangflotten. Die Herstellung von traditionellen Wollerzeugnissen, die exportiert werden, bietet ebenfalls Arbeitsplätze.

Die Färöer sind durch Brücken, Landstraßen und Tunnel selbst gut erschlossen. Dennoch ist vor allem in der Verbindung zu Norwegen und Dänemark die Schiffahrt von großer Bedeutung; Kopenhagen erreicht man per Flugzeug.

Dem Problem Alkohol wird - wie auf Grönland - mit restriktiver Beschränkung begegnet: Herstellung von Bier, Wein und Schnaps ist verboten; wer Alkohol importieren will, darf keine Steuerschulden haben.

# Landschaften im Überblick

Dänemark war aufgrund seiner Lage immer eine "Brücke" zwischen Skandinavien und Mitteleuropa. Hier wanderten Pflanzen, Tiere und Menschen mit Waren aller Art durch Jahrtausende hin und her. Geologisch betrachtet ist Dänemark ein Tiefland. Für deutsche Verhältnisse oder verglichen mit dem höchsten Berg der Welt, dem *Mount Everest* mit

8.848 m, ist der höchste Punkt Dänemarks nicht weiter erwähnenswert: Es ist *Yding Skovbjerg* (ja, ein Berg) in Ostjütland mit 173 m über dem Meeresspiegel. Die niedrigste Stelle des Landes liegt in einem Fördengebiet, *Lammefjord*, 7 m unter dem Meeresspiegel.

Die Oberfläche ist durch Moränenablagerungen der Eisgletscher bestimmt, die eine sanfte Hügellandschaft mit Seen geschaffen haben. Der größte See ist der *Arresø* mit 40,6 km².

Zu den eiszeitlichen Ablagerungen aus Nordskandinavien, einem Gemisch aus Lehm, Sand und Geröll, kommen kalkhaltige Sedimente vom Boden der Ostsee hinzu. Während der letzten Eiszeit vor ungefähr 10.000 Jahren bedeckte das Inlandeis nur die nördlichsten und östlichsten Teile des Landes. Der Eisrand bildete eine Linie, die westlich vom heutigen Viborg nach Bovbjerg an der Westküste und südlich bis Tinglev verlief. Das Moränengebiet südlich und westlich hiervon ist die älteste dänische Landschaft.

Zwischen den Moränenhügeln, in von Schmelzwasserströmen geschaffenen Tälern, breitet sich Heideland aus. In den sechziger Jahren des 19. Jahrhunderts begann man hier mit der Urbarmachung (Diese Gebiete weisen heute gemeinsam mit Kopenhagen den größten Bevölkerungszuwachs der letzten hundert Jahre auf.) In diesen Regionen liegen viele Felder und Windschutzpflanzungen (Plantagen). An anderen Stellen findet man große angepflanzte Nadelwälder, durch die Landstraßen schnurgerade verlaufen.

Die Hauptgrenze der Inlandvereisung, zwischen dem sandigen Westjütland und den lehmigen Hügeln im Osten und Norden, ist auch heute noch die wichtigste Landschaftsgrenze und gleichzeitig eine kulturgeographische Trennungslinie: West-

lich davon liegt ein Gebiet mit Einzelgehöften, östlich findet man eher größere Dorfsiedlungen, aus denen allerdings viele Bewohner abgewandert sind. Auf den westjütischen Feldern werden meist Hafer, Roggen, Steckrüben und Kartoffeln angebaut, im Osten überwiegen Gerste, Weizen und Zuckerrüben.

Die ostjütischen Förden (im dänischen Sprachgebrauch *Fjorde*), entstanden durch abfließende Schmelzwasser und das spätere Eindringen des Meeres, bilden ideale Naturhäfen, an denen sich Städte entwickelten. Auch der *Gudenå*, mit 158 km Dänemarks längster Fluß, mündet in einer Förde.

Rund ein Zehntel der dänischen Landfläche ist aus Meeresablagerungen gewachsen, vor allem im Norden. An der Küste Südwestjütlands gibt es weite Marschlandschaften; die gesamte westjütische Küste säumt ein ununterbrochener Dünengürtel.

Eine geologische Ausnahme ist *Bornholm*: Hier findet man Granitlandschaften, die durch den eiszeitlichen Gletscherschliff geformt sind. Das Eis hat dabei spaltenreiche Täler geschaffen. Sogar Wasserfälle - wenn auch kleine - gibt es.

## Tierwelt

Weil Dänemark ein dichtbesiedeltes und vor allem intensiv landwirtschaftlich genutztes Land ist, ging der ursprüngliche Bestand an großen Säugetieren beträchtlich zurück. Viel zu sehen ist in "freier Wildbahn" also nicht. Die Fauna ist durchschnittlich mitteleuropäisch: Auerochse und Elch waren bereits vor Ende der Steinzeit verschwunden, das Wildschwein wurde um 1800 ausgerottet. Die größte freilebende Tierart ist heute der Edelhirsch, der in den Wald- und Forstgebieten Jütlands lebt. Selten nur kann man Dachse beobachten; auch Eichhörnchen, Otter und Iltis sind rar geworden.

Immerhin hat man noch 333 Vogelarten festgestellt, von denen 163 auch in Dänemark brüten. Weit verbreitet sind hier Raben, Krähen, Elstern und kleinere Greifvögel, ebenso Amseln, Stare, Meisen und Sperlinge.

Die gesamte Fauna umfaßt rund 28.000 Arten, wovon allein schon mehr als 5.000 Käfer- und Schmetterlingsarten sind. Wer aufmerksam sucht, kann an den Stränden auch viele verschiedene Muscheln - von Kamm- bis Islandmuscheln - finden.

## Pflanzenreich

Durch die jahrtausendelange Bearbeitung des Bodens hat sich das Erdreich in Dänemark stark verändert und ist im wahrsten Sinn des Wortes zu "Kulturboden" geworden. Ursprünglich war es nur Geröll und Sand, der gegen Ende der letzten Eiszeit aus den Moränen ausgewaschen wurde. Dieses Erdreich mischte sich allmählich mit tieferliegenden Kreideschichten.

Der von Natur aus nicht besonders fruchtbare Boden wurde erst durch Tiefpflügen, den Einsatz von Kunstdünger und die Regelung des Grundwasserstandes zu Ackerland, das drei Viertel der gesamten Bodenfläche Dänemarks bedeckt und Spitzenernten ermöglicht.

Das restliche Viertel - soweit es nicht Siedlungsfläche ist - wird zum Teil von Laubwald bedeckt. Buchen, Eichen, Ulmen oder Linden findet man aber nur vereinzelt. Öfter sieht man Birke, Ahorn und Pappel. Weil Dänemark an die sogenannte Nadelwaldzone (die Zone, nördlich von der Laubbäume keine Wachstumsmöglichkeiten mehr haben) grenzt, haben Tannen, Fichten und Kiefern gute Wachstumsbedingungen und sind darum häufiger zu finden. Rund zehn

Prozent des Landes sind heute bewaldet, allerdings kaum mit natürlichem Bestand; nahezu überall wird aufgeforstet. Alle Wälder - auch die privaten - sind wie die gesamte dänische Küste laut Gesetz der Bevölkerung zugänglich.

## Kulturlandschaften
## - Wald und Heide

Alle Vegetation, die man heute in der dänischen Landschaft findet, ist Kulturlandschaft. Sie ist durch die Jahrtausende von unzähligen Generationen bearbeitet und verändert worden. Wälder gab es erst ungefähr ab 5.000 v. Chr., nachdem sich das Klima nach der letzten Eiszeit - also vor 9.000 bis 10.000 Jahren - milder entwickelte und mit einer langsamen "Einwanderung" von Baumarten wie z. B. Eiche, Linde oder Esche ein dichteres Gehölz entstehen konnte. Dies bedeckte das Land nahezu vollkommen als "Urwald" bis an die Küsten.

Auf ca. 4.000 v. Chr. sind Nachweise für menschliche Landwirtschaft datierbar. Da die Zahl der Ackerbauern klein war und die Menschen keinen festen Siedlungsplatz hatten, blieben die Auswirkungen auf die Natur gering. Sie konnte sich immer wieder regenerieren. Das änderte sich erst ab ungefähr 800 n. Chr., als erste Dörfer entstanden und die Bevölkerungszahl anwuchs. Das war die Zeit, in der man lernte, den Wald vor allem in Verbindung mit der Landwirtschaft zu nutzen. Laub wurde als Tierfutter eingesetzt, Brachflächen dienten als Weide und das Holz der Bäume zum Bau von Häusern, als Brennmaterial bei der Eisenherstellung und natürlich als Heizstoff.

Seit dieser Zeit blieb der Wald ein fester Bestandteil der Landwirtschaft, auch nachdem erste Gesetze in den Jahrhunderten danach (das "Gesetz von Skåne", um 1200, und das "Jütische Gesetz, 1241) den Bauern zwar das Recht auf den Wald, dem König aber das Eigentum auf den Grund und Boden zusprachen. Es war denn auch nicht eine weiter steigende Bevölkerungszahl, die in den folgenden Jahrhunderten dem Wald zusetzte, sondern das frei laufende Vieh: Ziegen, Kühe, Pferde und andere fraßen sich im wörtlichen Sinn durchs Grün, um das sich ohnehin niemand kümmerte.

Die Konsequenz daraus war, daß zu Beginn der Neuzeit um 1750 nurmehr die Hälfte Jütlands von zerstörtem Wald und Heide bedeckt war, ganze Gebiete aber schon brach und kahl dalagen. Die letzten zusammenhängenden Waldflächen gab es im östlichen Landesteil. Brennmaterial für die Menschen wurde knapp, Holz als Baumaterial mußte bereits aus anderen Ländern herangeschafft werden.

Endlich griff dann 1805 - da war Dänemark mit nur noch 4 % Wald schon eines der waldärmsten Länder Europas - der Staat ein und stellte verbliebene Waldstücke unter Schutz. Sie wurden eingezäunt und sollten "für ewige Zeiten Wald sein". Rodung wurde verboten, es sei denn, man pflanzte gleichzeitig neu. Weidevieh mußte aus dem Areal verschwinden. Tatsächlich zeigte die Maßnahme rasch Erfolg. Vor allem in Jütland wuchs die Waldfläche im vergangenen Jahrhundert wieder an, und die heute so verbreiteten Nadelbäume kamen als Art hinzu. Seit etwa 1875 sind sie zahlreicher als die ursprünglichen Laubbäume.

Der Einsatz der Bauern war zu dieser Zeit alles andere als uneigennützig, weil sie spätestens ab dem 18. Jahrhundert des Problems der Bodenerosion nicht mehr Herr werden konnten. Sand- und vor allem Mutterbodenverwehungen durch Stürme im Frühjahr und Herbst machten die Erträge immer geringer. Bereits ab 1787 versuchte man dem durch *Plantagen* entgegenzuwirken - die erste war eine "Staatsplantage" in der Nähe von Viborg in Jütland. Auch Dünen wurden bepflanzt, man setzte Heidesträucher und eben verschiedene, schnellwachsende Nadelbäume und konnte so erfolgreich Schlimmeres verhindern.

Heide hatte es hier zwar schon immer gegeben; rasch ausbreiten konnte sie sich aber erst, nachdem die Waldfläche kleiner geworden war. Darum hatte sie ihre größte Verbreitung auch im 18. Jahrhundert. Erstmals flächenmäßig erfaßt wurde ihr Bestand 1822; dabei fand man heraus, daß nicht weniger als ein Viertel Jütlands mit Heide bedeckt war. Dies war gleichzeitig die Periode, in der ernsthaft die Urbarmachung dieser Flächen in Angriff genommen wurde: Gründe dafür waren einmal das Bevölkerungswachstum, zum anderen der Verlust ertragreicher Landesteile in Südjütland an Preußen 1864 (→ Von der Vergangenheit in die Gegenwart, hier: Die deutsch-dänischen Schleswigschen Kriege). Aus dieser Zeit stammt das Sprichwort "Was nach außen verloren wird, muß man nach innen zurückgewinnen" (*Hvad udad tabes, skal indad vindes*). Heute steht ein Teil der jütischen Heide unter Naturschutz, und der dänische Wald dient vor allem zur Erholung der Menschen und natürlich dem Umweltschutz.

Innerhalb der kommenden hundert Jahre will man den Waldbestand auf dann 20 % der Landesfläche verdoppeln.

## Klima

Was die Dänen selbst tun, sollte man auch als Tourist beherzigen: nie nach draußen gehen, ohne gleich einen Blick gen Himmel zu richten und eventuell Regensachen oder Pullover mitzunehmen. Schnelle Wetteränderung ist möglich, gerade an der Nordseeküste mit ihrem starken Westwind, der oft Tiefdruckgebiete mit Regen bringt. Derweil kann es an der Ostküste schön und sonnig sein, auf den Inseln von Fünen bis Seeland aber fast stürmen. Eine Wetterschneise zwischen Süd und Nord ist auch der Limfjord, an dem manche Regenwolke scheitert.

Das Klima wird durch den atlantischen Golfstrom gemildert, so daß für Dänemark, beeinflußt im Norden von kühler Polarluft, im Süden von kontinentaler Tropenluft, ein ganzjährig mildfeuchtes Klima typisch ist. Die beste Reisezeit - ob für Radtour oder Strandurlaub - ist der Sommer von Ende Juni bis August, wo es richtig warm werden kann. Von 1961 bis 1990 lag die Rekordtemperatur im August 1975 bei 36,4 °C (um dann nachts bis an den Nullpunkt zu fallen). Die meisten Sonnenstunden gab es mit ca. je 400 im Juni und Juli 1992. Solch eine südliche Hitze ist aber selten, die Höchsttemperaturen liegen in der Regel um 30 °C. Man kann also ganztägig aktiv sein, ohne eine mittägliche Siesta einlegen zu müssen. Von der Sommersonnenwende am 24. Juni, die am *St. Hans aften* mit großen Feuern überall an den Küsten gefeiert wird, bis Ende Juli mögen die Tage dank des Nordlichts hier oft nicht enden.

Wer nicht in der Hauptreisezeit Juli und August reisen kann oder will, hat auch bis Ende September oft noch die Chance, warme und sonnige Tage zu erleben. Zwar werden dann die Tage kürzer, dafür wird man durch eine schöne Herbstlandschaft entschädigt.

Wer im Winter, zu Weihnachten oder Neujahr, nach Dänemark fährt, sollte mit etwas niedrigeren Temperaturen als zu Hause rechnen, vor allem aber mit eisigem Sturm. "Minusrekord" waren im Januar 1982 -31,2 °C,

doch auch in Dänemark scheint sich das Wetter zu ändern; eine Angleichung könnte sich anbahnen: die Winter nicht mehr so kalt und schneereich, dafür die Sommer wärmer mit mehr Regen? *"Du danske sommer jeg elsker dig, selv om du så ofte har svegtet mig ..."* - "Du dänischer Sommer, ich liebe dich, obwohl du mich oft im Stich gelassen hast" - so beginnt ein dänisches Volkslied, das vielleicht in verregneten Sommern noch öfter gesungen wird.

## Bevölkerung

Die Bevölkerung Dänemarks hat sich im Lauf dieses Jahrhunderts verdoppelt: Gab es 1900 2,5 Millionen Dänen, so waren es am 1. Januar 1994 laut *Danmarks Statistik*, der offiziellen Quelle, genau 5.196.642. Die Einwohnerzahl stieg in allen Kreisgemeinden - abgesehen von Bornholm, wo sie 1993 um 157 abnahm. Das stärkste Wachstum gab es in und um Århus: 4.333 Menschen zählte man dort. Die Bevölkerungsdichte in Dänemark beträgt 120 Personen pro Quadratkilometer.

Es gibt mehr Frauen (2,62 Millionen) als Männer (2,55 Millionen). Während die Männer eine Lebenser-

KLIMASTATIONEN
Skagen
SCHWEDEN
Ålborg
Vestervig
Randers
Herning
Esbjerg
Kopenhagen
Sørosyd
Odense
Sandvig
Bogø
DEUTSCHLAND

# Klimatabelle

| Ort | | Jan | Feb | März | Apr | Mai | Jun | Jul | Aug | Sep | Okt | Nov | Dez |
|---|---|---|---|---|---|---|---|---|---|---|---|---|---|
| **Skagen** | 1 | 3 | 3 | 4 | 10 | 15 | 26 | 27 | 28 | 26 | 22 | 17 | 13 |
| | 2 | 5 | 5 | 7 | 8 | 10 | 13 | 13 | 13 | 12 | 10 | 7 | 4 |
| | 3 | 4 | 4 | 5 | 7 | 8 | 9 | 10 | 9 | 7 | 7 | 4 | 4 |
| **Ålborg** | 1 | 8 | 10 | 13 | 16 | 19 | 24 | 28 | 28 | 24 | 18 | 12 | 8 |
| | 2 | 1 | 2 | 3 | 5 | 8 | 11 | 13 | 13 | 12 | 8 | 4 | 2 |
| | 3 | 4 | 5 | 6 | 8 | 9 | 10 | 12 | 11 | 8 | 6 | 5 | 3 |
| **Vestervig** | 1 | 14 | 16 | 18 | 21 | 23 | 27 | 29 | 29 | 27 | 24 | 18 | 15 |
| | 2 | 6 | 6 | 8 | 9 | 11 | 14 | 15 | 15 | 14 | 12 | 9 | 6 |
| | 3 | 5 | 6 | 6 | 8 | 9 | 10 | 11 | 10 | 8 | 7 | 5 | 5 |
| **Randers** | 1 | 14 | 15 | 17 | 19 | 23 | 24 | 25 | 27 | 26 | 24 | 18 | 16 |
| | 2 | 7 | 9 | 10 | 11 | 13 | 16 | 16 | 18 | 17 | 19 | 14 | 10 |
| | 3 | 5 | 4 | 5 | 7 | 8 | 10 | 12 | 10 | 9 | 7 | 6 | 5 |
| **Herning** | 1 | 6 | 7 | 10 | 13 | 16 | 21 | 25 | 24 | 21 | 15 | 9 | 6 |
| | 2 | 1 | 1 | 4 | 5 | 8 | 11 | 14 | 13 | 12 | 9 | 5 | 1 |
| | 3 | 4 | 5 | 6 | 7 | 8 | 11 | 13 | 10 | 8 | 7 | 4 | 4 |
| **Kopen-hagen** | 1 | 15 | 15 | 17 | 19 | 22 | 24 | 26 | 25 | 23 | 20 | 15 | 13 |
| | 2 | 5 | 6 | 8 | 9 | 11 | 14 | 15 | 14 | 13 | 10 | 7 | 5 |
| | 3 | 4 | 5 | 6 | 8 | 9 | 10 | 11 | 10 | 7 | 6 | 6 | 4 |
| **Esbjerg** | 1 | 5 | 6 | 8 | 11 | 14 | 18 | 22 | 22 | 19 | 14 | 9 | 6 |
| | 2 | -1 | -1 | 1 | 3 | 6 | 10 | 13 | 12 | 10 | 7 | 3 | 0 |
| | 3 | 4 | 5 | 5 | 7 | 8 | 10 | 12 | 11 | 8 | 6 | 4 | 4 |
| **Sorø** | 1 | 13 | 14 | 17 | 19 | 20 | 23 | 25 | 25 | 24 | 21 | 17 | 14 |
| | 2 | 5 | 5 | 8 | 9 | 11 | 14 | 15 | 15 | 14 | 11 | 8 | 5 |
| | 3 | 4 | 5 | 6 | 8 | 9 | 10 | 11 | 10 | 8 | 6 | 5 | 4 |
| **Bogø** | 1 | 13 | 14 | 17 | 19 | 20 | 23 | 25 | 25 | 24 | 21 | 17 | 14 |
| | 2 | 5 | 5 | 8 | 9 | 11 | 14 | 15 | 15 | 14 | 11 | 8 | 5 |
| | 3 | 4 | 5 | 6 | 8 | 9 | 10 | 11 | 10 | 8 | 6 | 5 | 4 |
| **Sandvig** (Bornholm) | 1 | 13 | 14 | 16 | 18 | 19 | 22 | 24 | 23 | 22 | 20 | 16 | 14 |
| | 2 | 6 | 6 | 8 | 10 | 12 | 14 | 16 | 15 | 14 | 12 | 9 | 6 |
| | 3 | 4 | 4 | 6 | 7 | 8 | 9 | 10 | 9 | 7 | 6 | 5 | 4 |

**1** maximale Lufttemperatur (Grad C)
**2** minimale Lufttemperatur (Grad C)
**3** Regentage

wartung von 72 Jahren haben, können Frauen sogar mit 77,7 rechnen. Und tatsächlich verschiebt sich der Anteil der Altersgruppen auch in Dänemark zunehmend: Immer weniger Menschen im berufsfähigen Alter (ca. 65 %) stehen mehr und mehr Rentner (15 %) gegenüber, obwohl Mitte der neunziger Jahre die Zahl der Geburten mit 65.000 jährlich die der Sterbefälle übertrifft.

## Soziale Sicherung

Das durchschnittliche Einkommen der Haushalte von 250.000 DKK wird - nach Abzug von 30 % direkter Steuern - zu einem Fünftel für Lebensmittel, Getränke und Tabak ausgegeben. Etwa ein Viertel ihres Einkommens müssen die Dänen für Wohnen (und Instandhaltung der Häuser) aufwenden, wobei 56 von hundert Haushalten im eigenen Heim wohnen. 94 von hundert haben Telefon, immerhin 59 ein Auto, 95 von hundert einen Farbfernseher. 10 % des Einkommens werden für Waren dieser Art ausgegeben.

Ein Großteil der Steuern geht - trotz Kürzungen - immer noch in Leistungen des Wohlfahrtsstaates: Der Mutterschutz beginnt vier Wochen vor und endet bis zu 24 Wochen nach der Geburt. Auch Väter können Vaterschaftsurlaub beantragen oder Teile von der Mutter übernehmen. Fast zwei Drittel der Drei- bis Sechsjährigen gehen in den Kindergarten.

Wer als Arbeitnehmer krank oder gar arbeitslos wird, kann mit einer Unterstützung von 90 % des Gehalts rechnen. Der Urlaubsanspruch beträgt bei einer Wochenarbeitszeit von 38 Stunden fünf Wochen. Im Juli sind "Industrieferien". Alle Dänen, die das 67. Lebensjahr vollendet haben, haben Anspruch auf die *Folkepension*, die einheitliche staatliche Grundrente von zur Zeit ca. 47.000 DKK. Sie kann

durch weitere Zuschüsse erhöht werden. Nur wer 40 Jahre in Dänemark gelebt hat, kann den Höchstsatz beanspruchen. Wer zwischen 60 und 67 Jahre alt ist und arbeitslosenversichert, kann in *førtidspension* (Frührente) gehen und zweieinhalb Jahre lang mit 90 % seines letzten Gehalts rechnen, danach immer noch mit rund 80 %.

Von den über 75jährigen leben über 10 % in Alten- oder Pflegeheimen. Das sind weniger als noch vor zehn Jahren, weil durch einen Ausbau des Sozial- und Gesundheitswesens mit der Möglichkeit zu häuslicher Pflege (*hjemmepleje*) versucht wird, ältere Menschen so lange wie möglich in ihren eigenen vier Wänden wohnen zu lassen.

## Ausländische Staatsbürger

Däne, d. h. dänischer Staatsbürger, wird man, wenn Mutter oder Vater Däne und verheiratet sind. Sind sie das nicht, muß die Mutter Dänin sein. Adoptiert ein dänisches Ehepaar ein Kind, das jünger als zwölf Jahre ist, wird es auch sofort naturalisiert, erhält also die dänische Staatsbürgerschaft. Ältere Ausländer müssen mindestens sieben Jahre im Land gewohnt haben (nordische Staatsbürger nur zwei Jahre), Ehepartner von Dänen immer noch vier Jahre, von denen sie drei Jahre verheiratet sein müssen, ehe sie den dänischen Paß erhalten. Für Flüchtlinge gilt eine verkürzte Aufenthaltsdauer von sechs Jahren. 1992 erhielten so zum Beispiel 5.100 Ausländer das Recht, Dänen zu werden.

Anders ist es mit dem Aufenthaltsrecht. Ohne Aufenthaltsgenehmigung darf man drei Monate im Land bleiben. Wer länger bleiben will, muß einen begründeten Antrag stellen,

## Der Sieg der "Rotstrümpfe" - Frauen in Dänemark

Dänemark war und ist (auch wenn der frühere Schwung zwischenzeitlich der Alltagsnormalität gewichen ist) ein Land mit einer äußerst starken und aktiven Frauenbewegung. Doch seit den großen Zeiten Ende der sechziger bis zu Anfang der achtziger Jahre treten die Frauen nicht mehr so organisiert und massiv in der Öffentlichkeit auf wie damals. Die "Rødstrøper" ("Rotstrümpfe"), so war der eigene "Kampfname" - haben zumindest einiges von dem erreicht, was sie wollten, wenn auch manche Strukturen bisher nicht völlig zu knacken waren. Um daran zu erinnern, wird ganz besonders jeder 8. Mai genutzt, der *Internationale Frauenkampftag*, den die deutsche Sozialistin *Clara Zetkin* schon 1910 proklamierte.

Was sich seitdem geändert hat und was nicht? Nicht geändert hat sich, daß auch in Dänemark nach wie vor die Frauen 70 % der Arbeit im Haushalt machen (allerdings gegenüber 90 % 1964), das sind immerhin über drei Stunden täglich. Vom gesetzlichen *barselsorlov* ("Geburtsurlaub", eben nicht "Mutterschutz") machen nach wie vor mehr Frauen als Männer Gebrauch, auch wenn Männer in öffentlichen Positionen sich genau so gut ohne Lohnverlust für ein Jahr freistellen lassen können. Da ist ein Zusammenhang mit der Tatsache zu sehen, daß Männer trotz der gesetzlichen Verankerung eines gleichen Lohns für gleiche Arbeit nach wie vor mehr verdienen. Hier bemüht sich der "Gleichstellungsrat" (*ligestillingsrådet*) verstärkt um Abhilfe. Auch das Frauenwahlrecht hat immer noch nicht dazu geführt, daß Frauen die Hälfte der entscheidenden politischen Ämter innehaben. Das deckt sich mit den Zahlen aus anderen Berufen: Auf dem privaten Arbeitsmarkt sind nur 5 % der Führungspositionen von Frauen besetzt, in den Kommunen immerhin gut 6 %, an der Staatsspitze (als Abteilungsleiterinnen, Direktorinnen etc.) etwa 7 %. Im Parlament, dem *Folketing*, sitzt rund ein Drittel Frauen.

So wird vermutlich noch einige Zeit bis zur echten Gleichstellung vergehen. Doch daß dies - und zwar schneller als manche jetzt noch glauben - eintreten wird, können z.B. die Schülerzahlen der Gymnasien beweisen: Schon Mitte der achtziger Jahre und bis heute gab es mit annähernd 60 % mehr Schülerinnen als Schüler. Und die drängen dann in die höheren Ausbildungen und Berufe, trotz der Schwierigkeiten auf dem Arbeitsmarkt und auch in Dänemark grassierender Vorurteile. Immer noch sind mehr Frauen als Männer arbeitslos, ca. 12 % gegenüber 10 %. Da müssen sicher noch die alten Netzwerke so mancher Männerfreundschaft aufgelöst werden. Doch die Chancen stehen sehr gut!

wobei die Bürger der Europäischen Union aufgrund des Gesetzes von der freien Beweglichkeit der Arbeitskraft bevorteilt sind; 1993 hatten 2.800 diesen Status. Bürger anderer Länder haben es seit 1973 schwerer, als ein sogenannter Gastarbeiterstopp durchgesetzt wurde. Auch die Regeln für die Familienzusammenführung wurden 1992, nach heftigem innenpolitischem Streit, verschärft: Danach kamen 1993 nur noch 5.600 Menschen unter diesen Bedingungen ins Land, in den Jahren zuvor waren es jeweils knapp 9.000 gewesen.

Trotz der teils recht restriktiven Regelungen bekamen 1993 rund 32.000 Ausländer eine Aufenthaltsgenehmigung. Dies sind gut 10.000 mehr als 1992, hängt aber damit zusammen, daß Flüchtlingen aus den Kriegsgebieten von Bosnien ein Sonderstatus zugesprochen wurde.

In den letzten Jahren stammte jeweils mehr als die Hälfte der nach Dänemark eingereisten Flüchtlinge aus dem ehemaligen Jugoslawien, immer 8.000 bis 9.000 pro Jahr. Wie viele Flüchtlinge an der dänischen Grenze abgewiesen werden, ist nicht bekannt, doch als im Jahr 1986 ein Gesetz beschlossen wurde, nach dem Menschen, die aus einem sogenannten sicheren Drittland - also nicht direkt aus ihrer Heimat - einreisen, ist ihre Zahl merklich gefallen.

Dänemark gibt Asyl und Aufenthaltserlaubnis im Rahmen der UN-Flüchtlingskonvention, nach der Personen, die in ihrer Heimat aufgrund ihrer Rasse, Religion oder politischen Meinung verfolgt werden, geschützt werden müssen. Im Durchschnitt lag die Zahl der Asylsuchenden in den Jahren zwischen 1990 und 1993 bei etwa 15.000. Eine Aufenthaltsgenehmigung erhielten jeweils knapp 4.000.

Über die letzten tausend Jahre hinweg kamen immer wieder "Einwanderer" nach Dänemark, beginnend um das Jahr 1000, als erstmals deutsche und englische Missionare ins Land kamen, denen zwischen 1050 und 1300 Handwerker für den Kirchenbau folgten. Andere Gründe für Einwanderungen waren Kriege und wirtschaftliche Bedrängnis. Zu solchen "Wirtschaftsflüchtlingen" gehörten auch die bis heute bekannten sogenannten "Kartoffeldeutschen" (*kartoffeltyskere*), deutsche Bauern, die um 1760 in die jütische Heide zogen, um dort ihr Glück mit dem Kartoffelanbau zu machen.

Auch heute steigt die Zahl der Ausländer in Dänemark stetig, wenn auch nicht drastisch an. Waren Anfang der achtziger Jahre nur 2 % der Einwohner Ausländer, waren es 1994

3,6 %. Real sind das insgesamt 180.100; jeder dritte von ihnen stammt aus einem nordischen oder einem EU-Land.

## Familie

Wie in allen (post-)industriellen Ländern ist die traditionelle Familie mehr und mehr auf dem Rückzug. Immer mehr Menschen leben allein. Dies hat hauptsächlich zwei Ursachen: Zum einen ist das Einkommen heute beträchtlich höher und eine eigene Wohnung bezahlbar, zum anderen haben sich die Wohnverhältnisse verbessert, denn es gibt sehr viel mehr Wohnungen als früher.

In Großfamilien mit sechs oder mehr Personen lebten 1991 nur noch 5 % der Bevölkerung, während 15 % allein lebten. Immerhin ein Drittel lebte zu zweit, 20 % lebten in Drei-Personen-Haushalten. Das ist eine starke Veränderung seit Beginn unseres Jahrhunderts (1901), wo es noch umgekehrt war. Damals lebten 48 % aller Dänen mit sechs oder mehr Familienmitgliedern zusammen, ganze 2 % allein. Ursache war die landwirtschaftliche Struktur mit zahllosen Bauernhöfen, in denen die Generationen einer Großfamilie noch unter einem Dach wohnten. Mit der Abwanderung in die Städte wurden auch in Dänemark die Familien kleiner. In einem langsamen Prozeß - zwischen 1950 und 1970 hatte die Durchschnittsfamilie vier Mitglieder - wurde der heutige Stand erreicht.

Demgegenüber hat sich die Zahl der Verheirateten nicht so stark verändert, wie man glauben könnte. Waren um die Jahrhundertwende 52 % aller Dänen verheiratet, stieg diese Zahl ab 1950 auf bis zu 64 % an. Heute steht sie wieder auf dem Niveau von 1900. Nach fünf Jahren Ehe sind aber schon fast 15 % aller Ehen wieder geschieden. Auch hier steigen die Zahlen.

## Wie die Dänen Feste feiern

Dänen sind Gesellschaftsmenschen. Je größer ein Fest ist und je höher die Zahl der Gäste, desto wohler fühlen sie sich. Es können einfach nicht genug Freunde und Verwandte dabeisein. Und wen man noch nicht kennt, den hat man spätestens beim zweiten Bier zum Freund gemacht. Schließlich macht es erst gemeinsam Spaß, zu essen und zu trinken. Und davon halten die Dänen schließlich viel (→ Essen und Trinken). So viel, daß man - ohne zynisch zu klingen - sagen könnte, sie feierten von der Wiege bis zur Bahre. Wobei immer noch ein markanter Unterschied zwischen den auf dem Land Lebenden und den Städtern zu bemerken ist, denn draußen, wo jeder jeden kennt, geht es noch deutlich ausgelassener zu. Familienfeste sind z. B. gute Gelegenheiten, viele Gäste um sich zu versammeln; die Taufe (_barnedåb_) erhalten fast alle Kinder, denn in die _Folkekirke_ aufgenommen zu werden, ist die Regel. Der feierliche Anlaß sieht darum nicht nur Eltern, Großeltern und Paten, sondern ebenso Freunde und Nachbarn versammelt. Ein großer Kreis, der sich dann alljährlich wiedertrifft.

Das Geburtstagsfest (_fødselsdag_) ist ein Traum - für viele Nicht-Dänen an der Grenze zum Alptraum, weil's so viel gibt an süßen Dingen wie Torten und Kuchen, Kerzen und vor allem Flaggen, dänische Flaggen auf dem Kuchen, über der Haustür, überall eben sieht man die _Dannebrog_. In guter dänischer Sangestradition stimmen alle dann ein Lied an: "Han (oder wenn's eine Sie ist "hun") har fødselsdag i dag ...".

Eine Hochzeit ist in Dänemark nur ganz selten an einem Tag zu Ende gefeiert. Wozu mietet man schließlich ein großes Festzelt oder einen teuren Saal? Wenn schon, denn schon - dann soll es auch ausgenutzt werden: Eine ganzes Wochenende muß schon drin sein. Das ganze Dorf, die ganze Nachbarschaft ist dann eingeladen. _Bryllup_ feiert man doch nur einmal im Leben ... (naja, daß das gerade in Dänemark nicht mehr ganz stimmt, läßt sich leicht statistisch nachweisen; heute wird schon ein Drittel aller Ehen geschieden - Tendenz steigend).

Familien, die sehr traditionsbewußt sind, richten zusätzlich zu den gewöhnlichen Festanlässen sogenannte _slægtningefeste_ aus; das sind große Gelage, zu denen aus dem ganzen Land Verwandte - und manchmal auch ganz entfernte - anreisen, um mehrere Tage miteinander zu reden und ja eben zu essen und zu trinken.

Zwei ganz besondere Feste werden ebenfalls jedes Jahr mit gleicher Begeisterung begangen: Da ist ein-

## Dannebrog
## - die dänische Flagge

Daß die Dänen ein besonderes - und zwar ein besonders gutes - Verhältnis zu ihrer Nationalflagge haben, ist kaum zu übersehen. Nicht nur weht sie über beinahe jedem Haus, klebt auf vielen Autos, nein, auch bei Geburtstagen wird das Fest zu einem Traum in Rot und Weiß: Der Weg zum Haus wird mit Fähnchen gekennzeichnet, und auch den Festkuchen zieren sie. An Weihnachten wird der Baum ebenfalls mit Fähnchengirlanden geschmückt. Und daß die *roligans*, die Fans der Fußballnationalmannschaft, sich die *Dannebrog* - so heißt die Fahne - ins Gesicht malen, weiß spätestens seit der Weltmeisterschaft 1986 die ganze Welt.

Der Stolz auf die Flagge - der aber ein ganz und gar unverkrampfter und selbstverständlich ist - ist nicht unbegründet; schließlich ist nach der Überlieferung die *Dannebrog* die älteste Flagge der Welt. Der Sage nach fiel sie am 15. Juni 1219 vom Himmel, als Zeichen göttlicher Zustimmung zum Kriegszug von König Valdemar II. in Estland. Der 15. Juni, der Valdemarstag, ist denn auch der Tag der dänischen Flagge.

Seit dem 14. Jahrhundert ist sie Teil des königlichen Wappens; als Reichsflagge gilt sie ungefähr seit 1400. Heute ist die *Dannebrog* meist als spitzer, länglicher Wimpel zu sehen, der Tag und Nacht über bewohntem Eigentum weht. Die größere viereckige Fahne darf dagegen offiziell nur von Sonnenaufgang (oder 8 Uhr) bis Sonnenuntergang gehißt sein.

*ten* heißt, der Abend vor dem Johannistag, der Abend des 23. Juni. Daß Frühling ist und der Sommer bald kommt, ist für die naturverliebten Dänen Jahr für Jahr immer wieder so erfreulich, daß man es einfach feiern muß. Rund ums Land werden dazu an allen Küsten Feuer entzündet, die *St. Hans bål*. Um sie herum tanzt und singt man, ganz so, als kämen Sommer und Wärme nach dem langen, dunklen Winter zum ersten Mal.

Das Pendant zum Johannisabend, die *Wintersonnenwende*, begeht man in Dänemark dagegen nicht so feierlich wie in Schweden, wo vom 13. auf den 14. Dezember das *Luciafest* gefeiert wird. Die lange Adventszeit aber wird auch in Dänemark genossen, man backt, macht Weihnachtseinkäufe - und sieht sich im Fernsehen den *Julekalender* an, eine eigentlich für Kinder gedachte Form des Adventskalenders, die wegen ihrer originellen Ideen aber auch kaum ein Erwachsener ausläßt. Schließlich will man doch wissen, was mit dem Nikolaus (*Julemand*) passiert, der am ersten Advent in ein Loch gefallen ist. Wird er rechtzeitig zu Weihnachten wieder auftauchen? Derweil laden alle Firmen und öffentlichen Institutionen in den letzten Wochen vor Weihnachten all ihre Mitarbeiter zu einem kleinen Essen ein, dem *julefrokost*. Weil das überwiegend aus hochprozentigen "Gerichten" besteht, warnt die Polizei in den Tagen vor dem Fest der Freude alljährlich, nur ja nicht mit dem Auto dorthin zu fahren und schon gar nicht von dort nach Hause. Wer dann den Streß der *julefrokost* und Geschenkeinkäufe überstanden hat, dem winken drei mehr als sättigende Weihnachtstage. *Jul*, so heißt Weihnachten auf dänisch, fordert der Hausfrau alles ab, denn dann müssen die leckersten Gerichte auf den Tisch. Vorzugsweise Geflügel wird serviert. Und der Weihnachtsbaum, der *juletræ* ist geschmückt mit kleinen

mal das Fest der Sommersonnenwende, das auf dänisch *St. Hans af-*

| **Der er et yndigt Land** | **übersetzt:** |
|---|---|
| Der er et yndigt Land, | Es gibt ein anmutiges Land |
| Det staaer med brede Bøge | Im Schatten breiter Buchten, |
| Nær salten Østerstrand; | Am salzigen Ostseestrand, |
| Det bugter sig i Bakke, Dal, | An Hügelwellen träumt es, im Tal, |
| Det hedder gamle Danmark, | Es heißt altes Dänemark, |
| Og det er Freias Sal. | Und es ist Frejas Saal. |
| | |
| Der sad i fordums Tid | Dort saßen in der Vorzeit |
| De harniskklædte Kæmper, | die geharnischten Kämpfer, |
| Udhvilede fra Strid; | Und ruhten aus vom Streit; |
| Saa drog de frem til Fienders Meen, | Sie zogen aus, schlugen auf |
| Nu hvile deres Bene | Feinde ein, |
| Bag Høiens Bautasteen. | Nun ruhen sie ihre Knochen |
| | Unter dem Bautastein des Hügels. |
| | |
| Det Land endu er skiønt, | Das Land ist immer noch schön, |
| Thi blaa sig Søen belter, | So blau das Meer es umgürtet, |
| Og Løvet staaer saa grønt; | Und das Laub steht so grün; |
| Og ædle Kvinder, skiønne Moer, | Und edle Frauen, schöne Mädchen |
| Og Mænd og raske Svende | Und Männer und kräftige Jungen |
| Beboe de Danske Øer. | Bewohnen die Inseln der Dänen. |
| | |
| Og Snekken gaaer sin stolte Vei. | Unsere Sprache ist stark und zart, |
| Hvor Ploug og Kiølen furer, | Unser Glaube rein und lauter, |
| Der sigter Haabet ei. | Der (Wage)mut ist noch nicht tot. |
| Vort gamle Danmark skal bestaae, | Unser altes Dänemark |
| Saalænge Bøgen speiler | wird bestehen, |
| Sin Trop i Bølgen blaa. | Solang die Buchen ihre Wipfel |
| | In den blauen Wellen spiegeln. |

Flaggen in rot und weiß. Daß auch die *Dannebrog* auftaucht, ist kein Ausdruck von übergroßem Nationalismus, sondern der Feierlichkeit und Freude. *Juleaften* (Heiligabend) ohne *Dannebrog* ist einfach nicht denkbar.

# Zwei dänische Hymnen - die Nationalhymne und das Königslied

Manche Dänen wissen es selbst nicht so genau und müssen immer wieder von neuem überlegen, welche welche ist: Dänemark hat zwei nationale Hymnen, die immer wieder zu vielen verschiedenen Anlässen gesungen werden. Allerdings ist nur eine die Nationalhymne, die andere ist der *Kongesang*, also das "Lied des Königs" (und natürlich auch der Königin). Geschrieben wurde es 1779 vom Dichter *Johannes Ewald* (→ Dänische Literatur heute und in der Vergangenheit, hier: Kopenhagen als deutsches Kulturzentrum) für sein Singspiel "Fiskerne" (Die Fischer). Weil es am Geburtstag des Königs 1780 uraufgeführt und 1828 von *Johan Heiberg* in sein Stück "Elverhøj" übernommen wurde, dessen zentrale Figur König Christian IV. ist, setzte

## Kong Christian stod ved højen Mast

Kong Christian stod ved højen Mast,
I Røg og Damp.
Hans Værge hamrede saa fast,
At Gothens Hielm og Hierne brast.
Da sank hvert fiendligt Speil og Mast
I Røg og Damp.
Flye, skreg de, flye, hvad flygte kan!
Hvo staaer for Danmarks Christian i Kamp?

Niels Juel gav Agt paa Stormens brag.
Nu er det Tid.
Han heysede det røde Flag,
Og slog paa Fienden Slag i Slag.
Da skreg de høit blant Stormens Brag:
Nu er det Tid.
Flye, skreg de, hver, som veed et Skuil!
Hvo kan bestaae for Danmarks Juel
I Strid?

O Nordhav, Glimt af Vessel brød
Din mørke Skye.
Da tyede Kiemper til dit Skiød;
Thi med ham lynte Skrek og Død.
Fra Vallen hørtes Vraal, som brød
Den tykke Skye.
Fra Danmark lyner Tordenskiold;
Hver give sig i Himlens Vold,
Og flye!

Du Danskes Vi til Roos og Magt,
Sortladne Hav!
Modtag din Ven, som uforsagt,
Tør møde Faren med Foragt,
Saa stolt, som du, mod Stormens Magt,
Sortladne Hav!
Og rask igiennem Larm og Spil,
Og Kamp og Seier føer mig til,
Min Grav.

man das Lied ab 1830 als Königs- bzw. Nationalhymne ein. Thema des Gedichts sind die Seeschlachten, die Dänemark sich im 17. und 18. Jahrhundert mit Schweden lieferte. Eine davon befehligte 1644 Christian IV., der in den Kämpfen ein Auge verlor.

Gewonnen haben die Dänen dennoch, und es wurde erzählt: "König Christian stand am hohen Mast".

Das erste Lied (Seite 29), heute die eigentliche Nationalhymne, hieß schon anfangs *Fædrelandssang* (Vaterlandslied) und war 1819 ein Beitrag

### übersetzt:

*König Christian stand am hohen Mast*
*in Rauch und Qualm;*
*sein Schwert trug so schwer zu,*
*daß der Goten Helm und Hirn zerbarst.*
*Da sank jedes feindliche Achterdeck und Mast*
*in Rauch und Qualm.*
*"Flieht", schrien sie, "flieh, wer fliehen kann,*
*Wer besteht vor Dänemarks Christian im Kampf?*

*Niels Juel gab acht auf des Sturmes Gewalt:*
*"Jetzt ist es Zeit!"*
*Er hißte die rote Flagge*
*und erschlug die Feinde einen nach dem andern.*
*Da schrien sie laut im Sturmestosen:*
*"Nun ist es Zeit!"*
*"Es fliehe", schrien sie, "ein jeder, der ein Versteck kennt"*
*Wer bestünde vor Dänemarks Juel im Kampf?"*

*Oh, Nordmeer, schwach durchbricht Wessels*
*Blick deine dunklen Wolken.*
*Da warfen sich die Kämpfer dir in den Schoß,*
*Denn mit ihm (= Wessel) drohen Schrecken und Tod.*
*Vom Kampfplatz ist Getümmel zu hören,*
*durch die dicken Wolken:*
*"Von Dänemark blitzt Tordenskjold;*
*Ein jeder gebe sich in die Gewalt des Himmels!"*

*Du dänischer Weg zu Ruhm und Macht,*
*schwarz wogendes Meer!*
*Empfange deinen Freund, der unverzagt*
*den Gefahren mit Verachtung entgegensieht.*
*So stolz wie du gegen die Kraft des Sturms bist,*
*schwarz wogendes Meer!*
*Und unversehrt durch Lärm und Spiel*
*und Kampf und Sieg geleite mich zu*
*meinem Grab!*

des Dichters *Adam Oehlenschläger* zu einem Wettbewerb um ein neues Nationallied. Im Original hatte es zwölf Strophen, von denen schließlich sechs (in der verkürzten Form vier) übriggeblieben sind. Seit 1844 gilt dieses Lied als Nationalhymne. Die Vertonung dazu stammt von *H.E. Krøyer* und wurde um 1835 geschrieben. Um den nationalen Aspekt nicht zu sehr zu betonen, erhielt es als Titel dann seinen ersten Vers, "*Der er et yndigt Land*" - "Es gibt ein anmutiges (reizendes) Land".

# Von der Vergangenheit in die Gegenwart

## Ein Gang durch 200.000 Jahre Geschichte

Wer sich mit einem kurzen Abriß der dänischen Geschichte nicht begnügen kann oder will und den verständlichen Wunsch nach mehr "Anschaulichkeit" verspürt, dem sei vorab empfohlen, einen Gang durch das Nationalmuseum in Kopenhagen zu machen: Dessen reichhaltige Sammlungen sind sehenswert und seit dem Umbau des Museums 1993 noch attraktiver geworden.

## Vorgeschichtliche Zeit

(200.000 bis 4.000 v. Chr.)

Auch in Dänemark waren Neandertaler die ersten "Siedler". Die ältesten nachgewiesenen Zeugnisse stammen aus der Zeit zwischen den vier Eiszeiten. In Südjütland, und zwar in der Nähe von Vejstrupskov bei Hejlsminde, fand man Waffen und Handkeile, die 200.000 Jahre alt sind. Gespaltene Tierknochen, aus denen das Knochenmark entnommen war, wurden in Nordjütland nahe bei Langå entdeckt; sie sind ungefähr 100.000 Jahre alt.

Als dann das Eis langsam zu schmelzen begann, zogen ab 10.000 und noch bis ca. 4.000 v. Chr. Gruppen von indogermanischen Jägern (sog. *Horden*) durchs Land, die Rentiere, Auerochsen und Elche erlegten. Noch war, kaum mehr vorstellbar, das ganze Land mit Wäldern bedeckt. Einige Siedlungen und Jagdwerkzeug, insbesondere Pfeilspitzen, aus dieser Zeit sind entdeckt worden, auch ein Frauenskelett in Vissenbjerg auf der Insel Fünen.

Dänische Historiker fassen die erkennbaren Perioden dieses Zeitraums nach den Fundorten zusammen: Zuerst ist es die *Maglemose*-Kultur zwischen 7.500 und 6.000 v. Chr. (benannt nach dem Maglemoor auf Westseeland), gefolgt von der *Kongemose*-Kultur (nach dem Kongemoor auf Store Åmose, ebenfalls Westseeland) zwischen 6.000 und 5.200 v. Chr., die wiederum durch die *Ertebølle*-Kultur von 5.200 bis 4.000 v. Chr. abgelöst wurde. Sie ist nach dem Fundort Ertebølle am Limfjord benannt, wo Archäologen meterdicke Schichten u. a. aus Muschelschalen, Fischgräten und Tierknochen entdeckten (sog. *køkkenmøddinger* - "Küchenabfälle").

## Das Bauernsteinzeitalter

4.000 bis 2.000 v. Chr.

Ab ungefähr 4.000 v. Chr. trat eine allmähliche Veränderung der Lebensgewohnheiten ein, als umherziehende Jäger schrittweise zu seßhaften Bauern wurden. Ackerbau und Tierhaltung verbreiteten sich. Aus dieser Zeit stammen die ältesten offensichtlichen Spuren von Menschen: Hünengräber und Langgräber. Man schätzt, daß von 3.500 bis 3.200 v. Chr. etwa 20.000 solcher Gräber errichtet wurden, um die Toten zu bestatten und sehr wahrscheinlich auch das Gebiet einer *Horde* zu markieren.

Ohne hier in eine "Gräberge-schichte" verfallen zu wollen, sollen dennoch die wichtigsten der unterschiedlichen Typen vorgestellt werden. Denn in ihrer auffallenden Form bestimmen sie auch heute noch das Bild der dänischen Landschaft. Die ältesten sind die Rund- und Langgräber. Rundgräber hatten gewöhnlich zehn bis fünfzehn Meter Durchmesser, während Langgräber fünf bis zehn Meter breit, aber bis zu 185 Meter lang sein konnten. Das größte dieser Art liegt bei Fjends nahe Viborg in Mitteljütland.

Hünengräber haben eine rechteckige Grabkammer aus Granitblöcken, nach oben hin mit einem oder mehreren Steinen abgedeckt. Mit einem Erdhügel, der rund oder eckig sein konnte und heute meist nicht mehr existiert, wurde das Grab fest verschlossen.

Ab 3.200 v. Chr. wurden dann Ganggräber (*jættestuer*) errichtet; bekannt sind 700 von ihnen. Ein Gang, wie die eigentliche Grabkammer aus Granit gebaut, führt in die rechteckigen Räume von bis zu 13 Metern Länge; nach außen umschließt ein Steinkranz den schützenden Erdhügel.

Einzelgraberhöhungen mit Gräbern aus unterschiedlichen Zeiten - oft liegen drei übereinander - aus der Periode 2.800 bis 2.400 v. Chr. gibt es in Jütland besonders häufig. Einfachere Steingräber (*hellekister*), die ein zwei bis drei Meter langes Rechteck bildeten und unter Hügeln oder Äckern liegen, kennt man aus der Zeit von 2.400 bis 1.800 v. Chr. Sie heißen *helle* nach dem gleichnamigen behauenen Stein.

## Das Bronzezeitalter

2.000 bis 500 v. Chr.

Erderhöhungen sind auch ein sichtbares Zeichen aus dem Bronzezeitalter. In dieser Phase, nachdem sich ab ca. 2.000 v. Chr. Bronze als Material für Werkzeug durchzusetzen begann, begrub man die Toten in Eichensärgen, geschützt von Stein, hochstehend. So sind die charakteristischen bis zu 20 Meter hohen Grabhügel, von denen ungefähr 20.000 erhalten sind, entstanden. Einzelne Skelette und Kleidung (bekannt ist vor allem das sogenannte *Egtvedmädchen*, um 1.000 v. Chr.) sind erhalten. Wie kunstvoll mit dem Material *Bronze* umgegangen wurde, zeigt ein Beispiel, das ebenfalls im Nationalmuseum ausgestellt ist: Der *Sonnenwagen* (vermutlich um 1.500 v. Chr.) zeigt die Sonne als runde, teils mit Gold unterlegte Scheibe, die von einem Bronzepferd gezogen wird. Der Wagen war als Opfergabe in einem Moor auf Seeland versenkt worden, wo er 1902 wieder auftauchte.

Sonnenwagen von Trundholm

## Eisenzeit

500 v. Chr. bis 700 n. Chr.

Aus dieser Zeit kennt man einige freigelegte Siedlungen, darunter *Hodde* in Jütland und *Borremose* in Himmerland. Viele Opfergaben, auch Waffen und einige berühmte Moorleichen - wie der *Grauballe*- und der *Tollundmann* - zeugen von Begräbnisritualen. Wurden anfangs die Toten verbrannt, errichtete man ihnen am Ausgang der Eisenzeit und bis in die Wikingzeit hinein Grabmonumente in Schiffsform: Aufgerichtete Steine bilden deutlich das Oval eines Schiffskörpers, wenn man das Grab von oben betrachtet. *Lindholm Høje* (bei Ålborg) ist der größte Fund dieser Art.

Wikingerschiff

## *Von der Wikingzeit zur ersten Missionierung*

Mit dem Dänemark der Vergangenheit verbindet man zunächst die Wikinger. Daß es schon um 700 eine dänische Herrscherdynastie gab, schließt man u. a. daraus, daß der älteste *Danevirke*, der dänische Schutzwall gegen Feinde von Süden, um das Jahr 737 errichtet wurde. Andere Quellen sind spärlich, und ob damals erwähnte Könige - wie *Gottfried*, der in französischen Zeugnissen als mächtiger Herrscher erwähnt wird - über ganz Dänemark oder wohl eher nur über Jütland und Fünen regierten, ist unsicher.

Sicher ist dagegen, daß *Ansgar* 826 die Heiden im Norden missionierte - doch ohne großen Erfolg.

Über das folgende Jahrhundert fehlen schriftliche Quellen ganz. Erst die Taten von *Harald Blauzahn* belegen Runeninschriften. Harald Blå-

Im Wikingercenter von Ribe

tand, der Sohn von Gorm und Thyra, wurde zum Christentum bekehrt vom Mönch *Poppo*, als der glühendes Eisen in die ungeschützte Hand nahm. Er vereinte und christianisierte ganz Dänemark und Norwegen. Dies war um 950, und seitdem gibt es bereits eine ununterbrochene Thronabfolge. Das Dänische Reich umfaßte Jütland, die dänischen Inseln und im heutigen Südschweden Skåne und Blekinge.

Spannend und ereignisreich wurde es am Ende der Eisenzeit ab 790: Die "Reisezeit" der Wikinger begann! Ihre Züge nach Westeuropa, Rußland und in Richtung Nordatlantik dienten aber nicht nur dem Raub und der Plünderung - obwohl man daran vielleicht zuerst denkt -, sondern auch dem Handel und der Suche nach neuen Siedlungsplätzen. Die Wikingerzüge gingen nach Frankreich und auch nach England, das 1013 erobert wurde. Haralds Sohn, *Svend Tveskæg* (Sven Gabelbart), und danach sein Enkel *Knud der Große* waren Könige von England. Knud gewann sogar die Herrschaft über Norwegen, doch nach seinem Tod im Jahr 1035 war es damit bald zu Ende.

Handfeste Zeugnisse der Wikinger finden sich über ganz Dänemark verteilt. Drei Wikingerburgen sind freigelegt und teilweise rekonstruiert worden - in Trelleborg auf Seeland und Aggersborg und Fyrkat in Jütland. Außerdem sind in Roskilde in einem eigenen Museum die Schiffe zu studieren, die lang, schmal und mit einem hochgeschwungenen, furchteinflößenden Bug, dem Steven, geziert waren (→ Dänische Literatur heute und früher, hier: Erste sprachliche Zeugnisse).

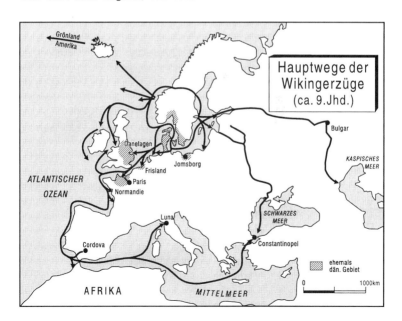

Hauptwege der Wikingerzüge (ca. 9.Jhd.)

## Die Christianisierung

1050 bis 1250

Erst im 11. Jahrhundert konnte sich die römisch-katholische Kirche über ganz Dänemark ausbreiten. Das Land wurde in Pfarreien (*sogne*) aufgeteilt, für die zwischen 1100 und 1200 an die 2.000 Steinkirchen errichtet wurden. Unter *Svend Estridsen* (1047-1074) entstanden acht Diözesen und ein Erzbistum in Lund, im heutigen Schweden. Weltliche Auswirkung war, wie in anderen Ländern auch, daß den Bauern der Zehnte auferlegt wurde, also sie den zehnten Teil ihrer Ernte an die Kirche abliefern mußten.

Mit Einführung der Pacht überließen die Bauern den Großgrundbesitzern das Recht an ihren Böden. Dafür erhielten sie von diesen Schutz vor Plünderern und Angriffen anderer Herrscher. Gleichzeitig wurden erstmals dank königlicher Erlaubnis vielen Dörfern Privilegien zugesprochen und sie zu Städten bzw. "Kaufstädten" (dän. *købstæder* - heute ethymologisch noch bei vielen Städten in der Nachsilbe *-købing* zu erkennen) erhoben. Um 1250 waren es immerhin schon 60 solcher Städte. Sie hatten ein eigenes Handelsrecht und eine größere Selbständigkeit. Gilden und Zünfte entstanden. Gestützt auf die gehobene Stellung der Kirche, die als einzige über das Herrschaftswissen Schrift verfügte, errichteten die Könige einen umfassenden Verwaltungsapparat. Noch gestärkt wurde die Macht der Kirche, als die Könige *Knud der Heilige* (1080-1086) und *Knut Lavard* (bis 1131) von Rom heiliggesprochen wurden.

Doch während von 1074 bis 1134 die Königsfolge unter Svend Estridens Söhnen unumstritten war, gab es dann erste Streitigkeiten um den Thron. Diese dauerten bis 1157, als es *Valdemar* - später der Große genannt - gelang, sich nach vielen Kämpfen durchzusetzen und unter

Mithilfe *Absalons*, des späteren Erzbischofs und Gründers der Stadt Kopenhagen (nach 1160), die Alleinherrschaft zu gewinnen.

Rückblickend war dies für das Land eine gute Entscheidung, weil die Zeit unter Valdemar eine glänzende Periode dänischer Geschichte wurde. Zwischen 1157 und 1241 konnten die Angriffe der Wenden abgewehrt und Gebiete bis nach Estland erobert (1219), kurzzeitig auch Teile norddeutscher Ostseegebiete beherrscht werden.

Ab 1250 begann jedoch das Bevölkerungswachstum, im Jahrhundert zuvor regelmäßig ansteigend, zu stagnieren. Die Landwirtschaft wuchs zu langsam. Schlechten Ernten folgte der "schwarze Tod": Die Pest ließ die Bevölkerungszahl zwischen 1348 und 1350 fallen, was sich erst nach 1400 wieder änderte. Verbunden damit war eine Schwächung des Königs, denn unter den Nachfolgern Valdemars gab es Streit, den der Adel zu seiner Stärkung nutzte. Kurzfristige Versuche Ende des 13. Jahrhunderts, den Einfluß auf Norddeutschland wieder zu vergrößern, scheiterten; sogar im Gegenteil führten diese Anstrengungen zu einer derartigen Verschuldung, daß *Erik Menved* (1286-1319) alle Lehen und Güter an holsteinische Fürsten verpfänden mußte und es eine dänische Zentralmacht eigentlich nicht mehr gab: Das Reich gehörte faktisch dem schwedischen König und den holsteinischen Fürsten.

## Neugründung des Reiches

1340 bis 1523

Erst unter *Valdemar Atterdag* (1340-1375), dem sicher bedeutendsten dänischen König des Mittelalters, und seiner Tochter *Margrethe*, die nach seinem Tod stellvertretend für ihren Sohn Königin wurde, entstand ein neues Reich. Margrethe war mit dem norwegischen König verheiratet und wurde nach dessen Tod Herrscherin über Norwegen: Diese Verbindung von Dänemark und Norwegen hielt über Jahrhunderte bis 1814. Ein Enkel von Margrethes Schwester, *Erik von Pommern,* wurde mit der Union von Kalmar (1397; eine Vereinigung der Reichsräte von Dänemark, Schweden und Norwegen) Regent über den gesamten Norden, obwohl Margrethe 1389 schon Herrscherin über Schweden geworden war. Margrethe, die erste große Frau der dänischen Geschichte, starb 1412.

Die folgenden Jahre waren bestimmt vom Versuch Schwedens, die Union zu verlassen. Bis 1523 ging es mit wechselndem Erfolg hin und her, doch nur kurz unter *Christian II.* ge-

lang es den Dänen, die Oberhand zu gewinnen. 1520 ließ er im Stockholmer Blutbad führende Vertreter des schwedischen Adels hinrichten. Kurz darauf mußte Christian 1523 aus dem Land flüchten. Sein Onkel *Frederik* wurde König, der alle Bemühungen Christians um Wiederetablierung seiner Macht abwehrte und ihn auf Schloß Sønderborg inhaftierte.

In der *Grevens fejde* (Grafenfehde) von 1534 bis 1536 setzten sich die freien Handelsstädte noch einmal für Christan II. ein, während sich im größten und einzigen Bauernaufstand die abhängigen Bauern gegen den Adel erhoben. Doch vergeblich: Dank der Hilfe des holsteinischen Adels wurde ein gesellschaftlicher Umsturz verhindert.

Das Dänische Reich im 11./12. Jhd.

## Periodische Übersicht über
## die dänische Geschichte

**ca. 200.000 v. Chr.**
Neandertaler als erste "Bewohner". Waffen und Handkeile wurden gefunden.

**100.000 - 10.000 v. Chr.**
Funde von gespaltenen Tierknochen (bei Langå) weisen erste Besiedlung nach.

**Steinzeit**
**10.000 - 4.000 v. Chr.**
Drei Perioden lösen sich ab: Maglemose-, Kongemose- und Ertebølle-Kultur. Wichtige Funde von Küchenabfällen, die _køkkenmøddinger_.
Indogermanische Jäger jagen Wild. Jagdwerkzeug wurde gefunden. Noch ist das ganze Land dicht bewaldet.
Funde aus dieser Zeit: das 8.000 Jahre alte Frauenskelett von Vissenbjerg.

**Bauernsteinzeit**
**4.000 - ca. 2.000 v. Chr.**
Änderung der Lebensweise: Jäger werden allmählich zu seßhaften Bauern. Funde: Hünengräber und Langgräber.

**Bronzezeit**
**2.000 - 1.000 v. Chr.**
Bronze als neues Werkzeug. Als Gräber dienen 20 m hohe Erdhügel. Das _Egtvedmädchen_ (gest. um 1.000) und der bedeutende Fund _Sonnenwagen_, eine Opfergabe aus Bronze und Gold, zeugen von dieser Zeit.

**Eisenzeit**
**500 v. Chr. - 700 n. Chr.**
Siedlungen im ganzen Land, darunter Hodde und Borremose. Opfergaben und menschliche Skelett e (z.B. "Grauballe-" und "Tollundmann").

**Wikingzeit**
Schon um 700 existierte ein Königtum, das gegen Feinde von Süden den Schutzwall _Danevirke_ (um 740 n. Chr.) errichtet. Gottfried (Godfred) regiert als einer der ersten Könige über Jütland und Fünen, vielleicht über das ganze Land.

**700**
Ab 790 Beginn der "Reisezeit" der Wikinger nach Westeuropa und in den Nordatlantik.

**ab 826**
Der heilige Ansgar missioniert in Skandinavien und verbreitet das Christentum ohne allzu großen Erfolg.

**850 - 950**
Schriftliche Quellen für diese Phase fehlen.

**nach 900**
Vermutlich zum ersten Mal wird Dänemark in der Regierungszeit König Gorm den Gamles (der Alte, etwa 900-940) geeint.

**940 - 985**
Harald Blåtand (Blauzahn) beerbt seinen Vater Gorm und kann durch Eroberungszüge sogar Norwegen und Teile Südschwedens Dänemark angliedern; außerdem tritt er - und damit alle Dänen - zum Christentum über.
Zeugnis vom Übertritt zum Christentum geben die Inschriften auf den Runensteinen in Jelling.

**ab 950**
durchgängige Königsabfolge

**nach 1000**
Die Wikingerzüge gehen bis Frankreich und England, Sven Gabelbart erobert es um 1013, Knud der Heilige ist sogar König über Norwegen und England, doch das Reich zerfällt nach 1035.
Dänische Zeugnisse aus dieser Periode: Wikingerburgen von Trelleborg, Aggersborg und Fyrkat.

**1018 - 1035**
Herrscher über das größte Reich wird Knud (der Große), der ab 1016 König von England und zwölf Jahre später auch von Norwegen wird (das wird schon 1035 zunächst wieder unabhängig).

**1080 - 1086**
Das Königtum kann unter Knud den Heiligen (dem Heiligen) gefestigt werden, doch ein Versuch, das 1042 verlorene England zurückzuerobern, scheitert.

**1050 - 1250**
Im 11. Jahrhundert setzt sich die römisch-katholische Kirche durch. Das

Land wird in Pfarreien aufgeteilt; ca. 2.000 Steinkirchen werden gebaut. Im weiteren Verlauf entwickeln sich Städte mit höherer Selbständigkeit, die "Kaufstädte", *købstæder* oder *-købing*. Um 1250 gibt es 60 Gilden und Zünfte.

**1157 - 1250**
Nach Erbstreitigkeiten um den Thron vermag es erst Valdemar I., Alleinherrschaft zu erlangen und zwar mit Hilfe von Bischof Absalon, der 1167 Kopenhagen gründet. Kriege gegen die Wenden und Eroberungen bis nach Estland (wo in einer Schlacht 1219 die Nationalflagge *Dannebrog* vom Himmel fällt). Diese Phase des Wachstums dauert bis 1250.

**1250 - 1400**
Durch Pest und Streit unter den Nachfolgern Valdemars wird Dänemark geschwächt, unter Erik Menved (1286-1319) gehört es faktisch Schweden und Hosteinern.
Erst unter Valdemar Atterdag (1340-1375) und seiner Tochter Margrethe I., der ersten Königin, tritt eine Wende ein. Durch ihre Heirat mit dem norwegischen König wird eine Jahrhunderte dauernde Verbindung eingeleitet.

**1536**
Auch in Dänemark tritt die Reformation einen Siegeszug an, Christian III. schafft die Vormacht der Kirche ab. Bildersturm und Übergang des kirchlichen in königlichen Besitz. Es entsteht die dänische *Folkekirke*.

**1588 - 1648**
Regierungszeit des vielleicht größten und populärsten Königs, Christian IV. Wie viele seiner Vorgänger kämpft auch er gegen Schweden; der Dreißigjährige Krieg, bei dem er auf Seite der Protestanten steht, wird kein Erfolg; 1626 wird sein Heer besiegt.
Neben seinen politischen Taten erinnern heute vor allem viele Renaissancegebäude in Kopenhagen an sein Wirken, darunter der Runde Turm, Schloß Rosenborg und die alte Börse.

**1643 - 1660**
In zwei Schwedenkriegen gehen unter Frederik III. der Süden Schwedens - bis auf Bornholm - und das norwegische Bohuslen verloren. Um die Jahreswende von 1658 auf 1659 belagern die Schweden sogar Kopenhagen, doch der Ansturm wird abgewehrt.

**Absolutismus nach 1661**
Ab 1661 setzt Frederik gegen den Adel die königliche Alleinherrschaft und Erbmonarchie durch. 1683 entsteht die erste Gesetzessammlung, Grundbesitz wird 1688 aus Steuergründen registriert. Versuche zwischen 1675 und 1721, Schweden zurückzugewinnen, scheitern.

**1699 - 1730**
Hans Egede reist auf mehreren Missionszügen nach Grönland, das dänische Kolonie wird.

**Zeitalter der Aufklärung 1720 - 1807**
Diese Phase ist für Dänemark eine Friedenszeit, in der sich Kultur und Wirtschaft entfalten. Großer deutscher Einfluß durch die Grafen Bernstorff und Struensee, den Leibarzt Christian VII. (1766-1808)

**Napoleonische Kriege 1800**
Zu Beginn der napoleonischen Kriege war Dänemark neutral. Neutralitätsvertrag zwischen Rußland, Schweden und Dänemark gegen Großbritannien, was nur bis zum Angriff Nelsons auf Kopenhagen 1801 währte.
Dänemark stellt sich daraufhin auf die Seite des späteren Verlierers Frankreich.

**1807**
Erneutes Bombardement der britischen Flotte auf Kopenhagen und Raub der dänischen Kriegs- und Handelsflotte.

**1814**
Bei den Friedensverhandlungen muß Frederik VI. (1808-1839) nach sieben Kriegsjahren Norwegen (bis 1905 in Personalunion zu Schweden) und Helgoland (an England) abtreten.

**Ende des Absolutismus 1814 - 1850**
Mehr Rechte für das Bürgertum, und ab 1834 Ständeversammlungen aus Gutsbesitzern, Bürgern und Bauern. Auch die Deutschen in Schlewig und Holstein fordern eine freie Verfassung und die Lösung von Dänemark. Doch unter Frederik VII. (1848-1863) wird ein Aufstand der Schleswig-Holsteiner 1850 niedergeschlagen. Erste verfassunggebende Versammlung, die Juniverfassung (*Junigrundloven*)

am 5. Juni 1849, die Glaubens-, Versammlungs- und Meinungsfreiheit garantiert.

**Schleswigsche Kriege**

Unter Christian IX. (1863-1906) Beschluß einer gemeinsamen Verfassung für Schleswig und Dänemark, Einverleibung Holsteins 1863. Im Jahr darauf Kriegserklärung durch Preußen und Österreich; den Krieg gewinnt Preußen-Österreich: Nach dem _Frieden von Wien_ müssen Schleswig, Holstein und Lauenburg abgetreten werden.

**1870 - 1914**

Zunehmende Industrialisierung des Landes; Bildung von Parteien.

**Erster Weltkrieg
1914 - 1918**

Dänemark verhält sich neutral und verdient durch Lebensmittelexporte sogar daran.
König Christian X. (1912-1947) gibt dem Land 1915 eine neue Verfassung, das Frauenwahlrecht wird eingeführt.
Das noch zum Reich gehörende Island wird 1918 selbständiges Königreich, bleibt aber bis 1944 Dänemark politisch angegliedert.

**1920**

Nach der deutschen Niederlage 1918 erneute Diskussion um Dänemarks Südgrenze: 1920 erlebt Schleswig eine Volksabstimmung in Schleswig, nach der sein nördlicher Landesteil an Dänemark geht, während der Süden deutsch bleibt.

**Zwischen den Kriegen
1920 - 1939**

Während die zwanziger Jahre noch wirtschaftlich entspannt verliefen, schlägt die Weltwirtschaftskrise 1932 durch. Die Preise für Landwirtschaftsprodukte fallen, die Produktion im Land soll 1929 durch Einfuhrbeschränkungen gestützt werden. Die hohe Arbeitslosigkeit soll durch die Sozialreform 1933 gemildert werden. Der Grundstein des heutigen Wohlfahrtsstaates ist gelegt.

**Zweiter Weltkrieg
und Besatzungszeit**

Am 9. April 1940 wird Dänemark von den deutschen Truppen eingenommen und besetzt, obwohl es sich als neutral erklärt hatte. Eine _Samlingsregering_ kooperiert zur Aufrechterhaltung von Verwaltung und Rechtswesen.
Dänische Freiwillige ziehen in einem _frikorps_ gegen Rußland.
Am 5. Mai 1945 wird das Land von den alliierten Truppen befreit.

**1949**

Dänemark wird Mitglied der NATO, nachdem es zuvor schon der OEEC (Organisation zur wirtschaftlichen Zusammenarbeit in Europa) angeschlossen war.

**1953**

Frederik IV. unterschreibt am 5. Juni eine neue Verfassung, die auch weibliche Thronfolge erlaubt und seiner Tochter, der heutigen Königin Margrethe II., das Erbe sichert. Politisch wird das Land ein Einkammersystem, nur noch das _Folketing_ bestimmt die Politik, das _Landsting_ wird abgeschafft.

**1959**

Dänemark ist Gründungsmitglied der EFTA, der Europäischen Freihandelsorganisation.

**1973**

Gemeinsam mit Großbritannien verläßt man die EFTA und tritt nach langer innenpolitischer Diskussion der Europäischen Gemeinschaft bei.

**1991/92**

In verschiedenen Volksabstimmungen entscheiden sich die Dänen zunächst gegen, dann doch für die Akzeptierung der _Maastrichter Verträge_ und die Verwandlung der EG in die Europäische Union.

**1993**

Im Januar wird der konservative Poul Schlüter aufgrund politischer Diskrepanzen als Staatsminister vom Sozialdemokraten Poul Nyrup Rasmussen abgelöst.

**1994**

Nach der Wahl zum _Folketing_ am 21. September kann Poul Nyrup Rasmussen mit seiner Koalitionsregierung zwar nicht mit absoluter Mehrheit als Staatsminister weiter regieren, doch bildet er eine Minderheitsregierung.

**1995**

Am 18. November heiratet der dänische Prinz Joachim die aus Hongkong stammende Alexandra.

**1996**

Kopenhagen ist "Europäische Kulturhauptstadt"

## Reformation und Schwedenkriege

1536 bis 1659

Die von Martin Luther ausgelöste Reformationsbewegung griff 1536 auch auf Dänemark über. König *Christian III.* schaffte die Vormacht des Papstes über die dänische Kirche ab, ihre Gebäude und Ländereien gingen in den Besitz des Königs über, die Klöster wurden geschlossen. In einem wahren "Bildersturm" entfernte man Seitenaltäre, Heiligenbilder und Reliquien aus den Kirchen, untersagte die Heiligen- und Marienverehrung. Gleichzeitig erlärte sich der König zum Oberhaupt der Kirche. Es entstand die dänische Form der Staatskirche, die heute noch bestehende *Folkekirke* (→ Religion und Kirche).

Lange dauerte es, bis um 1600 eine Phase wirtschaftlichen Wachstums einsetzte, in der Landwirtschaft und Städte wuchsen. Doch profitierten hiervon in erster Linie die Bürger und Gutsbesitzer - bis heute sind herrliche Bürgerhäuser und Herrenhöfe aus dieser Zeit erhalten -, während die Bauern in der Mehrzahl darbten. Daß auch die Könige von den höheren Einnahmen Gebrauch zu machen wußten, belegen Bauvorhaben unter *Frederik II.* (1559-1588) und besonders *Christian IV.* (1588-1648): Unter seiner Herrschaft entstanden einmalige Bauwerke wie *Schloß Rosenborg,* die *Börse* und der originale *Runde Turm* (*Rundetårn*), die auch heute noch das Bild Kopenhagens bestimmen.

Aber auch in dieser Zeit schwelten alte Konflikte weiter. Und so führte das Ringen um die Vormachtstellung zwischen Dänemark-Norwegen und Schweden fast zwangsläufig zu kriegerischen Auseinandersetzungen, den dänisch-schwedischen Kriegen 1563 bis 1570 und 1611 bis 1613. Doch erst als *Christian IV.* in den

Dreißigjährigen Krieg eintrat, entschied sich dieser Streit - und zwar anders, als er geglaubt haben mag: Er erlitt hier eine Niederlage und mußte sich zurückziehen. Schweden dagegen konnte die Machtverteilung im Norden zu seinen Gunsten verschieben, als es Teile Deutschlands gewann. In weiteren Schlachten verlor Dänemark dann zwischen 1643 und 1660 Skåne, Blekinge und Halland sowie das norwegische Bohuslen an Schweden. Als schließlich die Schweden um die Jahreswende 1658/1659 gar Kopenhagen belagerten, war dies fast das Ende Dänemarks. Doch dem schwedischen Ansturm konnte glücklicherweise standgehalten werden.

Dennoch waren die Folgen der Schwedenkriege schlimm: Es gab Hungersnöte, Epidemien, und ein fast ein Drittel der Höfe und weite Teile des Landes waren entvölkert.

Kirche mit angebauter Waffenkammer

## Die Zeit des Absolutismus

1660 bis 1850

Eine Ständeversammlung veränderte 1660 die politische Landschaft Dänemarks: *Frederik III.* setzte gegen den Widerstand des Adels durch, daß der Thron erblich wurde und seine

Macht absolut. In der Folge wurde der Adel schwächer, das Bürgertum aber gestärkt; es fand Zugang zur Politik, ein Titeladel (Graf, Baron und Freiherr, dän. *grev, baron, friherr*) wurde eingeführt. Zudem mußte die Krone, um Kriegsschulden bezahlen zu können, große Teile des Landes verkaufen.

Bereits wenige Jahre später, 1683, gab es erstmals eine Gesetzessammlung, 1688 wurde aller Grundbesitz aus Steuergründen registriert. Zwar bemühte sich Dänemark immer noch (1675-1679 und 1700-1721), die an Schweden verlorenen Gebiete zurückzugewinnen, doch das gelang nicht. Wirtschaftlich waren die Zeiten so schwierig - mit niedrigen Preisen für landwirtschaftliche Erzeugnisse und hohen Kriegsbelastungen -, daß eine "Schollenbindung" (1733) eine weitere Flucht der Knechte von den Höfen verhindern mußte.

## "Oplysningstiden" - das Zeitalter der Aufklärung

Während es für viele europäische Staaten eine Zeit der Kriege war, ist das 18. Jahrhundert für Dänemark eine Friedensphase. Dank seiner Neutralität konnte es den Handel und landwirtschaftlichen Export beträchtlich ausweiten. Kopenhagen wurde ein großes Handelszentrum im Ostseeraum.

In der zweiten Hälfte des 18. Jahrhunderts veränderten Reformen unter Kronprinz *Frederik* (später der VI.), der für seinen geisteskranken Vater *Christian VII.* regierte, die Landwirtschaft grundlegend. Die "Schollenbindung" wurde 1788 wieder aufgehoben, Landbesitz konnte nun auch von einzelnen Bauern erworben werden.

Zu Beginn der Napoleonischen Kriege verhielt sich Dänemark neutral (gemeinsam mit Schweden und Rußland), doch als die britische Armada unter Admiral Nelson 1801 Kopenhagen angriff und die dänische Flotte besiegte, war das vorbei. Die Neutralität wurde aufgegeben, und als man sich Frankreich (gegen Großbritannien) anschließen wollte, war man auf Seiten der späteren Verlierer, so daß bei den Friedensverhandlungen 1814 Norwegen an Schweden abgetreten werden mußte.

## Ende des Absolutismus

1814 bis 1850

Wie im übrigen Europa forderte auch in Dänemark das wachsende Bürgertum größere Rechte. Liberalere, demokratischere Regierungsformen einerseits sowie nationale - und nicht mehr durch kleine Fürstentümer festgelegte - Grenzen andererseits wurden gefordert.

Dänemark umfaßte zu dieser Zeit das Königreich *Dänemark* bis südlich von

Kolding und die Herzogtümer *Schleswig* und *Holstein* (wobei Holstein deutsch, Schleswig im Norden dänisch, im Süden aber deutsch waren). Doch gerade von diesen deutschen Teilen des Landes kamen politische Veränderungen nach Dänemark, die die absolutistische Regierung zu demokratischen Reformen zwangen. 1834 wurden beratende Ständeversammlungen (sie gab es in allen Teilen des Reiches, nämlich Roskilde, Viborg, Schleswig und Itzehoe) eingerichtet, denen Gutsbesitzer, Bürger und Bauern angehörten. Nur 3 % aller Dänen - und zwar die Landbesitzer - besaßen Wahlrecht. Im Zuge der französischen Revolution 1848 forderten auch die Deutschen in Schleswig und Holstein eine freie Verfassung und letztlich eine Loslösung von Dänemark. Gezwungenermaßen genehmigte Frederik VII. eine verfassungsgebende Versammlung, die die sogenannte Juniverfassung (*Junigrundloven*, 5. Juni 1849) erließ. Sie garantierte Glaubens-, Versammlungs- und Meinungsfreiheit. Der Reichstag aus *Folketing* und *Landsting* (für Adel und Bauern) bekam die gesetzgebende Macht, Männer über 29 Jahre durften wählen. Der König aber bestimmte die Regierung.

## Die deutsch-dänischen Schleswigschen Kriege

Diese Phase der Grenzauseinandersetzungen gehört auch zum Stoff vieler deutscher Schulbücher und ist heute noch lebendig in der dänischen Minderheit in Schleswig-Holstein, ihren Schulen und der im Kieler Landtag sitzenden Partei *Südschleswigscher Wählerverband* (SSW): Nachdem der Wunsch der deutschen Bevölkerung in Schleswig-Holstein nach einer gemeinsamen Verfassung für beide Herzogtümer nicht erfüllt

worden war, erhob sich ein Aufruhr. Dieser wurde unterstützt von Preußen, das sich aber auf russischen Druck hin wieder zurückzog, so daß es dem dänischen Heer in der Schlacht von Isted (25. Juli 1850) gelang, die Schleswig-Holsteiner zu besiegen. Doch sollte nach einer Forderung der deutschen Großmächte Preußen und Österreich das Land weder geteilt noch der dänischtreue Teil Nordschleswigs ins Königreich integriert werden. Eine Ordnung, die nicht lange hielt, denn 1863 beschloß die dänische Regierung eine gemeinsame Verfassung für Schleswig und Dänemark - was die Kriegserklärung durch Preußen und Österreich 1864 zur Folge hatte. Der kurze Krieg wurde ein harter Schlag für Dänemark, denn dadurch gingen die später Preußen angegliederten Herzogtümer endgültig verloren; 200.000 Dänen wurden ins Deutsche Reich eingegliedert.

## Industrialisierung

Gegründet vor allem auf den Export von Getreide nach Großbritannien, begünstigt durch die Erfindung des Dampfschiffs, hatte Dänemark ab 1830 ein beachtliches Wachstum zu verzeichnen. In der Folge entwickelte sich vorsichtig Industrie, und die Städte wuchsen. Als dann in den achtziger Jahren, vor allem aufgrund amerikanischen Imports nach Europa, die Getreidepreise fielen, stellten die Bauern ihre Produktion auf die bis heute als "typisch dänisch" angesehenen Tierprodukte *Butter* und *Speckschinken* (*bacon*) um. Meiereien und Schlachtereien entstanden, und die Veredelung landwirtschaftlicher Produkte steigerte das Einkommen und förderte die Industrialisierung. Die Eisenbahn verbesserte die Infrastruktur im ländlichen Raum,

Banken und Aktiengesellschaften er-
möglichten neue Finanzierungen.

Die gestärkte Macht der Bauern
schlug sich 1870 in einer neuen Partei nieder, der *Venstre* (dt. "Linke",
→ Königreich und Parteien heute).
Sie verlangte die Wiedereinführung
der 1866 zugunsten der Gutsbesitzer
geänderten *Juniverfassung* und forderte, daß die Regierungsmacht bei
der Mehrheit des *Folketing*, nämlich
*Venstre*, liegen müsse. Bisher lag sie
bei den Gutsbesitzern und der Partei
der Bürger, *Højre* (dt. "Rechte").

Aber erst nach dreißigjährigem
Einsatz für den Parlamentarismus
gaben *Højre* und König 1901 dieser
Forderung nach, und die erste *Venstre*-Regierung wurde gebildet. Zwischenzeitlich hatten sich die Arbeiter
in der Internationale gesammelt, Ge-
werkschaften und - auch in Dänemark - die Sozialdemokratie waren
enstanden. Als sich *Venstre* in *Det
radikale Venstre* (besitzlose Klein-
bauern) und *Venstre* (Hofbesitzer)
spaltete, entstand ein Vier-Parteien-
System aus Besitzenden (*Venstre* und
*Højre*) und Besitzlosen (*Det radikale
Venstre* und Sozialdemokraten), unter
dem die Demokratisierung weiter-
ging, 1915 das Frauenwahlrecht eingeführt wurde und Bedienstete Wahlrecht zum *Landsting* erhielten.

## Erster Weltkrieg

Im Ersten Weltkrieg war Dänemark
neutral, was den ungeheuren wirtschaftlichen Vorteil hatte, daß man an
alle Kriegsparteien Waren liefern
konnte, während jedoch gleichzeitig
im Inland die regierenden Radikalen
mit staatlichen Eingriffen großer Ver-
sorgungsprobleme Herr zu werden
suchte.

Die deutsche Niederlage 1918
entfachte die Diskussion um die
deutsch-dänische Grenze neu, und
es gelang, Teile des 1864 verlorenen

Gebietes zurückzubekommen - unge-
achtet dessen, daß Dänemark sich
nicht am Krieg beteiligt hatte. Die
heutige Grenze liegt seit einer Volksabstimmung 1920 fest.

## Zwischen den Kriegen

Unmittelbar nach dem Ersten Weltkrieg erlebte Dänemark eine seiner
schwierigsten wirtschaftlichen Perioden. Eine hohe Arbeitslosigkeit war
Folge geringen Exports. Zwar gab es
eine leichte Entspannung, wie in anderen Ländern auch, in den zwanziger Jahren, doch ab 1932 schlug die
Weltwirtschaftskrise auch in Dänemark durch. Ausfuhren landwirtschaftlicher Produkte brachten kaum
Geld, die Preise waren gefallen, und
das wirkte sich nachhaltig auf die
heimische Kaufkraft aus. Zur Stüt-
zung der Inlandsproduktion setzten
die ab 1929 regierenden *Sozialdemokraten* und die *Radikalen* eine rigo-
rose Importkontrolle und Hilfen für die
Landwirtschaft durch, was tatsächlich
ein spürbares Wachstum brachte.
Dieses konnte jedoch den Arbeits-
platzverlust in der Landwirtschaft und
die wachsende Bevölkerungszahl
nicht ausgleichen, so daß das ganze
Jahrzehnt von Arbeitslosigkeit geprägt war. Eine große Sozialreform
legte 1933 mit vier Hauptgesetzen zur
Volkssicherung (Krankenversiche-
rung, Alters- und Invalidenrente), Arbeitslosigkeit und Arbeitszuteilung,
Unfallversicherung sowie zur öffentlichen Fürsorge den Grundstein des
heutigen Wohlfahrtsstaates.

## Zweiter Weltkrieg
## und Besatzungszeit

Auch in den dreißiger Jahren blieb
Dänemark neutral, in der Hoffnung,
sich wie im Ersten Weltkrieg aus
möglichen Kriegshandlungen heraus-

halten zu können. Doch schon als dieser ein halbes Jahr im Gange war, besetzten Hitlers Truppen zeitgleich mit Norwegen am 9. April 1940 das Land. Der Widerstand gegen die Übermacht war gering, eher symbolisch. Eine aus den vier ältesten Parteien gebildete sogenannte *Samlingsregering* (Sammlungsregierung) wurde gebildet, die mit der Besatzungsmacht kooperierte und so Verwaltung und Rechtswesen erhalten konnte.

Auf deutschen Druck hin wurden nach Hitlers Angriff auf die Sowjetunion führende dänische Kommunisten interniert, man stellte sogar ein *Frikorps Danmark* auf, in dem Freiwillige gegen Rußland zogen - eines der unrühmlichen Ereignisse dänischer Geschichte.

Doch gleichzeitig wuchs der innere Widerstand so stark, daß es am 29. August 1943 zu einem Ende der Politik der Zusammenarbeit kam. Ein Freiheitsrat (*Danmarks Frihedsråd*) koordinierte ab September den Widerstand verschiedener Gruppen. So gelang es auch, als die Deutschen im Oktober 1943 die dänischen Juden verhaften wollten, fast alle 7.000 nach Schweden in Sicherheit zu bringen (→ Artikel "Oktober 1943 - die Rettung der dänischen Juden vor der Vernichtung").

Als am 4. Mai 1945 die deutschen Besatzer vor den einrückenden Briten kapitulierten, konnte sich wieder eine freie Regierung bilden.


# Zeitgeschichte - Nach dem Zweiten Weltkrieg bis heute

Die vier alten großen Parteien mit den Sozialdemokraten als größte Gruppierung dominierten auch nach dem Zweiten Weltkrieg die dänische Politik, die wie die Weltpolitik von Blockbildung und "Kaltem Krieg" bestimmt wurde. 1949 wurde Dänemark Mitglied der NATO.

Dem Westen hatte sich das Land schon ein Jahr zuvor durch den Beitritt zur OEEC (Organisation zur wirt-

---

## Oktober 1943 - die Rettung der dänischen Juden vor der Vernichtung

Spätestens ab Sommer 1941 begannen die Nazis mit der systematischen Vernichtung der Juden. Schon im Oktober 1942 wurden die Juden aus dem besetzten Norwegen nach Auschwitz deportiert. Ein Jahr später, in der Nacht vom 1. auf den 2. Oktober 1943, wollten Gestapo und deutsche Polizeitruppen auch in Dänemark landesweit Juden verhaften. Und hier gelang das fast Unglaubliche: Viele Menschen waren bereit, ihren wenigen jüdischen Mitbürgern, die weitgehend integriert waren, zu helfen - trotz auch in Dänemark herrschender antisemitischer Stimmungen und eines nicht immer gern angesprochenen Themas - Kollaboration. Quasi über Nacht bildeten sich illegale Organisationen, die Unterschlupf gewährten und ihre bedrohten Mitbürger mit kleinen Fischerbooten ins sichere Schweden brachten. Mehr als 7.000 Menschen konnten gerettet werden und bis Kriegsende dort bleiben. Trotzdem wurden 500 meist alte und kranke Juden verhaftet und ins KZ Theresienstadt deportiert. Die meisten von ihnen konnten, u. a. dank dänischer Lebensmittelhilfe, überleben. Aufgrund dieser Ereignisse nennt man Dänemark heute noch das "kleine Licht in der großen Finsternis der Judenvernichtung".

Ministerpräsident Poul Nyrup Rasmussen

gann dank sozialdemokratischer Politik "von der Wiege bis zum Grab" alles zu regeln. Ob Ausbildung, Wohnungs-, Sozial-, Arbeitsmarkt- oder Steuerpolitik - alles fiel unter öffentliche Verantwortung. Mit der ersten Ölkrise 1973 begannen aber auch für Dänemark Schwierigkeiten, die weit über ein Jahrzehnt anhielten. Das Wachstum verlangsamte sich, Arbeitslosigkeit wurde ein Dauerzustand. Die Staatsverschuldung nahm, bedingt durch eine negative Zahlungsbilanz, zu.

Dies schlug sich bei der Wahl des *Folketing* (seit einer Verfassungsänderung 1953 und der Abschaffung der zweiten Kammer - *Landsting* - ist Dänemark ein Einkammersystem) in einer Zunahme der vertretenen Parteien von fünf auf zehn nieder. Seitdem konnte keine Regierung mehr mit einfacher Mehrheit regieren. Erschwerend kommt für die Parteien hinzu, daß die Dänen "Wechselwähler" sind, d. h. die Parteienbindung ist geringer als etwa in Deutschland.

schaftlichen Zusammenarbeit in Europa) angeschlossen, auch um von der wirtschaftlichen Hilfe durch den Marshall-Plan der USA zu profitieren. Die West-Integration setzte sich 1959 mit dem Beitritt zur EFTA, der Europäischen Freihandelsorganisation, fort. Gemeinsam mit Großbritannien verließ man diesen Zusammenschluß 1973, um der EG beizutreten. Dies geschah unter heftigen innenpolitischen Kontroversen, die sich noch vor wenigen Jahren bei der Volksabstimmung zu den Maastrichter Verträgen bemerkbar machten.

Diese Zeit war eine Phase wirtschaftlichen Wachstums, in der die Landwirtschaft auch im Export zugunsten der Industrieproduktion an Bedeutung verlor. Dienstleistungssektor und öffentliche Anstellungen nahmen zu, so daß in den sechziger Jahren Vollbeschäftigung erzielt werden konnte. Der Wohlfahrtsstaat be-

## Die jetzige Regierung

Auch nach der letzten Parlamentswahl am 21. September 1994 behielt der bisherige Ministerpräsident *Poul Nyrup Rasmussen* - er hatte bereits im Januar 1993 Poul Schlüter abgelöst - sein Amt als Regierungschef, allerdings muß seine Mitte-Links-Koalition nun als Minderheitskabinett regieren: Vor den Wahlen hatte sie noch 89 der 179 Sitze im Parlament, danach schrumpfte dieser Anteil auf 75. Der wesentliche Grund dafür war, daß die Christliche Volkspartei (*Kristiligt Folkeparti*) als eine der Regierungsparteien den Sprung über die Zwei-Prozent-Hürde nicht schaffte. Doch auch die anderen Regierungsparteien verloren Stimmen. Die Sozialdemokraten (*Socialdemokratiet*) unter Rasmussen

kamen auf 34,6 %, die Zentrumsdemokraten (*Centrumsdemokraterne*) auf 2,8 % und nur die radikale *Venstre* vermochte mit 4,6 % einen Gewinn zu verzeichnen. Dennoch sagte Poul Nyrup Rasmussen schon kurz nach der Wahl: "Dies ist eine solide Basis zum Regieren."

Schließlich haben die Dänen reichlich Erfahrung mit Minderheitsregierungen. Obwohl es diesmal wirklich schwierig wird, denn nicht zuletzt die Partei des ehemaligen Außenministers Uffe Ellemann-Jensen legte deutlich zu: *Venstre* gewann 7,5 % und kam auf immerhin 23,3 %! Das sind 42 Sitze, und 27 haben auch die Konservativen erhalten - kein leichtes Arbeiten also für die Regierung Nyrup. Aber sie arbeitet nach wie vor erfolgreich.

Königin Margrethe II.

## Königreich und Parteien heute

*Kongeriget Danmark* - so nennt sich Dänemark selbst. Das Königreich ist eine konstitutionelle Monarchie, deren Verfassung (*Grundlov*) eine Dreiteilung der Macht vorschreibt.

Die Gesetze beschließt das Parlament, das *Folketing*. Die exekutive Gewalt hat offiziell das Staatsoberhaupt, also die Königin, tatsächlich jedoch die Regierung. Die Rechtsprechung liegt bei den Gerichten, deren Richter auf Lebenszeit ernannt werden und unkündbar sind. Auf unterster Stufe steht das Stadt- oder Ortsgericht, dann zwei Landgerichte (Östliches und Westliches Landgericht), die oberste Berufungsinstanz ist das Oberste Gericht.

Für die Königsfamilie gilt Unverletzlichkeit, d.h., sie muß sich vor keinem Gericht verantworten. Wer sich als einfacher Bürger ungerecht beurteilt fühlt, kann sich aber an den *ombudsmand* im Parlament wenden und sich dort beschweren. Dieser kann in laufende Verfahren eingreifen und Minister und Beamte instruieren.

Überraschend viele Parteien hat Dänemark, jedenfalls wenn man bedenkt, daß das Land mit etwas über 5 Millionen Einwohnern nicht gerade sehr groß ist: rund ein Dutzend. Ein Zehntel der Dänen ist Mitglied einer politischen Partei, wobei die Parteien vergleichsweise kleine Mitgliederzahlen haben. Mit Abstand die größte sind die Sozialdemokraten mit 100.000 Mitgliedern. Ungefähr 30 % der Abgeordneten im Parlament und in Gemeinderäten sind Frauen.

### Die wichtigsten Parteien

#### Sozialdemokraten

*Socialdemokratiet* - so ihr dänischer Name - wurde 1871 als ein Teil der

Internationale gegründet. Dreizehn Jahre später kam die Partei erstmals ins Parlament, wo sie gemeinsam mit *Venstre* gegen die bis dahin alleinregierenden bürgerlichen Rechten arbeitete. Erst 1924 konnten die Sozialdemokraten selbst eine Regierung bilden, wurden aber seither zu einer der staatstragenden Parteien, ohne je eine absolute Mehrheit zu erreichen. Sie trugen jedoch seit den dreißiger Jahren entschieden zur Formung des dänischen Wohlfahrtsstaates bei und arbeiten eng mit der Gewerkschaft (*Landsorganisationen* oder kurz *LO*) zusammen. Seit Anfang 1993 stellt die Partei mit *Poul Nyrup Rasmussen* den Ministerpräsidenten.

## Det Konservative Folkeparti

Die *Konservative Volkspartei*, so die wörtliche Übersetzung ihres Namens, dürfte vor allem durch ihren damaligen Parteivorsitzenden, den 1929 geborenen *Poul Schlüter*, in Erinnerung sein. Zeitgleich mit anderen Konservativen in Europa war Schlüter während der achtziger Jahre Ministerpräsident von Dänemark. Die 1870 gegründete Partei *Konservative Folkeparti* geht in ihrer jetzigen Form auf das Jahr 1916 zurück, hat heute ungefähr 32.000 Mitglieder und war bei ihrer Gründung ein Zusammenschluß von Gutsbesitzern und nationalliberalen Bürgern, die der wachsenden Macht der "niederen Klassen" entgegenwirken wollten. Die Partei hatte lange Zeit keinen Einfluß auf die Politik, sie stützte ab 1920 lediglich einige Male andere Regierungsparteien. Erstmals 1950 war sie selbst an der Regierungsbildung beteiligt, und noch einmal dreißig Jahre dauerte es, bis Poul Schlüter 1982 ihr erster *statsminister* wurde. Obwohl die Konservativen sich ideologisch nicht festlegen, stehen sie eher der Dänischen Arbeitgebervereinigung und

dem Industrierat nahe. International befürworten sie Dänemarks Mitgliedschaft in NATO und Europäischer Union - schließlich sitzt Poul Schlüter seit 1994 im Europäischen Parlament.

## Venstre

Die *Linke*, auch *Danmarks Liberale Parti* genannt, ist im Gegensatz zu dem, was ihr Name vermuten läßt, eigentlich eine liberale Partei. Sie bildete sich 1870 als Repräsentant der Landbevölkerung im Parlament, trat für Demokratisierung ein und kämpfte gegen die regierenden Rechten, *Højre*, weshalb sie als beinahe revolutionär angesehen wurde. Ihr Parteiführer saß einige Male im Gefängnis.

Obwohl die Partei seit 1872 die Mehrheit im Parlament hatte, kam sie erst 1901 an die Regierung. Kurz darauf, 1905, spaltete sich die Partei in *Venstre* und *Det Radikale Venstre*, die beide heute noch bestehen. Als Mittelstandspartei arbeitet *Venstre*, die heute ungefähr 75.000 Mitglieder zählt, weiter. Laut ihrer Selbstdarstellung verfolgt sie heute eine "populistisch-liberale Linie hinsichtlich Kirche, Schule, Erwachsenenbildung, lokalen Körperschaften" (Zitat aus dem Parteiprogramm) und den freien Wettbewerb in einer freien Gesellschaft. Im Ausland wurde sie zuletzt durch ihren Vorsitzenden Uffe Ellemann-Jensen bekannt, der als Außenminister unter Poul Schlüter bis 1992 die Stellung Dänemarks in der Europäischen Union entscheidend stärkte. Bekannt war Uffe Ellemann vor allem durch sein unkonventionelles Auftreten: So erschien er 1992 bei einem Außenministertreffen als Fußballfan in den Nationalfarben. Immerhin war Dänemark überraschend Europameister geworden. Zum Nato-Generalsekretär wurde er 1995 dennoch nicht gewählt.

## Das Folketing - auf einer Insel mitten in Kopenhagen

Im Herzen von Kopenhagen liegt die Insel *Slotsholmen*. Sie ist von Kanälen umgeben und nur über Brücken zu erreichen. Von hier aus wird Dänemark regiert, denn in Schloß Christiansborg haben *Folketing* und die meisten der rund zwanzig Ministerien ihren Sitz. Diese bestehen aus Departements und Direktoraten, deren Beamte bei Regierungswechseln normalerweise nicht aus dem Amt scheiden.

Für deutsche Besucher ist es immer wieder überraschend zu sehen, wie anders die Dänen mit ihrer Demokratie umgehen: Es gibt nämlich weder eine "Bann mei le" rund um das Parlament, noch sind auffällige Sicherheits-vorkehrungen für die 179 Parlamentsmitglieder, von denen nach der letzten Wahl ca. ein Drittel Frauen sind, zu bemerken. Ein sehr erfreulicher Zustand - und nachahmenswert!

Die dänischen Abgeordneten werden in allgemeiner, direkter und ge-heimer Wahl für vier Jahre gewählt - wobei seit 1953 nur zwei Parlamente unverändert eine Wahlperiode überstanden. Wählen darf jeder über 18 Jahre.

135 der 175 Sitze (plus je zwei für Grönland und die Färöer) erhalten die Sieger in den Wahlkreisen, die übrigen 40 werden prozentual an die Par-teien aufgeteilt, die zu wenig Sitze im Verhältnis zur Stimmenzahl haben. Um ins *Folketing* zu kommen, muß eine Partei mindestens 2 % aller Stim-men erreichen.

Lokal wird das Land verwaltet von 277 Kommunen, die Bürgermeister und Gemeindevorstand haben. Die Aufgaben größerer Sachgebiete wie Straßenbau oder Gesundheitsfürsorge regeln die siebzehn Ämter und Kreisgemeinden (*storkredse*) unter der Leitung von Kreistagen und Kreisbürgermeistern (vergleichbar den Landräten). Wahlen hierzu finden ebenfalls alle vier Jahre statt.

### Det Radikale Venstre

Die *Radikalen Linken* entstanden 1905 als eine Abspaltung von *Venstre* und vertraten nicht nur die Landbe-völkerung, sondern auch schon Aka-demiker. Sie verstehen sich als sozi-alliberal, treten für Privatbesitz von Produktionsanlagen und -gütern ein, doch sollte der Staat gleichzeitig die sozial Schwachen stützen. Die stark anti-militaristisch orientierte Partei stand immer den Sozialdemokraten nahe, mit denen sie erstmals 1929 eine Regierung bildete. Mit der Idee, eine "Brücke über die Mitte" von Sozi-aldemokraten zu Konservativen zu schlagen, waren die *Radikalen Linken* sowohl unter Poul Schlüter als auch unter Poul Nyrup Rasmussen an der Regierungsbildung beteiligt.

### Centrum-Demokraterne

Sie gibt es erst seit 1973, als ihr Par-teigründer Erhard Jakobsen die Sozi-aldemokraten verließ, weil diese ihm zu links geworden waren. Die Ideolo-gie sei veraltet, glaubte er, und darum sollen die *Zentrumsdemokraten* eine pragmatisch orientierte Partei der Mitte sein. Sie traten immer stark für die EU und NATO ein und waren bis 1988 unter Schlüter und ab 1993 un-ter Ministerpräsident Poul Nyrup-Rasmussen in der Regierung.

### Socialistisk Folkeparti

Die *Sozialistische Volkspartei* ist eine der vielen Parteien, die das Attribut "sozialistisch" im Namen führen. Ent-

## Königin Margrethe II.

Seit 1972 wird das Königreich Dänemark von *Dronning Margrethe II.* regiert. Die damals 31jährige konnte Monarchin werden, weil eine eingeführte Bestimmung aus dem Jahr 1953 eine weibliche Thronfolge erlaubt. Sie übernahm den Thron von ihrem Vater Frederik IX. und ist nach Margrethe I. (1375-1412) die zweite Frau, die das Land regiert. Seit ihrem Amtsantritt ist Margrethe II. äußerst populär in allen Bevölkerungsschichten. Daß sie im Bewußtsein fast aller Menschen so präsent ist, liegt vor allem an den über Radio und Fernsehen verbreiteten Neujahrsansprachen, in denen sie sich immer wieder für Schwächere engagiert. Das gilt gleichermaßen national wie international.

Zur großen Sympathie haben auch Margrethes kreative und künstlerische Talente beigetragen. Die am 16. April 1940 Geborene illustrierte J.R. Tolkiens "Herr der Ringe" und übersetzte gemeinsam mit ihrem Mann u. a. Simone de Beauvoirs "Alle Menschen sind sterblich" ins Dänische. Prinz Henrik, ein Franzose, ist dabei gewissermaßen ihre "schwache Seite" in der Öffentlichkeit: Obwohl er seit bald dreißig Jahren in Dänemark lebt - die beiden heirateten 1967 -, ist sein Dänisch nicht akzentfrei und daher immer wieder für eine ironische Bemerkung gut.

Das Königspaar hat zwei bei allen Dänen beliebte Söhne: Kronprinz Frederik (geb. 1968) und Prinz Joachim (geb. 1969). Die Residenz der Königin ist Amalienborg in Kopenhagen; im Sommer hält sie sich abwechselnd auch auf Schloß Fredensborg in Nord-Seeland oder Schloß Marselisborg in Århus auf.

standen 1959 aus einer Trennung von der Dänischen Kommunistischen Partei, konnte die Partei erst in den Achtzigern mit rot-grünem Profil wieder Format gewinnen, doch ist sie mit ihren 8.000 Mitgliedern heute nicht sehr stark.

### Kristligt Folkeparti

Erst 1970 gegründet, war die Partei eine bürgerliche Reaktion auf die Freigabe von Pornografie und die Legalisierung der Abtreibung. Die 8.800 Mitglieder wollen sich an christlichen Werten orientieren und waren von 1982 bis 1988 an der Regierung Poul Schlüters sowie an der ersten Regierung unter Nyrup beteiligt, bis sie 1994 aus dem *Folketing* ausschieden.

### De Grønne

Auch Dänemark hat *Die Grünen*. Allerdings hat es die im Oktober 1983 gegründete Umweltpartei bei den letzten Wahlen nicht geschafft, sich mit ihrem Eintreten für eine ökologische, soziale, gewaltfreie und direkt demokratische Politik ein genügend klares Profil zu geben, und sie wurde nicht ins Parlament gewählt.

### Fremskridtsparti

Mit viel Medienrummel gelang es, 1971 eine neue Partei zu gründen, die *Fremskridtsparti* (Fortschrittspartei). Mogens Glistrup, der nicht nur in Dänemark zu zweifelhaftem Ruhm gelangte Rechtsanwalt, hatte öffentlich erklärt, keine Steuern zu bezahlen; es sei ein leichtes, die strengen dänischen Steuergesetze zu umgehen. Von Anfang an war die *Fremskridtsparti* eine Protestpartei gegen hohe Steuerbelastungen und den Ausbau der öffentlichen Bürokratie. Bei der ersten Wahl, zu der die

Partei antrat, konnte sie 1973 mit 15,9 % zweitgrößte Fraktion im Parlament werden. Ihr politischer Einfluß blieb aber immer gering, und so kamen die inneren Spannungen nicht überraschend, die langsam immer größer wurden. Als Mogen Glistrup zur Wahl 1990 eine neue Partei gründete (Trivselsparti), wurde er ausgeschlossen. Auch das verhalf der Partei nicht zu größerer Bedeutung.

### Folkebevægelsen mod EF

Eine politische Besonderheit Dänemarks ist die über so viele Jahre immer wieder aktive *Volksbewegung gegen die EG*. Ihre Gründung geht bereits auf die sechziger Jahre zurück, als erste Widerstände gegen den Beitritt Dänemarks zur Europäischen Gemeinschaft mobilisiert wurden. Sie ist parteiübergreifend mit dem erklärten Ziel, die dänische Mitgliedschaft in der heutigen Europäischen Union zu beenden, da sie die EU für dirigistisch halten. Für großes Aufsehen sorgten sie zuletzt, als sie Anfang der neunziger Jahre gegen die Zustimmung der Dänen zu den Maastrichter Verträgen kämpften - erfolglos, wie sich nach der zweiten Abstimmung zeigte. Doch auch im jetzigen Europa-Parlament sitzen Anhänger der *Folkebevægelsen*.

## Bildungswesen

Das dänische Schul- und Weiterbildungssystem ist heute eines der durchlässigsten und umfassendsten auf der Welt. In einem Zeitungsartikel hieß es einmal, die Dänen seien ein "*folk på efterskoling*" - frei übersetzt: "ein Volk in der Weiterbildung" -, so viele nutzten die Möglichkeiten, sich weiterzuqualifizieren.

Das allgemeine Schulsystem ist recht einfach zu beschreiben: Es be-

steht aus Volksschule (*folkeskole*), die jeder besuchen muß, und Gymnasium (*gymnasium*). Diese Teilung geht auf das erste Schulgesetz aus dem Jahr 1814 zurück. Bis dahin hatte es seit dem Mittelalter auch in Dänemark zunächst nur Latein-, ab dem 18. Jahrhundert dann auch Realschulen gegeben. Dieses Gesetz führte die damals noch sogenannte *grundskole* ein, die sieben Jahre zu besuchen war. Wie damals gilt auch heute noch: Es gibt eine Unterrichtspflicht (*undervisningspligt*), aber keine Schulpflicht (*skolepligt*)! Das heißt, Eltern müssen ihre Kinder nicht zur Schule schicken, sie können sie auch selbst unterrichten.

Die *folkeskole* umfaßt jetzt die erste bis neunte Klasse, nach der man freiwillig ein zehntes Jahr anschließen kann; entweder macht man diese Ausbildung direkt ab dem sechsten Lebensjahr auf einer solchen *folkeskole*, einer Privatschule (dies taten mit steigender Tendenz in den achtziger Jahren ca. 10 % der Schüler) oder einer sogenannte Nachschule (*efterskole*).

Hieran kann sich eine drei- bis vierjährige Berufsausbildung (*erhvervsuddannelse*) anschließen, oder aber das dreijährige Gymnasium, das mathematisch oder sprachlich ausgerichtet ist. Der Besuch des Gymnasiums endet mit dem Abitur (*studentereksamen*), das den Weg zum Studium oder zu weitergehenden Ausbildungen (*videregående uddannelser*) öffnet. Eine dem zweiten Bildungsweg vergleichbare Möglichkeit, die ursprünglich für Erwachsene gedacht war, die einen qualifizierten Schulabschluß nachholen wollen, ist das höhere Vorbereitungsexamen (*højere forberedelseseksamen* oder kurz *HF*), mit dem auch im späteren Leben Weiterbildung möglich ist.

Die dann offenstehenden Ausbildungsangebote unterteilt man in kurze (2-3 Jahre, z.B. Erzieher,

## Die dänische folkehøjskole

Ein besonders bekanntes und originales Kapitel der dänischen Bildung sind die sogenannten *folkehøjskoler*. Dies klingt zwar nach "Volkshochschule" und heißt auch wörtlich übersetzt so, nur hat diese Schulform mit der entsprechenden deutschen gar nichts gemein. Darum sei sie hier auch weiterhin nur *folkehøjskole* genannt.

Es ist fast unmöglich, zu erklären, was sich hinter diesem Begriff verbirgt. Versucht man eine kurze, grobe Definition, könnte man es eine Schulform nennen, die sich an Erwachsene - das Mindestalter bei Kursbeginn ist 17,5 Jahre - richtet und ihnen allgemeinbildenden Unterricht bietet. So soll "Volksbildung" möglichst zweckfrei - also ohne gezielt auf einen Abschluß hinzuarbeiten - vermittelt werden, basierend auf der dänischen Tradition einer fest verankerten demokratischen Lebensanschauung, die die Individualität jedes einzelnen achtet.

Die erste *folkehøjskole* wurde am 7. November 1844 in Rødding, Südjütland, eröffnet. Achtzehn Bauernknechte waren die ersten Schüler. Nach den Gedanken ihres Gründers *N.F.S. Grundtvig* (→ Artikel "Der Begründer des heutigen Dänemark - N.F.S. Grundtvig") und des Pädagogen *Christen Kold* (1816-1870) sollte "das lebendige Wort" und nicht die Schriftsprache im Mittelpunkt stehen. Das tut es bis heute. Damals spielte Grundtvigs Schulidee, obwohl zuerst als höhere Beamtenschule gedacht, besonders für den Bauernstand eine große Rolle. Dieser erlangte so die Mündigkeit und das Selbstbewußtsein, die ihm mit der Verfassung 1849 gewährten demokratischen Rechte zu nutzen.

Die ungefähr hundert *folkehøjskoler* von heute liegen darum verstreut über das ganze Land, zumeist aber im ländlichen Raum oder in Kleinstädten. Ob mit Platz für 200 oder nur für 30 Schüler, alle wollen im intensiven Zusammenleben von Schülern und Lehrern eine starke soziale Atmosphäre schaffen und sind daher - bis auf eine Ausnahme - Internate. Die meisten Schulen haben im Winter lange Kurse von vier bis acht Monaten, im Sommer kurze von ein bis zwei Wochen Dauer. Während sich die ersteren vorwiegend an Jugendliche im Alter von 18 bis 23 richten, sind die anderen für alle gedacht.

In den vergangenen Jahren haben rund 60.000 Personen, das sind 2 % aller Dänen, jedes Jahr einen Kurs mitgemacht, 15.000 von ihnen einen mehrmonatigen.

Das Fächerangebot ist umfassend: Literatur, Geschichte, Psychologie, Pädagogik, Musik, Schauspiel, Sport, Tanz, Kunst, Foto, Zeichnen, Kochen usw. werden, teils spezialisiert von Schule zu Schule, angeboten. Wichtiger als ein Fach ist jedoch das grundlegende pädagogische Prinzip der *folkehøjskoler*, nach dem nicht die Fächer, sondern die Menschen in der Schule das Wichtigste sind. Nicht Spezialwissen ist darum gefragt, vielmehr Allgemeinbildung als Lebensbildung, die fürs individuelle und soziale Leben grundlegende Fragen erhellt. Lust und Engagement sind entscheidender als Paukerei: Es klingt für Außenstehende vielleicht paradox, doch es ist einfach nicht erlaubt, an der *folkehøjskole* irgendeine Form von Examen oder Unterricht zur beruflichen Qualifikation durchzuführen. Zugespitzt zählt nur eines - Mensch zu sein!

Dennoch - oder gerade deshalb - unterstützt der dänische Staat die Schulen regelmäßig mit einer halben Milliarde DKK pro Jahr für Bauzuschüsse, Lehrergehälter oder Schülerförderung. Dennoch muß jeder Schüler einkommensabhängig für einen Aufenthalt monatlich ca. 5.000 bis 6.000 DKK zahlen. Gefördert werden Dänen oder wer eine persönliche Beziehung zum Land nachweisen kann. Grundsätzlich stehen die *folkehøjskoler* aber jedem offen: ein intensives Erlebnis.

Adresse: Højskolernes Sekretariat, Farvergade 27, GDK-1563 København K, Tel. 00 45-33 13 98 22

Fremdsprachenkorrespondent, Polizist), mittellange (3-4 Jahre, Volksschullehrer, Bibliothekar, Ergotherapeut u. a.) und lange (4-6 Jahre, alle Universitätsstudiengänge).

Dänemark hat drei traditionelle Universitäten: Kopenhagen, Århus und Odense. Aus den frühen siebziger Jahren stammen zwei Reformuniversitäten, sogenannte *Universitetscenter*, in Roskilde und Ålborg, die alternative Formen des Studiums, z. B. Gruppen- statt Einzelarbeit, mit Erfolg einführten. Insgesamt sind knapp 50.000 Studenten an diesen Universitäten eingeschrieben, doch die Zugangsbegrenzungen sind auch in Dänemark stark, denn der Notendurchschnitt wurde erheblich angehoben. Dadurch stieg aufgrund von Wartezeiten auch das durchschnittliche Alter der Studenten in den letzten Jahren deutlich an.

## Der Begründer des heutigen Dänemark - N.F.S. Grundtvig

Sicher, zwei seiner Zeitgenossen sind bekannter als er: *Hans Christian Andersen* und *Søren Kierkegaard* kennt fast jeder auf der Welt. Aber aus dänischer Sicht besteht kaum ein Zweifel daran, daß ein anderer viel deutlichere Spuren in der dänischen Kultur hinterlassen hat: *Nikolaj Frederik Severin Grundtvig*. Der Dichter und Pfarrer lebte von 1793 bis 1872 und schuf mit seinem eng an die Volksbildung angelegten Begriff der "Lebensbildung" die Basis der heute in Dänemark so ausgeprägten Egalität.

"Der Mensch ist kein Affe, sondern ein göttliches Experiment", schrieb er in seiner "Mythologie des Nordens" 1832. Diese Aussage, die nicht in Beziehung zu Darwins späterer Abstammungslehre steht, will betonen, daß der Mensch nicht nachhäfft, vielmehr als einziges Lebewesen imstande ist, das Nötige zu tun. Was? Ja, dafür gibt es nicht *die* Lösung, jeder muß es für sich selbst herausfinden. Ein Experiment fürs Leben!

Helfen sollen dazu auch die *folkehøjskoler*, deren geistiger Vater Grundtvig ist. Der Pfarrer, der sich in jungen Tagen nicht sonderlich von vielen seiner Berufskollegen unterschied, erweiterte auf mehreren Reisen nach Großbritannien um 1830 sein pädagogisches Wissen: Ein Grundgedanke wurde, daß der Mensch erst zu sich kommen muß, bevor er zu anderen kommen kann. Doch soll er über den Umweg dieser Selbstfindung nicht aus der Wirklichkeit - quasi ins eigene Ich - fliehen, nein, er soll sich der Realität stellen und sie beeinflussen; in ihr wirken, hieß es wohl damals.

"Tägliche Taten sind eines Helden würdig" - so drückte es Grundtvig in einem seiner unzähligen Lieder aus, die bis heute nicht nur in Gottesdiensten, sondern aus dem seit 1894 in mehr als zwei Millionen Exemplaren gedruckten und in allen Haushalten vorhandenen *folkehøjskolerns sangbog* (Gesangbuch der Volkshochschulen) auch zu weltlichen Anlässen gesungen werden.

## Religion und Kirche

Seit 1849 hat Dänemark eine staatlich unterstützte *Folkekirke* (wörtlich: Volkskirche), die evangelisch-lutherisch ist. Die Mehrheit aller Dänen ist Mitglied - durch Taufe -, insgesamt 4,5 Millionen, das sind gut 88 % der Bevölkerung. Wie alle großen Kirchen hat sie zunehmend mit Austritten zu kämpfen. Dabei sind deutliche Unterschiede zwischen Stadt und Land zu erkennen: Während im Großraum Kopenhagen "nur" etwa 75 % sich zur *Folkekirke* bekennen, sind es in Jütland bis zu 92 %. Trotz sinkender Zahlen lassen sich 90 % kirchlich beerdigen, immerhin mehr als 80 % gehen zur Konfirmation (→ Artikel "Mehr Kirchgänger als vermutet").

Ganz Dänemark ist in zehn Bistümer *(stifte)* unter Leitung eines Bischofs eingeteilt. Diese wiederum gliedern sich in 109 Probsteien *(provstier)*. Kleinste Einheiten sind die 2.114 Gemeinden *(sogne)* und 1.365 Pastorate *(pastorater)*, wobei ein Pastorat mehrere Gemeinden umfassen kann. Jeder Gläubige darf sich eine Gemeinde frei wählen.

Alle anderen Glaubensgemeinschaften sind sehr klein: Es gibt von der Volkskirche abgespaltene Frei- und Wahlgemeinden *(fri- og valgmenigheder)* und mehrere reformierte Kirchen; knapp 30 000 gehören der katholischen Kirche an; etwa 16.000 sind *Zeugen Jehovas* - alles also kaum beachtenswerte Zahlen, verglichen mit der Mitgliederzahl der *Folkekirke*.

## Vom Land der Fähren zum Land der Brücken und Tunnel

Ein Land in Veränderung - so läßt sich Dänemark beschreiben, wenn man an die ungeheuren Anstrengungen denkt, die dem wirtschaftlich so wichtigen Faktor *Verkehr und Mobilität* gelten.

Wer sich noch vor zehn Jahren im Auto von Süd- nach Nordjütland bewegte, mußte lange Strecken über Landstraßen in Kauf nehmen. Seit 1994 ist die Autobahn E 45 von Padborg bei Flensburg zumindest bis Ålborg durchgehend ausgebaut. Und auch das Projekt *Motorvej til Nordjylland* - eine Autobahn durchs wirtschaftsschwache Vendsyssel bis nach Frederikshavn zu bauen -, wird sicher bald verwirklicht. Die übrigen Strecken verbinden das ganze Land: Die E 20 führt bald durchgängig von Esbjerg über Fredericia in Westjütland, Odense, Nyborg, Korsør und Roskilde bis Kopenhagen. Von Rød by auf Lolland gelangt man dorthin über die E 47.

Die vielen Inseln sind per Fähren verbunden. Zwischen acht Stunden (Kopenhagen-Bornholm) und wenigen Minuten beträgt die Fahrzeit, an die sich die Dänen eigentlich gewöhnt hatten. Weil aber auch in Dänemark die Geschwindigkeit zunimmt, spielen Brücken eine immer größere Rolle, und dies nicht nur national, sondern zunehmend auch international für die Verbindung zu den neuen EU-Ländern Schweden und Norwegen.

Während das 18. Jahrhundert die Zeit der Fähren und Dampfschiffe war, entwickelt sich das 20. und noch mehr das 21. Jahrhundert zu einer Zeit der Brücken: Als erste wichtige Verbindung wurde die Brücke über den *Kleinen Belt* von Fredericia nach Fünen 1935 eingeweiht. Noch im gleichen Jahrzehnt entstanden weitere, darunter die von *Seeland* zur Insel *Møn*. Architektonisch herausragend sind die *Storstrømsbrücke* und die *Farøbrücke* von Seeland nach Falster, beide 3,5 km lang. Letztere entstand, wie die Brücke über den *Vejlefjord* und die *Sallingbrücke* zwischen Jütland und der Insel Mors, in den sechziger Jahren.

Vergleichsweise klein wirken diese Projekte im Verhältnis zu dem, was heute gebaut oder geplant ist: Brücken über den *Großen Belt,* den *Øresund* und *Femernsund.* Die Strecke von Puttgarden nach Rødby auf Lolland, die *Vogelfluglinie,* könnte als direkte Verbindung von Deutschland nach Dänemark ausgebaut werden. Voruntersuchungen sind angelaufen; ein möglicher Baubeginn liegt Mitte oder Ende der neunziger Jahre, und erst Anfang des nächsten Jahrtausends dürfte dann der Vekehr rollen. Früher losgehen könnte es von der Kopenhagener Insel Amager hinüber nach Schweden, wo erste Vorarbeiten schon in Gang sind. Dies geschieht trotz aller ökologischen und wirtschaftlichen Bedenken und Widerstände in beiden Staaten, denn niemand weiß genau, wie sich der Bau auf die einzige Wasserverbindung in die Ostsee auswirkt.

Bis 1996 fertiggestellt sein soll das zweitgrößte Tiefbauprojekt Europas, die Brücke über den *Großen Belt: Storebæltsbroen.* Die Verbindung von Knudshoved auf Fünen und Halsskov auf Seeland wird 18 km lang und verläuft in zwei Teilen. Von Fünen bis zur in der Mitte gelegenen Insel Sprogø entsteht eine Brücke für Auto- und Eisenbahnverkehr. Sie ist mit 6,6 km die zweitlängste Brücke Europas. Als reine Straßenbrücke geht sie dann von Sprogø weiter nach Seeland und führt mit einer Spannweite von 1.624 m über die internationale Fahrrinne - sie wird die größte Hängebrücke der Welt. Der Zugverkehr wird derweil auf Sprogø in einen Tunnel geleitet, um nach 8 km Seeland zu erreichen. 1996 soll der Zugverkehr rollen, ein oder zwei Jahre später auch der Autoverkehr. Die Benutzung wird später nicht kostenlos sein, denn die Kosten für die vom Staat gebaute Verbindung sollten für die Bahnstrecke innerhalb 30, für die Autostrecke spätestens nach 17 Jahren zurückbezahlt werden. Auf beiden Seiten des *Großen Belt*, also in Knudshoved und Halsskov, sind Ausstellungen mit Modellen und Zeichnungen zu sehen. Sie sind sehenswert, obwohl sie das Ende des alten, gemütlichen "Seelands" Dänemark

## Mehr Kirchgänger als vermutet

Wer bislang gedacht hatte, daß die dänischen Kirchen Sonntag für Sonntag ein Ort gähnender Leere seien, wo sich die - sowieso immer weniger werdenden - Gläubigen verloren vorkommen, muß seine Meinung aufgrund neuer Zahlen zumindest teilweise korrigieren: Eine Untersuchung des *Instituts für Sozialforschung* hat 1993 gezeigt, daß die Kirchen heute immerhin wieder so häufig besucht werden wie zuletzt in der zwanziger Jahren. Ähnliche Analysen waren schon 1964, 1975 und 1987 gemacht worden.

Bei den stets gleichen Meinungsumfragen wurden die Dänen zu ihrem Kultur- und Freizeitverhalten, darunter auch ihrem Verhältnis zur evangelisch-lutherischen *Folkekirke,* um Auskunft gebeten. Die Vergleichszahlen der letzten Untersuchung zeigen, daß der Anteil der Menschen, die nie in die Kirche gehen, deutlich zurückgegangen ist. Und zwar von 37 % im Jahr 1987 auf 25 % im Jahr 1993. Entsprechend ist der Anteil der Bürger, die regelmäßig - d. h. zweimal im Monat oder öfter - einen Gottesdienst besuchen, von 3 % auf 5 % gestiegen. Ältere Menschen gehen am häufigsten zur Kirche. In der Gruppe der 60- bis 69jährigen sind es 10 %, bei den Senioren ab 70 Jahren 16 %.

einzuläuten scheinen. Doch Nostalgiker seien getröstet: Die alten Fährverbindungen sollen nicht sterben.

Abschließend noch einiges zu Zug- und Flugverkehr: Die erste Eisenbahn fuhr 1847 von Kopenhagen nach Roskilde. Heute gehen die zentralen Strecken von Kopenhagen nach Fredericia und Århus, sowie von Padborg bis Ålborg und Frederikshavn. Sie werden von den *Dänischen Staatsbahnen* (DSB) betrieben, kleinere Nebenstrecken von Privatbahnen. Der größte Teil des Netzes ist nicht elektrifiziert, abgesehen vom Großraum Kopenhagen und zukünftig von dort in Richtung Deutschland sowie auch zwischen Frederica und Flensburg. Auf den nicht elektrifizierten Strecken verkehren mit Diesel betriebene Züge. Der modernste von ihnen ist der *InterCity 3,* ein modernes Fahrzeug, das auch ein Exportschlager ist.

Inländische Flugverbindungen gibt es von Kopenhagen (Kastrup) zu elf kleineren Flughäfen: Ålborg, Karup, Esbjerg, Hanstholm, Tirstrup, Ringkøbing, Billund, Skrydstrup, Sønderborg, Beldringe und Rønne.

## *Bildende Kunst - damals und heute*

### *Vor 1945*

Die dänische Kunst vor oder bis 1900 ist von zwei Begriffen und einem Namen bestimmt: dem "Goldenen Zeitalter" Mitte und den "Skagen-Malern" Ende des 19. Jahrhunderts (→ Artikel "Die Skagen-Maler und ihre Kolonie") sowie dem bekannten Bildhauer *Bertel Thorvaldsen.*

Ganz frühe Beispiele für Kunst sind Abbildungen von Tieren, die steinzeitliche Jäger in Bernstein ritzten. Die Wikinger errichteten an Stränden, von denen aus nicht wiedergekehrte Schiffe abgelegt hatten, senkrecht stehende Steinblöcke (*bautasten*) und schnitzten Tierornamente ins Holz ihrer Schiffe. Sie verzierten auch Waffen mit Bildern. Ihre Kunst war für die ersten christlichen Bilder Dänemarks bedeutsam.

Im Mittelalter war wie in ganz Europa auch in Dänemark Kunst sakral und stand im Dienst der Kirche. Sie richtete sich nach Vorbildern, die aus Mangel an kostbaren Werkstoffen, wie er im reicheren Süden benutzt wurde, einfacher ausfielen. Statt Marmor verwendete man Granit. Mosaike in den Kirchen von armen Landgemeinden mußten mit wenigen Farben auskommen. Bekannt jedoch sind die Fresken - Kalkmalereien, die der Landbevölkerung in einfacher Form die biblische Geschichte nahebrachten. Hervorzuheben für die Zeit vor der Reformation sind die Renaissance-Künstler *Claus Berg* und *Hans Brüggemann,* die für Domkirchen in Odense bzw. Schleswig je einen großen Altar schnitzten.

Das Selbstvertrauen in eine dänische Nationalkunst, die sich erst langsam nach Gründung der Kunstakademie 1754 in Kopenhagen entwickelte, wurde gestärkt, als dem Bildhauer *Bertel Thorvaldsen* (1770-1844) in Rom ein internationaler Durchbruch gelang. Er hatte Skulpturen geschaffen, deren Vorbilder aus der Antike stammten; heute sind sie im Thorvaldsen-Museum in Kopenhagen zu sehen. Der "Griechenlehrling" förderte seine unbekannteren Landsleute, auch als er schon der berühmteste Bildhauer seiner Zeit war.

Unter ihnen war der Maler *Cristoffer Wilhelm Eckersberg* (1783-1853). Nachdem er in seinen Lehrjahren Europa bereist hatte, berief man ihn 1816 an die Kunstakademie. Als Auftragsarbeiten malte er historische Gemälde für Schloß Christiansborg; zum "Vater der dänischen Malerei" wurde er aber wegen seiner vielen

Altarbilder. Seine im Freien nach der Natur gemalten Seebilder, Waldstudien und Porträts bedeutender Kopenhagener Bürger begründeten eine romantisch-biedermeierliche Malerei, die man das "Goldene Zeitalter" nennt. Seine besten Schüler _Wilhelm Bendz, Martinus Rørbye, Wilhelm Marstrand, Jørgen Roed, Constantin Hansen_ und _Christen Købke_ bildeten den Kern dieser Malergruppe.

_Christen Købke_ (1810-1848) malte am liebsten in der Umgebung Kopenhagens, dort, wo Stadt und Land zusammentrafen. Viele seiner besten Arbeiten wirken skizzenhaft; die hellen Farben, feinfühlig unmittelbar auf die Leinwand gesetzt, schaffen ein Licht, das beinahe den Impressionisten vorgreift. Melancholischer, ja pathetischer sind die Werke der jüngeren Maler des "Goldenen Zeitalters", _Johann Thomas Lundbye_ (1818-1848), _Dreyer_ (1816-1852) und _Skovgaard_ (1817-1875).

Gegen diese akademische Tradition richtete sich eine Gruppe von Malern um _Peter Severin Krøyer_ (1851-1909) und _Anna Ancher_ (1859-1935), die in Skagen, im Norden Dänemarks, unter freiem Himmel malten. Ihre Strandpartien hängen heute im Museum in Skagen und in der Hirschsprungschen Sammlung in Kopenhagen. Dem Beispiel der Skagen-Maler folgten später einige auf der Insel Fünen, darunter _Johannes Larsen_ (1867-1961). Beide Gruppen malten ihre Umwelt im Kreis der Jahreszeiten, mit dem Licht als dominierendem Element.

Andere Künstler um 1900 ließen sich von französischen Vorbildern beeinflussen. So kam _Theodor Philipsen_ (1840-1920) durch _Paul Gauguin_ zum Impressionismus, _Sigurd Swane_ (1979-1973) oder _Harald Giersing_ (1881-1927) lernten ebenfalls vor dem Ersten Weltkrieg die französische Kunst kennen. Der Bildhauer _Kai Nilsen_ (1882-1924) orientierte sich an Rodins Plastiken, währen der Maler _J.F. Willumsen_ (1863-1958) einige Zeit bei Gauguin in der Bretagne lebte. _Vilhelm Lundstrøm_ (1893-1950) lebte zeitweise in Paris, seine Collagen und Gemälde lassen kubistische Einflüsse durch Picasso erkennen. Mit dem Ersten Weltkrieg geht das "Goldene Zeitalter" zu Ende.

## _Kunst nach 1945_

Während des Zweiten Weltkriegs fanden sich in Kopenhagen junge Künstler - die meisten um 1910 geboren - zusammen; einige von ihnen hatten noch, bevor sich die Landesgrenzen schlossen, auf Reisen die französische Kunst kennenlernen wollen. Allen voran _Asger Jorn_ (1914-1973), der in Paris bei Kandinsky lernen wollte, jedoch bei Léger landete. Seine frühen Bilder sind von diesem, aber auch von Klee und Miró beeinflußt.

In Kopenhagen traf Jorn dann Gleichgesinnte wie _Ejler Bille, Else Alfeldt_ und _Egill Jacobsen_, die wie er abstrakt malten und glaubten, diese Kunst werde mehr Menschen als bisher zur Kunst führen. Kunst habe sich zu sehr vom Allgemeinmenschlichen entfernt, meinten sie und wollten sich spontan ausdrücken. Dabei stützten sie sich auf Psychoanalyse, um verborgene Schichten ihres Bewußtseins zu erreichen. Ihre Gedanken sammelten sie in der Zeitschrift _helhesten_ - nach einem dänischen Fabeltier _Höllenpferd_.

Natürlich malten sie auch, und unter dem Eindruck der wachsenden Kriegsgefahr entstand in den Jahren 1937 und 1938 das Gemälde "Ophobning" (Anhäufung) von _Egill Jacobsen_, das als erstes dänisches abstrakt-expressionistisches Kunstwerk galt. Nach dem Krieg ergriff Asger Jorn, gestützt auf die Gruppenerfahrung der Kopenhagener Zeit, die Initiative zur Gründung der bekanntesten dänischen (sie umfaßte allerdings auch holländische und belgische Künstler) Künstlervereinigung: *COBRA*. Obwohl heute noch als Gruppe mit großem Einfluß bekannt, existierte die Vereinigung nur von 1948 bis 1951. Nachdem Jorn an Tuberkulose erkrankt war, löste er CO-BRA auf und versuchte, sich stärker mit seinem Ausgangspunkt in der nordischen Kultur (z.B. Edvard Munch) zu beschäftigen. Doch weil die Resonanz gering blieb, verließ er Dänemark 1953, arbeitete an verschiedenen Orten in Europa und auf Kuba. Bis heute ist sein Werk eines der wichtigsten dänischen geblieben.

Während des Zweiten Weltkrieges stand der Maler *Richard Mortensen* (geb. 1910) für kurze Zeit bei der Gruppe um Asger Jorn und schuf einige von Dänemarks wichtigsten abstrakt-expressionistischen Werken. Er malte mit gleicher Betonung Form, Farben und Linie.

Eine andere herausragende Gestalt ist der Bildhauer *Robert Jacobsen* (1912-1991), ebenfalls nach 1947 durch viele Aufenthalte in Frankreich inspiriert, der eine gegenständlichere Kunst wollte. Er schuf zahlreiche Eisenskulpturen, bei denen es auf die Hohlräume als bestimmende Form ankommt.

In der jüngeren Kunst seit den sechziger Jahren sind in der dänischen Kunst konkrete und expressionistische Formensprache gleichrangig. Großen Einfluß auf die Szene der oft "happening-artigen" Bewegung *Fluxus* hatte der Deutsche *Arthur Köpcke* (1928-1977), dessen Werke heute in vielen Museen zu sehen sind. Damals gelang auch *Per Kirkeby* (geb. 1938) der Durchbruch. Er ist heute als Maler, Bildhauer, aber auch als Lyriker vielleicht die international bekannteste dänische Künstlerpersönlichkeit.

Der *Staatliche Kunstfond* ist gegenwärtig die öffentliche Institution, die sich für die Verbreitung moderner Kunst engagiert. Zur Ausschmückung vieler öffentlicher Gebäude hat er Kunstwerke bestellt. Davon profitierte z. B. der Maler und Bildhauer *Svend Stiig Hansen* (geb. 1922), der von anfänglich klassischen Plastiken zu einer heftig expressionistischen Kunst gelangt ist, die in Skulptur, Malerei und Graphik zum Ausdruck kommt. Überhaupt ist es eine dänische Maxime, soviel Kunst im öffentlichen Raum zu zeigen wie möglich. Ganze Städte, z. B. wie Holstebro, schufen sich so den Ruhm, eine Kunststadt zu sein.

Über die Landesgrenzen hinaus betrachtet, muß man jedoch zugeben, daß dänische bildende Kunst - von einem Mann wie *Per Kirkeby* einmal abgesehen - international nicht bekannt ist.

# Dänische Literatur heute und in der Vergangenheit

## Dänische Literatur ist "in"

Als Land der "Stillen Existenzen" präsentierte sich Dänemark noch 1990 auf der Buchmesse in Frankfurt. Interesse an dänischer Literatur in deutscher Übersetzung? Das schien vergangen und vorbei. Doch dies hat sich inzwischen dank dänischer Initiative gründlich geändert, nicht zuletzt durch eine Politik des "Literaturexports" durch das *Dänische Literaturinformationszentrum* in Kopenhagen, die ihresgleichen sucht.

Eine fast fünfzigjährige Stille um die dänische Literatur in Deutschland ist vorbei. Und man kann feststellen, daß die dänische Literatur inzwischen eigene Charakteristika entwickelt hat: Sie ist international orientiert, und man kann schon nach kurzer Beschäftigung darin deutsche, anglo-amerikanische und französische Inspiration erkennen. Große Weltphilosophie erscheint oft in kleiner dänischer Alltagsperspektive.

Zu entdecken war das zuletzt auch in Deutschland in den Romanen von *Peter Høeg* (geb. 1957). Kein dänischer Autor verkauft zur Zeit so viele Bücher wie er. Sein Roman "Vorstellung vom 20. Jahrhundert" (dt. 1992) und vor allem die spannende Kriminalgeschichte "Fräulein Smillas Gefühl für Schnee" (dt. 1994) und "Der Plan von der Abschaffung des Dunkels" (dt. 1995) sind für jeden an Literatur Interessierten ein "Muß".

Obwohl an die Popularität Høegs augenblicklich kaum jemand heranreicht, sind auch die literarischen Qualitäten anderer Gegenwartsautoren inzwischen entdeckt: *Vita Andersens* (geb. 1944) Roman "Welche Hand willst du?" (Hva' for en hånd vil du ha', 1987), der von der schwierigen Rolle der modernen Frau in der Gesellschaft erzählt, ist auch auf deutsch lesenswert. *Klaus Rifbjerg* (geb. 1931), mit weit über hundert Werken aller Genres der produktivste Autor, machte mit dem Jugendroman "Kesses Krieg" (Kesses krig, 1982) und den Gedichten "Septembersang" (Septembersong, 1987) auf sich aufmerksam. Die avantgardistischen Gedichte - wie "Alphabet" (1990) von *Inger Christensen* (geb. 1934) - feierten alle deutschsprachigen Lyriker als Bereicherung.

*Peer Hultbergs* epochales Prosawerk "Requiem" (dt. 1990) spiegelt in über 500 Kurzstücken psychologisch genau Lebensfragmente moderner Menschen. Zuletzt erschien "Byen og verden" (Die Stadt und die Welt, 1994), ein Viborg-Roman. Der 1935 geborene Autor lebt in Hamburg und steht so in einer jahrhundertelangen Tradition dänisch-deutscher Kontakte, die erst nach dem Zweiten Weltkrieg abbrachen.

Die dänische und die deutsche Kultur waren fast immer eng miteinander verbunden. Die Faktoren *Politik* (erst 1920 war die Grenzfrage endgültig geklärt), *Größe* (Dänemark ist nun einmal der kleinere Partner) und *Lage* (Deutschland liegt näher am europäischen Zentrum) haben mit sich gebracht, daß die kulturelle Strömung in der Regel von Süden nach Norden floß. Es gab und gibt aber auch Perioden, wo die Richtung umgekehrt war und ist.

Peter Høeg

In den mittelalterlichen Anfängen unserer Schriftkultur kann allerdings von einem deutsch-dänischen Kulturaustausch noch keine Rede sein. Zwar kommt mit dem Deutschen Ansgar (801-865), dem "Apostel Dänemarks", das Christentum ins Land, aber dessen Verbreitung durch die international orientierte Kirche darf kaum als deutscher Einfluß gewertet werden. Ähnliches gilt für die Ritterkultur, die im Gegensatz zum übrigen Europa in Dänemark und dem Norden ohne Bedeutung war, weil die nordischen Traditionen fortlebten. Deshalb gibt es auch keine dänischen Minnelieder; überliefert sind nur Volkslieder, die sogenannten *folkeviser.*

Das erklärt, warum viele deutsche Leser bis heute oft nur den Märchenerzähler *Hans Christian Andersen* kennen, den Sozialisten *Martin Andersen Nexø, Johannes V. Jensen,* den Nobelpreisträger 1942, an den man sich allenfalls noch wegen seiner "Himmerlandsgeschichten" erinnert, und *Tania Blixen,* die viele nach dem Erfolg der Hollywood-Inszenierung von "Out of Africa" für eine Amerikanerin hielten. Letzteres geschah nicht ganz ohne Grund, denn *Karen* - so ihr dänischer Vorname - *Blixens* (1885-1962) erste Erzählungen erschienen auf englisch unter dem Pseudonym *Isak Dinesen.*

### Erste sprachliche Zeugnisse

Erste sprachliche Auskunft über die dänische Vergangenheit findet sich auf einem der beiden "Goldhörner von Gallehus", die man 1639 bzw. 1734 in der Nähe von Tønder fand. Das Kunstwerk aus dem 5. Jahrhundert ist heute in einer Kopie im Nationalmuseum in Kopenhagen zu sehen. Es zeigt Bilder und eine Runeninschrift: der Anfang der dänischen Literatur. Die wertvollen originalen Goldhörner wurden leider von einem deutschen Uhrmacher aus der Kunstkammer des dänischen Königs gestohlen und eingeschmolzen.

Die charakteristischsten Zeugnisse aus der Vergangenheit sind natürlich die Runensteine, deren Inschriften man nach den Phasen der Völkerwanderung, der Wikingzeit und des Mittelalters unterscheidet. Die bedeutendsten dänischen Runensteine sind in Jelling, nahe Vejle in Jütland,

zu sehen (→ Route 8). Auf dem kleineren der beiden Denkmale, das König Gorm 935 seiner Frau Thyra setzte, steht zum ersten Mal der Name Dänemarks: "König Gorm ließ dieses Grabmal für Thyra, seine Frau errichten, die Zierde Dänemarks". Mehr als solche kurzen Runeninschriften jedoch sind aus der Wikingzeit selbst als schriftliche Zeugnisse nicht überliefert.

### Saxos "Geschichte der Dänen"

Mit seiner großen Schrift "Gesta Danorum" (Taten der Dänen) gilt der Geschichtsschreiber *Saxo Grammaticus,* der um 1220 starb, als Begründer der eigentlichen dänischen Prosa. Er schrieb erstmals reimlos, allerdings noch im gebildeten Latein: Seine "Geschichte Dänemarks" ist aus vielen Quellen zusammengetragen und sicherlich nicht bis ins einzelne historisch verbürgt. Dazu enthält das Werk auch zu viele Sagen- und Märchenmotive - wie die isländischen Sagas, die etwa zur gleichen Zeit aufgeschrieben wurden. Doch in seiner literarischen Qualität ist es bis heute einzigartig und hat in seinen vielen Übersetzungen ins Dänische maßgeblich Einfluß auf die dänische Prosa gehabt. In Saxos charakteristischer Beschreibung ist Dänemark zu erkennen, wie es heute noch aussieht: "Das Dänische Reich liegt so, daß es mit einem Ende an fremdes Land grenzt, teils ist es umspült vom Meer, wodurch die inneren Teile umgeben und durchschnitten von Sand werden, wodurch ein großer Haufen Inseln gebildet wird."

### Die erste deutsche Kulturwelle

Erst mit der Reformation erreicht die erste spezifisch deutsche Kulturwelle

Dänemark. Seit dänische Studenten mit den neuen Gedanken aus Wittenberg kamen, hat *Luther* - bis in unsere Tage - größte Bedeutung für die dänische Theologie und sogar das alltägliche Leben im Land gehabt. Auch *Nicolai Frederik Severin Grundtvig* (1783-1872), der dänische Pfarrer und Aufklärer als Begründer der *folkehøjskoler* steht in dieser Tradition (→ Artikel "Die dänische folkehøjskole").

Auch der sich stark verbreitende Pietismus kam im 18. Jahrhundert von Süden nach Dänemark, , aber zunächst nur als volkstümliche Bewegung. Man denke hier an die Darstellung des pietistischen Pfarrerhaushalts in Karen Blixens Erzählung "Babettes gæstebud" (gut inszeniert auch in der Verfilmung von "Babettes Gastmahl"). Das offizielle Kulturbild wird Anfang des 18. Jahrhunderts von dem britisch und französisch orientierten *Ludvig Holberg* (1684-1754) geprägt. Er gilt bis heute als der größte Aufklärer im Norden, doch war sein Genre noch nicht die Erzählung, sondern die Komödie. Mit seinen Stücken beherrschte er eine Zeitlang auch das Theater in Deutschland; noch Goethe führte in Weimar "Den politischen Kannengießer" auf, und auch Lessings erste Komödien versuchen, sich stilistisch ans große Vorbild *Holberg* zu halten.

## Kopenhagen als deutsches Kulturzentrum

Nach 1750 gewinnt der deutsche Einfluß in Dänemark größeres Gewicht. Der Pietismus erlangt allgemeine Relevanz, das Zeitalter der Empfindsamkeit ist angebrochen. Gleichzeitig finden immer wieder deutsche Fürsten, Adelige und Bürger in Dänemark eine neue Heimat. Der prominenteste von ihnen ist

*Friedrich Gottlieb Klopstock* (1724-1803), der ab 1751 für fast zwanzig Jahre am königlichen Hof in Kopenhagen arbeitete, wo viele seiner Oden, auch mit seeländischen Motiven, entstanden. Klopstock ist Mittelpunkt eines Kreises von Dichtern und Literaten, und es wundert nicht, daß der erste große dänische Dichter, *Johannes Ewald* (1743-1781), deutlich unter seinem Einfluß stand.

Ewald schrieb das volkstümliche Singspiel "Fiskerne" (Die Fischer), aber auch die dänische Königshymne "Kong Christian står ved høje mast" (König Christian steht am hohen Mast). Seine Beschäftigung mit Themen aus der nordischen Vorzeit führt zur dänischen Romantik und Adam Oehlenschlägers (1779-1850) großen Balladendichtungen wie "Guldhornene" (Goldhörner) - mit diesem Gedicht setzt man den Beginn der dänischen Romantik an -, "Hakon Jarl hin Rige" (Hakon Jarl der Reiche) oder "Nordens Guder" (Götter des Nordens). Ein Literaturstreit zwischen Adam Oehlenschläger und *Jens Baggesen* (1764-1826) entflammte, als letzterer sich in seinem Reisetagebuch "Labyrinthen" (Das Labyrinth) für mehr Weltoffenheit stark machte. Beide hatten Kontakte zu deutschen Kollegen: Oehlenschläger setzte sich beim dänischen König für ein Stipendium für Friedrich Hebbel ein, Baggesen, der ab 1811 an der Universität in Kiel Vorlesungen über die dänische und die deutsche Sprache hielt, machte 1791 finanzielle Hilfe für den verarmten, kranken Friedrich Schiller möglich.

Der in armen Verhältnissen in Odense geborene *Hans Christian Andersen* (1805-1875) lernte auf seiner ersten Auslandsreise in den Harz und die Sächsische Schweiz die Romantiker Tieck und Chamisso kennen. Sein "Märchen meines Lebens ohne Dichtung" erscheint 1847 zuerst in Leipzig auf deutsch und erst acht

Jahre später als "Mit Livs Eventyr" in Dänemark. Daher sind Andersens Märchen völlig ins deutsche Kulturleben eingebunden, fast glaubt man, sie wären deutsch.

Gleichzeitig mit Andersen schuf der Theologe und Philosoph *Søren Kierkegaard* (1813-1855) sein schriftstellerisches Werk. Er hinterfragte wie in "Enten-Eller" (Entweder-Oder, 1843) die Stellung des einzelnen Menschen; mit seinen Ideen wurde es zum Begründer des Existenzialismus, der über Denker, wie z. B. Sartre, bis in die Gegenwart eine bedeutende philosophische Richtung ist.

## Film

Mit gleich zwei echten Thrillern konnte in letzter Zeit Dänemark als Filmland von sich reden machen: "Nattevagten" (1994) von *Ole Bornedal*, der in Deutschland unter dem Titel "Nightwatch" (Nachtwache) lief und die schaurige Begegnung einer Krankenhaus-Nachtwache mit einem psychopathischen Kommissar schildert. Der andere Film ist natürlich "Riget" (Das Reich, 1994) von *Lars von Trier,* der schon mit seinem Epos "Europa" (1991) auf sich aufmerksam machte. Auch dieser Film, der in Deutschland im Fernsehen wie auch im Kino zu sehen war, spielt in einem Krankenhaus, dem Reichshospital in Kopenhagen, wo sich merkwürdige Dinge abspielen. Beide Filme sind echte Psycho-Schocker, die eigentlich aus der dänischen Filmtradition fallen.

Denn für diese steht ein anderer Name, an den wohl die meisten zuerst denken, wenn sie das Stichwort "dänischer Film" hören: *Bille August.* Er schuf international so bekannte Filme wie "Babettes Fest" (Babettes gæstebud, nach Karen Blixen), "Pelle der Eroberer" (nach Martin Andersen-

Nexø), "Das Geisterhaus" (nach dem Roman von Isabelle Allende) und jüngst "Fräulein Smillas Gefühl für Schnee" (nach dem Roman seines Landsmanns Peter Høeg).

Das "Goldene Zeitalter" des dänischen Films waren die Jahre vor dem Ersten Weltkrieg, in denen die Stummfilmdiva *Asta Nielsen* (1881-1972) hervortrat. Als dann kriegsbedingt die für den Film so wichtigen internationalen Märkte wegbrachen, begann ein gewisser Niedergang. Nur *Carl Theodor Dreyer* (1889-1968) konnte als Regisseur mit "Der Präsident" (1919), dem Märchenspiel "Der var engang" (Es war einmal, 1922) und seinem Meisterwerk des psychologischen Realismus "Du skal ære din hustru" (Du sollst dein Weib ehren, 1925) diesen Prozeß ein wenig aufhalten. Daß er auch im Ausland respektiert wurde, zeigt sein in Frankreich gedrehter Stummfilm "La Passion de Jeanne d'Arc" (1928).

Über diese Beispiele hinaus kennt man - leider - vom dänischen Film nur "Komisches": Bis heute ist das Komikerpaar *Pat* und *Patachon* ein Begriff.

Einfache Unterhaltung bietet auch die "Volkskomödien" der Film-Serie der "Olsen-Bande". Zwischen 1968 und 1981 brachte es Regisseur *Erik Balling* auf dreizehn Episoden mit dem Gaunertrio, das in jedem Film aufs neue den großen Coup landen will - und scheitert. Die Streifen liefen auch im deutschen Fernsehen. Für die Zukunft darf man hoffen, daß die weltweit wohl vorbildliche staatliche Filmförderung durch *Det danske Filminstitut* wieder Sehenswerteres hervorbringt.

## Musik

Die gegenwärtige Musikszene in Dänemark hat ein Ausmaß, das man kaum vermuten würde. Dies gilt für klassische Musik ebenso wie für Jazz und Rock oder Pop: Jeden Sommer, so hat es den Anschein, verwandelt sich das Land in ein einziges großes Open-air-Konzert. Festivals überall, von Skagen bis Kopenhagen, mehr als 150 insgesamt.

Es gibt im Land sechs Sinfonieorchester, dann das Orchester des Rundfunks *Danmarks Radio* sowie zahlreiche Kammermusikensembles und kleinere Orchester.

Musik hat in Dänemark eine lange Tradition: Die ersten erhaltenen Instrumente sind Luren - benannt nach den Signalhörnern der Wikinger - aus Bronze, datiert auf 1100 bis 500 v. Chr., bekannt etwa von der Skulptur der Lurenspieler neben dem Rathaus in Kopenhagen. Bedeutender fürs Kulturverständnis ist aber erst die Balladen- bzw. Volksliedtradition seit dem Spätmittelalter. Text und Melodie dieser ursprünglich mündlich überlieferten Lieder, die sich vor allem auf Themen der nordischen Sagas beziehen, werden schon seit 1591 gesammelt. "Danske viser" kennt auch heute noch jeder Däne.

Die Kirchenmusik nimmt keine herausragende Stellung ein. Bedeutend sind dagegen Komponisten wie *Dietrich Buxtehude* (1637-1707), der in Dänemark aufwuchs, und *Telemann*, der hier arbeitete, die Klassiker *Friedrich Kuhlau* (1786-1832), der seit 1810 in Kopenhagen wohnte, und *C.E.F.Weyse* (1774-1842). Erwähnenswert sind auch die Romantiker *J.P.E. Hartmann* (1805-1900) und besonders *N.W. Gade* (1817-1890), die beherrschende Gestalt in der dänischen Musikszene und in den vierziger Jahren auch Leiter des Leipziger Gewandhausorchesters.

Der dänische Komponist schlechthin aber ist *Carl Nielsen* (1865-1931). Mit Wurzeln in der Romantik beeinflußte er die dänische Musik des 20. Jahrhunderts entscheidend und schrieb Opern wie "Saul und David" (1902), komponierte aber auch Violinkonzerte, Streichquartette, Klavierstücke, einfache strophische Lieder und vieles andere. Seine sechs Symphonien zeigen eine fortschreitende Entwicklung zu einer immer stärker durchgearbeiteten und eigenartigeren Ausdrucksform.

So überragend wie Carl Nielsen ist seitdem kein klassischer Komponist mehr gewesen, obwohl auch die dänische Musik modern ist und sich an neuer Musik und europäischer Avantgarde orientiert. *Niels Viggo Bentzon, Finn Savery, Ib Glindemann, Ib Nørholm, Karl Aage Rasmussen* und andere bekanntere Namen von Künstlern der Gegenwart bleiben hinter Nielsens Bedeutung zurück.

Demgegenüber gilt Kopenhagen heute als eine europäische Ballett- und Jazzmetropole.

Das *Königliche Ballett* zählt zu den führenden der Welt. Seine Geschichte geht bis ins 17. Jahrhundert zurück. Geprägt wird es bis heute von *Auguste Bournonville*, der um die Mitte des vergangenen Jahrhunderts hier arbeitete. Das Ballett tritt nicht nur am *Kopenhagener Königlichen Theater* auf, sondern gibt auch Gastspiele in der Provinz und macht Fernsehaufzeichnungen.

Nicht nur die Bigband von *Danmarks Radio*, auch viele Solisten genießen einen weltweiten Ruf. Im alten Jazzclub "Montmartre" im Zentrum Kopenhagens, Nørregade 41, der - oft vom Konkurs bedroht - im Jahr 1995 endgültig schließen mußte, traten namhafte Musiker wie *Finn Ziegler, Erik Moseholm, Svend Asmussen* und andere auf. Glücklicherweise haben die Jazz-Enthusiasten mit dem "Copenhagen Jazz-house" (*Jazzhuset*), das seit 1991 existiert, mehr als vollwertigen Ersatz gefunden.

Noch lebendiger, zumindest national, ist die Szene von Pop- und Rockmusik. Immer wieder tauchen neue Talente auf, die sich neben den etablierten Bands und Solo-Interpreten behaupten können, was ein kreatives Nebeneinander von "Alten" und "Jungen" ergibt. Bands wie *Gnags, Malurt, Savage Rose* (die Anfang der siebziger Jahre mit englischsprachigen LPs auch international bekannt waren) oder *TV2* existieren mit unverminderter Popularität teils schon seit zwei Jahrzehnten. Und auch die drei "großen Frauen" *Anne Linnet, Lis Sørensen* und *Sanne Salomonsen* - treten seit zehn bis fünfzehn Jahren erfolgreich auf. Eine Art Sonderstatus genießt die Band *Shu-bi-dua*, die mit rockig-witzigen Coverversionen seit zwanzig Jahren die Dänen zum Lachen bringt.

Wesentlich stärker dem Gitarrenrock verpflichtet sind Bands wie *Disneyland after Dark* (kurz: DAD) oder die *Sandmen*, die sich leider 1995 mal wieder trennten. Doch obwohl alle diese Gruppen und Sänger musikalisch gut ausgebildet sind und technisch einwandfreie Platten produzieren - den Sprung in die Weltmusikszene schaffte bisher keiner.

wiederum zugunsten der Dienstleistung sinkt. Die Zahl der Frauen auf dem Arbeitsmarkt ist stark gestiegen, heute sind es schon mehr als 45 %. Steigend ist auch die Zahl der in der Verwaltung tätigen Dänen: Es sind inzwischen fast 25 % aller Erwerbstätigen (insgesamt 2,7 Millionen). Aufgrund der Bevölkerungsentwicklung wächst auch die Gruppe der Rentner und Frührentner, und trotz aller Gegenmaßnahmen leider auch die Arbeitslosenzahl von gegenwärtig mehr als 12 %.

Wichtigster Handelspartner Dänemarks ist Deutschland: Ein Fünftel der Aus- und Einfuhren entfallen auf diesen Markt. Weit mehr als die Hälfte von Ex- und Import wird mit Ländern der Europäischen Union getätigt. Dann folgen die nördlichen Nachbarn Schweden und Norwegen (ca. 11 % bzw. 5 %), mit Abstand erst die USA. Dabei führte Dänemark 1993 Waren im Wert von 326,8 Milliarden DKK aus, während es für 256,1 Milliarden DKK importierte.

## Wirtschaft

Wenn man die traditionelle Einteilung der Wirtschaft in Landwirtschaft, Industrie und Dienstleistungssektor zum Maßstab nimmt, ist Dänemark eine der führenden Wirtschaftsnationen. In keinem vergleichbaren Land - Schweden einmal ausgenommen - arbeiten so viele Menschen im Dienstleistungsbereich: Fast zwei Drittel sind im *servicesektor*, wie es auf dänisch heißt, beschäftigt! Mit steigender Tendenz.

Wie in anderen Ländern auch, hat sich der Arbeitsmarkt in den letzten beiden Jahrhunderten stark verändert. Die Landwirtschaft wurde als dominierender Zweig von der Industrieproduktion verdrängt, die heute

## Landwirtschaft

In kaum einem Land dürfte der Strukturwandel in der Landwirtschaft so groß gewesen sein wie in Dänemark: Gab es vor zwanzig bis dreißig Jahren noch über 200.000 selbständige Betriebe, so sind es heute nach Zusammen- und Stillegung weit unter 100.000. Waren damals noch 20 % der Dänen hier beschäftigt, so sind es jetzt lediglich ca. 5,5 %. Dennoch ist durch weitgehende Rationalisierung die Leistung gestiegen. So kann die Landwirtschaft den Bedarf an tierischen Lebensmittelprodukten für 15 Millionen Menschen decken - also dreimal soviel, wie es Einwohner gibt.

Obwohl auch das alte Seefahrerland Dänemark von den Fangquoten der Europäischen Union betroffen ist

- und manche Fischer immer noch in Konflikt mit den Gesetzen geraten -, findet man an der gesamten Küste Fischereihäfen. Ungefähr 3.000 Schiffe landen den Fang aus Nordsee, Kattegat und Ostsee an; die größten Schiffe haben ihre Fanggebiete im Nordatlantik. Ein Teil dieser Fische bleibt im Land, 90 % aber werden exportiert: als Frischfisch in alle europäischen Städte oder als Tiefkühl- oder Konservenprodukte in die ganze Welt.

## Industrie

Charakteristisch für die dänische Industrie ist, daß sie fast ausschließlich aus kleinen bis mittleren Unternehmen besteht, die sich recht schnell an neue Marktbedingungen anpassen können. Die höchste Beschäftigungszahl von 430.000 um 1973 wurde nie wieder erreicht; heute sind es konstant um die 400.000. Der Rückgang traf vor allem ältere Großindustrie wie Papierverarbeitung, Radio- und Fernsehhersteller, Zementfabriken, Tabakindustrie, vor allem aber die Werften. Gestiegen ist die Bedeutung der Elektronik- und Maschinenindustrie, wie Regel- und Automatisierungstechnik. Als Beispiel hierfür soll die Firma *Danfoss* mit ihren ca. 13.000 Angestellten (eine außergewöhnliche Größe!) genannt sein, die Kühl- und Wärmetechnik weltweit exportiert. Stark ist die dänische Position bei Herstellung und Ausfuhr von Möbeln, Kunsthandwerk, aber auch von Arzneimitteln. Wer weiß schon, daß ein großer Teil des in Deutschland von Diabetikern benötigten Insulins aus Dänemark kommt? Das ist deshalb so, weil hier die Biochemie - und die moderne Gentechnologie - einen wesentlich besseren Status haben.

Dieses Beispiel zeigt, daß die dänische Industrie sich bemüht, Nischen zu finden, in denen sie sich auf dem Weltmarkt profilieren kann. Überall spielen Kinder mit den Bausteinen von Lego, und *Bang & Olufsen* hat sich dank seines außergewöhnlichen Designs für seine HiFi-, TV- und auch Telefongeräte einen Namen gemacht. Einige dieser Produkte stehen sogar im *Museum of Modern Art* in New York.

## Dienstleistungssektor

Die dänische Wirtschaft wandelt sich schnell, sie scheint insgesamt flexibler und anpassungsfähiger auf neue Trends zu reagieren als die deutsche. Zu beobachten ist dies deutlich, wenn es um den sogenannten Dienstleistungssektor geht. "Dienstleistung" (dän. *tjeneste*) bzw. "Servicetätigkeit" ist eine Art Zauberwort: Mitte der neunziger Jahre arbeiteten mehr als 1,7 Millionen aller dänischen Erwerbstätigen - das sind knapp 70 % - in diesem Bereich. Banken und Handel sind der traditionelle Servicebereich. Doch in den zurückliegenden Jahren eröffneten beispielsweise überall neue Reinigungsfirmen (dän. *rengøringstjeneste*). Mehrere Fahrradkuriere ringen in Kopenhagen (aber auch in Århus oder Ålborg) um Kunden aus Wirtschaft und Verwaltung; neue Werbeagenturen öffnen zuhauf. Auffallend ist auch, wieviele Jugendliche in dänischen Geschäften jobben: kein Supermarkt oder Kiosk, kein Schnellimbiß oder keine Kneipe (vom Pizza-Service gar nicht zu reden), in dem nicht ältere Schüler an der Kasse sitzen, servieren oder Kartons auspacken. Daraus ist zu schließen, daß auch in Dänemark der Wandel zur Dienstleistungsgesellschaft neue Arbeitsplätze schafft; doch sind das in der Mehrzahl Teilzeitarbeitsplätze für gering qualifizierte Beschäftigte, die überdies nicht gut bezahlt sind. Das Risiko des Arbeitsplatzverlustes ist dabei groß, d. h. Flexibilität der Betroffenen ist gefragt. Weil viele dieser Jobs kurzfristig entstehen und ebenso schnell wieder verschwinden, ist der Beitrag des Dienstleistungssektors zur Gesamtwirtschaft schwer zu beurteilen: Sicher aber ist, daß dieser Bereich an Bedeutung zunimmt.


## Rohstoffe und Energie

Jahrhundertelang wurde lediglich Granit, Kalk und Kreide (z.B. aus Bornholm oder bei Faxe und Ålborg) sowie Kies abgebaut. Erst in den sechziger Jahren entdeckte man Öl- und Gasvorkommen in der dänischen Nordsee. Seit der Energiekrise 1973 lohnt sich die Erschließung dieser Felder, und so ist Dänemark heute - nach Großbritannien und Norwegen - der drittgrößte Ölproduzent Westeuropas. So kann es sich zur Hälfte mit Öl und ganz mit Gas selbst versorgen. Ein großer Teil der Elektrizität wird nach wie vor in mit Steinkohle betriebenen Kohlekraftwerken (die teils auch Fernwärme liefern) erzeugt.

Der Energieverbrauch ist heute aber niedriger als noch vor zehn Jahren, obwohl er pro Kopf zu den höchsten der Welt gehört. Immer wichtiger wird die Nutzung alternativer und "sauberer" Energiequellen. Dafür stehen die Windkraftanlagen, die zu Tausenden errichtet wurden und an einigen Stellen zu sogenannten "Windkraftparks" zusammengefaßt sind. Der größte liegt nahe der Aggersundbrücke südlich vom Limfjord; er hat 78 Windmühlen. Diese sind bis zu 60 m hoch, mit einem Flügeldurchmesser von 40 m. Das Ziel ist, bis zum Jahr 2005 etwa 10 % des Energiebedarfs so decken zu können.


## Schiffahrt und Luftverkehr

Die alte Seefahrernation Dänemark ist auch heute noch mit einigen hundert Handelsschiffen auf den Weltmeeren präsent. Aber der Wettbewerb läßt diese Zahl beständig sinken; dafür werden aber die modernen Container- und Tankschiffe immer größer. Eine dominierende Rolle im dänischen Reedereiwesen spielt der Konzern *A.P. Møller/ Mærsk*, der mit über hundert Schiffen eine der größten Reedereien der Welt ist (→ Vom Land der Fähren zum Land der Brücken und Tunnel).

In der Luftfahrt ist Dänemark - zusammen mit den Anteilseignern Schweden und Norwegen - durch die *SAS*-Fluggesellschaft vertreten. SAS steht für *Scandinavian Airlines System*. Innerhalb Dänemarks betreiben einige kleinere Gesellschaften Fluglinien, so daß man jederzeit schnell von Jütland oder Fünen nach Kopenhagen kommt. Der Kopenhagener Flughafen Kastrup-Lufthavn, ungefähr 10 km vom Stadtzentrum entfernt auf der Insel Amager, ist vom Verkehrsaufkommen her der fünftgrößte Europas.


## Umwelt

Obwohl man vielleicht bei Dänemark nicht in erster Linie an Natur- und Umweltbelastungen, sondern eher an Meer, Strände und Felder denkt: Auch Dänemark hat als hochindustrialisiertes Land Umweltprobleme, die erst in den letzten Jahren ins Bewußtsein einer breiten Öffentlichkeit gedrungen sind. Und erst seit kurzem ist *miljø*, wie Umwelt auf dänisch heißt, zum Schlagwort für Rücksicht auf die Natur und Grenzen der Ressourcen geworden. Rund 4 % des Landes sind darum zu Naturschutzgebieten (*Fredet Område*) erklärt worden, um Landschaften wie auch Tier- und Pflanzenarten zu erhalten.

Der dänische Energieverbrauch ist einer der höchsten der Welt: Nicht nur die Industrie, auch die privaten Haushalte sind stromintensiv und oft viel technisierter als vergleichbare deutsche. Da dieser Strom überwiegend aus Kohlekraftwerken stammt, ist damit eine entsprechende Luftverschmutzung verbunden. Die gut 1,6 Millionen Autos auf den dänischen Straßen tragen dazu ebenfalls bei, trotz bleifreien Benzins und Katalysatoren.

Außerdem verbraucht jeder Däne täglich 200 Liter Wasser. Über 99 % dieses Wassers sind Grundwasser; nur in Kopenhagen wird etwas Seewasser zusätzlich aufbereitet. Aber gerade dem Wasser geht es nicht besonders gut. Abwasser aus den Städten und Belastungen aus der Landwirtschaft lassen den Nitratgehalt im Trinkwasser steigen. Als weitere Folge wird das Algenwachstum in Seen und im Meer gefördert, wodurch wiederum der Sauerstoffgehalt sinkt und Fische sterben. Zunehmend strengere Grenzwerte sollen diesen Zustand bessern, aber das braucht Zeit. Sorgen braucht sich aber niemand zu machen, ob um Trink- oder Badewasser: Alles wird regelmäßig und genau kontrolliert.

Der Luft geht es in Dänemark, verglichen mit dichtbevölkerten Gebieten in Europa, gut. Obwohl das Verbrennen von Kohle und Öl auch hier mit Kohlendioxid, Schwefeldioxid, Bleipartikeln u.ä. zum viel diskutierten Treibhauseffekt (*drivhuseffekt*) beiträgt.

Anfang 1994 hatte die dänische Regierung als erste weltweit zudem eine neue Idee, umweltgerechtes Verhalten zu fördern: Sie führte eine Prämie von 6.500 DKK für Autobesitzer ein, die ihr mehr als zehn Jahre altes Auto verschrotten lassen wollen. Die Resonanz überraschte alle, denn schon in den ersten beiden Monaten der Aktion kamen 25.000 Pkw in die Pressen.

# Tourismus

In Sachen Tourismus gilt auch für Dänemark keine Ausnahme: Als Wirtschaftsfaktor wird er immer wichtiger.

## Stichwort: Umwelt und Recycling

Gemäß einer Verordnung von 1984 tragen die Kommunen die Verantwortung für Sammlung und Verwertung aller wiederverwertbaren Materialien - der Schwerpunkt liegt bei den Getränkeverpackungen - selbst wenn die Sammlung an eine Privatorganisation vergeben wird. Prinzipiell wurde noch in keinem Land ein generelles Verbot für Einwegpackungen verwirklicht. Dänemark hat jedoch im Bereich Bier und Softdrinks durch das Einwegverbot sowie durch die Einführung von Zwangspfand erreicht, daß 99 Prozent der Getränkebehälter an die Hersteller zurückgeführt werden, Getränkedosen sind gänzlich verboten (aber nicht für Tuborg in Deutschland).

Auf einer Flasche ist Pfand von umgerechnet 25 Pfennig (1 DKK); für Getränkeverpackungen, wie z. B. Milchtüten, wird eine Steuer von 2,5 Pfennig pro Verpackung und zwischen 9,5 und 50 Pfennig pro Einheit erhoben.

Rund 70 Prozent des Hausmülls werden in Dänemark zur Zeit noch verbrannt. Der Rest wandert auf Deponien. Lediglich Papier und Glas werden landesweit gesammelt und wiederverwertet, Plastik, Pappe oder Metall jedoch nicht.

Und Dänemark tut einiges, um seinen guten Ruf - der sich in den letzten zwanzig bis dreißig Jahren vor allem unter Familien mit Kindern verbreitet hat - immer noch zu verbessern. Nicht nur gibt es in allen Teilen des Landes "vor Ort" durch autorisierte Touristenbüros Betreuung für in- und ausländische Urlauber, auch im Ausland zeigt Dänemark Flagge: Die offizielle Förderinstitution ist *Danmarks Touristråd* mit Hauptsitz in Kopenhagen, aber auch Dependancen im Ausland, u. a. dem *Dänischen Fremdenverkehrsamt* in Hamburg. Im Land arbeiten um die 100.000 Menschen direkt im Wirtschaftszweig Tourismus. Schätzungen gehen davon aus, daß der steigende Strom von Besuchern bis zum Ende des Jahrzehnts noch einmal 50.000 neue Arbeitsplätze schaffen könnte.

Kann es verwundern, daß die Touristen aus dem deutschen Nachbarland wesentlich zum Wachstum beitragen? Zwischen 1988 und 1992 z.B. stieg die Anzahl der registrierten Übernachtungen um gut 10 %, eine fast sprunghafte Entwicklung. Die Anzahl der registrierten Übernachtungen (darunter gefaßt Ferienhaus, Hotel, Campingplatz und Jugendherberge) stieg um 70 %. Nach Angaben des Dänischen Fremdenverkehrsamtes in Hamburg gab es folgende Übernachtungszahlen für Dänemark:

## Übernachtungen in Dänemark insgesamt

| Jahr | insgesamt (in Mio.) | davon deutsche Urlauber (in Mio.) |
|------|---------------------|-----------------------------------|
| 1989 | 35 | 12 |
| 1990 | 38 | 14 |
| 1991 | 45 | 19 |
| 1992 | 51 | 24 |
| 1993 | 52 | 25 |
| 1994 | 52 | 25 |

Die Zahl der deutschen Übernachtungen entspricht sage und schreibe etwa 45 % der Gesamtübernachtungen! Und es ergibt sich, daß sich die Zahl der Übernachtungen deutscher Urlauber innerhalb der letzten fünf Jahre verdoppelt hat - sicher auch dank der zwischenzeitlich gefallenen Grenzen.

Das Ferienhaus, besonders attraktiv im dänischen Sommer, liegt bei den deutschen Besuchern an der Spitze. Von insgesamt 25 Millionen Übernachtungen im Land schliefen Deutsche ca. 20 Millionen Mal im Ferienhaus, jedoch nur 3 Millionen Mal auf Campingplätzen, und ganz am Ende der Liste stehen "nur" 2 Millionen Hotelnächte. Genaue Angaben zu Aufenthalten in Jugendherbergen fehlen leider, sie dürften jedoch in der Größenordnung der Campingplatznutzung liegen.

Nicht weniger als 1,5 Milliarden DM gaben die deutschen Touristen dabei im Urlaub aus - trotz Rezession.

Aus der Schweiz und Österreich kamen 1994 rund 70.000 bzw. 50.000 Reisebuchungen für Dänemark, und es übernachteten etwa 250.000 Schweizer im Land, 60 % von ihnen in Hotels, 30 % in Sommerhäusern und 10 % auf Campingplätzen.

# *Reisevorbereitung*

# Anreise

Ob mit dem eigenen Auto, per Rad, Bahn, Fähre, Flugzeug, mit dem eigenen Schiff oder gar zu Fuß: Wer nach Dänemark will, muß einen der Grenzübergänge benutzen. Das sind die *Vogelfluglinie* zwischen *Puttgarden* und *Rødby* auf dem Weg nach Kopenhagen, nach Jütland mit der Bahn der Übergang Padborg, mit dem Auto auf der A 7 Frøslev oder die alten Landstraßenübergänge *Kupfermühle, Padborg, Sæd* und *Rudbøl*. Alle sind 24 Stunden besetzt. Wer mit dem eigenen Boot dänisches Festland erreicht, muß sich selbst mit den Zollbehörden in Verbindung setzen.

▸ *Deutsche Touring Gesellschaft,* Stadtbüro Hamburg, Adenauerallee 94, 20097 Hamburg, Tel. 040/ 280 45 38, Fax 040/ 24 94 95
▸ *Deutsche Touring Gesellschaft,* Am Römerhof 17, 60486 Frankfurt, Tel. 069/ 790 30, Fax 069/ 70 60 59
▸ *Eurolines Skandinavien*, Reventlowgade 8, Kopenhagen, Tel. 33 25 95 11

## Bus

Einen regelmäßigen Buslinienverkehr nach und von Dänemark unterhalten *Eurolines*. Diese betreiben von Hamburg aus zwei Verbindungen. Eine führt nach *Hirtshals* in Nordjütland mit Zwischenstopps u. a. in Århus und Ålborg. Bis Hirtshals dauert die Fahrt knapp 8 Stunden; je nach Saison fährt der Bus zwei- bis fünfmal pro Woche (Preis Hin- und Rückfahrt bis Århus 100 DM, bis Ålborg, Hirtshals 110 DM).

Von Hamburg besteht gleichfalls Verbindung nach Kopenhagen über Rødby und Køge. Gefahren wird, saisonabhängig, fünf- bis sechsmal die Woche; die Fahrzeit beträgt etwa 6,5 Stunden (Preis für Hin- und Rückfahrt nach Kopenhagen 100 DM).

Samstags fährt *Eurolines* darüber hinaus ab München (mit Stopp in Nürnberg) bis Kopenhagen (mit Umsteigen in Hamburg). Die Fahrzeit beträgt ca. 18 Stunden (Preis für Hin- und Rückfahrt 260 DM).

Reservierung und Buchung für den Busverkehr nach und von Dänemark übernehmen:

## Bahn

Bahnfahren ist für Dänen die beliebteste Art sich fortzubewegen. Kein Wunder, denn die meisten Züge sind modern, bieten viel Platz für Mensch und Gepäck und fahren in festem Takt zwischen allen größeren Städten. Manchmal mag es noch etwas langsamer vorangehen, doch mit zunehmender Elektrifizierung des Streckennetzes erhöht sich die Geschwindigkeit auch in Regionen abseits der Hauptstadt. Bahnfahren ist also eine echte Alternative zum Autofahren. Im Sommer zur Hauptsaison sollte man am besten einen Platz reservieren.

Für die Anreise per Bahn gibt es verschiedene Möglichkeiten. Eine Hin- und Rückfahrkarte der Deutschen Bahn für eine Fahrt in der 2. Klasse kostet für die folgenden Strecken (ohne Zuschläge, etwa bei der Benutzung des Intercity):

Hamburg - Kopenhagen 194,80 DM
Berlin - Kopenhagen 308,80 DM

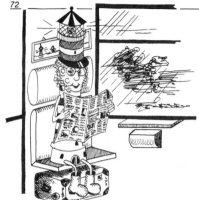

Köln - Kopenhagen 428,80 DM
Frankfurt - Kopenhagen 470,80 DM
München - Kopenhagen 628,80 DM

**Hinweis:** Die Dänischen Staatsbahnen haben jüngst die Direktverbindung Kopenhagen - Berlin eingestellt. Reisende müssen jetzt den Umweg über Hamburg nehmen.

Alternative zu den üblichen Bahnfahrkarten ist für Leute unter 26 Jahren das _Inter-Rail-Ticket_, das je nach Zonen für 15 Tage Bahnfahren in Dänemark 420 DM kostet. Im Land des Wohnsitzes und im Durchreiseland (für Österreicher und Schweizer ist das Deutschland) bringt es für die gefahrene Strecke eine Ermäßigung von 50 % (Weiteres zu Fahrkarten → Tips für unterwegs, Reisen im Land).

Durchgehende Verbindungen bestehen nach Kopenhagen z. B. über Hamburg viermal am Tag per _EC_ sowie mit einem Nachtzug. Außerdem gibt es seit Sommer 1995 wieder zwei durchgehende _Inter Regios_ ab Hannover bzw. Göttingen via Hamburg nach Århus; bei allen anderen Verbindungen muß man in Flensburg umsteigen.

## Flug

Natürlich kann man auch - obwohl es über den Land- und Seeweg schnell zu erreichen ist - nach Dänemark fliegen. So gibt es Flüge nach Kopenhagen z. B. von Frankfurt ab 593 DM, München ab 721 DM, Hamburg ab 335 DM und Düsseldorf ab 542 DM. Die meisten Tickets haben eine Gültigkeit von 7 bis 90 bzw. 6 bis 180 Tagen. Recht günstig sind Jugendtarife für alle unter 25 und Studenten bis einschließlich 29 Jahre. Weitere Flüge nach Dänemark → Flugpreistabelle im Anhang.

## Schiff

Wer auf die dänischen Inseln will, muß - sofern noch keine Brückenverbindung besteht - die Fähren benutzen. In der Hauptsaison (von Mitte Juni bis Mitte August) ist es empfehlenswert, die Passage in einem Reisebüro vorher zu buchen, um Gewißheit zu haben, daß man zum gewünschten Termin auch übersetzen kann. Im folgenden einige der wichtigsten Linien für:

### Deutschland - Dänemark

▸ _Gelting - Fåborg_
_Fåborg-Gelting-Linie,_ 24395 Gelting-Mole, Tel. 04643/ 793, Fax 04643/ 13 19 (in Dänemark Tel. 62 61 15 33)

▸ _Kiel - Bagenkop_
_Langeland-Kiel Touristik,_ Oslokai 2-3, 24103 Kiel, Tel. 0431/ 97 41 50 (in Dänemark Tel. 62 56 14 00)

▸ _Puttgarden - Rødby (Vogelfluglinie)_
_DFO Vogelflug Linien,_ Deutsche Fährgesellschaft Ostsee, Fährcenter Puttgarden, Fährhafen, 23769 Puttgarden, Tel. 04371/ 86 51 11, Fax 04371/ 86 51 12, in Dänemark Tel. 33 14 88 80; je nach Saison Erwachsene 8 - 10 DM, Kinder 4 - 5 DM, Kinder unter 4 Jahre frei, Fahrrad 5 DM; Pkw bis 1,95 m Höhe und bis 6 m Länge mit bis zu 5 Insassen Mo - Do 80 DM, Fr - So 100 DM; andere Fahrzeuggrößen haben höhere Preise)

▸ *Rostock - Gedser*
*Europa Linien,* Überseehafen, 18147 Rostock, Tel. 0381/ 670 06 67, Fax 0381/ 670 06 71
*DFO Vogelflug Linien*, Fährcenter Rostock, Am Warnowkai, Tel. 0381/ 673 12 17, Fax 0381/ 673 12 17, in Dänemark Tel. 53 87 00 55; Preise wie für die Linie Puttgarden - Rødby.

Als "Tor zu Skandinavien" besteht von vielen Fährhäfen Dänemarks eine

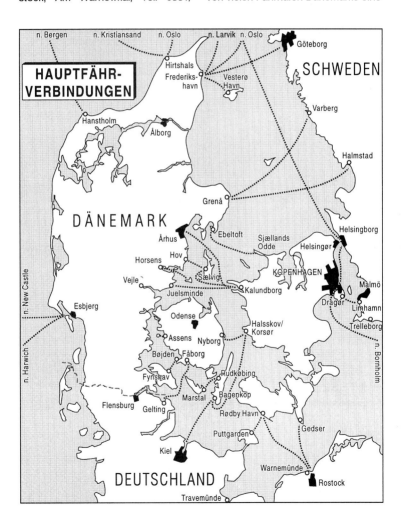

Verbindung nach Norwegen und Schweden. Die Häfen und Fährpassagen sind für:

### Dänemark - Norwegen

*Frederikshavn - Larvik*
(Tel. 99 20 40 60)
*Frederikshavn - Moss*
(Tel. 99 20 02 00)
*Frederikshavn - Oslo*
(Tel. 96 20 02 00)
*Hirtshals - Kristiansand*
(Tel. 99 56 19 77)
*Hirtshals - Oslo*
(Tel. 99 56 19 77)
*Kopenhagen - Oslo*
(Tel. 33 11 22 55)

### Dänemark - Schweden

*Dragør - Limhamn*
(Tel. 33 14 88 00)
*Frederikshavn - Göteborg*
(Tel. 96 20 02 00)
*Grenå - Halmstad*
(Tel. 86 32 03 00)
*Grenå - Varberg*
(Tel. 86 32 03 00)
*Helsingør - Hälsingborg*
(Tel. 33 14 88 80)
*Kopenhagen - Landskrona*
(Tel. 31 29 55 22)
*Kopenhagen - Malmö*

(Tel. 33 12 80 88)
*Rønne - Ystad*
(Tel. 56 95 18 66)
*Snekkersten - Hälsingborg*
(Tel. 49 17 00 00)

Die Telefonnummern in Klammern sind die der dänischen Fährgesellschaften; dort sind Auskünfte zu bekommen und Reservierungen möglich.

**Hinweis:** Eine wichtige Telefonnummer ist die neue landesweit geltende Nummer aller Autofähren der *DSB*. Sie sind jetzt unter der Rufnummer 33 15 15 15 zu erreichen. Bei einem Anruf kann man zwischen automatischer Selbstreservierung und persönlicher Auskunft wählen.

**Hinweis:** Genauere Angaben zu den einzelnen Überfahrten (Preise, Fahrzeiten, Überfahrdauer usw.) sind im Reiseteil unter den jeweiligen Orten zu finden.

## Behinderte reisen

Nahezu alle öffentlichen Gebäude und Einrichtungen, auch Hotels, Campingplätze, Restaurants und Ferienanlagen sind behindertengerecht ausgestattet. Wo dies nicht der Fall sein sollte, zeigt sich schnell die dänische Hilfsbereitschaft. Eine Ansprechadresse für Auskünfte ist:
▶ *Bolig-, Motor- og Hjælpemiddeludvalget,* Landskronagade 66, DK-2100 Kopenhagen Ø, Tel. 0045/ 31 18 26 66

Auch in Deutschland gibt es Informationsstellen, an die man sich für einen Urlaub in Dänemark wenden kann:
▶ *Bundesverband Selbsthilfe Körperbehinderter e.V. (BSK)*, Altkrautheimer Str. 17, 74238 Krautheim/ Jagst, Tel.

06294/ 680, gibt die Zeitschrift "Leben und Weg" (erscheint sechsmal im Jahr) und das "Reise ABC" (erscheint zweimal im Jahr) heraus mit Kontaktadressen für Behinderte (z. B. Reiseagenturen) und vielen anderen nützlichen Tips.

▸ *Bundesarbeitsgemeinschaft der Clubs Behinderter und ihrer Freunde e.V.,* Eupener Str. 5, 55131 Mainz, Tel. 06131/ 22 55 14, vermittelt Campingwagen, rollstuhlgerechte Unterkünfte und Ansprechpartner für Begleitpersonen.

▸ *Reisebüro Zellmer,* Am Anker 2, 40668 Meerbusch, Tel. 02150/ 18 61, organisiert für Behinderte Reisen nach Dänemark.

▸ *VdK Landesverband Bayern e.V.,* Schellingstr. 31, 80799 München, Tel. 089/ 28 60 31, vermittelt Reiseveranstalter, die behindertengerechte Reisen (organisiert und individuell), u. a. nach Dänemark, und Ferienwohnungen anbieten.

▸ *Grabowski Tours GmbH,* Tannenstr. 1, 76744 Wörth, Tel. 07271/ 85 75, Fax 122 23, organisiert Reisen für Behinderte und Nicht-Behinderte (Bus-, Flug-, Badeurlaub, Ausflüge)

Darüber hinaus kann man sich allgemeines Informationsmaterial besorgen bei:

▸ *Zentrale Verkaufsleitung der Deutschen Bahn,* Rhabanusstr. 3, 55118 Mainz, Tel. 06131/ 15 56 24; dort ist kostenlos die Broschüre "Reiseführer für unsere behinderten Fahrgäste" erhältlich; außerdem werden Informationen bezüglich vergünstigter Tarife, Betreuungsstellen in Bahnhöfen usw. gegeben.

▸ *Lufthansa* verteilt in ihren Niederlassungen die kostenlose Broschüre "Reisetips für behinderte Fluggäste".

**Tip:** Für Behindertenreisen zu empfehlen ist das Buch *Handicapped-Reisen Ausland,* Band 2, FMG-Verlag, Postfach 1547, 53005 Bonn, Tel. 0228/ 61 61 33, Fax 62 35 00 (38 DM).

Es informiert über Beherbergungsbetriebe und auch Reiseangebote (Einzel- und Gruppenreisen) in über 60 Ländern.

# Diplomatische Vertretungen

### in Deutschland:

▸ *Königliche Dänische Botschaft,* Pfälzer Str. 14, 53111 Bonn, Tel. 0228/ 72 99 10

▸ *Königliches Dänisches Generalkonsulat,* Unter den Linden 41, 10117 Berlin, Tel. 030/ 308 58 80

▸ *Königliches Dänisches Generalkonsulat,* Heimhuderstr. 77, 20148 Hamburg, Tel. 040/ 414 00 50

▸ *Königliches Dänisches Generalkonsulat,* Sendlinger Tor Platz 10, 80336 München, Tel. 089/ 59 58 31

Weitere Konsulate gibt es in Flensburg, Düsseldorf, Frankfurt, Dresden, Kiel, Lübeck, Bremen, Hannover, Rostock, Stuttgart, Cuxhaven.

### in Österreich:

▸ *Königliche Dänische Botschaft,* Führichgasse 6, 1015 Wien, Tel. 15 12 79 04

▸ *Königliches Dänisches Generalkonsulat,* Ferstelgasse 3/4, 1090 Wien, Tel. 14 02 22 97

Weitere Konsulate befinden sich in Linz, Innsbruck, Salzburg und Graz.

### in der Schweiz:

▸ *Ambassade Royale de Danemark,* Thunstr. 95, CH-3006 Bern, Tel. 31 44 50 11

▸ *Königliches Dänisches Generalkonsulat,* Bürglistr. 8, Ch-8002 Zürich, Tel. 12 01 66 70

Weitere Konsulate gibt es in Basel, Genf, Lausanne und Lugano.

*in Dänemark:*

▶ *Botschaft der Bundesrepublik Deutschland*, Stockholmsgade 57, DK-2100 Kopenhagen K, Tel. 35 26 16 22
▶ *Österreichische Botschaft*, Grønningen 5, DK-1270 Kopenhagen K, Tel. 33 12 46 23
▶ *Schweizer Botschaft*, Amaliegade 14, DK-1256 Kopenhagen K, Tel. 33 14 17 96

## Fotografieren

Das Fotografieren von Gebäuden und Innenräumen ist fast überall erlaubt; wo es nur gegen Aufpreis möglich oder ganz verboten sein sollte, sind deutlich Hinweisschilder angebracht.

Filme und ihre Entwicklung (*fremkaldelse*) sind ungefähr ein Drittel teurer als z. B. in Deutschland. Daher empfiehlt es sich, ein paar Filme mehr mitzunehmen.

**Tip:** Bei einem sommerlichen Strandurlaub ist die größere Helligkeit (Spiegelungen von Meer und Sand) zu berücksichtigen. In der Regel genügen aber Filme von 100 und 200 ASA. Im Winter, wenn es früh dunkelt, ist ein lichtstärkerer Film bis 400 ASA am besten.

## Funkgeräte

Ohne besondere Genehmigung dürfen bei Urlaubsaufenthalten in Dänemark CB-Funkgeräte mit der Bezeichnung *CEPT/PR-27/DE* benutzt werden. Alle anderen Geräte brauchen aber eine Sondergenehmigung; diese ist mindestens drei Wochen vor dem Urlaub bei folgender Adresse zu beantragen:
▶ *Telestyrelsen,* Holsteinsgade 63, DK-2100 Kopenhagen Ø, Tel. 0045/33 43 03 33

## Gesundheit

Falls es wirklich einmal passieren sollte und man krank wird oder einen Unfall erleidet, sollte man nicht unruhig werden: Hilfe wird von allen Ärzten schnell und gerne geleistet. Vor Ort werden nötigenfalls alle - ob in Touristenbüros, Jugendherbergen, Apotheken oder einer ähnlichen Einrichtung - bei der Suche nach einem geeigneten Arzt oder Zahnarzt behilflich sein. Ist der Fall akut: Die Notrufnummer 112 wählen. Bei Fragen oder Problemen vor Ort, wende man sich an die kommunale *Social- og sundhedsforvaltning* (Sozial- und Gesundheitsverwaltung).

Auch in den Ambulanzen der Krankenhäuser ist die Behandlung frei, nur wer außerhalb der regulären Zeiten, also zwischen 16 und 8 Uhr sowie an Wochenenden oder Feiertagen den Bereitschaftsarzt oder die zahnärztliche Bereitschaft in Anspruch nimmt (Telefonnummern im örtlichen Telefonbuch unter *Lægevagten* und *Tandlægevagten*), muß diesen in der Regel bar bezahlen.

Medizin ist nur in Apotheken zu bekommen, meist gegen Rezept. Diese sind zu den üblichen Ladenöffnungszeiten geöffnet. In großen Städten gibt es auch Notdienste.

Da Dänemark im Rahmen der EU einem Krankenversicherungsabkommen beigetreten ist, übernimmmt die Krankenkasse die Kosten in Höhe der dänischen Anteile. Es genügt die Mitnahme des *Euro-Krankenscheins E-111,* den man dem Arzt oder Krankenhaus (*sygehus* oder *hospital*) vorlegt. Den Zahnarzt jedoch muß man selbst bezahlen, und auch Arzneikosten werden nur teilweise ersetzt. Diesen Auslandskrankenschein erhalten die Mitglieder von gesetzlichen Krankenkassen. Es kann aber durchaus sinnvoll sein, für die Reise nach Dänemark eine weiterreichende Versicherung abzuschließen, die sog.

*Reisekrankenversicherung*. Sie deckt unter anderem den Rücktransport zu 100 % ab. Eine solche Versicherung, die auf die Dauer des Urlaubs bzw. der Reise befristet ist, vermittelt jedes Reisebüro.

Wer ärztliche Hilfe in Anspruch nimmt, muß vor Ort die Arzt- oder Apothekenkosten zunächst selbst entrichten. Nach Rückkehr reicht man seiner Versicherung Quittungen bzw. entsprechende Papiere ein; diese erstattet dann den Betrag. Manche Versicherungen behalten sich eine Selbstbeteiligung vor, die je nach Versicherer bei 50 bis 100 DM liegt.

Ist man privat versichert, so erkundigt man sich am besten vor der Reise nach den Leistungen seiner Versicherung.

Die Telefonnummer für den nächsten ärztlichen Notdienst außerhalb der normalen Sprechzeiten (8 - 16 Uhr) sowie am Wochenende ist: 32 84 00 41.

## Grenzformalitäten und Zollbestimmungen

Dänemark ist, wie seine skandinavischen Nachbarn, Mitglied im *Nordischen Rat*, der beschlossen hat, zwischen den Mitgliedsstaaten keine Paß- und Zollkontrollen mehr durchzuführen. Wer also einmal bei der Einreise nach Dänemark kontrolliert worden ist, kann auch ungehindert nach Norwegen oder Schweden weiterfahren. Dies ist übrigens auch ein Grund dafür, warum die Kontrollen an der dänischen Grenze noch nicht ganz aufgehört haben - der Konflikt zwischen Europäischer Union und Nordischem Rat.

Für die Einreise reicht ein gültiger Personalausweis, ein Reisepaß ist nicht erforderlich. Kinder müssen entweder einen eigenen Ausweis haben (ab zehn Jahren mit Foto) oder im elterlichen Paß eingetragen sein. Man darf bis zu drei Monaten in Dänemark bleiben. Aber Achtung: Dieser Zeitraum umfaßt auch die Zeit, die man in Finnland, Schweden, Norwegen oder Island verbracht hat - und zwar innerhalb der letzten sechs Monate. EU-Bürger, die trotzdem länger bleiben wollen, können sich auch nach der Einreise dann bei der Polizei oder dem *Direktoratet for Udlændinge* (Ausländerbehörde), Ryesgade 53, DK-2100 Kopenhagen Ø, melden und dort eine Aufenthaltsgenehmigung beantragen. Eine Arbeitserlaubnis wird nicht benötigt.

Österreicher und Schweizer müssen, wenn sie länger als drei Monate bleiben wollen, schon mit einer Aufenthalts- und Arbeitsgenehmigung einreisen. Hierzu kann man sich an eine dänische diplomatische Vertretung im Heimatland wenden oder auch ans *Direktoratet for Udlændninge*. Wegen der auch in Dänemark angespannten wirtschaftlichen Lage wird eine Arbeitserlaubnis aber nur sehr selten erteilt.

Was auch immer man zum "persönlichen Gebrauch" - wie es offiziell heißt - im Urlaub benötigt, darf man bei der Einreise aus einem EU-Land mitbringen, also Fahrrad, Foto- oder Videoausrüstung, Radio oder Fernsehgerät, sogar den Computer. Eine Beschränkung besteht nur für hochprozentigen Alkohol (über 22 %) und Tabak oder Zigaretten: Innerhalb von 24 Stunden darf jeder, der älter als 17 Jahre ist, 1,5 Liter hochprozentigen Alkohol und 300 Zigaretten (bzw. 150 Zigarillos oder 75 Zigarren oder 400 Tabak) einführen.

Für unverzollte Waren - auf dem Flughafen oder der Fähre gekauft oder aus einem Nicht-EU-Land direkt mitgebracht - gelten diese Mengen:
1 l Spirituosen oder 2 l Wein oder Sekt (bis 22%)
2 l Tischwein
200 Zigaretten (oder 100 Zigarillos oder 50 Zigarren oder 250 g Tabak)
50 g Parfüm
250 ml Eau de Toilette
500 g Kaffee
100 g Tee
10 l Bier
Andere Waren für höchstens 350 DKK.

Dies klingt restriktiv, doch muß man hinzufügen, daß die dänischen Grenzbeamten, gerade wenn sie erkennen, daß die Einreisenden Touristen sind, sehr großzügig sind und keineswegs penibel kontrollieren. Und schmuggeln lohnt ohnehin nicht, weil die Preisdifferenz so gering ist.

## Haustiere

Aus Angst vor Einschleppung von Tollwut sind die Bedingungen für die Mitnahme von Haustieren ziemlich streng. Hunde und Katzen müssen mindestens 30 Tage, höchstens aber 12 Monate vor der Einreise gegen Tollwut geimpft worden sein. Den internationalen gelben Impfpaß sollte man dabeihaben. Wer den Kanarienvogel, das Meerschweinchen, den Hamster oder die Schildkröte mitnehmen will, kann dies tun. Für Wellensittiche, Papageien, Pferde und Kaninchen muß man eine Einfuhrerlaubnis beantragen beim:
▸ *Verterinærdirektoratet,* Rolighedsvej 25, DK-1958 Frederiksberg C, Tel. 0045/ 31 35 81 00

## Landkarten

Auf dem Markt gibt es eine ganze Reihe von Karten (alle auf Grundlage der Angaben vom dänischen *Kort- og Martrikelstyrelsen*) im unterschiedlichsten Maßstab. Um möglichst viele Details verzeichnet zu haben, sollte man mindestens den Maßstab 1:300.000 wählen (es sind aber auch grobere Karten im Maßstab von 1:500.000 zu bekommen, z. B. ADAC, Kümmerly und Frey; auch die vom Dänischen Fremdenverkehrsamt verteilten Blätter haben diese Größe). Sie sind leidlich handlich, übersichtlich und geben teilweise - wie z. B. die Shell-Karte von Mair - noch Zusatzinformation zu touristischen Zielen (Karten im Maßstab 1:300.000 gibt es unter anderem von Kümmerly und Frey oder RV-Verlag).

Genauer - und mit vier Teilblättern noch gut zu verstauen und zu handhaben - ist natürlich das Format im Maßstab 1:200.000, wie bei den Karten von Mair (Shell), die ebenfalls auf der Rückseite Angaben zu regionalen Sehenswürdigkeiten machen.

Rad- und Wanderkarten im Maßstab von 1:100.000 bzw. 1:50.000 sind auch erhältlich (→ Tips für unterwegs, hier: Radfahren und Wandern).

## Löhne und Preise

Da das Einkommensniveau in Dänemark über dem in Deutschland liegt und auch die Steuern auf manche Produkte, z. B. Alkohol, höher sind, sind auch die Preise für manche Lebensmittel höher. Zwischen großen Supermärkten oder Discountern und kleinen, oft zudem lange geöffneten Läden in Urlaubszentren bestehen natürlich auch Preisdifferenzen. Eine kleine Auswahlliste (bei einem Kurs von ca. 26,65 DM für 100 DKK, Stand Frühjahr 1996) soll zumindest einen ersten Überblick geben:

| | |
|---|---|
| 0,5 kg Schwarzbrot | 2,50 DM |
| 1 kg Weiß-, Toastbrot | 4,00 DM |
| 1 kg Kaffee | 13,00 DM |
| 1 kg Zucker | 2,50 DM |
| 1 kg Reis | 3,70 DM |
| 1 kg Salz | 0,90 DM |
| 0,5 kg Margarine | 1,80 DM |
| 0,25 kg Butter | 2,40 DM |
| 1 l Milch | 1,40 DM |
| 1 l Yoghurt | 2,30 DM |
| 2 kg Kartoffeln | 1,80 DM |
| 0,33 l Bier | 1,20 DM |
| 1 kg Kotelett | 17,00 DM |
| 1 kg Äpfel | 3,50 DM |

## Mobiltelefone

Alle Auto- und Mobiltelefone im *NMT*-System oder im europäischen System *GSM,* die die Kennzeichnung *CEPT GSM* plus den 6-Ziffern-Code haben, können ohne Formalitäten frei eingeführt und benutzt werden. Für die Abrechnung der D1- und D2-Handys informiert man sich am besten vor der Reise bei der Telefongesellschaft. Andere Telefone des deutschen B- und C-Netzes können zwar frei eingeführt, aber nicht benutzt werden (→ Tips für unterwegs, hier: Telefon).

## Reisebüros

Buchungen für Dänemark lassen sich natürlich in jedem Reisebüro vornehmen, ganz gleich, ob es um ein Ferienhaus, ein Hotel, die Fährpassage oder die Anreise mit dem Zug oder Flugzeug geht. Einige bieten auch Städte- und Gruppenreisen an; dabei wird oft ganz Südskandinavien in eine Rundfahrt einbezogen. In Dänemark werden als *highlights* meist Roskilde und Kopenhagen angefahren.

Reisebüros, die sich auf Dänemark und den Norden spezialisiert haben, sind unter anderem:

### in Deutschland:

▸ *Skandinavisches Reisebüro,* Kurfürstendamm 206, 10719 Berlin, Tel. 030/ 881 21 24, Fax 030/ 881 42 16 (St, Fe, Ho, Fl, Ba, Gr, Fä, An)
▸ *Bornholm Tours,* Fährhafen Neu Mukran, 18546 Mukran, Tel. 038392/ 352 26, Fax 038392/ 352 21 (Fe, Ho, Gr, Fä, Fa, An, Go, Su)
▸ *Norden Tours,* Ost-West-Str. 70, 20457 Hamburg, Tel. 040/ 360 01 50, Fax 040/ 36 32 11 (St, Fe, Ho, Bu, Fl, Ba, Gr, Fä, Fa)
▸ *Skandinavische Ferienhauszentrale,* Langefelder Damm 86 b, 22525 Hamburg, Tel. 040/ 547 33 20, Fax 040/ 540 21 10 (St, Fe, Ho, Bu, Ba, Gr, Fä, Fa, An, Go, Su)
▸ *Busreisedienst Numssen,* Kirchenstr. 12, 25524 Itzehoe, Tel. 04821/ 20 25, Fax 04821/ 22 15 (St, Fe, Ho, Bu, Fl, Gr, Fä, Fa, An, Bo, Su)
▸ *Wolters Reisen,* Postfach 1151, 28801 Stuhr, Tel. 04331/ 13 07 30, Fax 04331/ 210 20 (St, Fe, Ho, Fl, Fä, Fa, Bo)
▸ *Nordland Tours,* Podbielskistr. 10 a, 30163 Hannover, Tel. 0511/ 62 81 09, Fax 0511/ 39 15 94 (St, Fe, Ho, Bu, Fl, Ba, Gr, Fä, Fa, An, Bo, Go)

▸ *CTS Studienreisen,* Herforder Str. 75, 32657 Lemgo, Tel. 05261/

250 60, Fax 05261/ 163 00 (Gr)
▸ *Reisebüro Norden,* Immermannstr.
54, 40210 Düsseldorf, Tel. 0211/
36 09 66, Fax 0211/ 36 55 32 (St, Fe,
Ho, Bu, Fl, Ba, Gr, Fä, Fa)
▸ *Kerkfeld Gruppenreisen,* Weseler
Str. 27, 48151 Münster, Tel. 0251/
52 10 41, Fax 0251/ 52 47 30 (Gr)
▸ *Skandinavien Reisen,* Sedanstr. 10,
79098 Freiburg, Tel. 0761/ 227 00,
Fax 0761/ 301 20 (St, Fe, Ho, Fl, Ba,
Gr, Fä, Fa, Bo, Go)


*in Österreich:*

▸ *Touropa Austria GmbH,* Ungargasse
59, A-1031 Wien, Tel. 0222/ 71 17 70
▸ *Kuoni Reisen,* Bräuhausgasse 7-9,
A-1050 Wien, Tel. 0222/ 54 62 30


*in der Schweiz:*

▸ *Reisebüro Glur,* Spalenring 111,
CH-4009 Basel, Tel. 061/ 205 94 94
▸ *Kontiki Reisen,* Wettinger Str. 23,
CH-5400 Baden, Tel. 056/ 203 66 66

| *Abkürzungen für Angebote* | | |
|---|---|---|
| An | = | Angelurlaub |
| Ba | = | Bahnreisen |
| Bo | = | Bootsurlaub |
| Bu | = | Busreisen |
| Fä | = | Fähren |
| Fa | = | Fahrradurlaub |
| Fe | = | Ferienhäuser |
| Fl | = | Flugreisen |
| Go | = | Golf |
| Gr | = | Gruppenreisen |
| Ho | = | Hotels |
| St | = | Städtereisen |
| Su | = | Surfurlaub |

**Hinweis:** Weitere Buchungsadres-
sen siehe unter → Übernachten.


# Reisekasse

Dänische und ausländische Banknoten, Reiseschecks und andere Zah-
lungsmittel darf man in unbeschränk-
ter Höhe ins Land mitbringen und
auch ausführen.

Wer *Bargeld* umtauscht, zahlt pro
Einreichung bei der Bank ca. 20 DKK
Wechselgebühr. Nachteil bei Bargeld
entsteht auch bei Verlust, den keine
Versicherung erstattet. Anders sieht
das bei *Reiseschecks* aus, die im
Falle von Verlust und Diebstahl versichert sind. Doch bereits für die Ausstellung von Reiseschecks verlangt
die Hausbank eine Gebühr; zusätzlich behält die Bank in Dänemark
beim Einlösen des Schecks eine Be-
arbeitungsgebühr von ca. 5 DM ein.
Diese Mehrkosten werden ein wenig
ausgeglichen durch den Wechselkurs
bei Schecks, der im allgemeinen günstiger ist als bei Bargeld.

Bei *EC-Schecks* entfällt die Aus-
stellungsgebühr der Bank, dafür wird
der eingereichte Scheck mit Gebühren belegt. In Dänemark dürfen EC-
Schecks maximal über eine Summe
von 1.500 DKK ausgestellt werden.

Viele Geschäfte, Restaurants und
Hotels akzeptieren internationale *Kreditkarten* wie Eurocard, Mastercard
und Visa. Vorteile der Kreditkarten
sind spezielle Versicherungsleistun-
gen, die je nach Kreditinstitut variieren, und vor allem die Tatsache,
daß erst nach einigen Tagen (bzw.
Wochen) der Betrag vom Konto ab-
gebucht wird. Mit Kreditkarten kann
man auch an vielen Geldautomaten
Geld abheben. Am Automaten weist
ein Schild aus, welche Karten er an-
nimmt. Allerdings sind dabei die Gebühren recht hoch. Nachteil der Kre-
ditkarte kann sein, daß die Karte eines Instituts nicht ausreicht, da Ga-
stronomie und Hotellerie nicht immer
allen Firmen angeschlossen sind.

Last not least: Mit dem deutschen
*Postsparbuch* können in jedem Postamt in Dänemark Beträge bis maximal
2.000 DM pro Monat gebührenfrei
abgehoben werden. Dabei sind die
blaue Ausweiskarte und der Perso-

nalausweis vorzulegen. Bei Diebstahl des Postsparbuches kann dieses mit geringem Aufwand gesperrt werden.

---

**Wechselkurs**
| | | |
|---|---|---|
| 100 DM | = | 386,80 DKK |
| 100 sFr | = | 481,70 DKK |
| 100 öS | = | 55,00 DKK |
| (Stand März 1996) | | |

---

## Reisezeit

Die beste Reisezeit ist natürlich der Sommer von Juni bis August. Dann liegen die Temperaturen bei angenehmen 18 bis 25 °C, nur ganz selten wird es heißer. Allerdings darf man nicht mit immer konstantem Wetter rechnen; der oft starke Westwind läßt es vielmehr oft mehrmals an einem Tag wechseln, so daß die Sonne immer wieder von Regenschauern verdrängt wird. Schön sind die langen Sommernächte, in denen es vor allem im Norden Dänemarks mit einem Rest von Nordlicht fast nicht dunkel wird. Kühl kann es aber dann immer noch werden, so daß man in jedem Fall wärmere Kleidung dabeihaben sollte. Die Wassertemperatur im Meer liegt bei 18 bis 20 °C, kann tagsüber an den Küsten sogar noch höher sein.

Im Sommer zur Hauptsaison zu verreisen hat den Nachteil, daß die Preise höher und der Andrang - ob an Stränden, in den Städten oder bei den Sehenswürdigkeiten - größer ist. Wer kann, sollte darum in den Frühling oder Herbst ausweichen, denn auch dann scheint die Sonne oft recht kräftig. Aus eigener Erfahrung kann ich den Spätsommer im September als Reisezeit nur empfehlen.

Der Winter ist dagegen eher regnerisch, in den letzten Jahren eher selten mit Schnee, doch mit Frostperioden bei 0 bis 3 °C. Am kältesten ist es im Januar und Februar (→ Land und Leute, Klima).

## Sprachferien

Die beste Möglichkeit, Dänisch zu lernen, ist, sich direkt unter die "Muttersprachler" zu mischen. Ein Aufenthalt an einer dänischen *folkehøjskole* ist ein Weg dazu. Man kann sich dazu an folgende Adresse wenden:
▸ *Højskolernes Sekretariat,* Farvergade 27, G, DK-1563, Kopenhagen K, Tel. 0045/ 33 13 98 22 .

## Touristeninformation

Gut informierte Touristeninformationen findet man in fast jedem größeren Ort; auf Schildern sind sie mit dem üblichen "**i**" ausgewiesen. Die Öffnungszeiten der Informationsstellen können je nach Saison und Ort variieren. Egal ob es um Übernachtungsmöglichkeiten, lokales Sportangebot, Museen und Kultur, Fahrradverleih, Naturschönheiten oder Sehenswürdigkeiten geht, eine Antwort bleiben die meist sehr freundlichen Mitarbeiter nach meiner Erfahrung so gut wie nie schuldig. Ein Vorteil für alle Urlauber: Die Touristik-Fachkräfte sprechen fast immer nicht nur sehr gut Englisch, sondern auch Deutsch. Verständigungsprobleme gibt es daher eigentlich nie.

Allgemeine Prospekte zu Dänemark, die gut für einen ersten Einblick ins Land geben, kann man anfordern bei:
▸ *Dänisches Fremdenverkehrsamt,* Glockengießerwall 2, 20095 Hamburg, Tel. 0190-19 00 33, Fax 040-32 43 29.
Das Informationsmaterial des Fremdenverkehrsamtes ist grundsätzlich kostenlos, jedoch freut man sich dort

über einen freiwilligen Kostenbeitrag. Es gibt Broschüren zu den Themen:

- Angeln
- Camping & Caravaning
- Fähren (plus Karte)
- Golf
- Hotels
- Jugend- und Familienherbergen
- Radurlaub
- Segeln
- Städte
- Surfen
- Veranstaltungen.

Außerdem ist eine Reihe von Spezialbroschüren zu bestimmten Reisezielen erhältlich, so zu:
- Bornholm
- Fünen und Inseln
- Kopenhagen
- Lolland, Falster, Møn und Seeland
- Nordjütland
- Nordseeland
- Ostjütland
- Südjütland
- Westjütland/ Nordseeküste.

**Tip:** Der Margeriten-Route, die quer durch Dänemark verläuft, widmet sich ein Buch (64 Seiten), das vom Fremdenverkehrsamt vertrieben wird. Es enthält eine Karte und die Beschreibung vieler Sehenswürdigkeiten entlang dieser Route. Gegen den Preis von 10 DM plus Porto und Versand ist es über das dänische Fremdenverkehrsamt in Hamburg zu beziehen.

▸ *Danmarks Turistråd* (Dänischer Fremdenverkehrsrat), Vesterbrogade 6 D, DK-1620 Kopenhagen V, Tel. 0045/ 33 11 14 15

# Übernachten

## Ferienhäuser

"*Sommerhuse*", Sommerhäuser, so nennen die Dänen ihre 40.000 Ferienhäuser an der Küste. Diese Bezeichnung rührt daher, daß diese Häuser früher wegen schlechter Isolation wirklich nur im Sommer zu bewohnen waren. Das hat sich mit dem doch stark gestiegenen Standard im Hausbau in den letzten zehn Jahren deutlich geändert. Wer im Herbst oder Winter so Urlaub machen will, muß aber auf jeden Fall mit hohen Heiz- bzw. Stromkosten rechnen. Traditionell die beliebtesten Gebiete sind die Nordseeküste nördlich von *Esbjerg*, an der *Jammerbucht* nahe der Nordspitze *Jütlands*, gefolgt von *Bornholm*. Wer einen solchen Urlaub vorzieht - was immerhin drei Viertel aller deutschen Urlauber tut - sollte lieber einmal mehr die Preise vergleichen, als sofort zu buchen, denn leicht lassen sich ein paar hundert Mark pro Woche sparen. Besonders teuer ist die Hochsaison von Anfang Juli bis Ende August, wenn auch die Dänen Ferien haben. Ein durchschnittlich ausgestattetes Haus mit vier bis sechs Betten kostet dann ab ungefähr 1.500 DM pro Woche, wobei Strom und Heizkosten - auch im Sommer kann es nachts ungemütlich abkühlen - noch hinzukommen. Hat man die Möglichkeit, sollte man, besonders wenn es kälter ist, ein Haus mit Kamin mieten. Mit Brennholz läßt sich sehr viel günstiger und angenehmer heizen. *Brænde*, so der dänische Name, bieten viele Bauern oder Supermärkte an. Wer über eine der großen Agenturen *DanCenter, Dan-Sommer* oder *Novasol* buchen will, kann das in allen Reisebüros tun. Nach eigener Erfahrung ist es aber viel billiger, einen der vielen lokalen Vermieter anzusprechen oder anzuschreiben. Auch sie halten Kataloge oft in Deutsch bereit - und Sachinformationen wie Größe, Bettenzahl und Preis sind notfalls auch in Dänisch verständlich. Allerdings sollte man auch hier das Kleingedruckte (in dem wichtige Informationen, wie z. B. über Endreinigung und -abnahme eines Hauses, stehen) lesen.

Einige Adressen der **großen Anbieter in Deutschland** sind:

▸ *Novasol*
- Brunnenstraße 181, 10119 Berlin, Tel. 030/ 308 78 10, Fax 030/ 30 87 81 20
- Steindamm 39, 20099 Hamburg, Tel. 040/ 24 82 10 24, Fax 040/ 24 82 10 24

▸ *DanCenter Ferienhausvermittlung* (großer Anbieter von Ferienhäusern überall in Dänemark, hat 11.000 Häuser im Angebot; kostenloser Katalog)
- Spitalerstraße 16, 20095 Hamburg, Tel. 040/ 32 27 81, Fax 040/ 32 75 91
- Wilsnackerstr. 32, 10559 Berlin, Tel. 030/ 394 60 81, Fax 030/ 394 70 23

▸ *Sonne und Strand (Sol og Strand),* Süderhofenden 8, 24910 Flensburg, Tel. 0461/ 14 44 20, Fax 0461/ 144 20 50 (hat 24 Niederlassungen und bietet 4.000 Häuser, vom dänischen Standardhaus bis zum Luxushaus; kostenloser Katalog)

▸ *Wolters Reisen,* Postfach 925, 24758 Rendsburg, Tel. 04331/ 13 07 30, Fax 04331/ 210 20

▸ *Skandinavische Ferienhauszentrale,* Langefelder Damm 86 b, 22525 Hamburg, Tel. 040/ 54 73 32-0, Fax 040/ 540 21 10 (kostenloser Katolog)

▸ *Dänemark Reisen,* Sierichstr. 162, 22299 Hamburg, Tel. 040/ 48 48 18 (kostenloser Katalog)

▸ *Urlaubsring Dänemark,* Basselweg 82 A, 22527 Hamburg (hält Kataloge für Ferienhäuser in zwölf Regionen bereit; siehe unten)

**Ferienhausvermieter in Dänemark** sind u. a.:

▸ *Dansk Familieferie,* Postfach 695, DK-6792 Rømø, Tel. 00 45/ 74 75 55 00, Fax 00 45/ 74 75 55 56 (bietet mehr als 5.000 Ferienhäuser in verschiedenen Preiskategorien, kostenloser Katalog; täglich zu erreichen von 9 bis 21 Uhr)

▸ *Turistgruppen Vestjylland,* Torvet 5, DK-6830 Nørre Nebel, Fax 0045/ 75 28 86 76 (vermittelt Ferienhäuser

in Westjütland; kostenloser Prospekt)

▸ *Sydthy Turistbureau,* Jernbanegade 2, DK-7760 Hurup, Tel. 0045/ 97 95 22 900, Fax 0045/ 97 95 30 50 (vermittelt Ferienhäuser in Sydthy an der Nordsee und am Limfjord; kostenloser Katalog)

▸ *Skagenferie,* Jens Væversvej 8, DK-9990 Skagen, Tel. 0045/ 98 44 22 23, Fax 0045/ 98 44 55 69 (Ferienhäuser und Ferienwohnungen in Strand- und Waldlage)

▸ *Arrild Ferieby Center,* DK-6520 Toftlund, Tel. 0045/ 74 83 45 99 (Ferienhäuser und Drei-Sterne-Campingplatz in Südjütland; dazu Hallenbad, Spielplatz und anderes Freizeitangebot)

▸ *Bork Havn Feriehusudlejning,* Kirkejøjvej 17, Bork Havn, DK-6893 Hemmet, Tel. 0045/ 75 28 03 44, Fax 0045/ 75 28 08 53 (Ferienhäuser am Ringkøbing Fjord in allen Preiskategorien, kostenloser Prospekt)

Vor einiger Zeit haben sich in einem Dutzend von Feriengebieten die örtlichen Touristeninformationen zu einem "Urlaubsring" zusammengeschlossen und vermieten nun ebenfalls Sommerhäuser. Kataloge mit Ferienhäuser über die einzelnen Regionen sind beim **Urlaubsring Dänemark** (Adresse siehe oben) oder bei den Vermietern direkt anzufordern:

▸ _Købmand Hansen's Feriehusudlejning,_ Strandvejen 425, DK-6854 Henne Strand, Tel. 00 45/ 75 25 53 11, Fax 00 45/ 75 25 53 86
▸ _Nordsø Sommerhusudlejning_, Ålborgvej 31, DK-9492 Blokhus, Tel. 00 45/ 98 24 87 88, Fax 00 45/ 98 20 85 80
▸ _Destination Langeland,_ Fyn og Ærø, DK-5935 Bagenkop, Tel. 0045/ 62 56 14 93, Fax 0045/ 62 56 19 59
▸ _Fanø Turistbureau,_ Havnepladsen, Nordby, DK-6720 Fanø, Tel. 0045/ 75 16 26 00, Fax 0045/ 75 16 29 03
▸ _Feriehusudlejning I/S,_ Turistkontoret, Bredgade 11, DK-6990 Ulfborg, Tel. 0045/ 97 49 12 77, Fax 0045/ 97 49 25 70
▸ _Holmsland Klit Turistforening,_ Fiskeriets Hus, Nørregade 2 B, DK-6960 Hvide Sande, Tel. 0045/ 97 31 18 66, Fax 0045/ 97 31 28 80
▸ _Møns Turistforening,_ Storegade 2, DK-4780 Stege, Tel. 0045/ 55 81 44 11, Fax 0045/ 55 81 48 46
▸ _Odsherreds Turistbureau,_ Svanestræde 9, DK-4500 Nykøbing/ Sjælland, Tel. 0045/ 53 41 08 88, Fax 0045/ 59 93 00 24
▸ _Samsø Turisbureau,_ Langgade 32, DK-8305 Samsø, Tel. 0045/ 86 59 14 00, Fax 0045/ 86 59 31 73
▸ _Sydbornholms Turistbureau,_ Jernbanegade 1, DK-3720 Åkirkeby, Tel. 0045/ 56 97 45 20, Fax 0045/ 56 97 58 90
▸ _Turistforeningen for Rømø-Skærbæk og Omegn,_ Havnebyvej 30, Tvismark, DK-6792 Rømø, Tel. 0045/ 74 75 51 30, Fax 0045/ 74 75 50 31 (gehört zum "Urlaubsring"; hält einen Katalog über Ferienhäuser in der Region bereit).
▸ _Udlejningsbureauet_ "Limfjorden", Fiskergade 1, DK-7600 Struer, Tel.

0045/ 97 85 16 85, Fax 0045/ 97 85 16 85, Fax 0045/ 97 85 00 95

## Hotels

In Dänemark gibt es ein dichtes Netz von Hotels in verschiedenen Kategorien. Es gibt allerdings keine offizielle Hotelklassifizierung, so daß die Qualität erst beim Eintreffen wirklich zu erkennen ist. Das gilt aber eigentlich nur für die kleinen Hotels auf dem Land und in den Dörfern, die manchmal bloß im Sommer zur Hauptsaison geöffnet haben. In den großen Städten, vor allem in Kopenhagen, liegt der Standard der Hotels, von denen viele einer großen Hotelkette angehören und ganzjährig geöffnet sind, hoch. Die Preise sind sehr unterschiedlich, doch kann man davon ausgehen, daß es im Vergleich zu anderen Übernachtungsmöglichkeiten in Dänemark recht teuer ist, im Hotel zu übernachten. Beispielsweise in Kopenhagen zahlt man für ein Einzelzimmer (ohne Bad) inklusive Frühstück ab ca. 200 DKK, in der Luxusvariante dann 1.000 DKK und mehr. Doppelzimmer sind entsprechend teurer und liegen zwischen ca. 400 und 2.000 DKK.

Eine Alternative dazu ist das Hotelscheck- oder -passystem, mit dem sich bei mehrmaligem Besuch einer bestimmten Hotelgruppe viel Geld sparen läßt. Einige der wichtigen Zusammenschlüsse sind:
▸ **ProSkandinavia Hotelschecks**
Der Scheck kostet ca. 250 DKK und gilt für Übernachtungen in sechzig Hotels in Zimmern mit Dusche und Toilette. Man spart ungefähr 50 % das ganze Jahr über. Die Schecks sind zu erhalten über:
_Haman Scandinavia Service Büro,_ Hohenzollernring 49, 50672 Köln, Tel. 0221/ 25 11 82.

▸ **Scandic Hotels Holiday Card**
Sie gilt zu den (dänischen) Ferienzeiten, also auch im Sommer von Mitte Juni bis Mitte August, darüber hinaus auch an Feiertagen und Wochenenden. Die *Card* kostet 100 DKK und gilt ein Jahr. Für eine Übernachtung zahlt man dann knapp 600 DKK, unabhängig davon ob Einzel- oder Mehrbettzimmer. Sie ist zu beziehen über:
*Scandic Hotel Danmark,* Kettevej 4, DK-2650 Hvidovre, Tel. 0045/ 36 77 70 00.

▸ **Kro-Schecks**
Sie gelten in 80 Gasthäusern (*kro*) für Zimmer mit Bad und Toilette, inklusive Frühstück. Die Übernachtung im Einzelzimmer kostet ca. 400 DKK, im Doppelzimmer über 500 DKK. Sie sind erhältlich von:
*Dansk Kroferie,* Vejlevej 6, DK-8700 Horsens, Tel. 0045/ 75 64 87 00.

▸ **Larsen Hotel- und Kroferie**
Mit den "Essensmarken" (für Erwachsene 50 DKK, für Kinder 25 DKK) kann man in einem Hotel oder *kro* für zu dem Preis essen, den man für die Zimmermiete bezahlt hat. Die Übernachtung kostet ca. 225 DKK pro Person. Diesem Zusammenschluß gehören etwa 140 Hotels und Gasthöfe an. Die Schecks sind bei den meisten örtlichen Touristenbüros zu bekommen.

### *Reservierung von Hotelzimmern*

Einige Adressen für die Zimmerreservierung in Kopenhagen:
▸ *Hotelbooking København,* Bernstorffgade 1, DK-1577 Kopenhagen V, Tel. 33 12 28 80
▸ *EASY-BOOK,* Århusgade 33-35, DK-2100 Kopenhagen Ø, Tel. 31 38 00 37

## *Schloß- und Herrensitzurlaub*

Wer es gerne exklusiver mag und es sich leisten kann, hat die Möglichkeit,
auf einem von fünfzehn Schlössern oder Herrensitzen zu nächtigen. *Slots- og Herregårdsferie* bieten Übernachtungen im Doppelzimmer, Menü, Kaffee und Kuchen sowie Frühstück ab ca. 700 DKK pro Person und Nacht (Zuschlag für Einzelzimmer 150 DKK). Weitere Informationen gibt es bei:
▸ *Danske Slot- og Herregårde,* Annasvej 9, DK-2900 Hellerup, Tel. 39 40 02 77, Fax 39 40 11 77

## *Jugendherbergen*

Eine echte Alternative zu Hotels oder Camping sind die dänischen Jugendherbergen. Sie heißen *vandrerhjem* - also Wandererheim - und sind nicht nur für Jugendliche geöffnet. Auch "Ex-Jugendliche" sind gern gesehen; es besteht keine Altersbegrenzung! Alle Generationen treffen sich hier. Und ob man mit dem Fahrrad, zu Fuß oder mit dem Auto kommt, ist egal.

Das hat aber seinen Preis, denn eine Übernachtung ist etwas teurer als beispielsweise in deutschen Jugendherbergen. Dafür jedoch sind auch der Standard nach meiner Einschätzung in der Regel höher und das Essen besser. Insbesondere die Frühstücksbuffets sind ein Traum für jeden, der sich gestärkt in die Tagesaktivitäten stürzen will.

Die meisten *vandrerhjemme* sind ganzjährig geöffnet; es schließen jedoch viele über Weihnachten und Neujahr. Während der Hauptsaison von Mai bis August gibt es darüber hinaus einige zusätzliche Herbergen, die in den übrigen Monaten geschlossen bleiben. Es gilt: Je weiter eine Jugendherberge von einer Stadt entfernt ist, desto größer ist die Wahrscheinlichkeit, daß sie in der Nebensaison nicht geöffnet ist. Als Individualreisender hat man aber sogar dann oft noch, nach persönlicher Voranmeldung bei den Herbergseltern, eine Chance, dort übernachten zu können.

Die Mehrzahl der hundert Jugendherbergen kann man jedoch ganzjährig ansteuern. Sie sind im großen und ganzen modern bis sehr modern, viele in den letzten Jahren neu gebaut worden und bieten einen guten Komfort sowohl bei Sanitäranlagen wie Zimmern. Sie haben heute überwiegend vier Betten in den Schlafräumen; Zimmer mit mehr Betten findet man eigentlich nur noch in Kopenhagen. Eine Übernachtung mit Frühstück kostet ca. 85 DKK. Das Frühstück ist bei vielen obligatorisch; man muß dafür noch einmal knapp 40 DKK mehr ausgeben. Zusätzliches Mittag- und Abendessen kosten je ungefähr 60 Kronen.

Alle Jugendherbergen haben außerdem sogenannte "Familienzimmer" mit zwei bis vier Betten, die oft sogar ein eigenes Bad haben. Die Übernachtung kostet dann pro Zimmer in der Regel zwischen 150 und 340 DKK.

Ansonsten gelten die üblichen Herbergsregeln: Decken und Kissen sind vorhanden, Bettwäsche oder weißen Jugendherbergsschlafsack muß man mitbringen. Sie sind aber auch jeweils in der Herberge gegen ein geringes Entgelt zu leihen. Schlafsäcke dürfen nicht benutzt werden. Einen gültigen Herbergsausweis sollte man dabeihaben; notfalls gibt es Gästeausweise für 22 DKK, die für eine Übernachtung gültig sind.

In der Hochsaison sollte man sicherheitshalber - wenn man denn schon weiß, wo man am Abend sein wird - einen Platz reservieren. In der Zeit vom 1. September bis zum 15. Mai ist die Anmeldung sogar obligatorisch (bei Voranmeldung bis 17 Uhr kann man noch bis 21 Uhr anreisen). Von 12 bis 16 Uhr ist die Rezeption geschlossen. So steht es jedenfalls in

den offiziellen Unterlagen: Abweichungen und Ausnahmen sind aber fast die Regel und die Dänen tolerant, vor allem in der Metropole Kopenhagen, wo die Häuser nachts oft gar nicht schließen.

Die Adressen aller dänischen Jugendherbergen stehen in den Verzeichnissen des _Deutschen Jugendherbergswerks_ (Postfach, 32754 Detmold, Tel. 05231/ 740 10, Fax 05231/ 74 01 49) und sind in Dänemark zu bekommen bei:

▸ _Landsforeningen Danmarks Vandrerhjem,_ Vesterbrogade 39, DK-1620 Kopenhagen V, Tel. 0045/ 31 31 36 12.

## Campen

Campen kann man auf zwei Arten: auf offiziellen Campingplätzen oder den sogenannten _naturlejrspladser_ (Naturlagerplätzen). Von letzteren, die eine einfache und billige Alternative zu den großen Plätzen sind, gibt es im Land ca. 550. Für höchstens 10 DKK darf man hier sein Zelt zumeist auf dem Feld eines Bauern aufstellen und Wasseranschluß wie auch Toilette mitbenutzen. In den Staatswäldern gibt es rund 75 ähnliche Plätze, die kostenlos zu nutzen sind, doch haben sie überhaupt keine Ausstattung. Achtung: Autofahrer haben auf diesen Plätzen keinen Zugang! Lage und Beschreibung der Plätze finden sich in den Broschüren _"Overnatning i det fri"_ (Übernachtung im Freien), je ein Band für Jütland und die Inseln, das für 55 DKK u. a. in dänischen Buchhandlungen oder über den _Dansk Cyklist Forbund_ (Adresse → Radfahren) zu bekommen ist.

Offizielle Campingplätze sind in einem Verzeichnis des dänischen Campingrats aufgelistet - "_Camping_

Danmark", den man über die *Dansk Camping Union* (Adresse → Campingorganisationen) bestellen kann. Hier sind 526 anerkannte Plätze nach einem System mit ein bis fünf Sternen klassifiziert. Je nach Kategorie kostet eine Übernachtung 9 bis 13 DM pro Person. Kinder zahlen einen reduzierten Preis; meist wird eine Ermäßigung bis zu 50 % eingeräumt. Zum Übernachten benötigt man den grünen Campingpaß.

Auch Campinghütten gibt es in mehreren Kategorien, von ganz einfach (mit minimaler Ausstattung fürs Übernachten mit Bett und Lampe) bis luxuriös (ca. 20 km² großer Raum mit Heizung, Kochmöglichkeit und Geschirr). Je nach Standard liegen die Preise pro Tag zwischen 200 und 400 DKK. Eine andere Möglichkeit ist das Mieten von Wohnwagen, die im Gegensatz zu den Hütten nicht in Qualitätskategorien eingeteilt sind. Hier sollte man sich über den Standard genau erkundigen. Für beide dieser Alternativen gilt es, rechtzeitig zu buchen, denn gerade in der Hauptsaison ist alles schnell belegt.

### Campingorganisationen

Einige Campingplätze (rund 35) haben sich auch zu einem "Campingschecksystem" zusammengeschlossen, das Familien mit Kindern Rabatte einräumt. Zu kaufen ist dieses Couponheft in Touristenbüros oder über den *Camping Club Danmark,* Vonsildvej 19, 6000 Kolding, Tel. 75 50 82 22.

Die Interessen der dänischen Camper nimmt die *Dansk Camping Union* (DCU) wahr, eine Art Verbraucherorganisation (Gl. Kongevej 4 D, 1010 København K, Tel. 33 91 21 61).

Der größte Zusammenschluß privater Campingplätze ist *DK-Camp* mit über 300 Plätzen landesweit (Vestergade 37 C, 7100 Vejle).

In öffentlichem Besitz sind die 64 Plätze von *Public Camp,* c/o Skov- og Naturstyrelsen, Handelskontoret, Haraldsgade 53, 2100 Kopenhagen Ø.

Auch der Automobilclub *FDM* verfügt über eine Reihe von Plätzen (Firskovvej 32, 2800 Lyngby, Tel. 45 93 08 00).

Informationen über vierzehn Campingplätze auf Bornholm erhält man bei *Foreningen af Bornholmske Campingpladser,* Postboks 46, 3730 Nexø, Tel. 56 49 27 21 (von April bis September) und 56 49 40 90 (von Oktober bis März).

**Wichtig:** Wildes Campen ist in Dänemark verboten! Das Übernachten am Straßenrand oder auf Park- und Rastplätzen sowie am Strand oder in den Dünen ist nicht erlaubt, auch nicht für Wohnmobile.

### Urlaub auf dem Bauernhof

Besonders für Familien mit Kindern ist der Urlaub auf dem Bauernhof eine Alternative zu anderen Übernachtungsmöglichkeiten. Entweder bietet der Hof Zimmer an (ca. 45 DM mit Frühstück pro Person und Tag, entsprechend teurer bei Halb- oder Vollpension) oder eine separate Wohnung auf dem Hof mit Schlaf- und Wohnzimmer, Küche, Bad und Toilette (ca. 550 DM pro Woche).

Kontakte vermitteln:
▸ *Landsforeningen for Landboturisme,* Lerbakken 7, DK-8410 Rønde, Tel. 0045/ 86 37 39 00, Fax 0045/ 86 37 35 50
▸ *Ferien auf dem Lande,* Søndergade 26, DK-8700 Horsens, Tel. 0045/ 70 10 41 90, Fax 0045/ 75 60 21 90

## Byferie - "Stadtferien"

Eine ganz neue Form der Übernachtungsmöglichkeit hat in den letzten beiden Jahren der dänische *Arbejdsmarkedets Feriefond* entwickelt. Das Stichwort ist hier *byferie,* was wörtlich übersetzt "Stadtferien" bedeutet. Allerdings sollte man hierbei die Größe der dänischen Städte bedenken, die natürlich nicht mit deutschen zu vergleichen sind. Dennoch: Die Unterkunftsformen von *byferie,* die sich in zwei Orten Südjütlands etabliert hat, ist eine wirklich einmalige Alternative zu Ferienhäusern. Vorausgesetzt, der Urlaub soll nicht nur aus Strandleben bestehen, denn sowohl von Kolding als auch von Ribe sind es mit dem Auto etwa eine halbe Stunde bis zu schönen Stränden.

Dafür läßt sich bei jeweils nur gut fünf Gehminuten zum Zentrum aber alles nutzen, was die beiden Städte bieten: Museen, Restaurants, Einkaufsmöglichkeiten, Schwimmhallen etc. Vor allem für ein verlängertes Wochenende für Norddeutsche bieten sich die beiden Komplexe hervorragend an. Die 1994 am Slotssø in Kolding eingeweihten Gebäude bestechen durch ihre originale Architektur - die Wohnungen für zwei, vier oder sechs Personen können je nach Wahl rund, dreieckig, sternförmig oder achteckig sein. Die Anlage in Ribe mit ihren Klinkersteinhäusern, zwischen denen kleine Bäche fließen,

hat holländischen Akzent. Die Wohnungen hier sind sogar etwas komfortabler, auch größer, weil für vier, sechs oder sieben Personen ausgelegt. Deshalb liegen auch die Preise geringfügig höher. Für beide Wohnanlagen gilt: Mindestens drei Übernachtungen sind zu buchen.

Saisonabhängig differieren die Preise stark: In der Nebensaison kostet eine Woche nur ca. 2.900 DKK, doch in der Hochsaison schon 3.390 DKK, in Ribe auch bis 4.550 DKK. Dividiert man diesen Betrag bei einer größeren Familie (oder mehreren) oder vergleicht ihn mit dem Preis von Sommerhäusern, erscheint er aber schon wieder geringer. Weil man sich - in schönen, komplett ausgestatteten Küchen - selbst versorgt, läßt sich der Aufenthalt zusätzlich günstiger gestalten.

Weitere Auskünfte gibt es direkt bei den folgenden dänischen Institutionen:
▸ *Kolding Byferie,* Hospitalsgade 6, DK-6000 Kolding, Tel. 0045/ 75 54 18 00
▸ *Ribe Byferie,* Damvej 34, DK-6760 Ribe, Tel. 0045/ 75 41 14 07, Fax 0045/ 75 41 14 17

## Privatzimmer

Fast überall in Dänemark, auf jeden Fall aber in den Hauptferiengebieten, weisen an den Straßenrändern Schilder darauf hin, daß in der unmittelbaren Nähe private Zimmer zu vermieten sind: "Zimmer frei", meist auf deutsch, oder *"bed and breakfast"*, eine Ausnahme ist beinahe, wenn es auf dänisch heißt *"Værelse til leje"*.

Diese Art des Übernachtens ist die preisgünstigste und sicher nicht die schlechteste. Mit Frühstück zahlt man pro Nacht etwa 150 bis 200 DKK für ein Doppelzimmer.

*Tips für unterwegs*

## *Angemessenes Verhalten*

Zwar gelten in Dänemark als mitteleuropäischem Land dieselben Höflichkeits- und Verhaltensregeln wie bei uns, dennoch seien hier in loser Reihenfolge ein paar Tips zu angemessenem Verhalten im Gastland gegeben:

▸ Das jedem zugesprochene "Du" nicht als sofortigen Ausdruck tiefster Sympathie mißverstehen - und bitte auch nicht so zurückgeben -, denn es ist die normale Anrede. Eine höfliche Distanz sollte gewahrt bleiben (→ Tips für unterwegs).

▸ Der Höflichkeit der Dänen mit gleicher Freundlichkeit begegnen: Ein Dankeschön, "*Tak*", nie vergessen. Überraschenderweise bedanken sich die Dänen auch, wenn sie selbst geholfen haben, dann heißt es "*Selv tak*" (eine Art "Danke gleichfalls") oder "*Velbekomme*" (ein "Wohlbekomme es" im Sinne eines "Möge es helfen").

▸ Im Straßenverkehr zurückhaltend sein, ganz gleich ob als Auto- oder Radfahrer oder Fußgänger. Dänische Autofahrer fahren deutlich defensiver und rücksichtsvoller, als wir es von deutschen Straßen gewohnt sind. Das liegt zum einen an den niedrigeren zulässigen Höchstgeschwindigkeiten (50 km/h innerorts, 80 km/h auf Landstraßen und 110 km/h auf Autobahnen, mit Anhänger bis 70 km/h), zum anderen wohl an der wirklich ruhigeren Mentalität der Dänen, die sich dafür oft stärker auf dem Fahrrad austoben und zügig vorankommen. Darum bitte immer auf Radfahrer achten! Und als Radler selbst zurückhaltend sein.

▸ Auf Fußgänger besonders beim Durchfahren kleiner Dörfer an Landstraßen achten (spielende Kinder!) und die Geschwindigkeit herabsetzen. Vor allem die in den letzten zwei, drei Jahren häufiger konstruierten Fahrbahnverengungen nicht als sportliche Herausforderung ansehen, sondern als Sicherheitsmaßnahme.

▸ Mit dem Wohnmobil (und auch mit Zelt) nie in freier Wildbahn, sondern nur auf einem Campingplatz übernachten. Man wird zwar nicht in allen Fällen sofort von der Polizei ausfindig gemacht - wenn doch, können die Bußgelder hoch sein -, aber die Rücksicht auf die Natur des Gastlandes sollte selbstverständlich sein.

▸ Die Strände nicht als Eigenbesitz betrachten! Viele Dänen lachen über die deutsche (Un-) Sitte, ihre Sandfläche eine Burg zu bauen oder sie mit Muscheln und ähnlichem abzustecken. So etwas sieht man hier nicht gerne, tolerieren tut man es natürlich trotzdem.

▸ Apropos Strand: Um Sand und Dünen sauberzuhalten, sind inzwischen fast an allen Küsten Abfallkörbe bzw. Mülleimer aufgestellt. Bitte den Abfall dorthin bringen (oder wieder mitnehmen) und nicht in der Natur liegen lassen.

▸ Zu beachten ist außerdem, daß die Dünen und die meisten direkt dahinter liegenden Baum- und Heideplantagen unter Naturschutz stehen. Darum bitte nie Strandhafer oder Heide pflücken - das schwächt den Schutz gegen das Meer und den Wind und fördert die Bodenerosion.

## *Anrede*

Eine der schwierigsten "Protokollfragen", vor die man gleich bei seiner Ankunft in Dänemark gestellt wird, ist die Frage der Anrede: Sage ich "Sie" oder "Du" zu meinem Gegenüber? In Dänemark war im Lauf der letzten zwanzig bis fünfundzwanzig Jahre das förmliche "Sie" fast ganz abgeschafft worden. "De" (dän. für "Sie", sprich "di") sagte man eigentlich nur noch zu älteren Menchen und - zur Königin. In allen anderen Fällen, egal wo und wann, galt das einfache "Du" (das gleiche Wort wie im Deutschen). Es hatte sich in der Folge der 68er Revolte durchgesetzt, als ein Kennzeichen für eine egalitäre Gesellschaft. Es hat also nichts - wie manchmal im Deutschen - zu tun mit Geringschätzung des Gegenüber, mit dem bzw. der man spricht. Und darum ist auch schon die Faustregel, an die man sich am besten hält: So lange das "Du" nicht als abschätzige, sondern als neutrale - was es zumeist ist - bis freundliche oder freundschaftliche Anrede verwendet wird, ist alles in Ordnung. Sobald man es aber abwertend "von oben herab" benutzt, wird es als entsprechende Unhöflichkeit registriert.

Die dänische Sitte des Duzens - die seit Anfang der neunziger Jahre von einigen jüngeren Dänen wieder zugunsten des heute teilweise als prestigeträchtiger empfundenen "De" leicht zurückgedrängt wird - führt übrigens dazu, daß viele Dänen sie auf ihren Gebrauch im Deutschen übertragen. Wenn sie dann Duzen, klingt das manchmal freundlicher und verbindlicher, als es gemeint ist. Für Gäste gilt: Vor dem Gespräch bitte immer die Situation und den Gesprächspartner berücksichtigen!

## Diebstahl, Panne oder Unfall

Bei Diebstahl, Verkehrsunfall oder anderen Unannehmlichkeiten sofort an die nächste Polizeiwache (*politistation*) wenden! Über den einheitlichen Notruf 112 kann man von jedem Telefon aus gebührenfrei die Polizei herbeirufen. Verständigungsschwierigkeiten sind kaum zu erwarten, denn die meisten Beamten sprechen gut Deutsch oder Englisch.

Sollte der Wagen bei einem Unfall oder nach einer Panne nicht mehr fahrbereit sein, kann der *FALCK-Dienst* (Rufnummer ist leider nicht landesweit einheitlich; darum entnehme man sie dem jeweiligen Telefonbuch oder frage die Polizei) abschleppen oder vor Ort reparieren. Letzteres geschieht allerdings nur gegen Barzahlung.

An den Autobahnen stehen Notrufsäulen; Deutsch und Englisch wird verstanden. Wer selbst an einem Unfall schuld sein sollte, wendet sich am besten an:
▸ *Dansk Forening for International Motorkøretøjsforsikring,* Amaliegade 10, 1256 Kopenhagen K, Tel. 33 13 75 55

**Tip:** In der Zeit vom 1. Juni bis zum 30. September unterhält der *ADAC* ständig einen Dienst für deutschsprachige Touristen. Er ist zu erreichen unter der Adresse: *ADAC c/o FDM-Huset,* Firskovvej 32, 2800 Lyngby, Tel. 45 93 17 08.

## Ermäßigungen

Um in den Genuß einer Ermäßigung zu kommen, sollte man entweder (noch) jung oder (schon) alt sein: Der Eintritt in Museen, zu Ausstellungen und Sehenswürdigkeiten ist in der Regel um 50 % verbilligt, aber auch manche Fähren räumen Rabatte bis zu 25 % ein, wenn man den Studentenausweis vorzeigt oder nachweist, daß man Senior und Rentner über 67 Jahre ist. Was den Studentenausweis betrifft, so ist es nach eigener Erfahrung besser, nicht (nur) den *Internationalen Studentenausweis* (ISIC), sondern den seiner Heimatuniversität dabeizuhaben. Auch Kinder unter 14 Jahren erhalten meist eine Ermäßigung von 50 %.

## *Essen und Trinken*

Verkürzt, aber zutreffend, könnte man sagen: Der Tagesablauf eines jeden Dänen dreht sich um die Angelpunkte *morgenmad, frokost, eftermiddagskaffe, middag* und *midnatskaffe.* Das sind die Mahlzeiten, die einzuhalten eine Art nationaler Pflicht ist. Auch wenn das moderne Berufsleben dies natürlich sehr erschwert und oft nur noch zuläßt, die hohen Feiertage und Feste im Jahr als "Schlemmerorgien" zu gestalten. Es sind auch heute noch die traditionellen Familienfeste, an denen sich die Generationen tatsächlich um einen Tisch versammeln. Nicht umsonst stehen die Dä-

nen im Ruf, die besten Köche (und Genießer) Skandinaviens zu sein. Nach einer Redensart essen die Norweger, um zu leben, die Schweden, um zu trinken; die Dänen dagegen leben, um zu essen.

Ein dänischer Tag beginnt mit ausgedehntem Frühstück (*morgenmad*), zu dem es Kaffee (*kaffe*), Brötchen (*rundstykker*), Blätterteigbrötchen (*tebirkes*) oder geröstetes Weißbrot (*ristet franskbrød*) mit Marmelade (*marmelade*) gibt. Käse (*ost*) und Aufschnitt (*pålæg*) sind seltener. Am Mittag, gewöhnlich zwischen 12 und 13 Uhr, ist *frokostpause. Frokost* kommt wörtlich von "früh", ist also ursprünglich eine Mahlzeit, die früh am Tag verzehrt wurde. Das traditionelle *middag*, eben Mittagessen, also die warme Mahlzeit, ist im Zuge der Industrialisierung mit dem Acht-Stunden-Tag an den frühen Abend gerückt. Darum sollte man nicht überrascht sein, wenn man hört, daß die Dänen

Typisch dänisch: gutes Softeis

Ein dänischer Kro

abends - so gegen 19 Uhr - *middag essen.*

Aber zunächst zurück zur *frokost:* Kaum ein Däne, der sich dann nicht ein oder zwei Stücke *smørrebrød* (ja, das gibt's tatsächlich, nicht nur in Witzen über die dänische Sprache!) in einem der vielen *Smørrebrød*-Geschäfte kauft. Wörtlich übersetzt, heißt es einfach "Butterbrot", aber mit seinem deutschen Pendant hat es wenig zu tun. So kunstvoll belegt wie in Dänemark findet man wohl nirgends die meist halbe Scheibe Grau- oder Schwarzbrot: Schier unbegrenzt sind die Variationen, und für jeden Geschmack ist etwas dabei. Ob mit Schinken (*skinke*), Salami (*spegepølse*), Roastbeef, Leberpastete (*leverpostej*) oder Fisch (*fisk*), Ei (*æg*) und Tomate (*tomat*) - alles schmeckt da nicht nur dem Gaumen, noch stärker ißt das Auge mit. Die Preise für ein Stück *smørrebrød* liegen bei ca.

20 DKK. Eines der gleichfalls leckeren Sandwiches, belegt mit viel Käse oder Schinken und Salat, kostet etwa das Doppelte. Und es ist sicher frischer als ein "08/15"-Hamburger, den man natürlich auch in den dänischen Städten in einer der vielen *Burger*-Ketten bekommt.

Zu Kaffeestunden am Nachmittag (*eftermiddagskaffe*) gibt es nicht nur starken schwarzen Kaffee - den es fast nirgends stärker gebraut gibt als hier - sondern auch das süße *wienerbrød*. Das sind alle Arten von süßem - sehr süßem - Gebäck, ähnlich den Teilchen, jedoch viel kunstvoller gebacken und oft aus Blätterteig hergestellt. Ein "Traum in Zucker" sind auch andere Backwaren wie die Zimtstange (*kanelstang*). Da gilt nur eins: alles ausprobieren!

Hat man danach am Abend noch oder schon wieder Hunger, gibt es die Hauptmahlzeit - *middag*. Dazu essen die Dänen nach alter bäuerlicher Tradition schmackhafte, aber einfache Gerichte. Fleisch - bevorzugt und von guter Qualität ist Schweinefleisch - gehört wie selbstverständlich dazu. In den Küstenstädten gibt es natürlich frischen Fisch, und ebenso beliebt ist Huhn (*kylling*). Eine Hauptrolle nicht nur als "Sättigungsbeilage" spielt die Kartoffel, zu der Gemüse aller Art gegessen wird. Porree, Grünkohl oder Sellerie haben für die heimische Küche immer eine große Bedeutung gehabt, weil sie aus der eigenen Landwirtschaft stammen und ganzjährig zu haben sind. Dazu gibt es Salat, frisch angemacht, mit Gurke, Tomate oder Sojabohnenkeimen, denn natürlich ist auch die dänische Küche offen für Neuerungen.

Als Dessert gibt es *rødgrød med fløde*, was nicht nur ein Zungenbrecher und Prüfstein für alle ist, die die dänische Sprache lernen: Der roten Grütze mit Schlagsahne kann man, zumal wenn sie frisch gemacht ist, kaum widerstehen.

Nach dem Essen bedanken sich die Dänen bei der- oder demjenigen, der oder die gekocht hat, höflich mit einem *"tak for mad"* ("Danke für das Essen"), und der Wunsch *"velbekomme"* (wörtlich: "Möge es wohl bekommen") ist die Antwort.

Und wer dann immer noch nicht genug vom Süßen hat, dem kann es widerfahren, noch am späten Abend zu Kaffee und Kuchen, dem Mitternachtskaffee (*midnatskaffe*), gebeten zu werden. Ein wahrlich anstrengender Tag also! Aber hier war er ja nur exemplarisch: So üppig geht es natürlich nicht täglich zu.

Um einen Eindruck von diesem vorzüglichen Essen zu bekommen, sollte man mindestens einmal während seines Urlaubs einen echten *kro* - ursprünglich ein Landgasthaus mit Übernachtungsmöglichkeit - besuchen. Dann muß man pro Person und Essen jedoch auch mit 150 bis 200 DKK rechnen - aber es lohnt sich nicht nur wegen der angenehmen Atmosphäre.

Als letztes seien noch zwei (bäuerliche) Traditionsgerichte erwähnt, die bis heute regelmäßig und gern gegessen werden: Der einfache Milchreis (*rissengrød*) und Bierbrot (*øllebrød*). Dahinter verbirgt sich eine dicke braune Brotsuppe aus Malzbier und Brotrinden.

Das "Nationalgetränk" - neben dem Kaffee - ist das Bier. *Øl,* wie es auf dänisch heißt, gibt es in Flaschen und als Faßbier (*fadøl*). Meist trinkt man *pilsner* (z. B. *Grøn Tuborg* oder *Carlsberg*), seltener *lagerøl* (Altbier). In einem *værtshus* (Kneipe) oder Restaurant bezahlt man ungefähr 20 DKK für ein Glas oder ein Flasche. Bevorzugte Spirituosen sind *Akvavit*, der auch als Exportartikel im Ausland bekannt ist, und *Gammeldansk*, ein dunkler Kräuterschnaps.

Aber natürlich gibt es auch alkoholfreie Getränke, neben klarem

Wienerbrød: Blätterteiggebäck mit Zuckerguß

Sprudel (*dansk-* oder *mineralvand*) das gezuckerte *sodavand* in allen Geschmacksrichtungen von Apfel bis Zitrone.

## Feste und Feiertage

Der Jahresrhythmus in Dänemark wird, obwohl das Land doch sehr stark säkularisiert ist, weiterhin vom Zyklus der christlichen Feiertage bestimmt.

Zu den Feiertagen an Ostern (*påske*) gehören neben dem Karfreitag und den beiden Ostertagen auch der Gründonnerstag. An allen vier Tagen wird nicht gearbeitet, und die Geschäfte sind geschlossen. Pfingsten (*pinse*) hat einen ersten und zweiten Feiertag. Und feiern kann man an Pfingsten durchaus in einem profanen Sinne verstehen, denn das Pfingstwochenende wird seit seiner Wiederbelebung Anfang der achtziger Jahre in allen größeren Städten, besonders in Kopenhagen und Århus, vom Karneval beherrscht. Der wird mit Umzügen (*optog*), Ausgelassenheit - zu der auch das allgegenwärtige Bier gehört - und viel Musik in den Straßen gefeiert. Der *Store Bededag* (Großer Bettag, seit 1686) am vierten Freitag nach Ostern und Christi Himmelfahrt sind frei. Weihnachten (*jul*) hat zwei Feiertage mit dem 25.

und 26. Dezember. Am 24. Dezember ist *juleaften*; die Läden sind dann nur bis zum Mittag geöffnet. Das Jahresende am 31. Dezember wird als *nytårsaften* groß gefeiert; darum ist auch hier mittags Ladenschluß. Neujahr (*nytår*) ist frei.

Neben dem 1. Mai als dem Tag der Arbeiterbewegung gibt es eine Reihe von Nationalfeiertagen: Der 5. Mai wird als Tag der Befreiung Dänemarks von der Besetzung durch die Deutschen gefeiert. Am 5. Juni ist *Grundlovsdag* (Tag des Grundgesetzes) zum Gedenken an die Gesetzgebung durch Frederik VII. im Jahr 1849; an diesem Tag schließen die Geschäfte mittags.

Zu erwähnen sind, obwohl keine ausdrücklichen gesetzlichen Feiertage, der *Valdemarsdag* am 15. Juni und die *Sonnenwende*. Der 15. Juni ist der Tag der Nationalfahne *Dannebrog*, die der Sage nach an diesem Tag im Jahr 1219 nach Valdemars Sieg über die Esten vom Himmel fiel (→ Artikel "Dannebrog - die dänische Flagge"). Besonders gefeiert wird in jedem Frühling auch die Sonnenwende: Am Abend des 23. Juni ist *Sankt Hans aften*, der Vorabend des Johannistages, an dem überall im Land große Freudenfeuer entzündet werden. Nicht ganz so groß wird das eigentlich aus Schweden übernommene Lichtfest des Winters, *Lucia*, am 13. Dezember gefeiert.

| **Bewegliche Feiertage** | | | | |
|------|--------|----------------|-----------------------|-----------|
|      | **Ostern** | **Großer Bettag** | **Christi Himmelfahrt** | **Pfingsten** |
| 1996 | 7. April  | 3. Mai    | 16. Mai | 26. Mai  |
| 1997 | 30. März  | 25. April | 8. Mai  | 18. Mai  |
| 1998 | 12. April | 8. Mai    | 21. Mai | 31. Mai  |
| 1999 | 4. April  | 30. April | 13. Mai | 23. Mai  |
| 2000 | 23. April | 19. Mai   | 1. Mai  | 11. Juni |

*Jung und Alt in traditioneller Kleidung - Fannikerdag auf Fanø*

*Skagen, ganz im Norden des Landes*

*Die nördlichste Landspitze Dänemarks - Grenen:*
*links Ostsee, rechts Nordsee*

*Aktiv im Urlaub - auf dem Surfbrett oder dem Fahrrad*

*Seeland im Frühsommer*

*Der Dom von Viborg -*
*Skandinaviens größte Kirche aus Granitquadern*

Die Schulferien im Sommer beginnen in Dänemark Ende Juni und dauern bis Ende August. Die dänischen "Industrieferien" bzw. Betriebsferien sind im Juli; generell sind dann die ersten drei Wochen frei. Hier erreicht man folglich in Firmen, bei Ämtern oder Behörden oft nur die "Notbesetzung" oder den Anrufbeantworter.

## Die Dänen schreiben Kultur und Sport groß

Ob Film oder Theater, ob Konzerte oder Bücher: Der durchschnittliche "Verbrauch" von Kultur (verstanden in einem weiten Sinn, der neben z. B. Theater und Malerei auch Sport und andere Vergnügen abdeckt) steigt beständig. Seit 1980 hat jeder Däne 50 % mehr Kultur, Unterhaltung, aber auch Sport und Erwachsenenbildung konsumiert. Dies jedenfalls belegt eine Untersuchung, die verschiedene dänische Ministerien und das Statistische Amt gemacht haben, zuletzt 1991.

Demnach gaben die Dänen insgesamt rund 12,6 Milliarden Kronen für Kultur, Sport und Bildung aus; gleichzeitig legten öffentliche Stellen noch einmal 5 Milliarden Kronen dazu. An erster Stelle der Beliebtheitsskala steht das Kino, über 90 % der Sechzehn- bis Neunzehnjährigen z. B. waren einmal im Kino - wobei 80 % der Kinokarten für amerikanische Filme gekauft wurden. Immerhin noch die Hälfte, also 45 %, hatte ein Kunstmuseum besucht.

Pro Woche hört ein Erwachsener 17 Stunden Radio und verbringt zweieinhalb Stunden täglich vor dem Fernseher. Und wer dann noch immer nicht genug hat, sieht Video, denn immerhin ist in der Hälfte der Haushalte ein Videogerät vorhanden. Das Angebot an Theater oder Musicals nutzen vor allem diejenigen, die im Großraum Kopenhagen wohnen, während die auf dem Land lebenden Dänen verständlicherweise zurückhaltender sind: Das Verhältnis ist 48 % zu nur 24 %.

Ganz tot sind die alten Medien aber auch noch nicht: Jeder Däne leiht nämlich noch zehn Bücher im Jahr bei seiner lokalen Bücherei aus, Kinder sogar achtzig. Auch der Verkauf von Kinderbüchern stieg seit 1980 um ein Drittel.

Gleichzeitig wendeten die Privathaushalte für den gesamten Bereich Freizeit, also auch Unterhaltungselektronik, Sportbekleidung etc. 36 Milliarden Kronen auf. Daß diese Sportausrüstung auch genutzt wird, ist gleichfalls belegt: Vier von zehn erwachsenen Dänen treiben Sport - und wenn man an die fast allgegenwärtigen Jogger und Radfahrer denkt, besteht daran wohl kein Zweifel.

## Freizeitangebot

Aktivität in der Freizeit - an erster Stelle ausgedehntes Jogging - ist für einen großen Teil der Dänen selbstverständlich. Die "klassischen" Sportarten sind Segeln, Badminton, Tennis, aber auch Reiten, Angeln und in den letzten Jahren verstärkt Golf. So erwartet auch Besucher ein vielfältiges Angebot an Freizeitmöglichkeiten. Darüber informieren die örtlichen Touristenbüros wie auch das *Dänische Fremdenverkehrsamt* in Hamburg, das außerdem zu vielen Einzelaktivitäten Sonderprospekte herausgibt (→ Reisevorbereitung, hier: Touristeninformation).

## Angeln

Der Fischfang hat in Dänemark eine lange Tradition, allerdings eher als Erwerb mit industriellen Ausmaßen, der auch heute noch eine wichtige Einnahmequelle ist. Doch das Angeln ist für viele Dänen heute in erster Linie ein Hobby, das ganzjährig möglich ist, wenn man von den Schonzeiten (siehe unten) absieht. Ich habe hier versucht, einen umfassenden Überblick über die verschiedenen Angelmöglichkeiten zu geben; detailliertere Information holt man sich am besten vor Ort.

Zunächst allgemein: Dänemark bietet reichlich Platz für Angler, und zwar nicht nur an der insgesamt über 7.000 Kilometer langen Küste, sondern auch an über 200 Bächen, an mehr als 500 Seen und vielen Forellenteichen. Die Tradition der intensiven Fischzucht durch dänische Sportangler reicht zurück bis zu Anfang dieses Jahrhunderts. Durch Pacht an Bächen und Seenufern wurde erreicht, daß nur noch wenige Fischgewässer in Privatbesitz sind. Das Entfernen von Wehren, der Bau von Lachstreppen, das Reinigen der Gewässer und das Anlegen von Laichplätzen sind einige Maßnahmen. Besatzaktionen, also das Einsetzen von Fischen, in den letzten Jahren haben u. a. in Fünen die Meerforelle heimisch gemacht. Auch durch Lachse, die man dort aussetzte, sind viele Flüsse Jütlands wieder fischreich geworden. Dänische Angler lieben vor allem Meerforelle, Bachforelle, Regenbogenforelle und Lachs. Die Moral der dänischen Sportangler ist groß - Mindestmaße des gefangenen Fischs, Schutzzonen und Schonzeiten werden genau eingehalten. Dem sollte man auch als Gast Rechnung tragen.

Beim Fischen ist zu beachten, daß es für alle Fänge - ausgenommen Hornhecht, Regenbogenforelle und Makrele - Mindestmaße gibt. Sie betragen z. B. für den Lachs 60 cm, für die Bachforelle 30 cm, die Meer- und die Seeforelle 40 cm. Fische unter diesem Mindestmaß müssen zurückgesetzt werden, ganz gleich, ob der Fisch lebensfähig ist oder nicht.

Die Schutzzonen während der Laichzeit betragen an den Küsten 500 m zu beiden Seiten der Mündung von Bächen. An den Mündungen unter 2 m Breite besteht eine Schonzeit vom 16. September bis zum 15. Januar. Schonzeiten gibt es für Salz- und Süßwasserfische. Lachs und Forelle dürfen normalerweise vom Mitte November bis Mitte Januar nicht gefangen werden, weibliche Schollen nicht vom 15. Januar bis 30. April, weibliche Flundern nicht vom 15. Februar bis 15. Mai. Der Hecht hat den ganzen April Schonzeit.

Wer am Meer, an natürlichen Seen, an Flüssen, Bächen usw. fischen will, muß einen gültigen Angelschein (_fiskekort_) haben. Es gibt drei Typen, je nach Geltungsdauer: Für ein Jahr zahlt man 100 DKK (ca. 26,50 DM), für eine Woche 75 DKK (ca. 20 DM) und pro Tag 25 DKK (ca. 7,50 DM). Diese Einnahmen werden für die Erneuerung des Fischbestands verwendet. Die Angelscheine und nähere Informationen sind bei den Fremdenverkehrsvereinen oder örtlichen Touristenbüros zu bekommen.

### Küstenangeln

Küsten- oder Brandungsangler finden an Dänemarks langen Stränden fast ideale Bedingungen vor. Wo es Sandboden gibt, kann man Plattfische wie Kliesche und Flunder, manchmal auch Scholle fangen. Von Anfang Juni bis zum September tauchen auch Aale auf. Die bekanntesten Dorschküsten sind am _Kleinen Belt_ vor Djursland, Samsø und Ærø.

Seit einigen Jahren wächst auch der Bestand an Meerforellen. Ohne hier alle Angelplätze nennen zu können, einige Tips: Als beste Stellen fürs Küstenangeln gelten auf Sjælland der *Große Belt,* auf Fyn der *Kleine Belt* von Strib bis Gals Klint, *Fynshoved,* die Inseln *Langeland* und *Ærø* und in Jütland der *Kleine Belt* von Stenderup Hage bis Treldenæs sowie die Küste bei *Djursland* und *Samsø,* an der Westküste *Blåvands Huk, Lild* und *Torup Strand, Bulbjerg,* die Küste von *Klitmøller* bis *Hanstholm, Rubjerg Knude* sowie vor dem Leuchtturm von *Hirthals.*

### Molenangeln

Die große Zahl der Häfen macht es überall möglich, von der Mole aus zu angeln. Das ist einfach und stellt an die Ausrüstung keine besonderen Ansprüche. Frühjahr und Herbst sind die besten Zeiten, zu denen Plattfisch, Aal, Aalmutter, Hornhecht, Makrele und Dorsch, aber auch Meerforellen gefangen werden können. Die Häfen Nord- und Westjütlands sind im Sommer außerdem für Meeräsche und Wolfsbarsch bekannt.

### Bootsangeln und Schleppen

Wer ein Boot an einer der vielen Verleihstellen im Land mietet oder mitbringt, kann ein paar hundert Meter vor der Küste Dorsche, Makrelen und Plattfische fangen. Auch die Gewässer zwischen den zahlreichen Inseln mit ihren Untiefen bieten Möglichkeiten für einen guten Fang. Ebenso ist das Schleppen eine alte dänische Angeltradition, bei der man vor der Küste fährt und die Blinker und Schwimmer über Tanggürtel, Steinriffe und Muschelbänke schleppt. So lassen sich mit wenig Gerät - Spinnrute und einige große Blinker - Meerforellen oder Hechte fangen. In der Ostsee um Bornholm sind im Frühjahr und Herbst Lachse der begehrteste Fisch.

### Hochseeangeln

Richtig abenteuerlich wird das Angeln für die meisten aber erst auf hoher See. An Nord- und Ostsee gibt es eine Vielzahl interessanter Reviere. Auf Dorsch - der allmählich wieder zulegt -, Makrele, Plattfisch, aber auch Lengfisch, Seewolf, Köhler und Pollak richtet sich da vor allem das Interesse. Möglichkeiten zu Kutterfahrten findet man fast überall - außer auf Bornholm. Mit dem sichersten Wetter für Hochseeangeln in der Nordsee ist im Frühjahr zu rechnen.

### Angeln an Bächen und Flüssen

Bäche und Flüsse schlängeln sich als "Auen" (Å) durch Wiesen und Täler. Nicht an allen Bächen ist das Angeln zu jeder Zeit möglich, je nach Region kann aber schon ab Mitte Januar auf Meerforellen gegangen werden. An den meisten Stellen ist die beste Zeit jedoch der Spätsommer und Herbst. Bach- und Regenbogenforellen fängt man am besten von Mai bis September. Bestimmte Köder - z. B. Rogen, Garnelen - sind manchmal verboten. Auskunft darüber erhält man u. a. beim örtlichen Touristenbüro.

---

### Das Sommerthema Nummer eins: Saubere Strände

Das von der Europäischen Union vergebene Markenzeichen "Blaue Flagge" weht über Stränden, die reinen Sand und sauberes, kolibakterienfreies Wasser bieten. Doch Strände sind - leider - heute nirgendwo mehr problemfreie Zonen. Die Umweltschutzbehörde *Miljøstyrelsen* gibt seit 1977 in jedem Frühjahr einen "Badewasser-Atlas" heraus, in dem Orte mit guter und solche mit "zweifelhafter" Badewasserqualität aufgelistet sind. Der Atlas für 1994 zeigte eine positive Tendenz, denn nur in 33 Gebieten wird das Badewasser als kritisch eingestuft. Im Jahr zuvor waren es noch 50. Leider gilt immer noch an 21 Stellen ein generelles Badeverbot, doch betrifft dies nur ganze 14 km von über 7.000 km Küste.

Das Resultat basiert auf Analysen von 1.288 Meßstellen; insgesamt wurden mehr als 15.000 Wasserproben gemacht.

---

### Angeln an Seen

Ein weiteres Angelerlebnis bieten die vielen Seen, in denen von Fried- bis zu Raubfischen die ganze Artenvielfalt vertreten ist. Allerdings hat Friedfischangeln in Dänemark keine Tradition - also eine gute Gelegenheit, be-

sonders im Mai und Juni, in Ruhe zu angeln.

Wer lieber Forellen mag: Dänemark hat über 200 Forellenseen, die meisten davon in Jütland. Auf Fyn gibt es ein Dutzend Seen, auf Sjælland, Lolland, Falster und Møn etwa 20, während es auf Bornholm nur wenige sind. Auch hierüber sollte man sich am besten vor Ort informieren, wo auch Angelkarten zu kaufen sind. Sie gelten meist vier bis acht Stunden und enthalten auch alle wichtigen Bestimmungen.

### Baden

Schwimmen und Baden ist an fast allen Stränden der über 7.000 Kilometer langen Küste möglich. Dort, wo die Badewasserqualität einwandfrei ist und nach europäischem Standard auf Kolibakterien und andere Erreger geprüft wird, weht die "blaue Flagge" - bis auf wenige Ausnahmen fast überall. Da die Untersuchung jedes Jahr neu vorgenommen und die Flagge erst danach zugestanden wird, können aktuelle Aussagen hier nicht gemacht werden. Das dänische Umweltamt veröffentlicht jedoch jährlich eine Gewässerkarte, die z. B. in den Touristenbüros einzusehen ist. Auch auf den vom Fremdenverkehrsamt herausgegebenen Dänemarkkarten sind Strände mit guter Wasserqualität blau eingezeichnet.

Daß das Baden im offenen Meer, insbesondere an der Nordsee (*Vesterhavet*) mit ihren starken Gezeiten und Strömungen, z. B. am Eingang des Limfjord, immer gefährlich ist, muß nicht ausdrücklich betont werden. Darum: Nie zu weit hinauswagen, am besten nicht allein schwimmen und auch nicht, wenn Wind von Land weht oder bei einsetzender Ebbe!

## FKK

Weil jeder Strand und jede Küste prinzipiell jedem zugänglich sind, gibt es in Dänemark keine ausgewiesenen FKK-Strände. Dort, wo das Baden "ohne" ausdrücklich nicht erwünscht ist, wie z. B. in Henne Strand und Holmsland Klit, stehen Verbotsschilder. Alles andere ist eine Frage gegenseitiger Rücksichtnahme. Wer mehr zum Thema FKK in Dänemark wissen möchte (auch zu den sechs FKK-Campingplätzen), wende sich am besten an:
▶ *Dansk Naturist Union,* v/ Ella Pihl, Fuglebakkevej 103, DK-2000 Frederiksberg.

## Segeln

Die dänischen Gewässer sind immer schon besonders bei Seglern beliebt gewesen. Aus der Perspektive von Förden, Sunden und Belten zeigt sich das Land ohne Frage auch von seiner schönsten Seite.

Dänemark hat eine lange Tradition im Bootsbau, was sich auch im Bau von Freizeitschiffen zeigt. Sie gelten international als sehr seetüchtige und schnelle Schiffe. Weil der einheimische Markt klein ist, orientieren sich viele Hersteller am Export. Hier spielt Deutschland als weitaus größter Importeur eine führende Rolle.

Rund 500 Häfen für Sportboote sind über alle Küsten verteilt. Die meisten davon sind komfortabel ausgestattet: Wasser, Strom, Treibstoff, Toiletten und Duschen sind selbstverständlich; auch ist oft ein Supermarkt in der Nähe. Die Häfen sind nicht klassifiziert und reichen von modernsten Marinas bis zu kleinen, idyllischen Häfen, die nur wenige Gästeliegeplätze haben. Die Gebühren für Liegeplätze sind unterschiedlich; der Durchschnittspreis liegt bei 14 bis 18 DM pro Nacht.

Natürlich kann man im Sommer segeln, wenn das Wetter schön ist; anspruchsvoller bei frischem Wind sind aber Frühjahr und Herbst. Dann ist es auch einfacher, einen sicheren Platz im Hafen zu bekommen. Sehr verschiedene Törns sind möglich: Wer viel Zeit und Erfahrung hat, kann z. B. Jütland von der West- zur Ostküste umsegeln und über Sjælland durch die Ostsee bis Bornholm weiterfahren. Natürlich kann man auch die großen Buchten, z. B. den Limfjord, durchsegeln. Ein Erlebnis ist auch das Entdecken von Inseln, seien es die kleineren südlich von Fyn oder die größeren wie Als, Lolland, Falster oder Ærø. Von dort kann man dann das dänische Festland ansteuern. Nicht jeder will im Urlaub eine größere Stadt anlaufen, aber Städte wie Odense, Århus und auch Kopenhagen haben gute Yachthäfen mit einer Busverbindung zum Zentrum.

Ein Bootsführerschein wird in Dänemark nicht verlangt. Das gilt für Besitzer wie für Boots-Charterer. Die Bootsverleiher werden sich aber in der Regel davon überzeugen, daß man die grundlegenden Handgriffe beherrscht. Es gibt auch keine Vorschriften über abzuschließende Versicherungen. Den Besitz des Bootes sollte man aber notfalls durch Kauf- oder Mietvertrag nachweisen können; auch sollte man den Personalausweis dabeihaben. Alle Boote können zollfrei ins Land gebracht werden; wer aber zollpflichtige Waren an Bord hat, muß einen Zollhafen anlaufen.

Wetterbericht und Nachrichten sind immer montags bis freitags um 8.10 Uhr in englischer Sprache im ersten Rundfunkprogramm von *Danmarks Radio* zu hören. Vom 1. April bis 31. Oktober kann man aber unter der Nummer 38 38 36 16 einen Sonderwetterbericht für Segler abhören.

Die dänischen Gewässer sind rund um die Uhr von Küstenfunksta-

tionen überwacht, die man über UKW erreicht. Kanal 16 wird ständig abgehört, und von dort werden auch Sturmwarnungen gesendet.
Karten gibt das *Kort- und Martrikelstyrelsen* heraus. Sie enthalten präzise Angaben über Leuchtfeuer, Seezeichen, Wassertiefen und Bodenbeschaffenheit. Sie sind im Bootshandel zu kaufen.
Wer sportliche Ambitionen hat, kann auch an einer der beiden großen dänischen Regatten teilnehmen: *Sjælland rundt* (Rund um Seeland) und *Fyn rundt* (Rund um Fünen), die jeweils im Juni stattfinden. Den genauen Termin und Anmeldeformulare erhält man bei den Segelclubs:
▸ *Helsingør Amatør Sejlklub,* Strandpromenaden 6, DK-3000 Helsingør (für *Sjælland rundt*)
▸ *Odense Sejlklub,* Næsset 63, DK-5330 Munkebo (für *Fyn rundt*)

## Surfen

Seit das Surfen groß in Mode ist, ist Dänemark ein Hauptziel für alle Anhänger dieses Sports geworden. Das gilt gleichermaßen für Anfänger und Fortgeschrittene, denn entsprechende Gewässer gibt es für beide: das Meer, insbesondere die Nordseeküste für Könner, die vielen Förden (bzw. *Fjorde*) für alle, die noch nicht so sicher auf dem Brett stehen. Der vorherrschende Westwind tut das Übrige, wenn er im Frühjahr und Herbst kraftvoll weht. Das Sommerhalbjahr eignet sich mit leichtem und mildem Wind für Anfänger und mäßigem bis frischem Wind für Geübte, während allerdings "Profis" selten ganz gefordert werden.
In Dänemark gibt es insgesamt 32 Surfschulen, die meisten davon an der jütischen Westküste, auf Fyn und Sjælland. Hier kann jeder, der erst-

mals auf einem Brett steht, die grundlegenden Handgriffe erlernen. Die Surfzentren vermieten auch die Ausrüstung - Segel, Brett und Stiefel -, ob für den ganzen Urlaub oder nur für einige Stunden. Kurze dreistündige "Schnupperkurse" kosten einschließlich Ausrüstung ab 75 DM, ein zehnstündiger Anfängerkurs ab 200 DM. An einigen Stellen, z. B. in *Bork Havn* am *Ringkøbing Fjord*, gibt es auch "Paketangebote", die Aufenthalt und Sport verbinden. Einzelheiten und die Adressen aller Surfschulen kann man bei *Surfskole Danmark,* Regenburgsgade 19, 8000 Århus C, noch einfacher über das *Dänische Fremdenverkehrsamt* in Hamburg, das auch den Prospekt "Surfen" herausgibt, erfahren.
Einige Surfplätze sind besonders erwähnenswert, sei es wegen der Sportbedingungen oder der Serviceeinrichtungen. Hierzu gehören *Bork Havn* und *Hvide Sande* südlich bzw. westlich des *Ringkøbing Fjord*. Diese tief ins Land gehende Bucht ist mit ihrem seichten Wasser, über das der Wind von der Nordsee fegt, ideal für Anfänger und "Aufsteiger". Surfcenter und -schulen liegen in der Nähe. In Rønbjerg kann der *Limfjord* an seiner breitesten Stelle befahren werden, Anfänger können auf dem kleinen See üben. Auch die Umrundung der Insel *Livø* ist ein Erlebnis. Ebenfalls am Limfjord liegt *Ejsing*, das in den letzten Jahren zu einem regelrechten Treffpunkt geworden ist. Hier kann man eine ständige Dreiecksstrecke ca. 200 m vom Ufer entfernt finden. Bis zu zwei Meter hoch können die Wellen vor *Nordsjælland* werden - ausgezeichnet für Wellensegler. Die Küste ist ideal von *Liseleje* im Westen über *Rågeleje* und *Hornbæk* im Osten; das nächste Surfcenter liegt in *Lynæs*. *Fyn* dagegen ist wegen seiner geschützten Küsten beliebt bei Anfängern und Tourenseglern. *Fynshoved* im Norden ist am besten bei

Südwestwind für geübte Segler geeignet, im Süden der Insel sind die Gewässer um *Svendborg* auch wegen des schönen Ausblicks bevorzugt. Keine Frage auch, daß sich *Bornholm* mit seinen weißen Stränden im Süden gut fürs Surfen eignet. Seine nördliche Küste mit Felsen und Steinen ist dafür weniger zugänglich.

## Kanufahren

Sicher der bekannteste und meistbefahrene Fluß für Kanu- oder Kajakfahren ist die *Gudenå* im Osten von Jütland, die durch die Seenplatte bei *Silkeborg* fließt. Touren sind auch auf anderen Flüssen möglich, doch sind einige ganz oder zeitweise aus Naturschutzgründen gesperrt. Wer sein Kanu nicht selbst mitbringt, kann vor Ort eines mieten (bei Tagespreisen von 40 bis 55 DM). Ob auf der ausgesuchten Flußstrecke Einschränkungen zu beachten sind, klärt man am besten vor Beginn der Tour. Detaillierte Informationen darüber gibt der Dänische Kanu- und Kajak-Verband:

▶ *Dansk Kano og Kajak Forbund,* Kont. Idrættens Hus, Brøndby Stadion 20, Tel. 42 45 55 55.

## Radfahren

Dänemark gehört - neben den Niederlanden - sicher zu den bevorzugten europäischen Radfahrerzielen. Flach und klein - das sind die gängigen Vorstellungen, auf die man trifft. Das stimmt auch im großen und ganzen, aber dennoch sollte man bei der Planung seiner Strecken daran denken, daß das Land hügeliger ist, als man glaubt, und vor allem der stetige Wind - bedingt durch die Lage zwischen den Meeren - anstrengend werden kann. Darum sollten sich un-

trainierte Radfahrer nicht zu große Etappen vornehmen und bei der Streckenführung darauf achten: Der Wind weht von Mai bis September zwar nicht so kräftig (laut Statistiken durchschnittlich 6 m pro Sekunde) wie im übrigen Jahr (da sind es 8 m pro Sekunde), aber das genügt oft, um "genervt" zu werden. Im Mai kommt er häufig von Osten, von Juni (und besonders im Juli) bis in den September herrscht meist Westwind vor. Auch mit Regen ist immer zu rechnen, weshalb man seine Regenkleidung greifbar in den Packtaschen haben sollte. Erstaunlicherweise ist der August der feuchteste Monat (81 mm Niederschlag), doch bedingt durch den ständigen Wind erlebt man nur selten einen ganzen Tag mit Regen. Wenn dagegen die Sonne scheint, ist Vorsicht geboten: Leicht trügt der Wind über die eigentliche Wärme und Strahlenintensität, so daß man unvermittelt einen Sonnenbrand hat. Darum unbedingt an Sonnenschutzcreme denken.

Die meisten Sonnenstunden gibt es von Mai bis Juli, ca. 250 pro Monat; auf Bornholm sind es sogar noch 20 Stunden mehr. Mit Höchsttemperaturen bis zu 25 °C sind es auch die wärmsten Monate.

Wer per Bahn mit dem Rad anreisen möchte, kann das z. B. über Padborg in Jütland oder auf der Strecke Hamburg - Kopenhagen in bestimmten Zügen tun. Ein Fahrrad zu verschicken, kostet von Hamburg nach Kopenhagen ca. 60 DM.

Innerhalb Dänemarks sind Räder auf fast allen Bahnstrecken zu transportieren. Seit einiger Zeit gibt es auch eine landesweite Mehrfahrtenkarte fürs Fahrrad, die den Transport billiger macht. Nur in den InterCity-Zügen *IC3* und zu den Hauptstoßzeiten in den S-Bahnen darf man das Rad nicht mitnehmen. Details erfährt man bei der *Dänischen Bahn* (DSB) unter der Telefonnummer 0045/

33 14 17 01, bei der man auch ein umfassendes Faltblatt zu "Fahrrädern in der Bahn" (*Cykler i tog*) anfordern kann. Immer daran denken, das Rad fürs Verschicken möglichst gut zu verpacken. Obwohl die dänischen Bahner nach reicher Erfahrung vorsichtiger mit den ihnen anvertrauten Zweirädern umgehen als ihre deutschen Kollegen, ist man vor Schäden nie sicher.

Bei der Streckenplanung kann man sich gut an bereits bestehenden Routen orientieren: Es gibt zehn nationale Fahrradrouten mit einer Länge von insgesamt 3.300 Kilometern. Diese Routen sind auch beschildert: Am Straßenrand findet man auf einem rechteckigen Schild, das ein weißes Fahrrad auf blauen Grund zeigt, die Nummern 1 bis 10 als weiße Zahlen auf rotem Hintergrund. Die Nord-Süd-Routen haben ungerade Zahlen, die Ost-West-Routen gerade. In den meisten Fällen ist es möglich, die Strecken abzukürzen, wenn man dem Radweg längs größerer Straßen folgt.

Wer mehr Zeit hat, kann ab und zu diese "nationalen" Routen durch regionale ergänzen. Besonders in Ost- und Südjütland, auf Fyn und Bornholm gibt es ein dichtes Netz solcher Strecken: Auch auf sie weist ein Schild mit weißem Rad auf blauem Untergrund hin, doch die weißen Streckennummern (beginnend ab Nummer 30) haben hier einen blauen Hintergrund. (Selten trifft man noch auf ältere Fahrradroutenschilder mit niedrigeren Nummern, und es kommen auch regionale Schilder in anderen Farben vor. Doch im großen und ganzen ist die Beschilderung einheitlich.)

Wer will, kann sich auch bei einem der vielen Anbieter ein "Paket Radurlaub" kaufen oder eine Tour von einem Tag bis zu einer Woche buchen; da sind dann Fahrrad, Unterkunft und Tourenbeschreibung inbegriffen. Die Preise liegen in der Regel zwischen ca. 40 DM für eine Tagestour und bis zu 1.200 DM für eine Woche Hotel mit Halbpension. Die Tagesstrecken liegen zwischen 30 und 50 km. Obwohl hier meist alles durchgeplant ist, bleibt dennoch Zeit für eigene Abstecher. Der dänische Radfahrerverband (*Dansk Cyklist Forbund*) macht ebenfalls Touren von 50 bis 80 km mit Führung und Unterbringung in Zelten. Er gibt auch ein Heft mit einer Übersicht aller Fahrradpauschaltouren heraus.

Für alle Kreise gibt es Fahrradkarten, die über Routen, Radwege an größeren Straßen, Landschaften, Sehenswürdigkeiten, Unterkünfte, Einkaufsmöglichkeiten, Fahrradhändler, Fähren und Touristenbüros informieren. In diesen Karten sind auch die Höhenunterschiede eingezeichnet. Die Regionalkarten im Maßstab von 1:100.000 bis 1:150.000 lohnen ganz sicher die Investition (z. B. Gesamtkarte Dänemark im Maßstab 1:510.00 kostet 16 DM, Kopenhagen 7 DM; ansonsten variiert der Preis je nach Region zwischen 12 und 24 DM). Die Karten sind zu bestellen u. a. bei:

▶ _ADFC_ (Allgemeiner Deutscher Fahrradclub), Postfach 107747, 28077 Bremen, Tel. 0421/ 346 39 23, Fax 0421/ 346 39 60 (Vertriebsfirma Velomobil)
▶ _Dansk Cyklist Forbund,_ Rømersgade 7, 1362 København K, Tel. 33 32 31 21.

**Hinweis:** Eine wichtige dänische Verkehrsregel - beim Linksabbiegen an einer Kreuzung müssen Radfahrer auf der rechten Seite weiter bis zur unmittelbar gegenüberliegenden Ekke der Kreuzung fahren. Erst hier darf man die Richtung ändern und nach links (bzw. dann ja geradeaus) weiterfahren. Dabei muß man an Kreuzungen mit Ampel zwar manchmal zwei Rotphasen in Kauf nehmen, dafür kommt man aber sicherer weiter.

## Wandern

Auch wenn man nicht unmittelbar beim Stichwort "Dänemark" ans Wandern denkt: Es gibt sehr viele schöne Wanderrouten, z. B. in Nordseeland oder in Mitteljütland an den Seen um Silkeborg. Natürlich ist stundenlanges einsames Wandern ohne auf eine Menschenseele zu treffen, wie es etwa in Schweden möglich ist, nicht denkbar. Doch wer durch die vielen Wälder oder Dünen geht, wird sich trotzdem erholen können. Die Wanderwege sind mit einem farbigen Punkt auf Bäumen oder mit farbigen Dreiecken auf Holzstämmen gekennzeichnet. Auf rund 70 Karten sind diese _Vandreture gennem Statsskovene_ - die Wanderungen durch die Staatsforste - ausgearbeitet.

Erläuterungen und Kartenmaterial zu diesen ausgeschilderten Wanderwegen sind bei den örtlichen Touristenbüros oder beim Wanderverband zu bekommen:
▶ _Dansk Vandrelaug,_ Kultorvet 7, 1175 København K, Tel. 33 12 11 65.

## Badminton

Nicht in seiner volkstümlichen Variante als Federball, sondern als Wettkampfsport unter Profibedingungen ist Badminton eine Art Nationalsport in Dänemark. Nicht zuletzt dank großer Erfolge eines _Morten Frost_ und anderer. Um im Urlaub eine Halle zu finden, bitte an ein örtliches Touristenbüro wenden: Dort weiß man, ob die Möglichkeit einer Platzmiete besteht.

## Tennis

Tennisplätze sind im ganzen Land privat zu mieten, gehören aber auch in größeren Hotels oder Ferienanlagen zum Standardangebot. Eine Spielzeit auf einer der über 600 Anlagen mit Platzmieten von durchschnittlich 100 DKK pro Stunde läßt sich am einfachsten über ein Touristenbüro buchen.

## Golf

Golf boomt als Sport überall und hat in den letzten zehn Jahren auch in Dänemark stark an Beliebtheit gewonnen. Das hat dazu geführt, daß viele neue und bessere Plätze entstanden sind, andere modernisiert wurden. In Dänemark findet man heute 114 Golfplätze, weitere sind in Planung oder bereits im Bau. Diese Plätze stehen nicht nur den einheimischen Golfern zur Verfügung, auch Gäste dürfen hier spielen. Die Preise für Greenfees liegen im Schnitt bei 35 bis 60 DM am Tag; auf den meisten Plätzen ist das Spielen am Wochenende teurer als in der Woche. Generell gilt, daß es keine privaten oder geschlossenen Plätze gibt, jedoch ist es manchmal empfehlens-

An der Margeriten-Route

Nyborg, Skjoldennæsholm, Møn und Storstrømmen auf Falster.
▸ Sjælland: Gilleleje, Helsingør, Rungsted, Kopenhagen.
Eine umfangreiche Informationsbroschüre mit den Adressen und Preisen aller dänischen Golfclubs erhält man beim Dänischen Fremdenverkehrsamt in Hamburg (→ Reisevorbereitung, hier: Touristeninformation).

## Margeriten-Route

Speziell für Autofahrer hat sich der Dachverband der dänischen Fremdenverkehrswirtschaft, der *Turismens Fællesråd*, vor einigen Jahren etwas Besonderes ausgedacht: Längs einer Strecke von rund 3.500 km hat man quadratische Hinweisschilder aufgestellt, die eine weiße Margerite auf braunem Untergrund zeigen. So gekennzeichnet, führen sie in fünf Routen durchs ganze Land zu rund tausend Sehenswürdigkeiten. Es geht vornehmlich über Nebenstraßen, die landschaftlich reizvoll sind. Für größere Fahrzeuge wie Busse oder Wohnmobile eignet sich die Strecke nur bedingt, weil teils schmale Straßen und Brückenübergänge einbezogen wurden. Die Broschüre "Die Margeriten-Route" mit Erläuterungen und Streckenskizzen ist über das *Dänische Fremdenverkehrsamt* zu beziehen (→ Reisevorbereitung, hier: Touristeninformation) oder in lokalen Touristenbüros (ca. 50 DKK) zu erhalten.

wert, eine Reservierung zu machen, besonders fürs Wochenende.
Vorsichtshalber sollte man seine Handicapbescheinigung (oder einen Clubausweis) dabeihaben; alle Clubs akzeptieren ein Handicap bis 36, außerdem die grüne Karte oder ein Clubhandicap von bis zu 54. Nur der wohl vornehmste Club in *Rungsted*, nördlich von Kopenhagen, verlangt als einziger ein Handicap von 24.
Zu beachten ist, daß dänische Golfplätze keine Caddies und auch keine Elektrowagen haben.
Rund 70 Plätze gibt es in *Jütland*, etwa 45 auf den Inseln von *Fyn* bis *Sjælland*. Auf *Bornholm* findet man drei Anlagen zum Golfen, in Rønne, Nexø und nahe Gudhjem.
Einige schöne Plätze:
▸ Jütland: Esbjerg, Silkeborg, Holstebro, Hjarbæk, Hvide Klit, Skagen und Rold Skov (eröffnet 1993).
▸ Fyn und Südsjælland: Sct. Knuds in

## Mit Kindern reisen

Dänemark ist ein sehr kinderfreundliches Land, und es gibt keine Schwierigkeiten, die praktischen Probleme zu bewältigen: Babywickelräume sind an fast jeder Toilette zu finden, Kindersitze gibt es in jedem Restaurant, für öffentliche Verkehrsmittel oder den Eintritt in Museen zahlen Kinder unter vierzehn Jahren normalerweise die Hälfte.

## Notfall

Die Telefonnummer, unter der man im Notfall sowohl Polizei als auch einen Notarzt erreicht, ist 112. Sie ist von allen Telefonzellen aus gebührenfrei.

## Öffnungszeiten

Die Ladenöffnungszeiten sind landesweit nicht immer einheitlich, weil sie den Inhabern überlassen bleiben, so daß die folgenden Angaben lokal abweichen können. Generell öffnen die meisten Läden zwischen 9 und 10 Uhr morgens und schließen zwischen 17.30 und 18.00 Uhr. Freitags - und mancherorts auch am Donnerstag - haben die Geschäfte bis 19 oder 20 Uhr geöffnet. Am ersten Samstag eines Monats bleiben die Läden zumeist bis 17 Uhr geöffnet.

Erfreulich ist, daß man frisches Brot, Kuchen oder Gebäck auch noch am Samstag nachmittag und an Sonn- und Feiertagen kaufen kann. Sehr viele Bäcker, aber auch _smørrebrød_ - und Süßwarenläden sowie Blumengeschäfte haben dann geöffnet. In den großen Städten sind zumindest in den Bahnhöfen auch für den "Notfall" Supermärkte zu finden. An den lokalen Ferienorten gibt es darüber hinaus _købmand_ (Kaufmann-) Geschäfte, die von früh bis spät offen halten. Und nahezu überall läßt sich danach noch ein _døgnkiosk_ finden, der, wie sein dänischer Name sagt, rund um die Uhr geöffnet hat.

Banken sind von Montag bis Freitag von 10 Uhr bis 16 Uhr geöffnet,

donnerstags auch bis 18 Uhr. In Wechselstuben an der Landesgrenze und in den großen Tourismuszentren, z. B. im Zentrum Kopenhagens oder am Flughafen Kastrup, wird zumeist an sieben Tagen in der Woche und oftmals bis 21 Uhr gearbeitet.

---

### "Ich glotz TV"

Mehr und mehr - höher und höher wird der tägliche Fernsehkonsum der Dänen. Im ersten Halbjahr 1994 betrug die tägliche "Sehrate" durchschnittlich 2 Stunden und 39 Minuten, fast eine Viertelstunde mehr als im Jahr zuvor.

Beim Ereignis der Saison, der Fußballweltmeisterschaft, saßen die Dänen sogar um 21 % länger vor der Flimmerkiste als im gleichen Vorjahreszeitraum! Das konnte das öffentlich-rechtliche _Danmarks Radio_ (DR), das die Spiele übertrug, nur freuen, denn ansonsten spricht der Trend - ähnlich wie in Deutschland - gegen Dänemarks erstes Programm: Lediglich 30,1 % der Zuschauer konnte es nämlich ansonsten für sich gewinnen (knapp 4 % weniger als im Vorjahr), während gleichzeitig der private Konkurrenzsender TV 2 von 41,6 % der Zuschauer eingeschaltet wurde. Diese Zahl blieb konstant. Steigern konnte sich die jüngste Anstalt TV 3, die von 7,3 % auf 9,6 % zulegte.

---

## Post

Die Postämter sind normalerweise von Montag bis Freitag zwischen 9 und 17 Uhr geöffnet, am Samstag von 9 bis 13 Uhr. Es können aber Unterschiede von Stadt zu Dorf bestehen, wo manchmal Mittagspausen eingelegt werden. Man sollte daran

denken, aus dem aufgestellten Automaten eine Nummer zu ziehen, denn
es wird streng in dieser Reihenfolge
bedient.

### Preise für Brief und Karte

Die Portopreise für Brief und Karte
liegen bei einheitlich 3,75 DKK. Es
dauert in der Regel zwei Tage (zwei
Nächte), bis die Post das Ziel im europäischen Ausland erreicht.

### Postlagernd - poste restante

Auch wer während seines Aufenthalts
in Dänemark nicht unter einer festen
Adresse zu erreichen ist, kann Post
erhalten. Neben den üblichen Adres-
sangaben gehört dazu unbedingt der
Vermerk *poste restante* für "postlagernd".

# Radio und Fernsehen

Der staatliche dänische Rundfunk
*Danmarks Radio* (DR) sendet ganzjährig Nachrichten auch in Englisch in
seinem 3. Programm, montags bis
freitags um   8.30 Uhr. Suchmeldun-
gen (ebenfalls in Englisch) gibt der
dänische Rundfunk im Anschluß an
diese Nachrichten und an die dänischen Nachrichten um 9 Uhr ebenfalls im 3. Programm durch. Eine
Suchmeldung muß zuvor bei der dänischen Polizei eingereicht werden.
Einige lokale Rundfunksender machen von Mai bis Mitte September
auch ein zweisprachiges dänsich-
deutsches "Urlauberprogramm". Wo
und wann es genau ausgestrahlt
wird, erfährt man bei den lokalen Touristenbüros.

Die Hauptnachrichten der beiden
überregionalen Fernsehsender sind
um 20.30 Uhr in *DR* (sie heißen *tv-avi-
sen*) und um 19 Uhr beim Privatsen-

Dänische Briefkästen sind rot

der TV 2 (*Nyheder* - Neuigkeiten). Beide werden aber nur in Dänisch ausgestrahlt. Siehe → Artikel "Ich glotz TV" und "Die Dänen schreiben Kultur und Sport groß".

# Reisen im Land

## Bahn

Die *Dänischen Staatsbahnen* (DSB) haben das ganze Land in ein Zonensystem eingeteilt, in dem Reisen unter zwölf Zonen als Nahreisen (*nærrejser*), solche durch dreizehn und mehr Zonen als Fernreisen (*fjernrejser*) gelten. Dieses Zonensystem soll zukünftig vereinfacht werden. Eine entsprechende Landeskarte mit Einteilung und Preisschema ist in allen Bahnhöfen zu bekommen; sie heißt "*DSB - Priser og rabatter*".

Zusätzlich zu den Zonen rechnet die *DSB* nach Altersgruppen: die vier- bis elfjährigen (Kleinkinder bis vier Jahre fahren umsonst), die 12- bis 64jährigen und die über 65jährigen.

### Preisbeispiele:
Für die Fahrt von Padborg an der deutschen Grenze nach Århus zahlt man beispielsweise in der mittleren Altersgruppe (12 bis 64 Jahre) 142 DKK, für die Strecke Padborg - Ålborg 189 DKK, für die zwischen Århus und Kopenhagen 201 DKK.

Über die normale Fahrkarte hinaus gibt es einige andere Möglichkeiten, per Bahn zu reisen.

Mit dem *Euro-Domino-Ticket* der Bundesbahn zahlen Jugendliche bis 26 Jahren für drei Fahrtage in Dänemark innerhalb eines Monats 102 DM, für fünf Tage 153 DM und für zehn Tage 205 DM; zudem bekommen sie auf den Strecken der Bundesbahn noch 25 % Rabatt auf den normalen Fahrpreis.

Auch Erwachsene können *Euro Domino* benutzen, es ist nur etwas teurer. Drei Tage in der 2. Klasse kosten dann 143 DM, fünf Tage 205 DM und zehn Tage 275 DM; auch hier gewährt die Deutsche Bundesbahn auf ihren Strecken 25 % Rabatt auf den normalen Fahrpreis.

Außerdem könnte für Kurzreisende das *5-Tage-Ticket-Dänemark* interessant sein, das ebenfalls auf den Strecken der Deutschen Bundesbahn 25 % Rabatt bringt.

Darüber hinaus wird das Bahntikket *Scan Rail*, das die alte *Nordtourist*-Karte ersetzt hat, seit einiger Zeit auch in Deutschland, Österreich, der Schweiz und den Niederlanden angeboten. Man kann damit in Dänemark, Schweden, Norwegen und Finnland reisen und außerdem alle *DSB*-Fähren und die Fähre Helsingør - Helsingborg frei benutzen. Viele Reedereien geben zudem 25 bis 50 % Rabatt. Angeboten werden drei Stufen (2. Klasse): fünf Bahnfahrtage innerhalb von 15 Tagen kosten 330 DM, zehn Bahnfahrtage innerhalb von 21 Tagen 450 DM, ein ganzer Monat 650 DM. Unter 26 Jahren fährt man preisgünstiger, nämlich entsprechend für 250 DM, 340 DM oder 490 DM (Weiteres zu Bahnfahrkarten → Reisevorbereitung, Anreise Bahn).

## Bus

Die Busgesellschaften sind regional gegliedert nach den einzelnen "Ämtern" (mit Bundesländern vergleichbar). So gibt es vierzehn Busgesellschaften, die jedoch übergreifend operieren, so daß man jedes Ziel landesweit problemlos erreichen kann. Gut ist für Radfahrer außerdem, daß fast alle Überlandbusse Räder mitnehmen.

Zusätzlich verkehren zwischen den meisten größeren Städten und

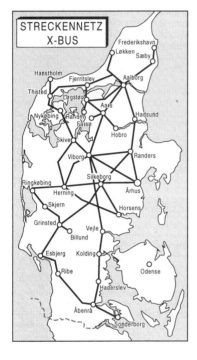

Die Busbahnhöfe heißen auf dänisch *rutebilstation* und liegen in der Regel in unmittelbarer Nähe zum Bahnhof. Ein langes Suchen beim Umsteigen von Bus auf Bahn oder umgekehrt bleibt damit meistens erspart. Wo dies nicht der Fall sein sollte, ist es im Reiseteil des Buchs dann ausdrücklich erwähnt. Außerdem sind die Verbindungen in der Regel so getaktet, daß lange Wartezeiten die Ausnahme sind.

## DSB-Fahrplan

Wichtigstes Hilfsmittel für alle Reisen mit Bahn und Bus im Land ist der Fahrplan der *DSB*, der "Køreplan (Indland)". Hier sind nicht nur alle Zug-, sondern auch alle überörtlichen Busverbindungen genau aufgeführt - eine Investition, die sich rentiert (30 DKK). Im Reiseteil dieses Buchs sind darum bei den Städten die Bahn- und Busverbindungen nur grob aufgelistet. Genaue Angaben zu Fahrtzielen und Häufigkeit der Anschlüsse entnehmen Sie am besten dem jeweils aktuellen Fahrplan, der zum Sommer (im Mai) beziehungsweise Winter (September) wechselt.

der Hauptstadt (so z. B. zwischen Århus oder Ålborg und Kopenhagen) ohne Zwischenstopp sogenannte *Ekspres-Busser*. Die Preise liegen zwischen 150 und 180 DKK. In Jütland gibt es neue, günstige überregionale Busverbindungen, die sogenannten "X-Busse" (blaue Express-Busse mit einem großen X auf der Seite). Sie sind ein Zusammenschluß von fünf jütischen Busgesellschaften und eine Alternative sowohl zu Auto als auch Bahn (Preisbeispiel: direkte Strecke von Hanstholm über Viborg nach Vejle mit dem Bus ca. 118 DKK, Fahrzeit 4 Stunden 20 Minuten, mit der Bahn ca. 182 DKK, Fahrzeit 4 Stunden 35 Minuten).

## Flug

Obwohl verhältnismäßig klein, hat Dänemark ein recht dichtes Netz von Flughäfen, so daß es möglich ist, schnell von fast jedem Ort des Landes nach Kopenhagen zu kommen. Ob sich ein Flug allerdings zeitlich bezahlt macht, ist die Frage, denn die Flughäfen liegen meist einige Kilometer außerhalb der Städte. Dabei bedient jeder innerdänische Flughafen von seiner Lage her zwei oder mehrere Städte. Alle Flughäfen wiederum sind gut an das Straßenverkehrsnetz angebunden. Einige haben bis zu zehn Flugverbindungen am Tag. Die Flugzeiten betragen je nach Ziel in Dänemark 30 bis 55 Minuten.

Bei Informationen zu Inlandflügen sind die Flughäfen unter folgenden Telefonnummern zu erreichen:

| | |
|---|---|
| Billund | 75 33 22 44 |
| Esbjerg | 75 16 07 77 |
| Karup | 97 10 11 11 |
| Kopenhagen | 32 32 68 48 |
| | (Reserv. Charter) |
| | 31 54 17 01 |
| | (Information) |
| Odense | 65 95 53 55 |
| Rønne | 56 95 11 11 |
| Stauning | 97 36 90 44 |
| Sønderborg | 74 42 22 23 |
| Thisted | 97 96 51 66 |
| Vojens | 74 54 22 11 |
| Ålborg | 98 17 33 11 |
| Århus/ Tirstrup | 86 36 36 11 |

Von und nach Kopenhagen bzw. Jütland fliegt *DANAIR* und zwar nach *Billund* (dort Tel. 75 33 28 44; Fredericia 12 km, Kolding 38 km, Vejle 28 km), *Esbjerg* (dort Tel. 75 16 07 77; die nächsten Städte: Esbjerg 12 km, Ribe 30 km), *Karup* (dort Tel. 97 10 12 18; die nächsten Städte: Herning 25 km, Holstebro 38 km, Viborg 27 km, Silkeborg 40 km), *Sønderborg* (dort Tel. 74 42 22 23; die nächsten Städte: Sønderborg 8 km, Tønder 74 km), *Ålborg* (dort Tel. 98 17 33 11; die nächsten Städte: Ålborg 10 km, Frederikshavn 60 km, Hjørring 55 km) und *Århus/ Tirstrup* (dort Tel. 86 36 36 11; die nächsten Städte: Århus 44 km, Ebeltoft 14 km, Randers 49 km). Gleichfalls von Kopenhagen nach *Fünen/ Odense* (dort Tel. 65 95 53 55; die nächsten Städte: Odense 15 km, Svendborg 55 km) und nach *Bornholm* (dort Tel. 56 95 11 11; die nächsten Städte: Rønne 5 km, Nexø 30 km). Eine Platzreservierung bei *MAERSK AIR* in Kopenhagen ist möglich unter Rufnummer 32 45 35 35.

Mit *COPENHAGEN AIRTAXI* bestehen regelmäßige Verbindungen nach bzw. von *Anholt* und *Læsø*, *SUN AIR OF SCANDINAVIA* fliegt dreimal am

Tag nach bzw. ab *Thisted* und *Kopenhagen*. *MUK AIR* hat acht Verbindungen in der Woche nach bzw. ab *Odense/ Ålborg*, *DANISH AIR SERVICE* ca. 5 tägliche und 40 wöchentliche Verdinungen nach *Samsø* ab Billund bzw. Roskilde.

Für internationale Anschlüsse steht der Flughafen Kopenhagen zur Verfügung (Tel. 32 32 00 00); die *SAS* reserviert Plätze für Geschäftsreisende unter 32 32 68 28 und für Touristen unter 32 32 68 48.

**Preisbeispiele:**
Ein Flug mit *DANAIR* von den Ausgangspunkten Bornholm, Odense oder Århus nach Kopenhagen (oder umgekehrt) kostet für einen Erwachsenen zum Normaltarif 595 DKK.

Von Billund, Karup, Sønderborg oder Vojens nach Kopenhagen (oder umgekehrt) liegt der Preis bei 680 DKK. Und von Esbjerg oder Ålborg nach Kopenhagen (oder umgekehrt) zahlt man 705 DKK.

Bei einem Hin- und Rückflug verdoppelt sich die Summe. Zudem gibt es Angebote, z. B. Restplätze (*standby*) für Jugendliche unter 26 Jahren.

## Sehenswürdigkeiten

Kultur, Natur, Kunst - die meisten Sehenswürdigkeiten sind mit einem Schild ausgewiesen, auf dem dieses Zeichen abgebildet ist.

Folglich sieht man auch an fast jedem Bauernhof "Reklameschilder", die frisch Geerntetes anbieten, je nach Jahreszeit: *kartofler* (Kartoffeln), *gulerødder* (Möhren), *ærter* (Erbsen) und anderes Gemüse oder Obst wie *jordbær* (Erdbeeren) oder *kirsebær* (Kirschen). Alles ist frisch und schmeckt wirklich besser als im Supermarkt gekauft - und außerdem ist es billig. Der Preis ist angegeben, das Geld legt man in die aufgestellte Dose. Hier gilt Ehrlichkeit als oberstes Prinzip!

## Souvenirs

Wer eine Erinnerung mit nach Hause nehmen will, dem bietet sich eine ganze Palette von "typisch dänischen" Erzeugnissen: An kunstgewerblichen Produkten zählen dazu Keramik, die in den vielen Töpfereien entsteht, Gläser oder Vasen aus einer *glasstøberi*, die es nicht nur in Ebeltoft gibt, oder Kerzen und Kerzenständer aus einer *lysfabrik*, die in den letzten Jahren sehr zahlreich geworden sind.

Das Markenzeichen "dänisches Design" steht meistens für industriell gefertigte Gebrauchsgegenstände, die den Alltag verschönern. Ob Thermoskanne, Geschirr, Besteck oder ausgesuchtes Porzellan von einer der beiden Kopenhagener Manufakturen - die Produkte sind qualitativ so gut, daß man noch lange nach seinem Urlaub daran Freude hat.

## Straßenverkauf

Schon immer haben die Bauern es getan, jetzt dürfen sie es auch offiziell: direkt an ihre Kunden verkaufen.

## Tanken

Die Benzinkennzeichnungen an den Tankstellen erfolgen unter Angabe der Oktanzahl für die Klopffestigkeit des Treibstoffs. Das bleifreie Benzin ist, weil staatlich gefördert, deutlich günstiger als verbleites. Verkauft werden drei Sorten bleifreien Benzins mit 92 Oktan (entsprechend Normalbenzin), 95 Oktan (Super) und 98 Oktan (Super plus). Verbleiter Kraftstoff ist nur noch mit 98 Oktan (also Super) zu haben. Daneben gibt es das übliche Diesel.

**Preise pro Liter für:**

| | |
|---|---|
| Normalbenzin | 5,39 DKK |
| Super | 5,47 DKK |
| Superplus | 5,64 DKK |
| Diesel | 4,64 DKK |

## Telefon

Telefonieren kann man von den Postämtern oder den vielen öffentlichen Telefonzellen aus. Der Notruf 112 ist gebührenfrei.

Ansonsten braucht man für Münztelefone 1-, 2-, 5-, 10- oder 20-Kronen-Stücke. Fürs Telefonat ins Ausland ist ein Mindestbetrag von 5 Kronen einzuwerfen. Dann heißt es aber aufpassen, denn schon für das Anwählen muß man bezahlen, auch wenn das gewünschte Gespräch nicht zustandekommt. In diesem Fall kann man entweder den Kleinbetrag einwerfen und hoffen, die große Münze zurückzuerhalten, oder man muß versuchen, mit dem Restbetrag ein anderes Gespräch zu führen.

Besser ist da eine Telefonkarte (*telekort*), die für 30, 50 oder 100 DKK bei Postämtern oder an Kiosken zu kaufen ist. Es gibt schon über 800 Zellen mit Kartentelefonen, und es werden auch in Dänemark immer mehr.

Gut ist außerdem, daß man sich an sehr vielen Telefonzellen anrufen lassen kann. Die Nummer steht deutlich auf dem jeweiligen Apparat.

Für einen Anruf nach Dänemark gilt die Landesvorwahl 0045, gefolgt von der zweistelligen Ortskennzahl und von der Anschlußnummer. Von Dänemark nach Deutschland gilt die Landesvorwahl 0049, nach Österreich 0043 und in die Schweiz 0041.

## Trinkgeld

Es ist in Dänemark - sei es in Restaurants oder im Taxi - nicht üblich, ein Trinkgeld zu geben, denn 15 % Trinkgeld sind im Preis inbegriffen. Ausnahmen sollte man nur dann machen, wenn ein Service besonders gut oder eine Bedienung besonders nett war.

## Verkehrsvorschriften

Die wichtigste Verkehrsregel für Autos und Motorräder: Rund um die Uhr muß mit Abblendlicht gefahren werden, Standlicht genügt nicht.

Die *Geschwindigkeitsgrenzen* liegen bei:

Autobahn: 110 km/h
Haupt- und Landstraßen: 80 km/h
Ortschaften: 50 km/h

Pkw mit Anhänger oder Wohnwagen dürfen maximal 70 km/h fahren. Wer diese Grenzwerte überschreitet, muß - trotz seltener Kontrollen und gerade bei Urlaubsgästen toleranter Polizisten - mit drakonischen Geldbußen rechnen. Auch das Falschparken kann rund 100 DM kosten. Also Vorsicht! Alkohol am Steuer (Promillegrenze ist 0,8) oder der Gebrauch von Medikamenten, die das Fahren beeinträchtigen, werden streng bestraft, auch wenn nichts passiert ist.

Die Gurtpflicht gilt für alle Mitfahrenden, auch auf den Rücksitzen. Kinder unter drei Jahren dürfen nur angeschnallt in einem Kindersitz auf dem Rücksitz oder auch Beifahrersitz mitgenommen werden.

Ein Warndreieck ist Pflicht.

## Zeitungen und andere Medien

In Zeiten harter Konkurrenz am Pressemarkt sind auch in Dänemark die lautesten Zeitungen die größten und auflagenstärksten: *Ekstra Bladet* und *B.T.* mit je rund 200.000 Exemplaren täglicher Auflage. Beide sind Boulevardblätter, die überregional ihre Leser suchen. Im modernen "U-Bahn-Format", also nur halb so groß im Format wie traditionelle Zeitungen, bieten sie eine aggressive Mischung aus Politik und Sport, Sex und Crime, harter Recherche und - mit Verlaub - Vermutungen, die viele Dänen als täglichen Unterhaltungsstoff schätzen. Das "Extrablatt" zeigt sein Selbstverständnis schon im Untertitel an: *"Tør hvor andre tier"* - "Wagt, wo andere schweigen" - da ahnt man gleich, daß es hier zur Sache gehen soll.

Beide *aviser*, so das dänische Wort für Zeitung, bestehen seit 1902 bzw. 1916 und erscheinen seit 1987 auch sonntags, wie die anderen überregionalen Zeitungen auch. So kann jeder Däne mit Muße seinen Ruhetag zur Information (oder Unterhaltung) nutzen und die Sonntagszeitung zusammen mit frischen Brötchen oder Brot in der ebenfalls geöffneten Bäkkerei kaufen.

Geht es um politische Meinung, sind die drei führenden Tageszeitungen *Politiken, Jyllands-Posten* und *Berlingske Tidende* zu nennen. Letztere ist die älteste Zeitung des Landes und auch inhaltlich konservativ ausgerichtet. 1749 wurde sie vom Buchdrucker *E. H. Berling* gegründet. Heute verkauft sie rund 130.000 Stück täglich.

Die auch eher konservative *Morgenavisen Jyllands-Posten* aus Århus verkauft 140.000 Exemplare, die linksorientierte *Politiken* etwa 150.000. Sie ist wohl die Zeitung, die im Ausland am stärksten wahrgenommen wird. Zu den überregionalen Blättern gehören ferner *Det fri Aktuelt* (sozialdemokratisch), *Børsen* (überparteilich) und *Information*. Letztere wurde 1943 als illegale Zeitung unter der deutschen Besatzung gegründet und war Medium der Widerstandsbewegung.

Darüber hinaus gibt es noch eine ganze Reihe von Provinzzeitungen, die die einzelnen Regionen versorgen. Hierzu gehören als größte *Jydske Vestkysten* (ca. 84.000 Exemplare) für Süd- und Westjütland, *Aalborg Stiftstidende, Aarhus Stiftstidende* und *Fyens Stiftstidende,* alle mit einer täglichen Auflage von rund 70.000 Exemplaren.

Hart bedroht sind die Zeitungen durch die zunehmende Konkurrenz anderer Medien: Fernsehen und Radio. Dänemark hatte zuerst nur eine öffentlich-rechtliche Anstalt für Radio- und Fernsehprogramm gehabt: *Danmarks Radio* (DR) in Kopenhagen. DR strahlt drei Radioprogramme (P1 bis P3) aus. Sein Fernsehkanal nennt sich jetzt nicht mehr nur *Danmarks Radio*, sondern auch "1", um sich gegen die privaten Konkurrenzsender *TV 2* abzugrenzen. Der sendet seit Mitte der achtziger Jahre aus Odense und hat ein eher populär ausgerichtetes Angebot; schließlich muß er sich im Gegensatz zu *DR* aus Werbung finanzieren, wie auch *TV 3*, der jüngste Sender. Zu diesen landesweiten Sendern gibt es in nahezu jeder größeren Stadt, zumindest in jeder Region, lokale Stationen, die manchmal aber nur stundenweise senden.

Gleiches gilt fürs Radio: Kaum eine Stadt, ja ein Stadtteil, der nicht sein eigenes *nærradio* (Nahradio) hätte. Diese Sender finanzieren sich ebenfalls alle über Werbung und machen deshalb ein kommerzielles Programm mit viel Werbung, zugeschnitten auf den lokalen Markt.

Insgesamt läßt sich zusammenfassen, daß sich die dänische Presselandschaft nach heftigen Diskussionen in früheren Jahren stark verändert hat: Es gibt ungewöhnlich viele kleine Radio- und TV-Sender, und in der Printlandschaft hat es auch einige Veränderungen gegeben, denn ein Zeitungssterben, dem vor allem linke Blätter zum Opfer fielen, hat eine gewisse Konzentration gebracht.

Alle Medien werden nach dem "Chefredakteursprinzip" geleitet: Danach darf ein Artikel oder Beitrag nicht verboten werden; stattdessen muß sich gegebenenfalls der verantwortliche Chefredakteur vor Gericht verantworten, falls falsch berichtet wurde, sei es bei Beleidigungen, Eindringen in die Privatsphäre oder ähnlichem.

*Reiseteil*

## Kopenhagen
### 466.000 Einwohner

*Kopenhagen* ist eine alte Stadt und dennoch modern, das wirtschaftliche und politische Zentrum Dänemarks. Dennoch fehlt eine neuzeitliche Skyline, die den wirtschaftlichen Erfolg der vergangenen Jahrzehnte ausdrücken könnte. So ist ein Haus mit fünf Stockwerken immer noch ungewöhnlich hoch; kommt man dagegen von den Außenbezirken auf die Stadt zu, lassen sich die unvermeidlichen Bausünden des Wachstums in den siebziger Jahren, die hohen Betonwohnblocks und Gewerbegebiete, nicht verbergen.

Verwaltung und Ministerien, alle großen Konzerne des Landes, Versicherungen und Banken, nationale Verlage und internationale Computerfirmen sowie unzählige Unternehmen mehr haben Kopenhagen als Standort gewählt.

Heute lebt im eigentlichen Kopenhagen (also dem Innenstadtbezirk) etwa eine halbe Million Menschen auf einer Fläche von 88,25 Quadratkilometern. Rechnet man die zur Hauptstadt gehörenden Orte *Frederiksberg* und *Gentofte* hinzu, ergibt sich eine Zahl von ca. 650.000 Menschen auf gut 125 Quadratkilometer. In dieser Region des Landes, die am dichtesten bewohnt ist, kommt man so auf eine Zahl von ca. 5.200 Einwohnern pro Quadratkilometer, für die Kommune Frederiksberg sind es sogar knapp 10.000! Im Einzugsbereich der Stadt schließlich leben in knapp 30 Gemeinden aber nahezu 1,5 Millionen Menschen, womit Kopenhagen die größte Stadt Skandinaviens ist.

Den letzten großen Vorwärtsschub erhielt Kopenhagen durch die Aus-zeichnung zur "Kulturhauptstadt Europas 96", die Dänen sagen selbst einfach kurz "Kulturby 96". Diesem offiziellen Status wollten die Stadtväter natürlich gerecht werden, ohne dabei jedoch die Identität ihrer Stadt aufzugeben. Darum werden die meisten der 1,7 Milliarden Kronen, die der Staat und private Investoren zusammengetragen haben, für Umbauten und Renovierungen zum Wohle von Kunst und Kultur eingesetzt; Neubauten, wie das neue Konzerthaus in Hafennähe und ein Kunstmuseum südlich der Stadt, gibt es nur wenige. Vorhandenes aber wird behutsam ausgebaut, das *Staatliche Kunstmuseum* und die *Königliche Bibliothek* erhalten Anbauten, ebenso die *Ny Carlsberg Glyptothek*. Räume für weiterführende künstlerische Ausbildungsgänge nutzt man in der ehemaligen Marinebasis *Holmen*. Nur das Filminstitut erhält ein neues Haus in der Gothersgade. Und im *Strandpartien* entsteht ein neues Museum für moderne Kunst, das *Museet for Moderne Kunst*. Für alle Veranstaltungen im Laufe des Jahres, bei denen alle künstlerischen Ausdrucksformen zur Geltung kommen, steht ein Budget von 750 Millionen Kronen zur Verfügung. Ob am Ende eine Kulturstadt des 21. Jahrhunderts steht?

# Geschichte

Kopenhagen, auf dänisch "*København*", heißt wörtlich übersetzt "Hafen der Kaufleute". Historiker vermuten, daß schon um das Jahr 1000 eine

Siedlung namens "Havn" (oder "Hafnia", also Hafen) als natürlicher Hafen am Sund zwischen *Seeland* und der vorgelagerten Insel *Amager* entstanden ist. Dort mündete ein fischreicher Bach ins Meer, so daß reichlich Nahrung vorhanden war. In der Nähe lag das Dorf *Sankt Clemens,* vom Geschichtsschreiber *Saxo Grammatikus* um 1025 zum ersten Mal erwähnt; es befindet sich etwa dort, wo heute der *Gammeltorv* liegt, und muß eine Tingstätte, ein politischer Versammlungsort, gewesen sein.

Als Gründungsjahr des eigentlichen Kopenhagen gilt aber 1167: Dies war das Jahr, in dem der Bischof von Roskilde, *Absalon,* für den Ort Havn eine Schutzburg errichten ließ, die Seeräuber von der Landung am Sund abhalten sollte. Havn war ein Geschenk des Königs an Bischof Absalon, weil der ihn vor einem Attentat bewahrt hatte. Von der Burg Absalons, die 1386 von Lübeckern vernichtet wurde, existieren nur noch Reste. Diese sind auf dem *Slotsholmen* - im Zentrum Kopenhagens - in den Gewölben unterhalb des heutigen Schlosses *Christiansborg* zu besichtigen. Nicht lange dauerte es, bis Kopenhagen 1254 die Stadtrechte bekam. Etwas länger - nach langem Hin und Her zwischen Bischof und König - währte es, ehe es ab 1416 Königsstadt wurde, als *Erich der Pommer* nämlich seinen Regierungssitz hierhin verlegte.

Wie klein der Ort damals noch war, läßt sich an den Straßenzügen erkennen, die die heutige Innenstadt eingrenzen: Die Straßen *Nørre Volgade, Øster Voldgade* und *Vester Voldgade* (dt. Wallstraßen) und die Plätze *Nørreport, Vesterport* und *Østerport* (dt. Stadttore) liegen auf den alten Stadtwällen bzw. -toren und Befestigungen, die Absalon anlegen ließ. In einigen Parkanlagen, z. B. dem Ørsted-Park und dem Botanischen Garten, sind auch noch Reste der Wälle zu sehen.

Im 17. Jahrhundert begann die Stadt, über ihre Begrenzung bzw. Wälle hinauszuwachsen. In Teilen wurden sie abgetragen; vor allem nach Norden wurde die Stadt bis zur Langelinie erweitert, wo ein Kastell gebaut wurde.

All dies geschah unter der Regentschaft des vielgerühmten, als volkstümlich angesehenen *Christian IV.* (1588-1648), der als größter Baumeister nicht nur der Hauptstadt gilt. Das war er natürlich nicht alleine, hinter ihm standen - neben den Handwerkern - die Holländer *Hans Steenwinkel* und *Lauritz,* beide Baumeister der Renaissance. Schwer zu zählen sind die architektonisch herausragenden Werke aus dieser Zeit, darunter *Schloß Rosenborg,* die *Börse* und der *Runde Turm* an der Købmagergade. Da auch viele Bürger dadurch einen Impuls erhielten und ebenfalls Renaissancegebäude zu bauen begannen, bekam Kopenhagen ein neues Gesicht. Bauwerke aus der Zeit davor sind dagegen nicht mehr erhalten, weil diese Holz- und Fachwerkhäuser mehreren großen Feuern zum Opfer fielen.

Als in Dänemark 1660 die Zeit des Absolutismus begann, zogen aus dem Umland vermehrt Adelige in die Stadt, und mit ihnen hielt der barocke Baustil Einzug. Größter und ältester Komplex dieser Art ist *Christiansborg* an Kongens Nytorv in Nyhavn. Das Rokoko lebt heute wie damals am schönsten rund um *Schloß Amalienborg* und in *Frederiksstad,* einem Stadtteil, den König *Frederik V.* in der Mitte des 18. Jahrhunderts hier um das Schloß konzipierte (→ Stadtrundgang 2).

Die Folgezeit war für Kopenhagen von einigen kleineren und größeren Katastrophen gekennzeichnet: So brannte das alte Schloß Christiansborg 1794 ab (insgesamt geschah dies dreimal,   → Stadtrundgang 1) und bei zwei großen Stadtbränden gingen 1728 und 1795 Tausende von Häusern verloren. Als dann auch noch die britische Flotte 1806 die Stadt unter Beschuß nahm, weil Dänemark im Krieg gegen Napoleon auf der falschen Seite stand, verlor Kopenhagen noch stärker an wirtschaftlicher Bedeutung. Schwer litten die Bewohner ein halbes Jahrhundert später, als eine Choleraepidemie in der dichtbevölkerten Stadt wütete. Die Konsequenz wurde schnell gezogen: Ab 1853 weitete sich Kopenhagen zu den Seen hin aus, nachdem die Stadtwälle endgültig geschleift worden waren. Es entstanden dort neue Wohnhäuser; zur anderen Seite hin vor dem Westtor *Vesterport* (ab 1892) das *Rathaus*. Größtes Bauprojekt waren die "Brückenviertel" *Nørrebro, Vesterbro, Østerbro,* aber auch die "Sundby-Städte" auf *Amager,* neue Vorstädte, die vor allem die zuziehende Landbevölkerung und die Arbeiterschaft aufnehmen sollten.

Dies war auch dringend erforderlich, denn wie fast alle europäischen Städte erlebte Kopenhagen sein eigentliches Wachstum in den letzten 150 Jahren - von 100.000 auf über eine Million Einwohner wuchs die Stadt an. Die vielen "Zugewanderten" wurden in ihren Vierteln heimisch, und Sprachwissenschaftler wie Kopenhagener selbst vermögen oftmals aufgrund des Dialektes herauszuhören, wo ein Kopenhagener aufgewachsen ist, ob auf Nørrebro, Vesterbro oder Amager.

# Sehenswürdigkeiten

Eine Beschreibung Kopenhagens kann im Rahmen dieses Buches nur ein begrenzter Zugang zur Stadt sein, aber aus verständlichen Gründen kein komplettes Bild der Stadt liefern. Dennoch wollen die beiden Stadtrundgänge ein repräsentatives Bild der Hauptstadt vermitteln: der erste eines von der inneren Stadt *Indre by*, der zweite eines von den Sehenswürdigkeiten jenseits der alten Wälle.

## Ein Opfer der Modernisierung

Kaum wiederzuerkennen ist der altehrwürdige *Hovedbanegården* in Kopenhagen nach seinem großen Umbau: Doch die Modernisierung des beeindruckenden Holzgewölbes hatte nicht für alle positive Auswirkungen. Ein Opfer haben die neuen hellen, glasverspiegelten Zeiten gefordert, das viele vielleicht nicht einmal vermissen werden. Und doch ist ein Stück Tradition verschwunden: Nach 24 Berufsjahren an diesem hektischen Ort hat der 71jährige *Poul Hegelund* den Bahnhof verlassen. Er war der letzte Schuhputzer und ging in seinem nur drei Quadratmeter großen Lädchen im Bahnhof seinem aussterbenden Gewerbe nach. Mit dem Umbau flatterte ihm von der *Danske Statsbaner* (DSB) die Kündigung ins Haus: Die neue Investmentgesellschaft, die jetzt für die Vermietung der Läden und Boutiquen zuständig ist, wollte ihn nicht mehr haben. Ob er selbst wohl noch gewollt hätte? Unter all den neuen, glitzernden und gläsernen Boutiquen hätte er sich bestimmt nicht richtig wohl gefühlt. Seitdem müssen seine letzten Kunden - und das waren immer noch hundert - selber zu Creme und Putztuch greifen.

## Stadtrundgang 1

Das verkehrstechnische Herz Kopenhagens ist Ausgangspunkt des ersten Rundgangs durch die Stadt: der

# Kopenhagen-Stadt

1  Touristeninformation u.
   Polizei
2  Post
3  Hauptbahnhof
4  Busbahnhof
5  Fährhafen
6  Tivoli
7  Tussaud's Wachsmuseum
8  Platz Axeltorv
9  Rådhus u.
   Jens Olsens Verdensur
10 Nationalmuseum
11 Slotsholmen
12 Absalons Borg
13 Karetmuseum
14 Teatermuseum
15 Königlichen Repräsentationsräume
16 Parlament "Folketing"
17 Königliche Bibliothek
18 Tøjhusmuseum
19 Alte Börse
20 Holmens Kirke
21 Thorvaldsens Museums
22 Højbro Plads
23 Platz Amagertorv
24 Strøget
25 Skt. Nikolaj Kirche
26 Kongens Nytorv
27 Hotel d'Angleterre
28 Magasin du Nord
29 Königliches Theater
30 Charlottenborg
31 Kongens Have
32 Rosenborg
33 Statens Museum for Kunst
34 Den kgl. Afstøbningssamling
35 Botanischer Garten
36 Geologisches Museum
37 Platz Nørreport
38 Arbejdermuseet
39 Rundetårn
40 Studentenwohnheim Regensen
41 Davids Samling
42 Spielzeugmuseum
43 Post-og Telegrafmuseum
44 Gråbrødretorv,
   Sporvejen u.
   Le Pavé
45 Universität
46 Vor Frue Kirke
47 Kirche Skt. Petri
49 Ny Carlsberg Glyptotek
49 Det danske Filmmuseum
50 Vor Frelsers Kirke
51 "Freistaat Christiania"
52 Amaliehaven
53 Schloß Amalienborg
54 Marmorkirken

55 Alexander Newsky Kirke
56 Medizinisch-Historischen Sammlung
57 Kunstindustrimuseet
58 Frihedsmuseet
59 Gefions Springvand
60 Skt. Albans Kirke
61 Kleine Meerjungfrau
62 Hirschsprungsche Sammlung
63 Polizeihistorisches Museum
64 Friedhof Assistens Kirkegård
65 Tycho Brahe Planetarium
66 Københavns Bymuseum
67 Museumsstraße Absalongade
68 Carlsberg-Brauerei,
   Königliche Porzellan Fabrik,
   Tierpark Zoologisk Have,
   Frilandsmuseum,
   Sorte Hest u.
   Rialto
69 Tuborg-Brauerei,
   Sleep-in Østerbro Skøjtehal u.
   Fælledparken
70 Københavns Vandrerhjem - Bellahøj u.
   Bellahøj Camping
71 Copenhagen Youth Hostel u.
   KB- und Valby-Hallen
72 City Public Hostel Vesterbro Ungdomsgård
73 Hotel Danmark
74 Hotel Viking
75 Nyhavn Hotel
76 Ibsens Hotel
77 Hotel Selandia
78 Hotel Hebron
79 Webers Hotel
80 Café Sommersko
81 Café Krasnapolsky
82 Café Europa
83 KafCaféen u.
   Café Teatret
84 Muxoll & Levysohn Lounge
85 Bananrepublikken A/S
86 Royal Copenhagen
87 Det lille Apotek
88 Livretten
89 Gorindas Vegetariske Restaurant
90 Israels Plads
91 Kino Dagmar
92 Kino Palads
93 Kino Scala
94 Kino Grand
95 Kino Palladium
96 Kino Vester Vov Vov
97 Sofie's Kælder
98 Copenhagen Jazz House
99 Woodstock
100 After Dark
101 Axels Dancebar u.
    New Daddy's

**Hauptbahnhof** (*Hovedbanegården*). Hier kommen die Fernzüge aus allen Teilen Europas an, die Inter- bzw. Eurocity aus West-, Süd- und Osteuropa, aber natürlich auch die Züge aus dem Norden, aus Schweden und Norwegen und die innerdänischen aus Fünen und Jütland sowieso. Der Bahnhof und seine Gleisanlagen bilden so etwas wie eine natürliche Grenze innerhalb Kopenhagens: Im Nordosten liegen das schöne, alte Kopenhagen und die Innenstadt. Direkt hinter dem Bahnhof beginnt das sozial immer noch problematische **Vesterbro**, ein altes Arbeiterviertel, in dem trotz etlicher Versuche - auch der Stadterneuerung - weiterhin viele sozial Schwache leben. Drogenkranke und Prostituierte gehören zum Straßenbild, doch hat sich in den letzten fünf Jahren schon einiges gebessert.

Verändert hat sich auch der imposante Hauptbahnhof. Nachdem im Jahr 1994 die gesamte Innenhalle unter dem mächtigen, von Holzbögen getragenen Dach renoviert worden ist, erstrahlen Geschäfte und Restaurants in neuem Glanz. Wie immer bei solchen Renovierungen ging aber auch hier ein bißchen vom alten Charme verloren - und nicht alle konnten sich den neuen chromglänzenden Zeiten anpassen, unter ihnen der letzte Schuhputzer Kopenhagens (→ Artikel "Ein Opfer der Modernisierung").

Durch den Haupteingang geht es hinaus auf die Bernstorffsgade, nach links und vorbei an der Touristeninformation. Rechts um die Ecke (neben dem neuen *Hard Rock Café*) liegt eine der Pforten zum bekanntesten Vergnügungspark Kopenhagens, dem **Tivoli**. Der "abenteuerliche" Garten öffnete schon 1843 seine Tore, konnte also vor wenigen Jahren sein 150. Jubiläum feiern - und das tat er ausgiebig. In dieser Saison kamen noch mehr Besucher als sonst;

die Gesamtzahl der Gäste nähert sich allmählich 300 Millionen! Wenn der Park im April öffnet, beginnt der Frühling. Traditionell gehört ein Besuch im Tivoli für die Kopenhagener mindestens einmal im Jahr dazu; die Eröffnung wird gefeiert wie etwas Außergewöhnliches. Und das ist es auch. Denn der Tivoli bietet in einer parkartigen Anlage mit alten Bäumen, vielen Blumen und Brunnen Vergnügungen aller Art, vielleicht nicht alle neu und dem Nervenkitzel unserer Zeit entsprechend, doch trotzdem attraktiv. Eine Achterbahn, eine Geisterbahn, Karussells, ein Varieté, Pantomimentheater, aber auch Restaurants (immerhin 28 an der Zahl) und anderes gehören dazu. In der Konzerthalle finden oft klassische Konzerte statt, auf der Freilichtbühne treten regelmäßig Rockbands auf (Tivoli hat nur von Ende April bis Mitte September geöffnet, täglich 10 - 24 Uhr).

Ganzjährig geöffnet ist das **Tivoli-Museum** am H.C. Andersens Boulevard 22 (dem Haupteingang zum Tivoli), das auf drei Etagen einen Querschnitt durch die 150jährige Geschichte des ersten Vergnügungsparks der Welt liefert. Dies wird durch Modelle und Filme, Musik, Plakate und Originalgegenstände veranschaulicht (geöffnet in der Tivoli-Saison täglich 10 - 22 Uhr, sonst Di - Fr 10 - 16 Uhr, Sa und So 10 - 17 Uhr. Eintritt 20/10 DKK).

Auch der Eingang zu **Tussaud's Wachsmuseum**, wo dänische gekrönte Häupter, Künstler, Schauspieler und andere Berühmtheiten in Wachs zu sehen sind, befindet sich dort (geöffnet in der Tivoli-Saison wie das Tivoli-Museum; im Winterhalbjahr täglich von 10 - 16.30 Uhr. Eintritt 45/20 DKK).

Gegenüber dem Tivoli-Eingang an der Vesterbrogade liegen das moderne Einkaufszentrum *Scala* und der Platz *Axeltorv*, der 1990 neu gestaltet wurde. Trotz der großen Brunnen hat er eine nüchterne Ausstrahlung. Um ihn herum liegen ein paar von Kopenhagens großen Freizeitstätten, darunter **Cirkus**, der alte Bau des Zirkus *Benneweis*, in dem jetzt u. a. Konzerte stattfinden, und das bonbonfarbene, strahlende Kino **Palads**.

An ihrem Ende mündet die Vesterbrogade dann in den **Rådhuspladsen**, den Rathausplatz. Er ist der wichtigste Verkehrsknotenpunkt der Stadt. Erst 1995 wurde er verkehrsberuhigt, die Autos sind weitgehend verschwunden, doch immer noch führen alle Buslinien hier vorbei. Zum Anlaß der "Kulturhauptstadt" 1996 wurde ein neues Info-Center mitten auf dem Platz errichtet. Das **Rathaus** scheint in seinem der italienischen Renaissance entlehnten Stil (Architekt war *Martin Nyrup*) gar nicht so recht zu Kopenhagen zu passen. Doch im Laufe des vergangenen Jahrhunderts haben sich alle Einwohner an das zwischen 1892 und 1905 entstandene Verwaltungsgebäude mit seinem eigenwilligen Turm gewöhnt. Über der Rathaustür steht eine goldglänzende Figur von Bischof *Absalon*, dem Stadtgründer. Im Innern des Rathauses befindet sich eine einmalige astronomische Welt-uhr, **Jens Olsens Verdensur**, die mechanisch funktioniert (Führungen durch das Rathaus und Turmbesteigungen sind werktags möglich).

An dem Standbild der wikingischen Lurenbläser vorbei und durch die Vester Voldgade bis zur Ny Vestergade, kommt man zum **Nationalmuseum**. Von seiner Rückseite macht es nicht gerade einen einladenden Eindruck, so dunkel und grau sind die Wände und Säulen der Kolonnaden. Umso schöner ist der neugestaltete Eingang an der Ny Vestergade 10, der sich zum Innenhof öffnet. So modern wie die Architektur

sind auch die Medien, die alle Besucher auch benutzen können: An Computern öffnen sich Geschichts- und Archäologie-Interessierten die bislang verschlossenen Archive des Museums. Systematisch sind Bild- und Textinformationen zu bestimmten Wissensgebieten abfragbar (z. B. Wikinger) - ein spannendes Multi-Media-Erlebnis.

Gut zu Fuß sollte man sein, wenn man die umfangreichen "traditionellen" Ausstellungen des Nationalmuseums kennenlernen will. Um die großen Sammlungen zu erkunden, sollte man sich mindestens zwei bis drei Stunden Zeit nehmen. Nur dann lassen sich die Bereiche "De danske Samlinger" zu Dänemarks Geschichte in Vorzeit, Mittelalter und neuerer Zeit oder "Den kgl. Mønt- og Medaillesamling" mit Münzen und Medaillen aus Dänemark und anderen Ländern vom Altertum bis heute betrachten.

Zudem gibt es noch die sogenannten "Antiksamlingen", wo ägyptische, westasiatische, griechische und römische Objekte gesammelt werden. Eine völkerkundliche Sammlung zu Völkern außerhalb Europas ist "Jordens Folk og Etnografiske Skatkamre" (Nationalmuseum geöffnet außer Mo täglich 10 - 17 Uhr. Eintritt 30/0 DKK; für Kinder gibt es zusätzlich einen eigenen Bereich, das *Børnenes Museum*, außer Mo täglich 10 - 16 Uhr geöffnet).

Über die *Marmorbrücke* geht es hinüber nach **Slotsholmen**, zur von Kanälen umgebenen Verwaltungsinsel im Zentrum Kopenhagens. Hier liegen (oder lagen) die wichtigen Gebäude, von denen aus Dänemark regiert wird: **Schloß Christiansborg** mit königlichen Repräsentationsräumen, das Parlament (*Folketing*), das oberste Gericht (*Højesteret*), die alte Börse, aber auch die Königliche Bibliothek. Slotsholmen war der Ort, an dem Bischof Absalon 1167 für das

Dorf *Havn* eine Schutzburg bauen ließ. Unterhalb des heutigen Christiansborg, das die fünfte Burg überhaupt und das dritte Schloß von Christiansborg an dieser Stelle ist - erbaut zwischen 1907 und 1915 -, liegen Reste der Grundmauern von **Absalons Borg**, an die auch eine Ausstellung über die Entwicklung von Slotsholmen angegliedert ist (zu besichtigen von Mai bis September täglich 9.30 - 15.30 Uhr; Oktober bis April außer Mo täglich und Sa 9.30 - 15.30 Uhr. Eintritt 15/5 DKK).

Über die Marmorbrücke kommend, sind die niedrigen Nebengebäude von Christiansborg rund um den alten Reitplatz das erste, was man vom Schloß erreicht. Sie allein wurden bei einem großen Brand verschont, der das erste Schloß Christiansborg 1794 vernichtete; und wie durch ein Wunder überstanden sie auch den Brand des zweiten Schlosses im Jahr 1884. Überwiegend wurden sie als Stallungen genutzt, und im Flügel zur Rechten ist u. a. das **Karetmuseum**, eine Kutschenausstellung, Samstag und Sonntag zu besichtigen. Unmittelbar daneben lag das *Königliche Hoftheater* (1767), das bis 1881 bespielt wurde, und auf dessen Brettern auch *Hans Christian Andersen* noch als Ballettschüler auftrat. Hier beleuchtet jetzt das **Teatermuseum** die dänische Theatergeschichte vom 18. Jahrhundert bis heute (geöffnet nur Mi 14 - 16 Uhr und So 12 - 16 Uhr. Eintritt 20/5 DKK).

Von der nicht mehr von der Königsfamilie bewohnten Christiansborg (nach den Bränden wurde Amalienborg zum Wohnsitz erklärt, → Rundgang 2) sind auch die **Königlichen Repräsentationsräume** - wenn nicht gerade für Empfänge genutzt werden - zu besichtigen (von Mai bis September außer Mo täglich Führungen um 12 und 14 Uhr; Oktober bis April Di, Do und So Führungen um 10, 12 und 14 Uhr; Januar geschlos-

sen. Eintritt 27/10 DKK).

Besuchern steht auch das **Parlament** (*Folketing*) offen, wenn keine Sitzungen sind, also zumindest sonntags und in den Sommerferien von Mitte Juni bis September (täglich außer Samstag, Eingang über Treppe am Rigsdagsgården). Doch auch zu den Arbeitszeiten beeindruckt ein Besuch: Offenbar brauchen die dänischen Politiker keine weiträumige Absperrung zu ihrem Schutz, keine "Bannmeile" hält Passanten fern, allenfalls sieht man am Eingang zum Parlamentsgebäude schon mal einen Polizisten stehen. Die Demokratie ist hierzulande so "volksnah", daß sie kei-nes besonderen Schutzes bedarf. Ob sich für andere Länder hier etwas ler-nen ließe?

Gegenüber der Treppe zum *Folketing* ist ein Durchgang zu einem ruhigen Flecken mitten in der Großstadt, dem Garten der **Königlichen Bibliothek**. Sie entstand 1898 bis 1906 und droht als nationale Bibliothek - ins Leben gerufen von *Frederik III*. (1648-1670) - mittlerweile aus allen Nähten zu platzen. Deshalb mußten einige Teile dieser größten Bibliothek Skandinaviens (mit ca. 4 Millionen Bänden) in Außenlagern untergebracht werden. Ein Neu- bzw. Anbau ist geplant und wirklich nötig. Der schöne Lesesaal mit seinen abgedunkelten Fenstern und den altehrwürdigen Arbeitsplätzen ist für Besucher nicht zugänglich, Ausstellungen im Eingangsbereich aber wohl.

Etwas weiter zur Rechten, dort, wo der Rigsdagsgården zur Tøjhusgade wird, ist im alten Zeughaus *Christians IV.*, das in den Jahren von 1598 bis 1604 erbaut wurde, das **Tøjhusmuseum** eingerichtet. Es präsentiert eine internationale Waffensammlung, Uniformen, Fahnen und andere militärgeschichtliche Objekte (geöffnet außer Mo täglich 10 - 16 Uhr. Eintritt 20/5 DKK).

## *Funktional und schön - dänisches Design*

Wie seine nordischen Nachbarn ist Dänemark für eins besonders beliebt: das typische, leichte Design. Ob Geschirr oder Möbel, Häuser oder Lampen und andere Elektronik - das *Typisch-Dänische* ist weltweit bekannt. Zu vielen Stichworten fällt einem dabei gleich etwas ein: Glas - *Holmegaard Glaswerke* (→ Route 12), Porzellan - *Royal Copenhagen* oder moderne Elektronik - *Bang & Olufsen* (→ Route 3). Doch wer hinter einigen der meistbenutzten Alltagsgegenstände steht, vermutet man kaum, so zum Beispiel hinter dem buntem Küchenstuhl mit einem Sitz aus gebogenen Holz, der auf dünnen Stahlrohrbeinen steht. Es gibt kaum ein Einrichtungshaus, in dem er - oft als Imitat - nicht steht. *Arne Jacobsen* (1902-1971) hat ihn konstruiert. Er war ein echtes Multitalent. Der Architekt entwarf Gebäude unter streng funktionalistischen Gesichtspunkten, was man zum Beispiel dem *SAS-Hotel* in Kopenhagen - dessen Inneneinrichtung er gleich mitgestaltete - oder den weißen Wohnhäusern am Strandvejen im Kopenhagener Norden ansieht. Aber auch anderes verbindet man mit seinem Namen: Besteck, Stühle, Sessel, darunter das berühmte "Ei" - ein Sitzmöbel, geformt aus einem Stück, in dem man ganz versinkt. So etwas ist zum Beispiel im Trapholt Museum in Kolding zu sehen.

Nicht ganz so bekannt ist *Poul Henningsen* (1894-1967). Wie Jacobsen war auch er Architekt, entwarf Wohnhäuser und Industriegebäude. Doch ein großer Teil der Dänen erinnert sich erst an ihn, wenn sie am Abend in ihren Wohnzimmern Licht anschalten: Denn in den meisten dänischen Wohnungen hängen seine Lampen, die PH-Lampen. Eine solche Lampe besteht aus Metallscheiben, die sich aneinander fügen und so das Zimmer angenehm indirekt erhellen. Diese Lampen sind noch heute in allen Fachgeschäften zu kaufen. Leider sind sie nicht ganz billig, um 1.000 Kronen und aufwärts.

Nach wie vor kreativ ist *Erik Magnussen,* auch schon über fünfzig alt. Ihn haben bereits vor etwa zwanzig Jahren die einfachen Formen der Stelton-Thermoskannen berühmt gemacht. Die zylindrischen Kannen (aus Stahl oder einfarbig) zeichnen seinen Stil aus: geometrisch, schlicht und praktisch. Design ohne Zierrat. Typisch dänisch eben.

Vor Christiansborg liegen der Schloßplatz und zur Rechten die alte Börse, **Børsen**. Im Vergleich zum großen Christiansborg nimmt sich der schöne Renaissancebau, der zwischen 1619 und 1640 errichtet wurde und eines der vielen Zeugnisse der Vorliebe für Architektur Christians IV. ist, klein und schmächtig aus. Mit seinen vielen Skulpturen und dem spitzen, langen Turmdach ist er ein hübscher Anblick, den man leider nur von außen genießen kann, weil sich im Innern Büroräume befinden.

Auf der gegenüberliegenden Ka-

nalseite sieht man **Holmens Kirke**, die ehemalige Kirche des Königshauses, aus dem Jahr 1619. Dahinter liegt der "Quader" der Dänischen Nationalbank, entworfen vom berühmten Architekten *Arne Jacobsen* (→ Artikel "Funktional und schön - dänisches Design").

Zur letzten Sehenswürdigkeit auf Slotsholmen geht es an Børsgade und Vindebrogade (vorbei an der 1992 abgebrannten, aber wieder aufgebauten klassizistischen Schloßkirche von Christiansborg) entlang zum **Thorvaldsens Museum**. Dessen Gebäude erinnert an die Klassik, das jedoch erst zwischen 1839 und 1848 erbaut wurde. An den Außenwänden ist dargestellt, wie *Bertel Thorvaldsen* (1770-1844), nachdem er vierzig Jahre lang in Rom gearbeitet hatte, dort wo er seinen klassischen Vorbildern am nächsten war, in einer Art Triumphzug samt seinen Werken nach Kopenhagen zurückkehrt. Unzählige klassizistische Skulpturen Thorvaldsens sowie eine von ihm zusammengetragene Gemälde- und Antiksammlung sind ausgestellt. In ihrer geballten Kraft wirkt diese Sammlung, obwohl so unzeitgemäß, sie dennoch immer wieder beeindruckt (geöffnet außer Mo täglich 10 - 17 Uhr. Eintritt frei).

Von Slotsholmen führt die Brücke *Højbro* (links davon der alte Fischmarkt, *Fisketorvet*, mit der Statue einer alten Fischverkäuferin, *Skovserkone*; die Fischerfrauen kamen die 8 bis 10 km langen Wege von Skovshoved oder Tårbæk, Körbe mit Fisch auf den Rücken gebunden, um in der Stadt ihren Fisch zu verkaufen) hinüber zum gleichnamigen Platz, **Højbro Plads.** Hier ist Kopenhagens Stadtgründer Bischof *Absalon* zu Pferde dargestellt. Nach einem Umbau erstrahlt der Platz in neuem Glanz.

Den Platz überquerend, trifft man auf den **Amagertorv.** Er ist der zentrale Punkt der **Strøget,** der großen Einkaufs- und Fußgängerstraße. Sie verläuft vom Rathausplatz bis zu Kongens Nytorv ("Strøget" heißt wörtlich übersetzt "Der Strich" und meint zusammenfassend den Verlauf dieser Straßen Frederiksberggade, Nygade, Vimmelskaft, Amagertorv und Østergade -, die das Stadtzentrum durchschneiden). Hier direkt am Amagertorv, der 1994 neu in glänzendem Marmor gestaltet wurde, liegen mehrere Cafés und **Illum,** eines der beiden großen Kaufhäuser von Kopenhagen. Der Kirchturm auf der

rechten Seite gehört zu **Skt. Nikolaj,** deren Räume nicht mehr sakralen Zwecken dienen, sondern wechselnden Ausstellungen mit moderner Kunst ein ungewöhnliches Ambiente verleihen.

Noch bevor man das Ende der Strøget erreicht, sind die Bäume von **Kongens Nytorv** (dt. Neuer Marktplatz des Königs) zu sehen. Sie stehen auf dem grünen Mittelpunkt des Platzes, *Krinsen,* den König Christian V. im 17. Jahrhundert anlegen ließ. Sein Reiterstandbild steht auch hier. Rund um den Kongens Nytorv gruppiert sich eine Vielzahl herausragender Gebäude, so unmittelbar rechts **Hotel d'Angleterre** mit Restaurant, das sicherlich das vornehmste (und teuerste) Hotel in ganz Kopenhagen ist, wohl auch wegen seiner einzigartigen Lage.

Alles ist in Reichweite: Das größte Kaufhaus des Nordens, **Magasin du Nord,** mit seiner imposanten Fassade (wie das Hotel vor gut hundert Jahren entstanden) und selbst zum reinen Stöbern einen Besuch wert; das **Königliche Theater** (*Det kongelige Teater),* das einem Renaissancebau gleicht, tatsächlich aber erst 1874 vollendet wurde. Die Hauptbühne ist dem Sprechtheater vorbehalten. Auch tritt das berühmte Ballett in diesem Haus (*Store scene)* auf; in der Tordenskjoldgade gibt es die kleine Bühne des Königlichen Theaters, die überwiegend für Schauspiel genutzt wird (*Lille Scene)* wird.

Die Akademie der schönen Künste residiert seit 1754 in **Charlottenborg,** dem Schloß, das an der Ecke von Kongens Nytorv und Nyhavn liegt. Im Schloß (erbaut 1672 bis 1683 im holländischen Barock) finden auch Ausstellungen moderner Kunst statt. Der weltberühmte **Nyhavn** mit den traditionsreichen Giebelhäusern hat Verbindung zum Øresund (Näheres zu Nyhavn → Rundgang 2.) Die französische Botschaft befindet sich in

**Thotts Palæ** (Ecke Bredgade/ Kongens Nytorv), das 1686 vom Seehelden *Niels Juel* vollendet wurde.

Über die Gothersgade verlassen wir Kongens Nytorv und gehen an der Ecke zur Kronprinsessesgade in den dortigen Park. Allerdings ist dies nicht irgendein, sondern *der* Kopenhagener Park schlechthin, **Kongens Have**, in dem auch Schloß Rosenborg steht. Doch im Anfang war hier nur der Park: 1606 ließ *Christian IV.* ihn anlegen, und bis heute heißt er *Kongens Have* (dt. Garten des Königs). Dort hinein baute Christian ein "Lusthaus", das in den darauffolgenden Jahren bis 1633 immer wieder verändert wurde, bis es zum schönen **Rosenborg** - ein Name den Christian 1624 erstmals benutzte - wurde. Das Schloß, wie für alle Bauten Christians in typischem holländischem Baustil, hatte eine Zugbrücke und war von einem Ringgraben umgeben. Anfänglich eine Sommerresidenz, benutzte der Hof es dann für rauschende Feste. In unseren Tagen ist *Rosenborg Slot* an der Øster Voldgade 4 A nurmehr Museum mit einer chronologischen Sammlung zu den Oldenburger Königen. Aufbewahrt und ausgestellt sind Kronjuwelen und Kostbarkeiten aus dem Schatz des Königshauses (15. bis 19. Jahrhundert), die bei Staatsanlässen immer noch getragen werden, in original möblierten Räumen aus der Zeit Christians IV. Nebenan befindet sich die Kaserne der königlichen Leibgarde (Schloß und Schatzkammer zugänglich von Juni bis August täglich 10 - 16 Uhr; September bis Oktober und März bis Mai täglich 11 - 15 Uhr; von Oktober bis März Di, Fr und So 11 - 14 Uhr. Eintritt für Schloß und Schatzkammer 35/5 DKK).

Hat man Kongens Have durchquert, tritt man auf der gegenüberliegenden Seite hinaus auf den *Georg Brandes Plads* und sieht schon die Säulen und den Aufgang zur dänischen Nationalgalerie, dem **Statens Museum for Kunst**, Sølvgade 48-50. Das Haus entstand zwischen 1889 und 1896 und ist das größte Kunstmuseum Dänemarks. Es gliedert sich in mehrere Abteilungen, darunter in der **Kongelige Maleri- og Skultursamling** diejenige zu dänischer Kunst vom 17. Jahrundert bis heute. Das Hauptgewicht liegt bei Malern des dänischen Durchbruchs am Ende des 18. Jahrhunderts, darunter Namen wie *Christen Købke* und *Johan Thomas Lundbye*. Neben *Vilhelm Hammershøi* (1864-1916) gehören jedoch moderne Künstler wie *Asger Jorn* und *Per Kirkeby* ebenfalls dazu (→ Bildende Kunst - heute und früher, hier: Kunst nach 1945). Umfangreich ist auch der Bestand an Werken von holländischen, italienischen, deutschen, französischen (u. a. Matisse und Rodin) und skandinavischen Künstlern (geöffnet außer Mo täglich 10 - 16.30 Uhr, Mi bis 21 Uhr. Eintritt 20 DKK). Etwa 300.000 dänische Zeichnungen sowie europäische Graphiken und Zeichnungen - darunter einige von *Albrecht Dürer* - aus dem 15. Jahrhundert umfaßt die **Kongelige Kobberstiksamling** (geöffnet wie Kunstmuseum. Eintritt frei).

Ausgelagert aus dem Staatlichen Museum for Kunst sind Skulpturen und Reliefs von 2.500 v. Chr. bis ins 18. Jahrhundert. Sie findet man in **Den kgl. Afstøbningssamling** im Vestindisk Pakhus, Toldbodgade 40.

Nach diesem Kunstgenuß tut ein wenig Entspannung gut - und die bringt am schnellsten ein gemütlicher Spaziergang durch den herrlichen **Botanischen Garten**; ein Eingang liegt in der Sølvgade, der Haupteingang ist in der Gothersgade 128. Über hundert Jahre alte Bäume, alte Rosenarten, bewachsene Steinhügel und unzählige für Dänemark typische Pflanzen sind im *Botanisk Have* (angelegt 1874) zu sehen. Besonders schön sind die Gewächshäuser, allen voran das Palmenhaus mit tropischen und subtropischen Wasser- und Sumpfpflanzen (Garten geöffnet während der Mitteleuropäischen Sommerzeit täglich 8.30 - 18 Uhr, im Winter 8.30 - 16 Uhr. Palmenhaus täglich 10 - 15 Uhr, Kakteen- und Orchideenhaus Sa und So von 13 - 15 Uhr. Eintritt frei).

Auch über die Erdgeschichte erfährt man hier einiges, denn auf dem Gelände des Botanischen Gartens steht das **Geologische Museum**, Øster Voldgade 5-7. Es bündelt anschaulich Informationen über Dänemarks und Grönlands Geologie. Zu sehen sind dazu Mineralien, Versteinerungen und Meteoriten (geöffnet außer Mo täglich von 13 - 16 Uhr. Eintritt frei).

Am Ausgang Ecke Gothersgade/Øster Voldgade liegen schon die Nørre Voldgade und der Platz **Nørreport**, wo ehemals das nördliche Stadttor (heute wichtige S-Bahn-Station).

**Tip:** Von hier ist es nicht weit über den schönen Israels Plads in die parallel verlaufende Rømersgade, wo bei Hausnummer 22 das **Arbejdermuseet** die Kulturgeschichte der Arbeiterklasse von 1850 bis heute aufarbeitet. Es hat eine feste Austellung und Sonderausstellungen (geöffnet von Juli bis Oktober Mo - Fr 10 - 15 Uhr, Sa und So 11 - 16 Uhr; November bis Juni außer Mo zu den gleichen Zeiten. Eintritt 25/15 DKK).

Vom Platz Nørreport geht es in die zweite Straße links, die Frederiksborggade, und weiter über den Platz Kultorvet. Man passiert die Trinitatis-Kirche und kommt in der Købmagergade zum sehenswerten **Rundetårn**, einem Wahrzeichen der Stadt. "*Rundetårn*" - man sieht es natürlich - heißt ganz einfach "runder Turm", und eigentlich trifft nichts das Aussehen des knapp 36 m hohen und 15 m im Durchmesser betragenden Baues besser. Der Grundstein zum Turm

Blick über den Kanal Slotsholmen vor Christiansborg

wurde 1637 gelegt - von wem anders, als vom "Baumeisterkönig" *Christian IV.*? Er sollte, das trifft es wohl am besten, multifunktional sein: Turm, aber nicht Glockenturm, für eine Studentenkirche des gegenüberliegenden Kollegiums *Regensen* (das im übrigen noch heute als Studentenwohnheim dient), Observatorium und ein Kirchturmspeicher bietet viel Platz - Universitätsbibliothek. Und als der Rundetårn 1642 fertiggestellt war, ritt der König zu Pferd den spiralförmigen Aufgang empor, der nur im oberen Teil zur Plattform des Observatoriums als Treppe konzipiert ist. Die Vorliebe, den Turm zu Pferd zu erklimmen, hatten übrigens noch andere gekrönte Häupter. Als der russische Zar *Peter der Große* 1721 Kopenhagen besuchte, tat er es Christian nach - und noch mehr: Seine Frau folgte ihm in einem von sechs Pferden gezogenen Wagen! Doch auch zu Fuß lohnt der Aufstieg über den 210 m langen Schneckengang, denn der Blick von der Turmspitze über Kopenhagens *Indre by* (Innenstadt) ist herrlich (geöffnet von Juni bis August Mo - Sa 10 - 20 Uhr, So 12 - 20 Uhr; von September bis Mai Mo - Fr 10 - 17 Uhr und So 12 - 16 Uhr; Oktober bis März zusätzlich Di und Mi 19 - 22 Uhr. Eintritt 12/5 DKK).

Dem Runden Turm gegenüber steht das alte Studentenwohnheim **Regensen**, schon 1620 entstanden und nach einem Brand 1728 neu errichtet. Ein Stück weiter die Købmagergade entlang und vorbei am Postamt, liegt die **Davids Samling** zur linken Seite in der Kronprinsessesgade 30. Sie bietet einen Überblick über islamische und europäische Kunst und Kunsthandwerk ab dem 18. Jahrhundert im Haus des Sammlungsstifters, das aus dem Jahr 1807 stammt (geöffnet außer Mo täglich 13 - 16 Uhr. Eintritt frei).

Der Rundgang aber führt rechts weiter in die Valkendorfsgade, in der ebenfalls zwei kleinere, aber liebevoll arrangierte Museen liegen: In der Nummer 13 ist das **Spielzeugmuseum** (*Legetøjsmuseum*), das als kleine Stadt mit themenorientierten Häusern dargeboten ist und so Spielzeug der Jahre 1805 bis 1950 präsentiert: Land und Stadt sind da, Weihnachten und andere Feste. Eine große Puppenlandschaft ist fester Bestandteil; dazu kommen wechselnde Ausstellungen. Zum Angebot gehört auch ein Spielzeugladen (geöffnet Mo bis Do 9 - 16 Uhr, Fr geschlossen, Sa und So 10 - 16 Uhr. Eintritt 22/12 DKK).

Gleich nebenan befindet sich das **Post-og Telegrafmuseum**, Valkensdorfgade 9, wo die Geschichte der Telekommunikation per Draht und drahtloser Übertragung von ihren ersten zaghaften Versuchen bis heute anhand originaler Apparate nachgezeichnet wird (geöffnet Mai bis Oktober Di - So 10 - 16 Uhr; November bis April Di, Do, Sa und So 13 - 16 Uhr. Eintritt frei).

An der nächsten Kreuzung geht es rechts ein kurzes Stück über die Niels Hemmingsens Gade und wieder links auf den wohl schönsten Platz im Herzen Kopenhagens, den **Gråbrødretorv**. Umgeben von alten Häusern und Bäumen ist es ein besonderes Vergnügen, im Sommer in einem der Restaurants draußen zu sitzen.

Über Skindergade, Lille und Store Kannikestræde kommt man zur Universitätsbibliothek an der Fiolstræde und auch zum alten **Universitätshauptgebäude**, dessen Eingang zum Frue Plads liegt. Das Gebäude stammt aus dem 19. Jahrhundert und ist Kern der Kopenhagener Universität, die 1479 gegründet wurde. Aus Platzgründen mußten einige geistes- bzw. gesellschaftswissenschaftliche Fachbereiche ausweichen; seit den siebziger Jahren haben sie auf der

Insel Amager neue Räumlichkeiten an der Njalsgade gefunden. Der sogenannten *Københavns Universitet Amager* (KUA) sieht man allerdings an, daß sie eigentlich ein Provisorium ist. Doch ein Neubau ist aus Kostengründen immer wieder verschoben worden.

An der Nørregade ist der Eingang zur Domkirche **Vor Frue Kirke** ("Unserer lieben Frau"), die vom Architekten *C.F. Hansen* im klassizistischen Stil entworfen und 1829 vollendet wurde. Außen wie innen sind vor allem Skulpturen von *Bertel Thorvaldsen* und einigen seiner Schüler zu sehen: Über dem Haupteingang "Johannes predigt in der Wüste", im Innenraum als Hauptwerk "Christus und die zwölf Apostel" (geöffnet von April bis August Mo - Sa 8 - 17 Uhr, So 12 - 16 Uhr; September bis März Mo - Sa 8 - 17 Uhr, So 12 - 13 Uhr und 15 - 16 Uhr. Eintritt frei.)

Der Kirchturm vor *Vor Frue*, der rechts gegenüber zu sehen ist, gehört zu **Skt. Petri**, seit 1585 im Besitz der deutschen Gemeinde in Kopenhagen (wie auch u. a. eine Schule und ein Wohnheim). Diese Kirche ist heute eigentlich die älteste der Stadt, denn das erste Gotteshaus aus dem Jahr 1304 hat die Stadtbrände nicht überlebt.

Nun schließt sich der Rundgang allmählich, von *Vor Frue* geht es links hinüber zum großen Platz, der eigentlich aus zweien besteht: Der obere ist **Gammeltorv**, der untere **Nytorv**. Am Nytorv steht auch das Landgericht, über dem in goldenen Lettern das Motto *"Med lov skal land bygges"* prangt - "nur mit einem Gesetz (also rechtmäßig) soll das Land (hinzugefügt werden muß: Dänemark) errichtet werden". Vor allem im Sommer ist der Platz ständig belebt, bei *fliegenden Händlern* ist "Kleinkunst" aller Art zu kaufen.

Rechterhand läßt sich im **Latinerkvarter** der Rundgang beenden: Zwischen Vestergade, Studiestræde und Skt. Pedersstræde liegen in diesem alten Studentenviertel viele kleine Geschäfte (für Kleidung, Schallplatten, Bücher etc.), die zum Bummeln und Schauen einladen - und hübsche Cafés und Restaurants für eine Erholungspause.

## *Stadtrundgang 2*

Der Vorschlag für den zweiten Rundgang durch Kopenhagen versucht, die Stadtmitte *Indre by* und die belebten Einkaufsstraßen rund um *Strøget* soweit wie möglich in einem Bogen zu umgehen. Dennoch ist auch hier Ausgangspunkt am Rathausplatz; und von dort aus geht es an einer der Hauptverkehrsadern, dem H.C. Andersen Boulevard, in Richtung "Innerer Hafen" zur **Ny Carlsberg Glyptothek** am Dantes Plads. Der charakteristische Kuppelbau steht unmittelbar neben dem Tivoli und ist vom selben Architekten entworfen wie das *Statens Museum for Kunst, Vilhelm Dahlerup*. Eingeweiht wurde die Glyptothek 1897, finanziert von einem der größten damaligen Kunst- und Kulturmäzene, dem Bierbrauer *Carl Jacobsen,* der aus dem Gewinn durch das gut verkaufte "Carlsberg Øl" kulturelle Vorhaben unterstützte. Beim Betreten des Museums beeindruckt schon allein der pflanzenreiche, helle Innenraum. Umfangreich ist die Ansammlung ägyptischer, griechischer, etruskischer und römischer Kunst - vorrangig Skulpturen. Ausgesucht ist auch die Palette dänischer Malerei und Bildhauerkunst aus dem 19. und 20. Jahrhundert. Und nicht zuletzt die der französischen Impressionisten! (Glyptothek geöffnet von Mai bis August außer Mo täglich 10 - 16 Uhr; September bis April Di - Sa 12 - 15 Uhr, So 10 - 16 Uhr. Eintritt 15/0 DKK, So und Mi Eintritt frei.)

## Stationen auf dem Weg:
## Das "Soziale Experiment" Christiania

Mitten in der Stadt und doch fern von ihr, eine Stadt in der Stadt, eine Gesellschaft in der Gesellschaft: Wer über die Langebro aus dem Zentrum Kopenhagens hinüber nach Christianshavn geht, kommt nach _Christiania_. Kein offizieller Stadtteil - doch jeder kennt ihn. Und nicht nur die Kopenhagener selbst: "Christiania" ist ein Begriff geworden, weltweit, für Revolte, Systemkritik, Ablehnung der traditionellen gesellschaftlichen Strukturen. Jung, könnte man da denken, aber falsch: Als "soziales Experiment" wurde Christiania schon im Jahr nach seiner Entstehung 1972 von Politikern toleriert. 1971 waren die ersten Jugendlichen auf das 34 Hektar große Gelände rund um den Stadsgraven gezogen und hatten erste Hütten errichtet. Zwei Jahre zuvor, 1969, hatten Soldaten als seine bisherigen Nutzer den Ort verlassen, der zum größten Teil zur _Bådmandsstræde Kaserne_ gehörte. Ein anderer Teil war zuvor Munitionslager. Bis heute gehört es dem dänischen Verteidigungsministerium.

Auch wenn sich das 25jährige Jubiläum genähert hat, das "soziale Experiment" war und ist besonders bei Konservativen noch immer umstritten.

Nach dem Selbstverständnis der Ur-Christianitter war der ausgerufene "Freistaat" offen für alle, die sich hier niederlassen und nach eigenen Vorstellungen leben wollten. Einzige Gemeinsamkeit war, daß man am gleichen Ort wohnte. Um dennoch eine gewisse Struktur und Absprachen erreichen zu können, rief man das sogenannte "_fællesmøde_", ein gemeinsames Treffen aller, ins Leben. Was hier beschlossen und von allen akzeptiert wurde und wird, gilt.

Doch schon nach dem Regierungswechsel 1973 gab es massive Forderungen, den "ungesetzlichen Zustand" aufzulösen und eine Räumung durchzuführen, was aber nicht geschah. Im Gegenteil, die Bewohner von Christiania traten im Jahr darauf zur Kommunalwahl an und bekamen ein Mandat. Ruhig blieb es auch damit nicht lange, die siebziger Jahre wurden eine Periode des Wechselspiels von angedrohter Schließung und massiver Gegenwehr. Inzwischen drängten sich einige Tausend auf dem engen Gelände rund um den kleinen See, zimmerten Hütten, lebten in Bauwagen und dem alten Kasernenbestand. Dem schlechten Ruf, der durch gelebte Freiheit auch im Drogenkonsum sich immer mehr als Boomerang erwies, begegneten die Christianitter 1979 durch eine dauerhafte Ächtung harter Drogen; Abhängige mußten sich einer Entziehungskur unterziehen oder den Ort verlassen.

Das vermochte zwar nicht alle Politiker zu überzeugen, verschaffte aber eine mehrjährige Ruhephase. Und 1982 entschied dann das Parlament: _Christiania_ darf bestehen bleiben, wenn ein Legalisierungsprozeß eingeleitet wird. Doch dauerte es weitere fünf Jahre, bis ein konkreter Handlungsplan ausgearbeitet und ein Vermittlungskomitee eingesetzt war. Der große Tag war dann der 10. Oktober 1991, an dem ein Abkommen zwischen den Christianittern und dem Verteidigungsministerium in Kraft trat: Die Besetzer dürfen bleiben, müssen jedoch Gebäude und Grundstück in Schuß halten und die Zahl der Bewohner reduzieren. Als in den folgenden Jahren die Polizei verstärkt auch nach Haschisch fahndete, wird Christiania fast zur "drogenfreien Zone".

Eine Rahmenvereinbarung sichert inzwischen den Fortbestand der Kommune. Die noch etwa tausend Einwohner (800 Erwachsene und 200 Kinder) leben ruhig und wollen bleiben; die Hälfte der jetzigen Christianitter wohnt bereits über zehn Jahre hier. Bei einem Besuch in Christiania erinnert nur noch wenig an die "wilden" Siebziger, an sozialen Aufbruch, Gegenkultur und Experimentierfreude. Das Experiment hat sich etabliert, die Revolution institutionalisiert der Begriff dafür ist *Christiania*.

Über die Brücke *Langebro* gelangt man über den *Inderhavn* hinüber nach Amager (weiter entlang auf dem Amager Boulevard) und vor allem, wendet man sich nach links, durch die Langebrogade in den einmalig schönen Stadtteil **Christianshavn**, der von allen Seiten mit Wasser umgeben ist: Zum Stadtzentrum hin vom Hafen und zur Insel Amager vom Wassergraben *Stadsgraven*. In seinen Anfängen wurde Christianshavn überwiegend als Speicherstadt genutzt, und alte Speicher findet man immer noch. Obwohl es erst unter Christian IV. angelegt wurde, erweckt es - verglichen mit vielen anderen Ekken Kopenhagens - den Eindruck eines sehr alten Viertels. Der Grund

dafür ist seine durch das Wasser so geschützte Lage, die es die großen Feuer 1728, 1795 und 1807, die so stark in der übrigen Stadt wüteten, unbeschadet überstehen ließen.

Über die Langebrogade erreicht man zuerst in der Store Søndervoldstræde 4 ein einmaliges Museum, **Det danske Filmmuseum**. Es verfügt über eine Bibliothek und eine Filmsammlung vorrangig zur dänischen Filmgeschichte. Darüber hinaus gibt es Filmvorführungen immer Montag bis Donnerstag um 17, 19 und 21 Uhr. Dafür wird Eintritt erhoben, ebenso für die Filmvorführungen von "Klassikern" während des *Dansk Filmsommer,* bei dem in den Monaten Juni bis August - ebenfalls um 17, 19

An den Kanälen von Christianshaven

und 21 Uhr - dänische Filme mit englischen Untertiteln gezeigt werden. Das Filmmuseum ist ab Mitte 1996 mit Filmwerkstatt und Staatlichem Filminstitut in einem neuen Haus zu finden, _Det nye Filmhus,_ Gothersgade (geöffnet Mo, Di, Do, Fr 12 - 16 Uhr; September bis Juni auch Di 16 - 21 Uhr. Eintritt frei).

Schön ist es schon, "einfach so" durch Christianshavn zu schlendern, am Wasser der Kanäle entlang, vorbei an den schönen Häusern und unter den alten Bäumen. Doch auch bei ziellosem Gehen zieht der hohe Turm einer Kirche wie magisch an (schon von Kopenhagen aus ist die goldene Kugel auf der Spitze deutlich zu sehen): Der spitze Turm, um den sich schneckenhausartig eine Außentreppe windet, gehört **Vor Frelsers Kirke** (dt. Erlöserkirche; St. Annæ Gade 29/ Prinsessesgade). Der Bau der Barockkirche begann 1682, doch wurde der einmalige Kirchturm (gut 87 m hoch) erst zwischen 1747 und 1752 angefügt. Vom 1993 renovierten Turm aus ist der Blick auf Hafen und Stadt einzigartig (geöffnet von Mitte März bis Ende Oktober täglich 9 - 15.30 Uhr, So 12 - 15.30 Uhr; November bis März täglich 10 - 13.30 Uhr, So 12 - 13.30 Uhr. Eintritt frei).

Von _Vor Frelsers Kirke_ ist es nicht weit zu einer anderen Art "Sehenswürdigkeit" von Christianshavn, dem weltbekannten, weil einmaligen, **"Freistaat Christiania"**. Seine wichtigsten Gebäude, ehemals eine Kaserne, liegen an der Prinsessesgade und gehen hinaus zum _Stadsgraven._ Seit über zwanzig Jahren wohnen und arbeiten hier in freier Gemeinschaft und alternativer Lebensform die Christianitter; zur Zeit sind es rund tausend an der Zahl. Bei einem Gang rund um den Stadsgraven sind nach wie vor die unterschiedlichsten Wohnformen zu entdecken, vom ausgebauten Bauwagen bis zum einfachen Holzhaus. Doch die Vielfalt hat in den letz-

ten Jahren nachgelassen; das Projekt "Autonomie" ist darum aber noch lange nicht tot, vielmehr als Alternative inzwischen allgemein gesellschaftlich anerkannt oder zumindest toleriert. Eine Bitte: Auch mit großer Neugier sollte man Christiania und seine Menschen nicht wie einen Zoo besuchen (→ Artikel "Stationen auf dem Weg: Das 'Soziale Experiment' Christiania").

Zurück zum Zentrum Kopenhagens geht es über die Prinsessesgade in die Torvegade. Ein kurzer Abstecher ist links die Strandgade mit der **Christians Kirke**, wo _N.F.S. Grundtvig_ Priester war. Auf direktem Weg aber geht es über die Torvegade zur Knippelsbro. Über sie erreicht man _Slotsholmen_ (→ Rundgang 1), das wir "links liegen lassen", um gegenüber über die _Christian IV' s bro_ zur Havnegade zu kommen; an den Kais dort sind die Anleger der Boote, die nach Schweden fahren (→ Ausflugs- und Besuchstips).

Jetzt liegen der kleine Kanal von **Nyhavn** und die bunte Fassadenpracht der alten Häuser im Blick. Alte Holzschiffe sind hier vor Anker gegangen (teils z. B. zu Restaurants umgebaut), doch fahren auch neue Segelboote und die Ausflugsschiffe der Kanalrundfahrten ein. Letztere legen am oberen Ende bei Kongens Nytorv ab. Nyhavn ist ganz sicher das Touristenziel Nr. 1 bei den Kopenhagenbesuchern, so daß vor allem an schönen Sommertagen und -abenden im Stimmengewirr die dänischen Laute manchmal in der Minderheit sind, was den Eindruck der friedlichen "hygge" (dän. Gemütlichkeit) jedoch nicht zu stören vermag. So schlimm wie in den berüchtigten alten Zeiten, als betrunkene Seeleute das Bild bestimmten, ist es längst nicht mehr.

Der Kanal von Nyhavn war ursprünglich aus wirtschaftlichen Überlegungen      gegraben worden und dazu gedacht, per Schiff Waren soweit wie möglich ins Stadtinnere zu transportieren. Am Kai konnten die Kaufleute ihre Häuser bauen. Viele der Häuser sind immer noch Wohnhäuser; der Handel zog aber auch Gastronomiebetriebe, also Restaurants, Kneipen und ähnliches nach sich. Das Haus Nyhavn 9 aus dem Jahr 1681 war einst "Strandhotel der Weltensegler" und wurde zu "Restaurant Leonore Christine".

Die meisten der Häuser stammen aus der ersten Hälfte des 18. Jahrhunderts, und neben Kaufleuten und Seefahrern wohnten auch andere Bürger hier. Allen voran *Hans Christian Andersen*, der nacheinander drei Adressen in Nyhavn hatte: zuerst in der Nr. 20, von 1848 bis 1865 in Nr. 67 und in seinen letzten Lebensjahren von 1873 bis 1875 in Nr. 18.

Weiter an den Kais des **Inderhavn** entlang, vorbei an den zu Hotels umgebauten Speichern an der Kvæst-

husgade und dem Anleger der Oslofähre, führt die Hafenpromenade zum **Amaliehaven** (dt. Amaliegarten), ein gepflasterter Platz. Als optische Verlängerung von Marmorkirken und Amalienborg Plads zum Wasser hin ist er dennoch mit seinem Springbrunnen schön. Denn das soll er: eine Verbindung zum nahen **Schloß Amalienborg** herstellen. Amalienborg ist seit 1794, als die Königsfamilie nach einem Brand das alte Königsschloß Christiansborg verlassen mußte, Wohnsitz des Königs bzw. natürlich der Königin, wenn sie in Kopenhagen weilt. Ein Blick auf den nordwestlichen der vier Flügel des Schlosses zeigt, ob die Königin zu Hause ist, denn dann weht dort die Flagge. Nur in diesem Fall findet auch um 12 Uhr die große Wachablösung der königlichen Garde statt, die feierlich durch die Innenstadt (durch Frederiksgade, Store Kongensgade und Gothersgade) zu ihrer Kaserne bei

Am Nyhaven

Schloß Rosenborg zieht. Wache stehen müssen die Leibsoldaten in ihren roten Jacken und Fellmützen allerdings immer - und sie tun es mit einer geradezu stoischen Ruhe. Andernfalls würden sie die permanenten Fotowünsche der Touristen auch kaum überstehen.

Bisher waren die Innenräume von Amalienborg für Besucher nicht zugänglich, doch seit kurzem ist es möglich, im **Christian VIII's Palæ** königliche Privaträume aus der Zeit von 1863 bis 1947 zu besichtigen - eine Chance, die man unbedingt nutzen sollte. Die Zimmer enthalten das originale Inventar, zu sehen sind darüber hinaus Kleidung, Uniformen, Tischgedecke und anderes (geöffnet von Mitte April bis Ende Oktober täglich 11 - 16 Uhr, sonst zur selben Zeit täglich außer Mo. Eintritt 35/5 DKK).

In unmittelbarer Nachbarschaft, Amaliegade 44, bietet das **Told og Skat Museum** eine Ausstellung von Gegenständen aus dem Zoll- und Steuerwesen. Die Arbeit der Behörde in der Stadt, auf dem Land und zu Wasser, um die finanzielle Grundlage für die dänische Staatskasse zu beschaffen - das wird hier demonstriert. Natürlich darf da nicht fehlen, wie Schmuggler immer wieder versuchten, dem entgegenzuarbeiten! (geöffnet von Mai bis August Di, Mi und Do 12 - 15 Uhr; September bis April nur Mi 13 - 15 Uhr. Eintritt frei).

Ein ganz neues Stadtviertel, **Frederiksstad**, war von König *Frederik V.* (1723-1766) geplant. Auf dem zentralen Platz in der Mitte wurden um 1750 die Rokokogebäude von Amalienborg gebaut. Im Zentrum sitzt seit 1791 Frederik V. hoch zu Roß und schaut auf die Frederikskirche, bekannt nur als **Marmorkirken**. Schon im Jahr 1749 hatten die Bauarbeiten zu diesem Kuppelbau begonnen, um ihn herum Standbilder vieler Heiliger stehen; fertiggestellt wurde er aber erst 1894. Wie Amali-

enborg war die Marmorkirke eine Planung von Frederik V. und sollte eigentlich aus Sandstein gebaut werden, bis der König sie doch in Marmor wünschte. Daher also der irreführende Name, denn letztlich besteht das barocke Gotteshaus überwiegend aus Kalkstein; es ist auch nur etwas mehr als halb so groß wie anfangs konzipiert.

Auffallend sind die goldenen Zwiebeltürme, die in der Bredgade glänzen und so gar nicht nach Kopenhagen passen wollen. Sie gehören der russisch-orthodoxen **Alexander Newsky Kirke** (erbaut 1881-1883), die der russische Zar *Alexander III.* Dänemark schenkte, nachdem er eine Tochter Christians IX. geheiratet hatte.

Auch der Stadtrundgang folgt nun der Bredgade nach Norden zu Esplanaden und kommt dabei an einem leicht kuriosen Museum vorbei, der **Medizinisch-Historischen Sammlung**, Bredgade 62. Sie gibt einen Überblick über die Entwicklung des Gesundheitswesens und der Medizin, Pharmazie und Zahnheilkunde von ihren Anfängen bis heute. Eine "Einführungsvorlesung" erhalten Besucher im alten Hörsaal, danach bekommen sie manche, auch ausgefallene Exponate zu sehen (Zugang ist nur in Verbindung mit einer Führung möglich: Mi, Do, Fr und So 11 und 12.30 Uhr. Eintritt frei).

Nur ein paar Häuser weiter (Nr. 68) steht das **Kunstindustrimuseet**, das Kunsthandwerk aus Dänemark und anderen Ländern vom Mittelalter bis zur Gegenwart sammelt (geöffnet außer Mo täglich 13 - 16 Uhr. Eintritt 20 DKK).

Die Bredgade mündet in Esplanaden, auf deren gegenüberliegender Seite die Parkanlagen und Gräben des Kastells zu sehen sind. Wie fast alle anderen Parks im Zentrum Kopenhagens bildeten sie früher einen Teil des Stadtwalls. Der größte Bereich des Parks ist öffentlich zugänglich, auch wenn das **Kastell** (der Rest einer von Christian IV. 1663 angelegten Zitadelle) nach wie vor militärischen Zwecken dient. Im Churchill-Park erinnert das **Frihedsmuseet** (Freiheitsmuseum) an den dänischen Widerstand gegen die deutschen Besatzer während des Zweiten Weltkriegs (geöffnet 1. Mai bis 15. September Di - Sa 10 - 16, So 10 - 17 Uhr; 16. September bis Ende April Di - Sa 11 - 15 Uhr, So 11 - 16 Uhr. Eintritt frei.)

Die Szenerie beherrscht der Brunnen **Gefions Springvand**, der eine Sage zur Entstehung der Insel Seeland darstellt: Mit Hilfe ihrer Stiere pflügt die Göttin *Gefion* die Insel aus schwedischem Boden. Nebenan steht die englische Kirche, **Skt. Albans Kirke**.

Nun endlich sind wir Kopenhagens, ja Dänemarks Wahrzeichen ganz nah: Über den Wall und ein Stück an der Promenade Langelinie (vorbei auch am Pavillon) entlang, dort steht, vielmehr sitzt sie, die **Kleine Meerjungfrau** *(Den lille Havfrue)*. Wer sie zum ersten Mal sieht, wundert sich, daß sie doch recht klein ist, aber gerade das war ja die Absicht: ein nationales Symbol zu schaffen, das nicht protzt und beeindruckt, wie es die vieler anderer Länder tun. Fast bescheiden sitzt das kleine Bronzemädchen auf einem Felsen und blickt hinaus aufs Wasser. Der Künstler *Edvard Erichsen* schuf die Skulptur 1913 nach einem Märchen von *Hans Christian Andersen.*

Um zum nächsten Punkt des Stadtrundgangs zu kommen, kann man durch den Park um das Kastell zum Oslo Plads gehen, die Bahngleise vom Bahnhof Østerport überqueren und dann nach links in die Stockholmsgade einbiegen. Wer noch fit genug ist, sollte die etwas weitere Strecke über Esplanaden und Grønningen nehmen, denn gleich

dort - zwischen Øster Voldgade und Store Kongensgade - ist eines der hübschesten Viertel Kopenhagens, **Nyboder**. Die niedrigen ockerfarbenen Häuser des Wohnviertels der Seeleute stammen wie viele andere aus der Zeit Christians IV.; sie sind zwischen 1632 und 1640 entstanden. Die ältesten dieser Häuser stehen in der Skt. Povlsgade, viele wurden aufgestockt, andere später - zuletzt 1787 - angefügt. ("Erinnerungsräume" im Haus Skt. Povlsgade 20, geöffnet von Mai bis August Di - Fr 12 - 14 Uhr, So 12 - 16 Uhr; von September bis April nur Mi 12 - 14 Uhr und So 13 - 16 Uhr. Eintritt 5/2 DKK).

Auch von hier geht es um die Østre Anlæg herum (siehe oben), denn auf deren Rückseite befindet sich in der Stockholmsgade 20 der Eingang zu einem der schönsten, stimmungsvollsten Museen von Kopenhagen, der **Hirschsprungschen Sammlung**. Benannt ist sie nach dem Kopenhagener Tabakfabrikanten *Heinrich Hirschsprung* (1836-1908), der eine besondere Liebe zur Kunst seiner Zeit hatte. Über vierzig Jahre sammelte er engagiert dänische Gemälde, Skulpturen und Zeichnungen, so daß ein einmaliger, persönlicher Querschnitt jener Epoche entstand. Von *Christoffer Wilhelm Eckersberg* bis zu den sogenannten "Fünen-" und "Skagen-Malern" (darunter P.S. Krøyer) sind alle namhaften Künstler vertreten. Die intensive Atmosphäre wird durch Möbel aus dem Besitz der Künstler gesteigert (geöffnet Mi bis Sa 13 - 16 Uhr, So 11 - 16 Uhr. Eintritt 20/0 DKK).

Den Platz Sølvtorvet überquerend, geht es dann durch die Sølvgade zu den Seen und über die Fredensbro zum anderen Ufer des *Sortedam Sø.* Zunächst folgt man ihm bis zur Nørrebrogade, auf der man dann ein Stück stadtauswärts geht und das Arbeiterviertel *Nørrebro* durchquert. Für alle, die Lust am Makabren haben: In der zweiten Straße rechts, Fælledvej 20, befindet sich in einer alten Polizeiwache seit 1993 ein **Polizeihistorisches Museum** der dänischen *rigspoliti* (Polizei). Soweit wie möglich wurde versucht, der Wache ihr Erscheinungsbild aus dem 19. Jahrhundert zurückzugeben; alte Uniformen, Waffen, Fahrzeuge sind zu sehen, ebenso wird die Verbrechensvorbeugung alter Zeiten gezeigt: Zehnjährigen, die um 1890 z. B. beim Diebstahl erwischt wurden, drohte die Peitsche. Im "blauen Raum" geht es so richtig zur Sache, und gute Nerven sind gefragt, wenn historische Mordgeschichten wie die von *Dagmar Overby* erzählt werden, die von 1916 bis 1920 vierzehn Kinder ermordete: Sie täuschte vor, sie in Pflege zu nehmen und verbrannte sie in Wirklichkeit in ihrem Ofen (Museum geöffnet Di und Do 10 - 17 Uhr und am ersten Sonntag im Monat 11 - 16 Uhr).

Von hier erreicht man nach ein paar hundert Metern den wichtigsten Kopenhagener Friedhof, **Assistens Kirkegård**. Sein Haupteingang liegt am Kapelvej, und joggende oder federballspielende Sportler (die säkularisierten Dänen sind da nicht mehr so genau) nutzen auch diesen letzten Ort der Ruhe für ihr Training. Begraben sind hier der Philosoph *Søren Kierkegaard*, die Schriftsteller *Hans Christian Andersen* und *Martin Andersen Nexø* und die Naturwissenschaftler *Hans Christian Ørsted und Niels Bohr.*

Wieder zurück an den Seen, führt der Weg am Ufer von *Peblinge Sø* und *Skt. Jørgens Sø* zum neuen **Tycho Brahe Planetarium**, eröffnet 1989. Dreimal täglich wird auf der 1.000 Quadratmeter großen Kuppelleinwand des Planetariums der Sternenhimmel so plastisch dargestellt, daß jeder Zuschauer unmittelbar den Eindruck hat, selbst Zentrum des Universums zu sein. In den Vorräu-

men finden zudem Ausstellungen zu astronomischen Themen statt (geöffnet außer Mo täglich 10.30 - 21 Uhr. Eintritt 65/48 DKK).

Aus dem Planetarium kommend, geht es durch die Verbindungsstraße Skt. Jørgens Allé in den Stadtteil *Vesterbro* und die *Vesterbrogade.* Dort nach rechts und ein Stück stadtauswärts, sieht man auf der linken Seite in der Vesterbrogade 59 das Stadtmuseum, **Københavns Bymuseum**. Es wurde 1901 eingerichtet und gibt einen umfassenden Eindruck von Geschichte und Entwicklung Kopenhagens durch die Jahrhunderte seit seiner Gründung 1167. Ausgestellt sind Malereien, Kupferstiche oder originale Bauteile, die nicht nur die Geschichte Kopenhagens, sondern auch etwas über seine Topographie vermitteln. Besonders anschaulich sind einige Modelle zu Kopenhagen im Mittelalter und um 1660. Schon im Garten vor dem Museum ist ein Modell der Stadt um 1500 zu sehen, als Kopenhagen aus zwei Inseln bestand. (Dieses Modell ist nur im Sommer aufgestellt.) Außerdem ist im Keller des Museums ganzjährig eine Nachbildung der Insel Christianshavn zu sehen. Eine weitere Ausstellung widmet sich der Stadt "Unter der Erde", z. B. dem Kanalsystem.

Ruhig und beschaulich geht es in den Räumen der **Søren-Kierkegaard-Sammlung** zu, in denen die Wohnungen des existentialistischen Philosophen nachgestellt sind (geöffnet von Mai bis September täglich 10 - 16 Uhr; Oktober bis April täglich außer Mo 13 - 16 Uhr. Eintritt frei).

Fast noch interessanter als das Stadtmuseum selbst präsentiert sich um die Ecke (genauer eigentlich hinter dem Museum) die **Museumsstraße Absalongade**. So wie sie sahen früher alle Straßen aus: gepflastert und von schmiedeeisernen Laternen gesäumt, die Briefkästen gleichfalls noch aus schwerem Metall.

Am schnellsten zurück zur Innenstadt führt der Weg über die Vesterbrogade zum Rathausplatz. Wer noch mehr vom (immer noch in weiten Teilen sozial problematischen) Stadtteil *Vesterbro* sehen möchte, sollte durch die Istedgade bis zum Hauptbahnhof gehen.

# Sonstige Sehenswürdigkeiten

Zwei weitere Sehenswürdigkeiten Kopenhagens liegen jenseits der Innenstadt; sie können einen längeren Aufenthalt abrunden:

### Tierpark

Der *Zoologisk Have* ist nicht weit weg von der Carlsberg-Brauerei in Frederiksberg am Roskildevej 32. Er ist zu erreichen mit Bus Nr. 28 oder 41 (täglich ab 9 Uhr geöffnet; von Juni bis August bis 18 Uhr, November bis März bis 16 Uhr; sonst bis 17 Uhr. Eintritt 55/27 DKK).

Einmal hier, sollte sich noch ein Spaziergang durch Park und Gartenanlagen von Schloß Frederiksberg anschließen!

### Frilandsmuseum

Dieses Museum in Lyngby, Kongevejen 100, bietet einen Querschnitt durch mehrere hundert Jahre dänischer Lebensweise und hat alte Häuser und Höfe mit Inneneinrichtung und Geräten aus allen Regionen des Landes rekonstruiert (zugänglich von Ende März bis Ende September außer Mo täglich 10 - 17 Uhr; in den dänischen Herbstferien im Oktober außer Mo täglich 10 - 16; im Winter geschlossen. Eintritt 30/0 DKK. Anfahrt mit der S-Bahn bis "Sorgenfri" oder Bus 184 oder 194).

### Amager

Über mehrere Brücken ans "Festland" von Kopenhagen angebunden ist die Insel *Amager*, deren Nordosten mit den Stadtvierteln *Sundbyvester* und *Sundbyøster* besonders dicht bebaut ist. Ganz im Norden liegen Christianshavn und große Teile des Hafens, im Westen dagegen die größte Freifläche der ganzen Stadt, das **Amager Fælled**. Es ist bis heute noch nicht ganz erschlossen und dient für viele Kopenhagener als Naherholungsgebiet. Ein solches ist auch die Øresundküste im Osten mit ihrem Strand, den Bädern und dem **Strandpark**. An warmen Sommertagen läßt sich dort kaum ein Platz fürs Badetuch finden. Für die Küste zwischen dem Seebad "Helgoland" und der Insel Femøren existieren große Pläne: Ohne ihm den alten Charakter zu nehmen, soll der *Amager Strand* in den kommenden Jahren zu einer "Amager Riviera" mit Lagune und Inselchen umgestaltet werden.

Etwas südlich liegt der internationale **Flughafen von Kastrup**.

Weshalb Amager aber auf jeden Fall einen Ausflug wert ist, ist **Dragør** ganz im Osten. Dragør kommt so unerwartet im Großstadtbereich von Kopenhagen, daß es eine wahre Freude ist: Dragør ist in seinem Altstadtkern rund um den Hafen das kleine Fischerdorf geblieben, das es schon vor Jahrhunderten war. Es vermochte seinen alten Charme hinüberzuretten in die moderne Stadtlandschaft, die schon so bedrohlich nahegekommen ist. (Und tatsächlich gibt es einen wesentlichen Grund, sich nicht völlig in die Vergangenheit zurückversetzt zu fühlen: der leider permanente Lärm vom nahen Flughafen - ein echtes Manko.) Das dörfliche Seebad - nun wegen seines gemütlichen Hafens vor allem von Freizeitseglern frequentiert - war im Mittelalter bekannt für seine Heringsfischerei und später

wichtig als Lotsenstation für den Øresund. Über das alte Kopfsteinpflaster
und zwischen den niedrigen Fischerhäusern führt der Weg zum Hafen, an
dem das älteste Haus Dragørs steht.
Dort ist heute das **Dragør Museum**
eingerichtet. Bedeutende Ereignisse
der Seefahrtsgeschichte und nachgestellte Einrichtungen typischer Schif-
ferwohnungen aus Dragør sind zu
sehen (geöffnet Mai bis September Di
- Fr 14 - 17 Uhr, Sa und So 12 -
18 Uhr. Eintritt 10/5 DKK).

Von dort sind es nur wenige Gehminuten in die Blegerstræde 1 zum
**Mølsted Museum**. Benannt nach
dem Maler *Christian Mølsted* (1862-
1930), stellt es einige seiner Marine-
bilder und Dragør-Motive aus (geöffnet von Mai bis September Sa und So
14 - 17 Uhr, gemeinsam mit dem Dra-
gør-Museum gilt eine Eintrittskarte).

Dragør erreicht man vom Rathausplatz in Kopenhagen mit den
Bussen Nr. 30, 33 oder 73 E. Von
Dragør geht eine Fähre hinüber ins
schwedische Lillehamn.

**Tip:** Schweden - weil es über den
Øresund nach Schweden gar nicht
weit ist, ist ein Ausflug hinüber nach
Malmö, der drittgrößten Stadt Schwedens mit der sehenswerten, von
Kanälen eingerahmten Altstadt *Gamla
Staden* und der *Konsthall* für moderne
Kunst auch für einen Tag machbar.
Am schnellsten geht es mit den Trag-
flügelbooten, die für die Überfahrt nur
45 Minuten benötigen. Ihr Anleger ist
in der Havnegade (Nyhavn); Fährbetrieb ist täglich von 6 Uhr bis 24 Uhr
(Fahrkarten, Reservierungen und Informationen unter Telefonnummer
33 12 80 88; Hin- und Rückfahrt ab
85 DKK). Die doppelte Fahrzeit brauchen die älteren Fähren, ca. 90 Minuten, dafür ist der Genuß der
Schiffstour auch länger und das Vergnügen preisgünstiger. Auch der
Anleger dieser Fähren befindet sich
in der Havnegade (telefonische Aus-

kunft und Reservierung unter
33 15 68 75).

## *Ausflugs- und Besuchstips*

Eine wunderbare Abwechslung ist es,
bei einer **Hafen- und Kanalrundfahrt**
Kopenhagen aus einer anderen Perspektive kennenzulernen. Das ist vor
allem bei gutem Wetter sehr schön.
Von Mai bis Ende September fahren
Boote mit Führung von Gammel
Strand und Kongens Nytorv zwischen
10 und 17 Uhr jede halbe Stunde ab.
Die Fahrtdauer beträgt ca. 50 Minuten, der Preis 36/16 DKK. Zur Kleinen
Meerjungfrau an der Langelinie geht
es ab Gammel Strand jede Stunde
zwischen 10 und 17 Uhr.

Wer keine Führung möchte, kann
ab Kongens Nytorv jede halbe
Stunde ab 10.15 Uhr und bis
17.45 Uhr eine Tour von einer knap-
pen Stunde unternehmen (15/8 DKK).

Günstiger ist ein Trip mit den sogenannten "Netto-Booten", die ab
Holmens Kirke (bei Schloß Christiansborg) halbstündlich von 10 bis
17 Uhr zu einer einstündigen Fahrt
ablegen (mit Führung 15/8 DKK).

Zwei der bekanntesten dänischen
Aushängeschilder lohnen ebenfalls
einen Besuch: die Brauereien von
Tuborg und Carlsberg. Beide bieten
ganzjährig Führungen durch ihre Betriebe an (und eine Bierprobe zum
Schluß rundet das Vergnügen dann
ab). Die **Carlsberg-Brauerei** liegt in
Frederiksberg, Ny Carlsbergvej 140,
zu erreichen über die Vesterbrogade
stadtauswärts (Führungen Mo - Fr 11
und 14 Uhr; Treffpunkt ist das Ele-
fantentor). In Hellerup im Norden Kopenhagens liegt die **Tuborg-Brauerei**, weithin zu sehen durch ihre über-

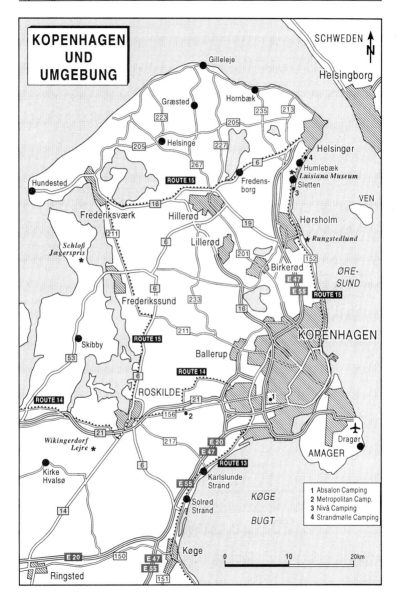

KOPENHAGEN UND UMGEBUNG

1 Absalon Camping
2 Metropolitan Camp.
3 Nivå Camping
4 Strandmølle Camping

große Reklameflasche. Ihre Adresse ist Strandvejen 54, zu erreichen auch mit Bus 6 nach Hellerup (Führungen Mo - Fr 10, 12.30 und 14.30 Uhr).

Nicht minder bekannt, und also auch weltberühmt, ist die **Königliche Porzellanfabrik** in der Smallegade 45, die das wunderschöne blaue Porzellan herstellt. Sie ist mit deutschsprachigen Führungen von Mai bis September Montag - Freitag 9, 10, 11, 13 und 14 Uhr, sonst nur um 9, 10 und 11 Uhr zu besichtigen.

## Informationsstellen

*Københavns Turistinformation,* Bernstorffgade 1, 1577 København, Tel. 33 11 13 25, liegt fast direkt gegenüber dem Haupteingang des Bahnhofs, geöffnet von Juni bis Mitte September täglich 9 - 20 Uhr; Ende September bis April Mo - Fr 9 - 17 Uhr, Sa 9 - 14 Uhr, So geschlossen; Mai täglich 9 - 18 Uhr.

Zum Jahr der Kulturhauptstadt 1996 wurde außerdem ein neues Info-Center zentral mitten auf dem Rathausplatz erbaut.

Hier sind viele informative Broschüren zu Kopenhagen zu bekommen: "Copenhagen this week" (aktuelle Programme aller Sparten), "Wonderful Copenhagen magazine" oder der "Stadtführer Kopenhagen", der alle wichtigen Adressen enthält. Ferner gibt es Stadtpläne und Vorschläge für Rundgänge. Auch Zimmer werden vermittelt.

Eine Alternative für *low budget travellers* ist die alternative Touristeninformation *Use it,* die sich in erster Linie an junge Reisende wendet. Ihre Adresse: *Use it, Youth Information Copenhagen,* Rådhusstræde 13, 1466 København K, Tel. 33 15 65 18.

Eine erste Anlaufstelle in Kopenhagen für Inter-Rail-Reisende ist im Sommer auch das "Inter-Rail-Center"

im Hauptbahnhof, mit Wasch- und Aufenthaltsmöglichkeit für jugendliche Bahnfahrer.

## *Übernachten*

### Jugendherbergen

▸ **Københavns Vandrerhjem - Bellahøj**, Herbergvejen 8, 2100 København Ø, Tel. 31 28 97 15, älteres Haus in nicht ganz zeitgemäßem Zustand, liegt in einem Wohngebiet nah einer Hochhaussiedlung; 299 Betten; zu erreichen mit Bus Nr. 2 in Richtung Bellahøj; ganzjährig geöffnet.
▸ **Copenhagen Youth Hostel**, Vejlands Allé 200, 2300 København S, auf Amager, Tel. 32 52 29 08, die neuere und größere der beiden Jugendherbergen hat 528 Betten; mit dem Bus Nr. 46 ab Hauptbahnhof in Richtung Bella Centret zu erreichen, ganzjährig geöffnet.
▸ **Sleep-in, Østerbro Skøjtehal**, P.H. Lings Allé 6, 2100 København Ø, Tel. 35 26 50 59, nichts weiter als eine einfache, aber für einen Kurzaufenthalt ausreichende Schlafmöglichkeit; 452 Betten; eigener Schlafsack nötig; geöffnet nur von Anfang Juli bis Ende August.
▸ **City Public Hostel Vesterbro Ungdomsgård**, Absalonsgade 8, 1658 København V, Tel. 31 31 20 70, kleine offizielle Jugendherberge mit einfachem Standard; 202 Betten; geöffnet nur Anfang Mai bis Ende August.

### Hotels

▸ **Hotel d'Angleterre**, Kongens Nytorv 34, Tel. 33 12 00 95, das erste Hotel am Platz: herrlich gelegen am Kongens Nytorv gegenüber dem Theater, aber nur mit gut gefülltem Geldbeutel zu bezahlen; 130 Zimmer. DZ ab 2.000 DKK.

▶ **Hotel Danmark**, Vester Vold-gade 89, Tel. 33 11 48 06, liegt direkt neben dem Rathaus - zentraler geht es nicht; alle 51 Zimmer mit eigenem Bad, Telefon und TV. DZ 900 DKK.

▶ **Hotel Viking**, Bredgade 65, Tel. 33 12 45 50, wunderschöne Lage zwischen Kleiner Meerjungfrau, Schloß Amalienborg und Strøget; Stadthaus mit 90 komfortablen Zimmern. DZ ca. 600 DKK.

▶ **Nyhavn Hotel**, Nyhavn 71, Tel. 33 11 85 85, wohl das Hotel mit der schönsten Aussicht: Vom ehemaligen Hafenspeicher aus dem Jahr 1804 blickt man auf den Hafen und die Oslofähre, absolut zentrale Lage; 82 Zimmer. EZ ab ca. 1.000 DKK, DZ ab 1.300 DKK.

▶ **Ibsens Hotel**, Vendersgade 23, Tel. 33 13 19 13, ein preisgünstiges 50-Zimmer-Haus in guter Innenstadtlage; völlig ausreichend ausgestattet. DZ ohne Bad ab 500 DKK.

Viele weitaus preiswertere Hotels befinden sich im Viertel direkt hinter dem Hauptbahnhof, darunter z. B.

▶ **Hotel Selandia**, Helgolandsgade 12, Tel. 31 31 46 10, ein kürzlich renoviertes Mittelklassehotel mit gutem Standard, alle 84 Zimmer mit Bad oder Dusche. EZ ca. 600 DKK, DZ 1.000 DKK.

▶ **Hotel Hebron**, Helgolandsgade 4, Tel. 31 31 69 06, recht ruhiges Haus mit 112 Zimmern und Restaurant. DZ ca. 800 bis 1.000 DKK.

▶ **Webers Hotel**, Vesterbrogade 118, Tel. 31 31 14 32, zentral in einem alten Eckhaus gleich am Hauptbahnhof gelegen; das macht die gemütlichen Zimmer auch etwas teurer. DZ mit Bad ab 1.050 DKK.

### Camping im Zentrum

▶ **Bellahøj Camping** *, Hvidkildevej, Tel. 31 10 11 50, Kapazität für 500 Zelte; der einzige Platz in Kopenhagen und darum schnell belegt - also zeitig kommen oder versuchen, zu

reservieren; die sanitäre Ausstattung ist dürftig, aber für ein paar Tage reicht es; Bus Nr. 2 fährt in die Nähe des Campingplatzes; geöffnet von Anfang Juni bis Ende August.

### Camping außerhalb

▶ **Absalon Camping** **, Korsdals-vej 132, im Vorort Rødovre, Tel. 31 41 06 00; 680 Plätze; hier ist fast alles da: Restaurant, Minigolf und Swimming-pool; ganzjährig geöffnet.

▶ **Metropolitan** *, Gergersensvej, Tå-strup, Tel. 42 90 31 85; 250 Plätze; mit Spielplatz und Möglichkeit zum Angeln; geöffnet von Mitte April bis Mitte Oktober.

▶ **Nivå Camping** *, Campingvej 14, Nivå, Tel. 42 24 52 26, nördlich von Kopenhagen-Mitte, geöffnet von Mitte April bis Mitte Oktober.

▶ **Strandmølle Camping** **, Strand-møllevej 2, Klampenborg, Tel. 42 80 38 83, kleinere Anlage mit nur 150 Stellplätzen, nördlich von Kopenhagen; geöffnet von Mitte Mai bis Ende August.

### Mitwohnzentrale

Eine Alternative ist die Mitwohnzentrale, Kronprinsessesgade 10, 1114 København K, Tel. 33 33 08 05. Sie vermittelt Unterkünfte z. B. in Wohngemeinschaften ab 125 DKK am Tag.

# Essen und Trinken

Einmal entdeckt und für gut befunden, ist die "Caféhaustradition" in den letzten fünfzehn Jahren auch in Dänemark schnell angenommen worden. Länger nämlich ist es noch gar nicht her, seit das erste echte Café öffnete. Doch es existiert immer noch und ist so etwas wie der dänische Prototyp aller nachfolgenden: *Café Sommersko* gibt es seit 1979 und

liegt in der Kronprinsensgade 6, nahe Købmagergade, also genau im Herzen von Kopenhagen. Vom frühen Morgen bis in die späte Nacht ist hier Treffpunkt vor allem der jüngeren Generation, was aber nicht ausschließt, daß zu bestimmten Tageszeiten - zum Beispiel mittags, wenn viele Geschäftsleute in einem Café ihre Pause machen - ein erfreulich gemischtes Publikum anwesend ist. Eine solch bunte, heterogene Mischung von Menschen ist eigentlich auch für alle anderen Cafés charakteristisch; die "Szene" ist tolerant, auch im *Krasnapolsky*, Vestergade 10, einem in dezentem Chromstil eingerichteten Lokal, in dem am Wochenende abends auch getanzt wird. Wie im *Sommersko* ist der musikalische Background eher rockig; manchmal laufen auch Videos auf den Bildschirmen.

Gleich mehrere schöne Cafés liegen am **Amagertorv**, eines der schönsten ist *Café Europa*, hell und einladend. Weil es direkt an der Strøget liegt, ist es leider oft ziemlich voll. Ein besonderer Café-Tip für alle mit Sinn fürs Nostalgische: In der zweiten Etage des Porzellanhauses von *Royal Copenhagen* am Amagertorv (in der Strøget) ist ein nettes, in seiner gold-samtenen Ausstattung fast kitschiges Café eingerichtet, von dem man über die Dächer der Innenstadt hinüber nach Christiansborg schauen kann. Köstlicher Kaffee, Tee oder Kakao, dazu selbstgebackener Kuchen vom Buffet. Und dabei kann man den *hattedamer* - den alten Damen mit Hut - zuhören, die am Nebentisch über vergangene Zeiten plaudern, wenn man denn etwas versteht!

In einer Seitenstraße im Zentrum, der Skindergade 3, findet man im ersten Stock des *Teater Café* das *Kaf-Caféen*, gemütlich, individuell, das Publikum nicht so "yuppiehaft". Nicht nur vor oder nach dem Theaterbesuch kann man hier vorbeischauen.

Nicht nur in der Innenstadt gibt es schöne Cafés, auch in den **Bro-Vierteln**, die sich in jüngster Zeit zu echten In-Treffs entwickeln. Sie alle aufzuzählen, grenzte allerdings ans Unmögliche. Darum seien hier nur noch ein paar erwähnt: Auf **Nørrebro** sind es *Bankeråt*, Ahlefeldtsgade 27, mit gutem Kaffee und preisgünstigem Imbiß, *Muxoll & Levysohn Lounge* in der Nørre Farimagsgade 57, ganz im amerikanischen Stil, *Café Creme* am Nørreport, Vendersgade 5, oder ebenfalls dort das extravagantere *Bananrepublikken A/S*, Nørrebrogade 13. Auf **Vesterbro** findet man *Café Sorte Hest*, Vesterbrogade 135, ähnlich wie das alte *Huset* ein freies Kulturzentrum und eines der letzten Überbleibsel aus der Zeit der "Häuserbesetzungen" (zur Zeit in Umbau).

Neu ist das *Hard Rock Café* neben dem Eingang zum Tivoli an der Vesterbrogade, Ecke Bernstorffsgade. Neben einem Hemd von Elvis Presley sind als dänische Sammlerstücke die Bühnenkleidung der Rock-Lady Sanne Salomonsen und eine Goldene LP vom Sänger Thomas Helmig zu sehen.

**Tip:** Wer ein Café oder eine Kneipe besucht, sollte daran denken, daß der Gast in Dänemark normalerweise seine Getränke selbst an der Theke holen muß und dann gleich bezahlt. Fast überall gibt es ein großes Angebot von Tageszeitungen - meist aber nur die dänischen -, so daß das Kaffeetrinken durchaus länger dauern kann.

Größer als die Zahl der Cafés ist sicher die der Restaurants in Kopenhagen, von denen einzelne zu empfehlen schwer fällt.

Einfacher ist es zu sagen, wo viele gute Restaurant "geballt" liegen, so z. B. in der **Strædet** (Kompagnistræde und Læderstræde), der kleinen Straße parallel zur Strøget. Hier haben in den vergangenen Jahren viele neue Restaurants unterschiedlichster Art eröffnet.

Gleiches gilt für den schönen **Gråbrødretorv**, wo es besonders im Sommer einladend ist, denn dann wird in fast allen Gasthäusern das Essen auch draußen serviert, z. B. im *Sporvejen* (Hausnummer 17) oder *Le Pavé* (Hausnummer 14).

Nicht weit von hier ist in der Store Kannikestræde 15 *Det lille Apotek*, wo man als Kopenhagen-Besucher gewesen sein muß, ein altehrwürdiger studentischer Treffpunkt (geöffnet von 11 Uhr morgens bis 2 Uhr nachts).

Und dann ist da natürlich **Nyhavn**: Hier liegt ein Restaurant am anderen, für jeden Geschmack findet sich etwas, die Preise sind dafür verständlicherweise nicht immer gerade niedrig. Dänisches Essen bietet *Nyhavn 37* ebenso wie das Feinschmekkerlokal *Elverhøj*, Nyhavn 23. Wem nach Fisch ist, für den empfiehlt sich *Havfruen*, Nyhavn 39, während Gourmets mit Vorliebe für französi-

Am Amagertorv

sche Gerichte im *Sorte Ravn*, Nyhavn 14, gut aufgehoben sind. Das gilt auch für das *Hotel d'Angleterre*, schräg gegenüber von Nyhavn, das mit *Le Restaurant*, dem Lokal für die *upper class*, den größeren Geldbeutel anspricht.

Preisgünstiger sind auf jeden Fall die Schnellimbisse, wie die Pizzerien von *Peppe's Pizza*, die man in der Gothersgade und am Rathausplatz findet. Sie sind alle bis in die Nacht geöffnet.

Ausschließlich vegetarisch und darum viel leckerer zubereitet als vegetarische Gerichte in "normalen" Restaurants ist das Essen in zwei Restaurants: Im *Livretten*, Store Kongensgade 80-82, fast an der Ecke zur Marmorkirche; es ist aber nur tagsüber bis 20 Uhr geöffnet. Später kann man jedoch immer noch ins *Gorindas Vegetariske Restaurant*, Nørre Farimagsgade 82, gehen. Beide sind überraschend preisgünstig.

Ein persönlicher Tip ist der kleine Imbiß *King Tut* im Kattesundet 8 (vom Rathausplatz über die Strøget kommend die zweite Straße rechts), in dem günstige Falafel und andere arabische Kleinigkeiten, aber auch Sandwiches und Pizza für den kleinen Hunger zwischendurch schon ab 15 Kronen gibt.

Grundsätzlich gilt: Restaurants für jeden Geschmack gibt es in großer Zahl. Der bei der Touristeninformation erhältliche "Stadtführer Kopenhagen" liefert eine nahezu komplette Liste, geordnet nach "Nationalgerichten". Das Richtige ist dann sehr schnell gefunden.

## Selbstversorger

Selbstverständlich ist es auch kein Problem, sich in Kopenhagen selbst zu versorgen, selbst wenn es manchmal den Anschein hat, als gäbe es in der Innenstadt keine Supermärkte und ähnliches. Es gibt sie aber doch, sie liegen nur etwas versteckt: so z. B. in Tivoli-Nähe am Axeltorv eine Filiale von *Brugsen* und in den Rådhus-Arkaden ein Supermarkt. Einen weiteren Brugsen findet man auf Strøget (Østergade) in den City-Arkaden. Im Keller übrigens auch einer der günstigsten Plattenläden ist, *TP-Musik-Marked* -, einen *Fakta*-Markt, direkt neben dem Rundetårn. Billiger als dieser ist eigentlich nur *Netto*, zu finden am Nørreport.

Und wenn es hart auf hart kommt: Der Supermarkt *7 elleven*, Ecke Strøget und Rathausplatz, hat rund um die Uhr geöffnet. Alles Wichtige kann hier schnell besorgt werden, ist aber etwas teurer als anderswo.

Obst gibt es reichlich an den vielen Ständen in den Fußgängerzonen. Die Auswahl ist allerdings oft begrenzt, und die Preise sind hoch. Eine echte Alternative ist darum der *Grøntorvet*, der Markt an jedem Wochentag auf dem Israels Plads. Das Gemüse und Obst sind frisch, die Auswahl größer und die Preise angemessen.

## Einkaufen

Die **Fußgängerzonen** im Zentrum Kopenhagens zwischen Rathausplatz und Kongens Nytorv, zwischen Nørreport und Christansborg sind nicht nur für die Bewohner der Hauptstadt selbst das Einkaufsziel, auch aus allen anderen Winkeln des Landes kommt man zum "Shopping" hierher. Denn rund um die berühmte Einkaufsmeile **Strøget** gibt es alles, was das Herz begehrt: Mode- und Möbelgeschäfte, Schuh- und Geschenkartikelläden, Juweliere und HiFi-Spezialisten, Buchhandlungen und Antiquariate, Bäckereien und Supermärkte, Restaurants und Cafés - und noch vieles, vieles mehr. Mit einem Wort: Es gibt (fast) nichts, was es nicht gibt. Vor allem auch große Kaufhäuser, ja, das größte des Nordens: *Magasin du Nord* am Kongens Nytorv. Am Amagertorv liegt das - fast ebenso exquisite und teure - *Illum*, während das Kaufhaus *Daells varehus* an der Fiolstræde auch Rücksicht auf kleinere Geldbeutel nimmt.

Bunter und flippiger ist das Angebot an Kleidern, Platten, Büchern und Cafés im Latinerkvarter in *Vestergade*, *Studiestræde* und *Larsbjørnsstræde*. Das Schlendern durch diese Gassen ist mindestens ebenso spannend wie ein Gang durch *Strøget* und vermittelt sicher noch überraschendere Eindrücke.

In dieser Gegend finden Bücherfreunde gleich mehrere Antiquariate in Vestergade und Skindergade. Außerdem ist es nicht weit zur Fiolstræde, wo u. a. *Harck's* lockt. In den meisten Antiquariaten sind neben dänischen Titeln auch fremdsprachige Bücher zu finden. Sie sind zudem, verglichen mit den Preisen für neue Werke, billig. Ein ganz besonderer Tip ist darüber hinaus der sogenannte *"hollandske bogmarked"*, der in regelmäßigen Abständen im Gemeindehaus der Helligåndskirke an *Strøget* veranstaltet wird (Anschläge oder Tageszeitung beachten). Dänische und internationale Bücher werden dann im Verlauf einer Woche täglich billiger: Und wer die besten Nerven hat und warten kann, bekommt sein Lieblingsbuch am Ende für ein Taschengeld, wenn nicht ein anderer vorher schon schwach geworden ist.

## Antiquitäten und Antikes

Soviele Antiquitätenläden wie in Kopenhagen lassen sich andernorts wohl kaum finden. Keine Straße, an

Flohmarkt in Fredriksborg

der nicht ein Geschäft läge, das
"Antikes" anbietet, meist so, daß man
zwangsläufig darüber stolpert, weil
viele "Antiquitäten" bereits den Bür-
gersteig blockieren. Einige Geschäfte
liegen in der näheren Umgebung von
Kongens Nytorv und in Richtung
Amalienborg. Auch in der Straße
*Strædet* - Kompagnistræde, Læderstræde - liegen auf beiden Straßen-
seiten gleich mehrere. Besonders
geballt findet man sie jedoch im
Viertel *Nørrebro*, wo in der Ravns-
borggade zwanzig    Antiquitätenge-
schäfte fast ununterbrochen nebeneinander liegen. Und man muß nicht
unbedingt eine dicke Geldbörse mitbringen, denn bei geduldigem Suchen (und etwas Glück) läßt sich
manches Schmuckstück für wenig
Geld mitnehmen. Die herrlichen Möbel (meist aus dem 18. bis 20. Jahrhundert) oder das alte Königlich-Ko-
penhagener Porzellan sind allerdings
etwas teurer.

## Öffnungszeiten
## der Geschäfte

Montag bis Freitag 9.30 Uhr oder
10 Uhr bis 18 Uhr, 19 Uhr oder
20 Uhr. Samstag schließen die meisten Geschäfte um 13 Uhr, Kaufhäuser um 14 Uhr. Der erste Samstag im
Monat ist "langer Samstag", dann
sind die Läden bis 17 Uhr geöffnet. In
der Urlaubssaison halten viele Geschäfte an *Strøget* (mit Sondergenehmigung) auch Sonntag auf.

## Flohmärkte

In den Sommermonaten werden an
Samstagen auf dem *Israel Plads* und
am *Gammel Strand* Flohmärkte abgehalten.

## Banken

Die Öffnungszeiten der Banken sind
von 9.30 bis 16 Uhr, Donnerstag bis
18 Uhr. Samstag und Sonntag sind
sie geschlossen.

Geldwechsel außerhalb dieser
Geschäftszeiten ist möglich:
im Hauptbahnhof (täglich 7 - 21 Uhr;
April bis September sogar 6.45 -
22 Uhr), Tivoli Haupteingang (Mai bis
September 12 - 23 Uhr), Flughafen
Kastrup (Den danske Bank, 6.30 -
20.30 Uhr), American Express am
Amagertorv 18 (Samstag 9 - 12 Uhr).
Außerdem gibt es an Strøget und in
der Købmagergade einige Wechselstuben, die auch am Wochenende
geöffnet haben. Geldautomaten sind
in Dänemark meist rot, heißen "Kon-
tanten" und nehmen EC- oder Visa-
Karten an.

## Post

Die Öffnungszeiten sind nicht ganz
einheitlich geregelt, meist von 9 oder
10 Uhr bis 17 bzw. 17.30 Uhr. Samstag hat die Post nur von 9 bis 12 Uhr
geöffnet. Wichtige Postämter in der
Innenstadt von Kopenhagen sind:
- Hauptpostamt Tietgensgade 37 (bis
18 Uhr!)
- Postamt Købmagergade 33 (9 -
16 Uhr, Samstag 9 - 13 Uhr) und dort
auch das Haupttelegrafenamt, Købmagergade 37 (täglich 9 - 22 Uhr)
- Postamt am Hauptbahnhof (Mo bis
Fr 8 - 22 Uhr, Sa 9 - 16 Uhr, So 10 -
17 Uhr).

## Kinos

Die großen Kinos (dän. *biograf* oder
kurz *bio*) von Kopenhagen liegen alle
in einem Radius von höchstens
500 m rund um den Rathausplatz.

Die größten "Kinopaläste" sind *Dagmar*, Ecke Jernbanegade zu Rådhuspladsen, der bunte *Palads*, Axeltorvet 9, und gleich nebenan *Scala*, Axeltorvet 2. In einer Seitenstraße zur Strøget findet man *Grand*, Mikkel Bryggers Gade 8, das die etwas "künstlerischeren" Filme zeigt, während in den erstgenannten Kinos zumeist die amerikanischen Kassenschlager laufen. Von denen bietet auch *Palladium*, Vesterbrogade 1, in den Rådhus-Arkaden immer einige an. Eine außergewöhnliche Kinoatmosphäre vermittelt das *Tycho Brahe Planetarium*, Gamle Kongevej 10, wo aber auch zumeist populäre Filme laufen.

Um ein anspruchsvolleres Angebot bemühen sich zwei Kinos: Der *Husets biograf* im Kulturzentrum *Huset* in der Rådhusstræde (seit 1995 wegen Umbaus geschlossen und Wiedereröffnung ungewiß) und das kleine Programmkino *Vester Vov Vov* im Stadtteil Vesterbro, Absalonsgade 5.

Stichwort "Kino": Weil die Synchronisationskosten ausländischer, also meist amerikanischer, Filme für einen so kleinen Sprachraum wie den dänischen zu groß sind, laufen alle Filme in den Originalfassungen, versehen mit dänischen Untertiteln. Die Anfangszeiten der Filme sind uneinheitlich, doch oft zu ungeraden Stunden, also um 13, 15 oder 19 Uhr. Der Kinobesuch ist am Nachmittag vor 16 Uhr deutlich billiger als später. Danach liegen die Preise meist zwischen 50 und 70 DKK. Das aktuelle Kinoprogramm (und zwar für ganz Dänemark) drucken die Tageszeitungen ab.

## Theater

Eine lebendige, pulsierende Theaterszene kennzeichnet Kopenhagen. An erster Stelle muß da das "Nationaltheater" *Det kongelige Teater* am Kongens Nytorv genannt werden, das auf zwei Bühnen - "Store Scene" und "Lille Scene" - seine Aufführungen wochentags in der Regel um 20 Uhr beginnt. Neben dem guten Schauspiel gehört dazu das zu den weltbesten zählende Ballett. Karten für beide Sparten können an der Kasse bis zu drei Wochen im voraus gekauft oder telefonisch unter 33 14 10 02 reserviert werden. Das jeweilige Programm ist telefonisch abzurufen unter der Nummer 33 15 22 20.

Noch impulsiver, aktueller, experimentierfreudiger und avantgardistischer - denn sie muß ja nicht auf die Wünsche etablierter Besucher Rücksicht nehmen -, ist die breite freie Theaterszene der Hauptstadt. Ein Zimmertheater mit äußerst anspruchsvollem Programm an modernen dänischen und internationalen Stücken ist das *Teater Café*, Skindergade 3. Weil die Zahl der Plätze begrenzt ist, ist eine Reservierung zu empfehlen (Tel. 33 12 58 14). Das gilt auch für andere freie Theater wie *Sorte Hest*, entstanden im Milieu der Häuserbesetzungsszene (Vesterbrogade 135, Tel. 31 21 22 48). Um zeitgemäße Formen von Inhalt und Darstellung bemühen sich die Macher des *Rialto* in Frederiksberg, das vor allem neuere Dramatik aufgreift (Smallegade 2, Tel. 38 88 01 88), während das *Folketeatret* auf zwei Bühnen ein eher populäres Programm versucht und damit sehr erfolgreich ist (Nørregade 39, Telefonnummer 33 12 18 45).

Das sind einige der wichtigsten Kopenhagener Theater, aber bei weitem nicht alle. Die Szene ist in Bewegung, und immer noch kommen neue Bühnen hinzu, während andere schließen müssen. Entdeckungen ist also weiter Raum gegeben. Dabei kann das aktuelle Theaterprogramm helfen, das in den Tageszeitungen

oder der Broschüre "Copenhagen
this week" nachzulesen ist.


## Musik

Kopenhagen vibriert vor Musik, besonders vom Frühling bis in den
Spätsommer, wo fast täglich, besonders aber an den Wochenenden auf
fast jedem Platz und in nahezu jedem
Park ein Konzert stattfindet. Alle Mu-
sikstile kommen zu ihrem Recht, für
wirklich jeden ist etwas dabei.

Solche *friluftskoncerter* finden von
ca. Mai bis August oder September
statt, wenn sich das Leben allmählich
wieder von draußen nach drinnen
verlagert. Die bekannteste Spielstätte
für solche Open-air-Konzerte ist ohne
Frage *Femøren* (auch *5-øren*) am
Amager-Strandpark. An jedem Samstag nachmittag von Juni bis August
treten Rockgruppen auf, die zumeist,
aber nicht immer, aus Dänemark
kommen. Früher war der Eintritt zu
diesen Freiluftkonzerten generell frei,
weil sie von der Brauerei *Tuborg* ge-
sponsert wurden, jetzt werden bei
Top-acts vergleichsweise niedrige
Preise erhoben. Eine gute Gelegenheit, preisgünstig gute Musik zu hören. Und die Stimmung auf der Wiese
direkt am Øresund unter Tausenden
Gleichgesinnter ist einmalig! (Zu erreichen am Bus 12 oder 13 ab
Hauptbahnhof).

Neben *5-øren* werden die Parks in
der Innenstadt zu Bühnen. Eine der
schönsten ist der kleine *Pavillon* im
*Fælledparken* nördlich vom Zentrum,
wo neben Musik auch Filme geboten
werden. Gleiches gilt für den *Ørsted
Parken* an der Nørre Voldgade.

Die großen Hallenkonzerte (*inden-
dørs*) mit den Stars der Rock- und
Popmusik finden in den beiden
großen Hallen *KB*- und *Valby-Hallen*

statt. Bekanntester Club war bis 1995
das *Jazzhus Montmartre* in der Nørregade 41, wo entgegen seinem Namen nicht nur Jazzmusiker auftraten.
Doch es mußte leider schließen, und
auf gleichwertigen Ersatz wartet Kopenhagen noch.

Ein kleiner Rahmen wie der in *Sofie's Kælder* in Christianshavn, Dron-
ningensgade, wo an Sonntagaben-
den Jazz gespielt wird, ist nicht
gleichwertig. Für Blues-Freunde ist
das ehemalige Rådhuscaféen, der
jetzige *Mojo*, Løngangsstræde, die
richtige Anlaufstelle.

Im Stadtteil Nørrebro steht das
*Barcelona*, Fælledvej 21, für ruhigere,
akustische Musik ohne Verstärker,
gespielt im überschaubaren Café-
Rahmen.

Eine ganze Anzahl von Musikstät-
ten und Cafés hat die Subkultur von
*Christiania* hervorgebracht. Der größere Spielort - für Rock, Independent
etc. - ist der *Loppen*, gleich am Eingang zum "Freistaat" an der Prinsessesgade, der inzwischen eine eta-
blierte Bühne geworden ist. An einigen Tagen (Mittwoch und Donnerstag) sind Veranstaltungen gratis.

Nicht zuletzt ist Kopenhagen ein
zentraler Platz auf der Weltkarte des
**Jazz**, in den sechziger Jahren konzentriert um *Café Montmartre*, damals
noch in der Store Regnegade. Doch
seit dies in die Nørregade umgezo-
gen ist, ging es dort mit dem Jazz
bergab. Erst die Eröffnung des *Copenhagen Jazz House*, Niels Hemmingsens Gade 10, für internationalen und dänischen Jazz gedacht,
sorgte für neuen Glanz. Seit 1979 gibt
es zudem vom ersten Freitag bis zum
zweiten Sonntag im Juli das *Copenhagen Jazz Festival*. Es bezieht die
ganze Stadt ein, alles klingt dann,
Straßen und Gassen, Plätze und
Parks.

**Tip:** Über das aktuelle Konzertangebot in Kopenhagen informieren zum

einen natürlich die Tageszeitungen, daneben aber auch die Gratisblätter "Nat & Dag" und "GAFFA". Einen Konzertvorverkauf hat u. a. das "Use it" im Huset in der Rådhusstræde.

## Nachtleben und Diskotheken

Zwar ist der Besuch einer Diskothek auch in Dänemark gang und gäbe, doch verglichen mit der Atmosphäre in deutschen Etablissements dieser Art kommt sehr oft der Eindruck auf, daß es hier viel formeller zugeht. Die Kleidung ist gediegener, das Auftreten - zumindest nach außen - meist seriöser. Das liegt daran, daß Freizeit richtiggehend "zelebriert", eben "gefeiert" wird. Sonntag ist es auch in den meisten Discos im Zentrum von Kopenhagen: dem *Woodstock* in der Vestergade 12, das um 21 Uhr öffnet und am Wochende erst um 5 Uhr schließt. Oder im *After Dark*, Studiestræde 31, das um 23 Uhr die Tore öffnet und auch erst um 5 Uhr wieder schließt. Rund um den neugestalteten Axeltorv pulsiert ebenfalls ein lebendiges Nachtleben, ob in *Axels Dancebar* im *Scala* (von 22 bis 4 oder 5 Uhr) oder in *New Daddy's* (Axeltorv 5, an Wochenenden 23 bis 7 Uhr). Doch auch am anderen Ende des Zentrums wird getanzt, so im *Tordenskjold*, Kongens Nytorv 19 (täglich 22 bis 5 Uhr). Und all dies ist nur eine kleine Auswahl!

## Festivals

Da das Interesse nicht nur in Dänemark, sondern überall in der Welt schon im Vorfeld unerwartet groß war, beschlossen die Veranstalter gleich, auch für die nächsten Jahre zu planen: So wird das Historienfestival *Golden Days in Copenhagen,* das sich im September 1994 erstmals als eine Art Universalschau in der ganzen Stadt abspielte, zumindest in den kommenden Jahren zur Dauereinrichtung. Ausstellungen, Vorträge, Theater- und Ballettaufführungen, Konzerte u. ä. beleben das sogenannte "Goldene Zeitalter" Dänemarks neu, jene Phase zwischen 1800 und 1850, in der - nach dem Angriff der Briten auf Kopenhagen, dem Staatsbankrott und dem Verlust Norwegens 1814 - junge Talente in allen Bereichen für einen gesellschaftlichen Aufbruch sorgten. Nie ging es der dänischen Malerei, Literatur, dem Theater, aber auch den Naturwissenschaften und der Architektur so gut. Das Festival dauert mehrere Wochen, ein aktuelles Programm ist u. a. bei der Touristeninformation erhältlich telefonische Auskunft unter der Rufnummer 31 42 14 32).

## Baden

Der direkte Weg, im Sommer Wasser und Strand zu erreichen, ist der hinüber auf die Insel *Amager.* In ihrem zum Øresund gelegenen Strandpark tummelt sich bei gutem Wetter, so könnte man glauben, alles, was laufen kann. Es gibt Sandstrand, Wiesen (und ein Seebad namens "Helgoland") und auch Seewasser, wenn man über ein Mäuerchen klettert (zu erreichen mit dem Bus, z. B. mit Linie 12 oder 13 ab Hauptbahnhof).

Alle anderen Strände liegen sehr viel weiter vom Stadtzentrum entfernt: Im Süden die *Køge-Bucht* (S-Bahn bis Ishøj), im Norden *Hellerup Strand* (Buslinie 6) und noch ein Stück weiter

*Charlottenlund Strand* (S-Bahn oder Bus 6). Ruhiger geht es an den Ufern des *Roskilde Fjord* zu, doch dauert eine Bahnfahrt bis dahin ca. 45 Minuten.

## Studium in Kopenhagen

Auskunft über Studienmöglichkeiten und Studienplätze an der Uni, aber auch über Ferienkurse oder Studententreffs gibt *Dänemarks Internationaler Studentenausschuß* (DIS), Kattesundet 3, Tel. 33 11 01 44.

## Gottesdienste in deutscher Sprache

Für alle, die auch im Urlaub einen Gottesdienst besuchen wollen, besteht diese Möglichkeit in Kopenhagen in folgenden Gemeinden: Skt. Petri Kirche (deutsche evangelisch-lutherische Kirche), Skt. Peders Stræde, Sonntag 10 Uhr; Deutsche reformierte Kirche (calvinistisch), Gothersgade 109, Sonntag 10 Uhr; Skt. Ansgar (römisch-katholisch), Bredgade 64, Sonntag 8 und 10 Uhr; Mosaische Gemeinde, Synagoge in der Krystalgade 12, Sonntag um 7.30 und um 19.30 Uhr.

## Wichtige Adressen und Telefonnummern

*Notruf:* 112
*Arzt:* Ein ärztlicher Bereitschaftsdienst ist in Kopenhagen-Innenstadt werktags von 8 bis 16 Uhr unter Telefonnummer 33 93 63 00 zu erreichen,

außerhalb dieser Zeiten Tel. 33 12 00 41. (Auch wenn man das EU-Krankenversicherungsformular *E-111* dabeihat, kann es passieren, daß der Arzt bar bezahlt werden will, nachts mit ca. 200 bis 350 DKK.)
*Zahnärztliche Bereitschaft:* Tandlægevagten, Oslo Plads 14, nur in akuten Fällen täglich 20 - 21.30 Uhr, Samstag und Sonntag 10 - 12 Uhr und 20 - 21.30 Uhr (Barzahlung!).
*Apotheken:* geöffnet 9 - 17.30 Uhr, Samstag bis 13 Uhr. Tag- und Nachtdienst für die Innenstadt leistet *Steno Apotek*, Vesterbrogade 6 C, Tel. 33 14 82 66.

## Fahrradverleih

Wer ein Fahrrad leihen will, muß in der Regel eine Kaution von 100 bis 200 DKK hinterlegen, braucht sich aber nicht auszuweisen. Die Miete pro Tag beträgt 40 bis 50 DKK. Einer der größten Vermieter sind die Dänischen Staatsbahnen (DSB), die am Hinterausgang des Hauptbahnhofs, Reventlowsgade, ein *Cykelcenter* eingerichtet haben. Das Center ist Montag bis Freitag von 7 bis 19 Uhr und Samstag von 9 bis 15 Uhr geöffnet. Sonntag ist geschlossen. In der Sommersaison sind Außenstellen an den Bahnstationen *Klampenborg* und *Østerport* eingerichtet (telefonische Auskunft unter 33 14 07 17 oder 33 12 06 07).

Eine andere Möglichkeit, sich mit dem Fahrrad in der Innenstadt fortzubewegen, sind die sogenannten *bycykler* (Stadtfahrräder). An mehreren Stellen in der Stadt sind Ständer mit solchen Fahrrädern eingerichtet. Gegen ein Pfand von 20 DKK kann man dort ein Rad leihen und benutzen. Tausend von diesen Rädern soll es mittlerweile geben.

Weitere Fahrradverleiher sind:
*Cykeltanken*, Godthåbsvej 247, Tel.

31 87 14 23, nahe beim innerstädtischen Campingplatz Bellahøj.
*Danwheel - Rent a bike,* Colbjørnsensgade 3, Tel. 31 21 22 27.

## Mitfahrzentrale

Zwar hat Kopenhagen eine Mitfahrzentrale (Vesterbrogade 54, Tel. 31 23 24 40, Anrufbeantworter), weil diese Art des Reisens in Dänemark aber so gut wie unbekannt ist und die Dänen lieber Zug fahren, ist die Chance auf eine Mitfahrgelegenheit sehr gering.

## Mietwagen

Pkw werden nur an Personen ab 20, manchmal sogar erst ab 25 Jahren vermietet. Alle internationalen Vermieter sind vertreten, darunter:
*Avis,* Kampmannsgade 1,
Tel. 33 15 22 99
*Hertz,* Ved Vesterport 3,
Tel. 33 12 77 00
*InterRent/ Europcar,* Gyldenløvsgade 17, Tel. 33 11 62 00
     Etwas preisgünstiger sind die kleineren Firmen, z. B.:
*Pitzner,* Trommesalen 4,
Tel. 33 11 12 34
*Thrifty Car Rental,* Englandsvej 380, Tel. 31 51 15 00
(Bis auf den letzten sind alle auch am Flughafen Kastrup mit Zweigstellen vertreten.)

## Taxi

Taxen zeigen an, wenn sie *"fri"* sind. Die meisten Taxifahrer sprechen Englisch oder Deutsch. Der Grundtarif beträgt zur Zeit 12 DKK, ein Kilometer kostet tagsüber 7,20 DKK, nachts und sonntags 9,60 DKK.
     Zwei der großen Unternehmen sind *Københavns Taxa* (Tel. 31 35 35 35) und *Radio/ Codan Bilen* (Tel. 31 31 77 77).

## Öffentlicher Verkehr - städtisch und regional

Kopenhagen ist von ganz Nordseeland aus mit regionalen Zügen, S-Bahnen (bedient von den *Danske Statsbaner,* DSB, der staatlichen Bahn) sowie den Tages- und Nachtbussen der *Hovedstadens Trafikselskab* (HT) zu erreichen. In höchstens einer Stunde gelangt man von fast jedem Punkt im Großraum Kopenhagen ins Zentrum. Mit den kombinierten Fahrkarten sind beide Beförderungsmöglichkeiten zu benutzen.
     Die **Züge** verkehren in ganz Nordseeland. An Werktagen fährt der erste Zug um 5 Uhr, an Sonntagen um 6 Uhr. Die letzte Abfahrt von Kopenhagen ist gegen 0.30 Uhr. Montags bis samstags fahren die **S-Züge** (S-tog), in die man außerhalb der Stoßzeiten auch Fahrräder mitnehmen darf, tagsüber alle 10 Minuten von Hillerød und alle 20 Minuten ab Frederikssund. Sonntags abends fahren beide Linien immer noch im 20-Minuten-Takt. Von Helsingør fahren die Züge tagsüber dreimal, abends zweimal in der Stunde.
     Im Stadteinzugsgebiet der *Hovedstadens Trafikselskab* gibt es nur **Busse**; Straßenbahnen hat es früher gegeben (z. B. am Kongens Nytorv kann man die Schienen noch in der Fahrbahn liegen sehen) und wird es nach neuen Überlegungen vielleicht in einigen Jahren auch wieder geben. Busse und **Züge** haben ein gemeinsames Fahrkarten- und Fahrpreissy-

stem. Man kann also ohne Probleme umsteigen, auch von S-Bahn zu Bus. Insgesamt umfaßt das Gebiet 260 Buslinien. Da es in Tarifzonen eingeteilt ist, löst man im Normalfall - außer für extreme Kurzstrecken - mindestens zwei Zonen. Fahrkarten gibt es bei den Busfahrern, die auch Mehrfahrkarten (*klippekort*) für diverse Zonen verkaufen.

Mit einer **24-Stunden-Fahrkarte** (*24-timers-billet*) kann man im Großraum Kopenhagen beliebig oft fahren. Sie ist an den Bahnstationen oder z. B. bei der Touristeninformation (Bernstorffgade) erhältlich. Auch bei Nacht fahren abseits der regulären Linien **HT-Nachtbusse** (*natbus*), z. B. ab Rathausplatz nach Hillerød, Helsingør und Frederikssund, in der Nacht von Samstag auf Sonntag auch zwischen Hillerød und Helsingør. Neu ist 1996 für die "Kulturhauptstadt Europas" (*Kulturby 96*) das Kulturstadt-Ticket (das 24-Stunden-Ticket 65/ 32,50 DKK, das 72-Stunden-Ticket 150/ 75 DKK).

Außerdem gibt es einen **HT-Sightseeing-Bus**, der die wichtigsten Sehenswürdigkeiten Kopenhagens abfährt. Die Fahrt ist ohne Fremdenführer, doch dafür kann man ein- und aussteigen, wo es einem gefällt. Sightseeingbusse fahren in den Sommermonaten täglich alle 20 Minuten vom Rathausplatz ab.

Die **Copenhagen Card** kann man in Hotels, Reise- und Touristenbüros sowie den Bahnhöfen kaufen. Ihre Geltungsdauer beträgt wahlweise ein, zwei oder drei Tage und kostet dann 140 (70), 230 (115) oder 295 (145) DKK für Erwachsene (Kinder). Sie erlaubt die unbegrenzte Benutzung von Bussen und Zügen im Bereich der HT sowie den freien Eintritt zu 64 Museen, darunter auch Tivoli und Zoo. Außerdem gibt es eine Reihe von Ermäßigungen, z. B. für die

Überfahrt nach Schweden. Zusätzlich erhält man das umfassende Informationsheft "Copenhagen Card".

## *Öffentlicher Verkehr - überregional*

**Flug:** Vom Flughafen Kastrup auf Amager gehen täglich zahlreiche Inlandsflüge nach Jütland (Billund, Esbjerg, Karup, Skrydstrup, Stauning, Sønderborg, Thisted, Aalborg und Århus/ Tirstrup), Fünen (Odense/ Beldringe) und Bornholm (Rønne). Die Flugzeit beträgt je nach Ziel 40 bis 60 Minuten.

Vom Hauptbahnhof fährt alle 15 bis 20 Minuten ein Flughafenbus der *SAS* zum Flughafen (Abflugs- und Ankunftszeiten sind unter 35 52 00 66 zu erfahren).

**Bahn:** Vom Hauptbahnhof fahren im Stunden-Takt *IC*-Züge oder *Lyntog* (Eilzüge) jede volle Stunde zwischen 6 und 21 Uhr nach Fünen und Jütland. In Zügen, die über den Großen Belt fahren, sind Platzreservierungen notwendig. Das ist allerdings auch noch im Zug möglich.

Die *Kystbanen* fährt zweimal in der Stunde nach Helsingør, die *Vestbanen* vier- bis sechsmal stündlich nach Roskilde.

Fahrpläne (auch für S-Bahn) sind in den S-Bahn-Stationen und anderen Bahnhöfen ausgehängt. Telefonische Auskunft gibt es unter 33 14 17 01.

**Bus:** Von Kopenhagen fährt ab Havnegade (Hauptbahnhof) der Bus Nr. 860 über Rødby und Oldenburg/ Holstein nach Kiel (Fahrtdauer ca. 4 Stunden) und Hamburg (ca. 6 Stunden). Telefonische Auskunft unter 44 68 44 00; Fahrkarten sind im Bus und Reisebüro erhältlich.

# Route 1
## Das südliche Nordseeland:
## Tønder - Ribe - Esbjerg - Ringkøbing - Ringkøbing Fjord
## (ca. 235 km)

Route 1 beginnt an der Grenze von Deutschland zu Dänemark, von Husum und Niebüll kommend, über die B 5 am Grenzübergang *Sæd* und führt durch den westlichen Teil von *Sønderjylland* (Südjütland).

Mit ihren langen Stränden ist diese Gegend - dann auch noch weiter in Richtung Norden bis in den äußersten Norden Jütlands - das beliebteste Urlaubsziel für Badefreudige und Sonnenhungrige. Hier trifft man besonders in den Sommermonaten Juli und August viele Gleichgesinnte, zu viele für die, die beschauliches Reisen lieben. Wer kann (und nicht unbedingt im Meer schwimmen will), sollte daher auf die ruhigeren Jahreszeiten Frühjahr oder Sommer ausweichen. Für alle, die eher einen "Erlebnisurlaub" mit Vergnügungszentren, Einkaufsgelegenheiten, Restaurants, Diskotheken usw. suchen, ist die Küste, insbesondere zwischen *Blåvands Huk, Henne Strand* und *Ringkøbing Fjord* dagegen das Richtige.

Der Süden Dänemarks - und hier ist zunächst auch von der östlichen Seite zum *Kleinen Belt* die Rede - hat eine durch die Jahrhunderte wechselvolle Geschichte hinter sich, während der die Region mal zum einen, mal zum anderen Land gehörte. Der "umstrittenste" Teil Dänemarks, mit der einzigen nicht natürlichen Grenze des Landes, zeigt dies schon an seinen doppelten Städtenamen, die in dänischer und deutscher Form existieren, so *Åbenrå* (Apenrade), *Haderslev* (Hadersleben), *Padborg* (Pattburg) oder *Tønder* (Tondern).

Nordschleswig zeigt sich idyllisch wie auch unwirtlich: Ist die Westseite in ihrer Rauheit bestimmt von der Nordsee und dem ihr abgewonnenen Land, den Marschen, zeigt sich der östliche Teil, dem *Kleinen Belt* zugewandt, mit der Insel *Als* schon der Natur Fünens nahe. Die beiden Meere haben die Bevölkerung geprägt: Im 17. und 18. Jahrhundert war ein großer Teil der männlichen Bevölkerung Rømøs Walfänger bei Grönland. Von der Ostküste fuhr man dagegen mit Handelsschiffen bis nach Indien.

Südjütland hat eine Fülle historischer Andenken und Kulturschätze. Es gibt zahlreiche Schlösser, Gutshöfe und 150 Kirchen mit Fresken, Votivschiffen und Altarbildern aller Art; fast alle sind zugänglich. Tiefe Förden im Osten, Heide im Landesinneren, dann Marschen, Deiche und das Meer im Westen bestimmen die Landschaft.

Im heutigen Amt *Sønderjylland* (Südjütland) lebt rund eine Viertelmillion Menschen, von der knapp zehn Prozent der deutschen Minderheit angehören (→ Artikel "Eine deutsche Minderheit in Dänemark").

Der Weg auf Route 1 führt nicht nur durch alte Klein- und Handelsstädte mit historischen Straßen und Häusern, sondern mit *Ribe* auch durch die älteste - und vielleicht sogar schönste - Stadt Dänemarks.

➡ Jenseits der Grenze kommt nach 5 km zuerst *Tønder*.

## *Eine deutsche Minderheit in Dänemark*
Dieses Phänomen hat geschichtliche Gründe.

Der südlichste Teil Dänemarks befand sich immer wieder einmal abwechselnd unter deutscher und dänischer Herrschaft (→ Land und Leute, hier: Von der Vergangenheit in die Gegenwart). Das Herzogtum *Schleswig* entstand im 12. Jahrhundert, gehörte bis 1864 zu Dänemark und ging von der Königsau (dän. *Kongeå*) im Norden bis zur Eider im Süden. Seit 1460 gab es enge Verbindungen zum Herzogtum *Holstein*. Mehr als 400 Jahre lebten Dänen und Deutsche friedlich zusammen, doch mit dem Zerfall des dänischen Reichs infolge der napoleonischen Kriege wurde Schleswig zum Streitobjekt: Bis 1864, als die Dänen Preußen-Österreich unterlagen, standen die Deutschen unter dänischer Regierung, dann umgekehrt.

Nach dem Ersten Weltkrieg führte 1920 eine Volksabstimmung zur Abtretung der nördlichen Teile an Dänemark. Weil aber einige in der deutschen Bevölkerung sich durch unterschiedliche Abstimmungsverfahren benachteiligt fühlten, begannen sie, sich in Verbänden zu organisieren, um eine mögliche Revision zu erreichen. Das erleichterte anfangs das Zusammenleben nicht gerade, zumal der aufkommende Nationalsozialismus auch große Teile dieser Gruppe faszinierte und 1938 die deutsch-nordschleswigschen Verbände der NSDAP gleichgeschaltet wurden. Als deutsche Truppen am 9. April 1940 Dänemark besetzten, wurde das Verhältnis zum Nachbarn erneut belastet. Nach 1945 wurden dann ca. 3.000 Angehörige der Minderheit per Gesetz verurteilt, obwohl man - vorsorglich - im November 1945 dem dänischen Staat und dem König gegenüber seine Loyalität bekundet und die Grenze von 1920 anerkannt hatte. Die "Bonn-Kopenhagener-Erklärungen" 1955 schrieben die Rechte der Minderheiten auf beiden Seiten der Grenze fest - eine Entspannung, die sich mit den heutigen guten Beziehungen fortsetzt. Ähnlich wie die dänischen Wähler in Schleswig-Holstein ein Mandat haben, hatte auch die deutsche Minderheit von 1953 bis 1964 ein Mandat im *Folketing*. Heute ist es aber nur noch ein Sekretariat, das in Kopenhagen die Interessen der Minderheit wahrnimmt. In Nordschleswig gibt es immerhin 18 deutsche Privatschulen, davon fünf Realschulen und ein Gymnasium, und etwa 25 Kindergärten.

# *Tønder*

8.000 Einwohner

*Tønder* kennen viele, insbesondere die deutschen Grenzbewohner, nur als Einkaufsstadt. Leider, muß man sagen, denn die Stadt ist eigentlich zu schön, um nur "Shoppingmeile" zu sein. Dennoch bemüht sich Tønder weiterhin um noch mehr Gäste. Die sollen, wie die meisten bis jetzt, in Zukunft nicht mehr nur im Sommer kommen: Seit 1994 findet in den Wochen vor Weihnachten, und zwar erstmals in Dänemark überhaupt, der *Julemarked*, ein Weihnachtsmarkt, statt.

Die Stadt hat als Handelsknotenpunkt Jütlands zum Festland eine lange Tradition. Ein kleines Kuriosum am Rande: Erstmals erwähnt ist Tønder auf einer arabischen Weltkarte! Der Geograph *Idrisi* zeichnete den Ort im Jahr 1130 auf seine Karte ein und beschrieb ihn als "Ankerplatz, umgeben von Häusern, geschützt gegen alle Winde". Die handelspolitische Bedeutung Tønders unterstreicht die Verleihung des offiziellen

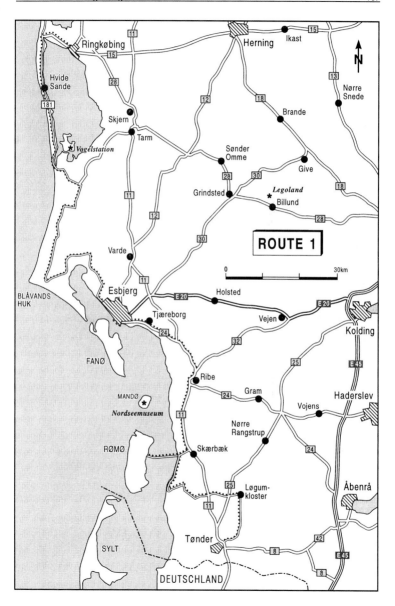

Stadtrechts und besonderer Privilegien 1243; Tønder war aber schon zuvor Handelsstadt gewesen, ehe die Franziskaner 1238 ein Kloster in der Stadt bauten. Hier endete der westliche Handelsweg aus Norden kommend, weil Wälder und Sümpfe damals einen Weitertransport der Waren auf dem Landweg nicht zuließen. Also mußte verschifft werden, so daß die Geschichte Tønders wesentlich von seiner Bedeutung als Hafenstadt bestimmt ist. Bis zum Beginn der Eindeichung in den Jahren 1553 bis 1556, nach der die große Schiffe die Stadt nicht mehr anfahren konnten, wurde der friesische Handel vom ausgehenden Mittelalter bis zur Renaissance zu einem großen Teil hier abgewickelt. Im Stadtwappen erinnert bis heute das große Handelsschiff an diese Periode.

Als neue Einnahmequelle entdeckten die Tønderaner daraufhin das Klöppelhandwerk (es war von Süden aus Italien quer durch Europa bis nach Dänemark gedrungen), das in den kommenden Jahrhunderten eine herausragende Stellung einnehmen sollte und neben hohem Ansehen viel Geld in die Stadt brachte: Dieser Reichtum - auf dem Höhepunkt des Handwerks arbeiteten 12.000 Mädchen mit dem Klöppelkissen - zeigte sich auch durch den Bau schöner Patrizierhäuser, die das Gesicht der Stadt noch heute bestimmen. Darum ist ein Gang durch die Fußgängerzone mit vielen prächtigen Barock- und Rokokogebäuden, die von ehemaligem Wohlstand zeugen, ein Gang durch die Geschichte. Alle drei Jahre findet ein sogenanntes "Klöppelspitzen-Festival" statt, zu dem jedes Mal rund 700 Klöppelkünstler, Händler und Sammler kommen. Das dreitägige Treffen war zuletzt im Juni 1995.

Für Liebhaber dieser alten Kunst ist auch ein Besuch im **Tønderhus Slot**, dem ehemaligen Schloß, loh-

nend, denn hier am Kongevej 55 ist jetzt das **Tønder Museum** mit ausgesuchten Klöppeleien zu bewundern, neben denen eine umfangreiche Sammlung von Möbeln und Silber zu sehen ist; zugleich beherbergt es die größte Sammlung friesischer und holländischer Kacheln in ganz Skandinavien.

Das **Sønderjylland Kunstmuseum**, ebenfalls am Kongevej 55, ist eine Schenkung anläßlich der Rückführung Nordschleswigs an Dänemark 1920. Mit moderner Kunst, Bildern und Skulpturen aus dem Norden ist es in einem Anbau zum Tønder Museum untergebracht (beide Museen geöffnet täglich außer Mo von Mai bis Oktober 10 - 17 Uhr, von November bis April 13 - 17 Uhr. Eintritt für beide Museen 10/0 DKK).

Letzte, noch nicht ganz vollendete Neuerung ist der Umbau des alten Wasserturms von Tønder zu einem **Wegener-Museum**, das Möbel und Lampen des lokalen Architekten präsentiert. Der Name *Wegener* steht in Dänemark für exquisites Design und ausgefallene Wohnkunst. Die Öffnung des Turms, von dem aus eine einmalige Aussicht über die Marschlandschaft westlich der Stadt möglich ist, ist für Anfang 1996 geplant.

Wo früher die Kirche *Sankt Nicolaj* stand, steht heute die reich ausgeschmückte **Kristkirke**. Mit ihrem Bau wurde 1591 begonnen. Ihr hoher Turm (47,5 m) diente früher als Wegmarke für Seefahrer. Warum die achteckige Turmspitze an einer Stelle offen ist? Der Turm sollte so den starken Westwinden besser standhalten. Das Kircheninnere ist mit Inventar aus Renaissance und Barock reich ausgestattet; viele Epitaphe aus dem 17. Jahrhundert stehen für die hochentwickelte Kunst der damaligen Holzschnitzer.

Auch die Umgebung der Stadt ist ein Erlebnis, denn eine solche Marschlandschaft, die sich von hier an Deutschland vorbei bis zu den Niederlanden zieht, gibt es sonst nirgendwo in Dänemark. Die **Tønder Marsch** ist das größte Wiesen- und Weidegebiet Dänemarks. Der Fluß *Vidå*, die Köge, die Deiche und die Marsch selbst fügen sich zu einem harmonischen Ganzen. Mit zunehmender Verschmutzung der Nordsee geht es aber auch dem Pflanzen- und Tierleben im Wattenmeer immer schlechter. Die biologische Primärproduktion mikroskopischer Pflanzen und Tiere, die wiederum Nahrung für eine Bodenfauna aus Würmern, Muscheln und Krebstieren sind, ist durch Eingriffe des Menschen zunehmend gefährdet. Um die Schönheit dieses Naturraums zu erhalten, sind noch große Anstrengungen nötig.

Das Wattenmeer zieht sich über fast 500 km von *Blåvands Huk*, nördlich von Esbjerg, bis *Den Helder* in den Niederlanden. Es umfaßt eine Fläche von gut 900.000 Hektar Marsch, Sandbänken, Stränden und Dünen. Im Rhythmus von Ebbe und Flut entstand eines der wertvollsten Gezeitengebiete der Welt.

Auch hier im seichten Küstengebiet zwischen den Nordseeinseln *Fanø, Rømø* und *Sylt* im Westen und den Marschstädten *Højer, Ribe* und *Esbjerg* im Osten rasten und leben unzählige Wasservögel. Jeden Frühling und Herbst kommen dazu etwa 10 bis 15 Millionen Zugvögel, die auf ihrem Weg die Gegend zu einem der wichtigsten Wasservogelgebiete Europas machen. Auch Robben sind nach dem großen Robbensterben Ende der achtziger Jahre wieder häufiger zu sehen. Wenn zweimal täglich die Flut kommt, beträgt der Tidenhub zwei Meter.

Die Deiche an der Küste schützen gegen Sturmfluten, doch gegen Naturereignisse wie 1634, als in einer Nacht zwischen Ribe und Tønder 6.200 Menschen und mit ihnen ungezählte Tiere ertranken, können auch sie nicht verhindern.

**Tip:** Zur intensiven Beschäftigung mit der *Tønder Marsch* ist ein Besuch des **Tøndermarskens Naturcenter** nahe der Vidåschleuse unbedingt empfehlenswert. Von hier aus werden u. a. Wander- oder Bustouren mit sachkundiger Führung unternommen. Die Veranstaltung findet in der Regel mittwochs statt, und zwar zwischen Ende Juni und Ende August (Kosten 25/15 DKK). Genaue Information und Anmeldung ist beim Touristenbüro möglich.

## Touristeninformation

Torvet 1, 6270 Tønder, Tel. 74 72 12 20, geöffnet im Juli und August Mo bis Fr 9 - 18 Uhr, Sa 9 - 17 Uhr, sonst Mo bis Fr 9 - 16 Uhr, Sa 9 - 12 Uhr.

## Übernachten

▸ **Tønder Vandrerhjem,** Kogsgården, Sønderport 4, Tel. 74 72 35 00, für Einzelreisende von Februar bis Ende November geöffnet.
▸ **Hostrups Hotel,** Søndergade 30, Tel. 74 72 21 29, 26 recht ansprechende Zimmer in der mittleren Preisklasse. DZ mit Bad um 550 DKK.
▸ **Tønder Campingplads **,** Holmevej 2 A, Tel. 74 72 18 49, 575 Plätze, 3 Hütten, auch Wohnwagenvermietung; geöffnet von April bis September.

## Essen und Trinken

Exklusiv und teuer essen kann man auch in Tønder: Dafür bietet sich *Stig's Restaurant* an, das in einem kleinen Privathaus befindliche Restaurant des in Dänemark als Fernsehkoch bekannten *Stig Henriksen*. Ebenfalls die hohen Kochwürden hat *Peter Kolbeck* erhalten; er betreibt das zum "Restaurant des Jahres 1993" gekürte *Christies*. Die Gerichte sind lecker, aber auch nicht ganz billig. Einen Kaffee, Tee oder eine Schokolade zwischendurch trinkt man im Café (auch Bäckerei) *Vor Bager* in der Fußgängerzone, Vestergade 8.

## Öffentliche Verkehrsmittel

**Bahn:** Werktags fast stündlich Regionalzüge in Richtung Ribe und Esbjerg. Die Strecke von Padborg nach Kolding erreicht man per Bus.
**Bus:** Gute Verbindung nach Løgumkloster und Kolding; außerdem regelmäßige Verbindungen nach Tinglev und Højer.

## ◆ Møgeltønder

Einen kleinen Umweg lohnt die Fahrt ins benachbarte *Møgeltønder* (ca. 4 km), dessen Name *Møgel* sich vom lateinischen *magnum* (also "groß") ableitet, denn der Ort ist älter als das heute größere Tønder. Herzstück von Møgeltønder ist die hübsche **Slotsgade**, eine vom Grafen *Schackenborg* um 1680 angelegte gepflasterte Straße, die Linden säumen. In den strohgedeckten Ziegelhäusern, heute ein denkmalgeschütztes Ensemble, wohnten damals Verwalter und Bedienstete des Schlosses. Die Slotsgade führt auf das **Schloß Schackenborg** zu. Das Schloß selbst, ehemals Møgeltønderhus und eine bischöfliche Burg, war bis zur Reformation in Kirchenbesitz. Anschließend fiel es an den König. Von diesem ging es im 17. Jahrhundert an den Militär *Hans Schack* und blieb über elf Generationen im Besitz der Familie. Die heutige Barockanlage entstand 1664. Besuchern steht leider nur der Schloßpark auf der gegenüberliegenden Seite der Dorf-

straße offen; der Schloßgarten ist privat. Seit ihrer Hochzeit leben hier der dänische Prinz *Joachim* und seine Frau *Alexandra*.

An der Slotsgade steht ein weiteres historisches Gebäude: **Møgeltønder Kirke**, die bis vor wenigen Jahren noch zum Schloß gehörte. Sie wurde um 1200 in romanischem Stil erbaut, erhielt später aber gotische und barocke Anbauten. Hier findet man eine der ältesten Orgeln Dänemarks aus dem Jahr 1679. Sie wird immer noch gespielt. Die Renaissance-Kalkmalereien in den Chorgewölben sind kürzlich liebevoll restauriert worden, der Kirchturm aus dem 15. Jahrhundert, dessen Uhr bloß einen Zeiger hat, war wie der Turm von Tønder, Wegmarke für Schiffe.

## Løgumkloster

3.100 Einwohner

Bis heute sind große Teile des **Klosters** samt Inventar erhalten, nach dem die Stadt Løgumkloster, rund 20 km von Tønder, benannt ist. Die Klosteranlage mit Kirche aus rotem Ziegelstein an der *Brede Å* wurde ab 1173 von Zisterziensern angelegt. Sie beanspruchte 150 Jahre Bauzeit, in der sich der Stil wandelte. So entstand eine Mischung aus romanischen und gotischen Elementen. Vom damaligen Gebäude sind heute allein der Ostflügel und der Kirchenraum erhalten; dieser ist wegen seiner schönen, schlichten Ziegelbauweise, die die sparsame Ausstattung hervortreten läßt, von anmutiger Schönheit. Über eine Treppe im Seitenschiff gelangt man hinaus ins sogenannte Dormitorium, den Schlafsaal der Mönche, von dem aus sie nur einen kurzen Weg zur nächtlichen Messe hatten (Kloster und Kirche ge-

*Eine weltbekannte Attraktion:*
*Die Kreidefelsen von Møns Klint*

*Stattliche Herrensitze gibt es im ganzen Land.*
*oben: Renaissanceburg Gammel Estrup*
*unten: Møllerup Gåd*

*Schloß Koldinghus*

*Hering aus der Räucherei in Herring auf Bornholm*

*Markttag in Horsens*

*Einmaliger Blick auf den Svendborgsund*

*Im Hafen von Bagenkop auf Langeland: ein Fischer bei der Arbeit.*

öffnet von Mai bis September täglich 10 - 17 Uhr, So 12 - 17 Uhr, im Winter 10 - 16 Uhr. Der Eintritt ist auch zu den Räumen mit einer übersichtlichen Dokumentation der Klostergeschichte und -organisation frei).

Seitlich des Klosterkomplexes steht das neuere Refugium (erbaut 1961 als Wohnanlage für Ältere) mit seinen 45 Zimmern und Verbindung zu den alten Klostergängen; ihm gegenüber befindet sich ein etwas ungewöhnliches Glockenspiel, das zum 800-Jahr-Fest der Stadt 1973 errichtet und König *Frederik IX.* gewidmet wurde: Mit seinen nicht weniger als 49 Glocken ist es das größte im gesamten Norden.

Um dieses kirchliche Zentrum entstand eine Stadt mit Häusern in schleswigschem Stil und einem großen Marktplatz, eingerahmt von Linden. Hier wird mehrere Male im Jahr ein großer Markt abgehalten. Heute ist der **Kloster-Mærken** (Bartholomäusmarkt) in jedem August der bekannteste.

Inzwischen ist der Alltag in Løgumkloster durch viele Kultureinrichtungen wie *folkehøjskole*, Kirchenmusikschule und Priesterhochschule geprägt.

Das **Museum Holmen**, Østergade 13, fast an der Ausfahrt der Stadt, hat wechselnde Ausstellungen. Sein Schwerpunkt liegt jedoch auf der Lokalgeschichte; gleichzeitig ist es ein Spezialmuseum für nordische Kirchenkunst und -architektur. Die Informationen zur Geschichte von Klosterwesen, moderner sakraler Kunst und Architektur sind eine ideale Ergänzung zum Klosterbesuch (geöffnet von Ostern bis Ende Oktober Di bis Sa 10 - 17 Uhr, an Sonn- und Feiertagen 14 - 17 Uhr, im Winter nur nach Anmeldung. Eintritt 10/0 DKK.)

**Tip:** Wer Zeit hat und nicht nur auf Kultur festgelegt ist, sollte einen Ausflug in die Natur der Umgebung von Løgumkloster machen: *Åved Skov* und *Draved Skov*, beides große Waldgebiete, das Tal von *Brede Å* und vor allem *Kongens Mose*, ein Moor mit einer für Dänemark sehr seltenen Hochmoorvegetation, liegen nah. Die Touristeninformation hält hierzu Tourentips bereit.

## Touristeninformation

Torvet 1, 6240 Løgumkloster, Tel. 74 74 41 65

➡ Von Løgumkloster führt die Route nun westlich über *Nybo, Bredebro, Harres* und *Randerup* durch die Marsch nach *Bådsbøl-Ballum* an der Küste, dann nach Norden über die Landstraße 419 bis *Skærbæk*, eine kleine, alte Bahnhofsstadt an der Strecke zwischen *Tønder* und *Ribe* (Touristeninformation Ribevej 4, 6780 Skærbæk, Tel. 74 75 12 33). Von hier geht es in Richtung Rømødamm zur Insel *Rømø*.

## Rømø

Ungefähr 4 km westlich vor *Skærbæk* führt ein Damm zu dieser Insel, die insgesamt nur etwa 1.000 Bewohner hat. Als "Badeinsel" mit wirklich schönen Stränden hat sie leider etwas von ihrem ursprünglichen Charakter verloren. Der Damm, gebaut 1940 bis 1948, ist gut 10 km lang und 6 m hoch. Besonders im Frühling und Herbst hat man von hier einen schönen Blick, wenn die verschiedensten Vögel im Watt zu entdecken sind.

Am Ende des Damms liegt zunächst **Nørre Tvismark**, durch das der Weg nach Lakolk im Westen zu einem schönen bis zu 800 m breiten und 10 km langen Strand führt, der allerdings hier wie in Sønderstrand mit dem Pkw befahren werden darf. Und das muß man mögen: Strandurlaub mit oder gar neben seinem Auto.

Im Ort **Toftum** im Norden Rømøs liegt der **Kommandørgården**, der Hof eines Walfängers aus dem 18. Jahrhundert. Die Fischer waren diejenigen, die ersten Wohlstand auf die Insel brachten. Das Gebäude mit einer sehenswerten Einrichtung der Zimmer, bemalten Türen und holländischen Kacheln ist heute Nationalmuseum (geöffnet Mai bis September außer Mo täglich 10 - 18 Uhr, im Oktober 10 - 15 Uhr. Eintritt 15/0 DKK).

Südlich geht es durch Heide und Plantagen zur **Kirkeby**. Die Kirche, die St. Clemens geweiht ist, stammt aus dem 16. Jahrhundert. Neben der Kanzel (1584) und dem Altar (1686) weist sie fünf Modelle typischer Rømøschiffe auf.

Weiter führt die Strecke von hier nach *Havneby*, in dessen Nähe **Ny Sommerland** liegt. Dieser Freizeitpark am Borrebjergvej, aufgebaut wie ein altes Dorf, soll mehr Touristen anlokken. Bald darauf folgt an der Landstraße **Dänemarks mechanisches Puppenmuseum** - auch einen Halt wert, weil es diese Art Spielzeug so präsentiert nur hier gibt.

Ganz im Süden von Rømø kommt schließlich der moderne Hafenort **Havneby**, ein Ort voller Sachlichkeit. Vom neuen Hafen sind täglich mehrere Überfahrten nach List auf Sylt möglich.

In den Dünen am Hafen stehen Kanonen zur Erinnerung an eine Seeschlacht zwischen Dänen und Schweden 1644. Gut 200 Jahre später sollte aus Havneby 1850 sogar ein großer Staatshafen werden, der Hamburg Konkurrenz machen sollte. Dieses Vorhaben jedoch wurde nach der dänischen Niederlage 1864 im Krieg gegen Preußen aufgegeben.

## Touristeninformation

Havnebyvej 30, Tvismark, 6791 Kongsmark, Tel. 74 75 51 30, geöffnet Juni bis August Mo bis Sa 9 - 17 Uhr, So 10 - 16 Uhr, Oktober, September, April und Mai Mo bis Fr 9 - 17 Uhr, Sa und So 10 - 16 Uhr, November bis März Mo bis Fr 9 - 17, Sa 10 - 16 Uhr.

## Übernachten

▸ **Rømø Vandrerhjem**, Lyngvejen 7, Tel. 74 75 51 88, geöffnet von Mitte März bis Anfang November.

▸ **Hotel Færgegården**, Vestergade 1-5, Havneby, 6792 Rømø, Tel. 74 75 54 32. EZ 515 DKK, DZ um 730 DKK.

▸ **Hotel Kommandørgården**, Havnebyvej 201, 6972 Mølby Rømø, Tel. 74 75 51 22. EZ ab 415 DKK, DZ ab 600 DKK. Beide Hotels haben eine gute, moderne Ausstattung.

▸ **Kommandørgårdens Camping \*\*\***, Havnebyvej, Tel. 74 75 51 22, 550 Plätze, 13 Hütten, strandnah, teils ungeschützt zum Meer und daher windig; ganzjährig geöffnet.

▸ **Lakolk Camping \*\*\***, Lakolk, Tel. 74 75 52 28, ca. 800 Plätze nahe am Strand, ist in der Hochsaison fast ständig ausgebucht, geöffnet nur von April bis Mitte September.

▸ **Rømø Familie Camping \*\*\***, Vestervej 13, Toftum, Tel. 74 75 51 54, im Norden von Rømø, ca. 4 km bis zum Wasser, mit Campingküche, Münzwaschsalon, Kiosk und renovierten Sanitäreinrichtungen; ca. 300 Stellplätze und 16 Hütten; geöffnet von April bis September.

## Öffentlicher Verkehr

**Bus:** Von der Hauptstraße von Lakolk in der Hauptsaison mehrmals täglich nach Havneby sowie hinüber aufs Festland nach Skærbæk und Åbenrå.

**Schiff:** Überfahrt von Havneby nach List auf Sylt ca. 55 Minuten (einfache Fahrt 20 DKK, Hin- und Rückfahrt pro Person 32 DKK; mit dem Auto einschließlich Insassen 200 DKK für die einfache Fahrt, 320 DKK für Hin- und Rückfahrt).

→► Auf der gut 20 km langen Strekke nach *Ribe* liegt in Höhe des Dorfs *Vester Vedsted* im Wattenmeer eine kleine Insel:

## Mandø

Das eigentliche Erlebnis beim Besuch der Insel *Mandø* ist die Überfahrt dorthin: Auf einem speziell für die Fahrten durchs Watt umgebauten Traktorbus geht es vom Parkplatz in Vester Vedsted über den gut 6 km langen Brückenweg hinüber zur kleinen Insel. Das ist allerdings nur bei Ebbe möglich, denn der Weg ist auf dem Meeresgrund angelegt. Wer unbedingt mit dem eigenen Auto fahren möchte, kann dies ein paar hundert Meter weiter nördlich über einen festen Damm, den *Låningsvej,* tun.

Mandø selbst ist nur 7,5 Quadratmeter groß und hat bloß 75 Bewohner, im Jahr 1900 waren es noch fast 2000. Knapp sieben Meter hohe Deiche schützen die Insel vor den Fluten der Nordsee, mußten ihr aber auch immer wieder nachgeben. Zuletzt wurde die Insel am 24. November 1981 zur Hälfte überschwemmt, weil beinahe alle Deiche brachen. Sie sind inzwischen erneuert worden.

Im Örtchen **Mandøby**, im Südwesten des Eilands, steht ein hübsches **Kirchlein**, das in seiner heutigen Form 1727 errichtet wurde. Es birgt als Besonderheit die Kanzel aus dem Catharinenkloster in Ribe. Ebenfalls sehenswert ist das reetgedeckte **Mandøhus**, erbaut um 1830 und seitdem, auch innen, nicht verändert.

Jetzt ist es ein kleines Museum (geöffnet von Mai bis Oktober jeweils 45 Minuten vor Abfahrt des Traktorbusses).

Im **Mandøcenter** befindet sich eine Sammlung zur Geschichte der Insel, ihrem Pflanzen- und Tierleben (geöffnet tgl. 10 - 22 Uhr). Ungewöhnlich groß ist der Bestand an brütenden Stelzvögeln und Enten - u. a. Eiderenten -, an Seeschwalben und Austernfischern. Aus Rücksicht auf sie sollten Besucher nur auf den markierten Wegen gehen und Hunde an der Leine halten.

Nördlich des Orts erinnert die kleine Mühle aus dem Jahr 1860 an die frühere Landwirtschaft auf der Insel, die heute überwiegend vom Tourismus lebt (zwar gibt es nur wenige Ferienhäuser auf der Insel, aber etwa 50.000 Tagesgäste kommen jährlich auf einen Kurztrip herüber), was dem Naturreservat schon zu schaffen macht. Darum sind Überlegungen zu begrüßen, Traktorfahrten zur "Sandwüste" (dän. "Ørkenen") **Koresand**, westlich vor Mandø, zu begrenzen. Nur so können die Seehunde auf dem Sandareal, das bei normalem Hochwasser nicht überschwemmt ist, leben und die Vögel ungestört brüten.

**Tip:** Wer etwas Zeit hat und sich rechtzeitig anmeldet, sollte unbedingt eine Inselführung mit dem örtlichen *naturvejleder* (Naturführer) verabreden. Was er zu Insel und Natur zu sagen hat, ist wissenswert - und leicht verständlich, denn er spricht auch deutsch. Telefonische Auskunft gibt es unter 74 44 61 61.

## Ribe

7.700 Einwohner

Schon einige Kilometer bevor man sie tatsächlich erreicht, ist die Stadt *Ribe* am Horizont zu sehen: Hoch ragen

die beiden markanten Türme des
Doms aus der Ebene auf. Ein Aufenthalt in der alten Handelsstadt - wenn
auch nur für einen Spaziergang von
zwei bis drei Stunden - ist gewissermaßen ein "Muß". Denn Ribe ist nicht

nur die älteste Stadt Dänemarks,
sondern auch in seiner mittelalterlichen Anlage eine der schönsten
überhaupt.

Ribe hatte schon zur Zeit der Wikinger und später im Mittelalter eine

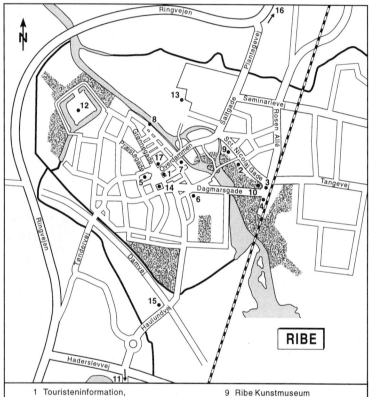

1   Touristeninformation,
    Hotel Dagmar u.
    Vægterkælderen
2   Post
3   Bahnhof
4   Busbahnhof
5   Dom (Vor Frue)
6   Kirche St. Catharinæ
7   Quedens Gård
8   Handelsschiff Johanne Dan u.
    Sælhunden

9   Ribe Kunstmuseum
10  Museum for Vikingetid
11  Vikingecenter u.
    Wikingermarkt
12  Ruine Schloß Riberhus
13  Ribe Vandrerhjem
14  Den gamle Arrest
15  Ribe Byferie
16  Ribe Campingsplads
17  Restaurant Weis' Stue

große Bedeutung als Königsresidenz, Handels- und Hafenstadt, als es noch unmittelbar an der Küste lag. In Ribe baute Ansgar, der "Apostel des Nordens", 860 die erste Kirche Dänemarks, und in Hochzeiten gab es hier sieben Kirchen und vier Klöster. Übrig geblieben sind davon heute der Dom, St. Catharinæ und das ehemalige Dominikaner-Kloster. Die alte mittelalterliche Tradition, nach der an jedem Abend um 22 Uhr ein Wächter durch die Straßen der Stadt zieht, wird ebenfalls weiter gepflegt (von Anfang Mai bis Mitte September, von Juni bis August auch um 20 Uhr. Treffpunkt hinter dem Dom vor dem Wirtshaus *Weisø stue*).

Mit dem Bau des **Doms** (*Vor Frue*, dt. Liebfrauen) und seiner fünf Kirchenschiffe im Zentrum der Stadt ist schon vor 1134 begonnen worden, doch erst gut hundert Jahre später, 1225, war er beendet. Die lange Bauzeit drückt sich in den vielen verschiedenen Stilen aus, die das Gotteshaus aufweist: Die Rundbögen der Fenster im ältesten Teil sind romanisch, die Spitzbögen schon gotisch und der quadratische Turm aus dem 13. Jahrhundert, der gleichzeitig der Verteidigung diente, ist rein gotisch. Spuren der Kriege gegen die Schweden sind an mehreren Stellen des Bauwerks zu sehen.

Neben vielen Grabsteinen in den Seitenschiffen, darunter der vom Bischof *Ivar Munk*, dem letzten katholischen Bischof von Ribe. Er starb 1530, und schon 1535 wurde die Kirche gezwungen, alle Gegenstände aus Edelmetall abzuliefern; sogar von vergoldeten Bronzegeräten mußte das Gold abgekratzt werden. Mit der Reformation war das Ende des katholischen Glanzes dann 1536 endgültig da. Als erster Protestant bekleidete der dänische Reformator *Hans Tav-*

Am Marktplatz

*sen*, ein Schüler Martin Luthers, von 1541 bis 1561 das Amt des Bischofs von Ribe.

Auffallend ist die grelle Farbenpracht im Chorraum: Er ist sehenswert dank der modernen Mosaiken und Malereien, ausgeführt von *Carl Henning Pedersen* in der Zeit von 1982 bis 1987. Kein Wunder, daß sie anfangs für entzweienden Gesprächsstoff unter den Bewohnern Ribes sorgten, denn zusätzlich zu ihrer auffallenden Gestaltung ist der noch lebende Künstler als "bekennender" Atheist bekannt gewesen.

Inzwischen aber ist sein Werk akzeptiert und wird als die "Begeisterung eines Suchenden für die göttliche Natur" betrachtet. Die sieben Glasmosaiken im Chor stellen biblische Motive dar, darunter "Himmelfahrt" und "Jakobsleiter". Das Chorgestühl selbst stammt aus der Zeit um 1500, das Taufbecken aus dem 15. und die Kanzel aus dem 16. Jahrhundert.

Die Motive an der Decke aber, so Pedersen, wolle er nicht erklären, das solle jeder Kirchenbesucher selbst versuchen.

Nicht scheuen sollten Besucher sich vor dem Aufstieg zum 50 m hohen Kirchturm mit seinen fast 250 Stufen. Wer diesen erklimmt, hat eine einzigartige Aussicht über die alte Stadt Ribe, doch auch hinüber zur Nordsee, zum Wattenmeer und bei gutem Wetter sogar bis zu den Industrieschornsteinen von Esbjerg im Nordwesten. Die Glocken des Doms spielen um 8, 12, 15 und 18 Uhr (Dom geöffnet im Winter werktags von 11 - 15 Uhr, sonn- und feiertags 13 - 15 Uhr; von Juni bis August 10 - 18 Uhr bzw. 12 bis 18 Uhr).

Geht man an der - vom Hauptportal aus gesehen - rechten Seite des Doms entlang zum Südquerhaus, kommt man zum alten Eingang **Kathoveddøren**, was wörtlich übersetzt "Katzenkopftür" heißt. Sie hat ihren Namen nach dem bronzenen Türgriff aus dem 13. Jahrhundert, auch wenn er genau genommen einen Löwenkopf darstellt. Über dieser "Katzenkopftür" ist eines der Hauptwerke der romanischen Granitskulpturen in Jütland zu sehen, eine feierliche Darstellung der Kreuzabnahme. Die Inschrift lautet: "Der König stirbt. Die Liebe trauert, der Sünder betet." Das Giebeldreieck darüber ist eine Ergänzung aus der ersten Hälfte des 13. Jahrhunderts und zeigt das Himmlische Jerusalem.

Im Schatten des Doms liegen, nur fünf Gehminuten entfernt, die Kirche **St. Catharinæ** und das dazugehörige **Kloster**; beide stammen aus dem Jahr 1228. Sie gelten in ihrer Anlage als Dänemarks schönster Komplex dieser Art (geöffnet täglich von 10 - 12 Uhr und 14 - 16 Uhr Uhr).

Geht man von der rückwärtigen Seite des Domes über den kleinen Platz vor dem alten Haus mit der Touristeninformation in den Overdammen, steht an der Ecke zur kleinen Gasse Sortebrødregade der alte **Quedens Gård**, ein vierflügeliger Kaufmannshof aus der Zeit um 1580. Sein Bauzustand ist erstaunlich, auch dann noch, wenn man bedenkt, daß das Hauptgebäude zweihundert Jahre jünger ist. Der Hof steht fast so da, wie sein Besitzer ihn Anfang des vorigen Jahrhunderts verließ. Eine Sonderausstellung widmet sich Ribe im Mittelalter, ansonsten gibt es Wohnungseinrichtungen aus diversen Epochen (geöffnet Juni bis August täglich 10 - 17 Uhr; September, Oktober, März bis Mai Di - So 11 - 15 Uhr; November bis Februar nur 11 - 13 Uhr. Eintritt 10/3 DKK).

Nur wenige Schritte entfernt liegt links am Flüßchen *Ribe Å* die Straße *Skibbroen*, der alte Schiffslandeplatz mit einem Nachbau des **Handelsschiffs "Johanne Dan"** aus dem Jahr 1867. Ein Stückchen weiter steht Ribes Sturmflutsäule; sie zeigt den

Hochwasserpegel der Sturmfluten zwischen 1634 und 1911.

Zurück auf dem Overdammen und dann über den Nederdammen stadtauswärts kommt an der nächsten Kreuzung die Sct. Nicolaj Gade. Im Haus Nummer 5, das aus dem Jahr 1864 stammt, befindet sich das **Ribe Kunstmuseum**. Es legt seinen Schwerpunkt auf Kunst der dänischen Klassik, darunter Werke von _Jens Juel, Christian Købke_ und _Michael Ancher_ (geöffnet von Mitte Juni bis Mitte September 11 - 16 Uhr, sonst 13 - 16 Uhr. Eintritt 10/0 DKK).

Die musealen Anstrengungen Ribes liegen jedoch ganz ohne Frage bei der berühmt-berüchtigten Vergangenheit der Stadt als Wohnort der Wikinger. In keiner Stadt Dänemarks ist diese Phase der Geschichte so gut dokumentiert wie hier. Neuestes und größtes Projekt - nur ein paar Minuten über die Sct. Nicolaj Gade vom Kunstmuseum entfernt - ist das im Juni 1995 eingeweihte große **Museum for Vikingetid**, vis à vis vom Bahnhof am Odins Plads in einem ansprechenden neuen Bau.

Alles zum Thema Wikinger bisher gewonnene Wissen ist hier gebündelt und wird in einmaliger Form für die Besucher lebendig vermittelt. Durch einen Ausstellungsgang wandelt man zuerst durch eine informativ aufbereitete Ausstellung über die Wikingzeit und kommt dann in eine sogenannte "Erlebnishalle", in der ein Lager- und Siedlungsplatz der "Urdänen" originalgetreu nachgestellt ist. Mittelpunkt des Raums ist ein Schiff, das im Wasser liegt. Drumherum sind Szenen nachgestellt, in denen Wikinger (als Puppen) arbeiten und leben. Geräusche und Gerüche vermitteln den Eindruck, als wäre man selbst mitten im Geschehen.

In der ersten Etage mischt sich in einem mystischen Multi-Media-Raum moderne Elektronik mit alter Götter-

Im Wikingercenter

vorstellung: Ein Bildschirm symbolisiert "Odins Auge", mit dessen Hilfe sich die Zeitgenossen audio-visuell an verschiedene Schauplätze der Vergangenheit zurückversetzen können. Ein bißchen Spielerei ist sicher dabei, doch der Lerneffekt ist nicht als gering zu achten.

Der weitere Weg führt dann durch das Mittelalter - ebenfalls durch eine "Erlebnishalle" anschaulich gemacht - und einen Informationsgang zurück in die Gegenwart (geöffnet in der Hauptsaison täglich 10 - 17 Uhr, sonst voraussichtlich Di - So 11 - 15 Uhr. Eintritt ca. 30/15 DKK).

Allen, die dann immer noch nicht genug über das Leben der Wikinger wissen, empfiehlt sich eine Fahrt ins nahe Lustrupholm, knapp 3 km südlich von Ribe. Dort, am Lustrupvej 4, werden im ebenfalls erst im Sommer 1995 eröffneten **Vikingecenter** Alltag und Leben nachempfunden. Bis zu 200 Menschen leben hier den Sommer über wie ihre Vorfahren auf einem Areal, das in drei Teile gegliedert ist. Da soll zuerst Ribes älteste Straße *Sct. Nicolaj Gade* in ihrem Zustand um das Jahr 720 nachgestellt werden (Hütten und Zelte der Wikinger sind mit originalen Materialien und Grundrissen gebaut). Daneben wird ein größeres Landhaus, das *Viding*-Haus - das aber erst 1997 fertig sein wird - errichtet; und später soll sogar eine Anlage entstehen, auf der z. B. Schüler die Möglichkeit haben werden, eine Woche so zu leben wie die Wikinger, abgeschlossen von außen und ohne Beobachtung durch Touristen. Komplett fertig soll das *Vikingecenter* um das Jahr 2000 sein. Ein Ausflug dorthin lohnt unbedingt, und wer nach einem Blick in das Haus eines Schmieds oder einer Stoffärberfamilie genug von der Vergangenheit hat, kann im kleinen Café zurück in die Gegenwart finden.

Vorzumerken ist besonders das erste Wochenende im Mai. Denn dann findet zusätzlich zum "Alltag" ein großer **Wikingermarkt** (*Vikingemarked*) statt - eine Gelegenheit, einzukaufen und zu feilschen wie die Urväter. Schon beim Auftakt 1995 kamen an die 5.000 Schaulustige.

## Touristeninformation

Torvet 3-5, 6760 Ribe, Tel. 75 42 15 00, geöffnet 15. Juni bis 31. August Mo - Fr 9 - 17.30 Uhr, Sa 9 - 17 und So 10 - 13 Uhr; September, Oktober, April bis Juni Mo - Fr 9 - 17 Uhr, Sa 10 - 13 Uhr; November bis März Mo - Fr 9.30 - 16.30, Sa 10 - 13 Uhr.

**Tip:** Von der Skibbroen kann man zwischen Mai und September mit der Fähre *M/F Riberhus* zur Meeresschleuse an der Nordsee fahren; die Fahrt dauert rund 45 Minuten.

## Übernachten

▶ **Ribe Vandrerhjem**, Sct. Pedersgade 16, Tel. 75 42 06 20, ganzjährig geöffnet.

▶ **Hotel Dagmar**, Torvet 1, Tel. 75 42 00 33, guter Standard in absoluter Toplage direkt am Dom. DZ ca. 600 bis 700 DKK, mit Frühstück.

▶ **Den gamle Arrest**, Torvet 11, Tel. 75 42 37 00. Ein seltenes Erlebnis: Als das Gefängnis Ribes vor einigen Jahren geschlossen wurde, kaufte eine private Investorin das Haus und richtete ein Hotel ein. Jetzt kann man in den elf ehemaligen Zellen übernachten. DZ ab 440 DKK, Familienzimmer bis fünf Personen 640 DKK, mit Frühstück.

**Tip:** Eine Alternative zu Hotels und Sommerhäusern ist seit neuestem das Angebot von Stadtferien. *Ribe Byferie* bietet Ferienwohnungen in Stadtnähe zu Preisen ab ca. 2.000 DKK pro Woche an (Tel. 79 88 79 88). Auch in Kolding und Åbenrå ist dies möglich.

▶ **Ribe Byferie**, Damvej 34, Tel. 75 41 14 07, eine erst 1995 eröffnete Anlage mit stadtnahen Ferienwohnungen, die für 4, 6 oder 7 Personen ausgelegt sind. Die Mindestaufenthaltsdauer beträgt drei Nächte, doch angesichts der Attraktionen in Ribe und Umgebung ist das nicht zuviel. Die Wohnungen sind komplett eingerichtet, kochen muß man selbst. Bis zum Ortskern sind es nur 10 Gehminuten. Vier-Personen-Wohnung in der Vorsaison 1.600 DKK, in der Hauptsaison 3.850 DKK.

▶ **Ribe Campingplads \*\*\***, Farupvej, Tel. 75 42 08 87, liegt etwas nördlich vom Zentrum in recht naturnaher Umgebung, rund 200 Plätze, dazu Wohnwagen und Vermietung von 16 Hütten; ganzjährig geöffnet.

## Essen und Trinken

Ein altes Restaurant mit angenehmer Atmosphäre ist *Weis' Stue* am Torvet 2, das gar nicht mal so teuer ist. Ebenfalls dänisch essen kann man im *Sælhunden*, Skibbroen 13. Auch hier sind die Preise angemessen. Im Restaurant *Dagmar*, das zum gleichnamigen Hotel - dem ältesten in Dänemark, erbaut 1581 - gehört, sind die Fischmenüs empfehlenswert. Freitags und samstags gibt es außerdem Musik und Tanz, nur im Hochsommer leider nicht. Unten im Keller vom *Vægterkælderen*, halb Kneipe, halb Pub, wird vor allem dänisches oder englisches Bier getrunken.

Wer einen kleinen Ausflug, z. B. per Rad, nicht scheut, dem sei zudem das Restaurant *Kammerslusen* empfohlen, ca. 5 km vom Zentrum an der Schleuse von *Ribe Å* zum Meer.

## Öffentlicher Verkehr

**Bahn:** Regionalzüge nach Tønder und Esbjerg, an Wochentagen jede Stunde.

**Bus:** Zur Insel Mandø, außerdem nach Rødding und Haderslev.

━▶ Von *Ribe* sind es gut 30 km über die Straße 24 durch flaches Ackerland bis in die nächste Stadt:

# Esbjerg

72.000 Einwohner

Die fünftgrößte Stadt Dänemarks ist eine der jüngsten: Erst 1868, also nachdem Südjütland an Preußen gefallen war, am Staatshafen angelegt, hat sie heute den größten Fischereihafen des Landes. Dort liegen noch rund 220 Trawler, die jährlich an die 600.000 Tonnen Fisch anlanden. Eine beeindruckende Entwicklung! Jeden Morgen um sieben Uhr ist Fischauktion in der 255 m langen, nicht übersehbaren Auktionshalle, wo auch Touristen reinschauen können. Daran, daß auch in unserem Jahrhundert die Seefahrt noch kein berechenbares Risiko ist, erinnnern im **Fiskernes Mindelund** die in Stein gehauenen Namen von 500 Fischern, die seit 1900 ihr Leben im Kampf mit dem Meer verloren haben.

Aber auch für die moderne Industrie ist Esbjerg interessant. Die Versorgungsschiffe für die dänische Erdöl- und Gasgewinnung aus der Nordsee, die von hier in Richtung der Plattformen fahren, liegen im Østerhavn. Daß man vom Englandkai mit der Fähre nach Großbritannien, aber auch nach Torshavn auf den Färöer Inseln und Bergen in Norwegen übersetzen kann, trägt ebenfalls entscheidend zur Bedeutung der Stadt bei; auch viele Exportprodukte aus der Landwirtschaft gehen von hier nach Großbritannien. Ein Gang durch die weite Hafenanlage mit Docks, Containerhafen und Fischereihafen lohnt sich allemal.

Geht man am Hjertingsvej entlang, an dem auch der *Fiskernes Mindelund* liegt, kommt man zu den Kriegsgräbern der Alliierten zur Gedenkstätte Gravlund. Weil Esbjerg im Zweiten Weltkrieg in Zusammenhang mit der Errichtung des Westwalls einer der Hauptstützpunkte der deutschen Besatzer war, griffen die Alliierten bei Kriegsende die Stadt mit Bombern an und zerstörten sie teilweise. Die gefallenen Soldaten wurden im Gravlund beigesetzt.

Weiter an der Uferstraße entlang, liegt am Tarphagevej das **Fiskeri- og Søfartsmuseum**. Es vermittelt einen guten Einblick in die Fischerei- und Seefahrtgeschichte Dänemarks. Dazu gehört das *Saltvandsakvarium*, wo alle Fischarten (ca. 50) zu sehen sind, die in dänischen Salzgewässern heimisch sind. Im Freien befindet sich das *Sælarium* mit Seehunden, die um 11 Uhr und 14.30 Uhr gefüttert werden. Seit 1989 ist auch eine Ausstellung mit u. a. Fischerbooten und einem deutschen Bunker aus dem Zweiten Weltkrieg zu sehen (geöffnet täglich 10 - 16 Uhr, von Juni bis August bis 18 Uhr. Eintritt 40/20 DKK).

Nahe der Fanø-Fähre an der *Nordre Mole* liegt das Museumsschiff **Motorfyrskib Nr. 1**, das größte erhaltene Leuchtturmschiff der Welt. Es wurde noch bis 1988 eingesetzt. Schiffe wie dieses wiesen in früheren Zeiten den sicheren Weg durch die strandnahen Gewässer. Eine Ausstellung auf dem Schiff zeigt, wie die Arbeit an Bord ablief (zu besuchen täglich 10 - 16 Uhr vom 15.5. bis 23.10. Eintritt 10/5 DKK).

Der **Esbjerg Kunstpavillon** in der Havnegade 20 versammelt dänische Malerei und Skulpturen nach 1920, wie die namenlose Stahlskulptur von *Robert Jacobsen* vor der Kunsthalle im Stadtpark (geöffnet täglich 10 -

17 Uhr. Eintritt 20/10 DKK). Funde aus der Umgebung und Bernstein zeigt das **Esbjerg Museum** (Vestjyllands Ravmuseum) in der Nørregade 25. Neben einem festen Bestand an Ausstellungsstücken zur Stadtgeschichte, darunter zur Einrichtung typischer Wohnungen, wartet es mit wechselnden Ausstellungen auf (geöffnet außer Mo täglich von 10 - 16 Uhr. Eintritt 20/10 DKK).

Zur gleichen Zeit hat auch ein Kleinod der Stadt geöffnet, das **Bogtrykmuseum** in der Borgergade 5. Es ist als mittelgroße Buchdruckerei eingerichtet und überliefert 500 Jahre dänischer Buchherstellungskunst. Ab und an wird - für Besucher - an den Druckmaschinen tatsächlich noch gearbeitet (Eintritt 10 DKK).

Das älteste Gebäude Esbjergs ist die romanische **Jerne Kirke**, erbaut um 1150 (geöffnet Mo bis Fr 9 - 12 Uhr). Einen Besuch wert ist auch **Bryndum Kirke**, deren Turm einst als Seemarke diente. In ihrem Innern sind Kalkmalereien erhalten.

## Touristeninformation

Skolegade 33, 6700 Esbjerg, Tel. 75 12 55 99, geöffnet von Mitte Juni bis Ende August Mo - Sa 9 - 17 Uhr; sonst Mo - Fr 9 - 17 Uhr, Sa 9 - 12 Uhr.

**Tip:** Es lohnt sich, in der Touristeninformation den sogenannten *Esbjerg Paß* (90/45 DKK) zu kaufen, mit dem der Eintritt in fast allen Museen frei ist.

## Übernachten

▸ **Vandrerhjem**, Gl. Vardevej 80, Tel. 75 12 42 58, geöffnet 1.2. - 20.12.

▸ **Ansgar Hotel**, Skolegade 36, Tel. 75 12 82 44, Haus am Bahnhof in Stadtmitte mit rund 60 gut ausgestatteten Zimmern, passables Essen.

EZ ca. 325 - 475 DKK, DZ 520 - 620 DKK, mit Frühstück.

▸ **Hotel Britannia**, Torvet, Tel. 75 13 01 11, ein zweckmäßiger Bau, zwar nicht besonders schön, dennoch sind die 80 Zimmer wohnlich

eingerichtet. DZ ca. 665 DKK, mit Frühstück.

▸ **Sjelborg Camping \*\*\***, Sjelborg Strandvej 11, 6710 Esbjerg Vest, Tel. 75 11 54 32, hat 500 Plätze, dazu 14 Hütten. Minigolf, Tennis und Ba-

ESBJERG

| | | |
|---|---|---|
| 1 Touristeninformation | 10 Krankenhaus | 13 Motorfyrskib Nr. 1 |
| 2 Post | 11 Auktionshalle | 14 Esbjerg Kunstpavillon |
| 3 Polizei | 12 Fiskernes Mindelund, | 15 Esbjerg Museum |
| 4 Bahnhof | Fiskeri- og Søfartsmuseum, | 16 Bogtrykmuseum |
| 5 Busbahnhof | Saltvandsakvarium, | 17 Jerne Kirke |
| 6 Fischereihafen | Sælarium, | 18 Vandrerhjem u. |
| 7 Osthafen | Bryndum Kirke, | Strandskovens Camping |
| 8 Englandkai | Sjelborg Camping u. | 19 Ansgar Hotel |
| 9 Sportbothafen | Golfplatz | 20 Hotel Britannia |
| | | 21 Skræntens Cykeludlejning |

destrand; geöffnet von Mitte April bis Mitte September.

▸ **Strandskovens Camping \*\*\***, Gamle Vardevej 75, Tel. 75 88 00 71, liegt näher zum Zentrum als Sejlborg Camping, ist mit ca. 170 Plätzen aber kleiner.

## Essen und Trinken

Eine Mischung aus britischem Ambiente und dänischer Gemütlichkeit versucht der *Underground Pub*, der die längste Theke Esbjergs hat. In Chesterfield-Möbeln und beim Kaminfeuer kann es schon mal ausgelassen zugehen (geöffnet außer So täglich von 16 - 2 Uhr). Eine andere Anlaufstelle der Esbjerger ist *Café Biografen*, das neben Kaffee und Bier auch kalte und warme Gerichte anbietet. Es ist da natürlich weitaus "kostengünstiger" als im ersten Restaurant am Platze mit seiner reichen Auswahl an Fischgerichten, von Rotzunge bis Kaiserhummer: *Restaurant Brasseriet*, das jeden Tag von 11.30 bis 24 Uhr geöffnet ist.

## Freizeit und Sport

Wer Radfahren möchte - gute Karten gibt es beim Touristenbüro - aber keines mithat, kann beim *Skræntens Cykeludlejning*, Skrænten, Kirkegade, Tel. 75 45 75 05, ein Rad ausleihen.

Etwa 15 km vom Zentrum entfernt ist der Golfplatz des *Esbjerg Golfclub* mit 18 Löchern (Sønderhedsvej 11, Marbæk, Tel. 75 26 92 19). Wer nicht bis ans Meer fahren will, kann auch im Freibad *Guldagerbadet*, Præstemarksvej 43, baden.

## Post

Die Hauptpost liegt am Marktplatz, Torvet 20 (geöffnet Mo bis Fr 9 - 17 Uhr, Sa 9 - 12 Uhr).

## Wichtige Adressen und Telefonnummern

*Notruf:* 112
*Polizei:* Politigården (Hauptwache), Kirkegade 76, Tel. 75 12 46 66
*Arzt:* Amtskrankenhaus, Gl. Vardevej 101, Tel. 75 45 46 77 (Bereitschaftsdienst)
*Zahnärztliche Bereitschaft:* Tel. 75 18 02 16 (So und feiertags)

## Öffentlicher Verkehr

**Bahn:** *IC* der *DSB* vom Bahnhof im Zentrum werktags alle zwei Stunden direkt in Richtung Kopenhagen, Regionalzüge werktags stündlich nach Fredericia und Tønder (DSB, Tel. 75 12 33 77).
**Bus:** Vom Busbahnhof, gleich am Bahnhof gelegen, Verbindungen in Richtung Nordseeküste nach Blåvand und Oksbøl werktags regelmäßig, an Wochenenden eingeschränkt. Expreßbusse nach Århud, Sønderborg und Frederikshavn.
**Schiff:** Fanø-Fähre zur Insel *Fanø* vor Esbjerg (20 Minuten Überfahrt, mehrmals täglich, pro Person 20 DKK, mit dem Auto 150 DKK).

Vom Englandkai mit der Fähre in Richtung Großbritannien (Harwich und Newcastle; Überfahrtszeit 20 Stunden, Preise für Pkw ca. 1500 DKK. Ferner nach Torshavn auf den Färöer Inseln (37 Stunden, pro Person Hin- und Rückfahrt ca. 2.800 DKK, Pkw 4.800 DKK) und Bergen in Norwegen (und von dort ebenfalls weiter nach den Färöer; nur von Anfang Juni bis Anfang September, ca. 58 Stunden).
**Flug:** Vom Flughafen Esbjerg, John Tranumsvej (Tel. 75 16 02 00), sieben Flüge täglich nach Kopenhagen; Busverkehr zum und vom Flughafen im Stundentakt.
**Taxi:** Rund um die Uhr zu erreichen unter 75 14 45 00.

# ◆ *Fanø*

Die Insel im Südwesten von Esbjerg wird gerne als "grüne Ferieninsel Nr. 1" charakterisiert, und dementsprechend voll ist es natürlich hier auch im Sommer. Dennoch ist der 18 km lange Sandstrand an der Nordsee eine einzige Einladung zum Baden, insbesondere für Kinder.

Kommt man mit der Fähre von Esbjerg, gelangt man zuerst nach **Nordby**, eine alte Seefahrerstadt mit kleinen Gassen und Vorgärten. Sie ist Zentrum des Lebens auf der Insel, gleichermaßen für die Inselbewohner und ihre Gäste. Hier befindet sich das **Fanø Museum**, untergebracht in einem 300 Jahre alten Haus mit entsprechendem Interieur (geöffnet von Anfang Juni bis Mitte September werktags 10 - 13 Uhr; von Juli bis Mitte August 10 - 12 und 14 - 17 Uhr). In der alten **Seefahrtskirche**, erbaut 1786, sind viele Schiffsmodelle zu sehen. Ebenso interessant wie diese ist die Gestaltung des Gotteshauses: Der Altar nämlich steht an der Längsseite des Kirchenschiffs, ein Chorraum fehlt.

Im Süden von Fanø liegt das schöne Dorf **Sønderho** mit seinem Wahrzeichen, der einhundert Jahre alten Mühle. Sie trägt zur nostalgischen Atmosphäre bei wie auch die vielen kleinen strohgedeckten Häuser. Das ehemalige Gasthaus, **Sønderho kro**, ist etwa 300 Jahre alt und **Hennes hus** das am besten erhaltene traditionelle Haus mit der typischen Einrichtung, wie es sie in den Wohnungen der Seefahrer gab. Bis 1965 war das Haus bewohnt, jetzt ist es im Sommer täglich von 15 bis 17 Uhr für Besucher geöffnet.

Fährt man nun die Straße an der Nordseeküste entlang, kommt man zurück nach Nordby.

## Touristeninformation

*Fanø Turistbureau,* Havnepladsen, Nordby, 6720 Fanø, Tel. 75 16 26 00, geöffnet im Juni Mo bis Fr 8.30 - 17.30 Uhr, Sa 8 - 19 Uhr, So 8 - 17 Uhr; Juli und August Mo bis Fr 8 - 17.30 Uhr, Sa 8 - 19 Uhr, So 8 - 17 Uhr; sonst Mo bis Fr 8.30 - 17.30 Uhr, Sa 9 - 13 Uhr.

Neben Informationsmaterial zum Freizeitangebot, u. a. zu Wanderungen, vermittelt das Büro auch Zimmer und Ferienhäuser.

## Übernachten

▸ **Kromanns Hotel**, Sønderland 7, Sønderho. Tel. 75 16 44 45, geöffnet nur von April bis Dezember, gemäßigtes Preisniveau; 7 Zimmer und 3 Ferienwohnungen. EZ um 500 DKK, DZ bis 1.000 DKK.

▸ **Sønderho Ny Camping \*\*\***, Postvejen, Sønderho. Tel. 75 16 41 44, einfach ausgestattet, doch am Wasser gelegen, 75 Plätze, 2 Hütten, ganzjährig geöffnet.

▸ **Feldberg Strand Camping \*\*\***, im Ferienort Rindby, Tel. 75 16 24 90, ca. 90 Plätze liegen nur wenige Meter vom Meer entfernt; Einkaufsmöglichkeit; geöffnet von April bis Oktober.

## Freizeit und Sport

Der Platz des *Fanø-Golfklub* mit 18 Löchern liegt direkt in den Dünen (Fanø-Vesterhavsbad, Telefonnummer 75 16 26 00).

## Öffentlicher Verkehr

Auf der Insel verkehren von Mai bis September halbstündlich Busse, im Winter stündlich (Verkehrsauskunft unter Tel. 75 16 40 10).

━► Von *Fanø* geht es zurück auf die Route 1, die von *Esbjerg* über die Hauptstraße 12 nach *Varde* führt.

# Varde

12.000 Einwohner

Diese kleine Stadt, die im Mittelalter große Bedeutung als Handelsstadt besaß und 1442 die Rechte als Stadt erhielt, ist nicht nur im Original zu besichtigen; einen noch besseren Überblick bietet ihr Modell im Maßstab 1:10, das man als kleine Stadt in *Minibyen* in der Arnbjerg Anlægget (Parkanlage) - wo auch ein Freilufttheater und eine Gedenkstätte für im Freiheitskampf Gefallene liegen - findet. Nachgebaut ist ihr noch mittelalterlicher Bauzustand, wie er um das Jahr 1800 noch war, von dem heute nach mehreren Bränden nichts geblieben ist. Ganz in der Nähe an der *Varde Å* ist das neue Touristenziel **Varde Sommerland**, ein Spiel- und Spaßzentrum für Jung und Alt (→ Freizeit und Sport).

Das kulturhistorische **Museum von Varde** im Lundvej 4 beherbergt u. a. eine Sammlung von hier gearbeitetem Silber. Auch die Wohnungseinrichtung einer örtlichen Kaufmannsfamilie und die lokale jütische Keramik lohnen einen Blick (geöffnet von Mai bis August täglich 14 - 17 Uhr; September bis April täglich 14 - 17 Uhr. Eintritt 15/5 DKK).

Am Marktplatz liegen Bürgerhäuser aus dem 18. Jahrhundert; besonders hervorzuheben ist **Kampmannske Gård** im Stil *Louis XVI.*, an der Ecke von Storegade zu Krømmergade. Die **Sct. Jacobi Kirke** schmückt sich mit einem Taufbecken aus dem Jahr 1437 und einem Altar aus dem Jahr 1616.

## Touristeninformation

Torvet 5, 6800 Varde, Tel. 75 22 07 30, geöffnet von Mitte Juni bis Ende August Mo - Sa 9 - 17 Uhr, sonst Mo bis Fr 9 - 16 Uhr und Sa 9.30 - 12.30 Uhr.

## Freizeit und Sport

*Varde Sommerland* bietet auch etwas bei schlechtem Wetter, denn hier ist alles unter einem Dach: viel Wasser, Rutschen, Solarium und vieles mehr (Gellerupvej 49, Tel. 75 22 03 55, geöffnet im Sommer täglich 10 - 18 Uhr). Das *Schwimmbad* in Varde kann mit 60-m-Wasserrutsche, Babybecken u. a. ebenfalls für die ganze Familie etwas bieten (Lerpøtvej 55, Tel. 75 21 04 02, geöffnet in der Regel von 13 - 21 Uhr).

━► Route 1 führt jetzt ca. 30 km über die Landstraße 431 in Richtung des westlichsten Punkts Dänemarks, **Blåvands Huk**. Sein Wahrzeichen ist der 39 m hohe Leuchtturm (erbaut 1900), der die Schiffer vor *Horn Rev*, einer 40 km in die Nordsee hinausgreifenden Sandbank, warnte. Der Turm ist für Besucher offen.

# Im Norden von Varde

Die Natur an diesem Küstenabschnitt ist vielfältig; im Süden liegt die Sandhalbinsel *Skallingen*, in Richtung Norden zieht sich eine Strand- und Dünenlandschaft mit Heide- und Waldgebieten im Hinterland.

Allerdings ist dieser Landstrich auch einer der zersiedeltsten in Dänemark: Zwischen *Blåvand, Vejers Strand, Henne Strand* und *Nymindegab* am *Ringkøbing Fjord* sind so viele Ferienhäuser, Hotel- und Wohnkomplexe, aber auch Einkaufs- und Vergnügungsmöglichkeiten wie Cafés und Diskotheken versammelt, wie

vielleicht sonst nirgendwo in Dänemark. Natürlich ist es im Sommer hier
besonders voll - aber auch besonders schön an den langen, breiten
Stränden.

Die Küste ist hier, wie in ganz
Westjütland, im Zweiten Weltkrieg von
den deutschen Truppen stark befe-
stigt worden, so daß man bis heute
im Sand die Bunker sieht. Die erst
1944 erbaute **Tripitz-Stillingen** nahe
dem Ort Ho ist als Museum eingerichtet und zeugt von den Untaten
der Besatzer; ebenso der Friedhof bei
*Orksbøl* nahe der *Ål Kirke*, auf dem
Flüchtlinge aus deutschen Ostge-
bieten begraben liegen, die kurz nach
dem Zweiten Weltkrieg hier in einem
Lager interniert waren (Museum geöffnet im Juni Sa und So 15 - 17 Uhr,
im Juli und August täglich 14 -
17 Uhr).

## Übernachten

▸ **Vandrerhjemmet Solfang**, Strandvejen 458, 6854 Henne, Tel.
72 25 50 75, von Juni bis August geöffnet.

▸ **Hvidbjerg Strand Camping \*\*\*\***,
Hvidbjerg Strandvej 27, 6857 Blåvand, Tel. 75 27 90 40, unmittelbar
am Meer gelegen, dennoch vor Wind
geschützt. Café und Restaurant, außerdem ein Freizeitbad, das *Tropeland*.

▸ **Vejers Strand Camping \*\*\***, Syd-
vej 63, 6853 Vejers Strand, Tel.
75 27 70 50, fast unmittelbar am Meer
gelegen, dabei noch recht ruhig und
kinderfreundlich; seine gut 500 Plätze
sind in der Hochsaison allerdings
meist belegt; geöffnet von April bis
September.

## Freizeit und Sport

*Blåvandshuk Aktivitetscenter,* Hvidbjerg Strandvej 1, Tel. 75 27 82 87,

kann von Squash über Badminton bis
zu Tennis fast alle Sportarten abdek-
ken. Unweit findet man am Strandvejen 27 das Freizeitbad *Tropeland*,
das ganzjährig schönes Wetter be-
schert. Hier ist Schwimmen, Wellen-
baden und ähnliches möglich (Tel.
75 27 90 40).

Trotzdem aber ist dem Baden im
Meer nichts vergleichbar! Da lohnt es
auch, ein paar Meter weiterzugehen,
um eine ruhige "Kuhle" in den im
Sommer doch gut frequentierten Dünen zu finden.

➡▸ Zwischen den Orten *Henne* und
*Nørre Nebel* liegt meerwärts die Wald-
und Heideschonung **Blåbjerg Plantage**, die zu ruhigen Spaziergängen
oder, wie die ganze Gegend hier, zu
Radtouren einlädt und von ihrem
höchsten Punkt **Blåbjerg** (67 m), einer Wanderdüne, einen einmaligen
Blick sowohl auf die See wie nach
*Esbjerg* im Süden oder *Ringkøbing* im
Norden freigibt.

# Nørre Nebel

Der Ort selbst ist eigentlich nur für
Urlauber zum Einkaufen interessant,
durch seine Lage im Landesinnern
aber ist er eine Art Knotenpunkt: Von
hier kommt man über die Hauptstraße 423 nach Tarm und Skjern im
Nordosten und weiter über die Straße
181 nach *Nymindegab* und *Hvide
Sande* im Norden bzw. Nordwesten.

## Touristeninformation

Bredgade 57, 6830 Nørre Nebel, Tel.
75 28 86 70, geöffnet im Juli und August Mo bis Sa 9 - 17 Uhr, sonst Mo
bis Fr 9 - 16 Uhr und Sa 10 - 13 Uhr.

## Nymindegab

Dieser kleine Ort, 8 km nordwestlich von Nørre Nebel, liegt etwa 30 km von Varde mitten im Feriengebiet zwischen Nordsee und Fjord. Besonders schön ist es, von hier zum Vogelschutzgebiet auf der Halbinsel **Tipperne** im *Ringøbing Fjord* zu wandern; es ist mit seiner Forschungsstation und einem Beobachtungsturm jedoch nur eingeschränkt für Besucher zugänglich. Im hohen Schilf und Röhricht machen hier seltene Vogelarten Station (Besuchsmöglichkeit nur an Sonntagen, von Frühjahr bis Sommer zwischen 5 und 12 Uhr, ansonsten von 10 - 12 Uhr).

Der **Nymindegab Kro** versetzt seine Gäste zurück in vergangene Zeiten: Er ist mit groben Tischen und Stühlen, den karierten Tischdecken und altem Prozellan eingerichtet, so wie es die typischen *kros* im letzten Jahrhundert waren.

In der Nähe liegt unmittelbar am Fjord **Nørre Bork**, eine Ferienhaussiedlung mit kleinem Yachthafen, von dem aus man mit Boot oder Surfbrett aufs Wasser im Fjord gelangt; der ist wegen seiner geringen Tiefe von höchstens vier Metern gerade für Anfänger geeignet. Schwimmen und Tennis sind ebenfalls im Angebot (Touristeninformation Bork, Tel. 75 28 05 05).

→ Auf zwei Routen läßt sich von *Nørre Bork* der *Ringkøbing Fjord* umfahren: An seiner West- oder Ostseite. Letztere Strecke führt zunächst über die Landstraße 423 bis *Tarm* und schließlich *Skjern*.

## Skjern

6.900 Einwohner

*Skjern* ist die jüngste Stadt Dänemarks. Nach schnellem Wachstum

erhielt sie die Stadtrechte erst 1958, doch war hier immer schon ein politisches und wirtschaftliches Zentrum für die Region. Der 90 km lange Fluß *Skjern Å* ist, trotz einer erst 1968 abgeschlossenen Laufänderung durch einen Landgewinnungsprozeß, weiterhin ein beliebtes Ziel für Angler; in jedem August findet sogar ein Wettbewerb unter Hobbyanglern statt. Das **Stationsbymuseet**, in einer alten Bahnerwohnung, erklärt Wissenswertes zur Fortentwicklung der Bahnstationsorte Skjern und Tarm; deren Bedeutung resultierte vor allem im Mittelalter aus ihrer Lage am Handelsweg "Drivvejen" (Museum unregelmäßig geöffnet). Die **Windmühle**, manchmal noch in Betrieb genommen, kann ebenfalls besichtigt werden. Gemeinsam mit der **Bundsbæk Mølle**, einer Wassermühle, in Dejbjerg (ca. 4 km nördlich) ist sie Teil von Dänemarks erstem "Ökomuseum", das einen guten Einblick in traditionelles ökologisches Arbeiten gibt.

Im Nachbarort **Stavning** sind am Lufthavnsvej in den Hallen des Flughafens rund 35 alte Motor- und Segelflugzeuge sowie 400 Modellflugzeuge in der **Dansk Veteranflysamling** zusammengetragen worden (geöffnet von Mai bis Oktober Mo - Fr 11 - 17 Uhr, Sa und So 13 - 17 Uhr).

### Touristeninformation

Østergade 8, 6900 Skjern, Tel. 97 35 18 55, geöffnet in der Hauptsaison Mo bis Fr 8 - 16 Uhr, Sa 9 - 12 Uhr, sonst Mo bis Fr 9 - 16 Uhr und Sa 9 - 12 Uhr.

→ Von *Skjern* geht es dann die rund 25 km nach *Ringkøbing* über die Hauptstraße 28 bis *Røgind*, dort dann über die Landstraße 15. Zwar vermittelt dieser Weg einen guten Eindruck von den breiten Ufern des tiefen

Fjords, seinen ausgedehnten Schilf- und Gräsereinfassungen, dafür aber führt er manches Mal recht weit weg vom Wasser. Dieser Weg ist bei weitem nicht so beeindruckend wie die "Westumrundung" via *Hvide Sande*, die Route 1 darum auch nimmt.

So geht es von *Nymindegab* weiter über die Hauptstraße 181 "zwischen den Wassern" durch eine herrliche Dünenlandschaft, die zwischen 1 und 2,5 km breit ist und sich insgesamt über eine Länge von gut 35 km erstreckt.

# Hvide Sande

Dort, wo *Nordsee* und *Ringkøbing Fjord* sich treffen, liegt in den Dünen von *Holmsland Klit* diese kleine Fischerstadt. 1931 wurde als Verbindung zwischen Meer und Fjord der Kanal eröffnet, der Fischerboote ein- oder ausschleust. Die Fischerei dominiert das Bild des Ortes, im **Hafen** liegen die Kähne, die auf dem Fjord u. a. nach Makrelen fischen oder hinaus auf die Nordsee fahren. Der Fang wird in den Fischfabriken direkt weiterverarbeitet und von hier nach ganz Europa verschickt.

Wie das genauer vonstatten geht, kann das moderne Fischereimuseum **Fiskeriets Hus**, Nørregade, den Laien zeigen. Zum Thema "Fischfang" gehören hier auch das Rettungswesen und die Fischereigeschichte. Aquarien für Salzwasserfische gibt es auch (geöffnet von 10 - 18 Uhr).

In den Dünen einige Kilometer nördlich liegt **Nørre Lyngvig Fyr**, der höchstgelegene Leuchtturm Dänemarks, der nach dem Aufstieg über 260 Stufen mit einem grandiosen Ausblick über Dünen, Nordsee und Fjord belohnt.

## Touristeninformation

*Holmsland Klit Turistforening*, Redningvej, 6969 Hvide Sande, Tel. 97 31 14 84, geöffnet von Juni bis August Mo - Sa 9 - 18 Uhr, So 11 - 16 Uhr; sonst Mo - Fr 9 - 17 Uhr, Sa 9 - 12 Uhr.

## Freizeit und Sport

Zwischen Hvide Sande und Ringkøbing besteht im Sommer mit der *Sorte Louis* dreimal täglich eine Fährverbindung über den Fjord (telefonische Auskunft der Fährgesellschaft unter 97 32 06 66).

Schöne Strandabschnitte mit viel Sand und Dünen liegen südlich und nördlich vom Ort. Für Aktivere: Das moderne *Surfcenter Hvide Sande* am Gytjevej kann auch Anfängern auf dem Fjord einen Einstieg bieten (Tel. 97 31 25 99).

Gute Fanggründe finden Sportangler an der Mole am Hafeneingang oder von Bord der *Silvermoon* (Auskunft der Fährgesellschaft unter Rufnummer 97 31 23 41).

→► Von *Hvide Sande* führt Route 1 weiter am *Ringkøbing Fjord* entlang nach *Søndervig* am nordwestlichen Ende des Fjords. Bei der Durchfahrt durch *Nørre Lyngvig* wartet (zumindest für alle Buchliebhaber) eine Überraschung: Ein großes Antiquariat bietet auf einer Hallenfläche von 600 Quadratmetern am Anker Eskildsensvej 3 über 150.000 Bücher an, davon schätzungsweise ein Drittel in deutscher Sprache. Sicher, nicht alle erfüllen hochliterarische Qualitätsansprüche, aber es lohnt sich dennoch, einmal zu stöbern - und das nicht nur im Sommerurlaub, wenn unerwartet große Langeweile ausgebrochen sein sollte.

Rund 9 km von dort endet Route 1. Die Landstraße 15 führt nun in die Stadt *Ringkøbing* (→ Route 2).

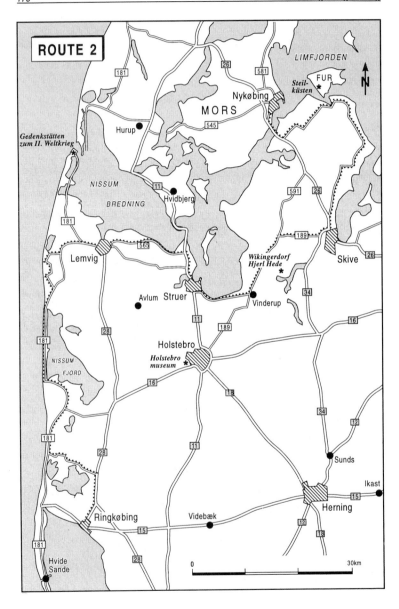

## Route 2
## Von der Nordsee zur Halbinsel Salling:
### Ringkøbing - Holstebro - Struer - Salling
### (ca. 190 km)

Die nächste Route versucht eine Verbindung zu schlagen zwischen den wunderschönen Dünenlandschaften und Steilküsten an der dänischen Westküste mit ihren breiten Stränden, die zu Strandspaziergängen oder einfach zum Faulenzen in den Dünen einladen, und dem Hinterland mit der ursprünglichen, typisch jütischen Landschaft. Diesen Teil Jütlands bestimmen sandiges Heideland und feuchte Moorgebiete. Die Fahrt endet schließlich, nach ausführlicher Erkundung der immer noch etwas abseits der Haupttouristenströme liegenden Halbinsel *Salling*, vor Nykøbing auf der Limfjordinsel *Morsø*.

Wie an den schönen Ufern südlich und nördlich von *Husby Klit* und *Bøvling Klit*, an denen Route 2 vorbeiführt, ist die gesamte Küstenregion an der Nordsee heute unübersehbar vom Tourismus eingenommen: Seit dem Niedergang der Fischereiindustrie, die kaum noch allen Menschen dieser Gegend Arbeit geben kann, setzt man seit rund zwanzig Jahren verstärkt auf Urlauber als Wirtschaftsfaktor. Zwar hat das leider an manchen Stellen zu einer Anhäufung touristischer Attraktionen wie "Sommer- und Tropenländern" geführt, dennoch haben der karge Charakter der Landschaft und die Freundlichkeit der Menschen glücklicherweise überlebt. Das liegt zum einen an der durch die Jahrhunderte gelebten Offenheit der Menschen, die von hier aus in die ganze Welt fuhren, zum anderen an den vielen Naturschutzgebieten und Auflagen zum Erhalt der Küste - darunter z. B. auch die Vorschriften zu Zahl und Abstand der Sommerhäuser, deren Anzahl nicht mehr zunehmen soll.

Die größeren Städte etwas entfernt von der Küste sind verschiedene Wege gegangen, um attraktiver zu werden: *Holstebro*, ganz ungewöhnlich und lange Zeit dafür beargwöhnt, ist es gelungen, sich einen herausragenden Ruf als Kunststadt zu erwerben. *Struer* am Limfjord gilt als Stadt moderner Industrie, wo der weltbekannte HiFi- und Fernsehbauer *Bang & Olufsen,* für manche so etwas wie ein Synonym für Dänemark, hier seine Produktionsstätte hat. Vom Leben im Wikingerdorf in *Hjerl Hede* bis zu zeitgemäßer Technik bekommt man im Verlauf dieser Route einen Eindruck von Dänemark, wie es war und wie es ist.

# *Ringkøbing*

7.400 Einwohner

*Ringkøbing* erhielt die Stadtrechte 1443, aber es dauerte bis ins 16. und 17. Jahrhundert, ehe die Stadt dank Fischerei und Ochsenhandel einen Aufschwung erlebte. Immer wieder wurde Ringkøbing von Überschwemmungen und von Eisschäden durch den Fjord heimgesucht. Die Stadt mit ihren schönen, kleinen Straßen und wunderbaren Häusern - viele von ihnen sind denkmalgeschützt - lebt auch heute noch zu einem großen Teil von der Fischerei, im Sommer allerdings vornehmlich von Touristen.

Sehenswert ist die gotische **Kirche**, das älteste Gebäude der Stadt, mit ihrem leicht schiefen Turm, der eigentümlicherweise in der Grundfläche kleiner ist als in der Spitze. Die Kanzel der Kirche stammt aus dem 16. Jahrhundert und wurde vom damaligen Bürgermeister gestiftet.

Am **Marktplatz** liegen das Fachwerkhaus **Hotel Ringkøbing** aus dem 16. Jahrhundert und der **Gamle Borgermestergård** aus dem Jahr 1807.

Das **Ringkøbing Museum**, Kongevej 1, zeigt nicht in allen Abteilungen gleich spannende geschichtliche Sammlungen zu Volkskunde und Archäologie. Was aber der Polarforscher *Mylius Erichsen,* der als Kind in Ringkøbing lebte, dem Museum aus seiner eigenen reichen Sammlung grönländischer Stücke schenkte, lohnt einen Besuch. Ein Schwerpunkt ist seine Gröndlandfahrt von 1906 bis 1908. Nicht nur darum steht sein Denkmal vor dem Museum (geöffnet Juni bis Oktober täglich 10 - 17 Uhr, sonn- und feiertags 14 - 17 Uhr; im Winter nur Mo, Mi und So).

## Touristeninformation

Torvet, 6950 Ringkøbing, Tel. 97 32 00 31, geöffnet in den Sommermonaten Mo bis Sa 9 - 17 Uhr.

## Übernachten

▸ **Vandrerhjem**, Kirkevej 28, Tel. 97 32 24 55, die Jugendherberge hat ganzjährig geöffnet; neues Haus mit Verbindung zur Sport- und Freizeithalle der Stadt; sehr hoher Standard.
▸ **Hotel Ringkøbing**, Tel. 97 32 00 11, in einem alten Kaufmannshof im Stadtkern, 16 modern eingerichtete Zimmer, mit Restaurant. EZ ca. 385 DKK, DZ 500 DKK, mit Frühstück.
▸ **Ringkøbing Camping \*\*\***, Vellingvej 56, Tel. 97 32 08 38, liegt unmit-

telbar am Fjord und ist deshalb auch im Sommer schnell belegt; Surfcenter angegliedert und Baden quasi "vor dem Zelt"; 6 Hütten; geöffnet vom 1.4. bis 1.10.

## Freizeit und Sport

In der Saison besteht eine Fährverbindung mit der *Sorte Louis* über den Fjord nach → *Hvide Sande.*

Golfen ist möglich auf dem Platz in Søndervig westlich des Orts (Tel. 97 33 88 00).

## Öffentlicher Verkehr

**Bahn:** Vom zentralen Bahnhof *IC* oder Regionalzüge nach Esbjerg (von dort weiter in Richtung Padborg bzw. Flensburg oder Kopenhagen), werktags jede Stunde. Außerdem *IC* oder Regionalzüge nach Holstebro und Struer, von dort weiter bis Thisted.
**Bus:** Vom Busbahnhof, der gleich am Bahnhof liegt, Verbindung an die Küste nach Hvide Sande (ca. 15 mal pro Tag) und nach Nørre Nebel.

━▸ Aus *Ringkøbing* führt Route 2 zunächst etwa 6 km auf der Landstraße 16/28 in Richtung Norden durch **Hee**. *Hee Kirke* ist eine der ältesten Kirchen Jütlands, die aus Granitquadern erbaut wurde. Mitsamt ihrem romanischen Turm (12. Jahrhundert) und den schießschartenartigen, kleinen Fenstern wirkt das Gotteshaus wie ein wehrhaftes Ensemble.

Nach wenigen Kilometern auf der Landstraße 16 geht es dann via *Stadil* nördlich des *Stadil Fjord*, der ebenso wie der benachbarte *Nissum Fjord* früher eine zum Meer offene Bucht war, jetzt aber ein Binnengewässer ist, auf die Westküstenstraße 181.

Zwischen *Husby Klit* und *Vedersø Klit* ist die Küstenlandschaft sehr beeindruckend, denn hier steigt die Steilküste mit ihren Dünen besonders hoch an.

## Vedersø

Im Küstenhinterland liegt das Dorf *Vedersø* mit seiner romanischen Kirche. Wäre der Dichter und Dramatiker *Kaj Munk* im Jahr 1924 nicht hier Pfarrer geworden, würden wohl viele Dänen einfach vorbeifahren. So aber ist sein Grab auf dem Kirchhof Ausflugsziel; eine Gedenktafel im Innern der Kirche erinnert an Munks Einsatz gegen die deutschen Besatzer während des Zweiten Weltkriegs. Er wurde von der Gestapo ermordet, weil er zum Widerstand aufrief.

### Touristeninformation

Vedersø, Klitvej 24, Tel. 97 49 51 99, nur im Sommer besetzt.

### Übernachten

▸ **Campinggården Vedersø Klit**, Vedersøklitvej 16-18, 6990 Ulfborg, Tel. 97 49 51 60, nur ein paar hundert Meter bis zum Strand, rund 120 Plätze, 2 Hütten, auch Wohnwagenvermietung; ganzjährig geöffnet.

➡▸ Von *Husby* oder *Fjand Gårde* am südlichen Ende des *Nissum Fjord* bieten sich schöne Spaziergänge durch die *Husby Plantage* oder die Dünen an. Auf der Landzunge zwischen *Nissum Fjord* und der Nordsee führt Route 2 über gut 14 km am Fjord entlang, zunächst vorbei an den **Dødemandsbjerge**, den Totenmannsbergen. Sie heißen so, weil Anfang des vorigen Jahrhunderts zur Zeit der Napoleonischen Kriege an dieser Stelle zwei britische Kriegsschiffe strandeten und man die Toten

direkt in den Dünen begrub. Eine Gedenkstelle erinnert an die 1391 britischen Marinesoldaten, die hier 1811 starben. Im wenige Kilometer entfernten Hafen von **Thorsminde** hat man im **Strandungsmuseum St. George**, das den Namen eines der beiden Schiffe trägt, die über die Jahre gesammelten Fundstücke der verunglückten Schiffe zusammengetragen (geöffnet von April bis Oktober täglich 11 - 17 Uhr, sonst nur an Wochenenden 13 - 16 Uhr. Eintritt 20/0 DKK).

Thorsminde selbst, an der Schleuse (gebaut 1967) zwischen Meer und Fjord, ist eine Fischerort mit einem größeren Hafen zur Nordsee und einem kleineren zum *Nissum Fjord*.

Am *Bøvling Klit* vorbei geht es nun bis *Fjaltring*, dann zum **Bovbjerg**. Die 45 m hohe Düne fällt steil zum Strand ab. Im Jahr 1909 sicherten die Küstenbewohner den Dünenstreifen gegen das Meer ab, das ihnen im Lauf des vorangegangenen Jahrhunderts mehr als 150 m Land abgenommen hatte. Der **Leuchtturm von Bovbjerg** ist für Besucher zugänglich.

Unweit liegt der Ort *Ferring* mit einem **Museum für Jens Søndergaard**. Im unscheinbaren Wohnhaus des Malers sind etwa 70 seiner Gemälde ausgestellt (geöffnet von Mai bis September täglich 10 - 12.30 Uhr und 14 - 17.30; Oktober bis April Mi und So 13.30 bis 15.30 Uhr).

Zurück auf der Hauptstraße 181 ist man nach 17 km in *Lemvig*. Zuvor bietet sich ein Abstecher nach Norden in Richtung *Thyborøn* an.

## ♦ Harboør Tange

Ein Ausflug auf diese Halbinsel lohnt sich. Dem Landstrich ist anzusehen, wie sehr seine Bewohner ihn gegen die See verteidigt haben. Die Gedenkmauer auf dem Friedhof in **Harboør** erinnert an die vielen verschollenen Seefahrer. Der erste Ort, den man auf der Halbinsel erreicht, ist **Rønland**. Er ist durch die nicht so ansehnliche Chemiefabrik *Cheminova* bestimmt, doch wer bis **Thyborøn** weiterfährt, wird durch herrliche Eindrücke entschädigt. Der Durchbruch von der Nordsee zum Limfjord ist recht jung, erst 1862 "fraß" eine Sturmflut die Erde. Die heute durch Molen gesicherte Einfahrt für Schiffe gehörte im Zweiten Weltkrieg zu einem der größten Befestigungswerke des Atlantikwalls: Sage und schreibe 64 Bunker bildeten eine Festung, an deren Schrecken eine Austellung in einem Verpflegungsbunker am Hafen mahnt. In einer ehemaligen Auktionshalle in der Havnegade findet man das **Thyborøn Fiskeri- og Redningsmuseum**, das die Geschichte der Fischerei hier an der Westküste und die Rettung gestrandeter Schiffe dokumentiert (geöffnet Anfang Mai bis Mitte September täglich 10 - 17 Uhr. Eintritt 10/0 DKK).

## *Öffentlicher Verkehr*

**Bahn:** Kleine Privatbahn von Thyborøn nach Lemvig und Vemb.

**Schiff:** Stündlich von Thyborøn eine Fähre über den Thyborøn Kanal auf die andere Seite des Limfjord zur Landspitze Agger Tange.

## *Lemvig*

7.600 Einwohner

*Lemvig* ist zwar eine alte Stadt, kann aber trotzdem nicht mit vielen historischen Gebäuden aufwarten. Daß die Stadt dennoch große Anziehungskraft hat, verdankt sie ihrer bevorzugten Lage an der Bucht. Mittelpunkt ist die Kirche, erbaut um das Jahr 1200, mit ihrem markanten, zwiebelförmigen Kupferturm. Über den Fjord bringen immer noch Fischerboote ihren Fang vom Meer in den Hafen der Stadt.

Das **Lemvig Museum**, Vestergade 44, bietet neben den üblichen Informationen zur Stadtgeschichte, u. a. auch eine Abteilung zur Geschichte der Seenotrettungen sowie zum Dichter *Thøger Larsen* und zu Gemälden von *Niels Bjerre* (geöffnet vom 1.6. bis 15.9. täglich außer Sa 10 - 16 Uhr, sonst nur So 10 - 16 Uhr. Eintritt 10 DKK).

Einzigartig in Dänemark und darum fast dem Museum vorzuziehen: Der **Planetenweg** (*Planetsti*) beginnt in Museumsnähe und führt an der abwechslungsreichen Westseite des Fjords entlang. Im Maßstab 1:1 Milliarde (d.h. 1 m des Lemviger "Alls" entspricht 1 Million Weltraumkilometer) kommt man vorbei an Modellen der Sonne und der neun Planeten. So z. B. ist ein kurzer Gang zum Mond oder Merkur (58 m entfernt) bis zum äußersten Punkt des in drei Positionen gezeigten Pluto, 12 km entfernt nahe Ryletorv, möglich. Bei der Touristeninformation ist ein genauer Lageplan zu bekommen.

Von den Aussichtspunkten in den umliegenden Hügeln ergibt sich ein herrlicher Blick über Lemvig und den Fjord, während unterhalb Dänemarks schärfste Haarnadelkurven sich in Richtung Stadt winden.

Etwas südlich von Lemvig liegt die **Klosterhede Plantage**, auf deren früheren Heideflächen mit Nadelbäumen Waldgebiete aufgezogen wurden. Die Gegend eignet sich gut für längere Spaziergänge.

## Touristeninformation

Toldbodgade 4, 7620 Lemvig, Tel. 97 82 00 77, geöffnet Mitte Juni bis August Mo - Sa 9 - 17 Uhr, sonst Mo - Fr 9 - 17 Uhr, Sa 9.30 - 12.30 Uhr.

## Freizeit und Sport

Der Limfjord ist ein hervorragendes Segel- und Surfgebiet. Alles dazu Notwendige ist rund um den Yachthafen vorhanden. Angeln ist möglich auf hoher See (mit der *Anne Hvid*), am Fjord oder Bach.

Der Golfplatz von Lemvig liegt etwa 2 km nördlich der Stadt.

Außerdem gibt es 25 markierte Wander- und Fahrradrouten, auf denen man die Fauna am Limfjord bestens kennenlernen kann. Gute Karten zu den einzelnen Routen und allgemeine Informationsbroschüren über die Tier- und Pflanzenwelt hält die Touristeninformation bereit.

## Öffentlicher Verkehr

**Bahn:** Kleine Privatbahn von Lemvig nach Thyborøn.
**Bus:** Wochentags jede Stunde von der Haltestelle im Zentrum Busse nach Struer (dort Anschluß an DSB)

oder nach Holstebro (ebenfalls Zuganschluß).

➡ Verläßt man *Lemvig* über die Hauptstraße 565, so fährt man an der *Nissum Bredning*, einem Binnengewässer, entlang bis zum Ort *Humlum*, und von dort über die Landstraße 11 nach *Struer*.

# Struer

19.000 Einwohner

Die Stadt liegt unmittelbar an der Venø-Bucht am Limfjord und ist eine der jüngsten Städte; bis weit ins vergangene Jahrhundert gab es hier nur Höfe und wenige Häuser. Erst 1917 wurde Struer das Stadtrecht zuerkannt.

Seitdem hat der Ort eine sprunghafte Entwicklung genommen, in deren Folge sich unterschiedlichste Industrien ansiedelten. Und das sind nicht nur Kajakbauer, sondern auch eines der Aushängeschilder dänischen Industriedesigns: Der exklusive HiFi- und Fernseherhersteller *Bang & Olufsen* hat hier am Peter Bangs Vej seine Fabrik.

Beim Gang durch die Stadt kommt man an das alte **Spritzenhaus**, das die Geschichte der örtlichen Brandbekämpfung von 1866 bis heute aufzeigt. An der Vestergade liegt die **Lystanlæg** mit der Skulptur des "Struer Mädchens" von *Anker Hoffmann*. Der geschäftige Hafen ist einer der größten Freizeithäfen am Limfjord. Hier steht das "Sarpsborg-Mädchen", ein von *Kåre Orud* ausgeführtes Geschenk von Struers norwegischer Partnerstadt Sarpsborg.

Das **Museum von Struer** in der Søndergade 23 mit (lokal-) historischem Schwerpunkt und Details aus

der Firmengeschichte von *Bang &
Olufsen* geht zurück auf eine Initiative
des Schriftstellers *Johannes Buch-
holtz*, dessen Haus zusammen mit
dem Museum selbst zu besichtigen
ist (geöffnet Juni bis September täglich 10 - 17 Uhr, Sa und So 13 -
17 Uhr; im übrigen Jahr nur Mo bis
Do 10 - 16 und So 13 - 17 Uhr. Eintritt
5/0 DKK).

Bekannt ist Struer auch für seine
idealen Bademöglichkeiten an *Bren-
dal Strand* und *Toftum Bjerge*.

## Touristeninformation

Rådhuspladsen, 7600 Struer, Tel.
97 85 07 95, geöffnet Mitte Juni bis
Ende August Mo - Sa 9 - 17 Uhr,
sonst Mo - Fr 9 - 16 Uhr, Sa 9 -
12 Uhr.

## Übernachten

▸ **Struer Vandrerhjem**, Fjordvejen 12,
Bremdal, Tel. 97 85 53 13, 80 Betten,
19 Familienzimmer mit eigenem Bad
und Toilette; geöffnet von März bis
Ende Oktober.
▸ **Bremdal Camping \*\*\***, Fjordvejen 12, Tel. 97 85 16 50, gemütlicher Platz mit gutem Windschutz,
gleich am Badestrand und nicht weit
vom Naturschutzgebiet *Kilen* gelegen, ca. 2 km vom Stadtzentrum.
Spielplatz, Minigolf; 200 Stellplätze,
dazu 3 Hütten; geöffnet von Mitte
April bis Mitte September.
▸ **Grand Hotel**, Østergade 24, Tel.
97 85 04 00, 71 Zimmer in moderner
Ausstattung, nicht ganz billig; ganzjährig geöffnet. EZ ca. 650 DKK, DZ
ca. 800 DKK, mit Frühstück.

## Freizeit und Sport

Etwas bescheidener in Ausstattung
und Angebot als viele der neuen "Tro-
penländer" an der Westküste ist die

Schwimmhalle von Struer (Park Allé 6,
Tel. 97 85 07 95).

## Öffentlicher Verkehr

**Bahn:** Direkte Bahnanbindung in alle
Landesteile. *IC* nach Esbjerg, Randers, Århus und Fredericia; außerdem Regionalzüge.

➡ Von *Struer* fährt man etwa 15 km
über die Landstraße 11 nach *Holstebro*, ein absolutes Unikum unter den
Städten im westlichen Jütland.

## ◆ Holstebro

39.000 Einwohner

*Holstebro* ist heute so etwas wie die
Kulturhauptstadt von Westjütland. Die
Stadt macht sich seit Jahren konsequent einen Namen mit der meisten
Kunst auf Plätzen und Straßen. So
versuchte man, Anziehungspunkt
nicht nur für Kunstinteressierte und
Touristen zu werden, sondern auch
für Industrie und Gewerbe. Das ist
tatsächlich gelungen, und Holstebro -
eine der ältesten Städte Jütlands,
erwähnt erstmals 1274 als wichtiges
Handelszentrum - verfügt nun u. a.
über Eisen- und Kunststoffindustrie,
Textilgewerbe, aber auch über die
größte Schlachterei Skandinaviens.
Alte Gebäude sind in diesem modernen Umfeld nur wenige erhalten, darunter das **Bomhus** am ehemaligen
Stadtausgang Sønderport; die **Kirche** stammt aus dem Jahr 1906.

Beim Gang durch die belebte
Stadt trifft man immer auf **Skulpturen**:
Die bedeutendste ist sicher *Alberto
Giacomettis* "Frau auf dem Karren",
die vor dem alten Rathaus in der
Fußgängerzone steht. Sie fällt vor al-
lem durch eins auf: ihre bescheidene

Größe. Doch große Kunst muß eben nicht monumental sein. Nicht weniger bereichern das Stadtbild der "Knieende Junge" von *Astrid Noack*, das "Metallschwein" auf dem Brotorv - nach einem Vorbild des Florentiners *Pietro Tacca* - oder die Stahlskulptur "Dynamisches Wachstum" von *Børge Jørgensen* vor der Jyske Bank. Neben dem Brunnen "Mädchen, das sich spiegelt" von Adam Fischer, gibt es seit kurzem den von *Steen Lykke*

*Madsen* gestalteten Store Torv, dessen Skulptur-Brunnen den Schutzheiligen Holstebros, Sct. Jørgen, in drei Kampfsituationen mit dem Drachen zeigt. Hier steht auch die Laser-Skulptur "Chaostempel" von *Frithioff Johansen*, ein "Lichtspektakel", aufgestellt 1989.

Für moderne Architektur stehen u. a. die **Nørrelandskirke** wie auch das neue **Rathaus** und die **Bibliothek** in der Kirkestræde, beide vom Archi-

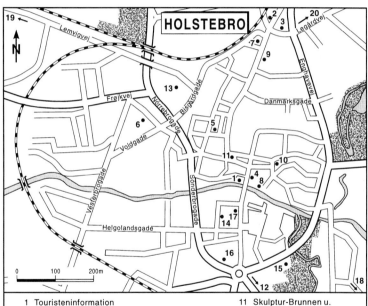

1 Touristeninformation
2 Post,
 Bahnhof u.
 Busbahnhof
3 Polizei
4 Bomhus
5 Kirche u.
6 Skulptur Frau auf dem Karren
7 Skulptur Knieender Junge
8 Skulptur Metallschwein
9 Skulptur Dynamisches Wachstum
10 Skulptur Mädchen, das sich spiegelt
11 Skulptur-Brunnen u.
 Chaostempel
12 Lichtspektakel
13 Nørrelandskirke
14 Neues Rathaus u.
 Bibliothek
15 Museumskomplex
16 Museum für Kleinkunst
17 Hotel Royal
18 Mejdal Camping
19 Sporthalle u.
 Holstebro Golfklub
20 Bowlingcenter

Im Zentrum von Holstebro

tektenteam *Hans Dall* und *Torben Lindhardtsen* entworfen.

Der **Museumskomplex** am Herningvej 1 beherbergt nicht nur das **Holstebro Kunstmuseum** mit moderner dänischer und internationaler Kunst (dänische Künstler ab etwa 1930 stehen neben Objekten aus Afrika, Südamerika oder Asien), sondern auch das **Holstebro Museum** mit einem lokalen Schwerpunkt (neben der Stadtgeschichte sind der Zweite Weltkrieg und auch die Wikingzeit aufgearbeitet). Die expressionistischen Gemälde von *Jens Nielsen* sind im gleichnamigen Museum aus dem Jahr 1971 in der Nørrebrogade ausgestellt (geöffnet Di bis Fr 12 - 16 Uhr, Sa und So 12 - 17 Uhr. Eintritt für alle drei Museen 30/0 DKK).

Das **Museum für Kleinkunst**, Sønderlandsgade 46, zeigt um die 2.000 Kunst- und Kunsthandwerks-objekte im Miniaturformat bis zu einer Größe von höchstens 10 mal 10 Zentimetern. Alles Mögliche ist darunter, ob Gemälde oder Skulpturen: Sammlungsgegenstände eher außergewöhnlicher Art - lohnend anzuschauen (geöffnet Di bis Fr 13 - 17 Uhr, Sa 11 - 13 Uhr).

## Touristeninformation

*Færch-huset*, Brotorvet, 7500 Holstebro, Tel. 97 42 57 00, geöffnet 15. Juni bis August Mo - Do und Sa 9.30 - 17.30 Uhr, Fr 9.30 - 19 Uhr, sonst Mo - Do 9.30 - 17.30 Uhr, Fr 9.30 - 19 Uhr und Sa 10 - 13 Uhr.

## Übernachten

▸ **Hotel Royal**, Sønderlandsgade 2, Tel. 97 40 23 33, 97 Zimmer in einem modernen, zweckmäßigen Gebäude im Zentrum. DZ ab 850 DKK.
▸ **Hotel Schaumburg**, Nørregade 26, Tel. 97 42 31 11, direkt an der Fußgängerzone. 57 fast luxuriöse Zimmer. EZ und DZ ab 650 DKK, mit Frühstück.
▸ **Mejdal Camping \*\*\***, Birkevej 25, Mejdal, Tel. 97 42 20 68, im Vorort von Holstebro gelegen, 105 Plätze, 13 Hütten, passable sanitäre Anlagen, Cafeteria; geöffnet von Mitte März bis Mitte bzw. Ende September.

## Essen und Trinken

Der Größe von Holstebro entspricht ein internationales Angebot an Restaurants, darunter mehrere Pizzerien und das *China House* mit asiatischer Küche. Nette Atmosphäre und gutes Essen bieten *Rådhuskælderen* und *Under Klippen*. Einen guten Kaffee trinken und auch Leichtes essen kann man u. a. im *Café Fiasco* und *Kruset*.

## Freizeit und Sport

Eigentlich gibt es in Holstebro alles, ob Schwimmbad, Tennis- und Sporthalle (Mozartsvej 5) oder Bowlingcenter. Der *Holstebro Golfklub* hat sein Domizil in *Råsted* bei Vemb. Durch die öffentlichen Grünanlagen sind Fitneß- wie auch Reitwege (insgesamt 10 km) angelegt. Angeln ist an der *Storå* möglich.

━►  Von *Struer* führt Route 2 zunächst über die Landstraße 513 nach *Vinderup*. Von hier gelangt man nach rund 5,5 km zu:

## ♦ Hjerl Hede

Das ist größte Heideschutzgebiet Dänemarks mit ca. 1.000 Hektar. Dort steht das Freilichtmuseum **Den gamle Landsby**, ("das alte Dorf") mit u. a. Dänemarks ältestem Bauernhof, Wassermühle, Schule, Schmiede und Kirche. Seit 1929 wird das Dorf ständig erweitert und ergänzt: Von den Anfängen in der Steinzeit bis ins letzte Jahrhundert geht die dörfliche Entwicklungsgeschichte, die hier gezeigt wird. Der Kaufmann *Hjerl-Hansen* kaufte 1910 das Gelände am Flyndersø, und heute wird Besuchern hier in jedem Juli "leibhaftig" vorgeführt, wie sich das Leben in einem dänischen Dorf vor Hunderten von Jahren abspielte: Hundert Menschen leben und arbeiten im Juli im Dorf nach alter Tradition. Dann ist ein Besuch natürlich besonders "realistisch", lohnend ist er jedoch auch sonst (geöffnet von April bis Oktober täglich 9 - 17 Uhr, Eintritt ca. 25 DKK).

Das **Jysk Skovmuseum** (Waldmuseum) für Forstwirtschaft verschafft einen Eindruck davon, wie die Moore in dieser Gegend genutzt wurden. Das Sägewerk arbeitet noch, und das Försterhaus ist gleichfalls

---

### Nicht einmal ein ruhiger Badeurlaub kann davor schützen

Wer sich am Strand der dänischen Nordseeküste aufhält, blickt immer wieder intensiv auf die angeschwemmten Berge aus Muscheln, Steinen, Holzkohle und was das Meer sonst noch freigibt - denn natürlich hofft jeder einmal ein Stück "Meeresgold", ein Stück Bernstein darunter zu finden. Die Chance, einen dieser mal milchig-weißen, undurchsichtigen, mal buttergelb bis kastanienbraun gefärbten Steine zu finden, ist gar nicht einmal so gering. Ob es sich beim Fund tatsächlich um Bernstein handelt, läßt sich leicht testen: Einfach den Stein an der Kleidung reiben. Lädt er sich statisch auf - denn das ist eine Eigenschaft von Bernstein - dürfte es tatsächlich einer sein. Vom Meer poliert, bringt den "*rav*" - das ist das dänische Wort für Bernstein - eine der vielen "*ravsliberier*", der Schleifereien, erst richtig auf Hochglanz.

Angezogen durch den Bernstein führten sich schon die Vorväter. Vor Tausenden von Jahren gab man den Toten Ketten mit Bernsteinperlen als besonderen Schmuck mit ins Grab. Außerdem wurden dem Bernstein schützende und heilende Eigenschaften zugeschrieben, ja, selbst heute glauben noch manche Menschen, daß eine Bernsteinkette Rheuma oder Athma zu lindern vermag.

Entstanden ist das Material Bernstein vor etwa 35 Millionen Jahren, als Nadelbäume im damals subtropischen Klima Harz abgaben. Darin ein Insekt zu finden, ist aber ein Rarität. Sein deutscher Name kommt von "brennen", denn Bernstein ist brennbar.

offen (Öffnungszeiten und Eintritt wie das Freilichtmuseum).

—▸ Von *Hjerl Hede* geht es weiter auf der Straße 189 nach *Skvive*, das wunderschön unmittelbar am Limfjord liegt.

## Skive

27.000 Einwohner

Die Uferhöhen bieten einen guten Überblick über Stadt und Umgebung. *Skive* ist die Hauptstadt der Halbinsel *Salling* - mit Stadtrechten aus dem Jahr 1326 - und dort angelegt, wo die *Karup Å* in den Fjord mündet. In der romanischen **Vor Frue Kirke** (dt. Liebfrauenkirche) zeigen Kalkmalereien aus dem Jahr 1522 Märtyrer und Heilige, darunter Olav und Knud (geöffnet täglich 9 - 14 Uhr, April bis September bis 18 Uhr). Turm an Turm mit ihr steht **Den nye kirke**, die "neue Kirche", die trotz ihres Namens ein altes Kirchengebäude ist.

Das **Skive Museum**, im selben Haus wie das **Kunstmuseum** am Havnevej 4, lohnt den Besuch vor allem wegen der ausgestellten Grönland-Sammlung, zusammengetragen vom Grönlandreisenden und -forscher *Lauge Koch*, und noch mehr wegen des "großen Bernsteinfundes" - nicht weniger als 13.001 Steine sind an einer Kette aufgereiht (→ Artikel "Nicht einmal ein ruhiger Badeurlaub kann davor schützen"; Museum geöffnet Mo bis Fr 11 - 17 Uhr, Sa und So 14 - 17 Uhr).

Über dem Hafen thront **Krabbesholm**, eine imponierende Burg und gleichsam Herrensitz mit Hauptgebäude aus der Zeit um 1560. Ihre Anbauten sind an die zweihundert Jahre jünger. Heute ist hier die *Højskole*

*Skives* (Erwachsenenbildung) untergebracht. Die Anlage ist von innen leider nicht zu besichtigen.

In den kleinen Wohnstuben in der ersten Etage von **Frøken Michelsen**, Torvegade 4, sind Sammlerstücke von unzähligen Reisen zusammengetragen. Schon zu früheren Zeiten hat man in Skive also gewußt, daß es auch außerhalb der Stadtgrenzen eine Welt gibt (geöffnet Mo bis Fr 14 - 16 Uhr).

### Touristeninformation

*Skive-egnens Turistbureau,* Østerbro 7, 7800 Skive, Tel. 97 52 32 66, geöffnet Mitte Juni bis Ende August Mo - Sa 9 - 17.30 Uhr, sonst Mo - Fr 9 - 16 Uhr und Sa 10 - 13 Uhr.

### Freizeit und Sport

Wer nicht im Limfjord baden will, hat mit *Skive Badeland* am Skyttevej eine Alternative. Kanufahrten sind auf der *Karup Å* möglich.

Eine besonders schöne Tour mit dem Fahrrad führt rund 30 km nach Nordwesten, quer durch Salling, auf der alten Bahnstrecke, die jetzt ein Naturwanderweg (*natursti*) ist, nach Glyngøre. Der Weg ist gut beschildert. Ausführliches Informationsmaterial dazu hält die örtliche Touristeninformation bereit.

### ◆ Spøttrup

Rund 15 km von Skive entfernt, über die Hauptstraße 573 auf der Westseite von Salling, liegt nahe Rødding die wohl außergewöhnlichste und vielleicht schönste mittelalterliche Burg Dänemarks: *Spøttrup,* im 15. Jahrhundert Sitz des katholischen Bischofs. Ein Doppelgraben und eine mächtige Wallanlage umgeben die Burg; in ihrem Garten werden Arzneipflanzen und Kräuter gezogen. Das ganz streng aufgebaute Ensemble ist ein einmaliger Anblick (geöffnet von Mai bis September täglich 10 - 18 Uhr; im April und September sonn- und feiertags 11 - 17 Uhr. Eintritt 15/5 DKK; im Juni werden Freilichtspiele inszeniert).

→ Hat man *Skive* hinter sich, führt Route 2 jetzt auf einem Umweg über die ufernächste Straße nach Norden.

## ♦ *Jenle*

Kurz hinter Grønning liegt *Jenle* mit dem sogenannten **digtergården** (Dichterhof), wo der Dichter *Jeppe Aakjær* (1866-1930) von 1906 bis zu seinem Tod gewohnt hat. Aakjær ist außerhalb Dänemarks so gut wie unbekannt, war in Dänemark jedoch berühmt als einer der größten Mahner gegen soziale Ungerechtigkeit. Er, der auch gegen die Industrialisierung der Landwirtschaft anging, verleugnete nie seine Einbindung in die jütische Heimat. Viele seiner Texte und Gedichte sind im hiesigen Dialekt geschrieben, und Büchertitel wie "Fri felt" (Freies Feld, 1905), und "Rugens sange" (Lieder des Roggens, 1906) nehmen die Heide Jütlands, die vom Meer herüberkommende Brise und den harten Arbeitsalltag hinüber in die Dichtung. Viele seiner zeit- und sozialkritischen Arbeiten sind allerdings zu recht vergessen.

Über mehrere Wege kommt man von der Mühle und dem Wohnhaus, das einen herrlichen Blick über den Fjord bietet, hinunter ans Wasser oder an den Platz im Wäldchen, an dem die Urnen von Aakjær und seiner

Frau beigesetzt sind (Wohnhaus zu besuchen von Mitte Juni bis Ende August täglich 13 - 16.30 Uhr; im Juli schon ab 10 Uhr. Eintritt 40 DKK).

## ♦ *Sundsøre*

Der **Eksær herregård** auf dem Weg nach *Sundsøre* stammt aus dem 17. Jahrhundert. Hier gibt es auch einen Tierpark. Sundsøre hat nicht nur einen Fischerhafen, sondern mit der Fähre bietet sich auch die Möglichkeit, hinüber nach Hvalpsund zu fahren (Fahrzeit ca. 10 Minuten, Fähren gehen halbstündlich, einfache Fahrt pro Person 7 DKK und für das Auto 33 DKK).

→ Route 2 führt weiter vorbei am Herrenhof **Jungetgård** bis zum Ort *Selde*, wo von Branden eine Fähre die Überfahrt zur Insel *Fur* ermöglicht.

## ♦ *Fur*

Die Insel, eine schöne Hügellandschaft, ist bekannt für ihre Badestrände. Im Norden liegt unberührtes Naturgebiet, und die Küste fällt steil in den Limfjord ab. *Fur* ist für seine 50 Millionen Jahre alten Moler-Vorkommen, eine Steilküste aus Tonschichten, bekannt. In unmittelbarer Nähe von **Bette Jensø Hyw**, einem 75 m hohen Hügel, steht der rote Stein **Rødsten**, um den sich eine Reihe von Sagen rankt. Vielleicht wurden hier sogar dem Gott Odin Opfer gebracht? In Nederby gibt das **Museum** Auskunft über 10.000 Jahre Inselgeschichte. Besonders schön anzusehen ist hier die große Anzahl ausgestellter Versteinerungen, u. a. von Fischen, Insekten und Vögeln.

Der Ausflug nach Fur ist nicht besonders teuer, aber lohnend (Fahrzeit ca. 5 Minuten, mehrfach täglich Hin- und Rückfahrt, mit Pkw 40 DKK).

━► Zurück zu Route 2, führt der Weg durch *Årup, Durup* und *Glyngøre* zu **Sallingsundbro**, der Brücke über den Sund, die in Richtung Westen auf die Legind-Berge zuführt. In Salling gibt es drei schön gelegene Campingplätze in unmittelbarer Nähe zum Wasser:

▸ **Junget Strand Camping \*\***, Jungetgårdvej 3, 7870 Roslev, Tel. 97 59 72 99, eine kleine, recht geschützte Anlage mit dem Nötigsten, 53 Plätze, 3 Hütten, geöffnet von Mitte April bis Mitte September.

▸ **Nøreng Strand Camping \*\***, Nørengvej 21, 7870 Roslev, Tel. 97 59 50 81, der Platz ist durch Wald vom Wasser getrennt, 45 Plätze, 3 Hütten, geöffnet von Anfang April bis Ende September.

▸ **Råkilde Camping \*\*\***, Råkilde, 7884 Fur, Tel. 97 59 33 33, passabler Platz, ca. 300 m vom Fjord entfernt, 75 Plätze, 5 Hütten, geöffnet von Anfang Mai bis Mitte September.

## ♦ *Højris*

Etwa 2 km abseits der Landstraße 25 liegt im Legindvej 13 das romantische *Højris*, eine Burganlage bei der größten Blumenlandschaft des Nordens, **Jesperhus Blomsterpark**. In jedem Frühling pflanzt man dort eine halbe Million Blumen, die zu einem farbenreichen Blütenmeer erblühen. Das Süßwasseraquarium zeigt etwa hundert verschiedene Arten tropischer Fische, und in der Schmetterlingsfarm wird man von frei fliegenden *sommerfugle* (das dänische Wort für "Schmetterling") umschwirrt. Der Park ist zwar deutlich als Touristenattraktion angelegt und besonders in der Hochsaison meistens viel zu voll, doch ein Besuch lohnt dennoch (geöffnet Mitte Mai bis Ende Juni täglich 6 - 18 Uhr; Juli und August 10 - 21 Uhr; September und Oktober 10 - 17 Uhr).

━► In *Nykøbing* endet Route 2 (→ Route 3).

---

## Route 3
### Die Limfjordinsel Mors und Nordjütland:
### Mors - Hurup - Thisted - Blokhus - Løkken
### (ca. 210 km)

---

Diese Route ist, wenn man so will, eine "klassische Ferienroute", denn sie führt in eines der meistbesuchten Feriengebiete Dänemarks: die Nordseeküste der nördlichsten Region des Landes, *Vendsyssel*.

Route 3 beginnt bereits auf *Mors*, der von Fremdenführern gerne so genannten "Perle des Limfjord". Über Charakterisierungen wie diese läßt sich immer trefflich streiten; diese erscheint hier aber gar nicht einmal so unzutreffend, denn die Insel wartet wirklich mit Naturschönheiten auf. Mors gehört zu den größeren Inseln Dänemarks: Etwa 23.000 Menschen wohnen hier, die meisten von ihnen in *Nykøbing*, der Hauptstadt der Insel. 360 km² groß ist Mors und an vier Punkten mit Salling im Süden bzw. Vendsyssel im Nordwesten verbunden: Eine moderne 1,7 km lange Brücke führt über den Sallingsund in Richtung *Skive* und eine kleine, nur 400 m lange Klappbrücke über den *Vilsund* nach *Thisted*; zwei kleine Fäh-

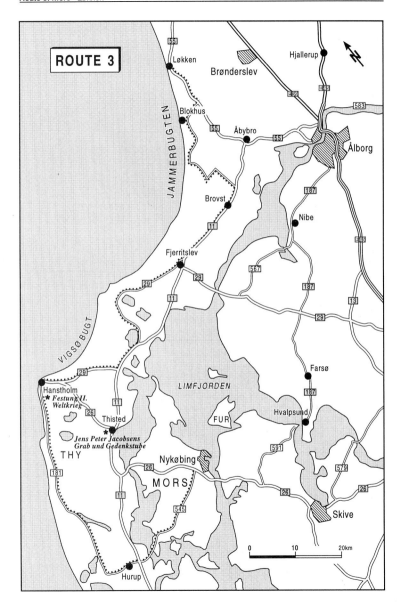

ren gehen über den *Nees Sund* im Westen und über den *Feggesund* im Norden.

Durch *Thy* geht es dann im weiteren Verlauf an der Westküste entlang zu den bekanntesten Bade- und Ferienorten an der *Jammerbugt*, *Blokhus* und *Løkken*. Die Jammerbucht erstreckt sich als Dünen- und Strandufer über rund 80 Kilometer von *Skarreklit* im Süden bis zur Hafen- und Handelsstadt *Hirtshals* im Norden.

Ausgangspunkt von Route 3 ist der folgende Ort:

## Nykøbing

9.500 Einwohner

*Nykøbing,* das auf der Limfjordinsel Mors liegt, wird mit dem Zusatz "Mors" immer als "Nykøbing/ Mors" angegeben, denn den Städtenamen "Nykøbing" ("neue Kauf- oder Handelsstadt") gibt es auch an anderen Stellen in Dänemark, u. a. auf Falster. Die Handelsrechte der Stadt stammen aus dem Jahr 1299, doch Zeugnisse aus dieser Zeit sind im Leben Nykøbings heute nicht mehr zu finden. Das älteste Gebäude im Zentrum der Stadt ist ein weiß erstrahlender, gut erhaltener Flügel des ehemaligen **Dueholm Johanniterklosters** aus dem Jahr 1377. Kriege und Brände haben sonst nichts mehr zurückgelassen. Im Kloster ist das **Morslands historiske Museum** eingerichtet. Mehr als von den Sammlungen zu regionalem Leben im vorigen Jahrhundert, die nicht außergewöhnlich sind, lebt das Museum von seiner Unterbringung in den ruhigen, alten Klosterräumen (geöffnet täglich 10 - 16 Uhr, im Juli bis 19 Uhr. Eintritt 20/5 DKK).

Die Einkaufsstraßen überragt der 43 m hohe Kirchturm der **St. Clemens Kirke** (1891 im neogotischen Stil errichtet), der das Wahrzeichen der Stadt ist. Die wenigen Einwohner

kommen sich im Sommer fast verloren vor zwischen den vorbeikommenden Urlaubern.

Es lohnt sich, diesem Trubel zu entgehen und in der *Færkenstræde 12* das unscheinbare **Geburtshaus** des norwegisch-dänischen Schriftstellers *Aksel Sandemose* (1899-1968) zu besichtigen: Außen am Haus hängen in Eisen gegossen die zehn Gesetze des "Janteloven"; die Arbeit wurde ausgeführt von einem anderen Mors-Bewohner, dem Künstler *Erik Heide*. Das "Jantelov" - Gesetz von Jante - gilt als überspitzte Kurzcharakterisierung des dänischen "Nationalcharakters", wenn man ihn denn tatsächlich so sehen will. Erster Grundsatz: "*Du skal ikke tro Du er noget.*" - "Glaube nicht, daß du etwas bist." Und weiter: "Du sollst nicht glauben, daß du so bist wie wir anderen und nicht glauben, daß du mehr weißt, ja, du sollst nicht glauben, daß du überhaupt - als einzelner - etwas bist." Hier wird die Gleichheit zur obersten Maxime erhoben. Und wer - gesellschaftlich gesehen - abweicht, insbesondere nach oben, wird schief angeschaut und möglichst restriktiv behandelt. Anstrengung lohnt sich da nicht. Das führt zwar zu Solidarität, aber auch zu Mittelmäßigkeit. Vor allem jüngere Dänen kritisieren darum oft ein Zuviel an "*jantelov*", das individuelle Freiräume nimmt. Da das Haus *Sandemoses* bewohnt ist, sind die Innenräume auch nicht zugänglich.

Im Hafenbereich von Nykøbing lohnt sich ein Gang hinaus zum kleinen Park mit Enten und Schwänen. Durch ein Waldstück kommt man dann zum *Østerstrand*. Ansonsten hat die Stadt nicht allzu viel zu bieten.

## Touristeninformation

*Morsø Turistbureau,* Havnen 4, 7900 Nykøbing, Tel. 97 72 04 88, geöffnet von Mitte Juni bis August Mo - Sa 9 - 17 Uhr, So 11 - 14 Uhr; September bis Mitte Juni Mo - Fr 9 - 16 Uhr, Sa 9 - 12 Uhr.

## Übernachten

▸ **Nykøbing Mors Vandrerhjem**, Østerstrand, Tel. 97 72 06 17 (für Individualreisende 1.2. bis 30.11.)
▸ **Hotel Pakhuset**, Havnen, Tel. 97 72 33 00, schön am Hafen gelegen, aber recht teuer. EZ ca. 540 DKK, DZ 750 DKK, mit Frühstück.
▸ **Morsø Camping \***, Pavillonvej, Tel. 97 71 01 99, 160 Plätze, keine Hütten, eigener Strand; geöffnet Mitte April bis Mitte September.

## ◆ Rund um Mors

Die Nordseite von Mors bietet einige lohnende Küstenabschnitte. Ganz im Norden, über die Landstraße 551 zu erreichen, liegt am Feggesund der stark abfallende **Feggeklit** mit einem Gedenkstein, der an Hamlets Rache an König Fegge erinnert.

Am Thisted Sund gibt es als sehenswerte Punkte **Skærbæk Klint** und weiter westlich **Salgerhøj** - mit 89 m die höchste Stelle von Mors. Unweit davon befindet sich **Hanklint**, eine etwa 60 m hohe Steilküste. Hier sind bis zu 200 einzelne Schichten mit vulkanischer Erde vom damaligen Grund des Skagerrak zu sehen. Ganz Mors besteht aus vulkanischer Erde.

**→▸** Von *Nykøbing* führt Route 3 über die Hauptstraße 545 quer durch Mors nach Westen zum *Næssund*, von wo es mit der kleinen Fähre hinüber nach **Thy** geht. Die Überfahrt dauert etwa 5 Minuten und kostet pro Person 5 DKK, für ein Fahrrad 10 DKK und

ein Auto mit Fahrer 30 DKK. Es folgt dann das erste Dorf auf *Thy*:

## ◆ Hurup

*Hurup*, 31 km südwestlich von Thisted, war schon zur Stein- und Bronzezeit besiedelt. Zu den Funden aus dieser Zeit gehört **Lundehøj** nahe Heltborg, eines der schönsten Ganggräber (*jættestuer*), die man in Dänemark finden kann. Es liegt etwa 2 km nordöstlich von Hurup am Oddesundvej. Es ist über Hauptstraße 11 zu erreichen. Sein Alter wird auf 3.000 Jahre v. Chr. geschätzt, der Querschnitt beträgt etwa 30 m, die Höhe 4 m. Erst durch einen langen Gang kommt man zur eigentlichen Grabkammer (→ Von der Vergangenheit in die Gegenwart, hier: Das Bauernsteinzeitalter).

### Touristeninformation

*Sydthy Turistforening*, Jernbanegade 2, 7760 Hurup, Tel. 97 95 22 00, geöffnet von Mitte Juni bis Mitte August Mo - Sa 9 - 17 Uhr, sonst Mo - Fr 9 - 16 Uhr, Sa 9 - 12 Uhr.

## ◆ Thyholm

Über die Straße 11 geht es in südlicher Richtung auf die Halbinsel *Thyholm*, die Thy vorgelagert ist. Auch sie war einmal eine Insel, hinter deren Steilküsten die Wikinger ihre Schiffe für die Kriegsfahrten gegen England sammelten.

Noch auf Thy sind in der Heide beim Dorf **Ydby** (dän. Ydby Hede) am Skibsted Fjord einige hundert Hügelgräber aus der Bronzezeit gefunden worden; rund fünfzig liegen dicht beisammen auf der Vorzeitgrabstelle **Oldtidskirkegården**. Auch das Waldgebiet der *Dover Plantage* ist einen Umweg wert, weil Wald an den dänischen Küsten eine Seltenheit ist.

Zurück auf der Hauptstraße 11 gelangt man dann nach Thyholm, wo der Ort **Hvidbjerg** liegt. Hier in der Kirche rächte sich *Jens Glob* "der Harte" am Weihnachtstag für die Verfolgung seiner Mutter am Bischof von Børglum, *Oluf Glob*, indem er ihn an Ort und Stelle in der Kirche ermordete. Mit dem Bischof starben 30 andere.

Über die Oddesundbrücke geht die Fahrt weiter in Richtung Struer (→ Route 2).

→▸ Immer noch auf der Straße 545 führt Route 3 zunächst in einen kleinen Ort:

# Vestervig

Die **Kirche** hier, die etwas überdimensioniert wirken mag, war früher Teil eines romanischen Augustinerklosters. Im beginnenden Mittelalter war hier nämlich der einzige Bischofssitz in ganz Nordjütland. (Er wurde ca. 1130 weiter nach Norden verlegt ins → **Børglum Kloster** bei Løkken.) Diese größte Dorfkirche im Norden wurde um 1100 erbaut. An ihrer Nordseite sollen die Schwester König Valdemars des Großen (1154-1182), *Liden Kirsten*, und ihr Auserkorener *Prins Buris* begraben worden sein. Deshalb legen alle Brautpaare, die hier getraut werden, auch Blumen auf das Grab; nur so können sie nach einem Volksglauben glücklich miteinander werden.

Unweit der **Vestervig Kirke** befindet sich eine teilweise freigelegte Siedlung aus der Steinzeit. Drei Häu-

ser davon sind im Grundriß noch zu erkennen.

→▸ Auf der Westküstenstraße 181 nach Norden geht es vorbei am *Ørum Sø*, und nach ca. 5 km erreicht man **Morup Mølle**, ein altes Mühlhaus.

Bei einem Abstecher zur Meerseite trifft man auf das Dorf *Ørum*, dann auf die kleinste Kirche Dänemarks, **Lodbjerg Kirke**, und in den Dünen auf den Leuchtturm von Lodbjerg, **Lodbjerg Fyr**.

Weiter auf dem Weg in Richtung Hanstholm führt Route 3 an *Stenbjerg* vorbei. Die Strände sind hier immer noch recht ruhig. Nach alter Tradition wird Strandfischerei betrieben; die Boote liegen am Strand, einen Hafen gibt es nicht. Durch die *Tvorup Plantage* geht es zu den **Klitmøller**. Sie heißen so, weil an dieser Stelle am Bach, der vom *Vandet Sø* in die Nordsee fließt, einst drei Mühlen standen. Jetzt stehen nur noch die Überreste einer dieser Wassermühlen. Der Strand ist auch hier schön; nicht zu verachten ist aber auch ein Spaziergang durch die Dünen oder etwas weiter südlich in die *Nystrup Plantage*. Im Nordosten von Klitmøller liegt das **Hansted Reservat**, eine staatliche Aufforstungsschutzzone mit Heide und Dünen, die nicht betreten werden darf.

Nach noch einmal 12 km auf der Küstenstraße 181 kommt man zum nächsten Ort:

# Hanstholm

2.500 Einwohner

Nicht besonders groß ist dieser Hafenort - von Hafenstadt zu reden, wäre übertrieben. Aber er hat eine wichtige Bedeutung als Fischerei-

und Fährhafen. Der Umschlag soll hier der größte an der Westküste sein, noch vor Esbjerg. Alt und Neu bestimmen das Bild von Hanstholm, das an historischer Stätte liegt: Von hier fuhren vor über 900 Jahren schon die Wikinger in Richtung England und Norwegen!

Heute muß man nicht einmal genau hinschauen, um wie überall an der dänischen Westküste zwischen Esbjerg und Hanstholm Erinnerungen an die jüngere Vergangenheit, den Zweiten Weltkrieg, zu entdecken: Reste der größten **Verteidigungsanlage**, die die deutsche Wehrmacht in Dänemark errichtete, liegen oberhalb des Hafens, dessen sachlich-moderne Anlage eine Kailänge von nicht weniger als 4,5 km erreicht. Terrassenförmig in die Dünen eingelassen und teils durch Bäume und Sträucher verdeckt, mahnt die monströse Anlage an die Schrecken des Krieges. Einige dieser Bunkergänge aus dem Jahr 1941 sind als **Fæstningsmuseum** zugänglich. Mehrere ausgewiesene Wege führen durch das Gelände, das bei Kriegsende 9 km² umfaßte. Sie beziehen auch die vier Kanonenstellungen ein, deren Geschütze mit einer Reichweite von 55 km die Einfahrt zum Skagerrak versperren sollten.

Ein weit harmloseres Vergnügen ist da der **Leuchtturm** von Hanstholm (dän. *fyret*). Er ist der größte in Dänemark, ja, bei seiner Erbauung war er sogar der leuchtstärkste der ganzen Welt. Das Bauwerk, 1843 errichtet und 1889 modernisiert, steht mehr als 60 m über dem Meer und ist noch in 50 km Entfernung von Schiffen aus zu sehen! Für alle, die Genaueres über die Geschichte und Entwicklung des (dänischen) Leuchtturms - aber nicht nur dazu - wissen wollen, empfiehlt sich ein Besuch im **Museum** nebenan (beide Museen geöffnet von Juni bis September 10 - 18 Uhr, sonst 9 -

Moderne Technik und traditionelle Landwirtschaft

16 Uhr, am Wochenende 11 - 16 Uhr;
im Dezember und Januar geschlossen. Eintritt 25/10 DKK).

Die Stadt Hanstholm selbst ist
recht streng eingeteilt in Industrie-,
Handwerks-, Wohn- und Geschäfts-
viertel. Wohl einzigartig in Dänemark
ist, daß gehender und fahrender Verkehr völlig getrennt voneinander sind:
Fußgänger und Radfahrer haben eigene Wege, die in den sogenannten
"Hauptweg" (*hovedsti*) führen; Autos,
Lkw und Motorräder haben eigene
Straßen. Kreuzungen auf einer Ebene
gibt es nicht; Viadukte sorgen für sichere Richtungsänderungen. Gute
Vorschläge für Rundgänge finden
sich in Broschüren, die bei der Touristeninformation erhältlich sind. Die
Wege führen auch zum größten Naturreservat Dänemarks südlich vom
Leuchtturm, das auf etwa 50 km²
vielfältige Naturschönheiten - Landschaft mit Dünen, Wäldern und Bächen, Tier- und Pflanzenwelt - zu bieten hat. Das Gelände ist in der Brut-
zeit (Mitte April bis Mitte Juli) allerdings nicht zugänglich.

## Touristeninformation

Bytorvet, 7730 Hanstholm, Tel. 97 96
12 19, geöffnet in der Hauptsaison
Mo - Sa 9 - 17 Uhr, sonst Mo - Fr 9 -
16 Uhr, Sa 9 - 12 Uhr.

## Übernachten

▸ **Hotel Hanstholm Sømandshjem**,
Kai Lindbergsgade 71, Tel. 97 96
11 45, schlichte Architektur, aber
sachlich-praktische 19 Zimmer am
Hafen; ganzjährig geöffnet und bei
Preisen zwischen ca. 200 DKK für ein
EZ und bis ca. 500 DKK fürs DZ mit
allem, was man braucht.
▸ **Hanstholm Camping \*\*\***, Ham-
borgvej 95, Tel. 97 96 51 98, liegt
rund 2 km östlich vom Ort mit Blick

auf die Vigsøbucht, nur 5 Minuten
vom Strand, etwa 320 Plätze, dazu 15
Hütten, auch Wohnwagenvermietung,
gut ausgestatteter Campingplatz; geöffnet von April bis September.

## Öffentlicher Verkehr

**Bus:** Werktags teils stündlich vom
Marktplatz in Richtung Thisted und
Nykøbing-Mors, außerdem an der
Küstenstraße entlang über Klitmøller
bis Stenbjerg.
**Schiff:** Fähren nach Norwegen: Eger-
sund (Überfahrt 6,5 Stunden, pro Person ca. 330 DKK, Auto mit Insassen
825 DKK), Stavanger (11 Uhr, ca.
360/ 1.050 DKK) und Bergen (16,5
Stunden, ca. 600/ 1.250 DKK).

━▸ Wer nicht in der Umgebung von
Hanstholm in der *Vigsø Bugt* bleiben
und an den breiten Stränden baden
oder dort surfen will, verläßt den Ort
über die Landstraße 26, die sich wenig später in die Weiterführung der 26
und die Straße 29 gabelt. Allerdings
ist es eine Überlegung wert, in diesem 20 bis 30 km langen Strandab-
schnitt etwa bis *Slettestrand* oder
*Tranum Strand* zu bleiben, denn an
diesen Stellen ist es bei weitem noch
nicht so (über)voll, wie es dann in
Blokhus oder Løkken sein kann!

## ◆ Thisted

12.500 Einwohner

Über die Landstraße 26 erreicht man
von Hanstholm nach 22 km *Thisted*
- Zentrum der Thisted-Kommune, die
mit ca. 580 km² die größte in Dänemark ist. Diese alte Handelsstadt
stützt sich auf Privilegien aus dem
Jahr 1524. Aber schon früher hatte
Thisted eine herausragende Bedeu-

tung für Thy, den Landstreifen Nordjütlands zwischen Nordsee und Limfjord. Auch in ihrer schönen Anlage
ist die Stadt an der Thisted Bredning
eine richtige Fjordstadt; bis in die
Steinzeit sind Wohnsiedlungen an
dieser Stelle nachgewiesen worden.

Doch wer heute "Thisted" hört,
denkt meist zuerst an die Geburts-
stadt des Schriftstellers *Jens Peter
Jacobsen* (1847-1885), des großen
Naturalisten. Seine Romane und No-
vellen beeinflußten Dichter in aller
Welt, so auch Rainer Maria Rilke.
"Frau Marie Grubbe" und "Niels Lyh-
ne" gehören zu den wichtigsten Werken, die er in dänischer Sprache
schrieb. **Jocobsens Geburtshaus**,
ein kleines Schifferhaus, steht isoliert
auf dem heute nach ihm benannten
**J.P. Jacobsens Plads**, inmitten par-
kender Autos.

Ein Zimmer von Jacobsen mit originaler Einrichtung ist im **Thisted
Museum** am Store Torv nachgestellt,
die **Bibliothek** am Tingstrupvej hat
eine größere Sammlung seiner
Werke. Der Bibliothek gegenüber liegt
ein Park, zu dem ein Freilufttheater
mit Platz für 2.500 Zuschauer gehört.

Das *Thisted Museum* präsentiert
zusätzlich zum Jacobsen-Gedenk-
zimmer ein weiteres zu *Christen Kold*,
der als Lehrer für die Entstehung der
Hochschule wichtig war (→ Bildungs-
wesen und Artikel "Die dänische *Folkehøjskole*"), aber auch historische
Fundstücke aus der Umgebung von
Thy und Han Herred, darunter die
bestgearbeitete Pfeilspitze aus Feuerstein, die in Dänemark gefunden wurde. So läßt sich ein knapper Überblick
von der Steinzeit bis fast in die Gegenwart gewinnen (geöffnet von Juni
bis August täglich 11 - 17 Uhr; September bis Mai Mo bis Fr 10 - 16 Uhr,
So 13 - 16 Uhr. Eintritt 20 DKK). Das
Geburtshaus eines nicht ganz so berühmten Thisteder Dichters, das von
*Johan Skjoldborg*, in Øsløs, ist ebenfalls als Museum eingerichtet.

Die **gotische Kirche** rechts hinter
dem Museum steht seit etwa 1500 am
Platz der vorherigen romanischen. An
ihrem Ostgiebel ist das Wahrzeichen
und Wappen von Thisted zu sehen,
die "Madonna mit dem Kind", geschaffen vom Bildhauer *Johan Gal-
ster*. Unter einem Baum auf dem Kir-
chengelände haben J.P. Jacobsen
und seine Frau ihre letzte Ruhestätte
gefunden.

## Touristeninformation

*Det gamle Rådhus*, Store Torv, 7700
Thisted, Tel. 97 92 19 00
Nebenstelle im Feriengebiet, Vester-
havsgade 85c, Nørre Vorupør, Tel.
97 93 83 77, geöffnet von Juni bis
August Mo - Sa 9 - 17 Uhr; September bis Mai Mo - Fr 9 - 17 Uhr, Sa 9 -
12 Uhr.

## Übernachten

▶ **Thisted Vandrerhjem**, Skinnerup,
Kongemøllevej 8, Tel. 97 92 50 42,
geöffnet für Einzelreisende vom 1.3.
bis 31.10., für Gruppen ganzjährig.
▶ **Iversensvej 3 \*\*\***, Tel. 97 92 16 35,
ruhiger Platz unmittelbar am Limfjord,
mit gutem Badestrand, dennoch
stadtnah. Schwimmbecken, Einkaufsmöglichkeit, gute Surfstelle, Kapazität für 60 Personen, zusätzlich 9

Hütten und 8 Wohnwagen; geöffnet von Ostern bis Ende September.

## Öffentlicher Verkehr

**Bahn:** Vom Bahnhof im Zentrum sowohl IC- wie Regionalbahnanschluß nach Struer (an Werktagen im Stundentakt), von dort dann weiter nach Holstebro und Virborg.
**Bus:** Von der Busstation am Bahnhof Verbindung nach Nyköbing - Mors ca. zweistündlich und an die Küste in Richtung Hanstholm und Klitmøller; eine feste Busverbindung zudem nach Ålborg.
**Flug:** Vom Flughafen in Tved, ca. 10 km von Thisted entfernt, gibt es täglich die Möglichkeit, nach Kopenhagen fliegen.

**→▸** Route 3 führt an der Weggabelung von Landstraße 26 und 29 auf letzterer weiter, und zwar zunächst durch *Hjardemål* bis *Østerild*, dann ein Stück der Margeriten-Route folgend auf Landstraße 11/29 bis *Østerløs*; dort geht es nördlich nach *Skårup* und weiter nach *Bjerget*. Unmittelbar an der Küste liegen hier die Dünenabschnitte von **Skarreklit** und **Bulbjerg**, beide mit langen, einladenden Stränden.

**Bulbjerg Klint** ist mit seinen 47 m Höhe ein gutes Beispiel für die Naturkräfte, die von der See aufs Ufer einwirken. Die aus dem Meer ragenden **Skarreklitter** waren bis 1978 mit der Steilküste verbunden, ehe ein Sturm die Verbindung abriß. Auch auf dem höchsten Punkt des Bulbjerg, von dem der Blick über *Vigsø Bugt* im Westen und *Jammerbugt* im Osten reicht, hatte die deutsche Wehrmacht im Zweiten Weltkrieg eine Geschützstellung ausgebaut.
Durch die *Torup Plantage*, ebenso wie Bulbjerg ein Naturschutzgebiet, die Dörfer *Vester Torup* (von hier geht

es zum *Torup Strand* mit guter Bademöglichkeit; auch hier wird Fischerei vom Strand aus betrieben) und *Klim* geht es weiter bis:

## Fjerritslev

3.200 Einwohner

Der kleine Ort liegt ziemlich genau zwischen Thisted und Ålborg in *Han Herred*, einem Landstrich mit breiten Stränden und Dünen zur Nordsee und fruchtbarem Ackerland zum Limfjord hin. Hier liegt auch Bejstrup, das - auch eine Art von Auszeichnung - "längste Dorf Dänemarks", was allerdings kein offizieller Titel ist, sondern nur eine Beschreibung seiner Ausdehnung.
In der einzigen Sehenswürdigkeit des ansonsten typisch dörflich-einförmigen, um nicht zu sagen langweiligen Fjerritslev läßt sich eine erholsame Pause einlegen, und zwar im Brauerei- und Heimatmuseum **Den gamle Bryggergård**. Es ist eine ehemalige Malzbrauerei, das einzige dänische Museum dieser Art, das auch tatsächlich arbeitet (zu besichtigen vom 25.6. bis 31.8. täglich 13.30 - 16.30 Uhr, Mo geschlossen. Im selben Haus ist auch das Touristenbüro eingerichtet).
Fast am Ortsausgang in Richtung Brovst versteckt sich hinter den niedrigen Wohnhäusern an der Straße die kleine Parkanlage **Lystanlæg**, die in dieser ländlichen Umgebung in ihrer barocken Anspielung doch überrascht.

## Touristeninformation

*Han Herred Turistbureau*, Østergade 1, 9690 Fjerritslev, Tel. 98 21 16 55.

**Tip:** Bei den vom Touristenbüro veranstalteten Fahrten, den "Fugle- og Botanikture", erklärt ein sachkundiger Führer vieles in der Natur leicht zu Übersehende. Die Fahrten finden mit eigenem Pkw statt.

## Übernachten

▸ **Fjerritslev Vandrerhjem**, Brøndumvej 14-16, Tel. 98 21 18 55, an der Sporthalle gelegen, nette Betreuung durch die Herbergseltern; ganzjährig geöffnet.

## ◆ Umgebung von Fjerritslev

Ca. 4 km südlich von Fjerritslev, das man über die Hauptstraße 29 verläßt, liegen **Husby Hole** - mit einem schönen Blick über den Limfjord - und **St. Jørgensbjerg**. Hier in der Umgebung 1441 kämpften die Truppen Christophs von Bayern gegen die aufständischen Bauern Nordjütlands unter Führung des Adligen Henrik Tagesen Reventlow. Ein Gedenkstein aus dem Jahr 1943 erinnert an den Willen der *Vendelboer*, der Einwohner Vendsyssels, die lieber sterben als fliehen wollten und als letzte dem Heer des Adels widerstanden.

━▸ Von *Fjerritslev* geht es nun zum etwa 10 km entfernten *Slettestrand*. Dort liegt auch das **Kunstcenter "Lien"**, das wechselnde Ausstellungen zeigt; besonders schön ist auch die Aussicht von hier aufs Meer (geöffnet täglich 10 - 17 Uhr).

Vorbei an der Abzweigung zum **Tranum Strand**, einem flachen, breiten Strand mit Dünen und einer herrlichen Brandung, geht es nach *Brovst*.

## Brovst

Im Ort selbst und in nächster Nähe sind zwei bemerkenswerte, schöne Herrensitze (*herregårde*) zu entdekken. In Brovst ist das der **Bratskov herregård** aus dem 16. Jahrhundert, Fredensdal 8, inmitten eines Parks und umgeben von einem Wall. Im lokalhistorischen Museum im Keller des Anwesens wird das Mittelalter lebendig (geöffnet von Mitte Juni bis August täglich 9 - 16 Uhr; im Winter nur Sa 9 - 12 Uhr. Eintritt frei).

In seiner jetzigen Struktur fast unverändert aus der Mitte des 16. Jahrhunderts stammt der überaus ansehnliche Herrenhof **Kokkedal Slot**, etwa 5 km südwestlich von Brovst nahe dem Ort Torslev. Vom Herrensitz hat man einen weiten Blick über den Limfjord. Seit kurzem jedoch gibt es hier ein modernes Interieur: ein Schloßrestaurant, einen Weinhandel und ein Hotel. Eine Übernachtung ist allerdings keine ganz billige Sache, denn für ein Doppelzimmer kann man bis zu 1.000 DKK, ja im "Exklusivfall" sogar 7.000 DKK ausgeben (Hotel Kokkedal Slot, Kokkedalsvej 17, 9460 Brovst, Tel. 98 23 36 22).

Wer dann noch weiter in Richtung Attrup fährt, gelangt zur **Gräberstätte Hvissehøj** mit Ganggräbern aus der Steinzeit (→ Von der Vergangenheit in die Gegenwart, hier: Das Bauernsteinzeitalter).

## Touristeninformation

Bratskov, Fredensdal 8, 9460 Brovst, Tel. 98 23 21 88, geöffnet zur Hauptsaison von Mitte Juni bis Ende August Mo - Sa 9 - 17 Uhr, sonst Mo - Fr 9 - 16 Uhr, Sa 9 - 12 Uhr.

━▸ Von *Brovst* geht es über die Hauptstraße 11 bis *Halvrimmen* weiter, von dort einige Kilometer auf der Margeriten-Route nach Norden durch die *Tranum Plantage* ins Bade- und Ausflugsgebiet bei *Blokhus*.

# Blokhus

Seit im Ort 1885 das erste Badehotel und Anfang dieses Jahrhunderts dann die ersten Sommerhäuser (von denen es inzwischen ein paar tausend geben dürfte) an dieser schönen Stelle an der Jammerbucht gebaut wurden, ist die Entwicklung des alten Fischerorts *Blokhus* zu einem internationalen, hektischen und im Sommer oft überfüllten Ferienziel nicht mehr aufzuhalten. Alles, was man sich als Tourist vorstellt - und vielleicht auch wünschen mag - wird geboten: traditionelle *kros*, Restaurants, Tanzlokale, Diskotheken und vieles mehr. Wer mag, kann sich auch ins Nachtleben stürzen. Auch die, die etwas für Antiquitäten und Kunsthandwerk, also meist Töpferei, Kerzen oder ähnliches übrighaben, kommen auf ihre Kosten.

Für Bewegung und sportliche Aktivität ist ebenfalls gesorgt, denn das komplette Angebot von Minigolf über Reiten, Fischen und Tennis ist abgedeckt.

Nur etwa 4 km weiter nahe dem Ort Saltum in Richtung Løkken liegt auch der größte "Aquapark" Dänemarks, **Fårup Sommerland**. Dort ist auf insgesamt 550.000 m² alles installiert, was einen Urlaub mit Spiel- und Unterhaltungsaktivitäten auflockern kann. Ob Schwimmen, Fahren im Minizug, Bogenschießen oder Bowling - alles ist dabei.

Trotz alledem: Das Schönste sind die oft hohen Brandungswellen der Nordsee und die kilometerlangen Dünenstrände.

## Touristeninformation

*Blokhus Turistbureau*, Støvesvej 2, 9492 Blokhus, Tel. 98 24 85 11, geöffnet von Juni bis August Mo - Fr 10 - 19 Uhr, Sa und So 12 - 19 Uhr; September bis Mai Mo - Fr 9 - 16 Uhr, Sa 10 - 13 Uhr.

## Übernachten

▸ **Blokhus-Hune Vandrerhjem**, Kirkevej 26, Tel. 98 24 91 80, einfach ausgestattet, geöffnet für Individualreisende von Anfang Mai bis Anfang Oktober.

▸ **Danland Feriehotel Nordsøen**, Høkervej 5, Tel. 98 24 93 33, große, praktische Ferienanlage in Seenähe mit 1.600 Betten, aber ohne besondere Atmosphäre; das ganze Jahr über geöffnet.

▸ **Egons Motel**, Gennem Granerne 2, Tel. 98 24 91 93, die acht Zimmer, obwohl nicht sonderlich hübsch, sind fast immer ausgebucht; geöffnet von Juni bis August.

## Essen und Trinken

Aus dem internationalen Angebot, das von *fast-food*-Restaurant bis zur Bar reicht, möchte ich nur ein Restaurant herausheben, das noch traditionell dänisch ist: Der *Strandingskroen* ist gemütlich und bietet nicht nur leckere Fischgerichte!

## Freizeit und Sport

Eigentlich findet man in und um Blokhus alles: Von Tennis über Minigolf, Angeln und Reiten reicht die Palette. Und wenn das Wetter draußen zu schlecht ist, gibt es noch Freizeitbad *Fårup Sommerland*, Priupvejen 147, 9493 Saltum, Tel. 98 88 16 00 (12.5.

bis 17.6. und 15.8. bis 28.8. 10 - 18 Uhr; 18.6. bis 1.7. und 1.8. bis 14.8. 10 - 19 Uhr; im Juli 10 - 20 Uhr).

Die Anlaufstelle für Golfer ist *Blokhus Klit Golf* mit einer 18-Loch-Anlage für Fortgeschrittene und einer 9-Loch-Anlage für Anfänger: Engesgaardsvej 118, 9490 Panderup, Tel. 98 20 95 00.

## Öffentlicher Verkehr

**Bus:** Im Sommer sind spezielle "Urlauberbusse" im Einsatz, die mehrmals am Tag die Städte mit den Feriengebieten verbinden. So kommt man von Blokhus nach Frederikshavn, Hjørring und Hirtshals. Ebenso angebunden sind die Küstenorte Løkken und Slettestrand.

→▸ Durch die Orte *Hune* und *Saltum*, dort nach Norden über die 55 führt Route 3 nun nach *Løkken*, einem weiteren bekannten Badeort.

## Løkken

*Løkken* verdankt im Grunde wie Blokhus seine Existenzberechtigung dem Meer: Erst wurde von hier aus Handel über die See in alle Welt betrieben, dann wurde der Fischfang zum Lebensunterhalt ausgebaut - und heute kommen die "großen Fische" über den Landweg, denn seit gut einhundert Jahren erfreut sich Løkken als Badeort mit breiten, weißen Stränden in ganz Europa großer Beliebtheit. Und wie in Blokhus, könnte man sagen, ist dies gleichzeitig der Nachteil des früheren Dorfes: Von seiner alten Struktur ist nicht allzuviel erhalten,

das heutige Stadtbild wird vielmehr dominiert von Restaurants, Kneipen und Lokalen, die nach langen Strandtagen auch noch Nachtleben verheißen. Als Einkaufsziel ist Løkken für Urlauber aus der ganzen Umgebung Anziehungspunkt. Außerhalb der Hochsaison geht es da zum Glück viel ruhiger zu, auch für die 1.300 Einwohner des Ortes.

Das **Løkken Museum** findet man im alten Teil des Ortes in der Nørregade 12. Hier ist es im *Johanne Grønbechs hus* untergebracht, einem alten Schifferhaus aus dem Jahr 1860. Es informiert u. a. über die Stadtgeschichte, den Handel mit Norwegen und den Tourismus. Am Nordre Strandvej in der alten Rettungsstation am Strand von Løkken thematisiert das **Kystfiskerimuseum** die Küstenfischerei; ausgestellt sind Boote und Geräte (beide Museen geöffnet von Juni bis August außer Mo täglich 10 - 16 Uhr, So 14 - 17 Uhr. Eintritt 5/0 DKK).

## Touristeninformation

Møstingsvej 3, 9480 Løkken, Tel. 98 99 10 09, geöffnet im Juni und August Mo - Sa 9 - 16 Uhr; im Juli Mo - Sa 9 - 19 Uhr, So 10 - 14 Uhr; September bis Mai Mo - Fr 9 - 16 Uhr, Sa 9 - 12 Uhr.

## Übernachten

▸ **Jugendherberge Vrendsted Aktivitets- og Feriecenter**, Skt. Thøgers Plads 2, Vrendsted, Tel. 98 88 90 33, knapp 10 km östlich von Løkken im Hinterland, das ganze Jahr über geöffnet.

Als attraktive Urlaubsstadt wartet Løkken mit über zwanzig Hotels auf; alle Preiskategorien sind vertreten.

Am unteren Ende der Skala liegen etwas einfachere, aber praktisch eingerichtete Häuser:
▸ **Hotel Klitbakken**, Nørregade 5, Tel. 98 99 11 66, zentral gelegen, 26 Zimmer, nur um die Jahreswende geschlossen. EZ ohne Bad schon ab ca. 200 DKK, DZ mit Bad ab 350 DKK.
▸ **Hotel Løkkenhus**, Søndergade 21, Tel. 98 99 10 46, älteres Haus im Ortszentrum, mit nur 44 Betten, daher schnell belegt. DZ 250 - 350 DKK.
▸ **Løkken Badehotel**, Torvet 8, Tel. 98 99 14 11, in Stadtmitte am Marktplatz, vermittelt einen Eindruck von "Sommerfrische". Mit einer Kapazität von 162 Betten und 36 Appartements, allesamt modern ausgestattet, ist es im Sommer trotz der hohen Preise schnell ausgebucht. DZ 2.000 - 5.000 DKK.

Zwischen Blokhus und Løkken gibt es mehr als ein Dutzend Campingplätze, so daß man sich um eine Übernachtungsmöglichkeit keine Sorgen zu machen braucht.
▸ **Blokhus Camping \*\*\***, Ålborgvej 62, 9492 Blokhus, Tel. 98 24 90 96, etwa 2 km bis zum Strand, 340 Plätze, 15 Hütten, auch Wohnwagenvermietung; im Sommer reservieren; geöffnet Mitte April bis Mitte September.
▸ **Saltum Strand Camping \*\*\***, Saltum Strandvej 141, 9493 Saltum, Tel. 98 88 11 59, in Strand- und Dünennähe, wie der Platz in Blokhus im Sommer ziemlich voll, 295 Plätze, zusätzlich 33 Hütten; ganzjährig geöffnet.
▸ **Løkken Strand Camping \*\*\***, Furreby Kirkevej 97, 9480 Løkken, Tel. 98 99 18 04, etwa 2 km nördlich von der Ortsmitte über dem Meer in Strand- und Dünennähe; 165 Stellplätze, auch Wohnwagenvermietung; geöffnet von Juni bis August.

Die genannten Plätze sind aber nur eine kleine Auswahl aus dem Angebot; da im Sommer großer Andrang herrscht, ist man unter Umständen genötigt, auf einen der anderen, auch nicht schlechteren Plätze auszuweichen. Alle Plätze sind ausgeschildert.

## Freizeit und Sport

In Løkken ist vieles möglich: Tennis, Minigolf, Golf (Løkken Golfbane, Vrenstedvej 226, Tel. 98 99 26 57), Radfahren (Fahrradverleih) und Reiten.

## Öffentlicher Verkehr

**Bus:** Ganzjährig regelmäßige Verbindung nach Hjørring, Brønderlev und Ålborg. In der Hochsaison "Urlauberbusse" nach Blokhus und in Richtung Hirtshals auf Skagen.

## ◆ Børglum Kloster

Östlich von Løkken liegen *Børglum* und das gleichnamige Kloster, das kaum zu übersehen ist, weil es auf einem Hügel steht. An einem der historischsten Orte Dänemarks war zunächst ein Königssitz der Wikinger, ehe König *Knud der Heilige* 1086 von den aufständischen nordjütischen Bauern vertrieben wurde. Sie verfolgten ihn bis nach → Odense, wo er als Märtyrer starb. Im 12. Jahrhundert bauten Prämonstratenser hier ein Kloster mit romanischer Kirche. Die Anlage war von 1135 bis zur Reformation Bischofssitz, dann aber ging das Kloster in den Besitz eines Adligen über. Im 18. Jahrhundert baute sein Besitzer, der Hofbaumeister Laurids de Thurah, das Kloster dem damaligen Stil entsprechend barock um (ehemaliger Dom, Keller und Burghof geöffnet Mai bis September täglich 10 - 18 Uhr. Eintritt 10/2 DKK).

---

## Route 4
### Vendsyssel:
### Brønderslev - Hjørring - Skagen - Frederikshavn - Nørresundby
### (ca. 210 km)

---

Diese Route führt durch den Norden Dänemarks, das sogenannte *Vendsyssel*: Es ist eigentlich eine Insel. Der Limfjord grenzt es zum restlichen jütischen Festland ab, die Nordsee (*Skagerrak*) nach Westen und die Ostsee (*Kattegat*) nach Osten. Wirtschaftlich war dieser Teil des Landes in den letzten Jahren immer eine schwache Region, und das nicht nur, weil sie die größte Entfernung zum Zentrum Kopenhagen hat. (Bis weit ins 20. Jahrhundert hinein - und manchmal als Stereotyp bis heute - gab es die Redensart vom "dunklen Jütland". "*Det mørke Jylland*" stand für eine unaufgeklärte, rückständige bäuerlich dominierte Struktur.) Eine einseitige Abhängigkeit von Fischfang und Landwirtschaft haben das Leben, gerade in Zeiten oft undurchsichtiger EU-Politik, nicht unbedingt erleichtert: Nordjütland war lange Zeit ein Zentrum des dänischen EU-Widerstands, wo die Mitgliedschaft in der Europäischen Union auch heute noch nur geringe Zustimmung in der Bevölkerung findet. Ein anderer wirtschaftlicher Unsicherheitsfaktor ist die Werftindustrie, die in Frederikshavn und Ålborg immer wieder für Zukunftsängste sorgt. All das trägt zu einer recht hohen Arbeitslosigkeit bei, die durch infrastrukturelle Maßnahmen gemildert werden soll. Lange war ein heiß diskutiertes Thema der "*motorvej til Nordjylland*" (Autobahn nach Nordjütland), denn bis heute endet die E 45 kurz hinter Ålborg am Limfjord. Sie wird aber ausgebaut werden - und dann vielleicht noch mehr Urlauber in dieses schöne Gebiet Dänemarks bringen, denn zwischen den Stränden im Westen und denen im Osten ist viel Natur zu erleben.

Route 4 nimmt als Ausgangspunkt den Ort:

## Brønderslev

11.200 Einwohner

Die Stadt *Brønderslev* liegt im Herzen von Vendsyssel, dem nördlichsten Teil Dänemarks. Vor einigen Jahren charakterisierte eine Freundin, die von dort stammt, Brønderslev einmal als "*pensionisternes paradis*", als Paradies der Pensionäre. Gemeint war, daß Jugendliche, die hier im Norden eine berufliche Zukunft haben wollen - und nicht etwa nur fürs Studium -, zur Ausbildung und zum Arbeiten in die großen Städte gehen müssen. Zurück bleiben die älteren Menschen, die in den traditionellen Berufen - wie der Landwirtschaft - ihren Lebensunterhalt verdienen. Und die Zahl der Altenheime (*plejehjem*) wächst.

Dennoch: Brønderslev ist trotz aller Vorbehalte eine angenehme Stadt für den Einkauf und fürs Shopping im Urlaub; sehr viele Sehenswürdigkeiten hat sie allerdings nicht zu bieten. Dafür hat die Natur Brønderslev insofern bevorzugt, als seine Lage zwischen der *Jyske Å* im Osten und der *Store Vildmose*, dem Großen Wildmoor, im Westen zwischen Brønderslev und Blokhus sehr schön ist. Zwar ist das Moorgebiet von Vildmose durch Trockenlegung stark verkleinert worden, dafür ist aber der heute noch erhaltene Teil Naturschutzgebiet. Mehr darüber erfährt man im kleinen, aber informativen **Vildmosemuseum** im Paukærvej 15 (geöffnet von Juni bis Mitte September außer Sa täglich 10 - 16 Uhr. Eintritt 10/0 DKK). Im Rhododendronpark blühen den ganzen Sommer über 10.000 Büsche in schönster Farbenpracht.

Außerdem ist es von Brønderslev auch (wie von allen anderen Punkten Vendsyssels) nicht weit zu Meer und Strand.

## Touristeninformation

*Erhvervs- og Turistcenter,* Ny Banegårdsgade 11, 9700 Brønderslev, Tel. 98 80 01 88

## Übernachten

▸ **Brønderslev Vandrerhjem**, Knudsgade 15, Tel. 98 82 15 00, ganzjährig geöffnet. Auf dem Gelände der Jugendherberge liegt ein Campingplatz **.
▸ **Hotel Phønix**, Bredgade 17-19, Tel. 98 82 01 00, in unmittelbarer Nähe zum Bahnhof, 42 Zimmer in durchschnittlichem Standard; geöffnet vom 3. Januar bis 23. Dezember. DZ um 700 DKK.

━▸ Von *Brønderslev* geht es über die E 39 weiter in Richtung Norden in eine der ältesten Städte Dänemarks:

# Hjørring

24.000 Einwohner

*Hjørring* ist in seiner Bedeutung für Vendsyssel entscheidender als Brønderslev, denn seine Lage am Knotenpunkt der modernen Nord-Süd- und Ost-West-Straßen hat für gute Handelsverbindungen gesorgt. Diese breiten Durchfahrtsstraßen bestimmen aber auch das Stadtbild nachhaltig, indem sie das Zentrum durchschneiden. Bereits im Altertum war hier ein bedeutender Markt- und Handelsplatz, und so bekam Hjørring auch schon im Jahr 1243 die Stadtrechte. Drei romanische Kirchen ragen im alten Zentrum auf: **St. Olai, St. Hans** und **St. Catharinæ**; letztere ist sicher die wichtigste und sehenswerteste der drei: ein kreuzförmiges Bauwerk, das aus dem 13. Jahrhundert stammt, aber mehrfach umgebaut wurde. Das Altarbild geht auf das Jahr 1651 zurück (Kirche geöffnet Mo bis Fr 9 - 16 Uhr).

Inmitten eines Gartens ist im **Provstegård**, einem Pfarrhaus aus dem Jahr 1770, in der Museumsgade 3 das **Historische Museum** von Vendsyssel eingerichtet. Mit seinen Ausstellungen gibt es einen guten Einblick in Archäologie und Volkskunde, z. B. zum Wohnen in früheren Zeiten. Das Gebotene ist nicht großartig, aber doch interessant (geöffnet im Mai und Juni täglich 11 - 16 Uhr; Juli und August 10 - 17 Uhr, sonst 13 - 16 Uhr. Eintritt 20/5 DKK). Das **Kunstmuseum** in der Brinck-Seidelinsgade 10 sammelt schwerpunktmäßig Werke aus diesem Jahrhundert von Künstlern aus der Region Vendsyssel, was einmal einen anderen Zugang zum Land hier ermöglicht (geöffnet Mitte Juni bis August täglich 10 - 17 Uhr, sonst täglich außer Mo 11 - 16 Uhr. Eintritt 10/0 DKK). Außerdem sind in der ganzen Stadt Skulpturen aufgestellt. Die imposanteste ist der Springbrunnen von *Bjørn Nørgård* am **P. Nørskjærs Plads**: Das neue Atrium verbindet alte Häuser und moderne Geschäfte. Das Wasserkunstwerk, erstellt 1989, zeigt u. a. Figuren und mythologische Szenen aus der nordischen Sagenwelt zeigen.

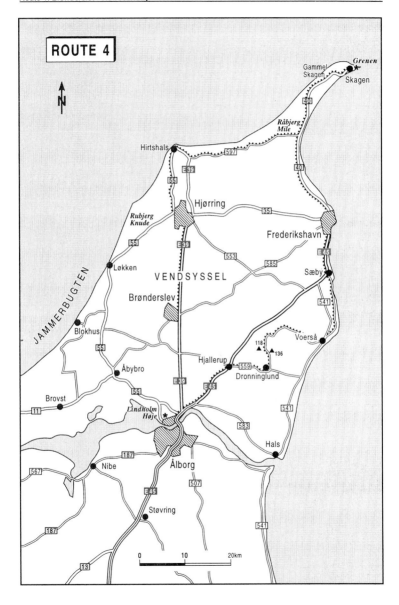

## Touristeninformation

Markedsgade 9, 9800 Hjørring, Tel. 98 92 02 32, geöffnet von Mitte Juni bis Ende August Mo - Sa 9 - 17 Uhr, sonst Mo - Fr 9 - 16 und Sa 9 - 12 Uhr.

## Übernachten

▸ **Hjørring Vandrerhjem**, Thomas Morildsvej 11, Tel. 98 92 67 00, geöffnet für Einzelreisende von Anfang März bis Mitte Oktober.
▸ **Hotel Phønix**, Jernbanegade 6, Tel. 98 92 54 55, liegt sehr zentral, 70 neu eingerichtete Zimmer. EZ ca. 440 DKK, DZ 640 DKK, mit Frühstück.
▸ **Hjørring Kro**, Birthesvej 2, Tel. 98 92 02 97, 13 recht gemütliche Zimmer, 1 Appartement. EZ ab 375 DKK, DZ um 500 DKK.
▸ **Hjørring Campingplads \*\***, Idrætsallé 45, Tel. 98 92 22 82, 133 Stellplätze, dazu Vermietung von 15 Hütten; geöffnet Mitte von Mai bis Mitte September.

## Öffentlicher Verkehr

**Bus:** Busverbindungen von der Busstation in Stadtmitte in alle Richtungen, nach Hirtshals, Løkken, Frederikshavn und Ålborg.

## ◆ Küstenlandschaft bei Hjørring

Die Nordseeküste vor Hjørring bietet ein beeindruckendes Erlebnis. Darauf eingestimmt wird man schon auf dem Weg dorthin: Im Ort **Sønderlev**, westlich von Hjørring, sind im kleinen, hübsch aufgemachten **Ravmuseum** (Bernsteinmuseum) einzigartige Exponate zu sehen, die belegen, wie vielfältig sich das Naturmaterial von der Küste zu wunderschönen Kunstobjekten bearbeiten läßt (der Weg zum Museum ist beschildert; geöffnet ganzjährig Mo bis Sa 10 - 17 Uhr).

Nach insgesamt etwa 13 km von Hjørring ist die Küste beim Ort **Lønstrup**, der selbst mitten in einem großen Feriengebiet liegt, dann erreicht. Hoch über dem Meer steht zuerst die **Mårup Kirke**, eine romanische Kirche aus dem 13. Jahrhundert, die seit 1926 nicht mehr als Gotteshaus genutzt wird. Der große Anker und eine Gedenktafel erinnern an britische Seefahrer, die an diesem Küstenstreifen zu Beginn des vorigen Jahrhunderts mit ihrer Fregatte *The Crescent* strandeten und umkamen. Wie alles in der Umgebung hat auch die kleine Kirche unter dem herangewehten Sand von Strand und Dünen gelitten. **Rubjerg Kirke**, von der noch der alte Bauplatz zu sehen war, wurde sogar verlegt.

Unter den Unbilden des Sandes gelitten hat auch der Leuchtturm, der 1900 an der höchsten Stelle von *Rubjerg Knude* errichtet wurde: **Rubjerg Knude fyr** mußte 1968 seinen Betrieb einstellen, weil sich allmählich eine Düne aus Treibsand zwischen ihn und das Meer geschoben hatte, so daß er von dort aus nicht mehr zu sehen war. Was lag näher, als darin ein **Museum** einzurichten, das über die Wirkung von Flugsand informiert? (geöffnet Mai bis Oktober täglich 10 - 16 Uhr; in den dänischen Ferien 9 - 21 Uhr, sonst nur an Wochenenden)

Die Klippen von Rubjerg Knude selbst fallen über 74 m in die Tiefe zum Strand ab - und das Meer nagt immer weiter.

━▸ Auf Route 4 geht es über die Landstraße 55 in Richtung der Küstenstadt *Hirtshals*. Auf dem Weg dorthin passiert man die **Hjørring Bjerge**, deren höchster Punkt der **Tornby Bjerg** mit einem Aussichtsturm (84 m über dem Meeresspiegel) ist. Es folgen die Steingräber von **Hellehøj**, Dänemarks nördlichste Anlage mit Gräbern dieser Art. Sie stammen aus der Bronzezeit, d. h. sie sind etwa 4.000 Jahre alt. Bevor man das nächste Ziel erreicht, bietet sich der **Tornby Strand** für eine Bade- und Erholungspause geradezu an, wenngleich große Strecken der Küste hier ebenfalls ideal dafür sind.

## Hirtshals

7.000 Einwohner

*Hirtshals* ragt gewissermaßen als "Tor zu Europa" in den Skagerrak hinein. Zwar fahren die Fähren von hier heute nur noch in Richtung Norwegen, aber der 1930 eingeweihte Hafen der Stadt ist immer noch der Fischereihafen mit der größten Fischlandungsmenge in Dänemark: Die Ware wird direkt industriell weiterverarbeitet und dann per Kühllastwagen nach ganz Europa verschickt. Wie das Leben und der Alltag der Fischer vor fast hundert Jahren ausgesehen haben, erfährt man als Besucher im **Hirtshals Museum "Lilleheden"**, Sophus Thomsensgade 6, das wie ein damaliges Fischerhaus eingerichtet ist. Hier kann man auch den bekannten nordjütischen Kräuterschnaps "Hirtshals Bjersk" probieren (geöffnet täglich 10 - 17 Uhr; Anfang September bis Ende Mai 10 - 16 Uhr, Fr 10 - 13 Uhr. Eintritt 10/0 DKK).

Ein ganz anderes Erlebnis ist der Besuch des **Nordsømuseum** im Willemoesvej, das 1984 eingeweiht wurde. Es ist eine Forschungs- und Unterrichtsstation zum Thema "Nordsee", wo auch die industrielle Ausbeutung des Meeres, vom Fischfang bis zum Ölbohren, berücksichtigt ist. Im größten freistehenden Aquarium Europas schwimmen Seehunde,

Robben und Haie, ja insgesamt sind in den Salzwasseraquarien siebzig verschiedene Arten Fische und Meerestiere zu bestaunen. Das neue "Mikrarium" gibt einen Blick in die Mikrowelt der See frei (geöffnet täglich 9 - 18 Uhr. Eintritt 40/20 DKK).

Vom 57 m hohen **Leuchtturm Hirtshals** aus dem Jahr 1863 ist bei gutem Wetter eine Sicht bis zu Dänemarks nördlichster Landspitze, *Grenen*, möglich.

Wer nicht nur durch die Straßen von Hirtshals schlendern und einkaufen will, kann sich auf dem neuen Golfplatz (9-Loch-Anlage) vergnügen, mit einem von drei Kuttern für Freizeitangler aufs Meer hinausfahren oder auf der *Uggerby Å* eine Kanutour unternehmen. Eine Radwanderung auf dem *Vestkyststi* ist ebenfalls ein Erlebnis.

### Touristeninformation

Nørregade 40, 9850 Hirtals, Tel. 98 94 57 40 oder 98 94 22 20, geöffnet 15. bis 30. Juni Mo - Fr 10 - 17 Uhr, Sa 9 - 19 Uhr, So 10 - 13 Uhr; 1. Juli bis 15. August Mo - Fr 9 - 18 Uhr, Sa 9 - 19 Uhr, So 10 - 13 Uhr; 16. August bis 15. September Mo - Sa 10 - 17 Uhr; 16. September bis 15. Mai Mo - Fr 9 - 16 Uhr, Sa 9 - 12 Uhr; 16. Mai bis 14. Juni Mo - Sa 9 - 17 Uhr.

### Übernachten

▸ **Hirtshals Vandrerhjem**, Kystvejen 53, Tel. 98 94 12 48, liegt sowohl stadt- als auch strandnah, geöffnet von Anfang März bis Ende November.
▸ **Hotel Hirtshals**, Havnegade 2, Tel. 98 94 29 77, 38 Zimmer und 8 Appartements, in guter Lage unmittelbar am Hafen; ganzjährig geöffnet. DZ um 500 DKK.
▸ **Skaga Hotel**, Willemoesvej 1, Tel. 98 94 55 00, modernes Luxushotel

mit großem Zimmerangebot (107 Räume), erschwingliche Preise bei gutem Komfort; um die Jahreswende geschlossen. EZ ab 400 DKK, DZ ab 600 DKK.

▸ **Hirtshals Camping \*\*\***, Kystvejen, Tel. 98 94 25 35, in Strandnähe über dem Meer, gute Ausstattung, 140 Plätze und 10 Hütten; geöffnet von Mai bis Mitte September.

## Freizeit und Sport

Sport sollte hier im Sommer natürlich in erster Linie Baden an einem der schönen Strandabschnitte der Umgebung sein. Breite, herrliche Sandstrände erstrecken sich vor allem südlich von Hirtshals, so *Tornby Strand* und *Kaersgård Strand.* Leider sind sie im Sommer voll belegt, weil es viele Ferienhäuser dort gibt. Ferner hat man Gelegenheit zum Hochseeangeln (ab Hafen), zu einer Kanufahrt auf der *Uggerby Å* oder zum Golfen auf einem 18-Loch-Platz, 4 km nördlich der Stadt.

## Öffentlicher Verkehr

**Bahn:** Vom Bahnhof im Zentrum Privatbahn regelmäßig nach Hjørring, dort Anschluß an das Netz der *DSB* nach Ålborg oder Frederikshavn.
**Bus:** Ständige Verbindung von der Bushaltestelle am Bahnhof nach Hjørring und Ålborg, im Sommer außerdem zu anderen Küstenorten, wie nach nach Løkken, Blokhus und Skagen.
**Schiff:** Überfahrt nach Norwegen:
- Kristiansand: Überfahrdauer 4,5 Stunden, Preis für Pkw mit Insassen gut 1.000 DKK; Oslo 8,5 Stunden, ebenfalls ca. 1.000 DKK für einen Pkw mit Fahrgästen.

━▸ Von *Hirtshals* geht es über die Hauptstraße 597 an der *Tannis bugt*

entlang (auch hier läßt sich gut baden, was auch gemacht wird) bis zur Landstraße 40 und bei *Ålbæk* nach Norden in Richtung *Skagen.*

## ◆ *Råbjerg Mile*

Unbedingt empfehlenswert ist ein Abstecher in die "Wüstenlandschaft" von *Råbjerg Mile,* kurz hinter Ålbæk (deutlich ausgeschildert). Um die **Råbjerg Kirke** mitten in den Dünen spielt sich eines der faszinierendsten Naturschauspiele des Landes ab: Die 40 m hohe Wanderdüne **Råbjerg Mile** (2 km lang und 1 km breit) arbeitet sich pro Jahr etwa 8 m von Südwesten nach Nordosten vor. In den letzten Jahrhunderten waren es schon fast 4 km, die von den glattgeschliffenen *Råbjerg Stene* am Wasser bis zur jetzigen Position der Düne zurückgelegt wurden - auf Kosten vieler fruchtbarer Felder.

## Skagen

13.000 Einwohner

*Skagen* ist die nördlichste Stadt Dänemarks (mit Stadtrechten schon aus dem Mittelalter). Die Ortsteile *Gammel Skagen* und *Skagen* sind dabei recht unterschiedlich. Im Widerspuch zu seinem Namen ist das ehemalige Fischerdorf *Gammel Skagen,* das "Alte Skagen", heute ein teures Neubauviertel größeren Ausmaßes mit Ferien- und Appartementhäusern, Hotels, Restaurants und vielen anderen Lokalen.

Viel von seinem Charakter dagegen hat sich das eigentliche Skagen erhalten, dessen Einwohner bis heute vom Fischfang als wichtiger Einnahmequelle abhängig sind: Wie schon

## Die Skagen-Maler und ihre Kolonie

Ein feststehender Begriff ist es geworden, von Pathos umweht: "Das Licht in Skagen". Seinetwegen, so wird gesagt, zogen im letzten Jahrhundert so viele Maler an die äußerste Landspitze im Norden Dänemarks. Sicher ist diese Begründung nicht ganz falsch, doch der Kunsthistoriker *Knud Voss* hat schon vor über zwanzig Jahren zu recht auf einen Beweggrund hingewiesen, der der historischen Wahrheit wohl näher kommt: Nicht (nur) des Lichts, sondern der Motive wegen seien die Künstler hierher gekommen.

Und ein Gang durch das Skagen-Museum (das der Apotheker Christian Klæbel 1908 ins Leben rief) belegt es: Wenn auch oft Landschaft und maritime Motive abgebildet sind, ist doch immer wieder der Mensch Hauptmotiv. Die Bilder zeigen vor allem die Menschen des engeren Künstlerkreises sowie "das Volk": Handwerker, Fischer, Arme. Das Folkloristische, immer mit einem Touch Lokalkolorit, spielte eine nicht geringe Rolle, egal ob bei den großen Skagen-Malern, den bekannten *Krøyer* und *Ancher*, oder den unbekannteren, zu denen auch *Holger Drachmann*, der vor allem als Dichter zu Ruhm gekommen war, gehörte.

Die Blütezeit der Künstlerkolonie Skagen waren die neunziger Jahre des letzten Jahrhunderts; angefangen hatte alles jedoch schon fast fünfzig Jahre früher. Als der große *Peter Severin Krøyer* im Juli 1882 dort ankam, war die eigentlich dynamische Entwicklung im Künstlerdorf schon vorbei. Er hatte nach seiner Ausbildung in Kopenhagen und Paris auch die Bretagne und Spanien bereist. Von ihm stammen "Die Frau des Künstlers im Gartenstuhl in ihrem Garten in Skagen" und *das* Skagen-Gemälde schlechthin: "Sommerabend am Südstrand von Skagen".

*Martinus Rørbye* gebührt die Ehre, als erster bekannter Maler 1833 nach Skagen gekommen zu sein, wohin er nach Reisen durch Südeuropa erneut 1848 zurückkehrte. 1867 kam dann *Julius Exner* und schon in den siebziger Jahren entstand ein Künstlerkolonie, wie es sie in Dänemark zuvor allenfalls in Kopenhagen gegeben hatte. Unter den Malern waren der schon erwähnte *Drachmann*, dessen Talent eher begrenzt war, *Karl Madsen* und der Bornholmer *Michael Ancher*. Der kam am 14. Juli 1874 in Skagen an und schuf in den folgenden Jahren sicherlich einige der schönsten Skagen-Bilder. "Anna Ancher zeichnet für Helga" ist eines der vielen, auf denen seine Frau abgebildet ist, die Skagener Gastwirtstocher *Anna Brøndum* (1859-1935), die Ancher 1880 heiratete. In jenem Jahr hatte die junge Anna Ancher im Schloß Charlottenburg in Kopenhagen, wo sie über drei Winter in Kyhns-Malerschule Unterricht genommen hatte, ihr Künstler-Debut. Ihr Werk genießt als das einer der ersten großen dänischen Künstlerinnen inzwischen auch internationale Anerkennung; erstmals war es auch in Deutschland anläßlich der großen Anna-Ancher-Retrospektive in Hannover und Hamburg 1995 zu sehen. Einer der letzten Maler, die in Skagen eintrafen, war *Christian Krogh*.

All das klingt nach einem geschlossen dänischen Milieu, doch gab es auch Einflüsse von und nach draußen. So war schon 1872 mit *Fritz Thaulow* ein Norweger Gast, und schwedische Künstler (darunter *Oscar Björck*) wurden vom intensiven Arbeitsklima beeinflußt und beeinflußten es selbst.

Lokal verankert und trotzdem mit Blick auf die Welt - vielleicht ist das der Grund, warum die Kunst der Skagen-Maler bis heute so beliebt ist.

in Hirtshals dominieren die weiterverarbeitenden Konservenfabriken, Auk-
tions- und Gefrierhäuser den Hafen.
Viele der einlaufenden Kutter kommen aber längst nicht mehr aus Dänemark, sondern aus Norwegen,
Schweden oder den baltischen Ländern. Die eigene "Flotte" hat sich in
Skagen seit Anfang der achtziger
Jahre auf ein Zehntel des damaligen
Bestandes reduziert: Nur noch knapp
80 Skagener Fischer nennen heute
ein Boot ihr eigen. Direkt im Industrie-
und Yachthafen, wo noch alte Holz-
häuser (darin Restaurants eingerichtet) stehen, befindet sich das **Bernsteinmuseum** (*Ravmuseum*), Bank-
vej 2. Das Museum zeigt neben einer
informativen Ausstellung zur Entstehung und Verbreitung von Bernstein
- der während der ersten Jahrhunderte nach Christus die wichtigste
Handelsware des Nordens war - besonders "gelungene" Exemplare aus
diesem Material. Und all die, denen
es bisher verwehrt war, selbst eines
dieser wertvollen Stücke zu finden,
können bearbeiteten Stein als
Schmuck im Geschäft erwerben, das
zum Museum gehört (geöffnet von
Mitte Juni bis Mitte August täglich 10 -
22 Uhr, sonst täglich 10 - 18 Uhr. Eintritt frei).

Daß das Stadtbild von schönen,
kleinen Fischerhäusern mit Vorgärten, kleinen Straßen und Plätzen bestimmt ist, macht Skagen zu einem
besonders attraktiven Ziel für Touristen: Deren Zahl hat sich leider in den
vergangenen Jahren so stark erhöht,
daß die Zufahrtsstraße und die Orts-
durchfahrt zur Landspitze **Grenen** im
Hochsommer wahre *rush-hours* erleben. Falls irgendwie möglich, sollte
man Skagen in den ruhigeren Früh-
lings- oder Spätsommermonaten besuchen, denn dann erlebt man noch
etwas von seinem Charme und der
Ruhe, deretwegen sich an dieser
Stelle um 1870 die Künstlerkolonie

um *P.S. Krøyer* wie auch *Anna* und *Michael Ancher* niederließ (→ Bildende
Kunst - damals und heute; Artikel "Die
Skagen-Maler und ihre Kolonie"). Sie
waren begeistert vom Licht, das in
der besonderen Mischung der Son-
nenreflektion auf Meer und Dünen
entsteht. Die beiden großen Maler
Krøyer und Ancher stehen nun als
Statue vor **Skagens Museum** im Norden des Zentrums, Brøndumsvej 4.
Das Museum stellt einen großen Teil
ihrer Gemälde aus. Es ist eines der
gemütlichsten, gleichzeitig aber best-
besuchtesten im Land (geöffnet im
Sommer täglich 10 - 18 Uhr. Eintritt
30/0 DKK).

Nur wenige Schritte sind es von
hier hinüber zum kleinen, roten **Anchers Hus**, Markvej 2. Es war das erste Haus des Künstlerehepaars Anna
und Michael Ancher in Skagen. Die
beiden erweiterten das ursprünglich
kleine Fischerhaus 1913 mit einem
Anbau, der neue Atelierräume für
Anna Ancher schaffen sollte. Dementsprechend ist das Haus zweigeteilt:
Vorne sind die niedrigen, kleinen
Räume des alten Häuschens, im hinteren Teil helle, höhere Zimmer. Alle
Räume sind original erhalten, Wohnzimmer, Bad und Atelier. Die Bilder im
Haus sind die private Bildersammlung
der Anchers und hängen noch wie
1935 beim Tod von Anna. Danach
war das Gebäude dreißig Jahre lang
verschlossen, bis es 1967 - nach dem
Tod der Ancher-Tochter Helga - als
Museum für die Öffentlichkeit zugänglich gemacht wurde. Im schönen
Garten steht ein Nebengebäude, der
*Saxilds Gaard,* in dem nun Skizzen
und Vorarbeiten der Anchers zu sehen sind (geöffnet Mai bis September
täglich 10 - 17, So 10 - 18 Uhr, sonst
11 - 15 Uhr. Eintritt 25 DKK).

Ein anderer berühmter Däne, der
in Skagen lebte und arbeitete, ist der
Dichter *Holger Drachmann* (1846-
1908). Im Süden des Ortes steht im

H. Baghsvej 21 **Drachmanns hus** - er nannte es "Villa Pax" -, wo der Dichter und Maler von 1902 bis zu seinem Tod 1908 lebte. Dieses kleine Museum ist das älteste in Skagen; es besteht seit 1911 ununterbrochen als selbständige Einrichtung. Der Arbeitsraum des Dichters, der vor allem

| | |
|---|---|
| 1 Touristeninformation, Bahnhof u. Busbahnhof | 9 Skagen Musem |
| 2 Post | 10 Kirche |
| 3 Polizei | 11 Restaurant "Grenen" (Kunstmuseum) Grenen Camping |
| 4 Hafen | 12 Skagen Vandrerhjem |
| 5 Anchers Hus | 13 Skagen Ny Vandrerhjem |
| 6 Drachmanns hus | 14 Brøndums Hotel |
| 7 Skagens Fortidsminder | 15 Sømandshjem |
| 8 Tilsandede Kirke u. Naturhistorisches Museum Grenen Camping | 16 Poul Eegs Camping |
| | 17 Restaurant Fiskehuset |
| | 18 Restaurant Fregatten |
| | 19 Restaurant Vise Værtshus |

für seine Gedichte und Liedertexte immer noch bekannt ist, war gleichzeitig sein Maleratelier. Viele seiner dunklen Meerbilder hängen noch so wie damals, als er das Haus verlassen mußte. Außerdem sind Schlafzimmer, Küche und Eßzimmer zu besichtigen. In den Sommermonaten findet jeweils Dienstag und Freitag vormittag um 11 Uhr eine Lesung oder ein Vortrag zu Drachmann statt. Eine gewisse künstlerisch-exzentrische Art behielt er bis in den Tod: Sein Grab liegt in den Dünen am Kattegat, nicht weit entfernt vom Parkplatz bei Grenen (geöffnet Juni bis Mitte September täglich 10 - 17 Uhr, von Mitte September bis Ende Oktober sowie im Mai Sa, So und feiertags 11 - 15 Uhr. Eintritt 15/5 DKK).

Wer noch mehr über die "alte Zeit" von Skagen, vom Leben und Arbeiten mitbekommen will, dem sei nachdrücklich ein Besuch von **Skagens Fortidsminder**, ganz in der Nähe von Drachmanns Hus, P.K. Nielsensvej, empfohlen. Es ist ein kleines Freilichtmuseum mit einer Mühle und Fischerhäusern (geöffnet Mai bis September täglich 10 - 17 Uhr, sonst Mo bis Fr 10 - 16 Uhr. Eintritt 25/5 DKK). Ein Stück altes Skagen ist auch die **Tilsandede Kirke** (dt. "Versandete Kirche"), südwestlich vor der Stadt. Sie wurde vermutlich in der zweiten Hälfte des 14. Jahrhunderts erbaut und war seinerzeit die größte in ganz Vendsyssel. Eine Wanderdüne erreichte aber Ende des 18. Jahrhunderts die Kirche und begrub sie allmählich unter sich, so daß sich die Gemeindemitglieder vor jedem Gottesdienst regelrecht zur Kirche durchgraben mußten. So beschloß man 1795, das Gotteshaus aufzugeben. Nur der Kirchturm, der auch als Orientierungspunkt für Schiffer diente, blieb stehen (Turmbesichtigung im Sommer täglich 11 - 17 Uhr. Eintritt 7/3 DKK).

Etwa 1 km westlich hiervon findet

man im alten Bahnhof *Højen Station,* Flagbakkevej, das **Naturhistorische Museum**. Es vermittelt Wissenswertes zum Tierleben auf *Skagens Odde,* dem nördlichsten Zipfel Dänemarks. Auch die geologische Entstehung der Landzunge und der immerwährende Kampf seiner Bewohner gegen das Meer sind Thema im Museum (geöffnet Mitte Juni bis Mitte August täglich 11 - 17 Uhr, sonst ab Ostern und bis Ende Oktober täglich 11 - 16 Uhr; außerhalb der Saison nur nach Absprache. Eintritt 15/5 DKK). Zur Skagens Odde selbst gelangt man über den weiteren Verlauf des Odde Vej quer durch Skagen nach Norden (ausgeschildert), der bis zum Parkplatz vor dem Restaurant *Grenen* geht; hier befindet sich ebenfalls ein kleines Kunstmuseum: So viele Eisberggemälde wie sie der Künstler und Museumsleiter *Axel Lind* geschaffen hat, dürfte man selten gesammelt betrachtet haben. Aber auch die Skulpturensammlung der Ehefrau *Eva Lind* und andere Skagen-Maler werden berücksichtigt, und in den Ausstellungsräumen im Untergeschoß sind wechselnde Ausstellungen zu sehen (geöffnet von Juni bis August täglich 10 - 18 Uhr, Mitte April bis Ende Mai sowie im September täglich 10 - 16 Uhr, sonst geschlossen. Eintritt 10/10 DKK).

Am Museum ist man noch immer nicht ganz an "Danmarks top", der "Spitze", wie die Dänen Skagen manchmal nennen: Bis dort steht noch ein Fußmarsch durch Dünen und Strand von etwa einer Viertelstunde bevor. (Alternativ kann man sich jedoch auch vom Traktorbus "Sandormen", dem Sandwurm, kutschieren lassen. Das kostet ab Parkplatz 10/5 DKK.) Und wo es dann so richtig bläst und der Wind durch die Kleidung weht, dort endlich ist das Land Dänemark zu Ende: *Skagerrak* und *Kattegat* stoßen mit großer Gischt zusammen, ein immer wieder sehenswertes Schauspiel, bei dem das Einmalige möglich ist, nämlich mit beiden Beinen in verschiedenen Meeren zu stehen.

## Touristeninformation

*Skagen Turistbureau,* Sct. Laurentiivej 22, 9990 Skagen, Tel. 98 44 13 77, geöffnet von Juni bis August Mo - Sa 9 - 17.30 Uhr, So 11 - 14 Uhr; September bis Mai Mo - Fr 9 - 16 Uhr, Sa 10 - 13 Uhr.

## Übernachten

▸ **Skagen Vandrerhjem**, Højensvej 32, Tel. 98 44 13 56, liegt in Gammel Skagen, auf der Westseite; geöffnet Anfang Februar bis Ende November.
▸ **Skagen Ny Vandrerhjem**, Rolighedsvej 2, Tel. 98 44 22 00, geöffnet vom 31.3. bis 31.12., ist moderner als Skagen Vandrerhjem.

▸ **Brøndums Hotel**, Anchersvej 3, Tel. 98 44 15 55, das traditionsreiche Haus, aus dem die Malerin Anna Ancher, geb. Brøndum, stammt; 47 modernisierte Zimmer mitten in Skagen. DZ ab ca. 800 DKK.

▸ **Sømandshjem**, Østre Strandvej 2, Tel. 98 44 21 10, liegt auch zentral, ist zweckmäßig ausgestattet; 35 Zimmer. DZ ohne Bad ab ca. 500 DKK.

▸ **Poul Eegs Camping \*\*\***, Batterivej 31, Tel. 98 44 14 70, liegt in Richtung Nordsee, aber noch ca. 500 m Luftlinie vom Meer entfernt; 420 Plätze, 17 Hütten, windgeschützt und vom Nachbarn getrennt; geöffnet Mitte Mai bis Anfang September.

▸ **Grenen Camping \*\*\***, Fyrvej 16, Tel 98 44 25 46, der nördlichste Platz, 420 Stellplätze und 9 Hütten, Strand zur Ostseeseite mit Strandzugang, kein Windschutz durch Bäume; Reservierung ist empfehlenswert; geöffnet Ende April bis Anfang September.

Im Fischereihafen

## Essen und Trinken

Die Palette ist international, vom Fischrestaurant bis zu Pizzeria und Schnellimbiß. Dennoch: In Skagen *muß* man Fisch essen; urig und gut ist das *Fiskehuset* am Hafen. Voll ist es im Sommer überall, auch im *Fregatten*, Trondsvej, und dem *Vise Værtshus* am Sanct Laurentiivej.

## Öffentlicher Verkehr

**Bahn:** Privatbahn nach Frederikshavn.
**Bus:** Regelmäßig in Richtung Frederikshavn, zur Saison auch nach Hirtshals.

━► Von *Skagen* aus sind es etwa 40 km über die Hauptstraße 40 bis *Frederikshavn.* Für Radfahrer empfiehlt sich für die Strecke bis *Huslig* der alte *Gamle Landevej,* der parallel dazu führt und ausgeschildert ist.

## Frederikshavn

25.000 Einwohner

Die größte Stadt Nordjütlands liegt in einer schönen Hügellandschaft unmittelbar am Kattegat: Alles gruppiert sich hier um den großen Hafen, von dessen zivilem Teil man mit der Fähre oder dem Schnellboot nach Norwegen und Schweden sowie zur Insel → *Læsø* vor der Küste gelangt; im militärischem Bereich liegen Kriegsschiffe der dänischen Flotte. Selten ist wie hier dänische "Stärke" demonstriert. Nicht zuletzt wird das Bild des Hafens von der Werft bestimmt, die wegen großer internationaler Konkurrenz immer wieder ums Überleben kämpfen muß.

Erst seit 1818 heißt die Stadt "Frederikshavn", benannt nach König *Frederik VI.* Doch als "Fladstrand" hatte sie schon eine Geschichte als Festung des Königreichs Norwegen-Dänemark gegen den Feind Schweden hinter sich. Einzig erhalten aus dieser Zeit der Befestigung um 1690 ist das heutige Wahrzeichen der Stadt, der runde, weiße **Krudttårn.** Dieser Pulverturm liegt an der Hauptstraße, der E 45, gut zu sehen zwischen Hafenanlagen und Bahnhof bzw. Busbahnhof. Der Krudttårn ist Museum für Militärgeschichte von etwa 1600 bis heute (geöffnet von April bis Oktober täglich 10 - 12 Uhr und 13 - 17 Uhr).

Gegenüber liegt die markante **Kirche** von Frederikshavn, um deren fünfspitzigen Turm sich die Schiffe ducken. Sie wurde zwischen 1890 und 1892 errichtet. Ein Besuch lohnt wegen des Altarbildes von *Michael Anker,* einer der Maler aus der Künstlerkolonie Skagen (→ Artikel "Die Skagen-Maler und ihre Kolonie").

Etwas nördlich der Kirche, und auch vom heutigen Zentrum mit Einkaufsstraße, Rathaus und einem neuen Schwimmbad, liegt der Stadtteil *Fiskerlyngen* mit Häusern aus dem 18. und 19. Jahrhundert: So hat es früher hier ausgesehen, zu einer Zeit, als *Peter Tordenskjold* (1690 - 1720) - den heute jedes dänische Kind kennt - im nordischen Krieg durch wagemutige Aktionen gegen die Schweden das Selbstbewußtsein der Dänen stärkte. Vielleicht sollen die "*Tordenskjold tændstikker*" (Streichhölzer), die man heute überall kaufen kann, ja an dieses Feuerwerk an Mut erinnern?

Das neue **Museum Sognefogedgården** am Møllergårdvej 3 erzählt vom Leben um die Jahrhundertwende (geöffnet Mo bis Fr 9 - 14 Uhr, am Wochenende 10 - 14 Uhr). Das **Bunkermuseum** am Nordre Strandvej dagegen hat mit einer rekonstruierten Geschützstellung die Besatzungszeit des Zweiten Weltkriegs zum Thema (geöffnet im Sommer täglich 13 - 17 Uhr. Eintritt 10 DKK).

Etwa 4,5 km westlich vor der Stadt an der Hauptstraße 585 steht 168 m über Meeresniveau der Aussichtsturm **Cloostårnet** aus dem Jahr 1962; von hier hat man je nach Wetter einen herrlichen Blick über Vendsyssel.

Verläßt man Frederikshavn nach Süden, sollte man unbedingt eine Pause auf dem **Bangsbo herregård** am Dronning Margrethesvej, einem Gutshof aus der Zeit um 1750, einplanen. Denn nicht nur ein Spaziergang durch den Park und den Steingarten *Boesens Stenhave* ist ein Erlebnis, Bangsbo ist auch ein Museum. Zu sehen sind nicht nur ein Handelsschiff der Wikinger aus dem 12. Jahrhundert, das *Ellingåskib*, sondern auch eine große Anzahl von Galionsfiguren und die Sammlung historischer Pferdefuhrwerke aus der Zeit von etwa 1600 bis 1930. Wichtiger ist die Abteilung, die sich mit der Besatzungszeit und dem Freiheitskampf (*Frihedskampen*) befaßt: Viele aufschlußreiche historische Exponate sind zusammengetragen worden und ansprechend wie auch informativ präsentiert. Wer wissen will, wie die Dänen den Zweiten Weltkrieg erlebt haben und heute denken, kann hier einiges darüber erfahren (geöffnet täglich 10 - 17 Uhr; im Winterhalbjahr Mo geschlossen).

## Touristeninformation

Brotorvet 1, 9900 Frederikshavn, Tel. 98 42 32 66, geöffnet von Juni bis August Mo - Sa 8.30 - 20.30 Uhr, So 11 - 20.30 Uhr; September bis Mai Mo - Fr 9 - 16 Uhr, Sa 11 - 14 Uhr.

## Übernachten

▸ **Vandrerhjemmet Fladstrand**, Buhlsvej 6, Tel. 98 42 14 75, etwas nördlich vom Zentrum, recht neu, geöffnet 1.2. bis 19.12.

▸ **Frederikshavn Sømandshjem og Hotel**, Tordenskjoldsgade 15, Tel. 98 42 09 77, schlichtes Hotel mit 40 Zimmern in unterschiedlicher Ausstattung; zentral gelegen. EZ mit Bad um 400 DKK, DZ um 600 DKK.

▸ **Park Hotel**, Jernbanegade 7, Tel. 98 42 22 55, ebenfalls zentral gelegen, doch sind die 30 Zimmer etwas moderner hergerichtet. EZ mit Bad ab 450 DKK, DZ ab 650 DKK.

▸ **Nordstrand Camping \*\*\*\***, Apholmenvej 40, Tel. 98 42 93 50, mit über 400 Plätzen zwar groß, aber erträglich, weil die einzelnen Platzreihen durch Hecken abgetrennt sind; alles vorhanden von Minigolf bis Einkaufsmöglichkeiten; 23 Hütten; geöffnet April bis September.

## Essen und Trinken

In einem ehemaligen, restaurierten und umgebauten Speicher findet man das noble, doch nicht einmal zu teure Restaurant *Det Gule Pakhus*, Tordenskjoldgade. Ein großes kaltes Buffet bietet *Søhesten* an; sogar so etwas wie ein Nachtleben gibt es hier in der Provinz, z. B. in der Bar *Bonne Nuit*.

## Öffentlicher Verkehr

**Bahn:** Vom Bahnhof am Hafen stündlich per *IC* nach Ålborg, von dort in Richtung Padborg oder Kopenhagen; Verbindung auch nach Hjørring; außerdem eine Privatbahn nach Skagen (im Sommer auch etwa stündlich). **Bus:** Von der Busstation am Bahnhof Verbindungen mehrmals täglich in Richtung Ålborg und Skagen, ebenfalls täglich nach Randers über Aså und Hadsund an der Ostsee entlang. **Schiff:** Mit dem Schiff kommt man von Frederikshavn nach Norwegen und Schweden.

Schiffsverbindungen nach Oslo dauern rund 10 Stunden (Hin- und Rückfahrt für Einzelreisende bis ca. 570 DKK, Pkw mit Insassen bis ca. 2.400 DKK je nach Kategorie; telefonische Buchung in Norwegen unter 22 33 50 00)

Nach Moss beträgt die Fahrzeit rund 7 Stunden (Hin- und Rückfahrt pro Person bis 610 DKK, Pkw etwa 2.000 DKK; telefonische Buchung in Norwegen unter 22 33 50 00), nach Larvik 6 Stunden (bis 450 DKK bzw. 1.600 DKK; telefonische Buchung in Norwegen unter 22 52 55 00).

Mit der Fähre braucht man bis Göteborg ca. 3,5 Stunden, wer früh losfährt, kann eine Tagestour dorthin machen und sich etwa 6 Stunden dort aufhalten: mit *Stena Line* ca. 5 bis 8 Abfahrten täglich (in der Hochsaison 60 DKK, Familienticket 150 DKK, mit Pkw 290 DKK; normale Überfahrt pro Person 90 DKK, mit Pkw und Insassen 750 DKK, Hin-und Rückfahrt das Doppelte; telefonische Auskunft und Reservierung unter 96 20 02 00).

Das Flugboot *Seacatamaran* braucht nur 1 Stunde und 45 Minuten, erlaubt also einen längeren Aufenthalt in Schweden (telefonische Auskunft unter 98 42 83 00).

Zur Kattegatinsel *Læsø* fährt man 90 Minuten (2 bis 4 Fahrten pro Tag; pro Person für Hin- und Rückfahrt 110 DKK, Pkw mit Fahrer 420 DKK; telefonische Auskunft und Reservierung unter 98 49 90 22).

## ♦ *Læsø*

Diese Insel vor der Küste von Vendsyssel ist die größte im Kattegat (116 km²). Die kleinste Kommune Dänemarks hat insgesamt nur 2.448 Einwohner, verteilt auf die drei Dörfer *Vesterø, Byrum* und *Østerby.*

Den intensivsten Kontakt mit *Læsø* erlebt man bei einer Fahrradtour: Räder sind an vielen Stellen zu mieten, und der Eindruck der Naturschönheiten ist allemal unmittelbarer als z. B. bei der Benutzung des Busses, der die Inselstädtchen miteinander verbindet.

Das **Museum** im Hafen von *Vesterø,* Havnegade 5, informiert über Seefahrt und Fischerei sowie über ihre große Bedeutung für die Insel. Die **Vesterø Sønderkirke** mit ihren gotischen Kalkmalereien ist die älteste auf *Læsø.* In ihrer Grundsubstanz stammt sie aus dem 13. Jahrhundert.

Viele Jahrhunderte sicherte Salz den Læsøern das Überleben. Vom frühen Mittelalter bis ins Jahr 1652 war Læsø das Zentrum der dänischen Salzgewinnung. Eine rekonstruierte **Salzsiedehütte am Rønnertårn** im Ort Byrum macht ein altes Gewerbe wieder lebendig: In großen Stahlpfannen, aufgehängt über einer Holzfeuerstelle, verdampfte man Meerwasser und zurück blieb das Salz. Es gab damals schätzungsweise an die 2.000 quadratische Hütten, in denen die Produktion so ablief. Kein Wunder, daß die Bäume der Insel verschwanden und mehr als die Hälfte von Læsø unter dem verwehten Sand zur Wüste zu werden drohte (zu besichtigen täglich vom 5.6. bis 11.9. von 11 - 16.30 Uhr, sonst nur Mi. Eintritt frei).

Der **Museumgård** in Byrum am Museumsvej ist ein vierflügeliger Hof aus dem beginnenden 18. Jahrhundert. Sein Dach ist beispielhaft für eine Eigenart Læsøs: die mit Seetang gedeckten Dächer der Häuser und Höfe. Als infolge der Versandung nicht einmal mehr Reet für die Abdeckung übrigblieb, wichen die Einwohner auf Tang aus. Dieser wiederum ist inzwischen auch durch ökologische Veränderungen aus dem Meer um die Insel fast verschwunden.

Von Byrum werden Fahrten im Pferdewagen nach **Hornfiskrøn** angeboten; dieses Wattgebiet ist Brut- und Rastplatz für viele Seevögel.

Im **Nordmarken**, dem nördlichen Teil der Insel, und Højsande, einer Landschaft mit bis zu 30 m hohen Dünen, kann man in aufgeforsteten Wäldern auf beschilderten Routen schöne Spaziergänge oder Wanderungen machen. Das Naturschutzgebiet wird seit sechzig Jahren systematisch bepflanzt.

Die schönsten Badestrände ziehen sich von Westen nach Norden; *Vesterø Strand* und *Storedal* und *Danzigmann* sind hier erwähnenswert. Es ist recht ruhig und die Wasserqualität gut.

Ein- bis zweimal täglich besteht eine Flugverbindung von Læsø in Richtung Kopenhagen.

## Touristeninformation

*Læsø Turistbureau,* Færgeterminalen, 9950 Vesterø Havn, Tel. 98 49 92 42, geöffnet von Juni bis August täglich 10 - 19 Uhr; September und Oktober Mo - Fr 19 - 16 Uhr; November bis Mai Mo - Fr 10 - 13 Uhr.

## Übernachten

▸ **Læsø Vandrerhjem**, Lærkevej 6, Tel. 98 49 91 95, geöffnet für Einzelreisende von Anfang Februar bis Anfang Dezember.
▸ **Hotel Havnebakken**, Havnebakken 12, Vesterø Havn, Tel. 98 49 00 09, 12 Zimmer, ganzjährig geöffnet. DZ um die 400 DKK.
▸ **Carlsens Hotel**, Havnebakken 8, Vesterø Havn, Tel. 98 49 90 13, 11 Zimmer, ganzjährig geöffnet. DZ ca. 450 DKK.
▸ **Strandgaarden**, Strandvejen 8, Vesterø Havn, Tel. 98 49 90 35, geöffnet von Anfang April bis Anfang Oktober.

DZ ab 450 DKK.
▸ **Læsø Camping og Hytteby ***,** Agersigen 18 A, 9950 Vesterø Havn, Tel. 98 49 94 95, sehr schönes, gut bepflanztes Areal; 108 Plätze, 10 Hütten. geöffnet von Anfang Mai bis Anfang Oktober.
▸ **Østerby Camping ***,** Camingspladsvej 8, 9960 Østerby Havn, Tel. 98 49 80 74, grenzt an den kleinen Ort, 60 Plätze, 10 Hütten; geöffnet von Anfang Mai bis Ende Oktober.

━▸ Von *Frederikshavn* geht es auf Route 4 über die gut ausgebaute und im Sommer vielbefahrene E 45 bis *Sæby.*

# Sæby

8.200 Einwohner

Die "Seestadt", so die wörtliche Übersetzung von *Sæby,* ist eines der größeren Ferienziele an der Ostküste. Das begann vor rund hundert Jahren, als Maler und Schriftsteller, unter ihnen *Herman Bang* und *Henrik Ibsen,* den ruhigen Ort entdeckten.

Von Norden kommend, geht es zuerst vorbei am **Sæbygård**, einem früheren Adelssitz im Renaissancestil. Sæbygård stammt aus dem 16. Jahrhundert und kann heute nur noch wehmütig an die Zeit erinnern, in der die Stadt eine größere Bedeutung für das Land hatte. Drei Admiräle, unter ihnen der Held *Niels Juel,* hatten hier ihren Wohnsitz. Juel (1629-1697) war ab 1656 in der dänischen Marine, in der er 1957 zum Admiral befördert wurde. Er hat sich vor allem in den Kriegen gegen Schweden, so in dem zwischen 1657 und 1660, ausgezeichnet. Aufgrund seiner strategischen Fähigkeiten wurde er sogar Oberbefehlshaber der gesamten dänischen Flotte (Führungen durch den Herrensitz im Juli und August täglich).

Sæby ist immer noch geprägt von den schönen, eingeschossigen Fischerhäusern im Fachwerkstil aus dem 17. Jahrhundert, die sich um die alte Kirche gruppieren. Ein Besuch der alten Klosterkirche **Skt. Mariæ** (auch: *Vor Frue Kirke*) aus dem Jahr 1469 lohnt schon wegen der Kalkmalereien (um 1500). Sie zeigen Geschichen aus dem Leben Mariens und Porträts der Karmelitermönche aus Børglum, die hier ein Kloster errichteten. Die Schiffsmodelle im Kirchenraum weisen auf die enge Verbundenheit der Menschen mit dem Meer hin, das allgegenwärtig erscheint.

Kein Wunder, denn direkt hinter der Kirche liegt der Hafen, in dem täglich die Fischkutter anlaufen, um ihren Fang zu den umliegenden Händlern und Räuchereien zu bringen. Auch das rote Gebäude einer alten Werft für Holzschiffe bestimmt das Bild, das ansonsten die vielen Boote und Hobbysegler ausmachen.

Lokalen Bezug mit u. a. einem Klassenzimmer, Kaufmannsladen und Kino hat das **Sæby Museum** in der Algade (geöffnet von Mai bis August täglich 10 - 17 Uhr; September bis April nur Mo - Fr. Eintritt 15/5 DKK). Gegenüber liegt eine alte Wassermühle.

## Touristeninformation

Krystaltorvet 1, 9300 Sæby, Tel. 98 46 15 19, geöffnet von Juni bis August Mo - Sa 9 - 17 Uhr, So 10 - 13 Uhr; September bis Mai Mo - Fr 9 - 16 Uhr, Sa 10 - 13 Uhr.

## Übernachten

▸ **Sæby Fritidscenter og Vandrerhjem**, Sæbygårdvej 32, Tel. 98 46

36 59, modernes Haus, ganzjährig geöffnet.
▸ **Hillers Hotel**, Vestergade 31, Tel. 98 45 15 90, im Zentrum gelegen, 20 Betten. DZ 300 - 500 DKK.
▸ **Strand Camping "Svalereden" \*\*\***, Frederikshavnsvej 112 A, Tel. 98 46 19 37, unmittelbar an der Hauptstraße nach Norden gelegen, wegen recht dichten Baumbestands aber nicht zu laut. 22 Hütten.
▸ **Hedebo Strand Camping**, Frederikshavnsvej 108, Tel. 98 46 14 49, in der Nähe von Camping "Svalereden", mit 400 Plätzen recht groß, zusätzlich 11 Hütten und 5 Wohnwagen; im Sommer ziemlich überfüllt, was u. a. auch mit seiner schönen, strandnahen Lage zusammenhängt; Sanitäranlagen gut, ansonsten ist vom Swimming-pool über Minigolf bis zum Supermarkt alles da; ganzjährig geöffnet.

## Freizeit und Sport

Schöne Badestrände gibt es nördlich vom Hafen, aber auch einige Kilometer nach Süden, z. B. *Laso Strand*. Daneben bietet die Umgebung Angelreviere (Angelscheine bei der Touristeninformation erhältlich), Reitmöglichkeiten und Gelegenheiten zum Surfen (auch Kurse).

## Öffentlicher Verkehr

**Bus:** Mehrmals täglich nach Ålborg (evtl. über Aså) und Frederikshavn.

➡▸ Im Süden von *Sæby* verläßt Route 4 die Stadt auf der Ostküstenstraße (*Østkystvejen*) ca. 16 km durch Wald- und Heidegebiete und vorbei an Ferienhaussiedlungen und schönen Stränden (z. B. Lyngså Strand), die flacher und in ihrer Dünenlandschaft nicht ganz so beeindruckend sind wie die an der Westküste. Da auch die Gezeiten und der Wellengang nicht so stark sind, ist ruhigeres Baden möglich.

Bei **Voerså** hat man die Möglichkeit, weiter auf der Küstenstraße 541 (*Strandvejen*) zu bleiben. So kommt man im weiteren Verlauf bei Aså, vor allem aber zwischen den Orten **Hou** und **Hals** wiederum in ein echtes Feriengebiet. Die Dünen sind mit Ferienhäusern geradezu gespickt, doch der Strand ist schön und das Meerwasser warm. Von Hals verkehrt ständig eine Fähre nach *Egense*, am anderen Ufer des Limfjord.

Route 4 aber biegt in *Voerså* ab ins Hinterland und führt über Hügel und Felder in Richtung *Præstbro*. Kurz hinter diesem Dorf liegt in einem großen Park eines der schönsten Renaissancegebäude Dänemarks:

## Voergård Slot

Das Schloß in seinem jetzigen Zustand wurde um 1580 erbaut, der Nordflügel aber ist älter. Die Einrichtung ist in ihrer Zusammenstellung keine museale Mischung, sondern Ausdruck des persönlichen Geschmacks ihres letzten Besitzers, des Grafen *Overbech-Clausen* (zu besichtigen im Sommer werktags 14 - 17 Uhr, So 10 - 17 Uhr).

Dann geht es weiter durch den Wald von *Dronnninglund Storskov* mit dem höchsten Punkt in Vendsyssel, **Knøsen** (135 m), und dem Aussichtspunkt **Sukkertoppen** (110 m) in den Ort:

## Dronninglund

Hier steht **Dronninglund Slot**, das ehemals *Hundslund Kloster* hieß. Es

Voergård Slot

stammt aus dem 12. Jahrhundert. Damals war es eines der größten Nonnenklöster Dänemarks. Nur noch im Süd- und Westflügel der heutigen Anlage sind Teile des Klosters erhalten, die in dieser Form im 16. Jahrhundert entstand. Mit Kalkmalereien ist die alte Klosterkirche ausgeschmückt, deren Kanzel ebenfalls aus der Zeit um 1600 datiert.

## Touristeninformation

*Turistforeningen for Dronninglund kommune,* Skippergade 15, 9340 Aså, Tel. 98 85 11 53

—▸ Die Straße 559 führt nun nach **Hjallerup**, das mit seinen 3.200 Einwohnern eigentlich nur aus einem Grund landesweit bekannt ist: **Hjallerup marked**. Das ist der größte Pferdemarkt in Dänemark, der einmal im Jahr am ersten Wochenende im Juni tausende Händler anzieht, aber noch mehr Schaulustige, die sich im Jahrmarktstrubel amüsieren wollen.

Von *Hjallerup* geht es über die E 45 nach Süden, in *Vodskov* dann auf die alte, kleine Hauptstraße 180 nach Nørresundby. (Die E 45 führt als Autobahn weiter nach Süden und durch den 1969 gebauten Limfjordtunnel.) Auf der Fahrt dorthin, parallel zum Limfjord, sieht man auf der anderen Uferseite schon *Ålborg* und sein deutlich industrielles Profil mit Tankhafen und vor allem dem Kohlekraftwerk, das die Stadt überragt. Ålborg an der Südseite des Limfjord und Nørresundby im Norden bilden eine Art Doppelstadt, sind aber selbständig. Kurz vor der Einfahrt nach Nørresundby liegt ein großer Supermarkt und dort eine neue Attraktion, eine **Schmetterlingsfarm** (*Tropisk Sommerfugle Farm*) am Loftbrovej 15 (geöffnet von Mai bis Oktober täglich 9.30 - 17 Uhr. Eintritt 35/20 DKK).

Hünengräber Lindholm Høje

# Nørresundby

Die Stadt ist nicht gerade besonders schön, denn viel von ihrem alten Bestand fiel Bränden (zuletzt 1865) und hundert Jahre später dann der Modernisierungswelle der siebziger Jahre zum Opfer. Einige Straßenpartien und Häuser aus der Zeit um 1800 sind aber dennoch erhalten, darunter jenes, in dem sich heute das historische Stadtmuseum von Nørresundby befindet.

Vom Park **Skansen** (ausgeschildert) hat man eine gute Aussicht auf den Limfjord, den Hafen und Ålborg.

Die größte Fundstätte aus dem germanischen Eisenzeitalter und der Wikingzeit liegt (ausgeschildert) ganz in der Nähe im Nordwesten der Stadt: **Lindholm Høje** war Wohn- und Grabstätte, ehe der Platz um 1100 versandete. Erst 1952 gruben Archäologen des Nationalmuseums von Stockholm hier und entdeckten etwa 700 Gräber, wovon schätzungsweise 150 eine Schiffsform haben. Im noch recht neuen **Lindholm Høje Museum** im Vendilavej 11, das sich etwas sehr wuchtig über das Gelände erhebt, wird einiges zur Lebensweise der Wikinger anschaulich gemacht (geöffnet von Juni bis August täglich 10 - 19 Uhr, September, Oktober und April, Mai täglich 10 - 17 Uhr, sonst täglich 10 - 16 Uhr. Eintritt 20/10 DKK).

Nach Ålborg am Südufer des Limfjord fährt man über eine Brücke, die hochgeklappt wird, wenn Schiffe passieren wollen. Vor hundert Jahren war die einzige Möglichkeit, ans jenseitige Ufer zu kommen, eine Fährverbindung.

## Touristeninformation

*Nørresundby Turistinformation,* Torvet 3, 9400 Nørresundby, Tel. 98 17 17 18, geöffnet ganzjährig Mo bis Do 9.30 - 17.30 Uhr, Fr 9.30 - 19 Uhr und Sa 9.30 - 12.30 Uhr.

---

## Route 5
### ·Limfjord und Himmerland:
### Løgstør - Nibe - Ålborg - Hadsund - Hobro - Randers
### (ca. 145 km)

---

Der Norden und der Nordosten Dänemarks sind die Gegenden, durch die Route 5 verläuft. Sie zeigt dabei etwas vom Limfjord, der Jütland zweiteilt, und vom Himmerland. Diese schöne, bergige - jedenfalls hügelige - und für dänische Verhältnisse ungewöhnlich dicht bewaldete Region wird allzu oft immer noch nur am Rande behandelt. Das wiederum hat den Vorteil, daß in einigen Ecken ungestörte Aufenthalte und Wanderungen oder Spaziergänge wie sonst nirgendwo in Dänemark möglich sind. Vielleicht vermag man dann die Atmosphäre zu spüren, die der Schriftsteller *Johannes V. Jensen* in seinen "Himmerlandsgeschichten", für die er 1942 den Nobelpreis für Literatur erhielt, festgehalten hat.

Ausgangspunkt der Route ist der alte Fischerort *Løgstør* am Limfjord, von dem aus es am Fjord entlang über Nibe in die wichtigste Stadt Nordjütlands, *Ålborg*, weitergeht. *Løgstør* wie *Nibe* sind zwei besuchenswerte Städtchen, die etwas abseits der Haupttouristenströme liegen und dadurch noch viel von ihrem alten Charme erhalten haben.

## Løgstør

Die Siedlung, die in einer Hügellandschaft unmittelbar am Fjord liegt, dort,
wo er am breitesten ist, lebte wie Nibe
lange von der Heringsfischerei.

Das **Limfjordsmuseum** am Hafen
ist im ehemaligen Wohnhaus des Ka-
nalvogts (Wächter) untergebracht
und berichtet u. a. von dieser Bedeutung der Fischerei und Seefahrt
auf dem Limfjord. Die Darstellung
auch der verschiedenen Bootstypen
(im Modell und auf Skizze) ist recht
ansprechend.

Das Haus steht am **Frederik den
7.'s Kanal**, eröffnet am 13. Juli 1861.
Er wurde angelegt, um die große
Sandbank *Løgstør Grund* umfahren
zu können. Das Graben des Kanals
war körperliche Schwerstarbeit: Nur
mit Hilfe von Schaufeln und Schub-
karren gruben mehrere hundert Arbeiter fünf Jahre lang an diesem 4 km
langen Bauwerk. Seine Blüte erlebte
der Kanal in den Jahren 1898 und
1899, als ihn 2.923 Schiffe passierten.
Da war das Ende auch schon nahe,
denn im Jahr 1900 legte man eine
neue Fahrrinne durch *Løgstør Grund*

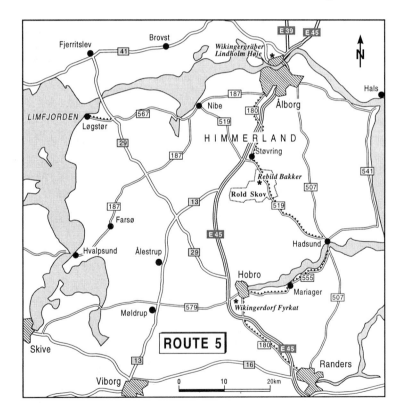

an. Der alte Kanal aber wurde bald darauf, 1913, geschlossen.

Seitdem haben sich Pflanzen und Vögel hier ihr eigenes Reservat geschaffen, und ganz in der Nähe seit kurzem einmal mehr die Menschen: 1991 wurde ein Sandstrand angelegt.

Gut 4 km nördlich von Løgstør gelangt man über die Brücke *Aggersundbroen* ins nördlich gelegene *Han Herred* und in die Stadt *Fjerritslev* (→ Route 3).

→ Von *Løgstør* geht es weiter über die Straße 567, und nach ca. 30 km erreicht man dann *Nibe*.

# Nibe

3.600 Einwohner

Der kleine, alte Fischerort am Limfjord (seit 1727 mit Stadtrechten versehen) ist eine vom Tourismus bislang fast unentdeckt gebliebene Idylle: Der alte Ortskern, den man sich am besten bei einem Spaziergang anschaut, mit seinen Fachwerk- und Fischerhäusern zieht sich an den Küstenhängen entlang; immer wieder bietet sich dabei ein Blick auf den Limfjord. Damit die Einwohner, aber auch die Besucher, sich auch in Zukunft an der Schönheit Nibes, seinen kleinen Gassen und Häusern erfreuen können, sichert inzwischen ein Denkmalplan den Bestand.

Die Entstehung und Geschichte des Ortes ist eng verknüpft mit dem Limfjord und der früher ergiebigen Heringsfischerei. Davon ist heute jedoch nichts mehr übriggeblieben; gefischt und gesegelt wird - vom kleinen Hafen aus - nur noch von Hobbyanglern und -seglern.

Die fast ein halbes Jahrtausend alten Kalkmalereien in der **Kirche** von Nibe (vom Anfang des 15. Jahrhunderts), die Motive aus der Leidensgeschichte Jesu aufnehmen, sind in den vergangenen Jahren restauriert worden und zeigen sich in neuer Pracht. Das "Kirchenschiff", vom Innenraum betrachtet, ist ungewöhnlich, aber ortstypisch. Es ist ein Modell einer Heringskogge (*sildekåg*) aus dem Jahr 1703. Vom Mittelalter bis ins 18. Jahrhundert fuhren die Limfjordfischer mit solchen kurzen, aber sehr tiefgehenden Holzschiffen zum Fang aus.

## Touristeninformation

Tinghuset, Torvet 2, 9240 Nibe, Tel. 98 35 35 00, geöffnet im Sommer Mo bis Fr 10 - 17 Uhr, Sa 9 - 14 Uhr und So 10 - 13 Uhr, sonst nur Di und Do 14 - 17 Uhr.

→ Auf halber Strecke nach *Ålborg* liegt zunächst das Dorf **Sønderholm**, in dessen romanischer Kirche Kalkmalereien Motive aus dem Alten Testament darstellen. Eindeutig heidnischen Ursprungs ist dagegen die unweit gelegene **Troldkirke** (ausgeschildert), eine Steinanlage, wo der Sage nach Trolle - die nordischen Märchengestalten - Feste feierten.

Die Hauptstraße 187 führt jetzt weiter parallel zum Limfjord nach *Ålborg*.

# Ålborg

114.000 Einwohner

An zwei Hauptwegstrecken liegt die viertgrößte Stadt Dänemarks, *Ålborg* (auch nach der alten Schreibweise *Aalborg* buchstabiert): an der Nord-Süd-Straße von Vendsyssel nach Südjütland und der Ost-West-Straße, dem sogenannten *Limfjordsweg*, vom

Kattegat zur Westküste. An so zentraler Stelle gelegen, hat Ålborg eine entsprechend lange und wechselvolle Geschichte, die sich in ihren Anfängen bis ungefähr zum Jahr 1.000 zurückverfolgen läßt. Trotz vieler Modernisierungen der Stadt, die ihre Stadtrechte 1342 erlangte, sind die verschiedenen historischen Phasen noch immer zu erkennen. Gegenwärtig leben im Großraum Ålborg 155.000 Menschen von den großen Industrien, darunter Tabak, Zement, Textilien und Schnaps (Wer denkt beim Stichwort "Ålborg" nicht, womöglich gar sofort, an *Ålborg Akvavit* und *Jubilæumsakvavit*, die in den *Danske Spritfabrikker*, im Nordwesten der Stadt zwischen Strandvej und Spritkaj, hergestellt werden und von dort in die ganze Welt gehen?). Sie leben auch vom Hafen, wo Waren umgeschlagen werden, von der Werft und von einem ganz anderen Beruf, der vom Mittelalter bis weit ins letzte Jahrhundert hinein gängig war: Heringsfischerei.

Im besten Jahr, 1720, wurden 230.000 Tonnen Hering im Limfjord gefangen, gesalzen und anschließend verkauft. Der Stadt ging es gut, ja, sehr gut; nach Kopenhagen war Ålborg im 18. Jahrhundert die zweitreichste Stadt Dänemarks!

Doch Rückschläge kamen immer wieder, und einige hat die Stadt wohl nie so recht verkraftet. Da ist zunächst der Verlust Norwegens, das 1814 selbständig wurde. Dieser wirkte sich negativ auf den Handel aus. Als dann 1825 die Nordsee bei Agger durchbrach und der Salzgehalt im Fjord stark zunahm, ging es auch beim Heringsfang bergab.

Erst mit der Anlage der Eisenbahn und dem Verbreitern des Limfjordeingangs bei Hals, der von nun an größeren Schiffen die Zufahrt ermöglichte, deutete sich eine Wende an. Der Handel mit landwirtschaftlichen Gütern stieg, eine feste Schiffsverbindung nach Großbritannien wurde eingerichtet. Ålborg wurde Hauptort für den Viehhandel, die Korn- und Futtermittelzulieferung, aber auch Holzprodukte, Zement- und Ziegelindustrie spielten eine vorrangige Rolle. Zwischen 1800 und 1860 verdoppelte sich die Zahl der Einwohner auf 10.000, bis Mitte des 19. Jahrhunderts war Ålborg schließlich sogar größer als Århus.

Davon kann heute keine Rede mehr sein. Die Rollen in Jütland sind klar verteilt, dennoch bemüht sich Ålborg immer wieder, seinem Ruf als moderner Stadt und auch als Dienstleistungszentrum gerecht zu werden.

Nicht zuletzt die neue Universität hat daran großen Anteil: Das *Ålborg Universitetscenter*, kurz *AUC*, ist mit seinen zur Zeit etwa 6.000 Studenten genau wie das *Universitetscenter* in Roskilde eine Neugründung aus dem Jahr 1974. Neue Arbeits- und Unterrichtsformen sollten an der Reformuniversität geübt werden; nicht der "Einzelkämpfer", sondern das Arbeiten und Studieren in der Gruppe, das Verfolgen und Ausarbeiten eines gemeinsamen Projekts während eines ganzen Semesters sind hier gefragt. Schließlich, so argumentierte man, muß jeder im späteren Berufsleben auch mit anderen Menschen zusammenarbeiten.

## Stadtrundgang

Der Rundgang durch die Stadt beginnt am **Slotspladsen**, nicht weit vom Fuß der Limfjordbrücke, und zwar dort, wo man in Ålborg, von Nørresundby her, ankommt (→ Route 4). Hier geht es zunächst nach links über den Strandvejen oder an den Kaianlagen am Fjord entlang.

Am *Slotspladsen* steht das Schloß **Aalborghus**, das einst als Festung konzipiert war, aber immer nur als Verwaltungssitz genutzt worden ist.

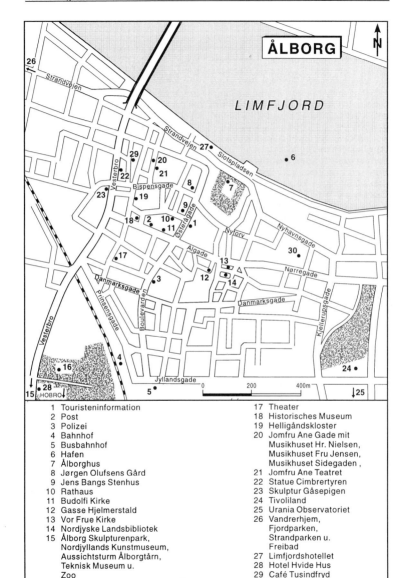

1 Touristeninformation
2 Post
3 Polizei
4 Bahnhof
5 Busbahnhof
6 Hafen
7 Ålborghus
8 Jørgen Olufsens Gård
9 Jens Bangs Stenhus
10 Rathaus
11 Budolfi Kirke
12 Gasse Hjelmerstald
13 Vor Frue Kirke
14 Nordjyske Landsbibliotek
15 Ålborg Skulpturenpark,
   Nordjyllands Kunstmuseum,
   Aussichtsturm Ålborgtårn,
   Teknisk Museum u.
   Zoo
16 Konzert- und Kongreßzentrum Ålborghallen

17 Theater
18 Historisches Museum
19 Helligåndskloster
20 Jomfru Ane Gade mit
   Musikhuset Hr. Nielsen,
   Musikhuset Fru Jensen,
   Musikhuset Sidegaden ,
21 Jomfru Ane Teatret
22 Statue Cimbrertyren
23 Skulptur Gåsepigen
24 Tivoliland
25 Urania Observatoriet
26 Vandrerhjem,
   Fjordparken,
   Strandparken u.
   Freibad
27 Limfjordshotellet
28 Hotel Hvide Hus
29 Café Tusindfryd
30 Bibliothek

Gebaut wurde es zwischen 1539 und 1555 unter *Christian III.* Heute ist eine regionale Amtsverwaltung in diesem Gebäude untergebracht, und das Schloß ist deshalb - ausgenommen ein Verlies - auch nicht für Besucher zugänglich. Aber im Sommer kann schon ein Gang durch den Innenhof und den Garten Ruhe und Kühlung bringen.

Auf der Lille Kongensgade - Aalborghus "links liegenlassend" - geht es nun zum **Nytorv**: Auf der rechten Seite an der Ecke von Bispensgade und Østerågade 25 liegt der **Jørgen Olufsens Gård**. Dieser Kaufmannshof (1580 bis 1616; heute ist u. a. eine Bank dort eingerichtet) ist ein frühes Renaissancegebäude mit einer liebevoll gestalteten Fassade.

Bekannter und eine Art Aushängeschild der Stadt ist einige Meter weiter auf derselben Straßenseite das gerade restaurierte **Jens Bangs Stenhus**, Østerågade 9. Benannt nach seinem Bauherrn, dem Reeder und Kaufmann *Jens Bang,* ist das Renaissancehaus unbestritten das schönste (erhaltene) bürgerliche Gebäude Dänemarks. Seine Entstehungszeit ist um die Jahre 1623 und 1624 datiert. In seinem Keller ist eine der gemütlichsten Kneipen Ålborgs, der alte *Duus Vinkjælder* eingerichtet. Daß Jens Bang immer wieder in Konflikt mit der Staatsgewalt lag, war damals stadtbekannt. Er "rächte" sich an den Stadtoberen - vielleicht auch dafür, daß sie ihn nicht in den Rat aufnahmen - auf ganz besondere Weise: An der Südseite des Hauses streckt ein Troll die Zunge in Richtung **Rathaus**.

Denn das liegt direkt im Schatten von *Jens Bangs Stenhus*, an der Ecke von Østerågade und dem Gammel Torv. Was heute dort zu sehen ist, ist ein kleines, spätbarockes Haus, erbaut in der Zeit von 1759 bis 1762. Doch haben seit 800 Jahren an dieser Stellen schon die Rathäuser von Ålborg gestanden.

Geht man quer über den Gammel Torv, gelangt man von der Algade zum Seiteneingang der **Budolfi Kirke**, die so etwas wie das eigentliche Wahrzeichen und die Mitte Ålborgs ist. Ihren Namen hat sie nach einem englischen Heiligen und Beschützer der Seefahrt, *St. Botholphus.* Die Turmspitze (1779) ist ebenso eine Schenkung von Bürgern gewesen wie die Einrichtung des Gotteshauses. Besonders stolz ist man auf die Kalkmalereien und das barocke Taufbecken (1728). Der Chorraum ist der neueste Teil von *Budolfi,* er wurde 1943 angebaut. Jede halbe Stunde erklingt das Glockenspiel mit seinen 48 Glocken.

Nun geht es die Algade, vis à vis der Østerågade, in die andere Richtung weiter: Hier ist eine der beiden großen Einkaufs- und Fußgängerzonen Ålborgs, mit einer Fülle von Geschäften, vorwiegend allerdings Bekleidungsgeschäften (*tøjforretninger*) in allen Variationen. Verlockend sind die vielen Läden mit Süßigkeiten und die Bäckereien.

Es geht jedoch nicht weit auf der Algade, denn in die Møllegade biegen wir rechts ab, um links in die schöne Gasse **Hjelmerstald** zu kommen. Über Kopfsteinpflaster geht es zwischen kleinen, liebevoll restaurierten Bürgerhäusern hindurch. Ein schöner Innenhof liegt bei der Töpferwerkstatt (*pottemageren*) dort, wo die Gasse nach links abknickt.

In der parallel verlaufenden Peder Barkes Gade befindet sich die **Vor Frue Kirke**, eine neoromanische Backsteinkirche aus dem Jahr 1878, deren Geschichte jedoch bis zum beginnenden 12. Jahrhundert zurückreicht. Ihr Granitportal ist das älteste Kunstwerk Ålborgs. Um die Kirche breitet sich ein Viertel des alten Ålborg aus: Kleine, geduckte Häuser, in denen einst Handwerker und Kleinkaufleute wohnten.

**Tip:** Spezielle Vorschläge zu Gängen durch den alten Stadtteil erhält man beim Touristenbüro, das dazu gut erklärte Pläne bereithält.

Folgt man nun der Peder Barkes Gade, geht es vorbei an der **Nordjyske Landsbibliotek**, noch ehe man auf die Danmarksgade trifft. Diese verläuft durch das Gründerzeitviertel mit kaum außergewöhnlicher Architektur zum Boulevarden, einer der zentralen Straßen, die zum John F. Kennedys Plads mit Busbahnhof und Bahnhof führt. Durch die Bahnhofsunterführung (gleichzeitig Zugang zu den Gleisen) geht es in den skulpturenreichen **Kildeparken**, einen von acht Parks in Ålborg. Durch diese Grünanlage gelangt man zur Vesterbro, vis à vis die St. Ansgar Kirche und der allgemeine Friedhof.

Bleibt man auf dieser Straße, erreicht man nach ca. 200 m die Kong Christians Allé. An der Ecke zur Vesterbro wurde in einem kleinen Grün- gelände anläßlich des Stadtjubiläums 1992 der **Ålborg Skulpturenpark** mit äußerst modernen, abstrakten Stein- und Stahlfiguren eingeweiht. Die Ansammlung ist zwar nicht umfangreich und auch nicht gerade sensationell, im Sommer aber, zwischen den blühenden Pflanzen, ist sie durchaus sehenswert.

Ca. 200 m parkeinwärts befindet sich linkerhand an der Kong Christians Allé 50 das noch recht neue **Nordjyllands Kunstmuseum**. Mit diesem außergewöhnlichen Gebäude schmückt sich Ålborg zu Recht und gerne, denn die Wahl des Architekten fiel auf keinen geringeren als den Finnen *Alvar Aalto* (1898-1976). Er entwarf ein nach außen und innen helles, das Licht förmlich anziehendes Museum, das 1972 der Öffentlichkeit übergeben wurde. Den festen Bestand der Sammlung macht moderne internationale und dänische Kunst aus, darunter einige Werke von

Blick über die Stadt

Mitgliedern der *COBRA*-Künstlergruppe wie *Asger Jorn* oder *Arthur Köpke* (geöffnet außer Mo täglich, im Juli und August auch Mo 10 - 17 Uhr. Eintritt 20/0 DKK, außer im Juli und August Mi Eintritt frei).

Oberhalb von *Nordjyllands Kunstmuseum* steht der **Ålborgtårn**, ein Aussichtsturm aus Stahlträgern. Hierher aber kommt man nur, wenn man ein Stück zurückgeht und am Hobrovej rechts den Søndre Skovvej hinaufgeht. Der Turm steht - selbst 55 m hoch - 105 m über dem Meeresspiegel und bietet bei gutem Wetter eine weite Sicht über die Stadt mitsamt Hafen und Kohlekraftwerk auf die andere Seite des Limfjord und im Süden bis zu den *Rebild Bakker*, den Hügeln um Rebild (Turm geöffnet von Ende März bis Anfang Oktober, Mitte Juni bis Mitte August 10 - 19 Uhr, sonst 10 - 17 Uhr. Eintritt 20/10 DKK).

Die nächste Straße, Ørstedsvej, nimmt man, um zum Mølleparkvej 63 zu kommen, an dem der **Zoo** liegt. Trotz der anscheinend beeindruckenden Zahl von 1.500 Tieren, einer modernen Raubtieranlage, einem Affengehege, Becken für Seelöwen und Pinguine sowie einem "Kinderzoo" sollte man nicht allzu große Erwartungen haben. Verglichen mit manchen deutschen Tierparks nimmt sich hier natürlich alles etwas kleiner aus (geöffnet ganzjährig 9 - 18 Uhr. Eintritt 50/20 DKK)

Stadteinwärts geht es wieder über die Hauptstraße Vesterbro rechts vorbei an den **Ålborghallen**, dem Konzert- und Kongreßzentrum der Stadt, bis nach der Bahnüberführung auf der linken Seite die Danmarksgade kommt. Sofort wieder links geht es durch die Jernbanegade vorbei am **Theater** von Ålborg, das weder in seinen äußeren noch in seinen inhaltlichen Dimensionen sehr viel mehr als ein Provinztheater ist. Am Ende trifft man auf die schon bekannte Algade.

Nicht weit von der Post befindet

sich in der Algade 48 das **Historische Museum**. Einerseits legt es seinen Schwerpunkt auf die Stadtgeschichte (u. a. mit einer Sammlung zu Glas und Silber, dann einer original aufgebauten Wohnstube aus dem Jahr 1602), andererseits aber bietet es einen sehr guten Überblick über die Anfänge vom Jäger- und Fischerdasein im Steinzeitalter bis zum ersten Ackerbau (geöffnet täglich außer Mo 10 - 17 Uhr. Eintritt 10/5 DKK).

Durch einen kleinen Weg am Museum vorbei, etwas versteckt hinter dem Postgebäude, kommt man danach zum Latinergyden, wo das **Helligåndskloster** schon seine Seitenmauern zeigt. Es ist ein wahrer Ruhepol mitten in der Hektik der Stadt, mit Zugang zum blühenden Innenhof vom *C.W. Obels Plads*. Mit heute 26 Altenwohnungen sind die weißen Trakte des Helligåndskloster Dänemarks älteste soziale Einrichtung. Die Gebäude, die eine der größten und am besten erhaltenen Klosteranlagen des Landes ausmachen, sind alle zwischen 1450 und 1500 gebaut worden. Im Kapitelsaal befinden sich schöne Kalkmalereien, die in einem guten Erhaltungszustand sind (Besichtigung mit einer Führung möglich, die allerdings bei der Touristeninformation zu bestellen ist).

Weiter geht es nach links über den C.W. Obels Plads, der in die zweite Einkaufsstraße Ålborgs mündet, die Bispensgade. Spaziert man in Richtung Vesterbro, kommt bald rechterhand die **Jomfru Ane Gade**, die Ålborg durch ihr Nachtleben so berühmt gemacht hat und die fast jeder kennt, auch wenn er noch nie in Ålborg war. Zahllose Kneipen, Cafés, Restaurants, Imbißbuden, Pizzerien, Diskotheken u. ä. sorgen für ausgelassene Stimmung in der nur 150 m langen Gasse. Allerdings kommen auch kulturell ambitionierte nicht an dieser "Sündenmeile" vorbei: Das **Jomfru Ane Teatret** ist ein freies

Theater, das immer wieder durch ein fast avantgardistisches, jedenfalls provozierendes Programm auf sich aufmerksam macht und darum auch über die Stadt hinaus einen guten Ruf genießt.

Am Ende der Bispensgade endet der Rundgang durch Ålborg: Die Limfjordbrücke ist wieder zu sehen, ebenso wie die monumentale Statue **Cimbrertyren** (dt. Cimbrer-Stier), der ein Hinweis darauf ist, daß schon in früheren Zeiten Völker an dieser Stelle den Fjord überquerten. Er ist wie die kleine Skulptur **Gåsepigen** (dt. Gänsemädchen) ein Wahrzeichen der Stadt.

## Touristeninformation

Østerågade 8, 9000 Ålborg, Tel. 98 12 60 22, geöffnet von Juni bis August Mo - Sa 9 - 17 Uhr, sonst Mo - Fr 9 - 16 und Sa 10 - 13 Uhr.

**Tip:** Als preisgünstigsten Zugang zu Ålborg empfiehlt sich der *Aalborg Pas*, der im Touristenbüro zu kaufen ist. Das ist ein Rabatt- und Informationsheft, mit dem eine ganze Reihe interessanter und schöner Sehenswürdigkeiten kostenlos besucht werden kann.

## Sightseeing

In den Sommermonaten von Juni bis August werden ab Adelgade Montag bis Freitag um 11 Uhr Stadtführungen in deutscher Sprache angeboten. Sie dauern ca. 2 Stunden, weil auch Sehenswürdigkeiten außerhalb, wie das Wikingergräberfeld *Lindholm Høje*, im Programm sind (Preis pro Person 30/20 DKK). Empfohlen wird, sich die Tickets vorab im Touristenbüro zu kaufen.

Rathaus von Ålborg

## Übernachten

▶ **Vandrerhjem**, Skydebanevej 50, Tel. 98 11 60 44, schön gelegen mit Blick auf den Fjord, zu erreichen mit den Buslinien 2 oder 12 in Richtung Væddeløbsbane; sehr moderne Zimmer mit 144 Betten; ganzjährig geöffnet, im Winter besser voranmelden.

▶ **Limfjordshotellet**, Ved Stranden 14-16, Tel. 98 16 43 33, ziemlich großes und von außen nicht gerade anheimelndes Haus, liegt dafür äußerst zentral am Limfjord und nur ein paar Schritte von der Stadtmitte enfernt; 400 Betten. EZ mit Bad ca. 850 DKK, DZ 1.050 DKK.

▶ **Hotel Hvide Hus**, Vesterbro 2, Tel. 98 13 84 00, Hochhaus im Kildepark und das größte Hotel am Ort, das Zentrum 15 Gehminuten entfernt; moderne Zimmer, insgesamt eine Kapazität für 364 Personen. DZ ab 650 DKK.

▶ **Fjordparken \*\*\***, Skydebanevej 50, Tel. 98 11 69 44, gehört zur Jugendherberge; zu erreichen mit den Buslinien 2 oder 12; fjordnah, außerdem das Freibad in der Nähe; ziemlich begrünter Platz mit u. a. Hüttenvermietung, geöffnet von Anfang April bis Ende Oktober.

▶ **Strandparken \*\*\***, Skydebanevej 20, Tel. 98 12 76 29, nicht weit vom Fjordparken, zu erreichen mit den Buslinien 2 oder 12; 85 Plätze, dazu Hütten- und Wohnwagenvermietung; ganzjährig geöffnet.

## Weitere Attraktionen

Nicht so groß wie das Original in Kopenhagen, dafür aber mit einigen neueren Attraktionen (z. B. der Achterbahn mit 38 m hohem Doppellooping) ist **Tivoliland** von Ålborg. Nicht weit von der Innenstadt an der Ecke von Karolinelundsvej und Fyensgade gelegen, dauert die Saison von April bis September (Eintritt 40/20 DKK).

Öffentliche Vorführungen macht das **Urania Observatoriet**, Borgmester Jørgensens Vej, von September bis April, jeweils mittwochs von 19.30 bis 22 Uhr. Bei klarem Wetter besteht die Möglichkeit, durch das große Fernrohr zu blicken (Eintritt frei).

Technikfreaks seien noch auf das **Teknisk Museum** im Süden Ålborgs, Riihimäkivej 6, hingewiesen. Es bietet eine vorzügliche Sammlung von Elektrogeräten, darunter auch Rundfunkgeräten, und einen Querschnitt durch die Geschichte der Plattenspieler mit vielen Beispielen aus der Produktion von *Bang & Olufsen* (geöffnet täglich 10 - 17 Uhr. Eintritt 15/10 DKK).

## Essen und Trinken

Gut essen und trinken kann man fast überall in Ålborg, immerhin hat die Stadt 300 Restaurants zu bieten. Im Sommer ist es schön, an der Ecke vom *C.W. Obels Plads* zum *Gammel Torv,* zwischen *Bispensgade* und *Rathaus* gelegen, zu essen: Hier gibt es eine ganze Anzahl von Restaurants, Cafés und Pizzerien. Dort und in Bispens Gade und Jomfru Ane Gade haben sich auch die meisten von Ålborgs Cafés etabliert. Und in einer Seitenstraße zur Bispensgade kann das alternative Café *Tusindfryd* am Kattesundet ein bißchen Ålborg "von unten" zeigen.

Gemütlich trinken und auch Kleinigkeiten essen kann man ferner im historischen Weinkeller *Duus Vinkjælder* im Jens Bangs Stenhus, Østerå 9.

Nahe dem Slotspladsen sind an der Straße *Ved Stranden* in einem Komplex aus dem Jahr 1618, der kürzlich umgebaut worden ist, gleich mehrere Restaurants zu finden. Zwar sind sie recht exklusiv, doch kann man auch mit mittlerem Budget hier essen.

Nicht weit von dort liegt an der Limfjordbrücke das schwimmende

Restaurant *Prinsens Juliana*. Auf dem einstigen holländischen Schulschiff, das 1932 von Prinzessin Juliana getauft und nach ihr benannt wurde, "maritim" zu essen, ist jedoch nicht ganz billig.

Ungewöhnlich ist auch *Kunst & Spaghetti*, Vesterbro 65: Fast in jeder Preislage läßt sich dort ein südeuropäisches Gericht finden - nicht nur Pizza - und das in einer Atmosphäre mit vielen schönen Kunstwerken an den Wänden.

Wem der Sinn nach typisch dänischem Fisch steht, dem sei das Fischrestaurant *Penny Lane* in der Sankelmarksgade 9 empfohlen.

Für die übrigen 295 Ålborger Restaurants und Cafés gilt: Selbst entdecken und ausprobieren!

## Einkaufen

Wie sonst nirgends in Dänemark gibt es in Ålborg feste Öffnungszeiten für Geschäfte: 9.30 bis 17.30 Uhr, Freitag bis 19 oder 20 Uhr und Samstag von 9.30 bis 13 oder 14 Uhr gilt als Richtzeit. Am ersten Samstag im Monat ist von 9.30 bis 16 Uhr geöffnet.

Die großen Fußgängerzonen von Ålborg sind Bispensgade und Algade sowie deren Verlängerungen Bredegade und Nørregade. Alle Arten von Geschäften finden sich dort auf engstem Raum, ganz gleich ob Spezialboutiquen, Kaufhäuser oder Bäckereien.

Ein Ableger des größten skandinavischen Kaufhauses *Magasin* (aus Kopenhagen) befindet sich am Nytorv. Dort gibt es alles zu kaufen, was das Herz begehrt.

## Selbstversorger

Die preisgünstigsten Möglichkeiten, als Selbstversorger in Ålborg zu leben, bieten sicher die Supermärkte.

Ein großer *Brugsen-Supermarkt* befindet sich in der Vingårdsgade (unter dem Parkdeck). Noch billiger ist der Einkauf bei *Føtex* mit einer Niederlassung in der Slotsgade 8-14.

## Nachtleben

Das eigentliche (Nacht-)Leben Ålborgs spielt sich in der *Jomfru Ane Gade* ab, wo nicht nur zahllose Kneipen und Restaurants, sondern auch Diskotheken oder Lokale mit (live-)Musik liegen. Überall kann man tanzen und sich amüsieren. Da sind das *Musikhuset Hr. Nielsen*, *Fru Jensen* oder *Sidegaden* und manche mehr. An Wochenenden geht es durch bis in den frühen Morgen, und wenn im Sommer alle Lokale ihre Stühle und Tische in die enge Gasse stellen, kriegt man tatsächlich fast "kein Bein auf den Boden".

## Kinos

Das größte Kino ist *Bio 5*, Østerågade 27, fast unmittelbar am Fjord. Alle aktuellen Filme laufen hier, meist schon recht früh nach der Premiere. Außerdem sind sie wie üblich unsynchronisiert. Zu den Kinos in der Innenstadt gehören *Biffen*, Strandvejen 19, und *Astoria,* Vesterbro 49.

## Banken

Die Banken sind Montag bis Freitag von 9.30 bis 16 Uhr, Donnerstag bis 18 Uhr geöffnet. Im Touristenbüro gibt es zudem eine Wechselstube, die auch darüber hinaus, z. B. am Wochenende, zu erreichen ist.

## Post

Ålborgs Hauptpostamt im Postmestervej 1 hat Montag bis Freitag von

10 bis 17 Uhr, Samstag von 10 bis 12 Uhr geöffnet. Zentraler, unmittelbar neben der Budolfi Kirche, liegt ein Postamt an der Algade 42-44, geöffnet Montag bis Freitag 9 bis 17.30 Uhr, Samstag 9 bis 12 Uhr.

## Bibliothek

Im neuen *Medborgerhus* an der Nørregade, dem Bürgerhaus von Ålborg, findet sich auf 2.700 m² u. a. eine schöne öffentliche Bibliothek (in die man, wie in fast alle dänischen Büchereien auch mit Tasche und Mantel hineinkommt), ferner der Saal für den Stadtrat.

## Freizeit und Sport

Die Stadt bietet zudem alle Möglichkeiten für Sportler, so für Schwimmer die Schwimmhalle *Haraldslund* und vor allem das 5.500 m² große *Vandland* im südlichen Ålborg (Vandmanden 5, Tel. 98 18 92 00). Es hat ein Wellenbad und ist das größte subtropische Bad Nordeuropas (geöffnet vom 1. Januar bis zum letzten Sonntag im November, Eintritt 65/50 DKK).

Am *Fjordparken* ist der Hafen für kleine Boote. Nicht weit entfernt, am Campingplatz *Strandparken*, liegt das Freibad.

Die Adresse für Golfer: Ålborg *Golf Klub*, Jægersprisvej 35, Restrup Enge, Tel. 98 34 14 76.

Einen Fahrradverleih, aber auch Information zu verschiedenen anderen Sportarten gibt es bei: *Ferie Sport Ålborg*, Harald Jensens Vej 3, Tel. 98 13 30 88.

## Notfall oder Krankheit

*Notruf:* Tel. 112 landesweit oder *Falck Redningskorps*, Tel. 98 12 22 22
*Ärztlicher Notdienst:* Tel. 98 13 62 11

in der Zeit von 16 bis 8 Uhr und an Wochenenden und Feiertagen.
*Zahnärztlicher Notdienst:* Tel. 98 12 22 22
*Krankenhaus:* Ålborg Sygehus Syd, Hobrovej, Tel. 98 13 11 11, mit Ambulanz rund um die Uhr.
*Apotheke:* Budolfi Apotheke, Ecke Vesterbro/ Algade, Tel. 98 12 06 77, Tag und Nacht geöffnet.

## Öffentlicher Verkehr

**Bahn:** Vom Hauptbahnhof am J.F. Kennedys Plads stündlich *IC*-Verbindung nach Norden (Frederikshavn) und Süden (über Århus nach Padborg, Flensburg oder nach Kopenhagen). Auskunft und Platzreservierung bei der *DSB*, Tel. 98 16 16 66.
**Bus:** Überlandbusse ab Busbahnhof (*Rutebilstation*), gleich neben dem Bahnhof an der Ecke von J.F. Kennedys Plads zu Jyllandsgade, nach ganz Nordjütland (Sæby, Frederikshavn, Hjørring, Hirtshals, Thisted). Telefonische Auskunft zu Preisen und genauen Abfahrtszeiten unter Rufnummer 98 11 11 11. Diese Nummer gilt auch für Auskünfte zu Stadtbussen, deren Abfahrt- bzw. Endstation an der Østerågade ist. *Ekspresbus* nach Kopenhagen in der Regel zweimal pro Tag (ca. 200 DKK).
**Flug:** Auskünfte zu Flügen von und nach Ålborg über den Flughafen (Tel. 98 17 11 44) oder *SAS* (Tel. 98 17 33 11). Der Flughafen ist mit Flughafenbus von Bushahnhof und Stadtmitte aus zu erreichen.
**Taxi:** *Ålborg Taxa* ist unter Rufnummer 98 10 10 10 zu erreichen.

→► Nach der Großstadt *Ålborg* nimmt Route 5 im weiteren einen "naturnäheren" Verlauf, denn sie führt via Straße 180 in eines der untypischsten Gebiete des Landes: Die *Rebild Bakker* nämlich scheinen mit ihrer Hügellandschaft und der Heide- und Strauchvegetation gar nicht hier hin zu gehören, und der anschließende *Rold Skov* nach Süden ist die größte zusammenhängende Waldfläche Dänemarks.

Zunächst durch Støvring, dann kurz nach Gravlev links ab (der Margeriten-Route folgend), geht es an den **Kalkminen von Thingbæk** vorbei. Diese sind heute stillgelegt, gehörten aber einst zu den größten des Landes.

## Rebild und der Nationalpark

In *Rebild* deutet schon ein großer Parkplatz auf die eigentliche Attraktion hin, den Zugang zu *Rebild National Park*, den **Rebild bakker**. Nicht erschrecken, wenn Sie glauben, hier sähe alles sehr amerikanisch aus. Denn es ist wirklich so! Im Jahr 1919 haben nach Amerika ausgewanderte Dänen dieses Gelände gekauft. Es wurde so zu einem - fast amerikanischen - Nationalpark, der hübsche, markierte Wege für Wanderungen von 5 bis 10 km Länge bietet.

Das **Lincoln-Blockhaus** (*Lincoln Log Cab*) ist ein originalgetreuer Nachbau des Geburtshauses von *Abraham Lincoln* und ein Museum (mit Material zu Indianern, europäischen Siedlern und natürlich Lincoln) zur Geschichte der dänischen Auswanderung nach Amerika. Damit aber noch nicht genug: Richtig lebendig wird es in den Rebild Bakker einmal im Jahr. Am 4. Juli - dem amerikanischen Unabhängigkeitstag - findet alljährlich ein großes Rebildfest statt, an dem bis zu 30.000 Dänisch-Amerikaner ihr altes Land wiedersehen und dabei ihre "Vorfahren" treffen wollen (geöffnet im Mai und September Sa

Auf dem Festival der Auswanderer

und So 10 - 17 Uhr; Juni bis August täglich 10 - 17 Uhr).

Dieser Form von Nostalgie zollt auch das informative **Spillemands- og Hjemstavnsmuseum** (Spielmanns- und Heimatmuseum) Tribut, in dem nicht nur Musikinstrumente ausgestellt sind, sondern auch der traditionelle Volkstanz gepflegt wird. Auch Jagd- und Forstgeschichte sind thematisiert (geöffnet Di und Do 10 - 16 Uhr; von Ende Mai bis Anfang September täglich 10 - 17 Uhr).

## Touristeninformation

*Skørping Erhvervs- og Turistkontor,* Jyllandsgade 1, Torvet, 9520 Skørping, Tel. 98 39 22 22, geöffnet von Juni bis August Mo bis Sa 9 - 17 Uhr, sonst Sa nur 9 - 12 Uhr.

**Tip:** Die lokale Touristeninformation bietet nicht nur Kartenmaterial und Informationsbroschüren, sondern verleiht auch Fahrräder.

## Übernachten

▸ **Rebild Vandrerhjem Cimbrergården**, Rebildvej 23, Rebild, Tel. 98 39 13 40, gleich am Nationalpark und darum in hervorragender Lage mitten in der Natur; von hier sind schöne Rad- und Wandertouren möglich; geöffnet vom 20.1. bis 20.12.
▸ **Safari Camping \*\*\***, Rebildvej 17 A, Tel. 98 39 11 10, auch 4 Hütten; ganzjährig geöffnet.

━▸ Von *Rebild* geht es über die 519 - zunächst ein Stück in Richtung Arden - in den östlichen Teil des größten dänischen Waldes: Rund 7.000 Hektar umfaßt der **Rold Skov**, dessen Bestand fast ausschließlich Nadelbäume ausmachen. Nur im *Troldskoven* (in den nördlichen Ausläufern)

sind auch Buchen zu sehen. Es geht links vorbei am *Madum Sø,* dessen breites Sandufer von der Straße nicht zu sehen ist. Etwa 1 km nach der Ausschilderung zu diesem See (oder 1,5 km vor dem Ort Møldrup) weist ein sehr kleines Schild nach rechts zum **Store Blåkilde gangsti** (Parkplätze links von der Straße). Vom Parkplatz geht es das letzte Stück zu Fuß weiter; der Weg durch den Wald ist besonders schön.

**Store Blåkilde,** die *Große Blauquelle*, ist die ergiebigste Quelle Dänemarks mit 110.000 Hektolitern Wasser am Tag und speist wie die anderen Quellen im Rold Skov die *Villestrup Å* (Fluß).

Für diejenigen, die sich systematischer für die Flora des Landes interessieren, ist ein Gang durch **Den jydske Skovhave**, den jütischen Waldgarten, empfehlenswert: Hier sollen alle dänischen Waldbäume gesammelt werden. Bisher sind es schon 125 Arten an Bäumen und Büschen.

In der Nähe befindet sich bei Bælum Sønderskov und Kildesøen der *Rold Skov Golfklub,* ein 18-Loch-Platz.

Vom Rold Skov führt Route 5 zum **Mariager Fjord**. Das Städtchen **Hadsund** liegt zu beiden Seiten des Fjords. Fährt man über die Brücke ans jenseitige Ufer, bietet sich ein schöner Blick auf Ort und Wasser. Zum Übernachten bietet sich hier *Hadsund Vandrerhjem,* Stadionvej (Tel. 98 57 43 45), ca. 1,5 km vom Ortskern am Campingplatz gelegen. Nur im Sommer sind die sehr einfachen Holzpavillons zu bewohnen.

━▸ Jetzt überquert Route 5 den Fjord und führt auf der Landstraße 555 am Südufer durch *Assens* ins 16 km entfernte *Mariager.*

# Mariager

Diese kleine Stadt hat ihren Namen nach dem Fjord. Das so herrlich gelegene *Mariager* entstand im 15. Jahrhundert um das **Birgitten-Kloster**, von dem nurmehr ein Flügel steht. Dort sind jetzt das Landgericht und die Kirche untergebracht. Das Stadtbild bestimmen heute überwiegend viele gut erhaltene, sehr hübsche Handwerker- und Geschäftshäuser aus dem 18. Jahrhundert. Damals spielte sich hier ein reges Wirtschaftstreiben ab. Heute zieht der dörflich-idyllische Charakter vorwiegend Besucher an, und natürlich pflegt man diesen Bestand in der Ortsmitte darum besonders, denn Mariager lebt von dieser Atmosphäre. Im Frühjahr und Sommer blühen überall Rosen. Lohnend ist auch ein Besuch der **Kirche** am Birgitten-Kloster. Sie bewahrt zwei spätbarocke Christusfiguren, die früher einmal bei Passionsspielen verwendet wurden. Die um 1470 nach der Reformation erbaute gotische Kirche war um 1790 fast eine Ruine. Unter Federführung des Nationalmuseums unternahm man Anfang unseres Jahrhunderts die Renovierung, die gerade abgeschlossen ist. Ebenso aufschlußreich ist eine Besichtigung im **Mariager Museum**, Kirkegade 2-6. Es ist in einem alten Kaufmannshof aus dem 18. Jahrhundert eingerichtet. Die Ausstellung ist stark lokal ausgerichtet, gleichwohl nett präsentiert. Zu sehen sind Grabungsfunde, Altertümer aus der Gegend, Bücher, Kleidungsstücke und vieles mehr (geöffnet täglich 15.5. bis 15.9. von 11 - 17 Uhr. Eintritt 10/0 DKK).

Einen umfassenden Blick über Mariager hat man vom gut ausgeschilderten Aussichtspunkt **Hohøj** (110 m) am Südostrand des Orts. An dieser Stelle lag in vorgeschichtlicher Zeit eine Grabstätte.

**Tip:** Das Fahren - ob mit Auto oder Fahrrad - ist auf dem großen Kopfsteinpflaster sehr beschwerlich. Eine Stadtbesichtigung zu Fuß ist da wesentlich angenehmer.

## Touristeninformation

*Det gamle Rådhus,* Torvet 1 B, 9550 Mariager, Tel. 98 54 13 77, geöffnet von Mitte Juni bis August Mo - Sa 10 - 18 Uhr; im Juli auch So 11 - 15 Uhr; September bis Mitte Juni Mo - Fr 9 - 16 Uhr, Sa 9 - 12 Uhr.

## Übernachten

▸ **Hotel Postgården**, Torvet 6, Tel. 98 54 10 12, mitten im Ort am Marktplatz im ehemaligen Pfarrhaus aus dem 18. Jahrhundert, ein denkmalgeschütztes Gebäude; 14 Zimmer in modernem Standard. DZ um 600 DKK.
▸ **Mariager Camping ***, Ny Havnevej 5 A, Tel. 98 54 13 42, liegt nah am Ortskern unmittelbar am Fjord, ideal für Surfen, Segeln oder Schwimmen; durch Begrünung recht geschützt; 184 Plätze, 10 Hütten; geöffnet nur von April bis Ende September.

## Freizeit und Sport

Wer historische Züge mag, dem sei eine Fahrt mit dem **Oldtimerzug** "Mariager-Handest" (*veteranbanen*) über 20 km empfohlen. Die Reise dauert knapp eine Stunde mit Aufenthalt unterwegs. Informationen und Reservierung bei Mariager-Handest Veteranjernbane, Ny Havnevej 3, Tel. 98 54 18 64 (nur im Sommer in Betrieb; 40/20 DKK).

Eine Schiffahrt auf dem Fjord ist mit dem Raddampfer *Svanen* möglich. Zwischen Mitte Mai und Mitte

September finden täglich drei Fahrten statt (Preis 50/25 DKK).

## Öffentlicher Verkehr

**Bus:** Verbindungen nach Hadsund und Hobro.

➡▸ Nun sind es noch etwa 15 km bis zur letzten großen Stadt auf dieser Strecke.

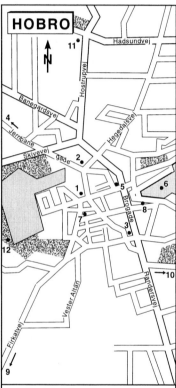

1 Touristeninformation u.
  Brauerei Bie's Bryggeri
2 Post
3 Polizei
4 Bahnhof
5 Busbahnhof
6 Hafen
7 Museum
8 Ibsen-Samling
9 Wikingersiedlung Fyrkat
10 Hobro Vandrerhjem
11 Hotel Alpina
12 Hobro Camping Gattenborg

## Hobro

Das Städtchen in der hügeligen Umgebung am *Mariager Fjord* liegt inmitten von Wäldern und Feldern. An dieser Stelle, wo heute 11.000 Einwohner leben, haben nachweislich schon Menschen gewohnt, seit es auf dänischem Gebiet Ansiedlungen (etwa 4.000 v. Chr.) gab.

Im **Museum** in der Vestergade 21 sind in einem eigenen Raum Funde aus der Wikingerburg → Fyrkat, die inzwischen bekannter ist als Hobro selbst, ausgestellt. Zu sehen ist aber auch u. a. eine Prozellan- und Silbersammlung (geöffnet von Mai bis Oktober täglich 11 - 17 Uhr. Eintritt 15/8 DKK).

Eine Sammlung für neuere Kunst ist die private **Ibsen-Samling**, Sdr. Kajsgade: Ständig sind um die 700 Werke meist zeitgenössischer dänischer Maler zu sehen (geöffnet im Juli außer Mo täglich 13 - 18 Uhr, sonst Fr bis So. Eintritt 25/10 DKK.)

Das Touristenbüro in der ehemaligen Brauerei **Bie's Bryggeri** hält Broschüren mit Wandervorschlägen rund um den Mariager Fjord bereit. Außerdem gibt's hier gute Tips für Radtouren und Angeln.

### Touristeninformation

Store Torv, 9500 Hobro, Tel. 98 52 52 66, geöffnet von Mitte Juni bis

Mitte September Mo - Fr 9 - 17 Uhr,
Sa 9 - 12 Uhr; Mitte September bis
Mitte Juni Mo - Fr 9 - 16 Uhr, Sa 9 -
12 Uhr.

## Übernachten

▸ **Hobro Vandrerhjem**, Amerikavej
24, Tel. 98 52 18 47, neues, komfor-
tables Haus, für Einzelreisende nur
vom 1.2. bis 30.11. geöffnet.
▸ **Hotel Alpina**, Hostrupvej 83, Tel.
98 52 28 00, nicht sehr große 19
Zimmer; vernünftige Preise; ganzjährig geöffnet. DZ ab 500 DKK.
▸ **Hobro Camping Gattenborg ***,
Skivevej 35, Tel. 98 52 32 88, über
einen Naturweg nur ca. 15 Minuten
zur Innenstadt; gute sanitäre Anlagen, auch 11 Hütten und Wohnwagenvermietung; etwas Grünbestand,
Blick aufs Wasser; geöffnet von Anfang April bis Anfang Oktober.

## Öffentlicher Verkehr

**Bahn:** Hobro liegt an der *IC*-Strecke
von Nord- nach Süddänemark; deshalb stündliche Verbindung nach
Frederikshavn bzw. Århus-Kopenha-
gen bzw. Fredericia-Flensburg.
**Bus:** Von der Busstation, H. J. Biers-
gade, ca. 1 km vom Bahnhof entfernt,
Verbindungen in alle Himmelsrich-
tungen; so regelmäßig nach Viborg,
Løgstør. Außerdem nach Hadsund
(und weiter an die Ostseeküste) in
der Regel alle 2 Stunden; werktags
achtmal nach Mariager, an Wochenenden seltener.

## ♦ *Fyrkat*

Etwa 3 km südwestlich von Hobro
liegt die eigentliche Attraktion der

Stadt: *Fyrkat*.
   Schon auf dem Weg zur Wallanlage kommt man an einem noch im
Bau - natürlich als Rekonstruktion -
befindlichen Komplex vorbei, von
dem bislang ein Langhaus von 33 m
steht, dem **Vikingegården**. Der gesamte Wikingerhof soll im Endausbau
wieder acht bis neun Häuser umfassen.
   Fyrkat selbst ist ein einzigartiger
archäologischer Fund. Es handelt
sich bei der Anlage um eine **Ringburg**, die von einem 4 m hohen und
8 m breiten Erdwall gesichert war. Ihr
Durchmesser betrug 120 m, und sie
bot Platz für 16 Langhäuser, die in
vier Komplexen errichtet waren. Vermutlich um 980 hat *Svend Tveskæg*
unter der Königsherrschaft von
*Harald Blåtand* hier diese Soldaten-
unterkunft angelegt, die dann um das
Jahr 1000 abbrannte.
   1985 wurde ein rekonstruiertes
Wikingerhaus neben der Burganlage
eröffnet. Jeden Sommer entfalten
sich spielerisch auf dem Gelände von
Fyrkat "historische" Aktivitäten zum
Leben der Wikinger (geöffnet vom 1.
April bis 15. September täglich 9 -
17 Uhr. Eintritt für beide 25 DKK).

━▸ Über die Landstraße 180 geht es
weiter nach *Randers* (→ Route 6).
Etwa 8 km vor dem Endpunkt von
Route 5 liegt noch eine unbedingt
sehenswerte Kirche: **Råsted Kirke** im
Ort *Råsted* ist ein wunderschönes
Beispiel für die Qualität der Kalkmalereien; die Fresken, vermutlich entstanden um das Jahr 1175, bildeten
für die leseunkundigen Landbewoh-
ner im Mittelalter Szenen aus der Bibel ab - und lassen die "religio" des
Mittelalters wieder lebendig werden.

## Route 6
### Djursland:
### Randers - Mols - Århus
### (ca. 155-160 km)

Die Landschaft, durch die diese
Strecke führt, liegt im äußersten
Osten von Jütland: *Djursland* wird in
Karikaturen Dänemarks, wo Jütland
dann die Form eines nach Osten blik-
kenden Kopfes hat, oft als "Nase"
dargestellt. Und wie ein aufmüpfiges
Stück Erde kann sie manchmal auch
wirken - die ·windumtoste, hügelige
Landschaft.

Diese Region mit der "Hauptstadt"
Grenå ist eine alte Kulturlandschaft,
die, wie manche Funde belegen,
schon in der Steinzeit besiedelt war.
Historische Stätten gibt es darum
auch einige, vor allem im Norden von

Djursland: Aus der jüngeren Steinzeit
stammt das Gräberfeld westlich des
Ortes *Tustrup* (zwei Dolmengräber,
ein Kammergrab und ein hufeisen-
förmiges Haus, das möglicherweise
kultischen Zwecken gedient hat). Gar
nicht weit entfernt davon wurden östlich von *Fjellerup* Knochen, die sogenannten *køkkenmøddinger* (→ Von
der Vergangenheit in die Gegenwart;
Das Ende der Eisenzeit) entdeckt.

Neben schöner Natur zeigt dieser
Weg auch ein Stück "echtes" Dänemark: das Städtchen *Ebeltoft*, das
man gesehen haben muß, wenn man
in Dänemark gewesen sein will.

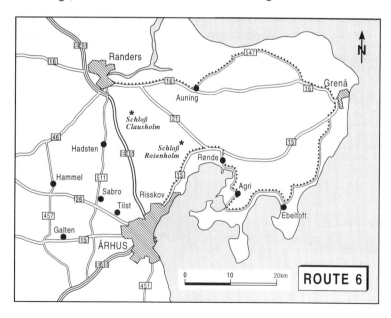

Und daß schließlich *Århus* als zweitgrößte Stadt des Landes einiges zu bieten hat, versteht sich - fast - von selbst. Ausgangspunkt der Route 6 ist jedoch die wesentlich kleinere Stadt *Randers.*

# Randers

61.000 Einwohner

Was man bei einem ersten Blick auf die Landkarte kaum für möglich hält: *Randers* hatte früher - die Bedeutung hat inzwischen doch merklich abgenommen - eine wichtige Position als Verkehrsknotenpunkt. Nicht weniger als dreizehn Landstraßen, aus allen Richtungen kommend, treffen sich hier, wo die *Gundenå* in den *Randers Fjord* mündet. Sicher haben schon sehr früh Menschen an diesem Ort gelebt, der durch Münzfunde nachweisbar auf mindestens 1100 n. Chr. zu datieren ist.

Ansonsten ist in der heute sechstgrößten Stadt Dänemarks aus früheren Zeiten kaum mehr etwas erhalten, bis auf den Stadtgrundriß. Dort, wo einst die Stadtmauer stand, verläuft heute die Ringstraße.

Alle alten Häuser, die heute noch stehen, sind jüngeren Datums: Das älteste Steinhaus von Randers ist der **Påskesønnernes gård** am Rathausmarkt, errichtet um 1468. Das barocke **Rathaus** selbst stammt aus dem Jahr 1778, kam aber erst sehr viel später zu besonderem Ruhm: Um die davorliegende Straße verbreitern zu können, mußte man es 1930 auf Rollen stellen und um 3 m nach Norden versetzen.

Vor den Rathauspforten liegt die erste in Dänemark angelegte Fußgängerzone, der **Houmeden**. Ein Spaziergang sollte auch durch **Storegade**, in der alte und neue Architektur nebeneinander zu sehen ist, und **Brødregade** mit ihren vielen Fachwerkhäusern aus dem 16. und 17. Jahrhundert führen.

Für alle, die nicht nur durch die Straßen der Stadt schlendern wollen, bietet sich ein Besuch des **Kulturhuset**, des Museumshauses in der Stemannsgade 2 an: Das **Kunstmuseum** mit einem Querschnitt durch die Kunst unseres Jahrhunderts, das **Kulturhistorische Museum** u. a. mit einem Querschnitt durch die Wohnkultur vergangener Jahrhunderte, das **Lokalgeschichtliche Archiv** sowie die **Bibliothek**, das historische **Archiv** und eine **Cafeteria** sind hier unter einem Dach zusammengefaßt (geöffnet täglich außer Mo 11 - 17 Uhr. Eintritt allgemein frei, nicht aber fürs Kunstmuseum, hier Eintritt 20/10 DKK, und fürs Kulturhistorische Museum, hier Eintritt 10/0 DKK).

Eine städtebauliche Attraktion von Randers ist das sogenannte **Værket** auf dem Mariagervej. Das ehemalige Stromkraftwerk ist jetzt Zentrum des Musik- und Theaterlebens. Aktuelle Ereignisse sind beim Touristenbüro zu erfahren. Im Sommer ist jedoch auch hier Ferienzeit und daher weniger los.

In der Mitte der Stadt steht das **Helligåndshuset** aus der Zeit um 1500. Es gehörte vermutlich zum Komplex eines Klosters, das um 1550 aufgegeben wurde. Vor dem Haus stehen die Büsten zweier dänischer Schriftsteller, die beide auch über Randers schrieben, *Henrik Pontoppidan* (1857-1943) und *St. Blicher* (1782-1848).

## Touristeninformation

*Randers Turistbureau,* Erhvervens Hus, Tørvebryggen 12, 8900 Randers, Tel. 86 42 44 77, geöffnet von Mitte Juni bis August Mo - Fr 9 - 18 Uhr, Sa 9 - 17 Uhr; September bis Mitte Juni Mo - Fr 9.30 - 16.30 Uhr, Sa 9 - 12 Uhr.

## Übernachten

▶ **Randers Vandrerhjem**, Gethersvej 1, Tel. 86 42 50 44, geöffnet für Einzelreisende nur von Anfang Februar bis Ende November.

▶ **Hotel Randers**, Torvegade 11, Tel. 86 42 34 22, das älteste Hotel am Platze besteht seit 1856, nette Atmosphäre; preislich günstig. EZ ab 385 DKK, DZ ab 650 DKK. Familien mit 2 Erwachsenen und 2 Kindern können von Juni bis September für 590 DKK inklusive Frühstück übernachten.

▶ **Fladbro Camping \*\*\***, Hedevej 9, Fladbro, Tel. 86 42 93 61, Stadtnähe, gute Ausstattung, auch 21 Hütten; geöffnet von April bis Mitte Oktober.

## Freizeit und Sport

Auf dem Randers Fjord und der Gundenå sind schöne Kanufahrten möglich. *Fladbro Camping* (→ Übernachten) vermietet Boote für 175 DKK am Tag.

Wer Angeln möchte, erhält ausführliche Informationen im Touristenbüro, das übrigens auch über informative Broschüren zu Gängen durch die Stadt, Wanderungen durch die nahen Wälder und Radtouren in die nähere Umgebung bereithält. Fahrräder sind zu mieten bei *Vesterports Cykellager* in der Vestergade 66, Tel. 86 42 31 61.

Für Badevergnügen sorgt das Schwimmbad *Karsmindebadet*, Gørrilds Allé 25, Tel. 86 42 18 37 (geöffnet 9 - 18 Uhr, Eintritt 15/8 DKK).

Schließlich gibt es auch einen Golfplatz, *Randers Golfklub*, Himmelbovej 22, Tel. 86 42 88 69.

## Öffentlicher Verkehr

**Bahn:** Da Randers an der *IC*-Strecke liegt, vom Bahnhof in der Jerbanegade stündliche Verbindungen nach Ålborg, Frederikshavn und nach Århus, Fredericia und Kopenhagen sowie nach Padborg.
**Bus:** Regelmäßig Verbindungen von der Busstation, Dytmarsken (ca. 1,3 km vom Bahnhof entfernt), in alle Richtungen, so nach Hobro, Grenå, Århus und Viborg.

## ◆ Clausholm slot

Rund 12 km südlich von Randers (fährt man auf der Ringstraße von Randers in Richtung Grenå, braucht man nur der blauen Beschilderung "Clausholm" zu folgen) steht zwischen den Dörfern Voldum und Årslev *Clausholm slot.*

Unvermutet steht man vor einer der größten Barockanlagen Dänemarks - und auch der ersten, die in Dänemark errichtet wurde. Schloß Clausholm mit seinem Stallhof und dem wunderschönen Park wurde ab 1690 für *Graf Conrad Reventlow,* den damaligen Großkanzler, gebaut und 1723 fertiggestellt. König *Frederik IV.* hatte sich 1712 in *Anne Sophie,* die jüngste Tochter von Reventlow, "verguckt". Was lag da also näher, als sie stante pede zu entführen? Nachdem die beiden 1721 offiziell geheiratet hatten, wurde Anne Sophie denn auch zur Königin gekrönt. Als Frederik verstorben war, verbrachte sie auf Schloß Clausholm, umgeben von einem kleinen Hofstaat, ihre Witwenjahre.

Das Innere des Schlosses ist fast unverändert geblieben mit den originalen, reich ornamentierten Stuckdecken und dekorierten Wandverzierungen. Die Hauskapelle ist sogar aus Anne Sophies Zeit erhalten; hier steht die älteste Orgel Dänemarks.

Mittelpunkt des Barockgartens ist die 1976 restaurierte Springbrunnenanlage, die in jedem Sommer in Betrieb ist (Park und Schloß geöffnet von Mitte Juni bis Ende August 11 - 17 Uhr; stündliche Führungen. Eintritt für beides 40/15 DKK; in der Vor- und Nachsaison nur für Gruppen ab 20 Personen).

→► Route 6 führt von *Randers* über den *Grenåvej*, die Landstraße 16, über *Assentoft*. Rund 12 km von Randers entfernt können Geschichtsinteressierte einen besonderen Fund sehen: Angeblich befindet sich an dieser Stelle das Grab des berühmten Hamlet! Jedenfalls wurde 1930 zur Erinnerung an den unvergessenen dänischen König *Amled* ein Gedenkstein aufgestellt.

## Gammel Estrup

Kurz vor dem Ort *Auning* erreicht man mit der Randersvej 2 diese Anlage zwischen Wald, Ackerland und Wiesen. Sie animiert förmlich zu einem Rundgang. Lohnend und eigentlicher Grund für einen Besuch sind in jedem Fall die beiden Museen, die auf der Renaissanceburg *Gammel Estrup*, erbaut um 1500, eingerichtet sind: *Dansk Landbrugsmuseum* und *Jyllands Herregårdsmuseum*.

Das erste **Dänische Landwirtschaftsmuseum** befindet sich schon seit 1889 auf dem Herrensitz Gammel Estrup. 25.000 Geräte aus der Landwirtschaft sind hier zu Forschungs- und Ausstellungszwecken gesammelt worden. Einen lebendigen Eindruck vom Leben auf dem Land, von Arbeitsvorgängen und Wohneinrichtungen vermitteln die ständigen, aber auch wechselnden Ausstellungen. Von Anfang April bis Ende Oktober (außer Mo täglich 12 - 16 Uhr) läßt sich sogar ein "richtiger" Schmied in der alten Schmiede aus dem Jahr 1761 bei seiner Arbeit über die Schulter blicken.

Viel später, nämlich 1930, wurde **Jütlands Herrensitzmuseum** gegründet. Die Geschichte von Gammel Estrup selbst läßt sich hier bis 1300 zurückverfolgen. Der älteste Teil ist der Westflügel vom Ende des 15. Jahrhunderts. Der Südflügel wurde um 1600 errichtet, während der Nordflügel erst Mitte des letzten Jahrhunderts seine jetzige Form erhielt. Der Herrensitz steht in enger Verbindung zur Geschichte der beiden adligen Geschlechter *Brok* und *Scheel*, die auf Gammel Estrup gelebt haben, bis zum Verkauf im Jahr 1926 nach dem Tod des letzten Grafen *Scheel*. Was die Erben an Möbeln verkauft hatten, erwarb einige Jahre später der Schwiegersohn des Grafen, *Valdemar Uttental*, mühsam wieder. Auch das schon veräußerte Schloß konnte er zurückgewinnen. Seitdem ist vieles restauriert und stilvoll wieder eingerichtet worden, darunter Räume wie der Renaissancesaal, der Rittersaal oder die Kapelle (Jyllands Herregårdmuseum geöffnet von April bis September täglich 10 - 17 Uhr; von Oktober bis März außer Mo täglich 11 - 15 Uhr. Eintritt 20/5 DKK; Dansk Landbrugsmuseum täglich von 10 - 17 Uhr) .

→► Von *Auning* führt Route 6 im weiteren Verlauf geradewegs über die Landstraße 16 ins 32 km entfernte *Grenå*. Auch auf dieser Strecke bietet sich die Möglichkeit, eine künstliche Welt zu entdecken: 18 km vor Grenå steht in *Nimtofte*, Randersvej 17, die Freizeit- und Spaßbadanlage **Djurs Sommerland**, Ostjütlands größte dieser Art (auch die Westküste hat inzwischen einige ähnliche aufzuweisen) mit u. a. Minigolfanlage und Reitmöglichkeit (geöffnet in der Hochsaison täglich 10 - 20 Uhr, Eintritt 95 DKK; sonst 10 - 18 Uhr und Eintritt 85 DKK).

Viel schöner ist es allerdings, die Natur direkt zu genießen: **Der Norden**

**von Djursland** ist ein echter Geheimtip, denn er hat hervorragende Badestrände, fast auf der ganzen Linie. Von *Fjellerup Strand* im Westen, *Bønnerup Strand* bis zu den Stränden und Steilküsten um *Gjerrild* hat das Badewasser am Kattegat eine gute Qualität. Zwar gibt es auch hier an manchen Stellen die allgegenwärtigen Sommerhäuser, aber es ist nirgends so voll wie z. B. an der Nordseeküste. Zudem liegen viele sehenswerte Orte in der Nähe.

## Übernachten

Einige Übernachtungsmöglichkeiten seien genannt, so:
▸ **Bækkelund Camping \*\*\***, Strandvejen 41, Fjellerup Strand, 8585 Glesborg, Tel. 86 31 71 73, bis zum Strand etwa 700 m; die Ausstattung ist für einen Sommerurlaub ausreichend; insgesamt aber nur 80 Plätze, dazu 2 Hütten und 1 Wohnwagen, die vermietet werden; geöffnet von Mitte April bis Mitte September.
▸ **Vandrerhjemmet Djursvold**, Dyrehavevej 9, Gjerrild, 8500 Grenå, Tel. 86 38 41 99, geöffnet vom 2.1. bis zum 22.12.
▸ **Gjerrild Nordstrand Camping \*\*\***, Langholmvej 26, 8500 Grenå, Tel. 86 38 42 00, liegt auf der Landspitze zur Gjerrild-Bucht fast unmittelbar am Strand. Sportmöglichkeiten wie Minigolf; 300 Plätze, dazu 4 Hütten und 6 Wohnwagen, für die sich aber frühe Reservierung empfiehlt; geöffnet von April bis September.

## Grenå

13.800 Einwohner

*Grenå* kennt zwei Arten von Besuchern: die Durchreisenden (nach Schweden und Seeland oder Anholt) und die, die wegen der reizvollen Natur in der Umgebung kommen und bleiben.

Die größte Stadt in Djursland zehrt allerdings immer noch ein bißchen von ihrer Blütezeit im 18. Jahrhundert, als sie aufgrund ihrer Lage - keine andere Stadt Jütlands liegt so weit östlich! - einer der wichtigsten Häfen nach Osten war. Die vielen noch erhaltenen Fachwerkhäuser aus dieser Zeit (zu nennen sind die in der Søndergade und Lillegade) zeugen davon und machen bis heute den Charakter Grenås aus. In einem der schönsten Fachwerkhäuser in der Søndergade 1, einem vormaligen Kaufmannshof, findet man das **Djursland Museum** mit regionalem Sammlungsschwerpunkt. Zu sehen sind Waffen, Münzen und Keramik; aber auch archäologische Fundstücke sind dabei.

Die Geschichte und alles Wissenswerte um Fischerei und damit zusammenhängende Erwerbszweige vermittelt das **Dansk Fiskerimuseum**, das dem Djursland Museum angegliedert ist (geöffnet Mitte Juni bis Ende August Mo - Fr 10 - 16 Uhr, Sa und So 13 - 16 Uhr; sonst außer Mo und Sa täglich 13 - 16 Uhr. Eintritt 20/0 DKK).

Die **Kirche** am Torvet ist so, wie sie heute hier steht, ein "Neubau" aus dem Jahr 1649; damals war das alte Gebäude aus dem 15. Jahrhundert abgebrannt.

Wer Haie und andere große und kleine Fische sehen möchte, für den ist das **Kattegatcenter** genau das Richtige. Es bemüht sich, das Meeresleben im Kattegat anschaulich nachzustellen. Darüber hinaus gibt es dort ein großes Becken mit tropischen Haien. Auch werden regelmäßig Ausstellungen rund um das Thema "Mensch, Meer und Umwelt" angeboten. Manche sind gut aufgemacht und lohnend (geöffnet täglich von Mai bis August 10 - 18/19 Uhr, sonst täglich 10 - 16 Uhr. Eintritt 45/30 DKK).

Bis heute ist es der Hafen, der die Geschäftigkeit in Grenå bestimmt. Und es ist keineswegs nur der Fährhafen, von dem es nach Schweden und zur Insel Anholt geht, sondern immer auch der moderne Fischereihafen. Außer von diesem Wirtschaftszweig leben die Grenåer vom Handel, vereinzelter Industrie und nicht zuletzt von den Touristen. Denn wie die anderen Strände von Djursland sind die nördlich und südlich von Grenå beliebte Ferienziele.

Was vielleicht nur Fachleute interessiert: Der Physiker und Nobelpreisträger *August Krogh* stammt aus Grenå; er wurde 1874 geboren. Eine Tafel im alten **Borgermestergård**, Lillegade 5, erinnert an ihn.

## Touristeninformation

Torvet 1, 8500 Grenå, Tel. 86 32 12 00, geöffnet von Mitte Juni bis Ende August Mo - Sa 9 - 17 Uhr, sonst Mo - Fr 9 - 16 Uhr, Sa 10 - 13 Uhr.

## Übernachten

▸ **Grenå Sportel**, Vandrerhjem & Idrætscenter, Ydesvej 4, Tel. 86 32 66 22, eine Synthese aus Wohnen und Sport, ganzjährig betrieben.
▸ **Hotel Grenå Strand**, Havneplads 1, Tel. 86 32 68 14, liegt zentral, gutes Familienhotel mit 25 Betten; ganzjährig geöffnet, vernünftige Preise. EZ mit Bad ca. 400 DKK, DZ ab 425 DKK.
▸ **Polderrev Camping \*\*\***, Fuglsangvej 58, Tel. 86 32 17 18, trotz seiner Größe mit 650 Plätzen im Sommer meistens dicht belegt, weil es zum schönen Strand nicht weit ist; vermietet auch 10 Hütten und 10 Wohnwagen; ganzjährig geöffnet.

## Öffentlicher Verkehr

**Bus:** Werktags ca. stündlich nach Århus, etwa ebenso oft nach Randers, am Wochenende seltener.
**Schiff:** Fährverbindungen nach Anholt (Fahrtdauer 2 Stunden und 45 Minuten, bis viermal täglich, Hin- und Rückfahrt pro Person ca. 210 und für einen Pkw mit Fahrer 300 DKK; wegen der begrenzten Kapazität unbedingt rechtzeitig buchen unter Rufnummer 86 32 36 00).

Fährverbindungen nach Hundested (Fahrtdauer 2 Stunden und 40 Minuten, einfache Fahrt pro Person ca. 90 DKK und für einen Pkw mit Insassen 660 DKK; Buchung unter Telefon 86 32 16 00 oder direkt am Kai).

Außerdem Verbindungen nach Halmstad und Varberg in Schweden (Überfahrt jeweils 4 Stunden und 15 Minuten; einfache Fahrt pro Person ca. 100 DKK, pro Pkw mit Insassen 500 DKK; Rufnummer für Buchung beider Schiffspassagen 86 32 03 00).

## ♦ Anholt

*Anholt* liegt wie sein nördlicher Nachbar *Læsø* mitten im Kattegat, ist aber viel kleiner: Lediglich 22 km² umfaßt Anholt, das rund 50 km nordöstlich von Grenå liegt. Bekannt und beliebt ist das Inselchen für seine Sandstrände. Ihretwegen - und bestimmt auch wegen der im Vergleich zum Festland himmlischen Ruhe - kommen in jedem Jahr annähernd 50.000 Gäste hierhin, wo nur 130 "Ureinwohner" leben. Viel Platz ist zum Wohnen und Leben nun auch wirklich nicht, denn drei Viertel Anholts sind Dünen- und Heidelandschaft. Fast 90 % der Insel sind Naturschutzgebiet; dazu gehört das Robbenschutzareal **Totten** am östlichen Zipfel - jenseits der 10 km langen Sandfläche, die die Anholter passenderweise gleich *Ørkenen*, die

Wüste, genannt haben. Dort steht
auch der Leuchtturm der Insel, **Anholt Fyr**, gebaut 1881. Geschützt ist
auch das Vogelrevier **Flakket** im
Nordwesten, wo die großen Vogelschwärme, die im Frühjahr und
Herbst vorbeikommen, rasten. Auf all
das kann man vom "Aussichtsberg"
**Sønderbjerg**, der immerhin 48 m
hoch ist, blicken.

## Touristeninformation

Østervej 14, 8592 Anholt,
Tel. 86 31 91 33

## Übernachten

Möglichkeiten zum Übernachten bieten ein Gasthaus, einige Ferienhäuser und der örtliche Campingplatz
(Anholt Camping **\*\***, Nordstrandvej,
Tel. 86 31 91 00).

# Ebeltoft

4.000 Einwohner

Wer *Ebeltoft* nicht kennt, kennt Dänemark nicht! Auf jeden Fall nicht
wirklich, so heißt es oft. Denn egal,
welche Stadt genannt wird, wenn es
um die "typischsten" von Dänemark
geht, Ebeltoft ist mit Sicherheit dabei.

Und die erste Assoziation ist dann
ebenso sicher "Glas", denn dafür ist
Ebeltoft bekannt. Um das **Ebeltoft-
Glasmuseum** am Strandvejen 8, nah
am Hafen, kommt darum auch niemand herum. Ob als Gebrauchsge-
genstand oder reine Kunst - fast alles,
was in Glas machbar ist, kann man
hier finden. Und das nicht nur aus
Dänemark, sondern auch aus vielen
anderen Ländern. Im Sommer zur
Hochsaison läßt sich ein Glasbläser
bei der Arbeit zusehen (geöffnet im
Juli täglich 10 - 21 Uhr; im Mai, Juni

und August täglich 10 - 17 Uhr; im
Oktober bis April täglich 13 - 16 Uhr,
So 10 - 16 Uhr. Eintritt 30/5 DKK).

Mit einem etwas veralteten Begriff
würde man Ebeltoft wohl "schmuck"
nennen und als "Kleinod" bezeichnen,
denn es ist wirklich eine gemütliche
Stadt mit vielen hübschen Häusern,
dem Meer abgewandt zur Bucht *Ebeltoft Vig* hin gelegen. Typisch für Dänemark und seine Bescheidenheit:
**Det gamle Rådhus**; das alte Rathaus,
ist Europas kleinstes Rathaus (gebaut 1576). Jetzt ist das Haus am
Torvet ein **Museum**, das u. a. eine
Volkskundesammlung zeigt. Dazu
gehören Einrichtungen lokaler Wohnungen, aber auch das kleine Gefängnis des Ortes. Auch eine archäologische Sammlung ist zu sehen
(geöffnet von Mitte Mai bis Mitte September außer Mo täglich 10 - 16 Uhr
bzw. 17 Uhr, sonst außer Mo täglich
11 - 15 Uhr. Eintritt 15/5 DKK). Ganz
der Tradition verpflichtet, singen im
Sommer jeden Abend Nachtwächter
zwischen 20 und 21 Uhr vor dem alten Rathaus.

Ebenfalls an der Haupteinkaufsstraße Adelgade befindet sich bei
Hausnummer 13 eine weitere Sehenswürdigkeit, die Eindrücke aus
der Vergangenheit zurückholt: **Den
gamle Farvergård**. Hier arbeitete vom
Ende des 18. Jahrhunderts bis 1920
die älteste Färberei Nordeuropas. Die
Arbeitsgebäude entstanden in mehreren Etappen im 18. und 19. Jahrhundert und sind nun fast original
wiederhergestellt. Zu sehen sind Ar-
beits-, Wohn- und Verkaufsräume
(geöffnet von Juli bis August täglich
10 - 16 Uhr; in den dänischen Herbstferien im September 11 - 15 Uhr. Eintritt 15/5 DKK).

Und wer dann noch immer nicht
genug hat, kann in **Missers Dukke-
museum**, Grønningen 13-17, wunderschöne alte Puppen bestaunen
(geöffnet in der Hauptsaison täglich
10 - 17 Uhr). Untergebracht ist es im

Pfarrhaus, unmittelbar neben der mittelalterlichen **Ebeltoft Kirke** im südlichen Teil des Ortes. Hervorzuheben an dieser Kirche sind eigentlich nur die Kalkmalereien aus dem 15. Jahrhundert.

Wer beim Gang durch die Gäßchen einen Blick durch Hinterhöfe oder Gärten hinab zum Hafen wirft, sieht dort die Masten eines alten Segelschiffes. Es ist die alte **Fregatte Jylland**, Dänemarks ältestes Holzschiff, das auch eine deutsche Geschichte hat, weil es 1864 im Kampf um Helgoland eingesetzt wurde. Die Fregatte, die 1860 als eines der letzten großen aus Holz gebauten Kriegsschiffe vom Stapel ging, mußte der preußisch-österreichischen Flotte Paroli bieten. Mit ihren 61 m Länge gilt die "Jylland" als längstes Holzschiff der Welt, gebaut aus 1.600 Eichen. Seit 1994 erstrahlt sie nach gründlicher Renovierung in originalem Glanz; ihre Geschichte ist an Bord erklärt (zu besichtigen von April bis Anfang Oktober 10 - 17 Uhr, sonst 10 - 15 Uhr. Eintritt 40/20 DKK).

## Touristeninformation

Strandvejen 2, 8400 Ebeltoft, Tel. 86 34 14 00, geöffnet von Mitte Juni bis August Mo - Sa 10 - 18 Uhr, So 11 - 15 Uhr; September bis Mitte Juni Mo - Fr 9 - 16 Uhr, Sa 10 - 13 Uhr.

## Übernachten

▶ **Ebeltoft Vandrerhjem**, Søndergade 43, Tel. 86 34 20 53, nah zur Innenstadt, geöffnet für Einzelreisende nur vom 1.3. bis 1.11.
▶ **Hotel Ebeltoft**, Adelgade 44, Tel. 86 34 10 90, mitten im Ort, 10 Zimmer. EZ ohne Bad ca. 250 DKK, DZ 400 DKK.
▶ **Vilbæk Camping \*\***, Nordre Strandvej 23, Tel. 86 34 12 14, liegt

wunderschön an der Ebeltofter Bucht, wegen der guten Schwimm-, Surf- und Segelmöglichkeiten ist es zur Hauptsaison oft voll; bis zur Stadtmitte rund 1 km; über 400 Plätze, dazu 7 Hütten und 4 Wohnwagen; ganzjährig geöffnet.

## Freizeit und Sport

Für alle, die baden wollen: Am Wald von Ebeltoft, *Ebeltoft skov*, und an der Bucht liegen einladende Badestrände. Der Hafen für Segler ist modern und bietet Platz für 240 Boote. Etwa 3 km südlich des Ortes ist der Fährhafen, von dem man nach Sjællands Odde auf Seeland übersetzen kann (Fahrtdauer ca. 1 Stunde und 40 Minuten; einfache Fahrt pro Person 82 DKK, für einen Pkw mit Insassen 310 DKK, telefonische Buchung unter 89 52 52 52).

## Essen und Trinken

Im gastfreundlichen Ebeltoft ist an Gelegenheiten, nett Essen oder Trinken zu gehen, kein Mangel. Im schönsten Teil des Ortes befindet sich *Café Bageriet*, Adelgade 60, bekannt für leckeren Kaffee und Kuchen. In derselben Straße liegt das Restaurant *Vigen* (Adelgade 5); noch uriger ist der "schiefe" Gasthof *Den skæve Kro*, Villadsgade 7, wo man im Sommer auch draußen sitzen kann. Ebenfalls "schief" ist die gemütliche Bar *Den skæve Bar*, Overgade 23.

## Öffentlicher Verkehr

**Bus:** Stündliche Verbindung hinüber nach Århus; nach Grenå mehrmals täglich. Außerdem kommt der Expresbus Ålborg-Kopenhagen hier vorbei.
**Schiff:** Überfahrt nach Seeland (→ Freizeit und Sport)

—▸ Von *Ebeltoft* geht Route 6 nun zunächst um die Bucht *Ebeltoft Vig* herum, über *Egsmark*, vorbei an *Handrup* und *Lyngsbæk Strand* auf die **Mols Bjerge**, mit den höchsten Punkten *Trehøje*, 127 m, und *Agri Bavnehøj*, 137 m, bis *Fuglsø*. Hier besteht die Möglichkeit, auf die Halbinsel *Helgenæs* abzubiegen, die die Bucht vor Århus vom Kattegat abtrennt. Vom 99 m hohen *Ellemannsberg* hat man eine weite Sicht nach allen Seiten. Es geht via *Torup* und *Knebel* in Richtung *Agri*, nach dem man nach ca. 400 m auf **Posekjær Stenhus** (ausgeschildert) trifft. Das Dolmengrab mit der freistehenden Kammer fünf Steine tragen den 3,5 m langen, querliegenden Stein - ist rund 5.000 Jahre alt und von 23 schweren Steinen eingekränzt.

Durch Agri (mit Möglichkeit, von **Agri Bavnehøj** die Weitsicht zu genießen) geht es auf *Rønde* zu.

## Rønde

*Rønde* ist in erster Linie berühmt für die **Kalø Slotsruin**, die vor seinen Toren im Meer liegt. Zu ihr gelangt man über einen mittelalterlichen Wall. Das alte Schloß, von dem Reste des Turms erhalten sind, ließ *Erik Menved* im Jahr 1313 errichten. Abgerissen und wieder aufgebaut wurde es von *Valdemar Atterdag*. Dann kam *Ulrik Gyldenstjerne* Ende des 16. Jahrhunderts und riß es erneut ab, um es als "Steinbruch" für Material zu Schloß Charlottenburg in Kopenhagen (1672) zu benutzen. Die bewegte und kriegerische Geschichte dieser Anlage kennt einen berühmten Namen: König *Gustav Vasa von Schweden*. Er saß hier als Gefangener, konnte aber 1510 flüchten. Von der einst so wehrhaften Burg stehen jetzt nur noch ein paar Grundmauern.

Dolmengrab von Posekjær Stenhus

## Touristeninformation

*Rønde Turistbureau,* Ceresvej 2, 8410 Rønde, Tel. 86 37 23 66, bietet gute Informationen zum Schloß und zu Touren in die Umgebung.

## Übernachten

▸ **Vandrerhjemmet Kalø**, Kaløvej 2, Tel. 86 37 11 08, geöffnet für Einzelreisende von Anfang April bis Ende September.

━▸ Nun bieten sich zwei Straßen an, auf denen es weiter nach *Århus* geht: Entweder über die autobahnartig ausgebaute Landstraße 15 oder - und dieser Weg ist der schönere - über die kleinere Nebenstrecke durch *Ugelbølle* und *Løgten.* Hierzu noch ein Tip für einen kleinen Umweg:

## ◆ *Rosenholm Slot*

Wenn man von *Løgten* und durch den Ort *Hornslet* ca. 7 km nach Norden fährt, trifft man auf dieses einzigartige Renaissanceschloß. Das Wasserschloß stammt aus der Zeit um 1560 und ist unverändert erhalten. Hinter dem wuchtigem Wall wohnt die Adelsfamilie *Rosenkrantz,* deren Hauptsitz Rosenholm seit Generationen ist. Im Schloßinneren befinden sich wertvolle Gobelins und kostbare Möbel, die das vierflügelige Gebäude auch für "Bürger" anziehend machen. In den Sommermonaten finden jede Stunde Führungen statt (Park und Schloß nur mit Führung zu besichtigen; Eintritt 30/15 DKK).

━▸ Nach *Løgten* sind es dann nur noch ca. 2 km, ehe die ersten Ausläufer von *Århus* zu sehen sind:

### Ein Hofnarr im Folketing

Nichts scheint unmöglich in der dänischen Demokratie, und so schaffte bei der letzten Wahl ein Mann den Weg ins Parlament, den fast alle Dänen schon vorher kannten. Jedoch nicht als Politiker, sondern als Berufskomiker und Spaßmacher. *Jacob Haugaard* - so sein Name - gelang das Sensationelle: Als ersten Einzelkandidaten seit vierzig Jahren wählten ihn die Bürger in seinem Wahlbezirk in Århus mit 23.211 Stimmen direkt ins *Folketing.* Offenbar hatten seine Ankündigungen "Rückenwind für Radfahrer" oder "Größere Weihnachtsgeschenke für Kinder" seine Wähler überzeugt. Kein Wunder, daß die etablierten Parteipolitiker da nur die Köpfe schüttelten und die Nasen rümpften. Aber wie hat Jacob Haugaard doch vermutet: "Ich schätze, die Leute haben mich gewählt, weil meine Versprechungen genauso vertrauenerweckend klingen wie die der traditionellen politischen Parteien."

## Århus

270.000 Einwohner

*Århus* ist eine junge Stadt - rund 45.000 aller Einwohner befinden sich in der Ausbildung: An der 1928 gegründeten Universität studieren 13.500 Studenten, der Rest verteilt sich auf andere Ausbildungsstätten wie Wirtschaftsschulen, Gymnasien, die Kunstakademie, die einzige Journalistenhochschule Dänemarks, Handelshochschule und einige andere mehr. Århus zieht junge Leute an, die jedoch nach ihrer Ausbildung oft wieder die Stadt verlassen. Insofern ist Århus eine Stadt in Bewegung, und die vielen Studierenden bestimmen das Stadtbild.

Doch Århus lebt nicht nur für die Ausbildung und Forschung. Ein reiches Kulturleben, die Nähe zu den Grünflächen in der Umgebung und die günstige Lage an der Bucht machen es zu einer attraktiven Stadt, in der man gerne wohnt.

Auch die Industrie wußte diese Lage zu nutzen: Der Hafen ist der größte Containerhafen Dänemarks. Drei große Wirtschaftsbereiche spielen eine wichtige Rolle: die Industrieproduktion (Lebensmittel-, Eisen- und Metall- sowie graphische Industrie), der Handel und die Dienstleistungen. Auch viele Kleinbetriebe haben sich wegen der günstigen Infrastruktur in Århus niedergelassen.

Doch bis Århus sich so richtig zur Stadt entwickelt hatte, mußten einige Jahre vergehen. Die Stadt, die schon um 1000 von den Wikingern an der Flußmündung von *Århus Å* (daher auch der Name: "ar-os" bedeutet Flußmündung) gegründet wurde, hatte ihren alten Kern um die Domkirche und lebte fast ausschließlich von Landwirtschaft, bis erst um 1900 die Industrialisierung die eigentliche Entwicklung zur Stadt einläutete. Damals zogen viele Leute vom Land in die Stadt, die bereits im 10. Jahrhundert Bischofssitz wurde, im Mittelalter ein aufstrebender Handelsort war und 1441 die Stadtrechte erhielt. Pest, Brände und Kriege bedeuteten aber harte Rückschläge im 16. und 17. Jahrhundert. Seit 1935 verdoppelte sich die Einwohnerzahl der Stadt, die auch heute noch stetig steigt. Jetzt ist Århus Dänemarks zweitgrößte Stadt. Den Komplex gegenüber der großen Hauptstadt Kopenhagen wird Århus aber nie so ganz ablegen können, denn eine ewige Konkurrenz herrscht auf allen Gebieten.

So müssen die Århusianer nach wie vor damit leben, die "Ostfriesen" Dänemarks zu sein. Kopenhagener reißen dummdreiste Witze über die Bewohner der Hauptstadt Jütlands oder der "kleinsten Großstadt" der Welt, wie die Århusianer sich selbstbewußt und zugleich bescheiden nennen. Doch im gleichen Atemzug verzieht jeder Århusianer das Gesicht, wenn die Sprache auf Kopenhagen kommt. Zum Ausgleich geht der Kampf dann auch innerjütländisch weiter, denn die Århusianer versuchen beim Vergleich mit Ålborg im Norden Status zu gewinnen.

## Stadtrundgang 1

Am wohl belebtesten Platz, dem **Bahnhofsplatz**, beginnt der Rundgang durch die kleine, übersichtliche Innenstadt von Århus. Von hier wendet man sich nach links und biegt rechts in die Park Allé ein, wo sich sogleich der Blick auf das Wahrzeichen der Stadt, das **Rathaus**, bietet. Wer den folgenden Fußweg scheut, kann von der Touristeninformation am Rathaus eine Stadtrundfahrt mit dem Bus unternehmen oder sich zumindest dort mit Informationsmaterial versorgen (mit etwas Glück bekommt man noch einen der schönen Århus-Regenschirme). Das von den dänischen Architekten *Arne Jacobsen* und *Erik Møller* entworfene Rathaus wurde im Jahr 1941 eingeweiht und war lange wegen seiner Form äußerst umstritten, war es doch in seinem Funktionalismus sehr modern (→ Artikel "Funktional und schön - dänisches Design"). Während die Architekten nicht planten, dem Rathaus einen Turm zu bauen, stülpten die vom Resultat entsetzten Stadtväter dem Gebäude, das sie verächtlich "salonkommunistischen Pappkarton" nannten, noch nachträglich einen auf. Von diesem kann man heute eine prächtige Aussicht auf die Stadt und das Meer genießen. Inzwischen ist man in den dänischen Behörden aber

ÅRHUS

Latinerkvarter
(Studentenviertel)

1 Touristeninformation
u. Rathaus
2 Post
3 Polizei
4 Bahnhof
5 Busbahnhof
6 Fährhafen
7 Fußgängerzone
8 Møllepark u.
Stadtbibliothek
9 Musikhuset
10 Wikingermuseum
11 St. Clemens-Dom
12 Århus Teater
13 Kvindemuseet u.
Besættelsesmuseet
14 Vor Frue Kirke
15 Århus Kunstbygning u.
Plakatmuseum
16 Kulturzentrum Huset,
Husets Restaurant u.
Musikclub Huset
17 Kunstnernes Hus
18 Botanischer Garten
19 Den Gamle By
20 Brauerei Ceres
21 Universität Campus
22 Århus Kunstmuseum

23 Universitätspark
24 Steno Museum
25 Naturhistorisches Museum
26 Antikmuseum,
Camping Århus Nord u.
Restaurant Hotel la Tour
27 Paulskirche,
Marselisborg Skov,
Tivoli Friheden,
Marselisborg Mindepark,
Marselisborg Slot,
Forstbotanisk Have,
Dyrehaven,
Prähistorischen Museum
Moesgård,
Oldtidssti,
Tivoli Friheden,
Blommehaven Århus Camping,
Ajstrup Strand Camping,
Ballehage,
Moesgård-Strand u.
Robin Hood Golf Center

28 Det Danske
Brandværnsmuseum
29 Vandrerhjemmet Pavillonen,
Den Permanente u.
Bellevue
30 Århus City-Sleep-In
31 Eriksens Hotel
32 Hotel Windsor
33 Hotel Royal
34 Stautrup Camping u.
Schwimmstadion Århus
35 Restaurant Rådhuus Kafeen
36 Restaurant Kulturgyngen,
Musikcaféen u.
Auktionsscenen Gruppe 38
37 Café Smagløs
38 Jazzbar Bent J.
39 Vores Sted
40 Pan Club u.
Folketeatret
41 Svalegangen
42 Biografen
43 Palads
44 Ost for Paradis
45 Eisstadion Århus Skøjtehal

übereingekommen, daß das Århuser Rathaus ein hervorragendes Beispiel dänischer Architektur ist, und so beschloß man sogar, es unter Denkmalschutz zu stellen (für Besucher geöffnet 20.6. bis 9.9., Rathausführung mit Turmbesteigung Mo bis Fr 11 Uhr in Dänisch, 14 Uhr in Englisch, Preis 10 DKK; Turmbesteigung nur Mo - Fr 12 und 16 Uhr, Preis 5 DKK).

Hinter dem Rathaus erstreckt sich ein kleiner Park mit Skulpturen dänischer Künstler. Die bekannteste und originellste ist der "Ceresbrønden", die Schweinemutter und ihre Ferkel von *Mogens Bøggild* auf dem Rathausplatz. Von hier liegt ein Abstecher zum **Musikhuset** nahe, in dem viele Konzerte, Opern und Tanzaufführungen stattfinden. Der Bau aus dem Jahr 1982 ist aber auch ohne Eintrittskarte tagsüber einen Besuch wert, und das Café lädt auch zu einer ersten Kaffeepause ein. So kommt man anschließend gerade rechtzeitig in die Fußgängerzone, wenn die Stadt zum Leben erwacht.

Vom Rathausplatz kommend, wendet man sich nach rechts in die Sønder Allé, um gleich wieder links in die Fußgängerzone Søndergade einzubiegen. Diese kann man entweder stracks durchqueren oder gemütlich von Geschäft zu Geschäft bummeln. Auf jeden Fall kommt man nach **Clemens Bro**, einem Treffpunkt vieler junger Leute, zu einem eher unscheinbaren Gebäude auf der linken Seite, der Unibank am Clemens Torv. Man ginge schnell vorbei, wüßte man nicht, daß dort im Keller ein kleines **Wikingermuseum** eingerichtet ist, in dem die Reste eines Wikingerwalls zu besichtigen sind, der bei Bauarbeiten zutage kam. Im Originalzustand ist zudem etwa ein Meter der ältesten dänischen Straße freigelegt (geöffnet Mo bis Fr 9.30 - 16 Uhr, Do 9.30 - 18 Uhr. Eintritt frei).

Rechts sieht man dann auch schon den **St. Clemens-Dom**. Der romanisch-gotische Dom zählt wegen seiner Ausmaße zu den bemerkenswertesten Kirchenbauten Dänemarks, denn er hat mit 93 m das längste Kirchenschiff hierzulande. Im Jahr 1201 im romanischen Stil begonnen, wurde der Dom zwischen 1450 und 1520 zur gotischen Kathedrale umgebaut. Besonders sehenswert ist das Altarbild des Lübeckers *Bernt Notke*. Die Schnitzerei aus der Zeit vor der Reformation stellt neben den Aposteln Maria und Johannes den Täufer dar.

Nebenan sieht man das hübsch verzierte und unter Denkmalschutz stehende **Århus Teater**. Es wurde im Jahr 1900 eingeweiht.

Hinter dem Dom liegt das **Kvindemuseet** (Frauenmuseum), ein erfreuliches Relikt der dänischen *Kvindebevægelse*, der Frauenbewegung in den siebziger und achtziger Jahren. Es informiert in verschiedenen Ausstellungen über künstlerisches Schaffen und Lebensbedingungen von Frauen in Dänemark (geöffnet 18.9. bis 31.5. außer Mo täglich 10 - 16 Uhr; 1.6. - 18.9. täglich 10 - 17 Uhr. Eintritt 10/5 DKK). Auch das **Besættelsesmuseet** (Besatzungsmuseum) ist hier zu finden, wo der Besucher mehr über die Besatzungszeit im Zweiten Weltkrieg erfährt und wie sich die Dänen zu wehren versuchten (geöffnet von Juni bis August täglich 10 - 16 Uhr; ab 1.9. nur Sa und So 10 - 16 Uhr). Beide Museen liegen im selben Gebäude am Domkirkeplads 5, die Eingänge befinden sich jeweils an den gegenüberliegenden Seiten des Hauses.

Historische Randbemerkung: Bei Umgestaltungsarbeiten des Store Torv vor dem Dom fanden sich 1994 Reste des alten Rathauses der Stadt.

Vom Bispetorvet bietet sich ein kleiner Gang durchs sogenannte **Latinerkvarter** (Lateinerviertel) an. Durch die kleine Bispegade gelangt man in die Rosensgade, biegt hier nach links ab und dann rechts in die

Volden (Gasse). Über Graven und links wieder durch die Badstuegade kommt man nach einer kleinen Runde anschließend auf den Lille Torv. Doch in diesem gemütlichen Viertel mit seinem Kopfsteinpflaster, den kleinen Häusern und den vielen recht ausgeflippten Boutiquen läßt sich gut ein wenig flanieren und gucken. Eine mittägliche *frokost*-Pause hier in einem der vielen Cafés gibt einen guten Einblick in das Studentenleben der Stadt. Nirgendwo wie hier ist zu spüren, daß Århus eine junge Stadt mit entsprechend vielen witzigen Ideen ist.

Wenn man sich vom Latinerkvarter trennen konnte, begibt man sich, vom Store Torv kommend, in die Vestergade. Hier trifft man schnell auf der rechten Seite auf die **Vor Frue Kirke**, die älteste Kirche von Århus. Im Jahr 1060 erbaut, war sie vom 13. bis 16. Jahrhundert Dominikaner-Klosterkirche. Von hier biegt man nun nach links in den Møllestien ein, eine hübsche, kleine Gasse mit stockrosenumrankten Häuschen.

Geht man danach links in die Møllegade und überquert den Åboulevarden, kommt man in die J.M. Mørks Gade, wo in der Nummer 13 das **Århus Kunstbygning** mit moderner Kunst und das recht neue **Plakatmuseum** beherbergt sind. Letzteres verfügt über eine Sammlung von rund 70.000 Plakaten mit touristischen Motiven, aber auch frühen Werbepostern. Leider sind im Museum immer nur kleine, wechselnde Ausstellungen zu sehen. Die gesamte Sammlung der Plakate befindet sich in der *Åby Bibliothek* (Tel. 86 15 33 45) und ist nur nach Absprache einzusehen (geöffnet Di bis So 10 - 17 Uhr. Eintritt 10/0 DKK, Dienstag freier Eintritt).

Zurück am Åboulevarden geht es links hinunter am Bach entlang und dann rechts in die Vester Allé. Man kommt so am **Møllepark** vorbei, wo

die **Stadtbibliothek** liegt. Auf der linken Seite taucht das **Kulturzentrum Huset** auf. Geradeaus geht man jetzt die Vester Allé bergauf, überquert den Vesterbro Torv, um dann links in die Saltholmsgade einzubiegen, wo **Kunstnernes Hus** (Das Haus der Künstler) liegt. Hier sind internationale und dänische Bildkunst zu bewundern (geöffnet Mo bis Fr 10 - 17 Uhr, Sa und So 12 - 17 Uhr. Eintritt 10/0 DKK).

Nun läßt sich zur Erholung ein Spaziergang im **Botanischen Garten** anschließen. Hier kommt man hin, wenn man die Saltholmsgade weitergeht und rechts in die Mønsgade einbiegt. Bei gutem Wetter im Sommer besuchen viele Århusianer den Park und genießen die Sonne (Gewächshäuser geöffnet Mo bis Sa 13 - 15, So 11 - 15 Uhr. Eintritt frei).

Doch jetzt, vorbei an der alten Holzmühle, geht es ins bekannteste Museum der Stadt, **Den Gamle By** (Die alte Stadt). Das Freilichtmuseum gibt einen umfassenden und lebendigen Einblick in die dänische Stadtkultur vom 16. bis zum Beginn unseres Jahrhunderts. 75 Häuser wurden in ganz Dänemark abgetragen und in *Den Gamle By* originalgetreu wieder aufgebaut. Hier gibt's viel zu entdecken: von den kleinen liebevollen Details wie den Ladenschildern bis zu all den Wohnräumen, Geschäften, Werkstätten, die teilweise (z. B. Töpferei und Postamt) noch in Betrieb sind. Spielzeug, Porzellan, der Giftschrank in der Apotheke, die alte Schule - das Leben der Dänen durch die Jahrhunderte wird hier "begreifbar". Auch ein Spaziergang durch die kopfsteingepflasterten Gassen läßt die Atmosphäre vergangener Zeiten wieder aufleben. Hier gibt es auch einen Museumsladen, ein Restaurant und die Wirtschaft *Simonsens Have*. An den Sonntagen im Sommer verleiten Promenadenkonzerte zu einem kühlen dänischen Bier

(Haupteingang Viborgvej; das Areal ist immer geöffnet, die Öffnungszeiten der Häuser jedoch variieren: Juni bis August täglich 9 - 18 Uhr, sonst in der Regel 11 - 15 Uhr. Eintritt 30/10 DKK, im Sommer 40/12 DKK).

Gegenüber vom Ausgang des Freilichtmuseums steht an der Ecke von Viborgvej und Vesterbrogade die **Brauerei Ceres**, in der man bei einem Besuch eine Kostprobe des hiesigen Biers bekommt (zu besuchen im Sommer Di und Do 9 Uhr, im Winter Mi 14 Uhr, Eintritt 5 DKK; Eintrittskarten bei der Touristeninformation erhältlich).

Wer jetzt immer noch bei Kräften ist, kann nun durch etwas unscheinbare Straßen, die aber doch aufgrund der Berglage von Århus und wegen der vielen bunten Häuser durchaus ihren Reiz haben, zum **Universitätsgelände** gehen. Durch die Vesterbrogade, links über den Vesterbroplads und durch die Teglværksgade, die halbrechts in die Thunøgade übergeht, stößt man auf die Sjællandsgade, die ein gutes Beispiel einer verkehrsberuhigten Wohnstraße ist. Weiter geradeaus führt der Durchgang *Thunøstien* geradewegs zum **Århus Kunstmuseum** im Vennelystpark. Kunst von 1750 bis heute, insbesondere die dänische Moderne (wie z. B. von *Per Kirkeby*; → Bildende Kunst - damals und heute, hier: Kunst nach 1945) sowie zahlreiche Sonderausstellungen werden hier präsentiert (geöffnet täglich außer Mo 10 - 17 Uhr, 20/0 DKK, Sonderausstellungen 30/0 DKK).

Schafft man es dann den Berg hinauf durch den **Universitätspark**, säumen weitere Museen den Weg: In der C.F. Møllers Allé 2 befindet sich das neue **Steno Museum**, ein wissenschaftsgeschichtliches Museum (geöffnet im Sommer täglich 10 - 17 Uhr, sonst Di bis So 10 - 16 Uhr. Eintritt 25/0 DKK). Im Uni-Gebäude 210 im Universitetsparken sind im

**Naturhistorischen Museum** die dänische Landschaft und Tierwelt dokumentiert (geöffnet täglich 10 - 16 Uhr; im Juli und August 10 - 17 Uhr; von Anfang November bis Ende April Mo geschlossen. Eintritt 25/15 DKK). In der Nordre Ringgade, nördlich des Parks und der Staatsbibliothek, wird man in die Antike versetzt: Das **Antikmuseum** zeigt Ausstellungsstücke aus dem alten Griechenland, Rom, dem Nahen Osten und Ägypten (geöffnet Di und Do 13 - 16 Uhr).

Wer abschließend diesen Weg bis zum Nørreport zurückgeht, kommt - zum Beispiel durch die Einkaufsstraße Guldsmedgade und die Fußgängerzone schlendernd - schließlich zurück zum Ausgangspunkt des Rundgangs, dem Hauptbahnhof.

**Tip:** Ab Nørreport bietet sich für ganz Ausdauernde auch die Möglichkeit, ganz bis hinunter zum Hafen zu gehen und links am Kystvejen bzw. Skovvejen entlang, von dem rechts bald ein Fahrrad- und Fußweg abzweigt und am Wasser unterhalb des Berges entlangführt. Hier kann man sich im Freibad erholen oder einfach nur am Strand verweilen und den Blick auf die Bucht genießen. Auch ein Waldspaziergang durch den Risskov, wo sich auch die Jugendherberge versteckt, läßt sich anschließen.

## Stadtrundgang 2

Der Süden von Århus bietet zahlreiche Freizeit- und Sportmöglichkeiten und schöne Grünanlagen zum Spazierengehen. Vom Bahnhof geht man die M.P. Bruuns Gade hinauf, die mit ihren Nebenstraßen auch ein lebendiges Einkaufsviertel ist, vorbei an der **Paulskirche**, durch die Hans Broges Gade links in die Dalgas Avenue. Immer am **Marselisborg Skov** entlang auf der Skovbrynet kommt man zum Vergnügungspark: Beim Kopenhagener Pendant abgeguckt, nennt sich dieser **Tivoli Friheden** und bietet alles, was zu einem richtigen Freizeitpark gehört: Von der Achterbahn mit Looping bis zur Freilichtbühne mit Unterhaltung durch Artisten, Künstler und Kasperletheater (geöffnet 23.4. bis 17.6. 13 - 22 Uhr; 18.6. bis 14.8. 13 - 23 Uhr, So bis 21 Uhr. Eintritt 22/10 DKK).

Wenn Sie sich jetzt durch den Wald "schlagen", kommen Sie südlich des Carl Nielsens Vej zum **Marselisborg Mindepark**, einem Gedächtnispark zum Ersten Weltkrieg. Ein Denkmal erinnert an 4.144 dänische Nordschleswiger, die als deutsche Soldaten gefallen sind.

Ganz in der Nähe liegen **Marselisborg Slot** und sein Park, die Sommerresidenz der dänischen Königsfamilie. Wenn sich die Hoheiten im Schloß aufhalten, paradiert täglich um zwölf Uhr die Wache der Königlichen Garde vor dem Schloß. Der Schloßpark ist nur zugänglich, wenn das Schloß nicht bewohnt ist.

Weiter südwestlich, am Skovridervej, sind im **Forstbotanisk Have** exotische Pflanzen und Bäume sowie Vogelarten näher zu beobachten. Im **Dyrehaven** am Ørneredevej, einem Wildpark, der wieder näher zur Meeresseite des Waldes liegt, laufen Hirsche und Wildschweine herum. An der Moesgård Allé 20 kommt man dann endlich zum neben *Den Gamle By* wohl beliebtesten Museum von Århus: dem **Prähistorischen Museum Moesgård**. In einem Gutshof aus dem 18. Jahrhundert wird durch Grabungsfunde die Vorgeschichte Dänemarks von der Steinzeit bis zur Wikingzeit (ein jedes Jahr im Juli stattfindendes Wikingertreffen auf Moesgård läßt diese alten Zeiten übrigens regelmäßig wieder aufleben) anschaulich dargestellt. Stein- und Bronzezeit sind informativ aufbereitet.

Schloß Marselisborg

Doch die eigentliche Attraktion der Ausstellung ist eine 2.000 Jahre alte, gut erhaltene Moorleiche, der sogenannte **Mann von Grauballe** (*Grauballemanden*). In einem Moor unweit der Stadt Silkeborg wurde der knapp 1,80 m große Mann 1952 gefunden. Als er - wahrscheinlich kurz vor unserem Jahr 0 - starb, war er knapp 40 Jahre alt. Doch trotz aller wissenschaftlicher Bedeutung: Es mutet immer etwas makaber an, einen unserer Vorväter so ausgestellt zu finden - von Scharen von Touristen und Schulklassen begafft.

Der **Oldtidssti** (Der Weg der Vorzeit), der über 7 km vom Museum aus, vorbei an Häusern und Grabhügeln aus prähistorischer Zeit, hinunter zum Strand führt, veranschaulicht sehr gut die dänische Vorgeschichte. Zu erreichen ist das Gelände vom Zentrum auch mit dem Bus Nr. 6 in Richtung Moesgård (geöffnet außer

Mo täglich von Anfang Januar bis Ende April 10 - 16 Uhr; von Anfang Mai bis Mitte/ Ende September bis 17 Uhr; von Mitte/ Ende September bis Ende Dezember bis 16 Uhr. Eintritt 25/15 DKK).

Abseits des Stadtrundgangs führt der Weg in den Westen der Stadt zu **Det Danske Brandværnsmuseum** (Dänisches Feuerwehrmuseum), Åbyhøj, Tomsagervej 23. Das Museum ist ein besonderer Spaß für die Kleinen. Fast hundert knallrote Feuerwehrautos sind hier neben Brandspritzen und Erläuterungen zur Geschichte der Feuerwehrautos zu bewundern (mit Bus Nr. 12 oder 18 nach Viby Ringvej; geöffnet von März bis Dezember außer Mo täglich 10 - 17 Uhr. Eintritt 35/15 DKK).

## Touristeninformation

*Århus Turistbureau,* Rådhuset, 8000 Århus C, Tel. 86 12 16 00, geöffnet im Juni und Juli täglich 9 - 20 Uhr; August bis Mitte September 9 - 19 Uhr; Mitte September bis April Mo - Fr 9.30 - 16.30 Uhr, Sa 10 - 13 Uhr; Mai bis Ende Juni Mo - Fr 9 - 17 Uhr, Sa 10 - 13 Uhr.

## Sightseeing

Mit dem **Århus-Pas** haben Sie freie Fahrt mit den Bussen der Stadt und freien Eintritt zu den Sehenswürdigkeiten. Vom 1.5. bis 30.9. gibt es den Paß im Service-Laden der *Århus Sporveje* am Banegårdspladsen 20. Der Zwei-Tage-Paß kostet 110/ 61 DKK, der Wochenpaß 155/86 DKK.

Sowohl mit dem *Århus-Pas* als auch mit der **24-Stunden-Touristenkarte**, die unbegrenzt für alle Busse in Århus gilt, kann man an der 2 1/2stündigen **Stadtrundfahrt** im Bus teilnehmen. Abfahrt von der Touristeninformation von Ende Juni bis

August täglich 10 Uhr. Auch die dreistündige **Kirchentour** (Abfahrt ab Touristeninformation Ende Juni bis Ende August Do 14 Uhr) und die **"Grüne Tour"** durch die grüne Umgebung der Stadt (Abfahrt von der Touristeninformation Ende Juni bis August Di 14 Uhr) ist im Preis enthalten. Die Touristenkarte bekommt man im obengenannten Service-Laden, in der Touristeninformation und an den meisten Kiosken für 45 DKK.

**Kutschfahrten** durch *Den Gamle By* (Mitte April bis Mitte Oktober) oder ab *Tivoli Friheden* (Mitte Juni bis Anfang August) sind unter Telefonnummer 86 24 15 47 zu buchen.

Wer einmal so richtig dänisch Kaffee und Kuchen genießen möchte, kann sich in Århus von Dänen einladen lassen. **"Meet the Danes"** heißt das Programm, das die Touristeninformation vermittelt.

## Übernachten

▸ **Vandrerhjemmet Pavillonen**, Marienlundsvej 10, 8240 Risskov (Stadtteil), Tel. 86 16 72 98, Jugendherberge, herrlich mitten im Wald gelegen und nur wenige Minuten bis hinunter zum Strand; trotzdem mit dem Bus nicht weit bis ins Zentrum (vom Zentrum mit den Buslinien 1, 6, 8, 9 und 16 bis Haltestelle Marienlund); Rezeption täglich von 12 bis 16 Uhr geschlossen; Haus ist geschlossen vom 20.12. bis 20.1.

▸ **Århus City-Sleep-In**, Havnegade 20, Tel. 86 19 20 55, günstig und mit dem eigenen Schlafsack läßt es sich im Sleep-In, zentral am Hafen gelegen, übernachten. Es wird vom Kulturgyngen betrieben; Rezeption rund um die Uhr besetzt; geöffnet nur vom 20.6. bis 15.10.

▸ **Eriksens Hotel**, Banegårdsgade 6-8, Tel. 86 13 62 96, ist das preisgünstigste Hotel der Stadt, trotzdem nicht schlecht und nahe dem Musikhuset gut gelegen. EZ 295 DKK, DZ 400 DKK, mit Frühstück.

▸ **Hotel Windsor**, Skolebakken 17, Tel. 86 12 23 00, auch preisgünstig und darüber hinaus zentral gelegen. Das Haus wurde 1994 renoviert, hat darum einen zeitgemäßen Standard. DZ 540 DKK, mit Frühstück.

▸ **Hotel Royal**, Store Torv 4, Tel. 86 12 00 11, wer Luxus liebt, kann natürlich auch im ältesten Hotel der Stadt absteigen: EZ 995 DKK, DZ 1.225 DKK, mit Frühstück.

In der näheren Umgebung der Stadt gibt es mehrere Campingplätze.

Schön am Strand gelegen sind:

▸ **Blommehaven Århus Camping \*\*\***, Ørneredevej 35, 8270 Højbjerg, Tel. 86 27 02 07, nur gut 3 km südlich vom Zentrum, umgeben von den Marselisborg-Wäldern und direkt am Sandstrand. Kapazität für 1.100 Personen; 6 Hütten; geöffnet von April bis Mitte September. Buslinien 19 und 6.

▸ **Ajstrup Strand Camping \*\*\***, Ajstrup Strandvej 81, 8340 Malling, Tel. 86 93 35 55, liegt direkt an einem Badestrand ca. 15 km vor Århus; Hauptstraße 451 in Richtung Odder neh-

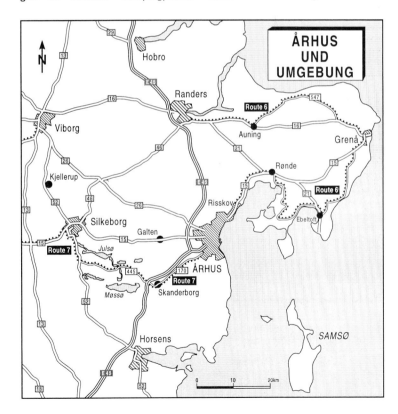

men, dann nach Ajstrup Strand abbiegen; Alternative ist Buslinie 102; recht große Anlage für bis zu 1.700 Personen, darum auch ziemlich laut; 8 Hütten, auch Einkaufsmöglichkeit; geöffnet 31.3. bis 11.9.
▶ **Camping Århus Nord \*\*\***, Randersvej 400, Lisbjerg, Tel. 86 23 11 33, recht naturnah, etwa 9 km vom Zentrum, Buslinien 117 und 118. 200 Plätze, darüber hinaus 29 Hütten in verschiedenen Größen; an der Straße nach Randers gelegen, darum unter Umständen recht laut; ganzjährig geöffnet.
▶ **Stautrup Camping \***, Ormslevvej 295, 8260 Viby J, Stautrup, Tel. 86 28 33 40, gute Lage mit Blick auf ganz Århus nahe dem Brabrand-See; Skanderborgvej in Richtung Viby fahren und nach Ormslev abbiegen; Alternative ist Buslinie 55; ganzjährig geöffnet.

## Essen und Trinken

In der Innenstadt gibt es einige Restaurants und Cafés, in denen man auch Kleinigkeiten essen kann. Besonders in der Skolegade hinter dem Dom befinden sich mehrere meist internationale Restaurants: besonders empfehlenswert ist das mexikanische Restaurant *Rosita's Cantina*, Skolegade 21. Dänische Küche bieten *Raadhuus Kafeen* in der Sønder Allé 3 und *Guldhornet* am Banegårdspladsen 10. Fischrestaurants befinden sich im *Hotel la Tour*, Randersvej 139, und im *Fiskekælderen*, Skolebakken 17.

Preisgünstigere und vor allem auch vegetarische Vollwertgerichte gibt es im *Husets Restaurant*, Vester Allé 15, und im *Kulturgyngen*, Mejlgade 53.

Viele Cafés laden zum Verweilen, aber auch zum kleinen Imbiß ein. Besonders im Latinerkvarter gibt es zahlreiche nette Cafés: *Café Englen*,

Studsgade 3, *Café Kindrødt*, Studsgade 8, *Café Jorden*, Badstuegade 3 A (hier kann man im Sommer bei gutem Wetter draußen sitzen und das Leben auf den Straßen beobachten); *Café Paradis* in der Paradisgade hat am längsten geöffnet, täglich bis 5 Uhr, Freitag und Samstag bis 6 Uhr. Am Klostertorv 7 lockt in *Café Smagløs* im Sommer auch ein Atriumgarten.

Tagsüber kann bei *Linda's Cookies* (Immervad und Banegårdspladsen) alles vom kleinen Snack bis zu köstlichen, frischen amerikanischen Cookies probiert werden.

Für Süßmäuler sei weiter der Eiswaffelladen *Vaffeljernet* in der Skt. Clemens Stræde oder Ryesgade empfohlen - hier werden die Eiswaffeln ständig frisch gebacken, und so kuriose Eissorten wie Lakritz bieten ganz neue Geschmackserlebnisse.

In die herrlich altmodische Konditorei *Emmery Eftf. Hougård Frandsen Conditori* in der Guldsmedgade, Ecke Klostergade lassen sich nicht nur Großmütter zu Kaffee und Torte ausführen.

## Selbstversorger

Supermärkte gibt es einige in der Innenstadt: *Føtex* in der Guldsmedgade und Frederiks Allé haben ein gutes und preisgünstiges Angebot, ebenso *SuperBrugsen* in der Søndergade 74, Ecke Sønder Allé. Und für Lebensmittel sei nochmal auf die M.P. Bruunsgade (→ Einkaufen) hingewiesen. Für Autofahrer könnten auch die großen Einkaufszenten außerhalb interessant sein. Hier gibt es neben vielen anderen Geschäften auch große Supermärkte: *City Vest*, vom Zentrum in Richtung Silkeborg, *Bilka*, Agerøvej 7, Mundelstrup (in Richtung Silkeborg) und *Storcenter Nord*, Finlandsgade 17.

## Einkaufen

Wie in jeder dänischen Stadt läßt sich in den Fußgängerzonen, hier Søndergade und die parallel verlaufende Frederiksgade, so gut wie alles einkaufen. Auch finden sich in diesem Bereich die größeren Kaufhäuser: das traditionsreiche *Magasin du Nord* am Immervad und *Salling* in der Søndergade. Doch auch in der Guldsmedgade, nördlich von Magasin, gibt es viele Geschäfte; ebenso im Gebiet südlich des Bahnhofs um die M.P. Bruuns Gade kommen besonders Freunde von frischen Lebensmitteln auf ihre Kosten: Vom Bäcker bis zum Fleischer gibt es hier alles.

Alternativer und phantasievoller ist das Angebot im Latinerkvarter. Boutiquen, Buchantiquariate, Schallplatten, Handarbeiten, Wolle, Schmuck - diverse kleine Läden laden zum Stöbern ein.

Keramik und Glas findet man mehrfach in der Straße Møllestien.

## Banken

Die regulären Öffnungszeiten der Banken sind Montag bis Freitag von 9.30 bis 16 Uhr, Donnerstag von 9.30 bis 18 Uhr.

## Post

Das Hauptpostamt liegt am Banegårdspladsen. Es hat Montag bis Freitag zwischen 9 und 17.30 Uhr, Samstag von 9 bis 12 Uhr geöffnet.

## Nachtleben

Auch wenn Århus manchmal nachts wie ein verschlafenes Provinzstädtchen wirken mag, so ist kulturell doch hier so viel los, daß man fast mit der Hauptstadt mithalten kann.

### Musikclubs

Viele kleine Musikclubs präsentieren fast täglich gute Live-Musik. Im *Fatter Eskil* in der Skolegade 25 gibt es Blues-Musik vom Feinsten, Jazzfreunde können sich in der ältesten Jazzbar Dänemarks, *Jazzbar Bent J.*, Nørre Allé 66, treffen. In vielen anderen Kneipen gibt es oft Live-Musik (z. B. *Vores Sted*, Nørré Allé 26). Auch etwas bekanntere Gruppen, teils internationale aus der Blues-, Country- oder Rockszene kommen ins *Huset*, Vester Allé 15, *Musikcaféen* im Kulturgyngen, Mejlgade 53 oder auch in die Vestergade 58. Am besten informiert man sich über das Konzertangebot in der monatlich erscheinenden Programmzeitung *GAFFA* (gratis) oder auch in der Tageszeitung. Für größere Veranstaltungen gibt es die Eintrittskarten bei der Vorverkaufsstelle *Århus Billetbureau,* Studsgade 44, Tel. 86 13 05 44.

### Discos

Tanzen kann man im *Blitz*, das auf drei Etagen vom Konzertsaal bis zur Disco einiges bietet. Auch im *Café Eifel* am Store Torv 11 ist Disco, manchmal Live-Musik, angesagt. Am Store Torv 4 läßt sich in der *Royal Casino Bar* nicht nur viel Geld verdienen oder verlieren, sondern auch anschließend Freude oder Frust in der Nachtbar bei Tanz und Unterhaltung verkraften. Nicht weit von dort gibt es *Sams Bar*, Klostergade 28, wo sich jeder Hobby-Sänger im Karaoke versuchen kann. Eine Adresse für Lesben und Schwule ist der *Pan Club* (Café, Bar, Disco) in der Jægergårdsgade 42.

### Klassische Konzerte

Auch Freunde klassischer Musik müssen in Århus nicht zu kurz kommen: Im **Musikhuset**, Thomas Jensens Allé, werden zahlreiche gute Tanz-, Opernvorstellungen und Konzerte angeboten (Kartenbestellung von 11 bis 21 Uhr unter Telefonnummer 89 31 82 10. Informationen zum Programm per Anrufbeantworter unter 89 31 82 13).

### Theater

Die große Bühne von Århus ist das **Århus Teater** am Bispetorv. Hier werden pro Saison mehrere Inszenierungen und Gastspiele geboten. Karten sind telefonisch unter der Nummer 86 12 26 22 zu reservieren.

Es gibt aber auch eine sehr lebendige alternative Theaterszene. Als Auswahl sei hier zuerst das **Kulturgyngen** in der Mejlgade 53, Tel. 86 19 22 55, genannt (aufmerksame Leser haben inzwischen gemerkt, daß hier einfach "alles" stattfindet - wirklich ein lebendiges Kultur- und Aktivitätszentrum in alten Fabrikgebäuden). Fast nebenan agiert die **Auktionsscenen Gruppe 38** in der Mejlgade 45, die auch Vorführungen für Jugendliche und Kinder bietet (telefonische Voranmeldung unter Nummer 86 13 53 11).

Zu den weiteren Bühnen gehören **Svalegangen** in der Rosenkrantzgade 21 (Experimentalstücke, Kabarett, Tel. 86 13 88 66), **Teaterhuset Trianglen** in der Rosensgade 11 (Gastspiele Tel. 86 19 01 89) und für Kinder das **Kindertheater Filuren**, Vestergade 3 (Tel. 86 31 82 50), das **Puppentheater Guldlok**, Willemøsgade 2 (Tel. 86 10 47 77).

### Kino

Natürlich kann man auch in Århus all die gängigen aktuellen amerikanischen oder dänischen Produktionen sehen. Im **Folketeatret**, Jægergårdsgade 68 (südlich vom Bahnhof), **Biografen**, Sct. Knuds Torv 1 (Innenstadt), und **Palads**, Tordenskjoldsgade 21 (nördlich).

Besonders zu empfehlen ist aber das Programmkino **Øst for Paradis**, Paradisgade 7, in dem viele europäische Filme, auch ältere und Klassiker, gezeigt werden. Mittwochs ist in Århus der sogenannte *billigdag*, an dem der Kinospaß nicht ganz so teuer wird.

## Freizeit und Sport

Århus bietet dank seiner Lage im Grünen zahlreiche Möglichkeiten für Freizeitaktivitäten.

Im *Risskover Wald* und von der Festwiese *Tangkrogen* in den Marselisborger Wald sind für Jogging Wege markiert.

An der Küste nördlich und südlich von Århus gibt es gute Surfmöglichkeiten.

Außer dem *Schwimmstadion Århus*, Ingerslevs Boulevard 3, Tel. 86 12 86 44, bietet es sich im Sommer geradezu an, im Meer zu baden. Nördlich der Stadt am Risskov: *Den Permanente,* eine alte Strandanlage, wo es auch getrennte Abteilungen für Frauen und Männer gibt, und der Sandstrand *Bellevue*. Südlich der Stadt beim Marselisborger Wald: *Ballehage* und *Moesgård-Strand*. Die Einrichtungen an diesen Stränden, abgesehen von Kiosken, sind eher spartanisch.

Für Eisläufer gibt es das Eisstadion *Århus Skøjtehal,* Gøteborg Allé 9, 8200 Århus N, Tel. 86 16 50 77.

Auch für Freunde des Golfsports hat die Stadt etwas zu bieten: *Robin Hood Golf Center*, Oddervej 176, 8270 Højbjerg, Tel. 86 27 47 44.

## Feste

Das bekannteste Fest in Århus ist unumstritten die **Århus Festuge** (Festwoche). Eine Woche lang, Anfang September (1996 zum 32. Mal), steht Århus Kopf. Eine Vielzahl von Konzerten aller Stilrichtungen, Theater, Tanz,

Ausstellungen, Lesungen, Märkte und Sport dürfte für jeden Geschmack etwas bieten. Von der Opernaufführung bis zum Bierzelt auf der Straße - der Vielfalt sind keine Grenzen gesetzt. Die Festwoche findet nicht nur in den veschiedenen Konzerthallen statt, sondern hat sich auch zum regelrechten Straßenfest entwickelt, mit kleinen Musikbühnen in der ganzen Innenstadt. In den letzten Jahren hat es darum viel Kritik und Streit gegeben, da zu viele trinkende Festbesucher in den Straßen jedes Jahr ein wahres Meer von Flaschen und Scherben hinterlassen und die verkaterte Stadt am letzten Sonntag der Festwoche regelmäßig einer Müllhalde gleicht. Doch ein Besuch der Festwoche lohnt sich auf jeden Fall. Ein ausführliches Programm mit allen Veranstaltungen gibt es einen Monat vorher.

Weitere jährlich wiederkehrende Festivals machen Århus zu einer kulturell durchaus interessanten Stadt. Wagnerfreunde können im August bzw. September das **Wagner-Festival** der Jyske Opera und des Sinfonieorchesters Århus besuchen.

Mit der **Århus Sommeropera** bietet das Helsingør Theater in *Den Gamle By* Anfang September einen fast intimen Kulturgenuß (das Theater hat nur 235 Plätze).

Jazzfreunde kommen Mitte Juli zum **Århus Jazz Festival** in die Stadt, um internationalen und dänischen Künstlern an verschiedenen Orten (Halle und Straße) zuzuhören. Das **Århus Open Air** bietet Mitte Juni mit etwa fünf bis sechs Rockbands auf der Festwiese *Tangkrogen* einen kleinen Vorgeschmack auf das *Roskilde Festival*, kommt mit jenem aber natürlich nicht mit.

Das **Wikingertreffen**, das am letzten Juliwochenende stattfindet, versetzt den Strand bei Moesgård mit einem Wikingermarkt, Vorführungen zum Waffengebrauch, Segeln in Wikingerschiffen, Reiten und vielem anderen zurück in die Zeit der Vorfahren. In *Den Gamle By* finden mehrere Veranstaltungen statt, z. B. zu Pfingsten der **Herkules-Wettkampf** der "stärksten Männer".

Sportbegeisterte können Anfang Juli bei den **Århus Games,** den internationalen Leichtatlethikwettkämpfen, im Århus Stadion zuschauen oder Anfang Oktober selbst am **Århus Marathon** oder dem **Marselislauf** (Anfang September) teilnehmen.

## Leihfahrzeuge

*Avis,* Jens Baggesensvej 88 C, Tel. 86 16 10 99 (Autos)
*Europcar/ Østergård Biler,* Sønder Allé 35, Tel. 86 12 35 00 (Autos)
*Cykel-Klubben,* Klosterport 1-3, Tel. 86 18 00 14 oder 86 18 02 00, verleiht Mountainbikes, die bei der bergigen Lage von Århus nicht ganz unangebracht sind. Preis pro Tag ab 70 DKK, pro Woche ab 350 DKK.
*Asmussens Cykler,* gegenüber der Rutebilstation, vermietet Fahrräder.

## Nützliche Adressen und Telefonnummern

*Notruf:* 112
*Polizei und Fundbüro:* Polizeidirektion Århus, Ridderstræde 1, Tel. 86 13 30 00.
*Rettungs- und Pannendienst Falck:* Tel. 86 15 22 22
*Ärztlicher Bereitschaftsdienst*: Tel. 86 19 77 07 von 16 bis 8 Uhr und an Wochenenden.
*Zahnärztlicher Bereitschaftsdienst:* Tel. 86 15 73 11 Samstag 20 bis 21 Uhr, Sonntag auch 9 bis 10 Uhr.
*Krankenhäuser:* Unfallstationen von Århus Kommunehospital und von Århus Amtssygehus sind Tag und Nacht aufnahmebereit.
*Apotheke:* Løve Apoteket, Store Torv 5, Tel. 86 12 00 22, ständig geöffnet.

## Öffentlicher Verkehr

### Lokale Verbindungen

**Bus:** Mit der *24-Stunden-Touristen-karte* kann man unbegrenzt alle Busse in der Stadt benutzen. Die Karte kostet 45 DKK.

Wenn man länger in der Stadt bleibt, kann sich die *Rabattkarte (Klippekort)* lohnen, die elf Einzelfahrten enthält.

Die Touristenkarte und die Rabattkarten sind in den Kiosken der Stadt und im Service-Laden der *Århus Sporveje,* Banegårdspladsen 20, zu kaufen. Einzelfahrscheine kauft man am Automaten im Bus. Übrigens steigt man in Århuser Bussen hinten ein und vorne aus!

**Taxi:** Zwei Taxizentralen sind unter der Rufnummer 86 15 11 00 und 86 16 47 00 zu erreichen. Am Bahnhof gibt es einen Taxistand.

### Überregionale Verbindungen

**Bahn:** Mit dem Zug kommt man vom Bahnhof, Banegårdsgade, per *IC* stündlich nach Kopenhagen, Ålborg und Odense. Auskünfte über Zugverbindungen bei der *DSB*, Tel. 86 18 17 78.

**Bus:** Busse der Linie 888 fahren von der Busstation (*Rutebilstation*), Ecke Fredens Gade und Sønder Allé, in 4,5 Stunden zwei- bis viermal am Tag nach Kopenhagen und nehmen auch Fahrräder mit (Informationen über Abfahrtszeiten und Platzreservierung unter Tel. 86 78 48 88). Die Busse sind etwas preisgünstiger als die Bahn.

Regionale Busse fahren zudem in alle Richtungen. Nach Ebeltoft und Grenå Randers in Djursland; nach Viborg und im Süden nach Skanderborg, Ry und Horsens. Diese Linienbusse verkehren meist stündlich, an Wochenenden jedoch seltener.

**Flug:** Vom Flughafen *Tirstrup* kann man mit der *SAS* mehrmals täglich in 35 Minuten nach Kopenhagen fliegen (Tel. 86 13 12 88). Nach Deutschland muß man über den Flughafen Billund fliegen, um von dort nach Frankfurt zu kommen (zweimal täglich, *Maersk Air,* Flughafen Billund, Tel. 75 33 22 44). *Sun-Air* bietet Flüge von Århus nach Billund an (Tel. 86 36 30 60), ansonsten verkehren Busse von Århus nach Billund.

**Schiff:** Mit der Fähre oder dem Katamaran kann man in etwa 1,5 bis drei Stunden von Århus nach Kalundborg auf Seeland kommen: Århus-Kalundborg (Überfahrtdauer 3 Stunden und 10 Minuten, einfache Fahrt Preis pro Person 75 DKK und für einen Pkw mit Fahrer 385 DKK; Reservierung unter Telefonnummer 33 14 88 80 oder 86 18 17 88).

Da sich auf dieser und der benachbarten Strecke von Ebeltoft nach Sjællands Odde (Überfahrtdauer 1,5 Stunden, einfache Fahrt pro Person 82 DKK und Pkw mit Insassen 310 DKK; Tel. 89 52 52 52) ein regelrechter Preiskampf entwickelt hat, gibt es mehrere Anbieter, die auch Tages- oder Wochenendtouren von Århus nach Kopenhagen im Programm haben.

## Route 7
## Mitteljütland:
## Skanderborg - Ry - Silkeborg - Herning - Viborg
## (ca. 125 km)

Immer noch ist Dänemark vor allem wegen seiner Küsten bekannt und beliebt, der Strand die Attraktion. Doch wer nur wegen Dünen und Sand hierher kommt, verpaßt eine der schönsten Gegenden Dänemarks, die im Landesinneren liegt. Das "*midtjyske Søhøjland*", das mitteljütische Seenhochland nämlich ist mit seinen unzähligen großen und kleinen Seen, seinen Bächen (von Flüssen zu reden, wäre doch etwas übertrieben) und Wäldern eine herrliche Landschaft. Hügel und Täler, Wälder und Seen bestimmen das Bild in den Kommunen *Skanderborg, Ry, Silke-*

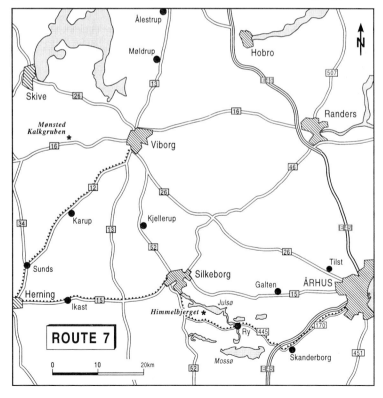

*borg, Them, Gjern* und *Brædstrup*
und sind deshalb auch ein beliebtes
Freizeitgebiet, wo man gut wandern,
Rad- oder Kanufahren kann.

Der geographische Mittelpunkt ist
die Stadt *Silkeborg*. Sie ist auch der
Höhepunkt dieser Route, die vom
"Tor" der Seenhochlandschaft, *Skanderborg*, durch diese hindurch und
vorbei an ihren geologischen Höhe-
punkten (der höchste Berg erhebt
sich immerhin 173 m über dem Meeresspiegel) in die jütische Heidelandschaft zwischen *Herning* und *Viborg*
führt.

━► Von *Århus*, Endpunkt der Route
6, sind es etwa 30 km über die Landstraße 170 in Richtung Südwesten,
wo Route 7 mit der folgenden Stadt
beginnt:

## Skanderborg

19.000 Einwohner

Auf der einen Seite wirkt *Skanderborg*
heutzutage fast wie ein Vorort von Århus, denn dorthin ist es - ob per S-
Bahn oder Auto - nicht weit. Unzählige Pendler fahren täglich auf dieser
Strecke. Die lokalen Tourismusex-
perten sehen Skanderborg wegen
seiner östlichen Lage aber viel lieber
als "Eingangstor zur mitteljütischen
Seenhochlandschaft", und die Stadt
selbst liegt tatsächlich auch am nach
ihr benannten *Skanderborg Sø*, wo
schöne Bootstouren (Bootsverleiher,
Adelgade 105) und Angeln vom Boot
aus möglich sind. Auch Spaziergänge am Ufer entlang sind reizvoll.

In seinen Anfängen hieß das Dorf
*Skanderup*. Es entstand um **Skanderborg Slot**, das im Mittelalter oft
königliche Residenz war. Doch von
der alten Herrlichkeit ist nur noch die

**Kirche** als einstiger Teil des Schlosses erhalten. Sie wurde wie die übrigen Gebäude, die im vergangenen
Jahrhundert   abgerissen   wurden,
1572 von *Frederik II.* erbaut.

Aus den Zeiten Valdemars (12.
Jahrhundert), über die von ihm geführten Schlachten und Kriege, be-
richten auch die Kalkmalereien in der
alten **Skanderup Kirche** in der Nähe
des Bahnhofs. Sie war einmal die
Stadtkirche, ehe die Schloßkirche
dazu erklärt wurde.

Weiteres über Stadt und Region
erfährt man im **Egnsmuseum, Skanderborg Museum,** Adelgade 5, das
aber nicht viel mehr präsentiert als
vergleichbare           Heimatmuseen.
Hübsch ist aber der kleine Kaufmannsladen, in dem man wie zu
"Omas Zeiten" einkaufen kann (geöffnet von Juni bis August Di - So 10 -
16 Uhr, sonst Di - Fr 14 - 16 Uhr und
Sa und So 13 - 16 Uhr. Eintritt frei).

## Touristeninformation

Adelgade 105, 8660 Skanderborg,
Tel. 86 52 21 36, geöffnet von Mitte
Juni bis Ende August Mo - Fr 9.30 -
17.30 Uhr, Sa 9 - 17 Uhr; September
bis Mitte Juni Mo - Fr 9 - 16 Uhr und
Sa 10 - 13 Uhr.

━► Verläßt man auf Route 7 *Skanderborg* nach Nordwesten über die
Hauptstraße 445, sind es knapp
15 km bis:

## Ry

Wenn Skanderborg das "Tor" zur
mitteljütischen  Seenhochlandschaft
ist, so ist *Ry* ihr "Herz". Denn es ist fast
genau der Mittelpunkt einer der
schönsten Landschaften Dänemarks,

umgeben von Wäldern, Seen und Hügeln. Und durch alles windet sich Dänemarks längster Fluß, die *Gudenå*, die in der Nähe des Ortes Tørring entspringt und bei Randers in den Fjord bzw. Kattegat mündet.

Manch Wissenswertes vom Leben an diesem Wasserlauf erzählt das **Gudenå - Museum**, das allerdings nicht hier in Ry, sondern im **Vissingkloster**, ca. 5 km südlich von *Gammel Rye* an der *Salten Å* liegt. Es beherbergt eine der umfangreichsten Sammlungen zur Steinzeitkultur Dänemarks. Der Mittellauf der Gudenå war schon früh dicht besiedelt, und es gelang Archäologen, rund 30.000 Geräte von den Jäger- und Fischersippen, die hier vor 8.000 Jahren lebten, zu finden. Seitdem spricht man auch von der sogenannten "Gudenåkultur" (Museum geöffnet von Juni bis August außer Mo täglich 9.30 - 11.30 Uhr und 14 - 16 Uhr).

Ry selbst ist ein zwar kleines, aber lebendiges Provinzstädtchen. Im Stadtkern um den Bahnhof liegen nette Geschäfte, Hotels und eine Volkshochschule. Alles in allem ist es eine echte dänische "Idylle".

## Touristeninformation

Klostervej 3, 8680 Ry, Tel. 86 89 34 22, geöffnet von Mitte Juni bis August Mo - Fr 9 - 17 Uhr, Sa 8 - 16 Uhr; im Juli auch So 10 - 12 Uhr; sonst Mo - Fr 9 - 16 Uhr, Sa 9 - 12 Uhr.

## Übernachten

▸ **Vandrerhjem "Knudhule"**, Randersvej 88, Tel. 86 89 14 07, geöffnet für Einzelreisende von Ende März bis Ende September.
▸ **Hotel Julsø**, Julsøvej 14, Tel. 86 89 80 40, eines der kleinsten Hotels am Ort, dafür einmalig am See gelegen.

▸ **Holmens Camping \*\*\***, Klostervej 148, Tel. 86 89 17 62, etwa 2 km von Ry entfernt, liegt unmittelbar am Wasser, gut 200 Plätze, auch 11 Hütten; hervorragend fürs Angeln und Kanufahren; geöffnet von April bis September.

## Freizeit und Sport

Wer nicht nur wandern will, kann Fahrräder ausleihen (z. B. beim *Ry Cykelservice* am Skanderborgvej 19), Kanus, Ruder- oder Motorboote mieten (direkt an der Gudenå im Zentrum), angeln, Minigolf oder Tennis spielen.

Eine Adresse für Kanuferien auf der Gudenå ist *Ry Kanofart*, Kyhnsvej 20, Tel. 86 89 11 67. An jedem Donnerstag findet zudem eine Kanutour mit Führung zum Øm Klostermuseum (→ Øm Kloster) statt (Abfahrt 10 Uhr, Rückkehr gegen 15.30 Uhr). Die Kosten betragen 150 DKK; das Touristenbüro vermittelt die Fahrt. Gleichfalls dort anmelden muß man sich für die Wanderung zum Himmelbjerg, ebenfalls mit Führung, die jeden Dienstag von 10 bis 16 Uhr angeboten wird (Kosten: 125 DKK).

*Ry Turistbåde* (Ausflugsboote) fahren außerdem zum Himmelbjerg (Fahrtdauer 40 Minuten).

Alle Seen (Mossø, Ry Møllesø, Gudensø, Birksø, Knudsø und Julsø) bieten sauberes Badewasser.

## Öffentlicher Verkehr

**Bus:** Vom Marktplatz im Zentrum von Ry Verbindungen nach Silkeborg, Skanderborg und Århus.
**Bahn:** Regionalzüge vom Bahnhof im Zentrum in Richtung Herning und Skanderborg und Århus in der Regel stündlich.

Auf dem Himmelbjerg

September täglich 10 - 17 Uhr. Eintritt 10/5 DKK).

## ♦ Øm Kloster

In Emborg, auf einer Landzunge zwischen Mossø und Gundensø (4 km von *Gammel Rye*), erinnern am Munkevej 2 die Ruinen des großen *Øm Kloster* an das abgeschiedene Leben, das Zisterzienser ab 1172 hier führten. Fast 400 Jahre blieben sie - in der Blütezeit lebten wahrscheinlich 200 Menschen hier -, ehe das Kloster 1560 geschlossen wurde, obwohl es die Reformation überstanden hatte. Schon ein Jahr nach dem Verlassen begann auf Befehl König *Frederiks II.* der Abriß des großen Bauwerks: Er benötigte das Baumaterial für das neue Schloß Skanderborg. In unserem Jahrhundert haben Ausgrabungen einen vollständigen Grundriß des Klosters mit Spital freigelegt; außerdem wurde der Friedhof der Abtei gefunden. Die Knochenfunde sind heute von medizinisch-historischem Interesse. Auf dem alten Gelände des Klosters befindet sich jetzt das **Klosterhistorische Museum** mit einem Ruinenpark, Sammlungen und einem Garten, in dem 60 Arten von Kulturpflanzen gezogen werden - ein Querschnitt dessen, was in mittelalterlichen dänischen Klostergärten zu finden war (geöffnet im April außer Mo täglich 9 - 17 Uhr; von Mai bis August 9 - 18 Uhr; im September 9 - 17 Uhr und im Oktober 9 - 16 Uhr. Eintritt 20/10 DKK).

## Gammel Rye

Weiter auf der Hauptstraße 445 liegt westlich von Ry ein wahres Kleinod. Die einst große Handelsstadt ist heute mit ihren alten Höfen, der *Sct. Sørens Kirke* und der gleichnamigen Quelle von der Zeit überholt worden. Höhepunkt der Ortsgeschichte: In *Gammel Rye* wurde 1534 *Christian III.* zum König gewählt.

In einer alten Mühle aus dem Jahr 1872, unterhalb des alten "Galgenhügels", ist das **Gamle Rye Mølle- og Træskomuseum**, Møllestien 5, untergebracht. Wesentlich interessanter als die lokalgeschichtlichen Ausstellungen ist das separate Holzschuhmuseum. Vor 200 Jahren war jeder zweite Mann in dieser Gegend Holzschuhmacher. Nicht weniger als 186.000 Paar wurden jährlich gefertigt und verkauft (geöffnet von Mai bis

→► Weiter auf Route 7 kommt man unmittelbar hinter *Gammel Rye* über die Straße 461 zu einem nationalen Naturdenkmal: Der **Himmelbjerg** am Südufer des *Julsø* wurde mit seinen 147 m lange Zeit als der höchste "Berg" Dänemarks angesehen, bis genauere Messungen das Gegenteil bewiesen und dem 171 m hohen *Ejer Bavnehøj*, südlich von Skanderborg, diese Auszeichnung verliehen. Wahrscheinlich ist sogar der *Møllehøj* in der Nähe noch einmal fünf Zentimeter höher; *Yding Skovhøj* mißt sogar 172,5 m, allerdings mit einem "künstlichen" Hügelgrab auf seiner Kuppe.

"Bergsteigen" kann man weder auf dem einen noch auf den anderen, doch der Ausblick hier vom Himmelbjerg reicht bis nach Silkeborg, Laven und Ry, bei guter Sicht sogar bis Århus. Ersteigt man die 64 Treppenstufen auf den 25 m hohen **Himmelbjergsturm** (Eintritt 3 DKK) wird es noch schöner.

Der Turm wurde 1874/75 zum Gedenken an *Steen Steensen Blicher* und den König erbaut. Im vorigen Jahrhundert war dieser Ort ein Anziehungspunkt für viele nationalgesonnene Dänen. Der jütische "Heidedichter" *Steen Steensen Blicher* (1782-1848) rief hier ab 1839 Volkstreffen ins Leben. Die Treffen trugen dazu bei, daß Dänemark am 5. Juni 1849 unblutig eine neue, demokratischere Verfassung erhielt.

**Tip:** Außer auf dem Weg über Gammel Rye ist der Himmelbjerg von Ry aus nach 7 km Wanderung durch den Ry Nørskov zu erreichen. Der Weg ist beschildert.

Ebenso fahren Ausflugsschiffe von Ry (vom ausgeschilderten Anleger drei- bis viermal täglich, Fahrtdauer 40 Minuten; Reservierung unter Tel. 85 89 16 70) oder Silkeborg ("Hjejlen", viermal täglich, Fahrtdauer 75 Minuten, Reservierung unter Tel. 86 822 07 66).

## Silkeborg

35.000 Einwohner

Ein königliches Schloß und eine bischöfliche Burg (beide nicht mehr erhalten), das waren neben einigen Bauernhöfen jahrhundertelang die einzigen menschlichen Ansiedlungen an diesem Ort. Kaum zu glauben, aber die schöne Stadt, die sich heute am Langsø erstreckt, ist gerade einmal 150 Jahre alt. Erst mit dem Papierfabrikanten *Michael Drewsen*, den die Wasserkraft des Flusses anzog, entstand ab 1846 die Stadt *Silkeborg*. Sie entwickelte sich aber schnell, bekam schon im Jahr 1900 die Stadtrechte. Die Papierfabrik ist noch heute ein wichtiger Arbeitgeber Silkeborgs; andere Industrien, Ausbildungsmöglichkeiten und Verwaltung sind jedoch inzwischen hinzugekommen. Ein nicht zu vernachlässigender Wirtschaftsfaktor sind ferner die Touristen, die vor allem im Sommer die Stadt besuchen.

Entsprechend seiner "Jugend" vermag Silkeborg nicht mit dem Charme eines mittelalterlichen Stadtbildes zu locken, seine Anlage wirkt eher zweckmäßig und funktional - und ist dennoch attraktiv.

Im ältesten Gebäude der Stadt, dem 1767 erbauten **Hovedgaard**, unmittelbar am See im Hovedgårdsvej 7 gelegen, befindet sich das historisch ausgerichtete **Silkeborg Museum**. Es schmückt sich mit zwei naturkonservierten Besonderheiten: In der Umgebung von Silkeborg wurden in diesem Jahrhundert zwei gut erhaltene Moorleichen gefunden, die **Ellingepige**, das "Ellingemädchen", und der **Tollundmann**. Letzterer ist inzwischen weltberühmt, denn er ist der am besten erhaltene Mann aus dem Altertum. Original am ausgestellten "Tollundmann" sind allerdings nur noch der Kopf und ein Fuß, da nicht der ganze Körper konserviert wurde, nachdem man ihn 1950 gefunden und wissenschaftlich untersucht hatte. Wie der Mann, der vermutlich (als Menschenopfer?) erdrosselt wurde, gelebt haben könnte, zeigt eine angegliederte Ausstellung zur Eisenzeit in einem neuen Trakt des Museums. Über diese Funde hinaus befaßt sich das Museum mit alten Handwerken (geöffnet von Mai bis Oktober täglich 10 - 17 Uhr; von November bis April nur Mi, Sa, So 10 - 17 Uhr. Eintritt 20/5 DKK).

Die herausragende kulturelle Attraktion Silkeborgs ist das **Kunstmuseum**, das ein paar Minuten vom Zentrum entfernt in einem Park an der Gudenå liegt, Gudenåvej 7-9. Der Museumsbau, entworfen vom Architekten *Niels F. Truelsen*, wurde 1982 eingeweiht. Vier Atelierhäuser sind durch Gänge verbunden, so daß die ständige Sammlung und die wechselnden Ausstellungen ansprechend präsentiert werden können. Anfangs sammelte man überwiegend Zeichnungen und Drucke dänischer Künstler ab den vierziger Jahren unseres Jahrhunderts (heute sind im Bestand schon 300 Bilder und Skulpturen wie auch 6.000 graphische Arbeiten), darunter auch von *Per Kirkeby*. Seit 1992 gibt es aber auch eine Abteilung zu internationaler Kunst ab den Sechzigern.

Ein Höhepunkt im Museum sind **Asger Jorn's Samlinger**. *Asger Jorn* (1914-1973) ist einer der bekanntesten dänischen Künstler. Seine große Zeit war nach dem Krieg, als er der *COBRA*-Gruppe angehörte. Jorn schenkte dem Museum mehr als 5.000 Kunstwerke, eigene - darunter sein Hauptwerk "Stalingrad" -, aber auch Werke von 150 dänischen und ausländischen Künstlern. Zu ihnen gehören keine Geringeren als *Max Ernst, Hans Arp, Francis Picabia, Le Corbusier* und andere (Museum geöffnet von April bis Oktober außer Mo täglich 10 - 17 Uhr; November bis März Di - Fr 12 - 16 Uhr, Sa, So und an Feiertagen 10 - 16 Uhr. Eintritt 20/10 DKK).

Im Süden von Silkeborg liegt am Vejlsøvej 55 das neue, erst 1993 eröffnete **Aqua Ferskvands Akvarium og Museum**, ein Süßwasseraqua-

rium, wo in über einer Million Litern Wasser Fische, Otter und Enten in ihrem "natürlichen" Element zu sehen sind. Flora und Fauna sind durch große Panoramafenster gut zu beobachten, so daß ein Besuch tatsächlich Eindrücke verschafft, wie man sie in freier Natur nicht (oder oft leider nicht mehr) bekommen kann (geöffnet von Juni bis August täglich 10 - 18 Uhr; von September bis Mai außer Mo täglich 10 - 16 Uhr, sonn- und feiertags 10 - 17 Uhr. Eintritt 40/20 DKK).

## Touristeninformation

Godthåbsvej 4, 8600 Silkeborg, Tel. 86 82 19 11, geöffnet von Mitte Juni bis August Mo - Sa 9 - 17 Uhr, sonst Mo - Fr 9 - 16 Uhr, Sa 9 - 12 Uhr.

## Übernachten

▸ **Silkeborg Vandrerhjem "Åbo"**, Åhavevej 55, Tel. 86 82 36 42, geöffnet von März bis November.
▸ **Hotel Dania**, Torvet 5-7, Tel. 86 82 01 11, im Stadtzentrum am Marktplatz, ganzjährig geöffnet. EZ ab ca. 600 DKK, DZ ab 725 DKK.
▸ **Silkeborg Sø Camping \*\*\***, Århusvej 51, Tel. 86 82 28 24, liegt in einem Buchenwäldchen am Langsø, stadtnah; 3 Hütten; geöffnet von Mitte März bis Ende September.

## Freizeit und Sport

Das Seenhochland ist ein Eldorado für alle Arten von Sport, angefangen beim Radfahren, Schwimmen oder Wandern, allein oder mit Führung. Das Touristenbüro hält zahlreiche Broschüren mit ausgearbeiteten Tourenvorschlägen bereit, darunter auch eine zur Wanderung auf dem *Natursti*, dem Naturweg von Silkeborg über Them, Vrads und Byrup nach Horsens. Er folgt der alten Eisenbahnstrecke und ist auch für Radfahrer und Reiter offen. Wer sich ein Fahrrad leihen möchte, kann dies bei _Cykelkompagniet,_ Vestergade 18.

Kanus zur Fahrt auf der Gudenå sind bei mehreren Anbietern zu mieten, z. B. bei _Silkeborg Kanofart,_ Remstrupvej 41, oder bei _Silkeborg Kano-_ _center,_ Åhave Allé 7. Segler sollten sich an den _Silkeborg Sejlklub,_ Klubhus ved Hattenæs, wenden (Telefonnummer 86 84 62 87).

Wer in einem der vielen Seen oder im Fluß Gudenå angeln will, muß die Angelhaken im Touristenbüro kaufen.

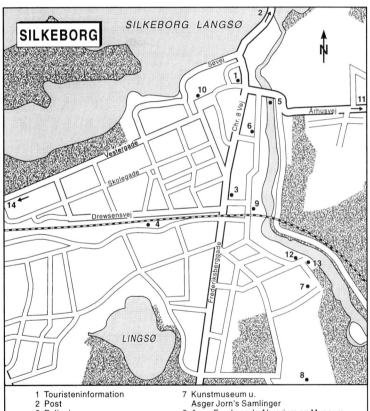

1 Touristeninformation
2 Post
3 Polizei
4 Bahnhof u.
  Busbahnhof
5 Hafen
6 Hovedgaard u.
  Silkeborg Museum
7 Kunstmuseum u.
  Asger Jorn's Samlinger
8 Aqua Ferskvands Akvarium og Museum
9 Silkeborg Vandrerhjem "Åbo"
10 Hotel Dania
11 Silkeborg Sø Camping
12 Silkeborg Kanofart
13 Silkeborg Kanocenter
14 Sikeborg Sejlklub

Zwischen Mai und September legen fahrplanmäßig Schiffe vom Hafen, Sjesvej 2, zu Touren über die Seen ab, darunter der alte, schon 1861 in Betrieb genommene Raddampfer "Hjejlen". Eine Fahrt zum Himmelbjerg kostet z. B. 70/40 DKK.

## Öffentlicher Verkehr

**Bahn:** Regionalzüge vom Bahnhof in Ortsmitte nach Skanderborg und Århus, dort weiter mit dem *IC*; Regionalzüge auch in Richtung Herning. Alle Verbindungen etwa stündlich.
**Bus:** Verbindung von der Bushaltestelle am Bahnhof nach Århus in der Regel jede Stunde, nach Ry und Skanderborg werktags sechsmal, an Wochenenden seltener.

## ◆ *Gjern und Umgebung*

Liebhaber von Oldtimer-Autos oder Technikfreaks sollten einen Ausflug nach **Gjern**, 15 km nordöstlich von Silkeborg, machen. Dort ist das **Jysk Automobil Museum**, das in einer umfassenden Ausstellung alte Automobile präsentiert. 135 Fahrzeuge, 65 Marken, sind zusammengetragen, vorrangig Pkw, aber auch Motorräder und Feuerwehrwagen (Museum geöffnet von Mai bis Mitte September täglich 10 - 18 Uhr; Mitte September bis Oktober Sa und So 10 - 17 Uhr; im April Sa, So und feiertags 10 - 17 Uhr. Eintritt 35/15 DKK).

Auf dem Weg dorthin wird es mitten in Jütland plötzlich exotisch. Nördlich des Ortes *Sminge* holt der Safaripark **Den Afrikanske Farm**, Sminge Møllevej 12, ein Stück Ferne nach Europa. Zebras, Antilopen und Affen in Jütland, was auch ein Erlebnis ist, aber vielleicht doch nicht ganz so landestypisch (geöffnet von Mai bis September täglich 10 - 17 Uhr; im

Juli täglich 10 - 19 Uhr. Eintritt 60/25 DKK).

Auch der neueste "Sport-Hit" ist hier zu finden: Das **Ferie- og Aktivitetscenter Søhøjlandet** hat neben dem subtropischen "Badeland" 1994 ein Skicenter eingerichtet, wo auf 7.500 km² Kunstfiberpiste das ganze Jahr über alpiner Skisport möglich ist. Die Adresse: Lille Amerika 10, Gjern, Tel. 86 87 51 00.

— ► Auf der Landstraße 15 geht es nun von *Silkeborg* direkt in den folgenden Ort:

## *Ikast*

13.500 Einwohner

*Ikast* ist heute eine echte Industriestadt. Zusammen mit dem benachbarten Herning ist es Zentrum der dänischen Textilindustrie: Hier werden Stoffe hergestellt und weiterverarbeitet zur nicht nur von Touristen gerne getragenen beliebten dänischen Kleidung. Entsprungen ist dies aus einer alten handwerklichen Tradition, denn in dieser Gegend wohnten die "Uldjyder", wie die Dänen zu sagen pflegten, die "Wolljüten". Das waren im letzten Jahrhundert die umherwandernden Männer, die die in mühevoller Heimarbeit von ihren Frauen selbst gestrickten Kleidungsstücke verkauften.

— ► Der Landstraße 15 nach Westen folgend, kommt ca. 2 km östlich vor *Herning* der Ort **Birk**, wo ein kurzer Aufenthalt zu empfehlen ist. Denn hier ist in der ehemaligen Hemdenfabrik *Angligården* am Silkeborgvej 2 im **Herning Kunstmuseum** eine umfangreiche Sammlung internationaler und dänischer Künstler (darunter *Jean Dewasne, Victor Vasarely, Robert Ja-*

*cobsen* oder *Richard Mortensen*) aus unserem Jahrhundert zu sehen. Im Innenhof ist der Keramikfries "Das Spiel der Phantasie und das Rad des Lebens" von Carl-Henning Pedersen bemerkenswert: Entstanden zwischen 1966 und 1968, ist das Kunstwerk 5 m hoch und 220 m lang.

Außerdem gibt es das **Carl-Henning Pedersen og Else Alfelts Museum**, das als Gebäude an sich (1976) schon sehenswert ist. Hier ist das Werk des Künstlerehepaars versammelt - insgesamt an die 4.000 Stücke -, das zur *COBRA*-Gruppe" gehörte (→ Bildende Kunst - damals und heute, hier: Kunst nach 1945; geöffnet von Mai bis Oktober Di - Fr; Ende Juni bis August auch Mo 12 - 17 Uhr, Sa und So 10 - 17 Uhr, sonst Di - So 12 - 17 Uhr. Eintritt für beide Museen 30/0 DKK).

# Herning

29.000 Einwohner

Einst eine abseits gelegene, etwas zurückgebliebene "Hauptstadt in der Heide" - so nannte man in ganz Dänemark *Herning* noch zu Anfang dieses Jahrhunderts - ist heute moderne Industriestadt und Zentrum der dänischen Textil- und Trikotagenherstellung. Daran, daß Herning erst 1913 überhaupt Stadtrechte erhielt, ist abzulesen, wie spät diese Entwicklung von einer traditionell armen zu einer finanzkräftigen "Hauptstadt der Wolle" eigentlich einsetzte.

Den Handwerkern, die diese Stofftradition begründeten, ist die Skulptur **Uldjyder** als Denkmal gesetzt; sie steht in der Vestre Anlæg. In diesen Tagen geht die Produktion natürlich maschinell vor sich - in nicht weniger als etwas 300 Textilfabriken hier und in der Region.

Wie mühevoll die Existenz früher war, zeigt das **Herning Museum**, Museumsgade 32. In 57 hübsch-detaillierten einzelnen Puppenstuben (auf dänisch heißen sie prägnanter *perspektivæsker* = Perspektivschachteln) wird "Årets gang på Jens Nielsens Bondegård" verfolgt. Dargestellt ist der Ablauf eines Jahres von der Frühlingssaat bis zur Vorbereitung des Weihnachtsfests auf dem "Bauernhof von Jens Niels". Neben diesen Präsentationen bietet das Museum, das es seit 1892 gibt und das eines der ersten dänischen volkskundlichen Museen ist, auch Ausstellungen im Freigelände (geöffnet ganzjährig Di bis Fr 10 - 17 Uhr, Sa und So 11 - 17 Uhr, im Juli zusätzlich Mo 10 - 17 Uhr. Führungen in Englisch. Eintritt 20/0 DKK).

Ein alter Herrenhof ist **Herningsholm**, Viborgvej 72 (ca. 2 km vom Bahnhof entfernt). Der Hof datiert aus dem Jahr 1579. Erbaut ist er auf einer großen doppelten Wallanlage. Von den ursprünglich drei Flügeln ist nur das Hauptgebäude mit schmucker Einrichtung und Wandgemälden stehengeblieben. Es ist umfassend restauriert worden und erfüllt nun die Aufgabe, an den "Heidedichter" *Steen Steensen Blicher* (1782-1848) zu erinnern. Das Blichermuseum erzählt wichtige Details aus Leben und Wirken des Dichters. Darüber hinaus gibt es eine Ausstellung zur Geschichte von Herningsholm. Wieder sind Puppenstuben, 46 an der Zahl, als Darstellungsform gewählt. Sie geben einen "Septemberdag på Jens Nielsens Bondegård", einen Septembertag auf Jens Nielsens Bauernhof wider (geöffnet von Anfang Juni bis Ende Oktober außer Mo täglich 12 - 16 Uhr. Eintritt 20/0 DKK).

## Touristeninformation

Bredgade 2, 7400 Herning, Tel. 97 12 44 22, geöffnet von Mitte Juni bis August Mo - Fr 9 - 17 Uhr, Sa 9 -

16 Uhr, sonst Mo - Fr 9 - 17 Uhr, Sa 9 - 12 Uhr.

## Freizeit und Sport

Auch in der Nähe von Herning läßt sich in naturnaher Umgebung baden, z. B. im Sunds Sø und im Søby Sø. Wie in der Karup Å und der Skjern Å kann man auch hier fischen.

## ♦ Søby

Søby liegt ca. 14 km südlich von Herning. Die Landschaft hier vermutet man überall, aber nicht in Dänemark: Eine "Mondlandschaft" - aber zum Glück nicht so ausgedehnt wie zum Beispiel die im Rheinland oder bei Leipzig. Sie ist durch den Abbau von Braunkohle entstanden und wird heute renaturiert. Erst ab 1940 wurde hier Braunkohle gewonnen, an anderen Orten allerdings auch schon während des Ersten Weltkriegs. Nur in solchen Zeiten des Mangels war Tagebau überhaupt von Interesse, denn eigentlich ist der Brennwert der dänischen Braunkohle recht gering. Dennoch ging der Abbau in Søby noch bis 1967 weiter, und die Narben werden noch lange in der Landschaft zu sehen sein. Das **Brunkulsmuseum** (Braunkohlemuseum) mitten in diesem Gebiet erläutert diesen Wirtschaftszweig.

—▸ Nun geht es auf Route 7 über die Straße 34 (später Straße 12) nach Nordosten, vorbei an *Karup* und dem Flughafen, und man fährt etwa 10 km vor Viborg durch die *Dollerup Bakker.* Ihre Form schufen die Gletscher und das Schmelzeis der Eiszeiten. Auf markierten Wanderwegen sind schöne Spaziergänge möglich.

Hier am **Hald Sø** liegt auch ein Ort, der sich gut als Ausgangspunkt für Touren in die waldige Umgebung eignet, der Herrenhof **Hald Hovedgaard**. Er liegt inmitten einer vielfältigen Landschaft: *Hald Egeskov*, ein Eichenwald im Norden, Heide im Nordwesten und immer wieder Akkerfläche. Wo der heutige Herrenhof steht, dessen Park sich einmalig zum See hinunter erstreckt, gab es schon vier Vorgänger, ehe um 1750 der Richter *Frederich Schinkel* ein neues, das jetzige Haus baute. Die nächsten 200 Jahre hatte der Komplex verschiedene Eigentümer, bis 1948 der Staat Hald Hovedgård übernahm und eine Zeitung als *Internationales Studentencenter* nutzte. Gegenwärtig ist das Hauptgebäude Rahmen für eine außergewöhnliche Verwaltungsform, die *Selvejede Institution Hald*. In eigener Regie werden auf Hald Seminare zu Literatur, bildender Kunst und berufliche Fortbildung durchgeführt; es ist lokales und manchmal auch überregionales Kunst- und Kulturzentrum geworden.

Jetzt ist es nicht mehr weit zum Endziel von Route 7:

# Viborg

30.000 Einwohner

*Viborg* ist die "Stadt der zwei Seen", des *Søndersø* und des *Nørresø*, beide nur getrennt durch *Randers Landevej,* die Landstraße 16, die von oder ins ca. 40 km entfernten Randers führt. Auf den ersten Blick scheint die Stadt modern, doch das täuscht: Allem Wissen nach ist Viborg die älteste Stadt Dänemarks! Gewachsen ist sie an einer erhöhten Stelle, wo die Vorfahren das *ting* abhielten, um neue Anführer zu wählen, aber auch den Göttern opferte. Aus *Gude-vi* (= Götter-vi) wurde über *Vi-bjerg* das heutige *Viborg*. In vorgeschichtlicher Zeit liefen hier bereits Handelswege zusammen. An dieser Stelle war auch der Ausgangspunkt der alten Handelsstraße *Heer-* oder *Ochsenweg* (*hærvejen*) der Pilger, Ochsentreiber und Reisenden von Jütland nach Schleswig und weiter.

Als das dänische Königtum vererbbar wurde, kam in Viborg schon ab dem Jahr 1027 und durch sechs Jahrhunderte hindurch die Ständeversammlung zusammen, um neuen Königen zu huldigen. Neben dem

Dom im Zentrum steht deshalb das **Kongehyldingsmonument**. Viborg wurde dann 1060 außerdem Bischofssitz und bekam bereits 1150 die Stadtrechte. Auch blieb es bis 1805 Sitz des "Regionalparlaments", des sogenannten *Landsting*. Eine rasante Entwicklung der Stadt, die noch bis in die Mitte des 17. Jahrhunderts hinein die größte in Jütland war. Doch die nächsten beiden Jahrhunderte waren ein fast unaufhaltsamer Niedergang mit zunehmender Bedeutungslosigkeit; folgerichtig ist

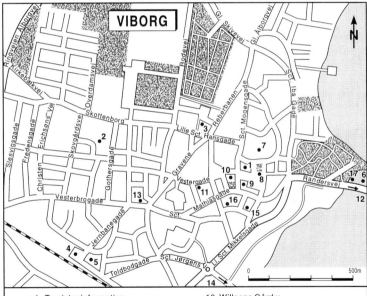

| | |
|---|---|
| 1 Touristeninformation | 10 Willsens Gård u. |
| 2 Post | Karnapgård |
| 3 Polizei | 11 Altes Rathaus u. |
| 4 Bahnhof | Stiftsmuseum |
| 5 Busbahnhof | 12 Viborg Vandrerhjem "Søndersø" u. |
| 6 Hafen | Viborg Camping |
| 7 Vestre Landsret | 13 Palads Hotel |
| 8 Dom Vor Frue u. | 14 Motel Viborg |
| Hans Tausens Minde | 15 Restaurant Brygger Bauers Grotte |
| 9 Skovgaard Museum | 16 Restaurant Messing Jens |
| | 17 Ausflugsschiff "Margrethe I" |

auch das alte Schloß, das Viborg im Mittelalter schmückte, abgerissen worden. In der jetzigen Grünanlage *Borgvold* am Nørresø, gleich an Randers Landevej, hat es gestanden. Aufgehalten wurde die negative Entwicklung Viborgs erst durch die Urbarmachung der umliegenden Heide und den Bau der Eisenbahn im letzten Jahrhundert. Das Gericht **Vestre Landsret**, das nah beim Dom liegt, ist in unseren Tagen neben anderer Verwaltung einer der wichtigen Pfeiler von Viborg.

Das schönste und bedeutendste Gebäude ist der **Dom Vor Frue**, die größte Kirche aus Granitquadern in Skandinavien. Die erste Kirche stand hier schon 1130, doch ist sie 1726 bei einem verheerenden Brand, der auch Teile der Stadt vernichtete, bis auf die Grundmauern zerstört worden. Der Baumeister *Claus Stallknecht* baute sie wieder im barocken Stil auf. Eineinhalb Jahrhunderte später wurde sie abermals einer gründlichen Renovierung unterzogen. Seitdem ist alles außer der Krypta neu, wenn sich auch das zweitürmige Gotteshaus in mittelalterlicher Romanik präsentiert. Die Kalkmalereien im Kircheninneren sind vom Künstler *Joakim Skovgaard* (1856-1933) ausgeführt. Dessen Werke - Skulpturen und Gemälde - zeigt auch das **Skovgaard Museum**, unmittelbar am Domplatz (Skt. Mogensgade 3). Darüber hinaus sind hier auch weitere Künstler aus seiner Familie und seinem Umfeld vertreten (geöffnet von Mai bis September täglich 10 - 12.30 Uhr und 13.30 - 17 Uhr; Oktober bis April nur 13.30 - 17 Uhr. Eintritt frei).

Fast vis à vis steht eine Erinnerung an die Reformation, **Hans Tausens Minde**. Einst stand an diesem Ort ein Kloster der Jesuiten, von dem lediglich ein Teil im benachbarten Hospital erhalten ist. Als der Reformator *Hans Tausen* die sogenannte "Verkündi-

Dom Vor Frue

*Roskilde Festival - das große musikalische Ereignis in jedem Jahr*

*Die Kulturmetropole Kopenhagen:*
*Die berühmte "Kleine Meerjungfrau" an der Langelinie*

oben: Das gläserne Palmenhaus des Botanischen Gartens
unten: Das poppige Kino "Palads" am Axeltorvet

*Dreimal Kopenhagen:*
*oben: Blick auf Christiansborg*
*unten: Nyhaven - eine touristische Attraktion*

*Wasserspiel "Gefions-Springvand"*

Der "Gänseturm" in Vordingborg
Roskilde - Dom und ehemaliges königliches Palais

*Flanieren in Nykøbing/ Falster*

*Die neue Brücke wird einmal Fünen und Falster verbinden.*

gung von Viborg" machte, setzte sich die Reformation von hier aus über ganz Dänemark fort.

In der Skt. Mogens Gade liegen mit **Willsens Gård** und **Karnapgård** zwei der ältesten erhaltenen Häuser. Zu ihnen gehört auch das **Alte Rathaus** (1728) an der Skt. Mathiasgade, das jetzt als **Stiftsmuseum** kulturhistorische Ausstellungen zeigt, darunter eine zum Leibregiment des Prinzen. Hervorgegangen ist das heutige Museum aus einer vorgeschichtlichen Sammlung, die die Stadt 1861 anläßlich eines Besuchs von König *Frederik VII.* gestaltete (geöffnet von Juni bis August täglich 11 - 17 Uhr; von September bis Mai Di - Fr 14 - 17 Uhr, Sa und So 11 - 17 Uhr. Eintritt frei).

**Tip:** Eine Art Sezierung des Viborger Bürgertums quer durch das 20. Jahrhundert hat der in Viborg geborene Autor *Peer Hultberg* vorgenommen. Sein Roman "Die Stadt und die Welt" ist nicht nur für Freunde Viborgs lesenswert (erschienen 1994 beim Residenz Verlag in deutscher Übersetzung; → Dänische Literatur heute und früher; Dänische Literatur ist "in").

### Touristeninformation

Nytorv 9, 8800 Viborg, Tel. 86 61 16 66, geöffnet von Juni bis August Mo - Sa 9 - 17 Uhr; September bis Mai Mo - Fr 9 - 16 Uhr, Sa 9.30 - 12.30 Uhr.

### Übernachten

▶ **Viborg Vandrerhjem "Søndersø"**, Vinkelvej 36, Tel. 86 67 17 81, geöffnet für Einzelreisende nur von März bis November.
▶ **Palads Hotel**, Sct. Mathiasgade 5, Tel. 86 62 37 00, liegt mitten in der Altstadt, 82 Zimmer und 30 Appartements in moderner Ausstattung, ganzjährig geöffnet. EZ von 500 bis 1.500 DKK, DZ ab 600 DKK.

▶ **Motel Viborg**, Århus Landevej 5, Tel. 86 63 96 11, etwas preisgünstiger, wenn auch nicht so zentral gelegen und weniger luxuriös wie Palads Hotel; nur 50 Betten; für eine kurze Zeit völlig ausreichend. EZ 325 DKK, DZ 450 DKK, mit Frühstück.
▶ **Viborg Camping \*\*\***, Vinkelvej, Tel. 86 67 13 11, 5 Hütten und Wohnwagenvermietung; geöffnet nur von Ende März bis Ende September.

### Essen und Trinken

Stimmungsvoll altmodisch ist es im Restaurant *Brygger Bauers Grotte*, das man in einem Kellergewölbe nah beim Dom findet. Im letzten Jahrhundert hatte der Bierbrauer *Bauer* hier seine Brauerei an einer Quelle errichtet. Dänisch und international ist die Küche im *Messing Jens*, wenn auch nicht ganz so preisgünstig. Hier gibt es auch eine Bar.

**Tip:** Auf dem *Søndersø* und *Nørresø* bietet sich im Sommer von Mai bis September eine schöne Fahrt mit dem Ausflugsschiff "Margrethe I" an. Sie kostet 35/25 DKK. Über die genauen Abfahrtszeiten informiert das Touristenbüro.

### Öffentlicher Verkehr

**Bahn:** *IC*-Anbindung vom zentralen Bahnhof nach Rander, Århus und Struer. Auf derselben Strecke auch regelmäßig Regionalzüge.
**Bus:** Busse in alle umliegenden Städte, so nach Skive, Struer und Randers.

### ◆ Die Kalkgruben

Gut 20 km westlich von Viborg (über die Landstraße 16) ist zu sehen, wie einer der seltenen dänischen Naturschätze abgebaut wurde: Kalk.

Die **Daugbjerg Kalkgruben** in Stoholm, Dydalsvej 15, befinden sich in einem mittelalterlichen Waldgebiet, das heute unter Naturschutz steht. Schon um 950 wurde hier Kalk abgebaut. Bekannt sind Gänge von insgesamt 35 km Länge, die bis 70 m tief reichen.

Im benachbarten **Mønsted** am Kalkværksvej 10 gibt es ebenfalls **Kalkminen**. Sie haben bis 20 m hohe Gewölbe und eine gesamte Ganglänge von 20 km. Nach über tausendjährigem Kalkabbau wird die

niedrige Temperatur von 8 °C nun für das Heranreifen von dänischem Höhlenkäse *(Hytteost)* genutzt. Über 200 Tonnen Käse lagern hier. Dazu gibt es in einem restaurierten Kalkwerk ein **Fledermausmuseum**, denn Jahr für Jahr überwintern ca. 10.000 dieser Tiere hier in der Dunkelheit (Kalkgruben geöffnet von Mitte Mai bis Ende Oktober außer Mo täglich 12 - 16 Uhr; im Juli und August 10 - 17 Uhr. Eintritt 30/10 DKK).

---

## Route 8
### Das östliche Jütland:
### Århus - Odder - Horsens - Vejle - Fredericia
### (ca. 130 km)

---

Route 8 schließt an Route 6 an, verläßt *Århus* aber nach Süden, während Route 7 durch Mitteljütland führt. Im nahen Storskov gibt es einen sehenswerten Herrenhof, **Moesgaard herregård**, und **Schloß Marselisborg**, der Sommerwohnsitz der königlichen Familie (→ Route 6). Von dort geht es über die Landstraße 451 weiter bis *Odder*, rund 22 km südlich von Århus.

fangreiche Sammlung von Jagdwaffen präsentiert. Wer sich ans Lesen von Runeninschriften wagen möchte, kann dies anhand der Inschrift auf einer Eiche aus der Wikingzeit tun (geöffnet täglich 13 - 16, am Wochenende bis 17 Uhr. Eintritt 15/0 DKK).

**Tip:** Am ersten Augustwochenende kann man über den Krämermarkt schlendern, eine Attraktion von Odder. Der **Kræmmermarked**, einer der größten seiner Art in Dänemark, wird jedes Jahr abgehalten.

## Odder

9.000 Einwohner

Das kleine Industriestädtchen liegt mitten in der schönen Landschaft *Hads Herred*. Zuletzt machte es mit einem interessanten, weil zeitgemäßen Projekt auf sich aufmerksam: Am Stadtrand werden Nordeuropas größte **ökologische Gärten** angelegt.

In einer alten Wassermühle am Møllevej 3-5 ist das **Odder Museum** eingerichtet, das nicht nur die Umgebung und ihre Kultur zum Thema hat, sondern auch eine erstaunlich um-

### Touristeninformation

*Turist- og Erhvervscenter,* Banegårdsgade 3, 8300 Odder, Tel. 86 54 26 00, geöffnet von Mitte Juni bis Ende August Mo - Sa 9 - 17 Uhr; sonst Mo - Fr 9 - 16 Uhr, Sa 9 - 12 Uhr.

### Freizeit und Sport

Ein Badetip: Nur einige Kilometer entfernt von Odder liegt einer der schönen Strandabschnitte der Ostküste. Am Küstenabschnitt von Nordsminde

im Norden bis nach Hov im Süden kann man gut baden, wenn auch die Landschaft hier nicht ganz "naturbelassen" ist und an mehreren Stellen Sommerhaussiedlungen stehen.

## Öffentlicher Verkehr

**Schiff:** Überfahrt nach Samsø zur Hochsaison neunmal täglich (Dauer ca. 1 Stunde und 20 Minuten; Hin- und Rückfahrt pro Person 100 DKK, für Pkw und Fahrer 300 DKK, für das Fahrrad 24 DKK). In der Hochsaison ist eine Platzreservierung für Pkw empfehlenswert (Tel. 86 59 17 44).

→ Am südlichen Stadtrand von Odder führt die Straße 445 zum 10 km südöstlich gelegenen _Hov_, von wo täglich Fähren nach Tunø (etwa 1 Stunde Überfahrt) und vor allem nach _Samsø_ übersetzen.

## ◆ Samsø

_Samsø_ liegt mitten im Kattegat, fast gleich weit entfernt vom Festland und

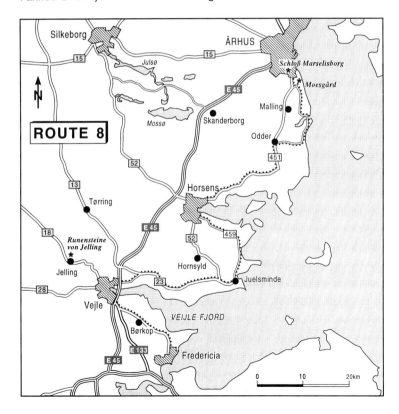

den Nachbarinseln Fünen und Seeland. Die 114 km² große Insel ist an
ihrer engsten Stelle nur wenige hundert Meter breit, kann aber mit nicht
weniger als 65 km Küstenlänge aufwarten. Nicht zuletzt deshalb ist
Samsø als Ferieninsel ein beliebtes
Ziel. Ob im Norden an der *Nordby
Bugt,* an der Südspitze zum *Samsø
Bælt* oder an der Westseite zum *Mårup Vig* - überall gibt es Badestrände,
gesäumt von Dünen.

Die Hauptorte der Insel, auf der
insgesamt 4.500 Menschen leben,
sind *Nordby, Ballen* und ganz im
Zentrum von Samsø - und mit etwa
1.000 Bewohnern auch der größte
Ort - *Tranebjerg.*

**Nordby** liegt - wie der Name
schon sagt - im Norden. Es ist 1990
wegen seiner gut erhaltenen Fachwerkhäuser und mittelalterlichen Dorf-
struktur um den Teich zum "besterhaltenen Dorf Dänemarks" erklärt worden. Vom Aussichtsturm auf dem
64 m hohen Ballebjerg, westlich des
Ortes, gewinnt man einen guten Eindruck vom umliegenden Naturschutzgebiet *Nordby Bakker.*

Das Dorf **Ballen**, etwa 5 km südöstlich von Tranebjerg an der Ostküste, ist Ferienziel für viele, die nach
Samsø kommen. Im Ort mit dem
wichtigen Fischereihafen (und auch
einem von drei Yachthäfen) steht
nicht nur ein denkmalgeschützter
Pfarrhof, sondern auch die Jugendherberge von Samsø.

**Tranebjerg** ist so etwas wie die
"Hauptstadt" der Insel, ein Ort, an
dem schon zu Zeiten der Wikinger im
*alting* (Ort, an dem sich die Anführer
regelmäßig trafen) Politik gemacht
wurde. Am westlichen Stadtrand steht
die imposante **Kirche**, eine alte Fe-
stungskirche. Auch **Samsø Muse-
umsgård** am Museumsvej, ein alter
Hof aus dem beginnenden 19. Jahrhundert, lohnt einen Umweg, wenn es
gilt, einen Eindruck von der Geschichte der Insel zu erhalten (geöff-

net von Mai bis Ende Oktober außer
Mo täglich 10 - 16 Uhr. Eintritt
15/5 DKK). Fährt man von Tranebjerg
durch Brundby und Ørby zur Südseite der Insel, kommt man zum
**Schloß** und **Gutshaus Brattings-
borg.** Hier lebt die auf der Insel herr-
schende Familie *Danneskiold Sam-
søe* seit dem 17. Jahrhundert; das
heute hier stehende Gebäude ist allerdings erst 1871 vollendet worden.

Eine besondere Naturschönheit
Samsøs ist **Stavns Fjord**, der sich
nach Nordwesten zum Kattegat öffnet. Er ist ein kleines Inselreich für
sich. Das ganze Gebiet, in dem vor
allem Seevögel nisten, steht unter
Naturschutz und ist darum nur eingeschränkt zugänglich, insbesondere
für Wassersportler. Die kleinen Inseln
im Fjord sind in Privatbesitz, das Ensemble von Meer und Land wird
durch die 7 km lange Landzunge
*Besser Rev* abgeschirmt.

## Touristeninformation

*Samsø Turistbureau,* Langgade 32,
Tranebjerg, 8305 Samsø, Tel.
86 59 14 00, geöffnet von Juni bis
August Mo - Fr 9 - 17 Uhr, Sa 9 -
18 Uhr, So 10 - 13 Uhr, September
bis Mai Mo - Fr 9 - 17 Uhr, Sa 9.30 -
12.30 Uhr.

## Übernachten

► **Samsø Vandrerhjem**, Klintevej 8,
Ballen, Tel. 86 59 20 44, geöffnet nur
vom 1.3. bis 1.12.
► **Flinchs Hotel**, Langgade, Tranebjerg, Tel. 86 59 17 22, gemütliche Atmosphäre, ganzjährig geöffnet. DZ
ca. 480 DKK, mit Frühstück.
► **Klitgård Camping \*\***, Campingvej 7, Nordby, Tel. 86 59 61 69, ganz
im Norden in Strandnähe, unweit der
unter Naturschutz stehenden Nordby-

Hügel an einem schönen Badestrand; gute Anlage; im Sommer, wie die anderen Plätze auch, schnell belegt; geöffnet von Mai bis Ende August.
▸ **Strandskovens Camping \*\***, Strandskoven 7, Ballen, Tel. 86 59 12 10, im Osten von Samsø, bis zum Ort Ballen ca. 1,5 km; direkt am Strand gelegen; vermietet auch 10 Hütten und 4 Wohnwagen; geöffnet von Anfang Mai bis Mitte September.

## *Freizeit und Sport*

Obwohl Samsø eigentlich eher zur Muße einlädt, ist Sport hier kein Fremdwort. Im Angebot sind Surfen, Reiten, Tennis oder Golf (*Samsø-Golfklub,* Besser Kirkevej 24; Greenfee 150 DKK) auf einem 18-Loch-Platz am Meer.

## *Öffentlicher Verkehr*

Aufgrund seiner geringen Größe eignet sich Samsø hervorragend zum Radfahren. Außerdem besteht zwischen allen Orten eine gute Busverbindung. Wer dennoch sein Auto mitnehmen will, sollte - insbesondere zur Hauptsaison - sicherheitshalber vorher einen Platz auf einer Fähre buchen.

Flugverbindungen bestehen nach Kopenhagen, mit der Fähre nach → Hov und von Kolby Kås nach Kalundborg auf Seeland. Diese Überfahrt dauert 2 Stunden und kostet für die einfache Fahrt pro Person 59 DKK, für einen Pkw mit Insassen 260 DKK (Reservierung unter Tel. 59 56 08 81).

━▸ Auch im weiteren folgt Route 8 der Straße 451 und führt nach *Horsens* so via *Hundslund.* Dort ist es möglich, einen Abstecher in die **Hügel um Sondrup** (*Bavnehøj,* der

höchste von ihnen, mißt 92 m) zu machen. Von hier kommt man auch über den Damm auf die kleine Insel *Alrø* und weiter in die folgende Stadt:

# *Horsens*

47.000 Einwohner

Wer von *Horsens* spricht, muß auch vom "berühmtesten Sohn" der Stadt sprechen: *Admiral Vitus Bering*, geboren 1680 in Horsens. Der Seefahrer und Entdeckungsreisende zog von hier aus in die Welt. Er starb am 19. Dezember 1741 während einer Reise auf der nach ihm benannten Beringinsel, eine Insel im sibirischen Teil Rußlands (sie gehört zur Gruppe der Kommandeurinseln, vor der Küste von Kamtschatka). Im nach ihm benannten Park nahe beim Bahnhof von Horsens sind zwei Kanonen aufgestellt, die auf seinem Schiff installiert waren.

Die um das Jahr 1000 angelegte Stadt Horsens hat zwar heute das Erscheinungsbild einer Industriestadt, kann aber dennoch mit einigen Sehenswürdigkeiten aufwarten. Darunter sind gleich mehrere Kirchen, die einen Besuch lohnen. In der Borgergade steht die alte **Klosterkirche**, die zu einem Franziskanerkloster aus dem 13. Jahrhundert gehört. Im reichgeschmückten Innenraum erinnern das feingeschnitzte Chorgestühl, das Altarbild (aus dem 15. Jahrhundert) und viele Grabsteine an diese Zeit.

Am Marktplatz, **Torvet**, findet man eine Besonderheit, was sakralen Baustil im Norden angeht: Mit einer doppelten Säulenreihe ist **Vor Frelsers Kirke** der Stilübergang von Romanik zu Gotik gut zu erkennen; die Säulen stammen ebenfalls aus dem 13. Jahrhundert.

**Horsens Kunstmuseum**, Carolinelundsvej 2, liegt im *Caroline Amalie*

*Lunden* (dt. "Wäldchen") und ist erst 1992 nach umfangreichen Umbauarbeiten wiedereröffnet worden. Im Gebäude aus dem 19. Jahrhundert ist nicht nur - vorwiegend dänische - Kunst aus dieser Periode zu sehen, auch zeitgenössische Werke aus den achtziger und neunziger Jahren werden gesammelt.

Nebenan, allerdings vom Sundvej 1 a aus zu erreichen, zeigt das **Horsens Museum** Möbel und Silber sowie andere Arbeiten von kultur- und lokalgeschichtlichem Interesse. Ein Stück Weltgeschichte sind die Entdeckungen von *Vitus Bering*, dessen Forschungsreise von Rußland nach Amerika hier insbesondere dokumentiert ist. Der russische Zar *Peter der Große* hatte Bering im 18. Jahrhundert den Auftrag gegeben, festzustellen, ob es eine Landverbindung zwischen den beiden Kontinenten gäbe. So wurde nach dem "Columbus des russischen Zaren" die "Beringstraße" benannt. Bering starb auf einer seiner vielen Entdeckungsreisen.

Das harte Leben der einfachen Bevölkerung skizzieren zwei Museen sehr deutlich. Beide sind deshalb für alle sozialgeschichtlich Interessierten wesentlich aufschlußreicher als das Horsens Museum. Da ist zum einen das **Arbejder-, Håndværker- og Industriemuseum**, Gasvej 17-19, das die Auswirkungen der Industrialisierung für die einfachen Menschen aufzeigt. Das Museum, eingerichtet im alten Elektrizitätswerk von Horsens, ist das einzige dieser Art in Dänemark. Zu sehen sind nachgebaute Werkstätten, Fabrikationsanlagen und Arbeiterwohnungen. Alle vier Museen sind täglich außer Montag von 11 bis 16 Uhr geöffnet, im Juli und August schon ab 10 Uhr. Mit einem Sammelticket kostet der Eintritt in alle Museen 20 DKK.

Im **Gamle Rådhus**, dem alten Rathaus, ist neben der Touristeninforma-tion auch das Stadtarchiv untergebracht. Seit 1986 hat Horsens ein neues Rathaus am Rådhustorvet, das wegen seiner modernen Architektur auch einen Blick lohnt.

## Touristeninformation

*Det gamle Rådhus,* Søndergade 26, 8700 Horsens, Tel. 75 62 38 22, geöffnet von Mitte Juni bis Ende August Mo - Fr 9 - 18 Uhr, Sa 9 - 17 Uhr, sonst Mo - Fr 9 - 17 Uhr, Sa 9 - 12 Uhr.

**Tip:** Für Stadtrundgänge durch das historische Horsens hält das Touristenbüro eine sehr informative Broschüre bereit.

## Übernachten

▸ **Horsens Vandrerhjem**, Flintebakken 150, Tel. 75 61 67 77, zwischen Weihnachten und Mitte Januar geschlossen.

▸ **Jørgensens Hotel**, Søndergade 17-19, Tel. 75 62 16 00, stilvoll im 250 Jahre alten sogenannten "Lichtenbergschen Palais" in der Fußgängerzone gelegen. 42 sehr komfortable Zimmer; ganzjährig geöffnet. EZ ab ca. 500 DKK, DZ um 600 DKK.

## Essen und Trinken

Eine durchaus gediegene Atmosphäre, in der man in mittlerer bis gehobener Preisklasse hervorragend speisen kann, hat das Restaurant in *Jørgensens Hotel,* Søndergade 17. Französisch wie dänisch ist die Küche im Herrensitz *Serridslevgaard*, Serridslevgaardvej 25, einem vormaligen Rittergut. Hier speist der Gast in einer Dekoration aus dem Jahr 1777. Allerdings gibt es Mittag- und Abendessen nur auf Vorbestellung (Tel. 75 66 73 75).

## Freizeit und Sport

Auch bei schlechtem Wetter kann man in Horsens schwimmen, und zwar im kombinierten Hallen- und Freibad, Langmarksvej 45. Angelfreunde können entweder beim *Sporthuset*, Vestergade 36, oder dem Touristenbüro Näheres erfahren. Hier ist auch der erforderliche Angelschein zu kaufen. Segler wenden sich an *Horsens Sejlklub*, Jens Hjernøesvej 1, Tel. 75 62 19 75.

Im Sommer zur Hauptsaison geschlossen ist das kleine, ziemlich provinzielle *Horsens Ny Teater* am Teatertorvet.

## Öffentlicher Verkehr

**Bahn:** Stündlich *IC-* und *EC-*Anschlüsse nach Fredericia (dort unter Umständen umsteigen in Richtung Odense, weiter nach Kopenhagen) und Padborg bzw. Flensburg; gleichfalls nach Norden in Richtung Århus und Ålborg.
**Bus:** Regelmäßiger Busverkehr ins Umland, auch nach Skanderborg und Vejle.

━► Auf dem Weg über die Straße 459 nach *Juelsminde*, 25 km südöstlich von Horsens, kann man nach etwa 12 km in *Glud* nach **Snaptun**, an der äußersten Landspitze, abbiegen. Von dort besteht eine Fährverbindung zur kleinen Kattegatinsel **Endelave**, die wenig besucht ist und deshalb noch wirkliche Ruhe bietet. Auch die touristische Infrastruktur ist überschaubar: Es gibt ein Gasthaus und einen Campingplatz. Die Überfahrt, ein- bis viermal täglich, dauert ca. 1 Stunde und 10 Minuten (Hin- und Rückfahrt pro Person 70 DKK, Pkw mit Fahrer 190 DKK; telefonische Auskunft und Reservierung unter Rufnummer 75 68 91 75).

Derweil führt Route 8 vorbei an den herrlichen Buchten und Bademöglichkeiten von *As Vig* und *Sandbjerg Vig* in das nächste Städtchen:

# Juelsminde

3.000 Einwohner

*Juelsminde* liegt unmittelbar am Meer zum Sandbjerg Vig und Kattegat hin. Es hat im Ortsbild etwas von seiner alten Schönheit erhalten können, ist darum auch "meistbesucht" hier in der Gegend. Juelsminde ist eine Empfehlung gerade für die Nebensaison, weil im Sommer der Eindruck doch unter dem Tourismus leidet.

An alte Seefahrerzeiten erinnert der große Anker der Fregatte "Jylland"; heute kann man vom Hafen nach Kalundborg auf Seeland übersetzen.

## Touristeninformation

Odelsvej 2, 7130 Juelsminde, Tel. 75 69 33 13, geöffnet in der Hauptsaison von Mitte Juni bis Ende August täglich 9 - 19 Uhr. Im Umland von Juelsminde stehen viele Sommerhäuser, die übers Touristenbüro zu buchen sind. Auch Privatunterkünfte gibt es hier.

## Übernachten

► **Juelsminde Vandrerhjem**, Rousthøjallé 1, Tel. 75 69 30 66, Jugendherberge neben dem Campingplatz, geöffnet für Einzelreisende nur vom 1.5. bis 1.9., für Gruppen ganzjährig.
► **Fakkegrav Badehotel**, Fakkegravvej 31, Tel. 75 89 76 77, 7140 Stouby, 20 km von Juelsminde entfernt, am Vejle Fjord und mit Blick auf das Wasser; geöffnet nur von März bis Mitte Dezember. DZ um 700 DKK.

▸ **Juelsminde Camping \*\***, Roust-højs Allé 1, Tel. 75 69 14 15, nahe Yachthafen, größerer Campingplatz mit Strand, rund 200 Plätze, guter Standard; geöffnet von April bis September.

## Freizeit und Sport

Auch in Juelsminde liegt ein schöner Badestrand unmittelbar am Yachthafen mit seinen 300 Anlegeplätzen. Dort ist auch eine Surfschule zu finden. Außerdem werden am Hafen Bootstouren oder Angelfahrten angeboten.

## Öffentlicher Verkehr

**Schiff:** Fähre nach Kalundborg auf Seeland (Überfahrtdauer 3 Stunden, mehrere Abfahrten täglich, einfache Fahrt pro Person 70 DKK, für Pkw mit Insassen 250 DKK, für Fahrrad 20 DKK; Auskunft und Reservierung unter Tel. 75 69 48 00).

━▸ Auf der Landstraße 28 geht es fast eben nach Westen. Im kleinen *Vesterby* biegt man zum Anwesen **Barritskov** ab, das zwar ein neues Hauptgebäude hat, doch hält sich dieses im Stil an das ursprüngliche Gut aus dem Jahr 1260. Von dort weiter oder einfacher von *Barrit* aus führt ein lohnender Umweg zu *Schloß Rosenvold*.

## ◆ Schloß Rosenvold

Das großartige Schloß steht im Stagsrod Wald am Eingang zum *Vejle Fjord*. Nicht erst seit der Bauherr *Karen Gyldenstjerne* 1585 das noch jetzt erhaltene Gebäude errichtete, ist dieser Flecken bewohnt; schon vorher

hatte ein Schloß hier gestanden, das jedoch König *Valdemar Atterdag* (14. Jahrhundert) zerstören ließ.

━▸ Nun sind es auf Route 8 noch 15 km bis ins Zentrum von *Vejle*.

## Vejle

46.000 Einwohner

Der Name der Stadt, die als moderne Handelsstadt zu einem guten Teil vom Export von Schinkenspeck, Fleischkonserven, Kaugummi, Textilien und anderen Waren lebt, bedeutet "Furt" und meint somit die Lage von Vejle in einem Tal am Ende eines der schönsten Fjorde Dänemarks, ja, Kenner behaupten sogar, Vejle sei die am schönsten gelegene dänische Stadt überhaupt. Einen herrlichen Blick auf die Silhouette der Stadt, die waldreichen Uferhänge am Fjord, den Hafen und das Wasser hat man von der 1.710 m langen Autobahnbrücke der E 45, die im Juli 1980 in Betrieb genommen wurde. (Wenn Nebel vom Fjord aufsteigt, kann es jedoch sein, daß nichts zu sehen ist!) Das gilt allerdings nur für den Blick von oben, denn von unten betrachtet, zerstört die Vejlefjord-Brücke einen guten Teil des harmonischen Gesamteindrucks.

Die Lage der Stadt führt auch dazu, daß einige Straßen sich schlängeln und dabei fast steil ansteigen: Grund genug, Vejle als "Dänemarks Bergstadt" zu apostrophieren. Das älteste Gebäude ist die **St. Nicolai Kirche**. Ihre nördliche Mauer ist um 1250 errichtet worden. Makabres Beiwerk: In 23 Löchern sind die Schädelplatten von hingerichteten Räubern eingemauert. Im Inneren von St. Nicolai wird eine ungefähr 2.500 Jahre alte Eisenzeitfrau ("Egtvedpigen") aufbewahrt, deren Leichnam 1835 im Moor von Haralskær gefunden wurde. Nachdem Gerüchte behauptet hatten, bei der Toten handele es sich um die legendäre Königin *Gunhild*, bettete König *Frederik VII.* (1808-1863) sie in den jetzigen Sarg.

Von dieser Gundhild aber weiß man nur, daß sie etwa um 1014 gestorben ist. Sie wurde zuerst Gunhild, dann offenbar eine Zeitlang *Sigrid Storrode* genannt. Erwähnt ist sie auch in den ersten isländischen Schriften als eine Art "Urmutter".

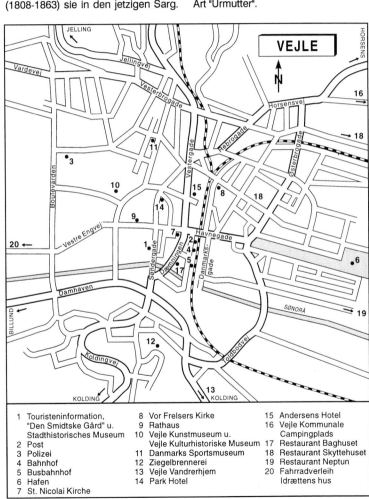

1  Touristeninformation, "Den Smidtske Gård" u. Stadthistorisches Museum
2  Post
3  Polizei
4  Bahnhof
5  Busbahnhof
6  Hafen
7  St. Nicolai Kirche
8  Vor Frelsers Kirke
9  Rathaus
10  Vejle Kunstmuseum u. Vejle Kulturhistorike Museum
11  Danmarks Sportsmuseum
12  Ziegelbrennerei
13  Vejle Vandrerhjem
14  Park Hotel
15  Andersens Hotel
16  Vejle Kommunale Campingplads
17  Restaurant Baghuset
18  Restaurant Skyttehuset
19  Restaurant Neptun
20  Fahrradverleih Idrættens hus

Die andere Kirche von Vejle ist **Vor Frelsers Kirke**, die mit eindrucksvollen Glasmosaiken, die der dänische Künstler *Jais Nielsen* 1907 schuf, aufwartet.

An einem Platz, an dem im Mittelalter ein Dominikanerkloster stand, befindet sich seit 1878 das **Rathaus** von Vejle. Seine Glocke, die zu jeder vollen Stunde schlägt, stammt noch aus dem Kloster. Von diesem ist sonst nichts mehr geblieben. Die Mönche hatten für den Bau Ziegel verwendet, die sie eigens dafür gebrannt hatten. Ein solcher Ziegelofen aus dem Mittelalter ist heute noch im Jagtvey 1 zu sehen. Die Skulpturen vor dem Rathaus mit Motiven aus Handwerk, Industrie und Landwirtschaft hat der Bildhauer *Sigurd-Jorn Olafsen* entworfen.

Kunst- und vor allem Grafikliebhaber sollten das **Vejle Kunstmuseum**, Flegborg 16, besuchen. Dort findet man neben Malerei und Skulpturen auch eine der umfangreichsten dänischen Sammlungen nationaler, aber auch europäischer Grafik. Gleich nebenan befinden sich im **Vejle Kulturhistoriske Museum**, Flegborg 18, Sammlungen zum Altertum, das stadthistorische Archiv und wechselnde Ausstellungen. Einem "Zeitgenossen" aus der Steinzeit kann man hier die Aufwartung machen: Etwa 4.000 Jahre alt ist der sogenannte "Balle-Mann" (beide Museen geöffnet außer Mo täglich 11 - 16 Uhr. Eintritt für beide 15/0 DKK).

Eine dänische Rarität und vor allem für Sportinteressierte sehenswert ist **Danmarks Sportsmuseum** in der Nähe des neuen Musiktheaters, Vedelsgade 25 (geöffnet täglich 11 - 16 Uhr, im Juli 11 - 20 Uhr).

Das Touristbüro ist im alten **Den Smidtske Gård**, einem renovierten Kaufmannshof aus dem Jahr 1799, eingerichtet; darüber befindet sich im **Stadthistorischen Museum** (*Byhistorisk Museum*) eine kleine, aber aufschlußreiche Ausstellung zur Stadtgeschichte (Eintritt frei).

## Touristeninformation

Søndergade 14, 7100 Vejle, Tel. 75 82 19 55, geöffnet von Mitte Juni bis August Mo - Sa 9.30 - 17.30 Uhr; September bis Mitte Juni Mo - Do 9 - 17 Uhr, Fr 9 - 16.30 Uhr, Sa 9 - 12 Uhr.

## Übernachten

▸ **Vejle Vandrerhjem**, Gl. Landevej 80, Tel. 75 82 51 88
▸ **Park Hotel**, Orla Lehmannsgade 5, Tel. 75 82 24 66, schönes Eckhaus, recht modern eingerichtet. EZ ab ca. 330 DKK, DZ ab 580 DKK, mit Frühstück.
▸ **Andersens Hotel**, Kirketorvet 12, Tel. 79 42 79 10, zentral gelegen, doch ruhig. EZ 550 DKK, DZ 650 DKK, mit Frühstück.
▸ **Vejle Kommunale Campingplads \*\*\***, Helligkildevej 5, Tel. 75 82 33 35, gute Anlage mit 130 Stellplätzen, 2 Hütten; geöffnet von April bis Mitte September.

## Essen und Trinken

Ein gutes, recht exklusives Restaurant ist *Baghuset*, Dæmningen 42. Unmittelbar am Fjord liegt *Skyttehuset*, Tirsbæk Strandvej 2; am Yachthafen befindet sich das Restaurant *Neptun*. Viele Cafés gibt es im Bereich der Fußgängerzone; recht ansprechend ist *Café Biografen*.

## Freizeit und Sport

Eine alte Dampflokomotive, der **Veterantog**, fährt an jedem Sonntag im Juli von Vejle Banegård durchs Grejsdal zum Ort Jelling. Die Fahrt dauert

## Die Runensteine - authentische Berichte aus der Vergangenheit

Beim Stichwort "Quellenmaterial zur Wikingzeit" (ca. 800-1050) denkt mancher zuerst an die Sagas. Und in der Tat vermitteln sie ein lebendiges Bild dieser ereignisreichen Epoche. Nur: Alle sind erst zwei bis drei Jahrhunderte später verfaßt worden. Wirklich authentisch, wenn auch seltener und wortkarger, ist nur eine Quelle: die Inschriften auf den Runensteinen. Diese wurden zum Gedenken an die Toten gesetzt, meist von der Familie, und man nutzte die Gelegenheit, die Taten des eigenen Geschlechts hervorzuheben. Die mächtigen Herrscher (*konge*), aber auch Häuptlinge (*thegner*) und Krieger (*drenge*) wurden gepriesen: "Nicht wird ein makelloserer, kampfstärkerer Wagengott (d.i. Schiffsführer) auf dem weiten Gefilde des Seekönigs (d.i. dem Meer) über Land in Dänemark herrschen.", ist auf dem Karlevi-Stein auf der schwedischen Insel Öland zu lesen.

Manche Steine weisen eine eindrucksvolle Ahnengalerie auf. Nicht selten war das Familien- oder Stammesoberhaupt ein Gutsbesitzer, dessen Land sich um einen Großhof erstreckte. Im Verlauf der Eisenzeit differenzierte sich diese stark. Zusätzliche Häuser entstanden, langsam auch Dörfer. Problematisch wurde es, weil nicht alle jungen Männer einen Hof erben konnten. Für sie war eine Möglichkeit des Auskommens der - alleinige oder gemeinsame - Besitz eines Schiffs. Die Schiffe wurden so Voraussetzung für die beachtlichen Fahrten in dieser Zeit, über Weltmeere und Flüsse, sei es, daß man sich auf Handelsfahrt oder auf "Wiking", nämlich Raubzug, begab.

Schiff und Stadt gehörten zusammen, die ältesten Städte entstanden am Meer oder in geschützter Fjordlage. Mit zunehmendem Reichtum mußten sie vor vorbeifahrenden Flotten geschützt werden - entweder durch Wälle oder Schiffssperren. Zugleich waren die Städte Ausgangspunkt neuer Ideen. Hier breitete sich das Christentum zuerst aus. Auch König *Harald*, der mächtige Herrscher im letzten Jahrzehnt des 10. Jahrhunderts, wurde Christ. So ließ er wahrscheinlich seinen Vater Gorm und dessen Frau in die heute älteste Kirche von Jelling (in Jütland) umbetten. Darauf jedenfalls lassen die in kostbare Stoffe gekleideten Leichname schließen, die man bei einer Untersuchung dieser Kirche in einem Doppelgrab fand.

In die Regierungszeit Haralds fällt auch um 980 der Bau von drei der erstaunlichsten Denkmäler dänischer Vergangenheit: die drei Rundburgen von Trelleborg (Seeland), Fyrkat (Ostjütland) und Aggersborg (am Limfjord, der damals im Westen noch offen war). Die einzelnen Gebäude sind präzise als Langhäuser angelegt. Hinzu kommt als weiteres erstaunliches Bauwerk noch der Wehrwall *Kovirke* (Kuhwerk) beim Danewerk in Schleswig: Er verlief schnurgerade, um Angriffe von Süden abzuwehren.

An all diese Taten erinnert der prächtige Runenstein vor der Kirche von *Jelling*, den Harald seinen Eltern setzte - ohne sich selbst zu vergessen. Die eine Seite zeigt einen Löwen im Kampf mit einer Schlange, die andere Seite Christus als Weltenherrscher mit ausgebreiteten Armen und geschlossenen Augen. Die letzte Seite trägt eine waagerechte Runeninschrift: "König Harald ließ diese Hügel errichten für Gorm, seinen Vater, und Thyra, seine Mutter, der Harald, der ganz Dänemark und Norwegen eroberte und die Dänen zu Christen machte." Dieser Stein wurde zum Vorbild für viele spätere Grabsteine.

eine knappe halbe Stunde, ein Fahrplan ist im Touristenbüro erhältlich (Fahrkarten für 40/20 DKK gibt es im Zug).

Eine Adresse für Golfer: *Vejle Golf Club,* Ibækvej 46, Tel. 75 85 81 85 (27-Loch-Platz).

Einen Fahrradverleih findet man im *Idrættens hus,* Vestre Engvej 57, Tel. 75 83 72 22.

## Öffentlicher Verkehr

**Bahn:** Mehrfach täglich Fernzüge von Vejle über Horsens nach Århus, in Richtung Padborg bzw. Flensburg und über Odense nach Kopenhagen. *IC* stündlich, zudem *IC* und Regionalzüge auch über Herning nach Holstebro.

**Bus:** Vom Busbahnhof am Borgvold, neben dem Bahnhof, Verbindungen nach Jelling (Runensteine) wochentags stündlich, noch öfter nach Billund (Legoland).

## ♦ Jelling

*Jelling,* 11 km nordwestich von Vejle, über die Straße 442 zu erreichen, ist der "Geburtsort" Dänemarks und darum schon aus landesgeschichtlichen Gründen unbedingt einen Umweg wert. Die zwei **königlichen Grabhügel** zu beiden Seiten der kleinen Dorfkirche und die **Runensteine** in Jelling sind die berühmtesten Denkmäler aus der Wikingzeit in ganz Skandinavien (→ Die Runensteine - authentische Berichte aus der Vergangenheit). Diese und die Grabhügel stehen nun seit August 1995 auch auf der *UNESCO*-Liste zum Schutz des internationalen Natur- und Kulturerbes. Um so erstaunlicher ist, wie unspektakulär, ja "uninszeniert" Geschichte hier präsentiert wird. Der große Runenstein wird gerne als der

"Taufstein Dänemarks" bezeichnet: Schließlich ist der Name Dänemarks zum ersten Mal hier schriftlich erwähnt. König *Harald Blauzahn* (dän. Harald Blåtand) berichtet um das Jahr 980 auf dem größten der Steine, daß er dieses Monument "nach Gorm, seinem Vater, und Thyra, seiner Mutter", errichtete. Er selbst titulierte sich als "jener Harald, der ganz Dänemark und den Norden unterwarf und die Dänen zu Christen machte". Nach einer alten Überlieferung sollten zwar in den beiden Grabhügeln Gorm und Thyra beigesetzt worden sein, doch Ausgrabungen haben gezeigt, daß nur der eine Hügel überhaupt eine Grabkammer barg - und die war auch noch leer. Unter der heutigen romanischen Feldsteinkirche wurden Hinweise auf mehrere Holzkirchen gefunden, so daß kein Zweifel besteht, daß wir uns hier tatsächlich in der ersten Hauptstadt des christlichen Dänemark vor gut tausend Jahren befinden. Auch die Steinkirche gehört zum internationalen Kulturerbe.

## Touristeninformation

Gormsgade 4, 7300 Jelling, Tel. 75 87 13 01, geöffnet nur von Mai bis August, in der Hauptreisezeit täglich 10 - 18 Uhr.

**Tip:** Eine ganz andere Art von Attraktion bietet der Ort *Givskud,* etwa 8 km von Jelling: Dort liegt der größte **Safari- und Löwenpark** Jütlands, in dem auf 60 Hektar Naturlandschaft 800 Tiere frei leben. Allerdings ist der Zoo nur im Sommer, von Mai bis Oktober, geöffnet.

## ♦ Billund und Legoland

Von Vejle sind es gut 25 km in westlicher Richtung über die Landstraße 28 nach *Billund* und *Legoland.* Billund ist

Legoland! Und wer hat nicht mit den Stecksteinen aus Kunststoff gespielt, Häuser oder Schiffe gebaut? Was alles aus den kleinen Steinen zu konstruieren ist, das zeigt dem staunenden Besucher Legoland - das quasi ein Land ohne Grenzen ist. Großes wird klein, Kleines groß: Die ganze Welt liegt in Reichweite. Ob Berlin oder Amerika, Schloß Neuschwanstein oder Monument Valley, Vergangenheit oder Gegenwart, alles geschieht zur gleichen Zeit und am selben Ort.

Und natürlich ist Dänemark selbst auch en miniature wiederzufinden: Schloß Amalienborg, die Kleine Meerjungfrau und vieles andere. Mehr als 40 Millionen der bunten Plastikteile wurden dafür verbaut. Und natürlich gibt es auch Wissenswertes zur Entstehung und Entwicklung des Legosteins.

Legoland in Billund ist gut ausgeschildert (geöffnet von Anfang Mai bis Mitte September täglich 10 - 19 Uhr, in der Hochsaison von Anfang Juli bis Mitte August bis 20 Uhr; einige Ausstellungen drinnen sind von Ostern bis Mitte Dezember zwischen 10 und 17 Uhr zugänglich; telefonische Information unter 75 33 13 33).

## Übernachten

Außer im modernen *Hotel Legoland* kann man z. B. übernachten bei:
▸ **Billund Vandrerhjem**, Kursus- og Feriecenter, Ellehammers Allé, Tel. 75 33 27 77, geöffnet vom 1.5. bis 15.12.
▸ **Billund FDM Camping \*\*\***, Ellehammers Allé 2, Tel. 75 33 15 21, halbkreisförmige Anlage mit 550 Plätzen, 22 Hütten in verschiedenen Kategorien, gute sanitäre Ausstattung, Kochmöglichkeit; im Sommer fast ein wenig zu voll.

Ein typischer Gasthof bei Jelling

## Öffentlicher Verkehr

**Flug:** Vom Flughafen Billund (Tel. 75 33 80 22) täglich mehrere Flüge nach Kopenhagen, zweimal nach Frankfurt und in andere Städte Europas.

━▸ Verläßt man *Vejle* in Richtung Süden, ist als kleiner Umweg auf Route 8 ein Abstecher zum *Munkebjerg* zu empfehlen.

## ◆ Munkebjerg

Ein ungewöhnliches Erlebnis - jedenfalls für dänische Verhältnisse - ist ein Ausflug zum Südufer des *Vejle Fjord*. Fast wie in den Alpen könnte man sich hier fühlen: Wenn man von der Uferstraße auf den 93 m hohen *Munkebjerg* fährt, muß man mehrere "Haarnadelkurven" nehmen. Geübten "Alpinisten" wird nicht schwindelig werden, doch bezeichnenderweise haben die Dänen das 1879 auf dem "Gipfel" erbaute Hotel und Casino "Schweizerpavillon" genannt (mit Preisen bis zu 1.500 DKK für ein Einzelzimmer ist das Hotel obere Preisklasse, Tel. 75 72 35 00)

━▸ Über die Straße 421 sind es jetzt noch einmal rund 20 km bis zum Endpunkt dieser Route:

## Fredericia

28.000 Einwohner

*Fredericia* liegt an einer "strategisch" günstigen Stelle und es verwundert nicht, daß ausgerechnet hier eine Stadt (Stadtrechte seit 1650) entstanden ist: Seit Hunderten von Jahren wurde an dieser schmalsten Stelle zwischen dem Festland und der Insel Fyn übergesetzt.

Ursprünglich war die heute doch arg industriell-sachlich geprägte Ansiedlung an dieser sensiblen Stelle sogar eine Festung - angelegt von König *Frederik III.* im Jahr 1650 -, die feindlichen Verkehr am Durchkommen hindern sollte. Das war nicht zuletzt deshalb wichtig, weil der *Lillebælt* (Kleine Belt) immer eisfrei ist. Diese Phase der Stadtgeschichte dauerte bis zum Anfang unseres Jahrhunderts und ist in den alten Wallanlagen wiederzufinden, vor allem in der reißbrettartigen Anordnung der Straßen. Außerdem ist der bauliche Zustand Fredericias aus dem Jahr 1849 samt Festung in einem Modell als **Den historiske Miniby** (also: Ministadt, Maßstab 1:10) im Madsbypark gut zu erkennen. Damals, nämlich um die Jahre 1848 und 1849, wurde gegen die preußisch-österreichische Armee einer der wichtigsten Kämpfe um die Stadt ausgetragen. Vermutlich 500 Dänen fielen; eine Büste vor dem Rathaus erinnert u. a. an den beteiligten General *Bülow*. Wer mehr über diesen Abschnitt der Geschichte wissen will, dem sei das **Museum** in der Jernbanegade 10 nachdrücklich empfohlen (geöffnet außer Mo täglich 12 - 16 Uhr, von Mitte Mai bis Mitte August bis 17 Uhr). Dieser dramatische Sieg über die Feinde aus dem Süden wird noch heute als so wichtig angesehen, daß an jedem 5. und 6. Juli gefeiert wird.

Erst nach 1909 durfte die Bevölkerung außerhalb der Wälle bauen. Dieser Umstand hatte natürlich auch Auswirkungen auf die Bebauung im Innenbereich der Stadt. So hat die **Trinitatiskirche** (1689) in der Kongensgade keinen Turm, da er über die Wallanlagen geragt hätte.

Bis in unsere Tage leitet Fredericia einen wesentlichen Anteil seiner Bedeutung aus seiner geographischen Lage ab: Es liegt "im Herzen Dänemarks", am Knotenpunkt in Süd-Nord und West-Ost-Richtung. Alles, was an Automobil- und Lkw-Verkehr vom Festland nach Fyn oder Kopenhagen will, muß von der E 45 zur E 20 hier vorbei; die gleiche Strecke nimmt der Zugverkehr für Personen- und Güterbeförderung. Das Städchen Frederi-

1  Touristeninformation
2  Post
3  Polizei
4  Bahnhof
5  Busbahnhof
6  Yachthafen
7  Den historiske Miniby u.
   Madsby Legepark
8  Museum
9  Trinitatiskirche

10  Fredericia Vandrerhjem "Pro Pace" u.
    Motel Studsdal
11  Fredericia Sømandshjem
12  Trelde Næs Camping
13  Tropisk badeland u.
    Fahrradverleih Cykelservice
14  Fahrradverleih Bjerggeden & Byrotten
15  Restaurant Sømandhjem
16  Restaurant Rådhuskroen
17  Supermarkt Føtex

cia ist darum auch Umsteigebahnhof in Richtung Kopenhagen, Nord- und Südjütland.

Im Madsbypark am Lumbyesvej 45 liegt nicht nur **Minibyen**, eine Stadt in Miniatur, sondern auch **Madsby Legepark**, den insbesondere Familien mit Kindern besuchen. Hier gibt es einen See mit Ruderbooten und auch einen Kinderzoo.

## Touristeninformation

*Fredericia Touristbureau,* Danmarksgade 2 A, 7000 Fredericia, Tel. 75 92 13 77, geöffnet von Mitte Juni bis August Mo - Fr 9 - 18 Uhr, Sa 9 - 17 Uhr, sonst Mo - Fr 9 - 17 Uhr, Sa 10 - 13 Uhr.

## Übernachten

▸ **Fredericia Vandrerhjem "Pro Pace"**, Skovløbervænget 9, Tel. 75 92 12 87, geöffnet für Einzelreisende vom 2.1. bis 30.11.

▸ **Fredericia Sømandshjem**, Gothersgade 40, Tel. 75 92 01 99, hat sehr große Zimmer und ist daher auch für größere Familien geeignet. EZ ohne Bad schon ab 220 DKK, DZ 320 DKK.

▸ **Motel Studsdal**, Kolding Landesvej 155, Tel. 75 56 24 24, nicht gerade Luxusklasse, aber EZ ohne Bad ab 180 DKK, DZ 280 DKK.

▸ **Trelde Næs Camping \*\*\***, Trelde Næs Vej 297, Tel. 75 95 71 83, im Naturgebiet Trelde Næs unmittelbar am Badestrand; 407 Plätze, 5 Hütten; geöffnet von April bis Oktober .

## Freizeit und Sport

Freizeitmöglichkeiten in Fredericia bieten z. B. das neue *Tropisk badeland*, Vestre Ringvej 100, Tel. 75 93

09 20, wo es auch eine Sporthalle gibt. Ein 18-Loch-Golfplatz liegt am Stenhøjvej 57, Tel. 75 92 39 33. Angeln ist in der Ostsee möglich; die Angelkarten verkauft das örtliche Tou-ristenbüro.

Einen Fahrradverleih betreiben der Laden *Bjerggeden & Byrotten*, Danmarksgade 31, und *Cykelservice*, Vejlevej 65.

## Essen und Trinken

Die vielen Restaurants und Cafés kann man kaum alle selbst ausprobieren. Empfehlenswert ist: Für den kleinen Hunger am Mittag das Selbstbedienungsangebot im *Sømandhjem*, Gothersgade 40, das nur um die 40 DKK kostet. Preisgünstig ist auch das Bistro im Supermarkt *Føtex*, Gothersgade 14. Gemütlicher, mit größerem Angebot sind in derselben Straße *Rådhuskroen* mit einer typisch dänischen Speisekarte (Gothersgade 27) und *Den lille hornblæser*, Jyllandsgade 53. Hier gibt es gutes Essen zu erschwinglichen Preisen. Daneben findet sich eine Reihe von Pizzerien, z. B. *Ristorante Italia Bøf og Vino,* Danmarksgade 36, und Cafés, so in den Gothersgaden.

## Öffentlicher Verkehr

**Bahn:** Mit der *DSB* laufend in alle Richtungen des Landes, stündliche *IC*-Verbindungen nach Kopenhagen, Århus und Padborg; Regionalzüge nach Vejle, Herning, Esbjerg und Padborg.
**Bus:** Busverkehr regelmäßig ins Umland, so in Richtung Middelfart, Vejle und Kolding.

## Route 9
### Der Südosten Jütlands:
## Kolding - Haderslev - Åbenrå - Sønderborg - Nordborg
### (ca. 160 km)

Was schon für Route 1 galt, die durch den Westen des dänischen *Sønderjylland* (Südjütland; → Route 1) führt, gilt ebenso für Route 9: Sie führt durch historisches Gebiet, das als Grenzregion eine wechselhafte Geschichte erlebt hat. Von der Stadt *Kolding*, die als Grenzfestung angelegt war und bis vor gar nicht allzu langer Zeit unmittelbar an der dänischen Südgrenze lag, geht es durch einst blühende Handelsstädte wie *Haderslev* und *Åbenrå* bis zu den Grenzstädtchen unserer Tage, z. B. Kruså und Padborg. Darüber hinaus ist auch nicht die Schönheit der Landschaft zu vergessen. Die herrliche Hügellandschaft, die schöne Strecke an der Flensburger Förde entlang bis zur Insel *Als*, die oft etwas vernachlässigt wird, so klein scheint sie als Anhängsel des Festlands. Die "Unselbständigkeit" von Als spiegelt sich auch in der Sage von der Entstehung der Insel: Es heißt, Als sei als Kind aus der Liebe des freien, sorglosen Fünen und des ruhigen, männlichen Jütland entstanden - so ein Zwischending eben. Doch ganz so wird es wohl nicht gewesen sein. Immerhin ist Als mit 321 km² die siebtgrößte dänische Insel - kleiner als Mors, aber größer als Langeland.

Auch in der Bewohnerzahl steht sie an siebter Stelle - zwischen Falster und Mors - mit insgesamt 60.000 Menschen. Als ist langgestreckt, fast 34 km, und hat sehr verschiedene Küsten: Sind es an der Ostküste Strände und steilere Abschnitte ganz ohne Einschnitte, so dominieren weit verzweigte Buchten

die Westküste. Von keinem Punkt auf Als sind es mehr als 5 km bis zum Wasser! Dazwischen ein hügeliger, fast überall lehmhaltiger Boden. Zwei nennenswerte Wälder weist die Insel auf: *Nørreskoven* im Osten ist der größte, der sich über 10 km an der

Ostküste entlangzieht; wesentlich kleiner ist *Sønderskov*, südlich der Stadt Sønderborg. Getrennt ist die Insel vom Festland, von der Halbinsel *Sundeved*, nur durch den schmalen *Alssund*, der nie breiter als 120 m, dafür aber an einigen Stellen 32 m tief ist. Am südlichen Ende liegt die Halbinsel *Kegnæs*, verbunden mit Als nur durch einem Strandwall.

Ausgangspunkt von Route 9 ist die Stadt *Kolding*.

## *Kolding*

60.000 Einwohner

Das heutige *Kolding* ist ursprünglich um die Grenzfestung *Koldinghus* entstanden, die schon 1268 angelegt wurde. Viele Jahrhunderte verlief die Grenze zwischen dem Königreich Dänemark und Schleswig-Holstein am südlichen Stadtrand; die erste steinerne Brücke über den Grenzfluß *Kongeå* steht erst noch. Das änderte sich erst im Jahr 1864. Von der über 700jährigen Geschichte ist im Stadtbild nicht allzuviel übriggeblieben, abgesehen von einigen Häusern aus dem 16. Jahrhundert und natürlich von **Schloß Koldinghus**, das König *Abel* anlegen ließ: Das große Gebäude auf dem Hügel über dem *Slotssø* ist von vielen dänischen Königen, die sich hier an der südlichen Grenze ihres Reiches gerne aufhielten, ungezählte Male umgebaut und erweitert worden; der jetzige Bau stammt aus dem Jahr 1536, als *Christian III.*, Herzog von Schleswig und Holstein, in Kolding residierte. Der Herrscher war so vom Protestantismus angetan, nachdem er Luther beim Prozeß in Worms gesehen hatte, daß er auf Koldinghus die erste protestantische Schloßkapelle einrichten ließ. Unter Christian III. wurde die Bibel ins Dänische übersetzt.

Doch zurück zum Schloß, auf dem die - ungewollt - größten Veränderungen 1808 geschahen: Damals brannten große Teile ab, als während der napoleonischen Kriege spanische Truppen, die im Schloß einquartiert waren, in den Kaminen allzu kräftig heizten.

Der Wiederaufbau zog sich lange hin, erst 1935 stand z. B. der Turm wieder. Ganz abgeschlossen war die umfangreiche und 85 Millionen Kronen teure Restaurierung dann sogar erst 1989. Heraus kam dabei eine in Europa wahrscheinlich einmalige Synthese aus altem Baubestand und moderner Bautechnik. Das Schloß sollte nicht völlig rekonstruiert werden, weil die Architekten nachfolgenden Generationen, die möglicherweise bessere Techniken und andere Auffassungen über Wiederaufbau haben, eine Chance zur leichten Rückbau ermöglichen wollten. Darum wurden die Gemäuer nur mit einem auf hohen Holzpfeilern ruhenden Dach abgedeckt; sie sind daher lichtdurchflutet und wirken würdevoll.

In den zwei erhaltenen Flügeln des Schlosses ist nun u. a. ein **Museum** mit wechselnden Ausstellungen, aber auch einer historischen Sammlung mit Schloßinventar (in der alten Bibliothek steht hübsches Delfter Porzellan) und Malereien eingerichtet.

Auch die traurigen Seiten der jüngeren Geschichte hat Koldinghus miterlebt: In einem Keller der vorgelagerten Stallungen hatte die Gestapo während der Besetzung Dänemarks ein Gefängnis eingerichtet (geöffnet täglich Mai bis September von 10 - 17 Uhr, sonst täglich 12 - 15 Uhr, So 10 - 15 Uhr. Eintritt 30/0 DKK).

Wie Schloß Koldinghus ist auch die Kirche **Sct. Nicolai** in Kolding im 13. Jahrhundert errichtet worden. Am Gebäude aus rotem Backstein erinnert eine Gedenkmauer an die Opfer des Krieges mit Preußen-Österreich in den Jahren 1848 bis 1850. Die Hauptfassade des Doms zieren fein ausgeführte Skulpturen; die Kalkmalereien im Innern an den Treppen stammen vom dänischen Künstler *Anton Schrøder*.

Ca. 5 km nordöstlich vom Zentrum, am Nordufer des *Kolding Fjord* gut ausgeschildert, steht seit 1988 ein Kunstmuseum von Rang. Es heißt **Kunstmuseum Trapholt**, liegt am Æblehaven 23 und geht auf den Sammler *Gustav Johannes Lind* zurück, der nach seinem Tod seine Sammlung dänischer bildender

Kunst, aber auch Kunsthandwerk aus diesem Jahrhundert der Stadt vermachte. Im alten, reetgedeckten Haus Linds sind Gemälde und Skizzen von *Franciska Clausen* ausgestellt, die die erste nicht-figurativ malende dänische Künstlerin war. Im neuen Trakt - der im übrigen gebaut ist, ohne daß dafür Erdarbeiten vorgenommen wurden, daher z. B. die lange Gangflucht vom Eingang weg - nehmen die beiden modernen Dänen *Richard Mortensen* (1910-1993) und *Egill Jacobsen* (geb. 1910) großen Raum ein.

| | | |
|---|---|---|
| 1 Touristeninformation | 8 Kunstmuseum Trapholt u. | 13 Saxildhus Hotel |
| 2 Post | Restaurant Hotel Koldingfjord | 14 Kolding Byferie |
| 3 Bahnhof | 9 Den Geografiske | 15 Restaurant Den Grimme Ælling |
| 4 Busbahnhof | Have og Rosenhave u. | 16 Restaurant Admiralen |
| 5 Hafen | Vonsild Camping & Feriencenter | 17 Restaurant |
| 6 Schloß Koldinghus | 10 Staldgården | Kolding Smørrebrød |
| 7 Kirche Sct. Nicolai | 11 Kolding Vandrerhjem | 18 Den Blå Café |
| | 12 Hotel Tre Roser | 19 Segelschiff "Frem" |

Spaß macht es, einen der vielen ungewöhnlichen, aber immer bequemen dänischen Stühle selbst auszuprobieren: Diese Design-Stükke, ganz gleich ob von *Arne Jacobsen* oder *Hans J. Wegener* (→ Route 1), sind nicht nur Objekte. Für die soll im Herbst 1996 ein eigener neuer Anbau des Trapholt-Museums fertig sein (geöffnet von Mai bis September täglich 10 - 17 Uhr, sonst Mo - Fr 12 - 16 Uhr, am Wochenende 10 - 16 Uhr. Eintritt 26/0 DKK).

Draußen im alten Apfelgarten, in dem die auffälligste Skulptur der "Diamond runner" ist, der 316 Jahre lang Sekunde für Sekunde zählen wird, geht der Blick von der Nordseite hinaus auf den *Kolding Fjord*.

Apropos Natur: **Den Geografiske Have og Rosenhave**, der Geographische Garten und Rosengarten an Christian IV. Vej ist ein Unikum. *Aksel Olsen,* der Besitzer einer Pflanzenschule, fing 1920 an, Pflanzen nach ihrer Herkunft zu sammeln. Er begann mit 6.000 Arten, von denen einige die kalten nordischen Winter aber nicht überstanden, so daß nun auf einer Fläche von 12 Hektar "nur noch" 2.000 verschiedene Arten von Bäumen und Büschen aus der ganzen Welt zu sehen sind, und zwar geographisch geordnet. Im Rosengarten blühen, natürlich nicht immer, 5.000 Rosen von mehr als hundert Sorten (geöffnet von Mai bis September täglich 10 - 15 Uhr, sonst Mo bis Fr 8 - 14.30 Uhr und am Wochenende 10 - 17 Uhr. Eintritt 25/10 DKK).

## Touristeninformation

Akseltorvet 8, 6000 Kolding, Tel. 75 53 21 00, geöffnet Mo - Fr 9.30 - 17.30 Uhr, Sa 9.30 - 15 Uhr (bis 17.30 Uhr von Mitte Juni bis August).

## Übernachten

▸ **Kolding Vandrerhjem**, Ørnsborgvej 10, Tel. 75 50 91 40, geöffnet für Einzelreisende vom 1.2. bis 1.12.

▸ **Hotel Tre Roser**, Dyrhavegårdsvej/ Byparken, Tel. 75 53 21 22, ein größeres Haus mit 200 Betten; stadtnah mit durchnittlichen Preisen. EZ ab 550 DKK, DZ ab 730 DKK, mit Frühstück.

▸ **Saxildhus Hotel**, Banegårdspladsen, Tel. 75 52 12 00, liegt neben dem Bahnhof, Kapazität von 151 Betten, guter Standard, ganzjährig geöffnet. EZ ab 300 DKK, DZ ab 450 DKK, mit Frühstück.

▸ **Kolding Byferie**, Hospitalsgade, Tel. 75 54 18 00, eine Alternative zum Hotel ist *Byferie*, die Möglichkeit, in der Stadtmitte eine Ferienwohnung zu mieten. Die Wohnungen liegen in neuen, hellen und einfallsreich gestalteten Häusern unmittelbar am Slotssø, nur 5 Gehminuten vom Zentrum; insgesamt hat die Anlage 370 Betten; am besten vorher anmelden. Preise in der Hauptsaison für 4 Personen um 5.500 DKK pro Woche.

▸ **Vonsild Camping & Feriecenter \*\*\***, Vonsildvej 19, Tel. 75 53 47 25, im Süden von Kolding, 3 km bis zum Zentrum, viel Grün, außerdem vielfältiges Sportangebot. 225 Plätze, 18 Hütten und Wohnwagenvermietung; ganzjährig geöffnet.

## Essen und Trinken

Das gastronomische Angebot in Kolding ist nicht gerade klein. Traditionell und gut ist das dänische Essen im *Den grimme ælling*, nahe dem Bahnhof am Banegårdspladsen. Das *Restaurant Admiralen*, Toldbodgade 14, mit Blick auf den Hafen, steht für Fischgerichte nach Hausmannsart. Fleisch gibt es aber auch, und es ist lecker zubereitet. Dafür liegen die Preise auch etwas höher. Wer sich richtig essen gönnen will, sollte ins Hotel *Kolding Fjord* am Nordufer, Fjordvej 154, fahren. In der ehemaligen Lungenheilanstalt genießt der

Gaumen, und nicht nur das Auge ißt mit: Der Ausblick auf den Fjord ist wunderschön.

Für den kleinen Hunger am Mittag empfiehlt sich eher *Kolding Smørrebrød*, Blæsbjerggade 10, wo es das typische "Butterbrot" in reicher Auswahl gibt. Von den Cafés gefällt mir am besten *Den blå Café*, Slotsgade 4, wo man im Sommer auch draußen sitzen kann.

### Sport und Freizeit

In Kolding und Umgebung sind nahezu alle Sportarten möglich, ob Golf, Tennis oder Schwimmen.

Nur im Juli und August finden zweimal pro Woche auf dem Fjord Bootsfahrten statt. Größere Gruppen können das alte, hölzerne Segelschiff "Frem" mieten und vom Hafen zum Fjord und Belt aufbrechen (Tel. 75 52 65 82).

### Öffentlicher Verkehr

**Bahn:** Stündliche *IC*-Verbindung vom Bahnhof in der Stadtmitte über Padborg nach Flensburg bzw. über Fredericia nach Århus wie auch auf der West-Ost-Strecke nach Esbjerg bzw. Kopenhagen.
**Bus:** Häufig Busse vom Busbahnhof in der Nähe des Bahnhofs nach Fredericia, Haderslev und Åbenrå.

➞ Von *Kolding* geht es in Richtung Südosten, wo rund 5 km hinter dem Ort *Sønder Bjert* nicht nur ein hervorragender Aussichtspunkt liegt: **Skamlingsbanken** ist mit 113 m sowohl der höchste Punkt Südjütlands als auch eine Art nationales Symbol. Mitten im vorigen Jahrhundert, als es zwischen Preußen und Dänemark das langandauernde Hin und Her um dieses Gebiet gab, wurden hier große Volksversammlungen zur Förderung des dänischen Nationalbewußtseins abgehalten. 1863 wurde eine 16 m hohe Gedenksäule aufgestellt, die - natürlich - von den Preußen in die Luft gesprengt wurde. Das geschah 1864. Schon 1866 wurde sie aber wiedererrichtet. Nach dem Zweiten Weltkrieg wurde darüber hinaus den Opfern des Freiheitskampfes ein Glockenturm gewidmet.

# Christiansfeld

2.600 Einwohner

Besucht man *Christiansfeld*, 12 km nördlich von Haderslev, besucht man nicht nur den Ort, der oft das "Tor nach Südjütland" genannt, sondern auch als Dänemarks eigentümlichste Stadt bezeichnet wird. Und in gewissem Sinne ist Christiansfeld das wirklich, bedingt durch die Einflüsse, die die protestantische *Brødremenighed*, eine deutsche Herrnhuter Brüdergemeinde, auf das Erscheinungsbild der Stadt gehabt hat. So sind die kreuzförmig angelegten Straßen und Lindenalleen typisch. Die Mitglieder der Brüdergemeinde, die 1773 die Stadt gründeten, gaben ihr auch den Namen nach König *Christian VII*.

Rund um die einfache **Kirche** in der Ortsmitte von Christiansfeld - die sich immerhin mit dem Attribut schmückt, den größten Saal Dänemarks ohne Stützpfeiler mit Platz für tausend Besucher zu haben - stehen viele alte, denkmalgeschützte **Häuser der Brødremenighed**, die eine Besichtigung lohnen - natürlich nur von außen. Im **Enkehuset**, dem Witwenhaus in der Nørregade 16, ist ein **Museum zur Gemeinde** eingerichtet worden. Auch zur Mission ist manches zu erfahren. (Der Eingang ist an der linken Hausseite; geöffnet von Anfang Juni bis Ende August täglich 14 - 17 Uhr. Eintritt 10/5 DKK).

Gleich um die Ecke befindet sich der sehenswerte **Gudsageren**, der "Gottesacker", also der Friedhof der Brødremenighed, auf dem streng traditionalistisch die Schwestern zur Rechten und die Brüder zur Linken des Eingangs begraben liegen. Alle Gräber sind gleich schlicht.

Um die Ecke gibt es ein kleines historisches Relikt, das die Christiansfelder **Apotheke** erhalten hat und pflegt: ein Garten für Heilkräuter. Während der Öffnungszeiten der Apotheke, die sich in der Lindegade 21 befindet, kann man ihn anschauen.

Eng verbunden mit der religösen Vergangenheit der Stadt ist eine weltliche Berühmtheit: die Christiansfelder Lebkuchen. Sie werden in der 1783 gleichfalls von den Brüdern eingerichteten **Gamle Honningkage Bageri** - sie liegt an der Hauptkreuzung des Ortes - immer noch nach unveränderten Rezepten gebacken. Darum unbedingt hin und frisch probieren!

### Touristeninformation

Kongensgade 5, 6070 Christiansfeld, Tel. 74 56 16 30, geöffnet von Mitte Juni bis Ende August Mo - Fr 9 - 17 Uhr, Sa 9 - 18 Uhr, sonst Mo - Fr 9 - 16 Uhr, Sa 14.30 - 17.30 Uhr.

━► Im weiteren Verlauf geht es über die Straße 170 nach 12 km in die alte Domstadt.

## Haderslev

20.000 Einwohner

*Haderslev* liegt unmittelbar am engen, gut 16 km langen *Haderslev Fjord*, der nach Westen zum See Haderslev

Dam wird und dort zu einer Schiffahrt einlädt. Das Städtchen selbst ist 700 Jahre alt; die Stadtrechte bekam es 1292 verliehen.

Bis heute zeigt es sich als alte südjütische Handelsstadt; das ist noch gut an den alten, liebevoll restaurierten Fachwerkhäusern zu sehen. Die vermutlich schönsten dieser Gebäude stehen in der **Slotsgade**, wie z. B. bei Hausnummer 20 ein Fachwerkhaus aus dem Jahr 1580. Hier ist u. a. eine umfangreiche Sammlung von Steingut ausgestellt, die **Ehlers Samlingen** (geöffnet von Mitte Juni bis Ende August Mo - Fr 10 - 17 Uhr, Sa und So 12 - 17 Uhr, sonst nur Mo, Mi, Fr 10 - 17 Uhr und an Wochenenden 12 - 17 Uhr. Eintritt 10/0 DKK). Das nach einem Brand restaurierte **alte Rathaus** findet man in der Lavgade.

Der Dom **Vor Frue Kirke** ist der Mittelpunkt der Stadt und liegt imposant und von allen Seiten gut zu sehen auf einem Hügel. So, wie er nun hier steht, stammt er aus dem 15. Jahrhundert, doch stand schon 300 Jahre zuvor an dieser Stelle eine Kirche. Beachtenswert neben dem Taufbecken (1485) und der Kanzel (1636) sind in dem gotischen Gebäude die 16 m hohen, schmalen Fenster im Hochchor. Aus Alabaster sind die Figuren am Altar, die die Apostel darstellen.

Etwas nordöstlich vom Stadtzentrum zeigt das volkskundlich und archäologisch ausgerichtete **Haderslev Museum** viele aufschlußreiche, vorgeschichtliche Funde, aber auch eine Trachtensammlung und ein Silberkabinett. Mindestens ebenso besuchenswert, wenn nicht gar interessanter, ist das angegliederte **Freilichtmuseum**, Dalgade 7. Hier sind mehrere alte Höfe und Gebäude aus der Gegend "zusammengetragen", darunter eine Bockmühle, wie sie den holländischen Windmühlen Pate standen (geöffnet von Juni bis August Mo - Fr 10 - 17 Uhr, am Wochenende 12 - 17 Uhr; September bis Mai täglich 13 - 16 Uhr. Eintritt 10/0 DKK).

Ein weiterer volkskundlicher Anziehungspunkt ist die **Slesvigske Vognsamling**. In ehemaligen Stallungen aus dem 18. Jahrhundert in der Sejlstensgade 7 befindet sich eine der größten dänischen Sammlungen dieser Art mit etwa 40 Pferdefuhrwerken (geöffnet von Mitte Juni bis Mitte September täglich von 12 - 17 Uhr. Eintritt 10/0 DKK).

## Touristeninformation

Sønderbro 3, 6100 Haderslev, Tel. 74 52 55 50, geöffnet von Mitte Juni bis Ende August Mo - Sa 9 - 17 Uhr; September bis Mitte Juni Mo - Fr 9 - 16 Uhr, Sa 9.30 - 12.30 Uhr.

## Übernachten

▶ **Haderslev Vandrerhjem "Erlevhus"**, Erlevvej 34, 6100 Haderslev, Tel. 74 52 13 47, in schöner Lage am Wasser; geöffnet für Einzelreisende vom 1.2. bis 30.11.
▶ **Hotel Harmonien**, Gåskærgade 19, 6100 Haderslev, Tel. 74 52 37 20, zwar ein älteres Haus, aber auf modernem Stand, moderate Preise. EZ ab 450 DKK, DZ ab 650 DKK, mit Frühstück.
▶ **Camping Sønderballe**, Diernasvej 218, Sønderballe Strand, Tel. 74 69 89 33, einfach ausgestattet, 540 Plätze, dazu Wohnwagenvermietung; 1 km bis zum Strand; geöffnet nur von Juni bis September.

─▶ Route 9 folgt von *Haderslev* weiter der Straße 170 nach Süden und kommt nach 25 km in den folgenden Ort:

# Åbenrå

15.000 Einwohner

Jetzt, am Ende unseres Jahrhunderts, ist *Åbenrå* eine ziemlich kleine, unbedeutende Stadt im Süden Dänemarks. Doch das war einmal ganz anders. Aus dem ursprünglichen Fischerort entwickelte sich eine Stadt, die 1335 ihre Stadtrechte erhielt. Eine große Blütezeit erlebte sie im 17. und 18. Jahrhundert. Damals war Åbenrå eine Hafenstadt mit einer imposanten Handelsflotte unter Segeln: Bis ins entfernte Island segelte man von hier aus; ebenso wurde ein intensiver Handel mit anderen Häfen an der Ostsee gepflegt. Davon lebt man teils heute noch, denn Reedereien gibt es nach wie vor.

Als Miniaturen leben die großen Zeiten der Segelschiffahrt im **Åbenrå Museum**, H.P. Hanssensgade 33, wieder auf: Neben vor- und heimatgeschichtlichen Abteilungen ist es ein Spezialmuseum für die Seefahrtsgeschichte der Stadt und kann da mit 200 Flaschenschiffen an die großen Originale und ihre Blütezeiten erinnern. Daß schon in der Bronzezeit Menschen die Umgebung besiedelt haben, darauf deutet das Skelett des *"Nybølmanden"*, des *"Mannes von Nybøl"*, hin (geöffnet von Juni bis August außer Mo täglich 10 - 16 Uhr, sonst 13 - 16 Uhr. Eintritt 10/0 DKK).

Im alten Kern von Åbenrå steht die **Kirche Sct. Nicolaj**, zu deren größten Werten das barocke Altarbild aus dem Jahr 1642 und die schmucke Kanzel gehören. Am **Vægterplads** hinter der Kirche und in der nicht allzu weit entfernten **Slotsgade** sind hübsche Giebelhäuser zu entdecken. Am **Store Torv**, dem Großen Markt, befindet sich das Rathaus. Es verfügt über etliche Gemälde dänischer Könige und Königinnen.

Der Name *Hans Peter Hanssen* taucht in Åbenrå immer wieder auf: Er war in der Zeit um 1864, als Südjütland von Dänemark getrennt wurde, bis zur Wiedereingliederung 1920 einer der eifrigsten Verfechter der "Wiedervereinigung". Zu diesem Zweck gab er u. a. die Zeitschrift "Hejmdal" heraus.

Einmal im Jahr ist Åbenrå ganz der Tradition verpflichtet. An jedem ersten Wochenende im Juli findet vier Tage lang das sogenannte **Ringreiterfest** *(ringriderfest)* statt: 500 Reiter treten dann zu einem Wettstreit an, bei dem der Reiter versucht, mit einer Lanze aufgehängte Ringe einzusammeln und so Punkte einzuheimsen. Wer schließlich die meisten Punkte hat, wird feierlich zum Sieger erklärt. Auch in anderen Orten Südjütlands wird dieses Spektakel, das auf mittelalterliche Ritterspiele zurückgeht, veranstaltet.

**Tip:** Schöne Spaziergänge kann man auf den ausgeschilderten Wegen in den Wäldern um Åbenrå (Sønderskov, Hjelm Skov und Jørgensgård Skov) machen, ebenso am *Åbenrå Fjord,* der auch gute Badeplätze hat.

## Touristeninformation

H.P. Hanssens Gade 5, 6200 Åbenrå, Tel. 74 62 35 00, geöffnet von Mitte Juni bis Ende August Mo - Fr 9 - 18 Uhr, Sa 9 - 17 Uhr, sonst Mo - Fr 9 - 16 Uhr, Sa 9 - 12 Uhr.

## Übernachten

▸ **Åbenrå Vandrerhjem**, Sønderskovvej 100, Tel.74 62 26 99, nah am Badestrand, ganzjährig geöffnet; angeschlossen an die Jugendherberge ist auch ein Zweisterne-Campingplatz, der unter derselben Adresse zu erreichen ist.
▸ **Hotel Royal**, Nørre Torv 1, Tel. 74 62 03 30, ganz zentral gelegen mit 8 Zimmern; zum Jahreswechsel ge-

schlossen; gute Ausstattung und angemessene Preise. EZ ohne Bad ab 150 DKK, DZ um 300 DKK.

## Essen und Trinken

Neben den Restaurants in Åbenrå selbst sei auf ein Gasthaus hingewiesen, das ein wenig außerhalb der Stadtmitte liegt: Im *Sølyst Kro* in Styrtom, Flensborgvej 164, herrscht eine nette Atmosphäre, im Sommer kann man auch draußen sitzen. Hier wird noch nach guter dänischer Art gekocht.

## Öffentlicher Verkehr

**Bahn:** Man muß erst nach Rødekro fahren, um dort die Hauptstrecke zu erreichen. *IC* ab Rødekro nach Flensburg und Fredericia im Stundentakt.
**Bus:** Fast stündlich ein Bus nach Padborg, nach Sønderborg (Als), nach Nordborg (Als) ca. dreimal pro Tag, Haderslev mindestens alle zwei Stunden, nach Tønder in der Regel achtmal am Tag, nach Esbjerg dreimal täglich, an Wochenenden seltener.

━▸ Von der früheren in die jetzige Grenzregion gelangt man auf Route 9 nach rund 25 km auf der Straße 170. Dort liegen unmittelbar an der Grenze zur Bundesrepublik die beiden Städte:

## Kruså

*Kruså* hat gut 2.000 Einwohner und profitiert genau wie sein größerer Nachbar, das fast angrenzende, von Ortsmitte zu Ortsmitte jedoch etwa 5 km entfernt liegende Padborg, vom "kleinen Grenzverkehr". Viele Geschäfte und der örtliche Handel leben von deutschen Käufern. Allerdings haben sich auch viele mittelständische Unternehmen in den ausufernden Gewerbegebieten angesiedelt, darunter viele dänische Spediteure, deren Lkw mit Anhänger das Bild bestimmen.

# Padborg

5.000 Einwohner

Hier ist **Frøslevlejren** fast so etwas wie ein Pflichttermin, wenn es um jüngere deutsch-dänische Geschichte geht. Ein Stück von deren trauriger Seite ist in der *Frøslev Plantage,* 3 km nordwestlich von Padborg, bewahrt: Am Rande des Waldes hatten die deutschen Besatzer 1944, unterstützt von dänischen Behörden, ein Lager eingerichtet und zugesichert, daß von nun an keine dänischen Gefangenen mehr in deutsche Konzentrationslager gebracht werden sollten. Doch daran hielt man sich nicht; für viele wurde *Frøslev Lejren* zu einem Durchgang zu anderen Vernichtungslagern. Am Tag der Befreiung, dem 5. Mai 1945, waren 5.000 Gefangene im Lager. In der erhaltenen Gefangenenbaracke (H 4) und im Hauptwachtturm ist ein Museum eingerichtet. Einige Räume seit 1944 sind unverändert, andere zeigen Ausstellungen zur Lagergeschichte, Deportation und Besatzungszeit in Südjütland. In der ehemaligen Krankenbaracke ist außerdem ein **Museum des Dänischen Roten Kreuzes** (*Dansk Røde Kors Museum*) zu finden. Adresse: Lejrvej 83, 6330 Padborg (geöffnet von Februar bis November täglich 10 - 16 Uhr, am Wochenende und Feiertagen sowie in den Sommermonaten 10 - 17 Uhr; Dezember und Januar geschlossen. Eintritt frei).

## Touristeninformation

Flensborgvej 11, 6340 Kruså, Tel. 74 67 21 71, geöffnet von Mitte Juni bis Ende August Mo - Fr 9 - 18 Uhr, Sa 9 - 17 Uhr, sonst Mo - Fr 9 - 17 Uhr, Sa 9 - 14 Uhr.

━► Eine der südlichsten und zugleich eine der schönsten dänischen Straßen führt nun von *Kruså* über *Kollund* nach Osten, unmittelbar an der Flensburger Förde entlang. In dessen Mitte verläuft die Grenze zwischen Dänemark und Deutschland. So gelangt man nach etwa 18 km über *Egernsund* nach *Gråsten*.

# Gråsten

*Gråsten* liegt einmalig zwischen Flensburger Förde und dem Schloßsee, rund 20 km westlich von Sønderborg. Eine der vielen Eichen, für die die Gegend weit bekannt ist, steht mitten auf dem Marktplatz: Die **Fredsegen** (Friedenseiche) pflanzte man aus Anlaß des Friedensschlusses nach dem deutsch - französischen Krieg 1871. Warum das? Südjütland gehörte zu dieser Zeit zu Preußen.

Eigentlicher Anziehungspunkt Gråstens ist jedoch das **Schloß**. Es wurde 1709 gebaut, brannte aber schon fünfzig Jahre später ab. Von den ursprünglichen Gebäuden blieb nur noch die **Kirche**, ausgeführt 1699 im holländischen Barock. Das alte Hauptgebäude dagegen wurde nie wieder aufgebaut, sondern 1759 durch einen niedrigen Verbindungstrakt ersetzt. Im 17. Jahrhundert wurde das Schloß Hauptsitz des Geschlechts *Ahlefeldt*, 1725 dann vom Herzog von Augustenborg erworben. Zwei Jahrhunderte später, genau 1921, verkauften die Erben des Herzogs Schloß Gråsten an den dänischen Staat. Der machte es 1935

Kronprinz *Frederik* (der spätere IX.) und Kronprinzessin *Ingrid* zum Hochzeitsgeschenk. So wurde es königliche Sommerresidenz und ist darum wie der Schloßpark nur für Besucher zugänglich, wenn es nicht bewohnt wird. Im Park stehen einige alte Apfelbäume, die in der Orangerie gezogen wurden, wo um 1700 die Züchtung der beliebten Gråstener Äpfel gelang.

### Touristeninformation

Banegården, Kongevej 71, 6300 Gråsten, Tel. 74 65 09 55, im alten fürstlichen Wartesaal des Bahnhofs von Gråsten, geöffnet im Sommer Mo - Sa 9 - 17 Uhr.

## ♦ Broager

Gerade 6 km entfernt von Egernsund und nur 8 km südwestlich von Sønderborg liegt dieser kleine Ort mit knapp 3.000 Einwohnern. Ein Besuch lohnt sich in erster Linie aus einem Grund: **Broager Kirke**. Die schöne romanische Landkirche mit ihren beiden gotischen Türmen, die sie im 15. Jahrhundert erhielt, ist weithin bekannt: Zum einen wegen ihrer für Dänemark ungewöhnlichen Bauweise und den beiden Zwillingstürmen (die preußische Militärs übrigens während der Bombardierungen um Dybbøl als Orientierungspunkt nutzten; s.u.), noch mehr aber wegen der Kanzel mit ihren Schnitzereien, einer Holzskulptur des Heiligen Georg mit dem Drachen und den erhaltenen Kalkmalereien. In der Apsis befinden sich Fresken aus dem 13. Jahrhundert (sie stellen Christus und die Apostel dar), die im Chorraum stammen aus dem 16. Jahrhundert (sie haben das Jüngste Gericht zum Thema).

Ein kurzer Ausflug zur bewaldeten Fjordlandschaft auf der Landzunge *Broager Land* bietet sich an.

### Touristeninformation

c/o Ihle Papir og Gaver, Storegade 23, 6310 Broager, Tel. 74 44 11 00, geöffnet zu den normalen Geschäftszeiten.

→ Um den *Nybøl Nor* auf der Straße 481 fahrend, kommt man nach knapp 10 km nach **Dybbøl** mit seiner geschichtsreichen Umgebung: **Dybbøl Banke** ist an der höchsten Stelle - bei der Mühle - 68 m hoch. Von hier hat man auch einen phantastischen Blick über Südjütland und Als. Als nach dem Krieg von 1848 bis 1850 zu erkennen war, daß Nordschleswig solide Befestigungen gegen das Meer brauchen würde, vergingen immer noch elf Jahre, ehe die Arbeiten 1861 in Angriff genommen wurden. Daher waren sie bei Ausbruch des Krieges im Februar 1864 auch noch nicht abgeschlossen, was das dänische Heer nicht hinderte, sich bei Dybbøl zu verschanzen, nachdem es den Schutzwall *Dannewirke* verlassen hatte. Nach zehnwöchiger Belagerung und Dauerbeschuß der preußischen und österreichischen Kanonen aber fiel Dybbøl am 18. April 1864 - und Dänemark mußte beim Friedensschluß Schleswig, Holstein und Lauenburg abtreten. Fast selbstverständlich war es daher, daß nach der Wiedervereinigung der Gebiete hier auf der Königsschanze am 11. Juli 1920 auch ein großes Fest stattfand: 50.000 Nordschleswiger waren gekommen, um *Christian X.* Treue zu schwören. **Dybbøl Mølle** wurde ein Nationalsymbol, das viermal wiederaufgebaut worden ist (zu besuchen von Mitte Juni bis Mitte August täglich 10 - 17 Uhr; sonst täglich 13 - 16 Uhr. Eintritt 10/5 DKK). Seit kurzem gibt es das **Historiecenter Dybbøl Banke**, das einen multimedialen Zugang zu dieser Episode der Geschichte versucht (geöffnet von April bis Oktober täglich von 10 - 17 Uhr. Eintritt 35/15 DKK).

# Sønderborg

30.000 Einwohner

Einstmals bei der Stadtgründung lag *Sønderborg* nur auf Als; inzwischen hat es sich aber auch jenseits des Alssundes ausgebreitet. Zwei Brükken führen hinüber in die vom Schloß dominierte Stadt: die **Christan X.s bro**, die 1930 die erste, 1865 erbaute Brücke über den Sund ablöste, und die größere, 600 m lange **Alssund-Brücke**, die 1981 nördlich der Stadt erbaut worden ist. Das **Schloß**, die älteste erhaltene Königsburg in Südjütland, hat seit den Tagen König Valdemars, als sie um 1169 angelegt wurde, große Veränderungen erlebt. Nach einer umfangreichen Restaurierung zwischen 1964 und 1973 steht das Schloß nun wieder in der Gestalt, die es nach einem Umbau im Renaissancestil 1720 hatte. Immer noch gern erzählt wird von der Zeit, als zwischen 1532 und 1549 der abgesetzte König *Christian II.* im südöstlichen Turm Gefangener war. Dieser Turm wurde aber 1754 abgerissen. Die vornehme Renaissancekapelle ist die älteste lutherische Fürstenkapelle Skandinaviens, eingerichtet um 1560.

Das Schloß ist als **Museet på Sønderborg Slot** mit nicht weniger als vierzig Räumen zugänglich. Es dokumentiert die Geschichte Nordschleswigs, insbesondere im Zusammenhang mit den Kriegen 1848 bis 1850 und 1864 sowie den beiden Weltkriegen. Ferner stellen einige Modelle im Erdgeschoß die Geschichte des Schlosses selbst nach (geöffnet von Januar bis März sowie von Oktober bis Dezember täglich 13 - 16 Uhr; April täglich 10 - 16 Uhr; Mai bis September täglich 10 - 17 Uhr. Eintritt 10/0 DKK).

Die Stadt Sønderborg ist in ihrem Baubestand ansonsten nicht sonderlich alt. Die meisten ihrer Gebäude stammen aus den Jahren um 1870. Grund dafür ist, daß die preußisch-österreichische Armee in den Kämpfen 1864 die Stadt in Brand schoß, was verheerende Folgen hatte. Eine der wenigen Ausnahmen ist die **Kirche Skt. Mariæ**, in der noch Schnitzereien aus dem 17. Jahrhundert zu sehen sind.

## Touristeninformation

Rådhustorvet 7, 6400 Sønderborg, Tel. 74 42 35 55, geöffnet von Mitte Juni bis August Mo - Sa 9 - 17 Uhr; September bis Juni Mo - Mi, Fr 9 - 16 Uhr, Do 9 - 17 Uhr und Sa 9 - 12 Uhr.

## Übernachten

▸ **Sønderborg Vandrerhjem**, Kærvej 70, Tel. 74 42 31 12, etwa 1 km von der Stadtmitte, geöffnet für Einzelreisende vom 1.2. bis 30.11.
▸ **Vollerup Vandrerhjem "Abildgården"**, Mommarksvej 22, Vollerup, Tel. 74 42 39 90, ca. 5 km östlich von Sønderborg, ganzjährig geöffnet.
▸ **Hotel Ansgar**, Nørrebro 2, Tel. 74 42 24 72, am Hafen und nah der Ortsmitte; 38 Zimmer, bieten keinen Luxus, sind aber zweckmäßig. EZ ab 300 DKK, DZ ab 425 DKK.
▸ **Hotel Strandpavillonen**, Strandvej 25, Tel. 74 42 22 28, herrliche Lage am Strand, aber nur 8 Zimmer; Preise trotzdem noch erschwinglich. EZ um 410 DKK, DZ um 525 DKK.
▸ **Madeskov Camping \*\*\***, Madeskov 9, Tel. 74 42 13 93, kleiner Platz nahe der alten Brücke über den Alssund, unmittelbar am Wasser gelegen, 67 Plätze, auch Vermietung von Wohnwagen, 1 Hütte; geöffnet von März bis Mitte September.

## Essen und Trinken

Aus dem internationalen Angebot
seien genannt: Das Restaurant im
Hotel *Strandpavillonen*, Strandgade 25, mit einer guten Auswahl
leckerer dänischer Speisen und das
*Underhuset*, Restaurant im Hotel
Ansgar, Nørrebro 2. Allerdings ist es
hier deutlich teurer. Viele Cafés gibt
es in der Stadtmitte; ein schönes am
Hafen ist *Café au Lait*.

## Öffentlicher Verkehr

**Bahn:** Vom Bahnhof auf der Fest-
landseite, Dybbølgade, Regionalzüge, seltener *IC*. In Tinglev umsteigen,
dort Anbindung an *IC* über Padborg
nach Flensburg oder Fredericia, Århus oder Kopenhagen.
**Bus:** Regelmäßig Verbindungen vom
Busbahnhof in der Jernbanegade/
Ecke Langang (auf der Inselseite)
nach Åbenrå, Ribe und Esbjerg (in
der Regel dreimal täglich), nach Ribe
mindestens alle zwei Stunden, nach
Dybbøl und Gråsten ungefähr alle 2
Stunden.

# Augustenborg

Sønderborg unmittelbar benachbart
ist *Augustenborg* im Osten. Es bietet
hübsche, alte Häuser, vor allem aber
das Schloß, das wunderschön am
*Augustenborg Fjord* liegt. Das barocke Gebäude stammt aus dem Jahr
1770, doch wurde die schloßeigene
Kirche im Rokokostil ausgeschmückt;
Altar, Kanzel und Orgel stehen übereinander. Nach verschiedener anderer Nutzung ist das Schloß seit 1932
Psychiatrisches Krankenhaus.

## Touristeninformation

*Erhvervs- og Turistbureau*, Storegade
28, 6440 Augustenborg, Tel. 74 47

17 20, geöffnet von Juli bis August
Mo - Fr 10 - 15 Uhr, Sa 9 - 14 Uhr,
sonst nur Di - Fr 10 - 16 Uhr.

→► Von *Augustenborg* über die
Landstraße 8 kommt man nach rund
8 km zum Fährhafen **Fynshav** an der
Ostseite von Als. Von dort besteht
sieben- bis achtmal am Tag eine
Fährverbindung hinüber nach *Bøjden*
auf der Insel Fünen. Die Überfahrtdauer beträgt 50 Minuten, pro Person
kostet die einfache Fahrt 30 DKK, im
Pkw mit Insassen 160 DKK. Für den
Fahrradtransfer zahlt man 20 DKK
(Reservierungen unter Telefonnummer 74 47 43 43).
    Fährt man aber von Augustenborg
zum Ort **Ketting**, gelangt man auf die
Hauptstraße 405 und von dort ins
5 km entfernte **Guderup**. Hier steht,
glaubt man den Angaben, Europas
größte Sonnenuhr: Sie ist 12 m hoch.
    Auf dem weiteren Weg zum End-
punkt der Route 9, *Nordborg*, ist es
im Dorf **Svenstrup** für Mineralien-
freunde gewissermaßen eine Pflicht,
anzuhalten. Seit 1992 gibt es hier im
Egebjergvej 4 **Jørgen Riecks Ar-
kæologiske Samling**, Dänemarks
größte private Steinsammlung (zu besichtigen von Juni bis August täglich
12 - 16 Uhr. Eintritt frei). Von dort sind
es nur noch wenige Kilometer bis zur
nächsten Station:

# Nordborg

8.000 Einwohner

Der Ort ist ursprünglich um **Schloß
Nordborg** (erbaut 1157) entstanden.
Das Schloß steht immer noch, ist aber
"zweckentfremdet" und dient heute
als Schule. Wie das Anwesen ist auch
die ganze Stadt eher schlicht als
schön. Eindeutig bestimmen das

wirtschaftlich-industrielle Leben der Stadt, ja den ganzen Norden von Als, die weltbekannten Danfoss-Werke, eines der größten Unternehmen Dänemarks. Ihrem Gründer *Mads Clausen* gelang es, mit Regeltechnik die ganze Welt zu "erobern" - etwa 5.000 Danfoss-Angestellte arbeiten mit und leben von seinen Erfindungen.

Ansonsten verdient neben dem Schloß eigentlich nur die **Kirche** aus dem Jahr 1630 in Nordborg Erwäh-

nung, insbesondere ihre Kanzel (1630) und das Altarbild (1655).

## Touristeninformation

*Nord-Als-Turistbureau,* Stationsvej 8, 6430 Nordborg, Tel. 74 45 05 92, geöffnet im Juli und August Mo - Sa Uhr; September bis Mai Mo - Fr 9 - 16 Uhr, Sa 9 - 12 Uhr.

---

## Route 10
## Fyn - Ærø - Langeland:
## Middelfart - Odense - Svendborg - Rudkøbing
## (185 - 190 km)

---

Mit drei größeren Inseln will Route 10 bekanntmachen: *Fünen, Ærø* und *Langeland.* Und rechnet man das kleinere Tåsinge, zwischen Fünen und Langeland, hinzu, sind es sogar vier. Alle gehören zur gleichen Verwaltungseinheit, dem *Fyns Amt.* Es hat eine Gesamtgröße von gut 3.500 km², auf denen insgesamt 450.000 Einwohner leben. Mehr als ein Drittel von ihnen wohnt allein in der Hauptstadt der Region, *Odense,* das immer noch zuerst und in einem Atemzug mit dem Dichter *Hans Christian Andersen* genannt wird. Die anderen "Fynbo", wie sie sich nennen, leben zumeist noch von der traditionellen Landwirtschaft; die Menschen in den Küstenorten natürlich von der Fischerei, die an einigen Orten noch große wirtschaftliche Bedeutung hat.

Bis ins 19. Jahrhundert hinein waren für Fünen - das sich seiner zentralen Lage wegen gerne das "grüne Herz Dänemarks" nennt - seine neun Hafenstädte, die alle gleichzeitig als Umschlag- und Transportplätze von herausragender Bedeutung 1862 Stadtrechte erhielten. Das änderte

sich dann langsam, als sich das wirtschaftliche Geschehen mit der Anlage des Straßen- und Schienennetzes ins Landesinnere verlagerte.

Mehr als auf die Wirtschaft achtet Route 10 jedoch auf Natur- und Kulturschönheiten. Die größte Naturschönheit sind die vielen Inseln: Das "fünische Inselmeer", das *fynske øhav,* heißt bei den Dänen diese schöne Landschaft mit ca. 90 Inseln, von denen 25 bewohnt sind. Als Kulturlandschaft betrachtet, ist Fünen die Insel der Schlösser und Herrenhöfe, von denen es nicht weniger als 124 aufweist! Nur einige sind zugänglich, darunter die großen *Egeskov Slot, Valdemar Slot* und *Nyborg Slot.*

➛ Die "Inselroute" 10 hat ihren Ausgangspunkt in der westfünischen Stadt *Middelfart,* die von Jütland über zwei Brücken zu erreichen ist. Direkt ins Zentrum führt die alte Straße 161, über die erste *Lillebæltsbro* (Brücke über den Kleinen Belt). Diese wurde 1935 in Betrieb genommen - bis dato gab es als Verbindung nur die Fähre

(→ Middelfart, hier: Middelfart Museum).

Einige Kilometer weiter nördlich und an Middelfart vorbei verläuft die Autobahn E 20. Für sie und den wachsenden Verkehr eröffnete man 1970 eine neue Brücke, Dänemarks erste Hängebrücke. Sie ist 1,7 km lang und an zwei Brückentürmen aufgehängt, die sich 120 m über das Wasser erheben. Auf jeder Seite des Belts wird die Brücke von zwei 33.000 Tonnen schweren Ankerblöcken gehalten.

## Middelfart

12.500 Einwohner

Der Name der ersten Stadt, die man - vom Festland aus kommend - erreicht, hängt höchstwahrscheinlich mit ihrer geographischen Lage zusammen. Er kann übersetzt werden als "mittlere Überfahrtsstelle"; und damit gemeint ist ihre Lage im Vergleich zu anderen Orten, von denen im Mittelalter das Übersetzen nach Jütland gewährleistet wurde. Außer *Middelfart* hatten sich in Westfünen noch *Strib* und *Fønsøre* als solche Fährorte etabliert.

Middelfart war, schon bevor es 1496 offiziell Stadt wurde, nicht nur Fährstelle, sondern auch eine Fischersiedlung in einer schönen Umgebung. Zum ersten Mal wurde es in Verbindung mit der Flucht *Knuds des Heiligen* nach Odense im Jahr 1086 erwähnt.

Die alte Kirche **Sct. Nicolaj** war in ihren Anfängen eigentlich ein romanischer Backsteinbau. Sie wartet auf mit einem kostbaren Altar aus der Zeit um 1650, mit einer Malerei von *Christoffer Wilhelm Eckersberg* aus dem Jahr 1843 (→ Bildende Kunst - damals und heute, hier: Vor 1945) und einer bemerkenswert ausgearbeiteten

Kanzel aus dem Jahr 1596.

In der Brogade 6 hat man das **Middelfart Museum** im historischen Fachwerkhaus *Henner Frisers Hus*, das um das Jahr 1570 erbaut wurde, eingerichtet. Es zeigt u. a. Ausstellungen zur langen Fährgeschichte und zum traditionsreichen fünischen Tabak. Beides ist eher etwas für am Lokalen Interessierte (geöffnet von Juni bis August täglich 11 - 17 Uhr; Mai und September 14 - 17 Uhr. Eintritt 15/0 DKK).

Zur *Gamle Lillebæltsbro*, der älteren der beiden Brücken, die vom Festland nach Middelfart führen, hat das **Middelfart Museum**, Algade 4, eine eigene Abteilung eingerichtet, in der mehr darüber zu erfahren ist (geöffnet von Juni bis August täglich 11 - 17 Uhr; sonst täglich 14 - 17 Uhr. Eintritt 15/0 DKK).

Am *Fænø Sund* am westlichen Ausgang von Middelfart lohnt der **Park von Schloß Hindsgavl** einen Besuch. Das einfache Schloßgebäude selbst ist, weil privates Kursuscenter, für die Öffentlichkeit nicht zugänglich. (Lediglich ein Anbau der Scheune ist als Unterabteilung des Middelfart Museums geöffnet. Hier geht es um Schloßgeschichte, Landwirtschaft und eine große Sammlung von Hüten.)

Aber schon ein Eindruck von der herrlichen Lage am Kleinen Belt lohnt. Ursprünglich stand an diesem Ort eine Königsburg, die jedoch 1287 in Brand gesteckt wurde. Das jetzige Hauptgebäude, errichtet 1784, ist im Vergleich zu dem Vorgängerbau keine architektonische Sensation, doch entschädigt die Lage für vieles, denn von der Burg hat man einen schönen Blick über den Sund.

## Touristeninformation

Havnegade 10, 5500 Middelfart, Tel. 64 41 17 88, geöffnet von Mitte Juni

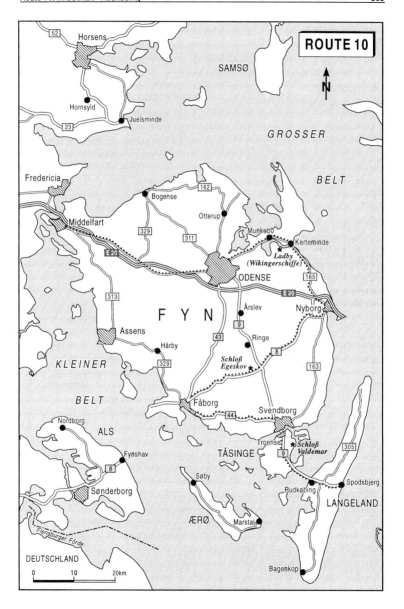

bis Ende August Mo - Sa 9 - 17 Uhr, sonst Mo - Fr 9 - 17 Uhr, Sa 9 - 12 Uhr.

## Übernachten

▸ **Hotel Kongebrogården**, Kongebrovej 63, Tel. 64 41 11 22, bevorzugte Lage am Bootshafen, vom Zentrum ca. 0,5 km entfernt; modern von innen und außen, 96 Betten, Restaurant. DZ mit Bad 875 DKK.

▸ **Skovlund Camping \*\*\***, Kystvejen 2, Båring Vig, 5466 Asserup, Tel. 64 48 14 77, ruhiger Platz, nah zu Wald und Strand, gute Möglichkeiten zum Baden und Surfen; 155 Plätze, 20 Hütten; geöffnet von Ende März bis Ende September.

## Öffentlicher Verkehr

**Bahn:** Stündliche IC-Verbindung vom Bahnhof im Zentrum in alle Richtungen.

**Bus:** Regelmäßige Verbindungen von der zentralen Busstation am Bahnhof ins Hinterland, nach Assens in der Regel zwölfmal am Tag, Bogense jede Stunde, an Wochenenden aber seltener; es fährt die Busgesellschaft *Fyns Amts Rutebiler*.

━▸ Jetzt verläßt Route 10 *Middelfart* über die alte fünische "Lebensader", die Landstraße 161 - die heute in ihrer Bedeutung von der fast parallel verlaufenden Autobahn E 20 abgelöst worden ist - in Richtung *Odense*. Nach gut 20 km trifft man auf dieser Strecke nahe dem Ort *Grønnemose* auf eine der neuen Attraktionen Fünens: **Fyns Sommerland** (Landevej 161, Årup, Tel. 64 88 17 50, geöffnet täglich 10 - 18 bzw. 19 Uhr). Es bietet all den Urlaubern Abwechslung, die nicht nur "Natur pur" suchen.

Fährt man von hier auf der Straße 329 geradewegs nach Nor-

den, kommt man nach rund 20 km an die Nordküste Fünens.

## ◆ *Bogense*

3.000 Einwohner

*Bogense* liegt wunderschön zum Kattegat, umgeben von einer fruchtbaren Landschaft. Es ist heute Fünens älteste, gleichzeitig aber auch kleinste Seestadt, mit Privilegien aus dem Jahr 1288. Und das war immerhin ein halbes Jahrhundert vor Odense!

Das Einmalige am lebhaften Bogense ist der alte, fast unverändert erhaltene Stadtkern. Rund um den Marktplatz, dem **Torvet**, stehen hohe Linden und alte Bürgerhäuser aus dem vorigen Jahrhundert. Zusammen mit der **Adelgade** bildet er ein einzigartiges historisches Ambiente. Dennoch ist die Zeit nicht stehengeblieben: Kleine Läden haben sich in den alten Häusern einquartiert. In der Adelgade 40 steht eine offene Werkstatt für künstlerische Holzverarbeitung, in der sich die Handwerker bei der Arbeit zuschauen lassen (im Sommer täglich 9 - 21 Uhr, sonst eingeschränkt). Am Ende der Straße, gegenüber dem Touristenbüro, steht - ja, erst glaubt man, sich verlaufen zu haben - eine Kopie des **Manneken Pis** aus Brüssel. Auch in der Østergade sieht man gut erhaltene Kaufmannshöfe im Fachwerkstil, die an die große Zeit des Ortes erinnern; dies tut gleichfalls die hübsche **Sct. Nicolai Kirche**, ehemals romanisch, dann im gotischen Stil umgebaut. Die umfassende Restaurierung des alten Bogense fand in den Jahren 1990 und 1991 statt.

Im **Rathaus** in der Vestergade 16 ist **Nordfyns Museum** untergebracht, das u. a. regionale Antiquitäten, Möbel, Trachten und kunstvolle Frisuren in Erinnerung halten will (geöffnet von

Juni bis August Di bis Do 10 - 16 Uhr, So 14 - 16 Uhr, sonst nur Di und Mi 10 - 16 Uhr. Eintritt 5/2 DKK).

Als Seestadt hat Bogense nicht nur einen alten Fischereihafen, sondern im Westen auch einen Freizeithafen. Hier ist auch ein großer Badestrand, an dem sich Kinder gut tummeln können.

## Touristeninformation

Adelgade 40, 5400 Bogense, Tel. 64 81 20 44, geöffnet im Juli und August Mo - Sa 9 - 18 Uhr; September bis Juni Mo - Fr 10 - 17 Uhr, Sa 10 - 14 Uhr.

## Übernachten

▸ **Bogense Hotel**, Adelgade 56, Tel. 64 81 11 08, mitten in der Stadt in einem Haus aus dem letzten Jahrhundert. 120 Betten, teils mit, teils ohne Bad. DZ mit Bad ab 420 DKK, ohne Bad 380 DKK.
▸ **Havnens Eventyr Camping**, Nordre Havnevej 7, Tel. 64 81 14 43, Wiesenplatz am Wasser, Kapazität für 525 Personen, 100 Stellplätze, 5 Hütten; ganzjährig geöffnet.

## Essen und Trinken

Besonders gemütlich ist es in Bogense im Restaurant *Erik Menveds kro*, das man in der Adelgade in einem alten Fachwerkhaus findet. Es bietet gutes Essen bei angemessenen Preisen. Für Kaffeefreunde gibt es *Leo Café og Bistro* und *Café 44*.

## Öffentlicher Verkehr

**Bus:** Meist stündlich von der Bushaltestelle im Zentrum eine Verbindung nach Odense und Middelfart; an Wochenenden seltener.

## ◆ *Glavendrupstenen*

Ein außergewöhnliches Monument steht etwa 15 km südöstlich von Bogense, nahe dem Ort *Skamby*: In einer Schiffssetzung (d.i. eine schiffsförmige Anordnung von Steinen, die in der Eisenzeit als Grabstätten angelegt wurden) steht der sogenannte *Glavendrupstenen*, ein bemerkenswerter Runenstein. Er weist die längste in Dänemark gefundene Runeninschrift auf; sie hat 200 Zeichen. Der Text beginnt: "Diesen Stein setzte Ragnhild für Alle den Bleichen." Als Schreiber der Runen ist ein Mann namens *Sorte* genannt.

Älter als die erkennbaren Runen - sie sind von etwa 900 n. Chr. - sind die kleinen Vertiefungen im Stein, die wahrscheinlich Fruchtbarkeitssymbole sein sollen.

# Odense

180.000 Einwohner

So manches Mal meint man, es müßte doch irgendwann endlich genug sein: Zu stark ist die Selbstdarstellung von *Odense* als die Stadt des weltberühmten Märchendichters *Hans Christian Andersen*, der hier 1805 geboren wurde. So wirbt die Stadt um Touristen mit dem Slogan "Destination Fyn - H.C. Andersen": Ein "Märchenpaß" verbilligt den Zutritt zu Museen, und "Zu Fuß auf H.C. Andersens Spuren" wandeln läßt sich sowieso. Da kommt der zweite große Odenser, der Komponist *Carl Nielsen*, fast ein wenig zu kurz. Aber etwas Verständnis sollten man den Bewohnern Odenses wohl für ihren Stolz auf diese bekannten Söhne der Stadt entgegenbringen.

Andererseits kann die Stadt auf weit mehr zurückblicken. Obwohl Odense schon 1988 sein tausendjähriges Stadtjubiläum gefeiert hat, ist die Stadt höchstwahrscheinlich noch älter. Doch beim Jubiläum beriefen sich die Stadtväter und Historiker auf die erste schriftliche Erwähnung ihres Heimatorts. Diese findet sich in einem Brief des deutschen Kaisers *Otto III.* vom 18. März 988, als Otto dem damaligen Bischofssitz einige Privilegien verlieh.

Dieser Bischofssitz (seit 1020) mitten auf der Insel Fünen entstand an einem Ort, den schon die Wikinger als Kultstätte ausgewählt hatten: Sie huldigten hier dem mächtigen Gott *Odin*. Allerdings ist die genaue Lage der Stätte bisher nicht zu bestimmen, bestätigt wird die Annahme aber, weil Münzen aus jener Zeit existieren, die mit "Odins vi", d. h. "Odins Kultstätte", beschriftet sind. Sprachlich verschmolz das zunächst zu "Odansue" - so aufgeschrieben von *Adam von Bremen* in seiner Kirchengeschichte im Jahr 1075 -, dann zum heutigen "Odense".

Aus der wahrscheinlichen Wikingerburg und dem Bischofssitz, wo im Mittelalter 80 Priester und 200 Mönche gelebt haben sollen, entwickelte sich dann langsam eine größere Stadt.

Das herausragende Geschehen in der Geschichte Odenses, auf das sich noch heute alles bezieht, spielte sich nur wenig später ab: Im Jahr 1086 flüchtete der dänische König *Knud II.* hierhin, nachdem er vergeblich von den Nordjüten Bußgeld eingefordert hatte, weil diese nicht bei einem von ihm geplanten Angriff auf England mitmachen wollten. Womit er nicht gerechnet hatte, war der Widerstandsgeist der Vendelboer, die unverhofft zum Gegenangriff übergingen. Knud flüchtete zunächst in den Herrenhof des Königs in Odense, dann - sich sicher wähnend im Schutz der Kirche - in die *St. Albans Kirche,* damals noch ein Holzbau. Auf den Stufen wurde er dann aber grau-

sam ermordet. Schon 15 Jahre später sprach der Papst ihn heilig, und so ruhte er fortan in einem Heiligenschrein in der Steinkirche, die zum Königshof gehörte. Diese Kirche vergrößerte man 1139 zur heutigen *Domkirche Skt. Knuds,* in deren Krypta der Heilige aufgebahrt ist.

In den kommenden Jahrhunderten durchlebte Odense eine gleichmäßige Entwicklung. Es bekam 1335 die Stadtrechte, und auch Geschehnisse, die andernorts verheerend wirkten, überstand die Stadt glimpflich: So richtete z. B. die Reformation nicht so viel Schaden an wie etwa in Kopenhagen, das 1530 im Bildersturm fast ganz von katholischer Bildkunst gereinigt wurde. Die Anlage des Hafens Anfang des 18. Jahrhunderts bedeutete einen erneuten Aufschwung der Wirtschaft. Den Hafen verband man über einen 7 km langen Kanal mit dem *Odense Fjord.*

Bis in die Gegenwart hat Odense seine wichtige Stellung als Industrie- und Handelsstadt behauptet. Mit ihren 180.000 Einwohnern ist die Stadt immerhin auch die drittgrößte Dänemarks. Daß dabei die Verwaltung und Versorgung Fünens eine führende Rolle spielt, braucht kaum erwähnt zu werden. Die vielen Geschäfts- und Fußgängerstraßen rund um den Dom und die Vestergade, schnell zu erreichen dank der guten Infrastruktur Fünens, ziehen Menschen aus einem Umkreis von 50 Kilometern an.

In vielen Bereichen der Stadt hat darum eine moderne Bebauung die traditionelle abgelöst; zweckmäßige Häuser bestimmen das Bild: Zu ihnen gehören nicht nur die Brauerei, sondern auch das Amts- und Stadtkrankenhaus an der Ringstraße, das Rathaus und das Technikum samt Universität. Letztere ist eine noch recht junge Gründung, das sogenannte *Odense Universitetscenter* gibt es erst seit 1966. Auf dem Campusgelände an der Niels Bohr Alle bzw. am

Centervej studieren knapp 10.000 Studenten in vier Fakultäten (Geistes-, Gesellschafts-, Naturwissenschaften und Medizin). Odense ist also eine alte und trotzdem junge Stadt im heutigen Mittelpunkt von Dänemark.

## Sehenswürdigkeiten

Dieser Stadtrundgang durch das doch recht überschaubare alte Zentrum von Odense folgt nicht nur den Spuren von *Hans Christian Andersen,* aber ganz "übergehen" kann und will man diesen dennoch nicht. Die beiden erhaltenen Lebensstätten des großen Dichters - Geburts- und Jugendhaus - sind selbstverständlich einbezogen.

Dennoch beginnt der Spaziergang am Rand der Innenstadt, nämlich am

**Bahnhof**, Østre Stationsvej. Ihm gegenüber liegt eine der vielen herrlichen Grünflächen der Stadt, der **Schloßgarten Kongens Have**, durch den es zunächst auf das gedrungene und relativ flache klassizistische **Odense Schloß** zugeht (eine Innenbesichtigung ist nicht möglich). Nach links gewandt, sind es nur wenige Schritte bis zur backsteinroten **Sct. Hans Kirke**, die Dominikaner im 15. Jahrhundert als Teil eines Klosters errichteten. Besonders hervorzuheben ist allein ihre Außenkanzel - die einzige in Dänemark überhaupt.

Der Nørregade, an der *Sct. Hans* liegt, folgt man nach rechts und in ihrem weiteren Verlauf nach links, ehe man an der Gravene erneut links in eine verkehrsberuhigte Sackgasse einbiegt. Schon sieht es so aus, als könnte hier das H.C. Andersen-Haus liegen, doch die kleine Gasse ist (trotz des Restaurants *Den grimme Ælling* (Das häßliche Entlein), einer

Fachwerkhäuser in Odense

guten, aber nicht gerade billigen Ein-
kehrmöglichkeit) erst der Anfang der
einstmals durchgehenden **Hans Jensens Stræde**. Diese wird heute leider
durch die breite Ringstraße durchschnitten, die man auf dem Zebra-
streifen links überquert.

Doch dann kommt man ins Stau-
nen: Durch einen Durchgang in der
abweisenden Betonmauer auf der
gegenüberliegenden Straßenseite,
hinter der die Hans Jensens Stræde
weiterführt, taucht man in das **alte
Odense** ein. Plötzlich herrscht Ruhe,
wo zuvor der Autolärm tobte; ein ver-
gangenes Jahrhundert lebt auf. Die
Straßen sind gepflastert, die Häuser
niedrig und eingeschossig, sie sind
bunt und von Stockrosen umrankt.
Daß dennoch fast ständig so viele
Menschen diese Gegend bevölkern,
hat nur einen Grund: Hans Christian
Andersen. Das für ihn, sein Werk und
seine Biographie errichtete Museum
erkennt man sofort auf der rechten
Seite, so stark weicht die moderne
Architektur dieses Gebäudes von allen anderen Häusern hier ab. Fast
droht das Gebäude das eigentliche,
gedrungene, alte *H.C. Andersen Haus*
auf der Ecke zu erschlagen.

Im heute nach ihm benannten
**H.C. Andersens Hus**, Hans Jensens
Stræde 37-45, wurde der Märchen-
dichter und -sammler am 2. April
1805 geboren, und daß die Verhältnisse damals äußerst beengt waren,
wird beim Gang durch das Häuschen
schnell klar.

Das angegliederte **Museum** bezieht unter seinem neuen Kuppelsaal
das alte Haus ein, und arbeitet einerseits teils sehr erschöpfend die Le-
bensgeschichte Andersens auf, zeigt
aber auch in sehenswerten Rekon-
struktionen verschiedene Zimmer, die
er in Kopenhagen in Nyhavn 18 und
20 bewohnte, und wo er bis zu seinem Tod 1871 lebte. Außerdem gehört eine umfangreiche Bibliothek mit
den dänischen und ausländischen

Ausgaben seiner Werke sowie zahllosen Buchillustrationen zum Museum.
Wer im Sommer zwischen Juni und
August kommt, hat Gelegenheit, die
sogenannte **H.C. Andersen Parade**
zu erleben, anläßlich derer zwanzig
Darsteller Szenen aus den Märchen
nachspielen. Dies geschieht auf dänisch, wird aber auch u. a. ins Deutsche übersetzt (Museum geöffnet von
Juni bis August täglich 9 - 18 Uhr,
sonst täglich 10 - 15 Uhr. Eintritt
20/10 DKK).

Nach dem Besuch des Museums
geht es weiter ans Ende der Hans
Jensens Stræde, wo schon das moderne **Odense Koncerthus** zu sehen
ist. In der neuen Konzerthalle werden
symphonische Werke aufgeführt, und
nicht nur solche, die der große Komponist der Stadt geschrieben hat,
*Carl Nielsen*. Ein Museum für den berühmtesten dänischen Komponisten
liegt im selben Gebäude, der Eingang
etwas links, Claus Bergs Gade 11.
Man muß nicht unbedingt schon genau über Werk und Wirken Nielsens
Bescheid wissen, um das **Carl Nielsen Museum** genießen zu können.
Denn die detaillierte chronologische
Schilderung seines Lebens und Ar-
beitens (und des Wirkens seiner
Frau, der Bildhauerin *Anne Marie
Nielsen*, die ihren Mann des öfteren in
Stein und Öl portraitiert hat) wird
hervorragend ergänzt durch eine aus-
schnittweise Wiedergabe von Nielsens Musik "aus der Konserve". Zudem gibt es eine informative Video-
präsentation. Ein bißchen Zeit sollte
man allerdings mitbringen (Museum
geöffnet täglich 10 - 16 Uhr. Eintritt
15/5 DKK).

Der Platz vor der Kunsthalle, der
**H.C. Andersens Torv**, und der nahe
Platz an der Carl Bergs Gade, der
**Sortebrødre Torv** (wo auch das Ca-
sino liegt), dienen mehrmals in der
Woche als Standort für den Wo-
chenmarkt, den **Grøntorvet**. Wo die
Carl Bergs Gade in die Overgade

mündet, geht man nach links, und schon nach wenigen Metern ist auf der linken Seite der alte Münzhof **Møntergården** (Hausnummer 48-50) mit dem kulturhistorischen und stadtgeschichtlichen Museum von Odense zu sehen. Der Gebäudekomplex ist denkmalgeschützt und stammt aus der Renaissancezeit, also dem 16. und 17. Jahrhundert. Das Museum zeigt mehrere Ausstellungen zur Stadt Odense im Mittelalter. In wechselnden Sonderausstellungen werden aber auch aktuelle Themen in der Stadt aufgegriffen; außerdem sind Münzen und Medaillen aus dem ganzen Land zu sehen (geöffnet täglich 10 - 16 Uhr. Eintritt 15/5 DKK).

Der Møntergården ist, wie viele Häuser in der näheren Umgebung, Teil des alten **Stadtviertels um die Overgade**, die ein Wegstück der Landstraße quer über Fünen von Kleinem zu Großem Belt war. Hier im Osten von Odense gibt es Hinweise auf eine Besiedlung, die bis ins 11. Jahrhundert zurückreicht; Bebauung gab es rund ein Jahrhundert später, genau an dieser Stelle zwischen Møntergården und Sortebrødre Torv. So führt auch dieser Stadtrundgang noch ein wenig durch das Overgadeviertel weiter, denn es geht bis ans Ende der Overgade, dort rechts ein Stück über die Frue Kirkestræde und an der nächsten Einmündung wieder nach rechts in die Nedergade, die so schön "zweigeteilt" ist: An der kopfsteingepflasterten Straße ist rechter Hand die alte, historische Bebauung von Odense zu erkennen - alte, restaurierte Häuser -, zur Linken aber stehen neue, jedoch in der Höhe angepaßte Wohnblocks, wie es sie überall im modernen Dänemark gibt. So gelangt man zurück auf die Overgade, die wiederum bald auf den großen Platz **Fisketorvet** trifft. Hier steht zum einen die neogotische katholische **Kirche Skt. Albani**, zum anderen sind mitten auf dem Platz

Ruinen geborgen worden, die beim Bau des neuen Rathauses ans Tageslicht kamen. Welche Art von Gebäude es einmal war, ist nicht bekannt; sicher aber ist, daß es ein wichtiges war.

Man kommt ans **Rathaus**, dessen Westflügel, gemauert ganz aus Ziegelstein, 1883 eingeweiht wurde. Die übrigen drei Trakte wurden 1953 vollendet. Von hier kommt man durch die Fußgängerzone Vestergade zum sogenannten **Flakhaven**. Dieser Platz ist das eigentliche Herz Odenses. Hier steht der **Dom**, die **Skt. Knuds Kirke**. Diese Kirche aus dem 13. Jahrhundert ist das bedeutendste gotische Bauwerk Dänemarks. Sie hat drei Kirchenschiffe, deren schlichtes Weiß den großen Flügelaltar (16. Jahrhundert), die Rokokokanzel (um 1750) wie auch das alte Taufbecken (ca. 1660) besonders gut zur Geltung bringt. Benannt ist der Dom nach dem 1101 heiliggesprochenen König *Knud II.*, der in der Krypta unter dem Altar neben seinem Bruder *Benedikt* aufgebahrt liegt. Beide wurden am 10. Juli des Jahres 1086 an dieser Stelle - damals stand hier noch eine Holzkirche - von aufgebrachten Nordjüten ermordet (→ einführendes Kapitel zu Odense).

Zurück im Freien geht es links hinüber zum Klosterbakken, an dem in unmittelbarer Nähe zum Dom das ehemalige **Skt. Knud Kloster** steht, das inzwischen ganz "profan" als Bibliothek genutzt wird. Gleich nebenan schlendert es sich angenehm im früheren **Klostergarten** (*Klosterhaven*). Hieran grenzt der **H.C. Andersen Park**, wo eine Bronzestatue des Schriftstellers steht.

Und wer dann Lust auf noch mehr Grün verspürt, braucht nur einige Meter weiterzugehen und kommt so über den Klosterbakken zur nächsten Grünfläche in der Innenstadt, der **Munke Mose** an der *Odense Å*. Zwischen den zahlreichen Skulpturen hat man reichlich Gelegenheit, sich zu "ergehen".

Jedoch führt der Stadtrundgang vom Klosterbakken bald nach rechts in die Munkemøllestræde, um an der Hausnummer 3-5 abermals ein Haus zu erreichen, das mit H.C. Andersen in Bezug steht: das Haus, in dem er seine Kindheit verbrachte, das **H.C. Andersens Barndomshjem.** Von 1807 bis 1819 lebte das Kind Hans Christian hier, und niemand konnte ahnen, welchen Ruhm es einmal erlangen würde. Nun ist im schlichten Haus eine Austellung und Abteilung des H.C. Andersen-Museums eingerichtet. Einige Räume enthalten ferner eine kleinere Ausstellung zur Kindheit des Dichters in Odense (geöffnet von April bis September täglich 12 - 17 Uhr; Oktober bis März 12 - 15 Uhr. Eintritt 5/2 DKK).

Die Skt. Knuds Kirkestræde am Ende der Munkemøllestræde überquert man nun (zur Rechten die Rückseite des Kaufhauses *Magasin*), um sofort links in die kleine Gasse Pogestræde einzubiegen, die Teil des Netzes von verkehrsberuhigten Straßen ist. Wo sie auf die Smedestræde trifft, geht es nach rechts, an der Vestergade noch einmal links und auf dieser Straße weiter. Zunächst ist sie noch Fußgängerzone. Geht man jedoch noch ein Stück weiter, vorbei am bunten Gebäude *Arkaden*, so wird es in der nächsten Gasse zur Rechten richtig spannend. Dort taucht man in die Atmosphäre der weit über Odense hinaus bekannten und beliebten **Brandts Klædefabrik** ein (ausgeschildert ist nur die Straße *Brandts Passage*, die dorthin führt). Die vormalige Textilfabrik *Brandts* wurde nach ihrer Stillegung Mitte der achtziger Jahre zu einem einmaligen Kunst- und Kulturzentrum umfunktioniert. Die Chance, solch ein großes Gelände mitten in einer Stadt für alle Bürger zu öffnen, bietet sich schließlich nicht so oft. Und wie gut sie ge-

1  Touristeninformation
    u. Rathaus
2  Post
3  Polizei
4  Bahnhof
5  Busbahnhof
6  Schloßgarten Kongens Have
7  Odense Schloß
8  H.C. Andersens Hus u.
    H.C. Andersens Museum
9  Odense Koncerthus u.
    Carl Nielsen Museum
10  Münzhof Møntergården
11  Platz Fisketorvet
12  Kirche Skt. Albani
13  Flakhaven Platz
14  Dom
15  Skt.-Knud-Kloster
16  H.C. Andersen Park
17  Munke Mose
18  H.C. Andersens Barndomshjem
19  Brandts Klædefabrik,
    Tidens samling,
    Museum für Fotokunst,
    Kunsthalle,
    Pressemuseum,
    Danmarks Grafiske Museum u.
    Kino Cafebiografen
20  Vintapperstræde
21  Gråbrødrekloster
22  Fyns Kunstmuseum
23  Den fynske Landsby
24  Domir Hotel
25  Windsor Hotel
26  Den lille Café,
    Den grønne Café u.
    Vintapper Teater
27  Café Oscar u.
    Kino Kino Teatret
28  Restaurant Den grimme Ælling
29  Restaurant Slotskro
30  Kino Fønix 1-3
31  Kino Biocenter
32  Theater
33  Oper u.
    Teaterhuset
34  Bootsverleih "Å-boden"
35  Fyns Reitklub
36  Minigolf-Anlage,
    Friluftsbadet u.
    Per's Cykler
37  Svømmehallen
38  Cykelbiksen
39  Fyns Oldtid - Hollufgård
    Odense Vandrerhjem
    "Kragsbjerggården"
    DCU Odense Camping
    Odense Badminton Klub
    Golfklub
    Squash Center

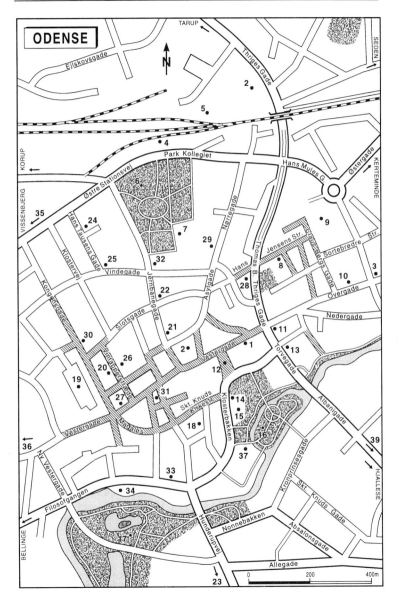

nutzt werden kann, zeigt dieses Beispiel. Schon auf den ersten Blick ist die Vielfalt unterschiedlichster Angebote zu erkennen: Alles findet sich hier, kleine, ausgesuchte Geschäfte für Kleidung, Schmuck u. ä., viele Cafés, einige Restaurants und ein Kino. Ohne zu übertreiben, es ist für fast jeden etwas dabei. Interessanter als ein Bummel durch die Läden sind Besuche (ohne den Plural geht es an dieser Stelle nicht) der Museen hier: Als erstes ist dies gleich rechts das Haus Nummer 29 **Tidens samling**, vielleicht eines der ungewöhnlichsten Museen überhaupt. Denn die "Sammlung zur Zeit" sammelt aus und zum Jahrhundert, in dem wir leben, von 1900 bis in die siebziger Jahre. Hier läßt sich zum einen die Veränderung unserer Wohnungseinrichtungen, zum anderen die schnell wechselnde Kleidermode verfolgen. Alle Epochen werden durch nachgestellte Szenen mit Puppen und ab und an durch Modenschauen lebendig gemacht (geöffnet täglich 10 - 17 Uhr. Eintritt 25/15 DKK).

Nun geht es weiter zur eigentlichen *Brandts Fabrik*, in der gleich vier Museen untergebracht sind: das Museum für Fotokunst, die Kunsthalle sowie das Doppelmuseum Graphisches Museum und Pressemuseum.

Einmalig ist das **Museum für Fotokunst**. Es ist das einzige seiner Art in Dänemark. In großen Räumen sind die Exponate zur dänischen und internationalen Geschichte der Fotokunst einerseits chronologisch ausgestellt, andererseits führen Sachschwerpunkte (wie Pflanzen- oder Menschendarstellungen) an Sujets heran. Die Dauerausstellung ergänzen zehn bis zwölf wechselnde Ausstellungen im Jahr (geöffnet Di bis So 10 - 17 Uhr; im Juli und August auch Mo. Eintritt 20/0 DKK).

Von der Qualität der jeweils gezeigten Ausstellung hängt ab, wie lohnend ein Besuch in der **Kunsthalle** ist, da das Museum keinen eigenen Bestand hat. Die oft wechselnden Ausstellungen widmen sich schwerpunktmäßig zeitgenössischer Malerei aus Dänemark und anderen Ländern; auch Bildhauerei, Architektur, Design und Kunsthandwerk haben ihren Platz (geöffnet Di bis So 10 - 17 Uhr, im Juli und August auch Mo. Eintritt 25/0 DKK, freier Eintritt aber zur Videothek).

Überraschender und eigenwilliger sind die beiden Museen im obersten Geschoß der Fabrik: Da ist zunächst das **Pressemuseum**, das Herstellung und Druck von Papiererzeugnissen - allen voran der Zeitung - zum Thema hat. Von den ersten Redakteurräumen, in denen noch alles handschriftlich aufgeschrieben wurde, über das Zeitalter der Schreibmaschinen und Setzmaschinen bis in die heutige Computerzeit ist Altem und Aktuellem weiter Raum gegeben. In angedeuteten Szenarien ist der Alltag des "Pressegewerbes" schön nachzuvollziehen.

Noch lebendiger geht es sogar im **Danmarks Grafiske Museum** zu, das die Entwicklung des graphischen Gewerbes seit dem Mittelalter vorstellt. Vom Holz- und Stein- über den Bleisatz bis zum modernen Fotosatz fehlt kein Schritt aus der Geschichte der Druckerei. Besonders zu empfehlen ist ein Besuch von Dienstag bis Freitag, denn dann ist das Graphische Museum ein *"levende museum"*, weil pensionierte Drucker in den alten Werkstätten arbeiten und für alle Fragen offen sind! (beide Museen geöffnet täglich 10 - 17, Sa - So 11 - 17 Uhr. Eintritt 15/0 DKK; Sammelkarte für alle Museen 40/10 DKK).

Vom Haupteingang nach links und quer über den Parkplatz verläßt der Rundgang jetzt das Gelände von *Brandts Fabrik* und führt über die Grønnegade zur Kongensgade, dort nach rechts und sofort wieder links in die Slotsgade. Nach gut hundert Metern hängt über einem Eingang auf der rechten Seits ein Weinfaß: Dies ist das Zeichen, das in eine der schönsten Gassen von Odense weist, die **Vintapperstræde**. Hier findet der Einkaufslustige hübsche, kleine Geschäfte, aber auch mehrere Cafés (*Den lille Café* und *Den grønne Café*) und das Theater *Vintapper Teatret*.

Am anderen Ende mündet die Vintapperstræde in die Haupteinkaufstraße **Vestergade**, in die man links einbiegt; an der zweiten Ecke geht es wieder nach links. Alle wichtigen Häuser liegen in der Jernbanegade auf der rechten Seite. Zuerst kommt das **Gråbrødrekloster** (Jesuitenkloster), in dessen Garten sich *H.C. Andersen* oft aufhielt. Im Hof des Klosters steht ein Standbild von König *Christian III.* Unweit der Kreuzung zur Slotsgade liegt an der Jernbanegade 13 **Fyns Kunstmuseum**. Es ist nicht unbedingt eines der herausragenden dänischen Museen, dennoch vermittelt es anhand seiner Exponate einen guten Eindruck von den Hauptlinien der dänischen Kunstgeschichte. Da fehlen natürlich nicht die großen Maler des "Goldenen Zeitalters" *J.F. Willumsen* (1863-1958) oder *Vilhelm Hammershøi* (1864-1916).

Daneben ist auch die neuere dänische Kunst, u. a. von *Asger Jorn, Richard Mortensen* und *Robert Jacobsen*, berücksichtigt und eine Spezialsammlung zu konkreter, moderner Kunst angelegt worden (geöffnet täglich 10 - 16 Uhr. Eintritt 15/5 DKK).

Der Stadtrundgang ist nun gleich zu Ende, denn über die Jernbanegade und vorbei am **Theater** von Odense ist es nicht mehr weit zum dahinterliegenden Schloß, dem Königlichen Garten und dem Bahnhof.

**Tip:** Der **Odense eventyrpas** (Odense-Märchenpaß) bietet besondere Vergünstigungen. Den Paß verkauft das *Odense Turistbureau.* Damit läßt

sich einen Tag oder zwei Tage lang die Stadt "total" erleben, denn zu den meisten wichtigen Museen ist dann der Eintritt frei (50 % Rabatt gibt es noch bei Automobilmuseum, Eisenbahnmuseum und Zoo); die Schwimmbäder sind kostenlos zu benutzen, und auch Fahrten mit den öffentlichen Verkehrsmitteln innerhalb der Stadt sind inbegriffen. Für einen Tag kostet der Paß 50/25 DKK, für zwei Tage 90/45 DKK.

## *Ausflüge außerhalb*

Einige Sehenswürdigkeiten und Attraktionen von Odense liegen außerhalb der Innenstadt oder sogar etwas weiter entfernt. Darum sind sie nicht in den Stadtrundgang aufgenommen worden.

Dazu gehört das **Eisenbahnmuseum** (*Jernbanemuseet*), Dannebrogsgade 24. Das in seinen Anfängen ziemlich kleine Museum wurde 1988 modernisiert und aufs Dreifache erweitert. Seitdem gehört es zu den besten in Europa. Zu sehen sind historische Schienenfahrzeuge aller Epochen der Eisenbahngeschichte Dänemarks von 1847 bis heute. Außer Lokomotiven und Wagen gibt es u. a. eine Fährschiffausstellung, ein originales Bahnhofsmilieu und eine Modelleisenbahn (geöffnet von Mai bis September täglich 10 - 16 Uhr; Oktober bis April werktags 10 - 13 Uhr, an Sonn- und Feiertagen 10 - 16 Uhr. Eintritt 20/10 DKK).

Die Geschichte eines anderen Fortbewegungsmittels stellt 7 km vom Zentrum das **Europäische Automobilmuseum**, Fraugde Kærbyvej 203, dar: 75 europäische Fahrzeuge ergeben ein buntes Bild aus der größten Zeit des Automobils zwischen 1940 und 1960, vor allem aber aus den fünfziger Jahren. Das Museum ist das einzige seiner Art auf der Welt. Glanzstück der Sammlung ist ein handgefertigter Prototyp eines italienischen Moretti-Sportwagens. Außerdem präsentiert das Museum eine Sammlung von Spezialwerkzeug, Prospekten und Sonderausstellungen zur Entwicklung der Karosserie (geöffnet von Ende Juni bis Ende August täglich 10 - 17 Uhr, sonst nur So und feiertags 10 - 17 Uhr. Eintritt 40/20 DKK).

Geschichtlich Interessierten bieten sich in und um Odense zwei gute Möglichkeiten, ihr Wissen zu erweitern: Da ist zum einen **Fyns Oldtid-Hollufgård**, Hestehaven 201, das archäologische Museum zur Vor- und Frühgeschichte der Insel Fünen mit zahlreichen prachtvollen Funden und rekonstruierten Szenarien aus der Vorzeit. Es ist Teil des neuen Museumszentrums von Odense am Südende der Stadt, zu erreichen mit dem Bus 62 (geöffnet Januar bis April nur sonn- und feiertags 11 - 16 Uhr; Mai bis Oktober außer Mo täglich 10 - 17 Uhr; November und Dezember außer Mo täglich 11 - 15 Uhr. Eintritt 15/5 DKK).

Rund 4 km von Odense-Zentrum entfernt befindet sich **Den fynske Landsby**, Sejerskovvej 20. In diesem "dörflichen" Freilichtmuseum sind etwa zwanzig ländliche Gebäude aus dem 18. und 19. Jahrhundert "zusammengetragen". Neben landwirtschaftlichen Häusern im engeren Sinn gibt es u. a. eine Schmiede, eine Wasser- und eine Windmühle, einen Pfarrhof, eine Schule und ein Armenhaus. Im Dorf werden Ackerbau und Viehzucht nach alten Methoden betrieben und - in den Sommermonaten - vorgeführt (Dorf zu besuchen im April und Mai täglich 10 - 16 Uhr; von Juni bis August täglich 10 - 19.30 Uhr und von September bis Mitte Oktober täglich 10 - 16 Uhr; den Rest des Jahres geschlossen. Eintritt 20/10 DKK).

Einen Umweg von 12 km muß in Kauf nehmen, wer die erste Wohnstätte des Komponisten *Carl Nielsen* besuchen will. **Carl Nielsens Barn-domshjem** liegt in Årslev, Nørre Lyndelse. Im Haus am Odensevej 2 A verlebte er einige Jahre seiner Kindheit bis zur Konfirmation 1879; seine Eltern wohnten bis 1891 hier. Das Haus bildet den Rahmen einer Ausstellung, die die Kindheit des Musikers in der Gegend zwischen Nørre Lyndelse und Nørre Søby schildert (geöffnet von Mai bis August täglich 11 - 15 Uhr. Eintritt 5/2 DKK).

Außer diesen Museen hat Odense zwei Vergnügungsplätze zu bieten: **Fyns Tivoli** am Sønder Boulevard. Er ist zwar nicht so groß wie sein Vorbild in Kopenhagen, aber neben zahlreichen Spielgeräten verfügt er auch über einen Spielplatz, eine Minigolfanlage und Restaurants. Ferner lädt der **Zoo**, Sdr. Boulevard 320, der in einem schönen Gelände an der *Odense Å* und am Waldgebiet von *Fruens Bøge Skov* liegt, zum Besuch ein. Vor dem Zoo gibt es gute Parkmöglichkeiten; auch die Busse Nr. 12, 13, 31 und 32 fahren bis vor die Tür (geöffnet im Juli 9 - 19 Uhr; Mai, Juni und August 9 - 18 Uhr; April und September 9 - 17 Uhr; von Oktober bis März 9 - 16 Uhr. Eintritt 40/20 DKK).

## *Touristeninformation*

*Rådhuset,* Eingang Vestergade, 5000 Odense, Tel. 66 12 75 20, geöffnet von Juni bis Ende August Mo - Sa 9 - 19 Uhr, So 11 - 19 Uhr; September bis Mitte Juni Mo - Fr 9 - 17 Uhr, Sa 10 - 13 Uhr.

## *Übernachten*

Die *Hans Tausens Gade,* nahe am Bahnhof, ist die Hotelstraße von Odense.

▶ **Odense Vandrerhjem "Kragsbjerggården"**, Kragsbjergvej 121, 5230 Odense M, Tel. 66 13 04 25, zu erreichen mit den Buslinien 61 und 62 vom Zentrum aus.

▸ **Domir Hotel**, Hans Tausens Gade 19, 5000 Odense C, Tel. 66 12 14 27, ein neues, nicht zu teures Haus. EZ um 310 DKK, DZ 430 DKK.

▸ **Windsor Hotel**, Vindegade 45, 5000 Odense C, Tel. 66 12 06 52, gut geeignet auch für Familien; Kapazität von 100 Betten; um den Jahreswechsel geschlossen. DZ um 600 DKK.

▸ **DCU Odense Camping \*\***, Odensevej 102, Tel. 66 11 47 02, liegt südlich vom Zentrum am Stadtrand; Einkaufsmöglichkeit, Fahrradverleih. 225 Plätze und 14 Hütten; insgesamt schöne Anlage; geöffnet von Ende März bis Ende September, zu erreichen mit den Buslinien 41, 91 und 92.

## Essen und Trinken

Zum gemütlichen Ausgehen laden in Odense viele der kleinen Straßen und Plätze ein. So haben sich in der schon im Stadtrundgang erwähnten Vintapperstræde einige Restaurants und Cafés etabliert, wie die netten *Den lille Café* und *Den grønne Café*. Das bunteste Treiben spielt sich in den *Arkaden* an der Vestergade 68 ab, deren grelle Fassade schon von außen anzieht. Unter einem Dach sind diverse Restaurants und Cafés aus allen Ländern versammelt, so daß für jeden Geschmack etwas dabei ist, ganz gleich, ob der Gaumen nach griechischem, spanischem, brasilianischem oder italienischem Essen verlangt. Das Gebäude ist Tag und Nacht Treffpunkt vor allem der jungen Odenser.

Auch rund um die alte Kleiderfabrik von *Brandt* finden sich ungezählte Gastronomieangebote, so *Mona Lisa* oder *Græsk Taverna Zorbas*, aber auch *McDonald's*.

Schön ist es auch im *Café Oscar* im Hinterhof des Pakhusgården, Vestergade 75.

Genannt seien auch das Restaurant *Den grimme Ælling*, Hans Jensens Stræde, mit dänischem Angebot ebenso wie *Slotskro*, Nørregade 54.

## Selbstversorger

Odense bietet viele Möglichkeiten, auch als Selbstversorger günstig über die Runden zu kommen. Supermärkte sind zahlreich, so liegt z. B. eine Filiale von *SuperBrugsen* an der Einkaufsstraße Vestergade 76/78. Billiger und größer ist der Supermarkt *Føtex*, am Rand des Stadtzentrums an der Ecke von Vindegade und Vesterbro.

Frisches Gemüse und Obst bieten kleine Läden und Händler an; Wochenmarkt, der *Grøntorvet*, wird vor dem Konzerthaus auf dem H.C. Andersens-Platz und Sortebrødre-Platz abgehalten.

## Einkaufen

Ein Netz von Einkaufs- und Fußgängerzonen liegt im Herzen von Odense, die zentrale Straße ist dabei die *Vestergade*. Hier liegt auch das größte Kaufhaus der Stadt, ein Ableger von *Magasin du Nord* liegt nah beim Rathaus. Ansonsten gibt es Fachgeschäfte aller nur erdenklichen Art. Die zweite große Einkaufsstraße ist die *Kongensgade*.

Die Ladenöffnungszeiten sind allgemein von 10 bis 17.30 Uhr, Donnerstag jedoch bis 18 Uhr und Freitag bis 19 Uhr. An Samstagen - ausgenommen ist der erste Samstag im Monat als "langer Samstag" bis 16 Uhr - halten die Läden von 10 bis 13 Uhr offen.

## Banken

Die Öffnungszeiten der Banken sind Montag bis Freitag 9.30 - 16 Uhr, nur Donnerstag 9.30 - 18 Uhr.

## Post

Das Hauptpostamt von Odense liegt
in der Dannebrogsgade 2, ein weiteres Postamt im Zentrum, Lille
Gråbrørdrestræde 1.

## Kinos

Odense hat eine ganze Reihe von Kinos, in denen dänische und internationale Filme schon bald nach Premiere laufen. Dies sind:
*Fønix 1-3,* Kongensgade 31
*Biocenter,* Ny Vestergade 18
*Kino Teatret,* Asylgade 3
*Cafebiografen,* Brandts Passage 39.
   Wie in Dänemark üblich, laufen die
internationalen Filme im Original mit
dänischen Untertiteln.

## Theater

Das Theater von Odense, Jernbanegade 21 (Tel. 66 12 00 52), gilt als
das beste Landestheater Dänemarks
und hat drei Bühnen.
   Außerdem hat Odense eine alternative Opernbühne, den *Undergrun-
den,* auf der die Opern auf oft unkon-
ventionelle Art präsentiert werden.
Angegliedert sind das Kinder- und Ju-
gendtheater *Skægspire* und *Gades-
jakket.* Diese *Nahoper* ist zu Hause im
*Teaterhuset,* Filosofgangen 19 (Tel.
66 14 15 27).
   Kleiner, aber mit ausgesuchtem
Programm, ist das *Vintapper Teater,*
Vintapperstræde 39-51           (Tel.
66 14 18 44).
   Die aktuellen Spielpläne sind der
Tageszeitung zu entnehmen.

## Freizeit und Sport

Das Angebot an Sportmöglichkeiten
ist vielfältig, dazu gehören u. a.:
*Bootsverleih "Å-boden"* (Ruder- und
Tretboote) am Filosofgangen, Tel.
65 95 79 96

*Odense Badminton Klub,* Godthåbs-
gade 4, Tel. 66 12 81 77
*Fyns Reitklub,* Tarupgårdsvej 3 B,
5210 Odense NV, Tel. 66 17 98 64
*Golfklub,* Hestehaven 200, 5220
Odense Sø, Tel. 65 95 90 00
*Squash Center,* Nyborgvej 341 B, Tel.
65 15 52 22 (auch Badminton, Fit-
nessraum)
   Schwimmen ist möglich in den
*Svømmehallen,* Klosterbakken 5, und
Højmevænget 3, wie auch im *Friluts-
badet,* Elsesmindevej 50. Telefonische Auskunft zu Schwimmbädern
und die genauen Öffnungszeiten erhält man unter 66 13 13 72.

## Leihfahrzeuge

*Cykelbiksen,* Nedergade 4-6
(Fahrräder)
*Per's Cykler,* Vesterbro 95 (Fahrräder)
*Avis,* Østre Stationsvej 31,
Tel. 66 14 39 99
*Hertz,* Hajllesvej 21, Tel. 66 14 90 96
*Europcar,* Østergaard, Kongensgade
69, Tel. 66 14 15 44

## Wichtige Adressen und Telefonnummern

*Notruf:* 112
*Notarzt:* werktags 16 - 8 Uhr und an
Wochenenden ständig unter Ruf-
nummer 66 14 14 33.
*Zahnärztliche Bereitschaft:* Falck Red-
ningskorps, Tel. 66 11 22 22.
*Krankenhaus:* Ambulanz des Odense
Universitätskrankenhauses,      J.B.
Winsløws Vej, Tel. 66 11 33 33, mit
Bereitschaftsdienst rund um die Uhr.

## Öffentlicher Verkehr

**Bahn:** Mit der *DSB* erreicht man von
Odense alle Regionen des Landes;
stündlich bestehen *IC*-Verbindungen
nach Fredericia bzw. Århus in Jütland
und nach Kopenhagen. Außerdem
fährt eine Lokalbahn nach Svend-

borg. Der Bahnhof liegt am Østre Stationsvej 27. Information und Reservierung unter Telefonnummer 66 12 10 13.

**Bus:** Alle Überlandbusse fahren ab der *Rutebilstation*, Dannebrogsgade 6, nach Svendborg in der Regel stündlich, Nyborg ebenfalls etwa stündlich, Kerteminde an Wochentagen jede halbe Stunde, Bogense mindestens alle zwei Stunden. Dazu weitere Verbindungen nach Fredericia und Nykøbing auf Falster über Langeland. An Wochenenden ist der Fahrplan eingeschränkt. Die Busverbindungen und genauen Abfahrtszeiten der DSB sind unter Telefonnummer 66 11 71 11 zu erfahren.

**Taxi:** *Odense Taxa,* Tel. 66 15 44 15, und *Odense Taxi,* Tel. 66 12 27 12.

**Flug:** Der Flughafen *Odense Lufthavn* ist ca. 12 km von der Innenstadt entfernt. Reservierung und Abflugzeiten sind unter Rufnummer 65 95 50 72 zu erfahren. Linienflüge gibt es innerdänisch nach Kopenhagen von *Danair/ Mærsk Air* (Tel. 65 95 53 55).

—▶ Nordöstlich von *Odense*, zu erreichen über die Straße 165, liegt **Munkebo**. Der Ort ist zwar nur klein, liegt dafür aber hübsch zwischen den Ufern von *Kertinge Nor* und *Odense Fjord*. Vom höchsten Punkt, dem 58 m hohen *Munkebo Bakke*, hat man in alle Richtungen eine gute Sicht.

Von hier sind es nur noch 6 km bis in den nächsten Ort:

# Kerteminde

5.400 Einwohner

Wie schon seit tausend Jahren, so ist bis heute das Leben in *Kerteminde* vom Hafen als dem eigentlichen Zentrum des Ortes an beiden Ufern des Fjords bestimmt. Kerteminde ist berühmt für seine roten Dächer und guterhaltenen Kaufmannshöfe sowie das alte Zollamt aus dem 16. Jahrhundert, als hier noch der Hafen für Odense war.

Die Hauptkirche des Ortes ist **Sct. Laurentius**. Sie stammt zwar aus dem Jahr 1476, hat jedoch ein barokkes Inneres. Das **Kerteminde Museum**, Langgade 8, ist in einem Fachwerkhaus aus dem Jahr 1630, dem *Farvergården*, eingerichtet. Vornehmlich beschäftigt sich das Heimatmuseum mit der lokal so wichtigen Fischerei. Zu sehen sind aber auch verschiedene Interieurs wie eine Bauerneinrichtung und eine bürgerliche Wohnung (geöffnet März bis Oktober täglich 10 - 16 Uhr. Eintritt 10/0 DKK).

Das nach dem Landschaftsmaler *Johannes Larsen* (1867-1961), der zur Gruppe der sogenanten Fünen-Maler gehörte, benannte **Museum am Møllebakken** bietet Raum für eine große Gemäldesammlung von Künstlern Fünens. Darunter befinden sich natürlich auch Werke von Larsen selbst, der bis zu seinem Tod in diesem Haus gewohnt hat. Eine Mühle, wie im Namen der Straße *Møllebakke* (d.i. Mühlhügel) angedeutet, ist Teil des Gebäudearrangements. Vom Park hat man eine gute Aussicht über Stadt und Gärten (geöffnet von Juni bis August außer Mo täglich 10 - 17 Uhr; September und Oktober 10 - 16 Uhr; November bis Februar Mi, Sa, So 10 - 16 Uhr und März bis Mai Di - So 10 - 16 Uhr. Eintritt 25/0 DKK).

An der Brücke Langebro steht die Statue eines Fischermädchens, das nach einem dänischen Schlager nur noch "Amanda" heißt.

Gute Bademöglichkeiten gibt es direkt vor den Toren Kertemindes, aber auch nach Norden hin an den Stränden der Halbinsel **Hindsholm**. Diese endet im Fyns Hoved, dem "Kopf Fünens", und ist in großen Teilen Naturschutzgebiet. Das abwechslungsreiche Küstengebiet mit Sümpfen und steilen Abschnitten ist ein Rastplatz für durchziehende Vögel.

## Touristeninformation

Strandgade 5 A, 5300 Kerteminde, Tel. 65 32 11 21, geöffnet von Mitte Juni bis Ende August Mo - Sa 9 - 17 Uhr, sonst Mo - Fr 9 - 16 Uhr, Sa 9 - 12 Uhr.

## Übernachten

► **Kerteminde Vandrerhjem**, Skovvej 46, Tel. 65 32 39 29, modernes Haus mit 120 Betten, geöffnet von Mitte Januar bis Ende November.
► **Tornøes Hotel**, Strandgade 2, Tel. 65 32 16 05, liegt unmittelbar am Hafen, ein vor kurzem renoviertes 25-Zimmer-Haus, um die Jahreswende geschlossen; angemessene Preise. EZ ab 290 DKK, DZ ab 390 DKK.
► **Kerteminde Camping ***, Hindsholmvej 80, Tel. 65 32 19 71, über 200 Plätze, dazu 7 Hütten; geöffnet von April bis Mitte September.

## Öffentlicher Verkehr

**Bus:** Regelmäßige Verbindungen von der Bushaltestelle am Dorfplatz nach Hindsholm, Munkebo, Odense und Nyborg.

## ◆ Ladbyskib

Gut 5 km westlich von Kerteminde liegt am Ufer des *Kerteminde Fjord* nahe dem Ort *Ladby* das einzige Schiffsgrab Dänemarks aus der Wikingerzeit. Beim *Ladbyskib*, Vikingevej 123, ist in der Mitte des 10. Jahrhunderts ein Wikingeranführer mit seinem Schiff und seinem Schmuck beigesetzt worden; mit ihm ins Grab gingen auch vier Jagdhunde, sein

Reitpferd und zehn weitere Pferde. So sollte er standesgemäß Einzug in Valhalla halten (Anlage geöffnet von Mai bis September täglich 10 - 18 Uhr; Oktober bis April 10 - 15 Uhr. Eintritt 15/0 DKK).

━► Route 10 führt auf der Landstraße 165 weiter ins 20 km südlich gelegene *Nyborg*, vorbei an schönen Stränden der *Kerteminde Bugt* und den Steilküsten bei *Risinge Hoved.*

# Nyborg

15.000 Einwohner

Heute fast vergessen, aber wahr: Nyborg war einmal so etwas wie die eigentliche Hauptstadt Dänemarks. Von 1183 bis 1413 nämlich war **Schloß Nyborg** Treffpunkt der mächtigsten Männer des Landes, wo sie dem König huldigten und Gesetze beschlossen. Das Schloß selbst ist der älteste Profanbau Dänemarks. Es wurde wahrscheinlich 1170 angelegt, erlangte für die dänische Geschichte jedoch erst unter König *Erik V.* (1249-1286) Bedeutung. Der König, auch bekannt unter dem Beinamen *Klipping* (d. h. "geschorenes Schaffell") mußte hier der "Handfeste" des Adels zustimmen. Diese älteste Verfassung des Landes erlegte ihm auf, einmal im Jahr die "besten Männer des Reiches" zum "Danehof" einzuberufen. Der Reichstag tagte jeden Sommer zwischen 1200 und 1413 hier, von *Valdemar Sejr* bis zu *Erik dem Pommern.* Die Festung wurde als Militäranlage 1869 aufgegeben; erhalten ist nur der Königsflügel.

Am 20 m breiten Tor **Landport** mit drei Meter dicken Mauern vorbei kommt man in die Burg, die *Christian III.* 1550 umbauen ließ.

Die Festungswälle werden im Sommer als Theaterszene unter freiem Himmel genutzt. Im Rittersaal des Schlosses finden dann an jedem Sonntag klassische Konzerte statt.

Zu den Sehenswürdigkeiten Nyborgs gehört auch der **Korsbrødregården** (1396), südlich der **Kirche Vor Frue**. Königin Margrethe ließ den Sakralbau 1388 errichten, der Turm allerdings ist jünger; er stammt aus dem Jahr 1581. Das **Nyborg Museum** in der Slotsgade 11, eingerichtet in einem alten Fachwerkhaus (1601), dem Haus des ehemaligen Bürgermeisters *Mads Lercher*, liegt gleichfalls im alten Herzen der Stadt (Museum geöffnet von Juni bis August täglich 10 - 17 Uhr; März bis Mai und September bis Oktober außer Mo täglich 10 - 15 Uhr. Eintritt 10/5 DKK).

Ein weiteres Schloß steht im Süden der Stadt, etwa 3 km vom Zentrum: **Holckenholm**. Ins Schloß selbst, das in mehreren Etappen und unter verschiedenen Bauherren zwischen 1584 und 1634 errichtet wurde, dürfen Besucher nicht. Doch immerhin kann man den Anblick der architektonisch gelungenen Anlage von außen genießen, am besten bei einem Gang durch den für Dänemark seltenen Renaissancepark, der im 15. und 16. Jahrhundert gestaltet wurde (geöffnet Di und Sa nachmittags).

Als Verbindungspunkt hinüber nach Seeland hat Nyborg seit neuestem eine weitere Attraktion zu bieten. Wo jetzt noch die beiden Fähren anlegen, soll bald eine große Brücken-Tunnel-Konstruktion beide Inseln miteinander verbinden. Zu beiden Seiten des Großen Belt zeigen die ausführenden Firmen in extra eingerichteten **Ausstellungscentern**, wie die Arbeiten vorangehen und wie schließlich das Bauwerk *Storebæltsbroen* einmal aussehen soll (Ausstellungen geöffnet von Mai bis September täglich 10 - 20 Uhr; Oktober bis April außer Mo täglich 10 - 17 Uhr.

Eintritt 40/20 DKK. Siehe zum Thema Brücke auch → Land und Leute, hier: Vom Land der Fähren zum Land der Brücken und Tunnel).

## Touristeninformation

Torvet 9, 5800 Nyborg, Tel. 65 31 02 80, geöffnet von Mitte Juni bis Ende August Mo - Sa 9 - 17 Uhr; September bis Mitte Juni Mo - Fr 9 - 17 Uhr, Sa 9 - 12 Uhr.

## Übernachten

▸ **Nyborg Vandrerhjem**, Havnegade 28, Tel. 65 31 27 04, geöffnet vom 10.1. bis 16.12.
▸ **Missionshotellet**, Østervoldgade 44, Tel. 65 30 11 88, unmittelbar am Hafen gelegen, dänische Küche zu angemessenen Preisen. 40 Betten. DZ ohne Bad 420 DKK.
▸ **Nyborg Camping \*\*\***, Hjejlevej 99, Tel. 65 31 02 56, zum Zentrum rund 3 km, insgesamt eine gute Anlage. 183 Plätze und 7 Hütten. Im Sommer besser vorbuchen wegen der vielen Durchreisenden; geöffnet von April bis Mitte September.

## Öffentlicher Verkehr

**Bahn:** Stündlich IC-Verbindung nach Kopenhagen auf Seeland, Odense und Fredericia.
**Bus:** Busverbindungen (vom Fährhafen) nach Svendborg, Kerteminde, Odense und Fåborg.
**Schiff:** Zwei Fähren hinüber nach Seeland. Die Zugfähre legt fast vom Stadtzentrum ab und die Autofähre von der Landzunge Knudshoved. Von Knudshoved nach Halsskov dauert die Überfahrt eine Stunde (Verbindung in der Regel jede halbe Stunde; Preis für einfache Fahrt pro Person 32 DKK, für einen Pkw mit Insassen 275 DKK; Informationen und Reservierung unter Tel. 33 14 88 80).

**→►** Route 10 durchquert auf dem Weg nach *Fåborg* den Südosten Fünens. Sie folgt immer der Hauptstraße 8, auf die man von *Nyborg* gelangt, wenn man die Stadt im Westen in Richtung *Vindinge* verläßt. Die größte Sehenswürdigkeit an dieser Strecke kommt nach ca. 25 km, unmittelbar hinter *Kværndrup*:

## Schloß Egeskov

Dieses Schloß ist in seiner Konstruktion einzigartig, denn es ist mitten in einem See auf Hunderten von Eichenpfählen errichtet. Gleichzeitig ist es heute die am besten erhaltene Renaissance-Wasserburg Europas. Ihr Name geht auf die Sage zurück, nach der ein ganzer Eichenwald (*egeskov*) abgeholzt werden mußte, um die Stützpfähle für den Bau der Burg zu liefern.

Der Reichsmarschall *Frands Brokkenhuus zu Bramstrup* begann den Bau, der 1554 fertig wurde. Das Schloß war nicht bloß eine starke Festung, sondern für damalige Verhältnisse mehr als luxuriös, denn es hatte schon Kamine in allen Wohnräumen und ein Aufzugssystem, mit dem Wasser bis in die oberen Etagen befördert werden konnte. Seit 1962 ist Egeskov Slot im Besitz des Geschlechts *Ahlefeldt-Laurvig-Bille,* das Gebäude wie Gartenanlage unter anderem durch die nicht geringen Eintrittspreise unterhält (Schloß geöffnet täglich 10 - 17 Uhr. Eintritt für Schloß, Park, Labyrinth und die Museen 95/47,50 DKK).

In den ehemaligen Ställen ist ein **Oldtimermuseum** untergerbracht mit alten Autos, Motorrädern und Flugzeugen (Park und Museum geöffnet von Juni bis August täglich 9 - 18 Uhr; im Mai und September 10 - 15 Uhr. Eintritt 50/25 DKK).

Schloß Egeskov

→► Im weiteren Verlauf führt Route 10 kurz hinter dem Städtchen *Korinth* durch die "fünischen Alpen" (*fynske alper*). Zu denen zählen auch die *Svanninge Bakker*, also die Hügel von Svanninge, die an ihrer höchsten Stelle kaum 130 m messen. Ursprünglich waren diese Hügel ganz mit Heide bewachsen; nun sind sie mit Wald bedeckt. Beschilderte Wege laden zu schönen Wanderungen ein. Vom Aussichtsturm bei **Tyveknap** kann man von 85 m über dem Meeresspiegel das Ganze "von oben" betrachten.

## Fåborg

Die ehemalige Handels- und Seefahrerstadt wartet heute mit einem zum Teil gut erhaltenen, wunderschönen historischen Stadtbild auf. Dabei hatte es Fåborg in der Geschichte nicht immer leicht: Ein verheerender Brand hätte den Ort 1728, der immerhin schon 1251 seine Stadtrechte erhielt, beinahe ganz verwüstet. Doch überdauerte einiges glücklicherweise, so daß heute außer vielen alten Häusern vor allem eines der mittelalterlichen Stadttore, **Vesterport**, noch steht. Geht man in die Holkengade, findet man dort zwischen anderen hübschen Häusern **Den gamle Gård** (18. Jahrhundert). Das kulturgeschichtliche Heimatmuseum bietet hauptsächlich Glas-, Porzellan- und Textilobjekte (geöffnet im Sommer täglich 10.30 - 16.30 Uhr. Eintritt 20/0 DKK).

Es gehört ebenso ins Stadtgefüge wie Kirche und Glockenturm der **Sct. Nicolai Kirke** in der Tårngade und das alte Gefängnis, **Fåborg Arrest**. Im Keller des Gefängnisses am Torvet ist nacherlebbar, wie im 18. Jahrhundert im Gefängnisloch unterhalb des Rathauses die Gefangenen behandelt wurden. "Hilfsmittel" wie die "kalte Jungfrau", die beim Auspeitschen eingesetzt wurde, rufen selbst jetzt noch einen gewissen Schauder hervor (geöffnet ganzjährig Sa und So 10.30 - 16.30 Uhr; Juni bis August täglich 10 - 17 Uhr. Eintritt 20/0 DKK).

In schönster neoklassischer Architektur prangt das **Fåborg Museum**, Grønnegade 75. Es wurde 1905 erbaut. Zahlreiche Hauptwerke der "fünischen Maler" *Fritz Syberg, Jens Birkholm, Poul. S. Christensen, Peter Hansen, Niels Hansen* und *Johannes Larsen* sind hier ausgestellt (geöffnet Juni bis August täglich 10 - 17 Uhr; April, Mai und Oktober täglich 10 - 16 Uhr; November bis März 11 - 15 Uhr. Eintritt 25/0).

### Touristeninformation

Havnegade 2, 5600 Fåborg, Tel. 62 61 07 07, geöffnet von Mitte Juni bis August Mo - Fr 9 - 17 Uhr, Sa 10 - 18 Uhr; September bis Mitte Juni Mo - Fr 10 - 17 Uhr, Sa 9 - 12 Uhr.

### Übernachten

► **Fåborg Vandrerhjem**, Grønnegade, Tel. 62 61 12 03, umfaßt zwei Häuser nahe am Hafen; 77 Betten; für Einzelreisende nur von April bis November offen; sonst unbedingt vorher anmelden.
► **Hotel Fåborg**, Torvet, Tel. 62 61 02 45, zentral am Marktplatz in einem hübschen Ziegelsteinhaus, 20 Betten, mit gutem Standard und durchschnittlichen Preisen, ganzjährig geöffnet. EZ 375 DKK, DZ 475 DKK.
► **Hotel Færgegården**, Christian IX. Vej 31, Tel. 62 61 11 95, in hübscher Lage am Hafen; mit gemütlichen Restaurant und einer 140 Jahre alten Gaststube; modernisierte 15 Zimmer mit 32 Betten; bis auf die Jah-

reswende ganzjährig geöffnet. DZ ohne Bad 690 DKK.

▸ **Bøjden Strandcamping \*\*\***, Bøjden Landevej 12, Tel. 62 60 12 84, am Fährhafen ca. 5 km von Fåborg, große Anlage mit einer Kapazität für 960 Personen; wegen des unmittelbaren Zugangs zu Strand und Wasser trotz der Größe (300 Plätze) oft recht voll; außerdem Minigolf, Spielplatz und Einkaufsmöglichkeit; auch 12 Hütten und Wohnwagenvermietung, geöffnet von Anfang April bis Mitte September.

### Essen und Trinken

Für eine nicht sonderlich große Stadt wie Fåborg ist das Angebot an Restaurants recht beachtlich, und fast für jeden Geschmack ist etwas dabei. Leicht zu finden im Ortszentrum sind die Restaurants *Blækhuset*, Gågaden 11, und das im *Hotel Fåborg* am Marktplatz, Torvet 17. Gutes Essen zu angemessenen Preisen bekommt man aber auch im *Færgegaarden*, das am Christian IX. Vej 31 in Hafennähe liegt. Ein Stück südöstlich davon befindet sich im Svendborgvej 175 das Restaurant *Fåborg Fjord*. Cafébesuchern dürfte *Gallericaféen* in der Klostergade 42 gefallen, und schließlich sei all denen, die es nach ausgelassenerer Betätigung drängt, die Diskothek *Magasingården* am Markt, Torvet 17, empfohlen.

### Öffentlicher Verkehr

**Bus:** Regelmäßig Busse nach Odense, Svendborg, Nyborg, Assens und Bøjden.
**Schiff:** Von Fåborg täglich mehrere Fähren u. a. nach Gelting in Deutschland, aber auch zur größeren Insel → Ærø. Von Fåborg hinüber nach Søby (bis zu viermal täglich, Überfahrtdauer 1 Stunde, Hin- und Rück-

fahrt pro Person 80 DKK, für einen Pkw mit Fahrer 240 DKK, Fahrrad 25 DKK; Information und Reservierung unter Tel. 62 61 14 88).

## Ærø

Nicht mehr als 9.000 Menschen leben auf der ganzen Insel, und wenn man will, kann man sie bequem an einem Tag im Wagen oder per Rad durchfahren: Schließlich ist Ærø nur 25 km lang, und seine breiteste Stelle mißt nur 8 km. Das macht insgesamt eine Fläche von rund 88 km². Lohnender ist es aber in jedem Fall, wenn man sich einige Tage Zeit nimmt, um die Schönheiten und vor allem die Ruhe zu genießen.

Quer über die Insel, die durch Landwirtschaft bestimmt ist, verläuft die größte Landstraße. Von dieser hat man immer wieder eine einzigartige Aussicht auf kleinere Nachbarinseln im "fünischen Inselmeer".

Kommt man im Nordwesten von Ærø an, trifft man hier als erstes auf den Fischerort **Søby** mit einer Werft, dem Verkehrshafen und einem neuen Yachthafen. Søby ist die kleinste der drei größeren Städte, zu denen noch → **Ærøskøbing** und → **Marstal** gehören.

Fast am äußersten Nordwestende von Ærø liegt die Landspitze **Skjoldnæs**, auf der Natur und der Leuchtturm *Skjoldnæs Fyr*, der 1881 aus Bornholmer Granit gemauert wurde, einen Umweg lohnen.

Auf dem Weg nach Ærøskøbing passiert man die höchste Stelle der Insel, **Synneshøj** bei Tværby. Sie erreicht 68 m. Dann kommt man über Tranderup zum imposantesten Abschnitt an der Küste: den Klippen von *Voderup*. Sie ragen 30 m hoch auf und bilden ein über 3 km langes Landschaftsschutzgebiet.

# Ærøskøbing

Dieser Inselort hat nur etwas mehr als 1.100 Einwohner und ist doch die älteste - verbriefte - Stadt auf Ærø. Der Stadtkern ist die größte Sehenswürdigkeit. Wüßte man nicht, daß tatsächlich Menschen in dieser Idylle aus bunten, kleinen, mit Blumen und Grün umrankten Fachwerkhäuschen wohnten, könnte man das Städtchen glatt für ein Freilichtmuseum halten. Die Zeit steht scheinbar still. Dank der nahezu vollständig erhaltenen Stadtanlage aus dem 17. Jahrhundert, deren Grundriß ein Dreieck beschreibt, und der vielen denkmalgeschützten Gebäude - es sind insgesamt fast 40 - ist ein Spaziergang durch Ærøskøbing wie ein Gang durch alte Zeiten.

Zu den denkmalgeschützten Häusern gehören die **Apotheke**, die **älteste Post Dänemarks** aus dem Jahr 1749 oder das **Kjøbinghus** aus dem Jahr 1645. **Hammerichs Museumshus**, Brogade 3-5, dessen typische dänische Stuben und Einrichtungen der Bildhauer *Gunnar Hammerich* der Stadt überlassen hat, erlaubt einen Blick ins Innere dieser Häuschen. Es stammt vermutlich aus der Zeit um 1700. Hier befindet sich auch das **Ærø Museum** mit einer Flaschenschiffsammlung von mehr als 500 Exemplaren (Museen geöffnet ganzjährig täglich von 10 - 16 Uhr. Eintritt 10/5 DKK).

## Touristeninformation

Torvet, 5970 Ærøskøbing, Tel. 62 52 13 00, geöffnet von Mitte Juni bis August Mo - Sa 9 - 17 Uhr; September bis Mitte Juni Mo - Fr 9 - 16 Uhr, Sa 9 - 12 Uhr.

## Übernachten

▶ **Ærøskøbing Vandrerhjem**, Smedevejen 13, Tel. 62 52 10 44, geöffnet für Einzelreisende nur vom 22.4. bis 30.9., 84 Betten.
▶ **Hotel Ærøhus**, Vestergade 38, Tel. 62 52 10 03, in einem alten Fachwerkhaus mitten in der Altstadt, 134 Betten in Zimmern oder Appartements; urig und altertümlich; hübsches Restaurant; außer zum Jahreswechsel ganzjährig geöffnet. EZ ab 360 DKK, DZ ab 550 DKK.
▶ **Ærøskøbing Camping \*\*\***, Sygehusvej 40 B, Tel. 62 52 18 54, ziemlich großer Platz für 720 Personen (230 Plätze), in herrlicher Lage unmittelbar am Strand; gute Ausstattung, zu der u. a. auch Minigolf und Fahrradvermietung gehören; 27 Hütten in allen Kategorien, für 4 und 6 Personen, außerdem Wohnwagenvermietung; geöffnet von Anfang Mai bis Ende September.

# Marstal

Dieser Fischerort ist etwas größer als Ærøskøbing; rechnet man die beiden Nachbardörfer *Ommel* und *Kragnæs* hinzu, kommt man auf rund 4.000 Einwohner. Alle Sträßchen und Gassen, gesäumt von Fachwerkhäusern und Stockrosen, scheinen auf den Lebensnerv von Marstal zuzulaufen, den **Hafen**. Eine 1 km lange Mole schützt ihn. In Schwerstarbeit haben die Seefahrer diesen Schutz Anfang des vorigen Jahrhunderts mühsam angelegt, nachdem der Staat ihnen Hilfe verweigert hatte.

Der Seefahrt trägt konsequenterweise ein Museum Rechnung, das **Marstal Søfartsmuseum**, Prinsengade 2. Es umfaßt eine der größten maritimen Sammlungen Dänemarks mit nicht weniger als 200 Schiffsmodellen (geöffnet im Juni und August täglich 9 - 17 Uhr; Juli 9 - 21 Uhr; Mai und September 9 - 16 Uhr; Oktober bis Mai 10 - 16 Uhr, Wochenende 11 - 13 Uhr. Eintritt 20/5 DKK).

Die **Kirche von Marstal** aus dem Jahr 1738 ist eine alte Seefahrerkirche, für deren Apostelstatuen die Marstaler Seeleute selbst Modell standen. Das Altarbild zeigt Jesus, der dem Meer Ruhe befiehlt.

Südlich des Hafens stehen, eigentlich untypisch, Badehütten, die vor Jahrzehnten ohne Erlaubnis gebaut wurden, inzwischen aber zum Bild gehören.

## Touristeninformation

Kirkestræde 29, 5960 Marstal, Tel. 62 53 19 60, geöffnet in der Hauptsaison Mo - Sa 9 - 17 Uhr und So 10 - 12 Uhr, sonst Mo - Fr 9 - 16 Uhr und Sa 9 - 12 Uhr.

## Übernachten

▸ **Marstal Vandrerhjem**, Færgestræde 29, Tel. 62 53 10 64, bei Fähranleger und Marina gelegen, geöffnet für Einzelreisende nur vom 1.5. bis 30.9.
▸ **Marstal Camping \***, Egehovedvej 1,Tel. 62 53 36 00, kleineres Areal (Wiesengelände) für 300 Personen (85 Plätze); einfache Ausstattung; auch ein paar Wohnwagen und 4 Hütten; geöffnet von April bis September.

## Freizeit und Sport auf Ærø

Insgesamt ist das Freizeitangebot auf Ærø, obwohl die Insel ja nicht gerade groß ist, breit gefächert: Es reicht vom Hallenbad über Minigolf, vielfältige Möglichkeiten zum Angeln bis zu Surfen, Tennis und Reiten. In allen drei größeren Orten gibt es einen Fahrradverleih.

Ausflüge veranstaltet die *Natur- und Energieschule* (Tel. 62 52 25 60), eine Inselrundfahrt bietet *Ærø-Turist* an (Tel. 62 58 13 13); auch Rundflüge sind möglich (Tel. 62 53 33 94).

## Öffentlicher Verkehr

**Schiff:** Vom großen Fähranleger in Marstal eine Verbindung nach Rudkøbing auf Langeland vier- bis fünfmal täglich (Tel. 62 53 17 22).

━▸ Zurück auf Route 10, geht es durch den Süden Fünens und die Stadt *Ollerup* ins 25 km entfernte *Svendborg*.

# Svendborg

26.000 Einwohner

*Svendborg* ist dank seiner bevorzugten Lage am *Svendborg Sund* eine der schönsten Städte Dänemarks und Zentrum für dänische Segler, auch wenn das Panorama, das man vom Ufer oder der gegenüberliegenden Seite, also der Insel *Tåsinge* aus vor Augen hat, nicht ganz ohne Einschränkungen zu genießen ist. Gut zu erkennen sind die einförmigen Gebäude der ortsansässigen Konservenfabriken, der Tabakverarbeiter und der Werft auf Lindø. Das moderne Leben, ausgedrückt in der Industriesilhouette des Hafens, hat sich gegen das alte Stadtbild durchgesetzt.

Und Svendborg ist eine alte Stadt, die bereits im 13. Jahrhundert, geschützt durch eine Burg (der Name bedeutet ja auch: Svend-Burg), zu einiger Bedeutung kam.

Inzwischen jedoch ist Svendborg auch bei näherem Hinsehen in seinem Stadtbild modernisiert worden. Gut erhaltene historische Häuser sind immer noch zu finden, darunter zwei markante Gebäude, die dem **Svendborg og Omegns Museum** (Museum für die Stadt und ihre Umgebung) gehören. Dies sind in der Fruestræde 3 das älteste Fachwerkgebäude Svendborgs, **Anne Hvides Gård** aus der Zeit um 1560 und **Viebæltegård**, einst das Armenhaus der Stadt. In diesem Haus, Grubbemøllevej 13, aus dem Jahr 1872 kann man die Zustände in einem Ar-

menhaus vor hundert Jahren nachvollziehen und außerdem vorgeschichtliche und mittelalterliche Sammlungen sowie eine Wohnung aus den fünfziger Jahren besichtigen (geöffnet von Mitte Juni bis Ende Ok-

| | |
|---|---|
| 1 Touristeninformation | 9 Sct. Nicolaj Kirke |
| 2 Post, | 10 Legetøjsmuseum |
| Bahnhof u. | 11 Veteranschiff "Helge" |
| Hotel Royal | 12 Skovsbostrand 8 |
| 3 Polizei | 13 Marktplatz mit |
| 4 Busbahnhof | Restaurant Den grå Dame, |
| 5 Fähre n. Ærøskøbing | Torvecaféen u. |
| 6 Svendborg og Omegns Museum u. | Vor Frue Kirke |
| Svendborg Zoologiske Museum | 14 Svendborg Vandrerhjem |
| 7 Anne Hvides Gård | 15 Vindebyrøre Camping |
| 8 Viebæltegård | 16 Restaurant Sandig |

tober täglich 10 - 17 Uhr; Ende Oktober bis Dezember täglich 13 - 16 Uhr; Januar und Februar nur Mo - Fr 13 - 16 Uhr; März und April täglich 13 - 16 Uhr. Eintritt 15/0 DKK.

Mit nicht weniger als sieben Kirchen kann Svendborg aufwarten. Die bedeutendste ist die **Sct. Nicolaj Kirke**. Um etwa 1250 wurde sie nach norddeutschem Vorbild errichtet: Die roten Ziegelmauern verleihen ihrem Innern eine warme, behagliche Atmosphäre. Die Glasmosaiken stammen vom Künstler *Kræsten Iversen*, der in unserem Jahrhundert den alten Sakralbau damit ausschmückte.

Wirklich interessant für alle, die sich mit der dänischen Tierwelt vertraut machen wollen, ist das **Svendborg Zoologiske Museum**, Dronningemaen 30. Obwohl man natürlich Vorbehalte gegenüber dieser Art von Präsentation haben kann, ist es beeindruckend, das Tierleben Dänemarks in vierzehn großen Szenarien dargestellt zu sehen. Sie decken den gesamten Zeitraum der Geschichte von der Eiszeit bis in unsere Tage ab; außerdem sind viele heimische Vögel, gleichfalls in ausgestopftem Zustand, zu sehen (geöffnet von April bis September täglich 9 - 17 Uhr; Oktober bis März Mo - Fr 9 - 16 Uhr, Sa - So 10 - 16 Uhr. Eintritt 10/5 DKK).

Für Freunde alten Spielzeugs gibt es zudem ein neues Spielzeugmuseum, das **Legetøjsmuseum** in der Sct. Nicolajgade 1.

"Unter dem dänischen Strohdach" verbrachte **Bert Brecht** seine Exiljahre von 1933 bis 1939 zusammen mit Helene Weigel. Zunächst kam er auf Thurø unter, ehe er das kleine Haus am Skovsbostrand 8 am 9. August 1933 erwarb. Hier lebte und arbeitete er, hier wurde er u. a. zu den "Svendborger Gedichten" inspiriert. Geflüchtet vor den Nazis, genoß Brecht, so gut es die Umstände zuließen, hier den dänischen Frühling und Sommer. Ungetrübt aber war die

Stimmung nicht. In einem Brief an Walter Benjamin schrieb er schon 1933: "Wir haben Radio, Zeitungen, Spielkarten, bald ihre Bücher, Öfen, kleine Kaffeehäuser, eine ungemein leichte Sprache, und die Welt geht hier *stiller* unter."

Als die Bedrohung durch Deutschland näherrückte, floh Brecht nach Schweden. Nach einigem Hin und Her hat die Gemeinde sein Svendborger Haus inzwischen gekauft und zu einem kleinen Museum umgestaltet.

**Tip:** Vom alten Seefahrermilieu Svendborg können auch Besucher einen Eindruck erhalten: Von Mai bis September befährt der alte Dampfer "Helge" den Fjord. Das über 70 Jahre alte Schiff fährt drei bis fünfmal täglich in einem zweistündigen Trip über den *Svendborg Sund* zu den benachbarten Inseln Skarø, Drejø, Hjortø und nach Ærø. Ein Ticket, erhältlich im Kiosk am Hafenkai oder in örtlichen Reisebüros, kostet 45 DKK/ 20 DKK.

## Touristeninformation

Centrumpladsen, 5700 Svendborg, Tel. 62 21 09 80, geöffnet von Mitte Juni bis Ende August Mo - Sa 9 - 17 Uhr, sonst Mo - Fr 9 - 16 Uhr, Sa 9 - 12 Uhr.

## Übernachten

▸ **Svendborg Vandrerhjem**, Vestergade 45, Tel. 62 21 66 99, etwa 1,5 km bis zum Badestrand, großes, modernes Haus mit 237 Betten, ganzjährig geöffnet.

▸ **Hotel Royal**, Toldbodvej 5, Tel. 62 21 21 13, einfaches Hotel in Bahnhofsnähe; mittleres Preisniveau. 38 Betten. EZ ohne Bad ab ca. 250 DKK, DZ ab 400 DKK.

▸ **Vindebyøre Camping \*\*\***, Vindebyørevej 52, Tel. 62 22 54 25, auf Tåsinge, also gegenüber von Svendborg fast am Wasser gelegen; recht großer Platz mit einer Kapazität für 600 Personen (158 Plätze), 13 Hütten; Möglichkeit zum Angeln und Surfen; Bootsverleih; geöffnet von Mitte April bis Mitte September.

## Essen und Trinken

Aus dem doch recht umfangreichen Angebot empfehlenswert: *Restaurant Sandig* in der Kullinggade bietet gutes Essen (auch Überraschungsmenüs!) und ein nettes Ambiente. Unter der Schloßkirche findet man das Restaurant *Den grå Dame* (dt. "Die graue Dame"); gemütlich ist es auch im *Æblehaven*. Nach einem Bummel durchs Zentrum ist es einfach schön und erholsam, in einem der Cafés, z. B. dem *Torvecaféen* an der Kirche, zu sitzen.

## Öffentlicher Verkehr

**Bahn:** Regionalbahn nach Odense, in der Regel fast jede Stunde.
**Bus:** Vom Busbahnhof am Hafen Verbindung u. a. nach Fåborg, Nyborg und Rudkøbing (Langeland).
**Schiff:** Von Svendborg mehrmals täglich Fähren zu den benachbarten Inseln Skarø, Drejø, Hjortø und nach Ærø (Überfahrtdauer nach Ærøskøbing 70 Minuten, pro Person für Hin- und Rückfahrt 80 DKK, für einen Pkw mit Fahrer 240 DKK, für ein Fahrrad 25 DKK; telefonische Reservierung unter 62 52 10 18).

━► Die 1.220 m lange *Svendborgsundbrücke*, die seit 1966 Fähren abgelöst hat, gibt einen herrlichen Ausblick über den Sund. Die Brücke führt hinüber zur Insel **Tåsinge** und in den nächsten Ort.

## Troense

Auf der Insel *Tåsinge*, die "eingeklemmt" zwischen Fünen und Langeland ist und mit ihren beiden Verbindungsbrücken heute nur noch als "Brückenpfeiler" von Bedeutung zu sein scheint, liegt das Städtchen *Troense*. Es lohnt unbedingt einen kurzen Aufenthalt, auch wenn man nur eine halbe Stunde durch die engen Gäßchen schlendert. An vielen kleinen, denkmalgeschützten Fachwerkhäuschen führt der Weg vorbei; besonders die Grønnegade ist ein beinahe idyllisches Ensemble. Obwohl - gerade im Vergleich zum benachbarten Svendborg - Troense immer klein war, hatte es als Schifferstadt in der vergangenen Segelschiffära für die Region große Bedeutung. Dabei wurde das Dorf gar nicht von Seefahrern, sondern von Obstzüchtern im 18. Jahrhundert angelegt!

Aus der großen Zeit der Segelschiffahrt versucht das **Troense Søfartsmuseum**, Strandgade 1, eingerichtet in der alten Dorfschule aus dem Jahr 1790, einiges zu retten. Die zusammengetragenen Stücke der maritimen Sammlung umfassen Schiffsmodelle, Schiffstagebücher, Bilder und vieles mehr (geöffnet von Mai bis September täglich 10 - 17 Uhr, sonst Mo - Fr 9 - 17 Uhr, Sa 9 - 12 Uhr, So geschlossen. Eintritt 15/0 DKK).

━► Die Beschilderung, die den Weg zur nahen Attraktion weist, ist nicht zu übersehen:

## Valdemar Slot

Auf diesem schönen Flecken Erde am Svendborgsund errichtete *Christian IV.* in den Jahren 1639 bis 1644 ein Schloß für seinen Lieblingssohn, den Grafen *Valdemar Christian*. Der starb jedoch schon 1656. Im Jahr 1678 kam dann der Seeheld *Niels Juel* in den Besitz des Anwesens. Die markanteste Gestalt unter den Schloßherren war jedoch sein Enkel, gleichfalls namens Niels Juel. Er ließ 1750 erhebliche Umbauten durchfüh-

ren und fügte den kleinen romantischen Teepavillon hinzu. Auch die
elegante Einrichtung des Hauptge-
bäudes, jetzt als **Herregårdsmuseum**
bezeichnet, mit bedeutenden Kunst-
schätzen verdanken wir ihm. Die über
zwanzig Räume sind alle großartig
ausgeschmückt: Die Küche ist
schwarz und weiß gekachelt, die
Wohnräume und Säle voller Luxus an
Mobiliar, Gemälden, Tapeten und
Stuckdecken.

Im Restaurant des Schlosses
- unter der Schloßkirche - ist die Küche exquisit französisch. Nicht für jeden Geldbeutel, leider (Schloß geöffnet von Mai bis September täglich 10
- 17 Uhr, sonst nur an Wochenenden
und Feiertagen 10 - 17 Uhr. Eintritt
45/15 DKK).

➞ Über eine Brücke verläßt man
*Tåsinge:* Die *Langelandsbro* überbrückt den Sund hinüber nach *Rudkøbing.* Sie wurde 1962 erbaut und ist
einschließlich ihrer Dämme 1,7 Kilometer lang.

## Langeland

Die Insel ist - wie der Name sagt -
lang und schmal: von der Nordspitze
*Frankeklint* bis zum *Dovnsklint* im
Süden sind es 50 km; die lange Küstenstrecke lädt fast überall zum Baden oder Surfen ein. Seit der vollständigen Brückenanbindung ist sie
eigentlich keine Insel mehr, denn es
ist möglich, trockenen Fußes via Tåsinge und Fünen bis aufs Festland
nach Jütland zu kommen.

Nahe der Steilküste **Frankeklint**,
die für die Insel außergewöhnlich ist,
liegt auch einer der schönen Strände
Langelands, **Nordstrand**. Auch der
Leuchtturm **Hov Fyr** steht hier; Steilküsten sind auch **Dovnsklint** und
**Gulstav Klint** im Süden und bei Ri-
stinge Hale im Südwesten der Insel.
Der dortige Strand bietet sich aber
auch als Badestrand an, ebenso be-

vorzugt sind die Strände von Hes-
selbjerg, Lohals Nordstrand (von Lohals geht ebenfalls eine Fähre nach
Korsør auf Seeland, Fahrtdauer ca.
75 Minuten) und Spodsbjerg. Langeland kommt nicht nur den Bedürfnis-
sen von Strandurlaubern entgegen;
es eignet sich auch für Radtouren auf
einem weiträumigen Netz von Rad-
wegen, die beschildert auf Nebenstraßen verlaufen. Eine eigene Karte
ist dazu erhältlich, z. B. beim Touristenbüro in Rudkøbing.

### Öffentlicher Verkehr

Fährverbindungen von Langeland:
- von Spodsbjerg an der Ostküste
Langelands stündliche Verbindung
nach Tårs auf Lolland, ➞ Route 11
·(Fahrtdauer 45 Minuten, einfache
Fahrt pro Person 44 DKK, für einen
Pkw mit Fahrer 195 DKK, Fahrrad
15 DKK; Tickets sind am Kai zu kaufen, Reservierung unter 62 59 10 22).
- vom Bagenkop im Süden Langelands dreimal täglich nach Kiel
(Fahrtdauer 2 Stunden und 30 Minuten, einfache Fahrt pro Person 27
DKK, für einen Pkw mit Insassen
68 DKK, Fahrrad 35 DKK; telefonische
Buchungen in Dänemark unter
62 56 14 00; in Deutschland unter
0431/ 97 41 50).

## Rudkøbing

5.000 Einwohner

Von der Brücke in Richtung *Rudkøbing* fahrend, kommt man fast unmittelbar in die winklige Altstadt, die
von Kaufmannshöfen und reizvollen,
kleinen Häusern bestimmt ist. Rudkøbing hat als einzige Stadt auf Langeland Stadtrechte seit 1287 und ist
immer der größte Ort auf der Insel
geblieben.

Besonders stolz ist Rudkøbing bis
heute auf seine "berühmten Söhne",
*Hans Christian* (1777-1851) und *An-*

*ders Sandøe Ørsted* (1778-1860). Der erste ist als Physiker und Entdecker des Elektromagnetismus auch außerhalb des Landes bekannt geworden, der zweite hat mehr nur lokale Berühmtheit als Politiker und Jurist erlangt (im April 1853 wurde er dänischer Premierminister). Zur Welt gekommen sind die beiden in der **Alten Apotheke** (*Gamle Apotek*) in der Brogade 15. Beginnt man dort einen Gang durch den Ort, sieht man auf dem **Gåsetorvet** eine Statue von *H.C. Ørsted* (sein Bruder ist im Ørstedsparken verewigt). Über den Kirchplatz kann man zur **Kirche** schlendern, deren älteste Gemäuer auf etwa 1100 datiert sind, deren Turm allerdings erst um 1620 hinzugefügt wurde. Weiter geht es durch Smedegade, Vinkældergade, Ramsherred; Gammel Sømandsgade, Strandgade, Sidsel Bagersgade und Østergade. Hier stehen der alte Pfarrhof **Præstegården** und der **Avlsgård**.

**Langelands Museum**, Jens Winthersvej 12, steht für vorgeschichtliche Sammlungen und aufschlußreiche Funde aus der Wikingzeit. Außerdem hat es eine separate Abteilung zu Fischerei und Seefahrt (geöffnet Mo bis Do 10 - 16 Uhr, Fr 10 - 14 Uhr, Sa 14 - 16 Uhr und So 10 - 16 Uhr; im Winter Sa geschlossen. Eintritt 15/0 DKK).

## Touristeninformation

*Langelands Turistbureau,* Torvet 5, 5900 Rudkøbing, Tel. 62 51 35 05, geöffnet von Mitte Juni bis Ende August Mo - Sa 9 - 17 Uhr, sonst Mo - Fr 9.30 - 16.30 und Sa 9.30 - 12.30 Uhr.

## Öffentlicher Verkehr

**Bus:** Regelmäßige Verbindung nach Svendborg (dort Anschluß an die Bahn) und Nyborg auf Fünen. Nach Bagenkop im Süden Langelands etwa zweimal in der Stunde, nach Lo-

Schloß Valdemar

hals im Norden stündlich, an Wochenenden seltener.

**Schiff:** Zu zwei Nachbarinseln von Rudkøbing mehrmals täglich eine Fährverbindung: nach Marstal auf Ærø (Überfahrtdauer 1 Stunde, Reservierung unter Tel. 62 53 17 22) und zum kleineren Strynø (Überfahrtdauer 35 Minuten, telefonische Reservierung unter 62 51 51 00).

## ◆ *Schloß Tranekær*

Auch wer nicht länger auf Langeland bleiben möchte, sollte sich mindestens zwei Sehenswürdigkeiten auf der Insel nicht entgehen lassen: Da ist zum einen der Ort *Tranekær*, gut 10 km nördlich von Rudkøbing, mit **Schloß Tranekær**. Der rote, zweiflügelige Gebäudekomplex mit einem achteckigen Schloßturm genau in der Mitte der Anlage liegt wunderschön,

versteckt hinter alten Bäumen auf einem hohen Hügel.

Vom Schloßberg aus wacht das *slot* seit mehr als 700 Jahren über die Insel. Der Nordflügel stammt aus dem frühen 13. Jahrhundert, doch seine heutige Gestalt erhielt das Gebäude erst in den sechziger Jahren des letzten Jahrhunderts. Damals wurde auch der Park angelegt. Leider ist nur er - und auch nur außerhalb der Gräben - öffentlich zugänglich; zu sehen sind seltene Bäume und eine Skulpturensammlung (geöffnet ganzjährig täglich 10 - 18 Uhr. Eintritt 15/0 DKK).

Die zweite Attraktion ist einer von mehreren Dutzend vorgeschichtlicher Funde. In der Nähe von *Humble*, etwa 12 km südlich von Rudkøbing, liegt nicht weit von der Kirche entfernt **Kong Humbles Grav**. Dieses Grab aus der Vorzeit ist 55 m lang und 9 m breit; es ist eingefaßt von 77 Steinen.

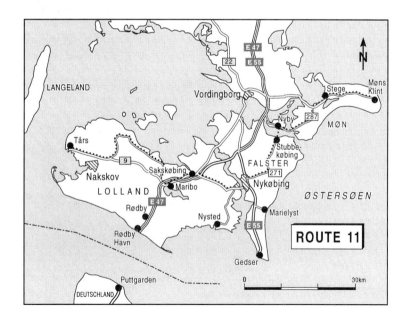

# Route 11
## Lolland - Falster - Møn:
## Nakskov - Maribo - Nykøbing/ Falster - Møns Klint
## (ca. 145 km)

Auf gut neudeutsch könnte man diese Route als "Island hopping" auf den dänischen "Südseeinseln" ansehen: "Südsee"? Ja, auf diesen Werbeslogan verfielen vor einigen Jahren dänische Tourismusberater, die festgestellt hatten, daß diese Drei, nämlich *Lolland, Falster* und *Møn*, geographisch betrachtet, tatsächlich die südlichsten im Königreich sind.

Besonders die beiden ersten Inseln werden so gut wie immer in einem Atemzug genannt, fast könnte der Eindruck entstehen, es handele sich um eine Bindestrich-Insel "Lolland-Falster"; aber es sind durchaus zwei eigenständige Inseln.

Eng verknüpft sind sie heute dennoch, weil sie durch zwei Brücken (bei Guldborg und bei Nykøbing) miteinander verbunden sind.

Ohne die erste Brückenanbindung ans wichtige Seeland hätte es auch nicht den bescheidenen wirtschaftlichen Aufschwung in der ersten Hälfte unseres Jahrhunderts gegeben. Doch als Lolland ab 1937 nicht mehr nur auf dem Seeweg zugänglich war, sondern das trennende Gewässer des *Storstrøm* mit einer festen Verbindung überbrückt wurde, half dies ungemein.

Der Storstrøm ist ebenfalls Namensgeber für die politisch-verwaltungstechnische Einheit, die Lolland, Falster und Møn - gemeinsam mit Teilen Südseelands, die aber erst in der nächsten Route berücksichtigt werden - bilden: das *Storstrøm Amt*. Regiert wird es vom zentral liegenden Nykøbing/ Falster aus.

Lolland lag in früheren Tagen in großen Teilen unter Wasser. Der *Rødby Fjord* beherrschte ursprünglich ganz Südlolland. Als er aber seit etwa 1850 trockengelegt wurde, gewann die Insel in der folgenden Zeit viel neues Land. Schon 1872 jedoch brach der Damm bei einer großen Sturmflut. Erst mit höheren und stabileren Dämmen gelang es in den Jahren danach dauerhaft, das Wasser fernzuhalten. Eine beeindruckende Länge von 63 km Meerdeich hat Lolland jetzt; die Deiche schützen rund 17.600 Hektar Land. Lolland ist das größte eingedämmte Gebiet, das in Dänemark zu finden ist. Die Südküste der Insel eignet sich besonders zum Urlaubmachen. Zwischen *Albuen* an der Westseite und *Hyllekrog* an südlichsten Zipfel liegen wunderschöne Badestrände. Selbst im Inneren Lollands gibt es Wasser, denn viele Binnenseen liegen hier. Wirtschaftlich bzw. landwirtschaftlich wird Lolland wie das benachbarte Falster vom traditionsreichen Zuckerrübenanbau und der entsprechenden Weiterverarbeitung bestimmt; die größten Zuckerfabriken haben hier ihre Standorte.

Ähnlich wie Lolland ist auch Falster flach, nur an manchen Stellen - so im Norden - wird es hügeliger, doch nirgends höher als 30 m. Ohne einen massiven Küstenschutz wäre die Insel längst nicht mehr so groß, wie sie ist. So schützen angelegte Baumschonungen gegen die unsichere Ostküste und befestigen eines der beliebtesten Touristenziele, *Ma-*

*rielyst.* Rundherum ziehen sich 20 km der schönsten Strände Dänemarks - und eine der größten Sommerhausansiedlungen - entlang der Landzunge *Bøtø Nor.*

Ganz anders schließlich die weltbekannte Ostküste des 216 km² großen Møn, das auch von Kopenhagen leicht über die *Farøbroerne* zu erreichen ist: Imposant und massiv ragen die Kreidefelsen aus dem Wasser. Und doch können auch sie ihm nicht wehren; immer wieder frißt sich die See ins Land. Der Norden der Insel um die Landspitze *Ulvshale* ist ein ruhiges Eckchen Dänemark, wenn auch nicht ganz, aber fast noch unentdeckt. In großen Teilen stehen Wald-, Heide- und Küstenlandschaft unter Naturschutz.

━► Ausgangsort für die "Drei-Insel-Route" ist die westlichste Stadt, *Nakskov* auf Lolland. Sie liegt nur knapp 10 km entfernt von *Tårs*, dem Fährort, zu dem man von *Spodsbjerg* auf Langeland aus kommt (Fährverbindungen → Route 10).

# Nakskov

16.000 Einwohner

Geschützt im hinteren Teil des Fjords liegt das von Industrie dominierte *Nakskov*. An vielen Stellen, neuerdings vornehmlich am östlichen Stadtrand, entsteht moderne Industrie in einem Ort, der bis vor wenigen Jahren nahezu monostrukturiert war und nur zwei Betriebe hatte: zum einen die Werft, zum anderen die Zuckerfabrik am Maribovej, die schon 120 Jahre alt und die größte Nordeuropas ist.

Mit der Verleihung der Stadtrechte 1266 wuchs Nakskov bald zur größten Stadt auf Lolland, die es bis heute

ist. Etwas von der alten Stadtgeschichte hat sich im Ortskern erhalten; alte Fachwerkhäuser in der Badstuestræde oder **Theisens gård** und die **alte Apotheke** am Axeltorv zeugen davon.

Sehenswert sind nicht nur die 700 Jahre alte **Kirche Sct. Nikolai** und die für die Diaspora Dänemark seltene katholische Kirche, **Sct. Franziskus**. Im Turm von Sct. Nikolai steckt immer noch eine Kanonenkugel aus der Zeit, als sich die Stadt gegen die durchziehenden Schweden verteidigen mußte: Sie zogen im Jahr 1658 über den zugefrorenen Fjord in Richtung Kopenhagen.

Ebenso lohnt ein Gang zum sogenannten *Inneren Fjord*, dem **Indre Fjord**, und dem dortigen geschützten Vogelreservat. Im Sommer findet das Nakskover Leben aber nicht hier, sondern am **Hestehovedet** statt, denn dort sind Badestrand, Yachthafen und Campingplatz.

Zu den Inseln *Enehøj, Vejlø* und *Slotø* im *Nakskov Fjord* läßt sich eine Ausflugstour per Boot machen. Tikkets verkauft das Touristenbüro.

## Touristeninformation

*Vestlollands Turistforening,* Søndergade 17, 4900 Nakskov, Tel. 53 92 21 72, geöffnet von April bis September Mo - Fr 9 - 17 Uhr, Sa 9 - 14 Uhr; Oktober bis März Mo - Fr 10 - 17 Uhr, Sa 10 - 12 Uhr.

## Übernachten

► **Nakskov Vandrerhjem**, Branderslevvej 11, Branderslev, Tel. 53 92 24 34, ca. 3 km nördlich von Nakskov in Branderslev, das ganze Jahr über geöffnet.

► **Hotel Harmonien**, Nybrogade 2, Tel. 53 92 21 00, mitten im Zentrum, nicht luxuriös, aber guter Standard.

32 Zimmer. EZ ohne eigenes Bad ca. 250 DKK, DZ ab 420 DKK, mit Frühstück.

▸ **Hestehovedet Camping og hytter ***, Hestehovedet 2, Tel. 53 92 19 47, nahe Yachthafen; Bademöglichkeit; gute Austattung, 75 Plätze, 10 Hütten; geöffnet in der Zeit von April bis September.

## Essen und Trinken

Wer einfach nur eine kleine Pause und einen Kaffee braucht, dem genügen vermutlich schon die Cafeterien im Supermarkt *Kvickly*, Krøyers Gaard, oder die *Super Caféteria*, Havnegade 69. Günstig und schnell essen, dafür stehen die *Pizzabar*, Søndergade 7, und das *Pølsehuset*, Krøyers Gaard 2. Mehr Zeit fürs gute Essen lassen sollte man sich bei einem Besuch des *Skovridergaarden*, Svingelen 4, oder des *Hotel Harmonien/ Guldhornet*, Nybrogade 2. Neben der "normalen" Küche veranstaltet der *Vinkælderen*, Axeltorvet 9, jeden Donnerstag einen Grillabend.

## Öffentlicher Verkehr

**Bahn:** Mit Privatbahn über Maribo nach Nykøbing/ Falster, werktags etwa jede Stunde.
**Bus:** Regelmäßige Verbindung nach Rødby (Fährhafen) und Nykøbing/ Falster. Werktags ungefähr stündlich, an Wochenenden seltener.

━▸ In nördlicher Richtung verläßt Route 11 *Nakskov* über die Straße 289. Nach ca. 10 km kreuzt sie eine dänische nationale Sehenswürdigkeit. Hier, in der Nähe von *Svinsbjerg*, sind die Reste des längsten bekannten dänischen Kammergrabes zu sehen: Das vorgeschichtliche **Kong Svends Høj** ist 12 m lang.

## Pederstrup

Dieser Landsitz war einer der Lieblingsaufenthaltsorte von *Christian Ditlev Reventlow* (1748-1827). Reventlow war von 1797 bis 1813 Staatsminister und einer der hervorragenden Köpfe bei der Bauernbefreiung 1788. Zwischen 1813 und 1822 ließ er die weißgekalkten Hauptgebäude errichten. Seit 1940 ist hier das **Reventlow Museum** beheimatet, das persönliche Gegenstände, Gemälde und andere Dinge ausstellt, die einen Eindruck von der Persönlichkeit Reventlows geben sollen (geöffnet von Mai bis August außer Mo täglich 12 - 17 Uhr; März, September und Oktober 14 - 16 Uhr; November bis Februar nur Sonntag 14 - 16 Uhr. Eintritt frei).

Von Pederstrup nach Vesterborg führt außerdem der **Museumsweg** (*museumsvej*), der eine Meile (ca. 7,5 km) lang ist. Seine alten Wegmarkierungen sind ausgeführt, wie es in den Anfängen der Landvermessung im 18. Jahrhundert üblich war.

━▸ Weiter auf Route 11 bietet sich beim Ort *Birket* die Möglichkeit, zum Fährhafen in **Kragenæs** abzubiegen. Von hier kommt man auf die ruhigen, erholsamen Inseln *Fejø* (Fahrtdauer 15 Minuten, Abfahrt jede Stunde, Information und Buchung unter Tel. 53 91 30 90) und *Femø* (Fahrdauer 50 Minuten, sechs- bis achtmal täglich, Information und Buchung unter Tel. 53 91 50 56)

Der Streckenverlauf jedoch geht weiter an der Nordküste Lollands und am Küstenabschnitt *Lindholm Dyb* entlang ins 13 km enfernte *Bandholm* und zum Herrensitz *Knuthenborg*.

Das eigentliche **Schloß Knuthenborg** ist ein Landsitz in altem englischem Stil. Zu ihm gehört der größte in Privatbesitz befindliche Park in ganz Dänemark. Entsprechend gut gesichert wirkt er: Die 600 ha Fläche sind von einer hohen, anscheinend nicht enden wollenden Mauer (immerhin ist sie 8 km lang) umgeben.

Was Knuthenborg jedoch zum Anziehungspunkt macht, ist der größte **Safaripark** Nordeuropas. In ihm zeigen sich auf 660 Hektar den staunenden Nordländern Nashörner und Zebras, Giraffen und Kamele, Antilopen und viele andere exotische Tiere aus Afrika und Asien (geöffnet von Ende April bis Ende September täglich 9 - 18 Uhr. Eintritt 60/30 DKK).

## *Maribo*

5.600 Einwohner

Genau wie das Kloster ist die Stadt an den Seen nach der Jungfrau Maria benannt: "Mari(a)-bo" - mit Betonung auf dem "i" - ließe sich frei übersetzen als "Wohnort Mariens". Sowohl Kloster wie Stadt wurden 1408 gegründet.

Während vom eigentlichen **Kloster** einzig ein paar Ruinen im Park am See überdauert haben, ist die Klosterkirche erhalten, die **Maribo Domkirke**. Sie war schon 1470 als dreischiffiges Gotteshaus fertiggestellt; der Turm allerdings ist eine Ergänzung aus dem 19. Jahrhundert (geöffnet täglich 8 - 17 Uhr, im Sommer bis 18 Uhr).

Auf den ersten Blick fällt eine Besonderheit auf: Die Kirche hat zwei Chorräume. Grund dafür ist, daß das damalige Birgittenkloster ein Doppelkloster war. Im nördlichen Teil befand sich ein Nonnenkloster, im südlichen eines für Mönche. Natürlich lebten beide streng voneinander getrennt und waren dies auch im Kirchenraum selbst. Hier waren die niedrigen Galerien den Nonnen vorbehalten, während sich die Mönche im Erdgeschoß

unter die Gläubigen mischten. Die Mönche feierten das Abendmahl am heutigen Hochaltar im Westen, während der Altar der Nonnen in einer Pulpitur gen Osten stand.

Das kleine **Storstrøms Kunstmuseum** liegt unmittelbar am Bahnhof, Jernbanepladsen, und ist mit seinen Sammlungen dänischer Kunst vom 18. bis zum 20. Jahrhundert vorwiegend von nationalem Interesse. Das Hauptgewicht liegt auf Zeichnung und Graphik (geöffnet von Juni bis August außer Mo täglich 10 - 17 Uhr; sonst außer Mo täglich 14 - 16 Uhr. Eintritt 10/0 DKK).

Über lokale Geschichte und Kunst sowie das interessante Kapitel der Verbindung mit Polen (im 19. Jahrhundert kamen viele Landarbeiter von dort nach Dänemark) informiert das **Lolland-Falsters Stiftsmuseum**, Museumsgade 1. Durchaus lohnt ein Besuch, vor allem an trüben Urlaubstagen (geöffnet von Juni bis August 10 - 17 Uhr, sonst 14 - 16 Uhr, Mo geschlossen. Eintritt 10/0 DKK).

Etwas außerhalb von Maribo am westlichen Ufer des *Sønder Sø* befindet sich am Meinkesvej ein volkskundliches **Freiluftmuseum**. Seinen Schwerpunkt legt es auf die bäuerliche Kultur von Lolland und Falster. So zeigt es einige typische Häuser und Höfe (geöffnet von Mai bis September täglich 10 - 17 Uhr).

Auch Bahnnostalgiker kommen auf ihre Kosten, denn von Maribo verkehrt ein **Museumszug**, die *museumsbanen*, durch Feld und Wald nach Bandholm, das nördlich am *Sakskøbing Fjord* liegt. Diese erste Oldtimerbahn Dänemarks fährt jeden Sommer, gezogen von den ältesten aktiven Dampflokomotiven; die beiden Züge "Kjøge" und "Faxe" wurden 1879 von der damaligen Firma *Østsjællandske Jernbaneselskab* zur Bahneröffnung gekauft. Auch das Tempo ist wie damals, nie schneller als 30 km/h (→ Sport und Freizeit).

## Touristeninformation

*Rådhuset,* Torvet, 4930 Maribo, Tel. 53 88 04 96, geöffnet von Juli bis September Mo - Fr 10 - 17 Uhr, Sa 10 - 15 Uhr; Oktober bis März Mo - Fr 10 - 17 Uhr, Sa 10 - 12 Uhr; April bis Juni Mo - Fr 9 - 17 Uhr, Sa 10 - 15 Uhr.

## Übernachten

▸ **Maribo Vandrerhjem**, Sdr. Boulevard 82 B, Tel. 53 88 33 14, 12 Familienzimmer, ganzjährig geöffnet.
▸ **Ebsens Hotel**, Vestergade 32, Tel. 53 88 10 44, kleineres Hotel in zentraler Lage mit 17 Zimmern und 2 Appartements; mit Restaurant. EZ ab ca. 250 DKK, DZ ab 440 DKK.
▸ **Maribo Sø Camping \*\*\***, Bangshavevej 25, Tel. 53 88 00 71, in schöner Lage nicht weit vom Freilichtmuseum, Bademöglichkeit; 151 Plätze, 8 Hütten; geöffnet von April bis September.

## Essen und Trinken

Für eine kleine Kaffeepause im Herzen Maribos bieten sich sowohl *Café Maribo*, Vestergade 6, als auch *Byfogeden Cafeteria* im Lolland-Center an.

Richtige lolländische Spezialitäten zu einem durchaus angemessenen Preis bereitet die Küche im Restaurant *Bangs Have*, Bangshavevej 23, zu. Internationaler ist die Speisekarte im *Skaanings Gaard*, Vesterbrogade 55 A. Aber auch italienische oder chinesische Restaurants gibt es im kleinen Maribo.

## Sport und Freizeit

Von Maribo fährt ein Museumszug nach Bandholm (drei Abfahrten täglich von *Maribo Station* von Juni bis August an vier bis sieben Tagen in der Woche; 30/15 DKK pro Person, Information und Reservierung unter Tel. 53 88 85 45).

## Öffentlicher Verkehr

**Bahn:** Privatbahnanschluß nach Nyköbing/ Falster, von dort mit *IC* oder *EC* in Richtung Kopenhagen.
**Bus:** An Wochentagen von der Busstation in Ortsmitte stündlich in Richtung Nyköbing/ Falster und Nakskov.

## ♦ Rødby und Rødbyhavn

Zu keiner Sehenswürdigkeit führt dieser Abstecher, sondern - über die Autobahn E 47 sind es rund 25 km - zum wichtigsten Verbindungshafen Lollands, der als Teil der 1963 ausgeführten "Vogelfluglinie" Dänemark mit Deutschland auf dem kürzesten Seeweg verbindet. Wo heute noch Fähren verkehren, soll schon in wenigen Jahren ebenfalls eine Brücke durchgehend freie Fahrt ermöglichen.

Die Doppelstadt *Rødby* und *Rødbyhavn* mit etwa 5.000 Einwohnern ist seit Einrichtung der sogenannten "Vogelfluglinie" erheblich gewachsen ist. Das alte *Rødby* selbst lag jahrhundertelang unmittelbar am Fjord, doch seit der in den dreißiger Jahren trockengelegt wurde, sind es 5 km bis zum Wasser und zum Hafen in *Rødbyhavn*.

## Öffentlicher Verkehr

**Schiff:** Überfahrt von *Rødby* nach Puttgarden auf Fehmarn mit Fähren der *DSB* bzw. der *DFO* erfolgt tagsüber halbstündlich (Überfahrtdauer 1 Stunde, 40 DKK pro Person, für Pkw mit Insassen 310 DKK, Fahrrad 20 DKK, telefonische Reservierungen in Dänemark unter 33 14 88 80).

➡▸ In das benachbarte *Sakskøbing* sind es von *Maribo* über die Straße 153 nur wenig mehr als 10 km.

## Sakskøbing

5.000 Einwohner

*Sakskøbing* hat für sich vor einigen Jahren einen schlagkräftigen Slogan gesucht und nennt sich seitdem "die lächelnde Stadt": Symbol dafür wurde der **Wasserturm** im Nystedvej, der seit 1982 ein lächelndes Gesicht zeigt. Wie alt das Städtchen genau ist, weiß man nicht, sicher aber ist, daß sie erstmals 1231 durch König *Valdemar* erwähnt wurde. Das Stadtbild ist alles andere als außergewöhnlich, nur wenig alte Architektur ist nennenswert, wie z. B. **Juniors Stiftelse** in der Juniorsgade und der zweistöckige **Wichmands Gård**, der hinter der Kirche an der Ecke von Brogade und Torvegade steht. Sakskøbings spätromanische **Kirche** weist u. a. eine Kanzel mit schönen Schnitzarbeiten auf.

Wovon die Menschen dieser Region leben, deutet eine Skulptur auf dem Marktplatz an: Die **Roepiger** (dt. Rübenmädchen) sind eine Reverenz an die Landbevölkerung, die ihr Auskommen mühsam mit dem Anbau von Zuckerrüben fand.

### Touristeninformation

Torvegade 4, 4990 Sakskøbing, Tel. 53 89 56 30, geöffnet ganzjährig Mo - Fr 10 - 17 Uhr und Sa 9 - 14 Uhr.

## ♦ Nysted

Von Sakskøbing lohnt ein Umweg über die Straße 283 ins gut 20 km entfernte *Nysted* in der Südostecke der Insel. Sie ist die kleinste verbriefte Stadt Dänemarks. Anziehungspunkt des Ortes ist neben den farbenfrohen Häusern im Ortskern **Ålholm Slot** mit dem angeschlossenen Automobilmuseum.

Schloß Ålholm war eigentlich eine Wasserburg, entstanden um 1300. Heute ist sie mit dem Ort Nysted über einen Damm verbunden. Bevor die Familie *Raben-Levetzau,* die noch heute hier wohnt, das Gebäude 1725 vom König erwarb, hatte es bereits 425 Jahre als Königsburg gedient. König *Christoffer II.* wurde im Jahr 1332 sieben Monate von seinem Halbbruder, dem Herzog *Johan dem Milden von Holstein,* auf dem Schloß gefangen gehalten. Noch heute ist der Kerker zu sehen. Einige Bauphasen am Schloß lassen sich nachvollziehen, so die Umgestaltung des Ostflügels zu einem prächtigen Wohntrakt 1760 und die des Nordflügels 1890.

Den Park des Schlosses, den **Christianslyst-Park**, der Anfang des vorigen Jahrhunderts mit seltenen Bäumen und Büschen angelegt wurde, bietet sich für einen schönen Spaziergang an.

Auf **Gut Stubberupgård**, das zu Ålholm gehört, ist das Automobilmuseum eingerichtet. Der große Raum bietet Unterstellfläche für 250 alte Autos aus der Zeit zwischen 1886 und 1939. Außerdem gibt es eine alte Dampfbahn, die durch den Wald bis zur Ostsee fährt (Schloß geöffnet von Juni bis August täglich und im September und Oktober an Wochenenden von 11 - 17 Uhr; Automobilmuseum von Juli bis August täglich 10 - 18 Uhr; im April, Mai, September und Oktober nur an Wochenenden und Feiertagen 11 - 17 Uhr. Eintritt 50/25 DKK; Eintrittskarte Schloß und Museum 90/50 DKK).

### Touristeninformation

Adelgade 65, 4880 Nysted, Tel. 53 87 19 85, geöffnet in der Hochsaison Mo - Fr 9 - 17 Uhr, Sa 10 - 14 Uhr, sonst Mo - Fr 10 - 17 und Sa 10 - 12 Uhr.

*Geschichte wird vorgeführt.*
*oben: Im "Mittelaltercenter" bei Nykøbing/ Falster*
*unten: Im "Vikingcenter" von Ribe*

*oben: Nykirke - eine der vier Rundkirchen auf Bornholm*
*unten: Ruinen der Festung Hammerhus auf Bornholm*

*Wehrhafter Turm auf Christiansø, nördlich vor Bornholm*

*Sønderborg Havnen - ein schönes Ambiente*

*Gebäudeansichten*
*oben: Reetgedecktes Sommerhaus - auch hier weht die Nationalflagge*
*unten: Altes Fachwerkhaus in Kolding*

*Die "versandete Kirche" bei Skagen in Nordjütland*

*Für Dänemark typisch - Eis in frisch gebackener Waffel!*

━► Über die alte Landstraße 9 geht es nach Südosten nach *Sundby* und nach dem Überqueren der Brücke über den *Guldborg Sund* in die Hauptstadt der Nachbarinsel *Falster*:

# Nykøbing/ Falster

26.000 Einwohner

*Nykøbing* trägt aus Gründen der Verwechslungsgefahr immer den Beinamen "Falster" - manchmal einfach abgekürzt als "F" -, denn es gibt ja zwei gleichnamige Städte auf Mors und Seeland, liegt schön am Guldborgsund. Mit dem Stadtteil Sundby auf der Westseite des Fjords ist es quasi übergreifend zwischen Falster und Lolland.

Die moderne Stadt wird im Industriebild bestimmt durch die Zuckerfabrik, doch werden hier ebenso Tabak, Konserven, Bier und auch Möbel hergestellt.

Wie andere Orte in dieser Gegend ist auch Nykøbing in der Zeit König Valdemars entstanden. Angelegt wurde es im Schutz einer Burg, die zur Verteidigung gegen die Wenden gebaut und später zum Schloß umfunktioniert worden war, am Ende des 13. Jahrhunderts.

An einem Gebäude macht sich die große Zeit Nykøbings bis heute fest: dem jetzigen **Czarens Hus og Museet** (*Falsters Minder*). Das "Haus des Zaren", Langgade 2, ist ein einfaches Fachwerkhaus, entstanden um 1700. Es hat seinen Namen nach keinem Geringeren als dem russischen Zaren *Peter dem Großen*, der hier 1716 zu Gast war. Der Grund des nicht gerade alltäglichen Absteigens eines Zaren in einem Wirtshaus: Der Zar war nicht zufrieden mit Schloß Nykøbing, das ihm zur Verfügung gestellt worden war. Und weil die Zaren auch nachfolgender Generationen an

der Erhaltung des Gebäudes interessiert waren, gaben sie mehrfach eine großzügige finanzielle Unterstützung - geknüpft an die Bedingung, im Fall eines Verkaufs des Hauses ein Vorkaufsrecht zu haben.

Das Museum *Falsters Minder* ist hier und in angrenzenden Gebäuden eingerichtet. Es zeigt manches zu vorhistorischer und historischer Zeit, u. a. bäuerlicher und städtischer Kultur, Schloß Nykøbing, Handel und Handwerk (geöffnet von Mai bis Mitte September außer Mo täglich 10 - 16 Uhr, So 14 - 16 Uhr, Eintritt dann 15/5 DKK; sonst täglich 14 - 16 Uhr und Eintritt frei).

Die **Stadtkirche** von Nykøbing ist als Klosterkirche Teil eines Franziskanerklosters gewesen, das Erik von Pommern 1419 gegründet hat. Das um 1482 errichtete Gebäude enthält im Inneren eine Serie von Epitaphien aus der Renaissance- und Barockzeit. Berühmtestes Stück ist jedoch die "Mecklenburgische Ahnentafel", ein Gemälde von *Anton Clement* aus dem Jahr 1627. Es ist eine Schenkung der Gemahlin Frederiks II., *Sophie von Mecklenburg,* die als Witwe von 1588 bis 1631 auf Schloß Nykøbing residierte. Die Ahnentafel reicht fünf Generationen zurück.

Ansonsten ist von dem einst vierflügeligen Komplex um den **Klosterhof** außer der Kirche nur der Westflügel erhalten.

Alte Häuser, auf die Nykøbing zu Recht stolz ist, sind der **Ritmestergården** in St. Kirkestræde (ca. 1620), und in der Langgade 18 das **älteste Bürgerhaus** der Stadt (ca. 1580).

Und wo die Geschichte nah ist, kann die Moderne nicht weit sein: In Nykøbing wurde Dänemarks erster Stahlbetonbau erstellt! Es ist der Wasserturm, der 1908 fertig wurde.

Eine Sehenswürdigkeit besonderer Art ist das **Middelaldercentret**, das Mittelalterzentrum, in Sundby an der Westseite des Fjords. Es nennt sich "Versuchszentrum für historische Technologie" und will altes Wissen wieder erlebbar machen. Auf museumsfachlichem Hintergrund werden hier Technologie und Handwerk unserer Vorfahren erforscht. Höhepunkt des Ganzen ist unumstritten "Bliden", eine schwere, hölzerne Kriegsmaschine aus dem Mittelalter. Sie ist als funktionierende Wurfmaschine einzigartig auf der ganzen Welt! Außerdem gibt es eine Tretmühle und im Sommer auch Werkstätten zu sehen, in denen auch gearbeitet wird. Adresse: Ved Hamborgskoven 2, Sundby (geöffnet von Mai bis Mitte September außer Mo täglich 10 - 16 Uhr. Eintritt 30/10 DKK).

Eher von lokalgeschichtlichem Interesse kann ein Besuch im **Brandmuseum**, Vendersgade 4, sein. Dort sind einige Exponate aus dem Rettungswesen zu besichtigen (geöffnet von Mai bis August Mo und Mi 11 - 15 Uhr und Sa 10 - 12 Uhr. Eintritt 10/5 DKK).

## Touristeninformation

Østerågade 7, 4800 Nykøbing F, Tel. 54 85 13 03, geöffnet von Mitte Juni bis August Mo - Do 9 - 17.30 Uhr, Fr 9 - 19 Uhr, Sa 9 - 17 Uhr; September bis Mitte Juni Mo - Do 9 - 17 Uhr, Fr 9 - 19 Uhr, Sa 9 - 12.30 Uhr.

## Übernachten

▸ **Nykøbing Falster Vandrerhjem**, Østre Alle 110, Tel. 54 85 66 99
▸ **Hotel Falster**, Skovalleen, Tel. 54 85 93 93, zentrumsnah, 1,2 km bis zum Bahnhof, 69 Zimmer in durchschnittlicher Ausstattung. EZ um 535 DKK, DZ 695 DKK.
▸ **Teaterhotellet**, Torvet 3, Tel. 54 85 32 77, am Marktplatz in Stadtmitte, kleines, gemütliches Haus mit 17 Zimmern. EZ ohne Bad ab 275 DKK, DZ 415 DKK.

▸ **Nykøbing Falster Camping \*\*\***, Østre Allé 112, Tel. 54 85 45 45, geräumiger Platz an der E 55, 176 Plätze, 9 Hütten, sehr gut ausgestattet; geöffnet von Mitte Mai bis Mitte September.

## Essen und Trinken

Im altehrwürdigen *Czarens Hus*, Langgade 2, lockt ein gemütliches Restaurant, das zwar sehr gut, aber ziemlich teuer ist. Die Palette von dänischem oder internationalem Essen ist in der Stadt recht groß. Gelüstet es nach Pizza, griechischer oder türkischer Küche, dann ist das *Restaurant Konyq*, Hollands Gaard 16, die richtige Adresse.

Guten Kaffee gibt es im *Teatercaféen*, Østerågade 2. Auch ein paar kleine Gerichte stehen hier auf der Karte.

## Sport und Freizeit

Einen Fahrradverleih findet man bei der *DSB* am Bahnhof, Banegårdspladsen.

## Öffentlicher Verkehr

**Bahn:** Nykøbing liegt an der Hauptstrecke von Kopenhagen nach Hamburg; deshalb ungefähr alle 2 Stunden vom Bahnhof im Zentrum EC-Anschluß nach Kopenhagen bzw. Rødby. Ebenso geht es nach Gedser (von dort nach Rostock). Auf beiden Strecken fahren auch langsamere Regionalzüge, die öfter verkehren.
**Bus:** Fast stündlich Verbindungen von der zentralen Busstation im Zentrum in alle größeren Nachbarstädte.

## ◆ Marielyst

Südlich von Nykøbing ragt Falster als Landzunge in die Ostsee. Die Halbinsel ist eine der bekanntesten "Ferien-landschaften" Dänemarks, wo der Name "Marielyst" eine Art Synonym für Strand und Sommerhäuser ist. In den Kolonien an der Ostseite ist im Sommer die meistgesprochene Sprache Deutsch - so viele Urlauber aus dem Nachbarland sind dann dort anzutreffen. Angesichts der herrlichen Strände verwundert das allerdings nicht.

Wie inzwischen viele andere Ferienregionen Dänemarks, hat auch Falster seit Neuestem eine Rückversicherung gegen schlechtes Wetter: Das **Sommerland Falster**, Godthåbs Allé, Marielyst, bietet auf 200.000 m² Spiel und Spaß für alle. Eingeschlossen ist ein beheiztes Spaßbad. In der Hochsaison im Juli und August ist täglich von 10 bis 19 Uhr geöffnet.

Noch weiter im Süden liegt der Fährhafen von **Gedser**, der Falster als Verkehrsknotenpunkt so bedeutsam macht und von dem aus drei deutsche Häfen angesteuert werden:

## Öffentlicher Verkehr

**Schiff:** Fähre nach Travemünde ein-bis dreimal täglich (Überfahrtdauer ca. 3 Stunden und 30 Minuten, pro Person 40 DKK, für einen Pkw mit Insassen 285 DKK und ein Fahrrad 20 DKK, Information und Reservierung unter Tel. 53 87 00 55).

Nach Warnemünde 4 bis 8 Überfahrten am Tag (Dauer 2 Stunden, pro Person 40 DKK, für einen Pkw mit Insassen 285 DKK, Fahrrad 20 DKK, telefonische Platzreservierung unter 33 14 88 80).

Auch nach Rostock (3 bis 6 Fahrten am Tag) dauert es 2 Stunden (pro Person 40 DKK, für einen Pkw 285 DKK, Fahrrad 20 DKK, Reservierung und Informationen über die Abfahrtszeiten unter Tel. 53 87 00 55).

━▶ Weiter auf Route 11 sind es von *Nykøbing* durchs "Herz von Falster"

über die Landstraße 271 rund 20 km bis zum nächsten Aufenthalt nach *Stubbekøbing*. Vorher allerdings lohnt in *Horreby*, ungefähr auf halber Strecke, ein "Umweg" ins östlich gelegene Bregninge, genauer nach **Halskov Vænge**. Hier sind zahlreiche vorgeschichtliche Dolmengräber gefunden worden, zu erkennen an aufrecht stehenden Steinplatten, denen meist ein großes, plattes Felsenstück als Dach aufliegt. Bei Halskov Vænge sind es fünf Dolmen aus der jüngeren Stein- und 75 Grabhügel aus der Bronzezeit. Das gesamte Gebiet ist freigelegt, und man versucht, es mit Wald und sonstiger Vegetation zu renaturieren. Wie vor 3.000 Jahren dürfen weidende Schafe das Landschaftsbild mitbestimmen.

## Stubbekøbing

2.200 Einwohner

Das besonders schön am Grønsund gelegene *Stubbekøbing* ist der älteste Ort auf Falster. Als Fischerdorf war er schon im 13. Jahrhundert bekannt, hatte später jedoch vor allem seine Bedeutung während der Wendenkriege als Basis für die dänische Kriegsflotte und im Mittelalter als Heimathafen für die Heringsfischerei auf Falster. Der **Hafen** scheint auch heute noch der Mittelpunkt zu sein, ist Freizeit- und Fährhafen, von dem man hinüber auf die Insel *Bogø* fahren kann, so wie diese Route es vorschlägt.

Zweimal wurde Stubbekøbing schwer verwüstet - als im Jahr 1288 Gefolgsleute von *Marsk Stig* es niederbrannten und noch einmal 1658, als die angreifenden Schweden über sie herfielen und Zerstörung zurückließen. Aus der Zeit davor sind deshalb nur wenige Gebäude, darunter der **Farvergården** in der Møllegade,

## Noch einmal Brücken: die beiden Farøbroer

Nordwestlich der hier gewählten Strecke von Falster über Bogø nach Møn steht eines der schönsten Brückenbauwerke Dänemarks, die Farø-Brücken. Ja, genau genommen sind es zwei Hochbrücken, die hier den Storstrøm auf der "Vogelfluglinie" von Seeland via Farø in Richtung Rødby und Puttgarden überspannen: Die für den wichtigen Verkehrsweg E 47 erstellten Bauten wurden 1985 eingeweiht. Die Architekten hatten sich für den nördlichen Abschnitt zwischen Seeland und Farø für eine auf Pfeilern ruhende, 1,6 km lange Brücke entschieden. Weil darunter nur kleinere Schiffe hindurch müssen, wurde sie lediglich 20 m in der Höhe und 40 m in der Breite überbaut. Die ästhetisch reizvollere dagegen ist die Schrägseilbrücke von Farø nach Falster. An ihrer Spitze, 95 m hoch, sind die beiden "Nadelöhre", durch die die an Stahlseilen aufgehängte, 1.726 m lange Fahrbahn geführt wird. Den Schiffen bietet dies eine Durchfahrtsöffnung von 260 m freier Breite und 26 m freier Höhe.

bis Mai an Wochenenden 10 - 17 Uhr. Eintritt 20/10 DKK).

Im **Egnsmuseum**, Vestergade, sind Küchengeräte aus alter Zeit und antike Gewichte zu sehen (geöffnet von Juni bis August täglich 10 - 17 Uhr).

## Touristeninformation

Vestergade 43, 4850 Stubbekøbing, Tel. 53 84 13 04, geöffnet in der Hauptsaison täglich 10 - 17 Uhr.

## Übernachten

‣ **Hotel Elverkroen**, Vestergade 39, Tel. 53 84 12 50, mitten im Ort gelegen, 50 Zimmer zu mittleren Preisen, guter Komfort; ganzjährig geöffnet.
‣ **Stubbekøbing Camping \*\***, Gl. Landevej 4, Tel. 54 44 10 57, gut 1 km westlich vom Ortskern am Grønsund, 60 Plätze, 4 Hütten, geöffnet von April bis August.

## Öffentlicher Verkehr

**Bus:** Werktags ungefähr stündlich Verbindung nach Nykøbing/ Falster und Nørre Alslev, an Wochenenden seltener.

erhalten. **Stubbekøbings Kirche** ist die älteste und vielleicht interessanteste auf der Insel: Sie wurde um 1200 aus Back- und Kreidestein erbaut, den man extra von Stevns herbeiholte. Kalkmalereien im Inneren zeigen u. a. Episoden aus dem Leben des Heiligen Rochus, der gegen die Pest kämpfte.

Eine recht ungewöhnliche Kollektion bietet das **Veteranmotorcykel- og Radiomuseum**, Nykøbingvej 54. Wer sammelt schon alte Motorräder, Mopeds und Radios gleichzeitig? (geöffnet von Juni bis August täglich 10 - 17 Uhr; im September und von März

## Bogø

Vom Stubbekøbinger Hafen führt Route 11 mit der Fähre hinüber auf die Insel *Bogø*, die ebenfalls über zwei Brücken zu erreichen ist: die Farøbrücke über den Damm im Westen und den 1943 aufgeschütteten, 2 km langen Damm im Osten hinüber nach Møn. Erlebnisreicher ist aber ohne Frage die "altertümliche" Überquerung des Grøndsunds per Fähre. (Die Überfahrt mit der kleinsten dänischen Fähre, die eher z. B. an eine Rhein- oder Elbfähre erinnert, dauert lediglich 12 Minuten und kostet 10 DKK pro Person bzw. 40 DKK für den Pkw. Reservierungen sind aufgrund des regelmäßigen Verkehrs in der Regel nicht erforderlich).

Auf Bogø ist man zwar nicht auf einer großen dänischen Insel, doch die 1.302 Hektar erweisen sich an vielen Stellen als historischer und über Jahrtausende bewohnter Boden: Im **Østerskov**, einem Wald an der Ostküste, wo sich auch schöne Spaziergänge machen lassen, ist das Langgrab **Hulehøj** ein Beispiel dafür. Es besteht aus einer Grabkammer mit vierzehn Trag- und fünf Decksteinen. Ganz in der Nähe steht ein Gedenkstein besonderer Art: Er erinnert an den Freikauf von Bogø 1769, bis zu dem die Insel Eigentum des Königs war.

Die Stadt Bogø, **Bogø By**, teilt sich in Gammelby und Nyby, also Alt- und Neustadt, und erstreckt sich im wesentlichen zu beiden Seiten der Hauptstraße. Neue und alte Gebäude wechseln ab. Die **Kirche** ist eine der ältesten; sie geht in ihrer Grundstruktur zurück auf das 12. Jahrhundert. Spätere Umbauten wandelten den einst romanischen in gotischen Stil um. Barock ausgeschmückt sind Altar (1655) und Kanzel (wohl aus der gleichen Zeit), während das Taufbecken noch romanisch ist.

Nördlich der **Mühle** aus dem Jahr 1852 findet man die nicht gerade schwindelerregend hohe, dennoch höchste Stelle Bogøs, einen Hügel von 32 m.

—▸ Über den südöstlichen Damm verläßt Route 11 *Bogø* auf der Straße 287 in Richtung *Møn*, der Insel der Kreidefelsen (→ Artikel "Noch einmal Brücken: die beiden Farøbroer").

# Møn

Biegt man auf der Insel *Møn* dann bei der ersten Gelegenheit nach Süden in Richtung *Hårbølle* ab, kommt man zu einem Schmuckstück der Insel: **Fanefjord Kirke**. Sie ist ein unumstrittenes Meisterwerk, und zwar weniger als Bauwerk denn als Kunstobjekt. Das Gotteshaus enthält die umfangreichsten Kalkmalereien des unbekannten, wegen seiner charakteristischen Arbeitsweise aber als "Elmelunde-Meister" bezeichneten Künstlers. Die Malereien entstanden um 1500. Auch in weiteren Kirchen Møns, auch Lollands und Falsters, ist diese Arbeitsweise festzustellen (→ Elmelunde Kirke). Die Motive sind vielgestaltig. So sieht man Illustrationen zu Texten der Bibel, aber auch Alltagsszenen aus dieser Zeit. Außer diesen Malereien gibt es noch einige auf ungefähr 1350 datierte, so daß - ohne zu übertreiben - dieses Gotteshaus die reichste Ausschmückung an Kalkmalereien in ganz Dänemark hat (→ Artikel "Wovon Kalkmalereien erzählen").

# Stege

3.800 Einwohner

*Stege* ist die einzige echte Stadt, die die Insel Møn zu bieten hat. Ihre Stadtrechte hat sie 1268 bekommen. Gewachsen ist sie um die nicht mehr existierende **Stegeborg**, die zu Zeiten König *Valdemars* ein imposantes Festungsgebilde aus Gräben und Wällen gewesen sein muß. Während der sogenannten "Grafenfehde" (→ Von der Vergangenheit in die Gegenwart, hier: Neugründung des Reiches) erlitt sie jedoch das harsche Schicksal einer Sprengung, und so ist heute nur noch der alte **Mølleporten**, Turm und Tor als Rest der Burgmauer aus dem frühen 16. Jahrhundert, erhalten. Die mit Kalkmalereien ausgeschmückte **Sct. Hans Kirke** datiert aus dem 13. Jahrhundert.

Unmittelbar nebenan befindet sich im **Empiregården**, einem alten Kaufmannshof, **Møns Museum** (Storegade 75). Es ist ein kleineres kulturgeschichtliches Heimatmuseum mit vielen Erinnerungsstücken von Møn, darunter Kleidung und Volkskunst, aber ohne herausragende Objekte (geöffnet außer Mo täglich 10 - 16 Uhr. Eintritt 15/0 DKK).

## Touristeninformation

*Møns Turistforening*, Storegade 2, 4780 Stege, Tel. 55 81 44 11, geöffnet von Mitte Juni bis August Mo - Sa 9 - 18 Uhr, So 10 - 12 Uhr; September bis Mitte Juni Mo - Fr 9 - 17 Uhr, Sa 9 - 12 Uhr; hält auch aufschlußreiche Informationen zur Steilküste *Møns Klint* und deren Entstehungsgeschichte bereit.

## Übernachten

▸ **Hotel Stege Bugt**, Langelinie 48, Tel. 55 81 54 54, ziemlich neues Haus, nicht schön, aber schön gelegen mit Blick aufs Meer, 27 Zimmer. EZ 195 DKK, DZ 390 DKK, mit Frühstück.

▸ **Stege Camping \***, Falckvej, Tel. 55 81 53 25, nur ein kleine Anlage mit einfacher Ausstattung nah beim Zentrum; 30 Plätze, außerdem 3 Hütten; geöffnet von Mai bis August.

## Sport und Freizeit

Golfinteressierte können sich bei *Møns Golfklub*, Klintevej 115, über Spielmöglichkeiten informieren (Tel. 55 81 34 43).

## Öffentlicher Verkehr

**Bus:** Regelmäßige Verbindung vom Busbahnhof in die nördlichen Winkel von Møn, so etwa zweimal am Tag zur Küste bei Møns Klint. Etwa stündlich nach Vordinborg auf Seeland, an Wochenenden seltener.

━▸ Ungefähr auf halbem Weg von *Stege* zu *Møns Klint* steht diese älteste Kirche Møns, **Elmelunde Kirke**. Vor 1100 erbaut, bedecken feine Kalkmalereien alle Gewölbe in Chor und Schiff. Wie die Ausschmückungen der Fanefjord-Kirche stammen sie wahrscheinlich vom "Elmelunde-Meister", der sie um 1480 ausführte. Zu sehen sind Bilder aus der Bibel: die Schöpfungsgeschichte, der Sündenfall und das Jüngste Gericht. Ungewöhnlich sind Darstellungen wie Adam hinter einem zeitgenössischen Radpflug und eine heitere Ernteszene - Motive, die realistisch und eingängig das mittelalterliche Leben aufgreifen.

Verläßt man in Borre die Straße 185 und fährt - der Margeriten-Route nach - fast genau weiter nach Osten, kommt man zu **Schloß Liselund**. Es ist ein hübsches Lustschloß, das der Kammerherr *Antoine de la Calmette* 1792 in Auftrag gab. Es wurde ein Geschenk für seine Frau Elisa, die in der Schweiz geboren war. Das Gebäude ist strohgedeckt und hat eine hölzerne Turmspitze. Der eigene Park ist ein Stück Romantik, will freie Natur und die Welt "en miniature" einfangen: Ein chinesischer Teepavillon, ein norwegisches Haus sowie eine schweizer Hütte stehen einträchtig beieinander. Das Schloß selbst hat sein gesamtes ursprüngliches Interieur behalten (zu besichtigen mit Führung Mai bis Oktober täglich 10.30, 11, 13.30 und 14 Uhr; ganzjährig nur So 16 und 16.30 Uhr).

## Wovon Kalkmalereien erzählen

Sieben dicke Buchbände umfaßt das Hauptwerk zum Thema, und zehn Jahre haben die Forscher des Nationalmuseums in Kopenhagen darauf verwandt, alles zu sammeln, was sie über "Danske Kalkmalerier" wissen. Die Kalkmalereien sind ein bedeutendes Stück dänischen Kulturerbes. In 600 Kirchen landauf, landab wurden diese ersten Bilder gefunden, und rechnet man die ehemals dänischen Teile von Südschweden und Schleswig-Holstein hinzu, ergibt sich sogar eine Zahl von 1005! Sie schmückten schon die ersten Steinkirchen, die ab dem Jahr 1000 (zunächst aus Feld-, dann aus Ziegelsteinen) ihre Vorläufer, die nach der Bekehrung der Dänen durch König _Harald Blåtand_ gebauten Stabkirchen aus Holz, ablösten.

Wichtigste Absicht der mittelalterlichen Künstler war, den Gläubigen die Bibel nahezubringen, die in Schriftform nur den Priestern und der Elite zugänglich war: Bibeln waren rar und die meisten Menschen damals Analphabeten. Durch einfache, ausdrucksstarke Bilder, die fast beruhigend wirken, sollten sie belehrt und mit Inhalten der Bibel vertraut gemacht werden.

So sind die Motive der ersten Periode von Kalkmalereien - der sogenannten _romanischen Phase_ von 1080 bis etwa 1275 - oft der dreieinige Gott, sitzend auf seinem Thron, Adam und Eva im Paradies, aber auch Geburt und Auferstehung Christi. Motive aus dem Alten Testament sind dagegen selten. Die Malereien in den Kirchen von _Jelling_ und _Tamdrup_ gelten als die ältesten; typisch für diese Zeit sind ferner die in der _Kirche von Måløv_, westlich von Kopenhagen. Und während diese ersten Künstler und Maler noch Monate mit der Ausführung und Gestaltung ihrer Bilder verbracht haben dürften, entwickelte sich die Maltechnik schnell weiter: In der zweiten Phase der Kalkmalerei, in der _gotischen_ (von ca. 1275 bis etwa 1530), brauchte ein Maler mit seinen Lehrlingen manchmal nur noch zwei Wochen, ehe eine ganze Kirche ausgeschmückt war, obwohl die Bilder nach Art der Gotik reich verziert sind. Zu ihnen zählt auch der "Elmelunde-Meister" von Møn, der aber nicht nur die Elmelunde-Kirche selbst ausgemalt hat.

Die Menschen hatten offenbar schnell gelernt, solche Bilder zu "lesen", denn die Motivauswahl der gotischen Zeit ist deutlich größer und freier, die Bilder sind komplexer und zusammenhängender. Angefangen von der Erschaffung der Welt über Noah und seine Arche hin zum Leben Mariens, geht es zu Geburt, Leben, Leiden, Tod und Auferstehung Jesu. Hinzu kommen Darstellungen von Heiligen, die wie andere immer in zeitgenössischen Trachten und Gewändern ausgeführt sind. Eine Ausnahme sind da nur Jesus und die Apostel, die auf den Bilder in historisch originaler Kleidung auftreten.

## Møns Klint

Die weltbekannte Attraktion Møns ist jetzt - und schon ab Stege - dank einer guten Ausschilderung nicht mehr schwer zu finden. Dem Schild _Møns Klint_ folgen heißt es auf der Landstraße 287, und so gelangt man schließlich an die Stelle, wo die insgesamt 7 km lange Steilküste einen imponierenden Anblick bietet.

Nur wenige Meter nördlich vom Parkplatz am _Hotel Store Klint_ liegt der 128 m hohe und damit höchste Felsen, **Dronningestolen**, der "Stuhl der Königin". Wie alle anderen hier

Die Kreidefelsen von Møns Klint

hatte sich ein Felsenstück aus der Wand gelöst und eine leichtsinnige französische Touristin erschlagen. Vier weitere Personen wurden verletzt.

Noch etwas weiter nördlich beim **Store Taleren**, dem 100 m hohen "großen Redner", gibt es sogar ein Echo. Ein Rundgang an der Steilküste macht man entweder auf den bewaldeten Höhen oder am Fuß entlang vom **Gråryg** im Süden bis zum **Taler** im Norden oder sogar noch weiter bis zum **Lilleklint**, der schon unweit des Schlosses Liselund liegt.

besteht er aus der Kreide, die vor über 75 Millionen Jahren entstanden ist. Ihre jetzige prägnante Form erhielt die Ostküste Møns aber "erst" im Laufe der letzten 5.000 Jahre. Insgesamt besteht die Formation aus zwanzig Kreideschichten, die von Feuerstein unterbrochen werden.

Da Meer und Wind, Kälte und Hitze weiter an der Ausgestaltung der Klippen arbeiten, ist klar, daß das Aussehen sich ständig ändert. Im Winter 1988 ging beispielsweise das bekannte Naturdenkmal **Sommerspiret** verloren; diese Klippe stürzte ins Meer. Welche Gefahr die Klippen für vorbeigehende Touristen sein können, ging als Schreckensmeldung im Juli 1994 durch die Presse: "Tote bei Felsrutsch auf dänischer Insel" lautete die Schlagzeile. Auch in diesem Fall

## *Übernachten*

▸ **Vandrerhjemmet Møns Klint**, Langebjergvej 1, 4791 Borre, Tel. 55 81 20 30, in der Nähe von Møn, am Wald gelegen, 29 Familienzimmer, nur in der Saison von März oder April bis Ende Oktober geöffnet.

▸ **Hotel Store Klint**, Stengårdsvej 6, Møns Klint, Borre, Tel. 55 81 90 08, am Parkplatz gelegen, ist trotz seiner bevorzugten Lage gar nicht einmal so teuer, wie man vermuten könnte; geöffnet nur von Ende März bis Ende September. EZ ab 325 DKK, DZ ab 475 DKK, mit Frühstück.

▸ **Camping Møns Klint \*\*\***, Klintevej 544, Borre, Tel. 55 81 20 25, vielleicht einer der schönstgelegenen Plätze in Dänemark, denn er liegt hinter den Klippen, zu denen es aber noch ca. 3 km sind; der Platz ist eingebettet in Wald und daher in der Regel recht ruhig; im Sommer aber sind die 660 Plätze oft schnell belegt; ansonsten ist alles da: Tennis, Minigolf, Reiten, Swimming-pool, Fahrradverleih; geöffnet von Anfang April bis Ende Oktober.

## Route 12
### Der Süden Seelands:
### Korsør - Skælskør - Næstved - Fakse
### (ca. 130 km)

"Sjælland rundt" - so wie die Segler es bei einer der beliebtesten Regatten im Land tun, das wäre so, quasi in einem Rutsch, zu viel. Zu viel für nur eine Route durch eine der geschichtsträchtigsten und schönsten Gegenden Dänemarks, zu viel auch für die dichtbesiedeltste. Denn auf der Insel Seeland (dän. *Sjælland*) allein leben rund 40 % aller Dänen, etwas mehr als 2 Millionen Menschen, verteilt über 19 größere Städte. Die meisten von ihnen wiederum in Nordseeland,

was nach der landeseigenen Definition die Region um Kopenhagen ist, das einschließlich aller Vororte schon an der Zwei-Millionen-Grenze kratzt.

Wovon sie leben? Nun, in der Hauptstadt von Industrie, mehr aber noch von Öffentlichen Verwaltungen oder den nationalen Konzernen, Versicherungen, Banken etc., die beinahe alle hier ihren Hauptsitz haben. Und die internationalen Firmen natürlich auch. Es wird produziert und Handel getrieben. Außerhalb der

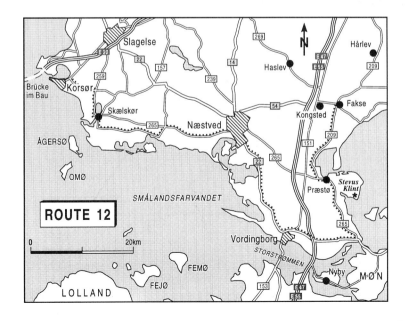

Hauptstadt sieht es da schon "klassischer" dänisch aus: Immer noch ist es die Landwirtschaft, die über weite Räume das Bild und die Landschaft Seelands prägt. Doch auch hier gibt es Industrie, vor allem in den Küsten- und Hafenstädten, wo Waren wie Öl und Ölprodukte, Zement, Konserven, Möbel und Bier hergestellt und umgeschlagen werden. Und immer noch gibt es auch einige Schiffswerften, wenn sie auch schwer unter der weltweiten (und der nahen ostdeutschen) Konkurrenz leiden. Eines der berühmtesten "inländischen" Produkte ist sicher Glas, *Holmegaard Glas*, dänisch und königlich, geblasen im Werk in *Fensmark*.

Platz findet all dies reichlich, denn Seeland ist mit 7.519 km² die größte Insel Dänemarks (sieht man einmal ab vom autonomen Grönland). Die längste Nord-Süd-Diagonale mißt ca. 135 km, die in West-Ost-Richtung gut 110 km. Ihre geologische "Wellenlandschaft" - fast könnte man glauben, das Land habe sich ein Vorbild am Auf und Ab des Meeres genommen - ist mäßig in ihren Erhebungen; gerade einmal 126 m hoch ist der

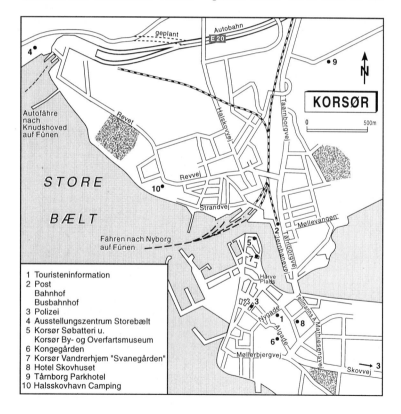

1 Touristeninformation
2 Post
  Bahnhof
  Busbahnhof
3 Polizei
4 Ausstellungszentrum Storebælt
5 Korsør Søbatteri u.
  Korsør By- og Overfartsmuseum
6 Kongegården
7 Korsør Vandrerhjem "Svanegården"
8 Hotel Skovhuset
9 Tårnborg Parkhotel
10 Halsskovhavn Camping

höchste Punkt Seelands, der *Gyldenløveshøj*, zwischen Ringsted und Roskilde.

Man bewegt sich fast überall auf historischem Boden. Die ersten dänischen Könige lebten und starben hier (Gräber in Ringsted und Roskilde), bauten Schlösser und Herrenhöfe. Mittelalterliche Kirchen mit kunstvollen Kalkmalereien gibt es nahezu in jeder Stadt, volkskundliche Museen oder das "gelebte" Altertum im Forschungslager in Lejre geben einen Einblick in die Vergangenheit, zu der auch gewaltsame Zeiten wie die der "Schwedenkriege" im 17. Jahrhundert gehören. Daß schon in den Anfängen der Besiedlung unsere Vorfahren hier waren, davon zeugen viele prähistorische Gräber wie die Kammergräber *Troldhøjen* im westlichen Odsherred. Nicht weit von dort wurde im Moor *Trundholm Mose* das wichtigste erhaltene Kunstwerk aus der Bronzezeit gefunden, der *Solvogn*, der Sonnenwagen. In *Høve* ist aber nur eine Replik ausgestellt; das wertvolle Original befindet sich im Nationalmuseum in Kopenhagen (→ Von der Vergangenheit in die Gegenwart, hier: Bronzezeitalter).

Beinahe keiner Erwähnung bedarf wohl die Vielzahl der schönen Badestrände, mit denen Seeland im Sommer lockt. Von der Halbinsel *Sjællands Odde* über die anderen Strände am Kattegat, Ise- und Roskildefjord, der Küstenstrecke von *Skælskør* bis *Strøby Egede* im Süden oder den Schönheiten der *Køge Bucht* im Osten.

Erst bei dieser Aufzählung der Küsten fällt wieder auf, was Seeland ja eigentlich ist - eine Insel. Noch ist sie es, muß allerdings fast schon hinzugefügt werden: Zwar verbinden sie bis jetzt große Brücken erst mit den südlichen Nachbarinseln *Møn* und *Falster*. Doch schon in wenigen Jahren werden auch die alten "Fährbrükken" durch gewaltige Bauwerke ersetzt werden: Die *Storebæltsbroen* hinüber nach Fünen ist fast vollendet, die *Øresundsbro* zwischen Kopenhagen und Malmö in Schweden über das Planungsstadium hinaus - fehlt nur noch die Schließung der Lücke auf der "Vogelfluglinie" zwischen *Rødby* und *Fehmarn*. Um die Jahrtausendwende, davon kann man vermutlich ausgehen, verliert Seeland seine Eigenart als Insel und gehört dann (leider) - zum Festland.

Ausgangsort dieser ersten Route durch Seeland ist die Stadt mit dem wichtigsten "Westhafen" der Insel: *Korsør*, das nach zwei Seiten am Wasser liegt, dem *Großen Belt* und dem *Korsør Nor*.

# *Korsør*

### 15.000 Einwohner

Noch immer lebt *Korsør* wie in all den Jahrhunderten zuvor von seiner Bedeutung als Fährhafen auf der Route Kopenhagen-Jütland. Nachweislich war die Industriestadt nämlich schon im 11. Jahrhundert Überfahrtstelle nach Fünen, und bis in unsere Tage ist das Leben der Stadt vom halbstündlichen Fährbetrieb bestimmt. Züge und Autos - auch Lkw - werden vom Fährhafen im Stadtteil *Halsskov*, der erst 1957 in Betrieb genommen wurde, verschifft.

Dieses Bild wird sich aber bald ändern, wenn in wenigen Jahren die Tunnel-Brücke via Sprogø hinüber nach Nyborg (Fünen) eingeweiht wird. Ein Vorgeschmack davon ist - wie drüben - auch auf dieser Seite des Großen Belt jetzt schon zu bekommen: Im **Ausstellungszentrum Storebælt** in Halsskov (Fährhafen) sind die Fortschritte beim Bau der 18 km langen Verbindung zu begutachten (geöffnet von Mai bis September täglich 10 - 20 Uhr; Oktober bis April außer Mo täglich 10 - 17 Uhr. Eintritt 30/15 DKK).

In der Innenstadt von Korsør ist das einzige, was vom Schloß, das im Mittelalter die Einfahrt zur Stadt bewachte, übriggeblieben ist, die sogenannte "Seebatterie": **Korsør Søbatteri** ist ein 23 m hoher Festungsturm. Während der Turm etwa aus dem Jahr 1150 datiert, wurde das langgestreckte Magazingebäude mit seinen meterdicken Mauern erst um das Jahr 1600 hinzugefügt. In einer ehemaligen Kanonenhalle ist das **Korsør By- og Overfartsmuseum** (Stadt- und Überfahrtsmuseum) eingerichtet. Hier ist neben zahlreichen Schiffsmodellen u. a. ein Speisesaal einer alten Fähre zu besichtigen - ein Kapitel also, das tatsächlich bald gänzlich Geschichte sein wird (geöffnet außer Mo täglich 10 - 16 Uhr. Eintritt 8/2 DKK).

Sehenswert in Korsør ist zudem der **Kongegården** in der Algade 25 (die Algade zählt überhaupt zu den schönsten Straßen des Ortes), ein reichverziertes Rokokohaus aus dem Jahr 1761. Mehrere dänische Könige haben hier übernachtet. Zur Zeit, als der Kongegården gebaut wurde (genau: 1764) wurde der wohl berühmteste Sohn der Stadt geboren, der Schriftsteller *Jens Baggesen*. Eine Statue am Havnepladsen erinnert an ihn (→ Dänische Literatur heute und früher, hier: Kopenhagen als deutsches Kulturzentrum).

## Touristeninformation

Nygade 7, 4220 Korsør, Tel. 53 57 08 03, geöffnet von Juni bis August Mo - Fr 9 - 17 Uhr, Sa 9 - 17 Uhr, So 11 - 14 Uhr; September bis Mai Mo - Fr 9 - 17 Uhr, Sa 9 - 12 Uhr.

## Übernachten

▸ **Korsør Vandrerhjem "Svanegården"**, Tovesvej 30 F, Tel. 53 57 10 22, 20 Familienzimmer in einem sehr modernen Haus; das ganze Jahr, bis auf den Jahreswechsel, geöffnet.
▸ **Hotel Skovhuset**, Skovvej 120, Tel. 53 57 52 52, liegt sehr schön am Ortsrand, insgesamt aber nur 6 Zimmer. EZ ohne Bad ab 260 DKK, DZ ab 410 DKK, mit Frühstück.
▸ **Tårnborg Parkhotel**, Ørnumvej 6, Tel. 58 35 01 10, größere, moderne Anlage zum Binnensee hin mit 108 Zimmern. EZ ab 475 DKK, DZ 700 DKK.
▸ **Halsskovhavn Camping \*\***, Revvej 185, Tel. 53 57 09 23, etwa 80 Plätze, das Wiesengelände öffnet sich zum Badestrand, auch 12 Hütten und Wohnwagenvermietung; geöffnet von April bis September.

## Öffentlicher Verkehr

**Bahn:** Da an der *IC*-Strecke liegend, stündlich Verbindung in Richtung Roskilde und Kopenhagen bzw. Odense und weiter nach Fredericia. Außerdem Regionalzüge nach Roskilde über Sorø und Ringsted.
**Bus:** Fast jede halbe Stunde ins nordöstlich gelegene Slagelse. Nach Skælskør und Næstved im Südosten in der Regel nur jede Stunde, an Wochenenden seltener.
**Schiff:** Folgende Fährverbindungen gibt es von Korsør:
- von Halsskov nach Knudshoved auf Fünen (Überfahrtdauer 1 Stunde, Abfahrt jede halbe Stunde; einfache Überfahrt pro Person 32 DKK, für einen Pkw mit Insassen 275 DKK; Reservierung und Buchung direkt am Hafenkai oder unter Tel. 33 14 88 80).
- von Korsør bzw. Halsskov nach Kiel (Überfahrtdauer 5 Stunden und 15 Minuten; einfache Fahrt pro Person 40 DKK, für einen Pkw 280 DKK; Re-

servierung und Buchung in Dänemark unter Tel. 53 57 15 77 oder
gleich am Hafen; in Deutschland unter Tel. 04371/ 21 68).

–▸ Verläßt man *Korsør* über die
Hauptstraße 265, kommt man nach
gut 15 km zur nächsten größeren
Stadt an der Südwestseite Seelands.

# Skælskør

6.000 Einwohner

*Skælskør* war im Mittelalter ebenfalls
ein Hafen nach Fünen und hatte mit
seinen zwei Klöstern eine gewichtige
Position in der Region. Als die Stadt
im Wettbewerb mit dem benachbarten Korsør aber nicht mehr mithalten
konnte, verlor sie an Bedeutung. Dafür versuchen die Bewohner von
Skælskør heute mit einer Statistik zu
glänzen: Das *Dänische Meteorologi-
sche Institut* hat bewiesen, daß dies
der Ort mit den meisten Sonnenstunden im Land ist! Die lassen sich am
besten am Strand des *Großen Belt*
genießen, z. B. am *Kobæk Strand.*
　Geprägt ist der Ort jedoch nicht
davon, sondern von den Maschinen-
fabriken und der Konservenindustrie -
denn bedingt durch die vielen Sonnenstunden wachsen rund um
Skælskør die besten Früchte, die
u. a. zu Saft oder Konservenobst
weiterverarbeitet werden.
　Einiges vom alten Bestand und
früherer Größe ist im Stadtbild aber
erhalten, darunter manche Fachwerkhäuser wie das **alte Hospital** in
der Gammelgade, das 1530 angelegt
wurde, und die **Sct. Nicolaj Kirche**
aus dem 13. Jahrhundert.
　Vom etwa 5 km entfernten *Stignæs*
(dominiert von Kraftwerk und Ölraffinerie) gehen Fähren zu den kleinen,

ruhigen Inseln *Agersø* und *Omø* im
*Smȧvandsfarvandet.*

## Touristeninformation

Vestergade 1, 4230 Skælskør, Tel.
53 50 53 74, geöffnet von Mitte Juni
bis Ende August Mo - Sa 9 - 17 Uhr,
sonst Mo - Fr 9 - 16 und Sa 9 -
12 Uhr.

–▸ Weiter auf Route 12, wenige Kilometer südlich von *Skælskør* - hier
kann man der Margeriten-Route ein
Stück folgen -, befindet sich ein Bau-
denkmal besonderer Art:

# Borreby Slot

Diese monumentale Renaissanceburg, ein reich verziertes Wasserschloß aus rotem Backstein, ist - ähnlich wie *Hesselagergård* auf Fünen -
auf den mächtigen Kanzler *Johan
Friis,* der unter Christian IV. regierte,
zurückzuführen. *Schloß Borreby*
baute er 1556 als Festung, weil er
sich im Anschluß an die sogenannte
Grafenfehde (1534-1536; → Von der
Vergangenheit in die Gegenwart,
hier: Neugründung des Reiches)
gegen die aufständischen Bauern
und Bürger sichern wollte. Darum
sind die Gebäude auch so hoch und
haben so viele Schießscharten und
"Pechnasen", aus denen kochender
Teer auf Angreifer geschüttet werden
konnte. Im 17. Jahrhundert kam Borreby in den Besitz der reichen, aber
glücklosen Familie *Daae*, die sich
selbst durch eine übertriebene Ge-
winnsucht in den Ruin trieb. Schließlich mußte Valdemar Daae das Anwesen verlassen. Dieses Schicksal inspi-
rierte *Hans Christian Andersen*, der
sich oft hier aufhielt, zur Erzählung

"Der Wind berichtet von Valdemar Daae und seinen Töchtern". Galerie und Park stehen Besuchern offen.

—► Nach 12 km in Richtung Osten kommt der nächste Höhepunkt auf dieser Strecke:

## Holsteinborg

Das ganze Schloß wurde von der Familie *Trolle* zwischen 1598 und 1640 angelegt und kam 1707 in den Besitz des Geschlechts *Holstein* - daher der heutige Name. Vier Flügel gruppieren sich um einen Innenhof; die Vorderfront zieren spitze Türme. Angesichts der herrlichen, großen Anlage verwundert es nicht, daß auch ein Mann wie *H.C. Andersen,* der Herrengüter ja sowieso liebte, sich gerne hier aufhielt. Sein Zimmer ist original erhalten. Zutritt hat man allerdings nur zum 16 Hektar großen Park.

Einen Damm baute man im Jahr 1811 hinüber zur kleinen Insel **Ormø**, auf der Fischreiher und Kormorane nisten - ein lohnendes Ausflugsziel für Vogelfreunde.

—► Von *Holsteinborg* geht es zur Straße 265 zurück und dann in Richtung *Næstved*. Für alle, die nicht direkt dorthin fahren wollen, lohnt sich ein kleiner Umweg in Richtung Süden nach *Karrebæksminde*.

## ◆ Karrebæksminde

1.400 Einwohner

*Karrebæksminde* ist heute einer der größeren Badeorte an der Südseite Seelands. Schön gelegen am Eingang von der *Karrebæksminde Bucht* zum Fjord, war der Ort früher der Umschlagplatz für Waren, die von oder nach Næstved, das nur knapp 10 km entfernt liegt, gebracht werden sollten. Die großen Lagerhäuser am Hafen erinnern an diese Zeit.

Als Næstved seinen eigenen Hafen bekam, ließ die Bedeutung von Karrebækminde schlagartig nach, und man verlegte sich auf das gute Image als Badeort. Von dem lebt man auch heute überwiegend, denn dank der sauberen und schönen Strände kommen im Sommer viele, nicht nur dänische Urlauber hierher. Dann herrscht manchmal eine geradezu bedrängende "atmosphärische Dichte". Ein intensives Erlebnis ist vor allem das Jazzfestival, das in jedem Juni stattfindet - dann ist sogar noch Vorsaison, und alles läßt sich ungestörter erleben!

Ein schöner Spaziergang führt über die Brücke über den Kanal, der die Öffnung zum Fjord sichert, und zur Insel Enø am jenseitigen Ufer.

### Touristeninformation

Alléen 36, 4736 Karrebæksminde, Tel. 55 44 21 50, geöffnet in der Hauptsaison Mo - Fr 10 - 15 Uhr, Sa 10 - 19 Uhr und So 10 - 15 Uhr.

## Næstved

38.500 Einwohner

*Næstved* ist eine alte Stadt. Hier am *Karrebæk Fjord* entstand sie rund um das Benediktinerkloster *Skovkloster*, das um 1135 an dieser Stelle erbaut wurde. Damals im Hochmittelalter war dies einer der größten Handelsplätze Dänemarks, noch ohne eine Hafenstadt zu sein. Die wurde Næstved erst, als 1938 der Kanal zum *Karrebæksminde Fjord* ausgehoben wurde. Und, wie erhofft, stellte sich ein bemerkenswertes industrielles Wachstum (u. a. wurde eine Papierfabrik gebaut) tatsächlich ein.

Bedingt durch sein Alter und seine Beständigkeit durch die Geschichte, kann Næstved heute mit einer Reihe dänischer Superlative aufwarten: In der Stadt steht u. a. in der Kompagnistræde das älteste Gildehaus Dänemarks, das leider nicht zugängliche **Kompagnihuset**. Es wurde 1493 erbaut und war lange Zeit Lager für Waren einer spanischen Handelskompagnie, die König *Christian IV.* in den zwanziger Jahren des 17. Jahrhunderts gegründet hatte. Und so steht hier auch das **älteste Rathaus** des Landes aus dem Jahr 1450. Auch rühmt sich Næstved, die **ältesten Reihenhäuser** des Landes zu haben. Der damalige Bürgermeister hat sie errichtet und gewinnbringend vermietet. Diese sieben **Montaggens Thuesens Stenboder**, so ihr Name, stammen alle aus dem frühen 15. Jahrhundert und stehen im Schatten der **Sct. Peders Kirche**. In zwei der Häuser ist ein Museum eingerichtet, in dem alte Keramik, Glas und Silber aus der Umgebung präsentiert werden (geöffnet außer Mo täglich 10 - 16 Uhr. Eintritt 10/0 DKK).

In der Kirche **Sct. Peder** - wie die nicht weit entfernte **Sct. Mortens Kirke** ein mittelalterlicher Bau - zeigen Kalkmalereien König *Valdemar Atterdag* und Königin *Helvig*. Gleich neben Sct. Mortens steht der sogenannte **Apostelgården**, errichtet um 1500, mit bemerkenswerten Schnitzereien an der Fassade, die die zwölf Apostel (daher der Name) und Christus darstellen. Sie sind höchstwahrscheinlich einige der ältesten Fachwerkausschmückungen, die überhaupt in Dänemark zu finden sind. Sie lassen sich etwa auf das Jahr

1510 datieren. Gleich nebenan steht ein zweistöckiges Fachwerkhaus aus dem Jahr 1600.

Im vor 1500 erbauten **Helligåndshus** (dt. Heiliggeisthaus; ursprünglich Stiftung für Bedürftige und Kranke) in der Ringstedgade 4 befindet sich jetzt **Næstved Museum** mit Ausstellungsstücken von vorwiegend lokalgeschichtlichem Bedeutung (geöffnet außer Mo täglich 10 - 16 Uhr. Eintritt 15/0 DKK).

Am nördlichen Stadtrand von Næstved, ca. 2 km von der Innenstadt entfernt, liegt das historische **Schloß Herlufsholm**, das allemal einen kleinen Umweg lohnt. Als im Jahr 1560 *Herluf Trolle*, ein Reichsadmiral, in den Besitz des Ortes kam - er hatte ihn mit König *Frederik II.* gegen Hillerødsholm, das spätere Schloß Frederiksborg, getauscht -, hieß dieser noch *Skovkloster*. Im alten Kloster richtete Trolle 1565 eine Schule ein, die heute noch als Internat fortgeführt wird - bis 1966 nur für Jungen, seitdem aber auch für Mädchen. Von der "Urschule" sind allerdings nur noch wenige Reste im Ostflügel erhalten. Die Kirche von Herlufsholm gehörte ehemals zu Skovkloster. Es ist eine aus Ziegeln gemauerte Kreuzkirche aus der Zeit um 1200; hinter dem Altar sind *Herluf Trolle* und seine Frau *Brigitte* in Sarkophagen beigesetzt.

Knapp 6 km südwestlich vor der Stadt steht auf einer kleinen Insel **Schloß Gavnø**. Zu sehen ist dort eine der größten privaten Gemäldesammlungen, verteilt über zwanzig Galeriegänge und einige Zimmer, die auch zu besichtigen sind. Im Park entfaltet sich im Frühjahr und Sommer eine herrliche Blumenpracht. Angeschlossen ist gleichfalls das **Falck Museum**, das eine durch die Geschichte gehende Auswahl von Feuerwehrwagen präsentiert (geöffnet im Mai täglich 10 - 17 Uhr; Juni bis August 10 - 16 Uhr. Eintritt 55/0 DKK).

## Touristeninformation

*Det gule Pakhus,* Havnen, 4700 Næstved, Tel. 53 72 11 22, geöffnet von Juni bis August Mo - Sa 9 - 17 Uhr; September bis April Mo - Fr 9 - 16 Uhr, Sa 9 - 12 Uhr; Mai bis Juni Mo - Fr 9 - 17 Uhr, Sa 9 - 12 Uhr.

## Übernachten

▸ **Næstved Vandrerhjem**, Frejasvej 8, Tel. 53 72 20 91, geöffnet nur von Mitte Februar bis Ende November; angeschlossen ist der einfache Campingplatz *Bag Bakkerne* *, mit nur 40 Stellplätzen.

▸ **Hotel Vinhuset**, Sct. Peders Kirkeplads 4, Tel. 53 72 08 07, zentral gegenüber der Kirche, 57 Zimmer in modernem Standard; ganzjährig geöffnet. EZ ab 450 DKK, DZ ab 650 DKK.

## Essen und Trinken

Wo man in Næstved gut und gemütlich oder einfach nur schnell etwas essen oder trinken kann? Fix geht es z. B. im Selbstbedienungsrestaurant *Ehlers Cafetten*, Ringstedgade 24. Mehr Ruhe und Ambiente haben das Restaurant *Gulerods Huset*, ebenfalls in der Ringstedgade (aber etwas stadtauswärts bei Nummer 528), oder das alte Hotel aus dem Jahr 1778, *Hotel Vinhuset* am Sct. Peder Kirkeplads 4. Bei zwei Restaurants besteht hier die Wahl zwischen dänischer Küche (im *Bytinget*) und internationaler Küche (im *Les Baraques*).

Wen es nur nach Kaffee oder einem Snack gelüstet, dem genügt wahrscheinlich *Café Karen-Maren*, Nygade 2.

## Sport und Freizeit

Empfehlenswert ist eine Kanutour auf dem Fluß *Suså*. Boote können stun-

den- oder tageweise gemietet werden. Informationen dazu - und auch zum Fahrradverleih - gibt es beim Touristenbüro.

## Öffentlicher Verkehr

**Bahn:** Verbindung nach Kopenhagen (über Roskilde) mit Regionalzügen oder *EC* fast jede halbe Stunde, in die Hafenstädte Rødby bzw. Gedser etwa alle zwei Stunden, an Wochenenden seltener.

**Bus:** In Richtung Vordingborg, Præstø und Karrebæksminde an Wochentagen fast stündlich, an Wochenenden seltener.

## ♦ Holmegaards Glasværker

Nicht nur für alle, die Glas und Glasprodukte lieben, ist ein Abstecher von etwa 5 km in Richtung *Fensmark*, nordöstlich von Næstved, immer lohnend: Fährt man von Næstved nach Holme-Olstrup und biegt dort in Richtung Fenstrup ab, kommt man etwa 1 km vor Fensmark zu *Holmegaards Glasværker*. Sie sind für ihre feinen Gläser in aller Welt bekannt und führen den Ehrentitel "Kongelig Hofleverandør" (Hoflieferant für die dänische Königin).

Angesiedelt hat sich die Glasfabrik *Holmegaard* gerade hier, weil in unmittelbarer Nähe das Moorgebiet *Holmegaards Mose* liegt, aus dem früher das Brennmaterial bezogen wurde. Dies geschah allerdings bis 1920 und dann noch einmal in den Notzeiten während des Zweiten Weltkrieges.

Bei einer Besichtigung der Glashütte erlebt man sowohl die moderne, vollautomatische Glasproduktion wie auch den traditionellen Glasbläser, der wie früher mit dem Mund bläst.

Angeschlossen sind außerdem ein Glasmuseum und ein Verkaufsraum (geöffnet Mo bis Do 9.30 - 13.30 Uhr, Fr 9.30 - 12 Uhr, Sa, So und feiertags in der Sommerperiode 11 - 15 Uhr. Eintritt frei; telefonische Auskunft und Anmeldung unter 55 54 62 00).

**Tip:** Eine gänzlich andere Art Vergnügen, vielleicht das Richtige an kühlen Urlaubstagen, bietet **BonBonLand** in Holme-Olstrup. Es ist ein Erlebnispark für Familien, wo sich auf 3.000 m² alles unter einem Dach findet: Rutschen, Karrussels, Tretboote (geöffnet in der Hauptsaison täglich 10 - 19 Uhr. Eintritt pro Person 78 DKK).

→► Zurück auf Route 12 geht es nun fast geradewegs nach Süden, vorbei an *Karrebæk-, Dybsø-* und *Avnø Fjord*, über die Landstraße 22 ins 22 km entfernte *Vordingborg*.

# Vordingborg

8.600 Einwohner

Noch heute ist im Namen der Garnisons- und Industriestadt ihre Geschichte nachzulesen: In der Burg *Worthing* - angelegt 1170 von König Valdemar I., genannt "der Große" (1154-1182) hat sie ihren Ursprung. Valdemar nutzte den Ort als Schutz- und Stützpunkt gegen die Wenden (→ Von der Vergangenheit in die Gegenwart, hier: Die Christianisierung). **Ruinen der Burg** sind erhalten, mehr jedoch aus späteren Bauphasen, besonders aus der von *Valdemar Atterdag* (1340-1375), der in der Mitte des 14. Jahrhunderts eine größere Befestigungsanlage bauen ließ. Von dieser steht nur noch der 36 m hohe **Gåsetårnet** am Slotstorvet 4, der inzwischen zu *der* Attraktion geworden ist. Seinen Namen hat der Turm nach der Gans, die auf seiner Spitze sitzt. Golden sieht sie aus, ist jetzt aber

Schloß Gavnø

anders als früher nur noch vergoldet. Der Turm diente als Wehr- und Gefängnisturm - die 4 m dicken Mauern sprechen eine deutliche Sprache. Im Sommer ist der Turm zugänglich und gibt eine einmalige Aussicht über Meer und Inseln frei (geöffnet im Sommer täglich 11 - 17 Uhr).

Neben dem Gåsetårnet steht **Sydsjællands Museum**, ein kulturgeschichtliches Heimatmuseum mit Funden aus den Anfängen der Geschichte bis heute. Natürlich ist die Aufbereitung nicht sensationell, ansehnlich aber allemal (geöffnet von Juni bis August täglich 10 - 17 Uhr; April bis Oktober außer Mo täglich 10 - 16 Uhr; Januar bis März außer Mo täglich nur 13 - 16 Uhr. Eintritt 12/6 DKK). Zum Museum gehört ein historisch-botanischer Garten mit heimischen Heilkräutern.

Eine alte Klosterkirche ist die Stadtkirche **Vor Frue Kirke**, die wie viele vergleichbare Gotteshäuser mit vielen Kalkmalereien ausgeschmückt wurde.

### Touristeninformation

Algade 99, 4760 Vordingborg, Tel. 53 77 02 17, geöffnet ganzjährig Mo - Fr 9 - 16 Uhr.

### Übernachten

▸ **Vordingborg Vandrerhjem "Platangården"**, Præstegårdsvej 8, Tel. 85 67 17 81, liegt am nördlichen Ortsrand, nur um die Jahreswende geschlossen.

▸ **Hotel Kong Valdemar**, Algade 101, Slotstorvet, Tel. 53 77 00 95, zeitgemäß ausgestattetes Haus mitten im Ort, nicht weit vom Touristenbüro, schöne 65 Zimmer bei mittlerem Preisniveau; ganzjährig geöffnet. EZ mit Bad ab ca. 550 DKK, DZ ab 680 DKK.

▸ **Ore Strand Camping \*\***, Orevej 145, Tel. 53 77 06 03, liegt am Sund hin zum Wasser, mit 170 Plätzen, 12 Hütten und Wohnwagenvermietung; geöffnet von Mitte März bis Ende Dezember.

### Öffentlicher Verkehr

**Bahn:** Etwa stündlich mit *EC* nach Kopenhagen, in der Gegenrichtung nach Rødby bzw. Gedser (von dort nach Deutschland), außerdem auf der Strecke Regionalzüge mit mehr Haltepunkten.
**Bus:** Nach Næstved wie nach Præstø etwa jede Stunde, ebenfalls nach Stege auf Møn; an Wochenenden seltener.

## ♦ Knudshoved Odde

Unbedingt einen Ausflug wert ist *Knudshoved Odde*, die Landspitze im Westen von Vordingborg, die ins Smålandsfarvandet ragt. Ganz einfach wird diese Tour allerdings nicht, denn die 15 km lange und nie mehr als einen halben Kilometer breite Halbinsel ist nur ungefähr bis zur Hälfte befahrbar. Der Rest ist dann zu Fuß zurückzulegen. Dafür bietet sich ein außergewöhnliches Naturschauspiel: eine Hügellandschaft, die an vielen Stellen von kleineren Salzwassertümpeln unterbrochen ist. Seltene Pflanzen und Tiere, darunter Wasservögel, sind hier zu beobachten, an der Landspitze von Knudshoved Odde sogar Bisons. Der 100 Hektar große Landvorsprung steht unter Naturschutz .

—▸ Reizvoll ist auch der weitere Verlauf von Route 12, der über den Ort *Kalvehave* an der Südspitze Seelands (von hier kann man über die **Dronning Alexandrines Bro** nach *Møn* fahren) und von dort dann zurück nach Norden über die Straße 265 nach Præstø führt. Auf der Fahrt dorthin empfiehlt sich ein Besuch von *Jungshoved Kirke.*

## ◆ *Jungshoved*

Eine kunstgeschichtliche Besonderheit kann entdecken, wer in *Tjørnehoved* nach Osten abbiegt und zum Ort *Jungshoved* fährt. Die dortige Kirche aus dem 13. Jahrhundert, an einer alten Wallanlage, ist ganz dem mittelalterlichen Lebensgefühl gemäß mit Fresken nach Motiven des "Totentanzes" ausgeschmückt (so an der Westseite). Dieses Motiv ist in Dänemark eine Seltenheit und außer hier nur noch in der Kirche von *Nørre Aslev* (Falster) erhalten (→ Artikel "Wovon Kalkmalereien erzählen"). Mehrere Reliefs vom Bildhauer *Berthel Thorvaldsen* sind hier zu sehen, so am Taufbecken.

➡► Zurück über die Straße 265 geht es nun nach *Præstø*, wo Route 12 endet.

## Præstø

3.500 Einwohner

Dieser kleine Ort profitiert vor allem von seiner schönen Lage am Fjord, an dem ausgedehnte Spaziergänge möglich sind. Der Marktplatz und die vielen gewundenen Straßen bieten einen Hauch von Idylle. Am höchsten Punkt des Ortes, dem **Klosterbakken** (der Name verweist auf das einst hier stehende Kloster), erhebt sich die

mittelalterliche Kirche aus dem 15. Jahrhundert. Sie ist das älteste Gebäude von Præstø.

Daraus, daß Præstø zu allen Zeiten unter Bränden gelitten hat, leitet das Feuerwehrmuseum **Dansk brandværnshistorisk museum**, Havnevej 4, vielleicht seine Bedeutung ab. Altes Löschwerkzeug, darunter Spritzen, sind in historischer Abfolge ausgestellt. Auch zur Stadtgeschichte gibt es aufschlußreiche Informationen (geöffnet in der Hauptsaison täglich; sonst ab Mai bis September nur am Wochenende von 10 - 12 Uhr und 14 - 16 Uhr. Eintritt 15/8 DKK).

Am Ortsrand von Præstø, etwa 1 km von der Ortsmitte entfernt, lebte im letzten Jahrhundert eine kleine, aber ausgesuchte dänische Künstlerkolonie. Das **Gut Nysø** am Nysøvej 5 war Treffpunkt bekannter Literaten und Denker wie *H.C. Andersen, Adam Oehlenschläger* oder *N.F.S. Grundtvig.* Aber auch bildende Künstler trafen sich bei *Baronesse Stampe*, der Initiatorin der Treffen. Unter ihnen war kein Geringerer als der Bildhauer *Bertel Thorvaldsen,* der hier auch arbeitete. Im Garten wurde für ihn extra ein Atelier erbaut, das heute ein Museum ist (→ Bildende Kunst - damals und heute, hier: Vor 1945).

### *Touristeninformation*

Jernbanevej 22, 4720 Præstø, Tel. 53 99 11 90, geöffnet von Mitte Juni bis August Mo - Fr 9 - 18 Uhr, Sa 9 - 17 Uhr; September bis März Mo - Fr 9.30 - 16.30 Uhr, Sa 9 - 12 Uhr und April bis Mitte Juni Mo - Fr 9 - 17 Uhr, Sa 9 - 12 Uhr.

### *Übernachten*

► **Hotel & Restaurant Frederiksminde**, Klosterbakken 8, Tel. 55 99 10 42, 42-Betten-Haus mitten im Ort und

nah am Fjord; guter Standard; über Weihnachten geschlossen. DZ um 500 DKK.
▸ **Præstø Campingsplads \***, Spangen 2, Tel. 55 99 11 48, einfach ausgestattete Anlage unweit des Zentrums; 60 Plätze und 5 Hütten; geöffnet von Mitte April bis Mitte September.

## Sport und Freizeit

Wer baden möchte, kann dies zwar direkt vor Præstø tun, schöner sind aber Landschaft und Strand auf der anderen Seite des Fjords, auf der Landzunge *Feddet*. Diese ist nämlich für Autos nicht zugänglich und ein ruhiges Fleckchen mit schönen Stränden.

## Öffentlicher Verkehr

**Bus:** Regelmäßige Verbindung nach Vordingborg.

━▸ Auf dem Weg zum Zielort *Fakse* kommt man am *Præstø Fjord* entlang in Richtung Norden über die Straße 209 nach etwa 5 km zum Dorf *Broskov*. Dort wurde vor vierzig Jahren eine kleine archäologische Sensation freigelegt: eine gepflasterte Straße aus dem 5. Jahrhundert, *Broskov Oldtidsvej*, die hier niemand vermutet hatte. Von dort geht es weiter über die Hauptstraße 209 bis *Fakse* (→ Route 13).

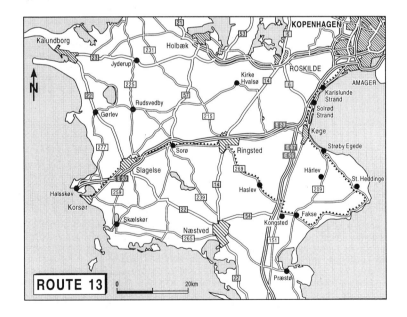

## Route 13
### Die Mitte Seelands:
**Korsør - Slagelse - Store Heddinge - Køge - Kopenhagen (ca. 180 km)**

Die Streckenführung dieser Route vermittelt einen Eindruck vom "Herzen" Seelands. Von *Korsør* ganz im Westen geht es nach *Slagelse* und dann durch die alte Stadt *Ringsted* in der Mitte der Insel bis zur Steilküste von *Stevns Klint*, einem besonderen Naturschauspiel. Im südlichen Großraum vor *Kopenhagen* endet die Route im alten *Køge* (Stadtrechte erhielt es immerhin schon 1288). Zur Metropole sind es jetzt nur noch 40 km, etwa 20 Minuten mit der S-Bahn.

Auf der Fahrt durch diese Hügellandschaft sieht man Wälder, Seen, Felder und erst am Ende das in Dänemark fast allgegenwärtige Meer.

➡ Zunächst fährt man von *Korsør* (→ Route 12) über die Landstraße 150 nach Osten. Nach 5 km bietet sich ein Abstecher in Richtung Norden nach *Fortev* (ca. 10 km) an. Gleich dort liegt *Trelleborg*.

## ♦ Trelleborg

*Trelleborg* ist eine alte, wahrscheinlich um 980 unter *Harald Blåtand* entstandene **Wikingerburg** und eine historische Sehenswürdigkeit: Die Ringburg wurde in den Jahren 1934 bis 1942 ausgegraben; sie umfaßt ein Gelände von rund 7 Hektar. Schätzungsweise tausend Männer einer Garnison waren hier stationiert. Hinter einem 17 m breiten Ringwall mit einem Innendurchmesser von 134 m

und einem äußeren Wassergraben gab es hier Häuser, Hofplätze und Gräber, von denen aber nichts erhalten ist. Damit Besucher dennoch eine ungefähre Vorstellung vom Leben damals bekommen, wurde vor der Vorburg eine Rekonstruktion eines Langhauses mit leicht gewölbten Wänden in Originalgröße aufgebaut. Weiteres zur Geschichte erläutern ein Modell der Burg (1:100) und Schautafeln (geöffnet im Frühjahr und Sommer täglich 10 - 18 Uhr. Eintritt 37/22 DKK mit einem Museumspaß, der für fünf Museen, darunter auch das Slagelse Museum, gilt).

➡ Von hier nach *Slagelse* sind es noch einmal 10 km.

## Slagelse

35.000 Einwohner

*Slagelse* ist die drittgrößte Stadt auf Seeland und so etwas wie Westseelands "Hauptstadt". Verkehrsgünstig an der West-Ost-Strecke gelegen, ist Slagelse heute von Industrie und Handel geprägt; die Autobahn tut ein übriges.

Der alte Ort ist durch Brände fast vollständig vernichtet. Dementsprechend sind die historischen, ausgesprochen sehenswerten Gebäude rasch aufgezählt. Zu ihnen gehören die beiden Kirchen **Sct. Peder** und **Skt. Mikkel**, die beide aus dem 13. Jahrhundert stammen. Gleich dort findet sich auch die alte **Latein-schule**, deren Schüler neben anderen berühmten Dänen auch *H.C. Andersen* und *Jens Baggesen* eine Zeitlang waren.

Während das **Slagelse Museum**, Bredgade 11, einen stark lokalen Bezug hat und nicht sonderlich spannend ist, widmet sich die **Pakhus-galleri** moderner Kunst mit dem Novum, Dänemarks erste Kindergalerie eingerichtet zu haben. Und tatsächlich ist festzustellen, daß hier mit relativ bescheidenen Mitteln einiges bewegt wurde. Besonders für verregnete Urlaubstage bietet sich das Museum für einen Besuch mit Kindern an.

Östlich vor der Stadt liegen die sogenannten **Antvorskov ruiner**. Heute ein geschütztes nationales Denkmal, sind sie die letzten Reste des ersten Johanniter-Klosters in Dänemark, erbaut um 1165 von *Valdemar dem Großen*. Später wurde es dann umgebaut zu einem königlichen Schloß (hier verstarb z. B. König *Frederik II.*), dessen Geschichte bis ins Jahr 1814 reicht, als es abgerissen wurde.

## Touristeninformation

Løvegade 7, 4200 Slagelse, Tel. 53 52 22 06, geöffnet von Mitte Juni bis Ende August Mo - Sa 9 - 17 Uhr, sonst Mo - Fr 10 - 17 Uhr und Sa 10 - 13 Uhr.

## Übernachten

▶ **Slagelse Vandrerhjem**, Bjergbygade 78, Tel. 53 52 25 28, geöffnet von Mitte Januar bis Mitte Dezember.
▶ **Hotel Regina**, Sct. Mikkelsgade 22, Tel. 53 52 41 29, ein Haus in guter Lage mit 11 Zimmern in recht moderner Ausstattung, ganzjährig geöffnet, durchschnittliche Preise. EZ ab ca. 300 DKK, DZ ab 520 DKK.
▶ **Slagelse Kommunes Camping-plads \*\***, Bjergbygade 78, Tel. 53 52 25 28, kein luxuriöser Platz, aber ortsnah (Zufahrt vom Fyhsvej) und mit allem, was nötig ist; 20 Plätze, 6 Hütten; nur in der Saison geöffnet.

## Essen und Trinken

Um den Marktplatz als Zentrum liegen einige Lokale. Gutes Essen, dänisch und französisch, zu angemessenen Preisen gibt es im *Grand*, einem Café und Restaurant in der Fußgängerzone, Schweizerpladsen 1 B. Schnell gestillt wird der kleine Hunger mit Burgern oder Steaks im *Quick Bistro* in der Rosengade 13. Deutlich vornehmer ist die Atmosphäre im *Nytorv 2* in der Fußgängerzone und im *Stillinge Bistro* am Drøsselbjergvej 92; und eher einen großen Geldbeutel braucht man im Restaurant des Hotels *Frederik den II.*, Idagårdsvej 3, einem nüchternen Hotelneubau.

## Öffentlicher Verkehr

**Bahn:** Von Slagelse, an der Hauptstrecke gelegen, quer durch Seeland. Im Stundentakt mit *IC* bzw. *ICE* nach Korsør, Odense und Roskilde, Kopenhagen; außerdem Regionalzüge mit mehr Haltepunkten, darunter Sorø.
**Bus:** Regelmäßige Verbindung in alle Richtungen, so nach Korsør, Sorø und Skælskør.

→▶ Von *Slagelse* verläßt Route 13 die Stadt nach Nordosten über die Straße 150. So sind es 15 km bis in den nächsten Ort:

## Sorø

6.000 Einwohner

Auch für heutige Verhältnisse ist *Sorø* noch eine kleine Stadt, die sich nur ziemlich langsam entwickelt hat. Spät erst, nämlich 1638, bekam es die Stadtrechte, und das hing damit zusammen, daß Sorø lange Zeit nur **Kloster** war, das Zisterzienser schon 1161 hier angelegt hatten. Davon ist aber außer einem Tor, der **Klosterporten**, und der Kirche nichts stehengeblieben.

In der **Marienkirche** sind bedeutende Dänen bestattet worden: 1201 wurde hier einer der Klostergründer zu Grabe getragen, *Bischof Absalon.* Den größten Ruhm hat Absalon sich als Gründer von Kopenhagen erworben. Sein Grab liegt hinter dem Altar. Neben ihm ruhen einige Könige, darunter *Oluf, Christoph von Bayern,* - er war im 15. Jahrhundert König von Dänemark - und *Valdemar Atterdag.* Weitaus auffälliger ist aber ein Sarkophag in der Querkapelle: Darin ist einer der wichtigsten dänischen Schriftsteller bestattet, *Ludvig Holberg,* der große Komödiendichter. Er hatte zuletzt nur ein paar Kilometer nördlich von Sorø auf dem **Terløsegård** gewohnt; dort im Holbergsvej 101 ist heute ein informatives **Holberg-Museum** eingerichtet, in dem Wohnung und Arbeitsplatz des Dichters zu besichtigen sind (→ Dänische Literatur heute und früher, hier: Die erste deutsche Kulturwelle. Geöffnet von April bis Oktober außer Di täglich 10 - 11 Uhr und 14 - 16 Uhr; So 9 - 11 Uhr und 14 - 18 Uhr. Eintritt 10/5 DKK). Holberg ist gleichsam einer der Männer, denen Sorø bis heute Entscheidendes verdankt: Er finanzierte im Jahr 1747 die **Sorø-Akademie**, mitten im Ort unweit der Kirche erbaut, von deren Ruf die Stadt heute noch zehrt. Die Gebäude, die heute dort stehen - und in denen jetzt ca. 350 Schüler, davon knapp 200 auch dort lebende "Interne" unterrichtet werden - sind jüngeren Datums: Sie wurden 1827 erbaut. 1813 hatte ein großer Brand in Sorø gewütet und auch die Akademie vernichtet. (Dies ist der

Grund dafür, warum so wenig ganz alte Häuser in der Stadt zu finden sind.) Lediglich die Pavillons neben dem Hauptgebäude sind alte Originale; in einem lebte eine Zeitlang der Schriftsteller *B.S. Ingemann* (19. Jahrhundert).

In ihren Anfängen geht die Akademie, die heutzutage unzweifelhaft die herausragende und beste Schule des Landes ist, sogar zurück auf das Jahr 1623, als *Christian IV.* hier eine adelige Akademie ins Leben rief, die als Ritterakademie zusätzlich zur Klosterschule bestehen sollte. Das tat sie auch bis zu ihrer Schließung 1665 - und erst Holberg erweckte sie zu neuem Leben. Ihm zu Ehren steht im Akademiegarten, dem **Akademihaven**, eine Bronzestatue.

Nahe dem Klostertor befindet sich das **Sorø-Vestsjællands-Kunstmuseum**, Storgade 9, das insbesondere dänische Malerei ab 1300 sammelt. Auch moderne Kunst ist reichlich vertreten, wobei der Schwerpunkt auf der dänischen Künstlergeneration des letzten Jahrzehnts liegt (geöffnet von Mitte Mai bis Mitte August täglich 10 - 16 Uhr, sonst täglich 13 - 16 Uhr. Eintritt frei.)

Neben anderen alten Häusern liegt in der Storgade auch das **Amtsmuseum**, Storgade 17, das in einem renovierten Fachwerkgebäude Stadtgeschichtliches und eine Bauernstube aus dem 19. Jahrhundert zeigt (geöffnet von Mai bis Oktober außer Mo täglich 13 - 16 Uhr, sonst nur So 13 - 16 Uhr. Eintritt 10/0 DKK).

## Touristeninformation

Østergade 3, 4180 Sorø, Tel. 53 63 02 69, geöffnet in der Hauptsaison täglich 10 - 22 Uhr, sonst Mo - Fr 10 - 16 Uhr, Sa 10 - 13 Uhr.

→▸ Den kleinen *Tuelsø* links liegen lassend, geht es nun fast schnurgerade über die Straße 150 nach:

# Ringsted

17.000 Einwohner

Daß diese Stadt äußerst geschichtsträchtig ist, sieht man der modernen Einkaufsstadt im Zentrum Seelands heute auf den ersten Blick kaum noch an. Und doch war es gerade ihre zentrale Lage (weder zur West- oder Ost- noch zur Südseite der Insel ist es weiter als 35 km!), die Ringsted seit dem frühen Mittelalter zur Verwaltungshauptstadt machte. Hier traf sich die politische Versammlung Seelands - *Landsting* -, bei der die notwendigen politischen Entscheidungen getroffen wurden. Auf dem **Marktplatz** vor der Kirche, nahe dem modernen Rathaus, stehen drei Steine, die an Ringsteds Blütezeit erinnern, die königlichen **Tingstene**. Die Statue auf dem Torvet stellt *Valdemar den Großen* dar, der 1170 in *Sanct Bendt* seinen Sohn *Knud* salben ließ und damit das dänische Königtum vererrbar machte.

Einfach hatte es Ringsted als Residenzstadt nicht, denn die Konkurrenz durch Roskilde war hart - und schließlich unterlag man ja auch. Als ein Symbol dafür könnte die Kirche **Sanct Bendts** gelten, die ursprünglich zu einem Benediktinerkloster gehörte. Ihre romanische Grundstruktur wurde aber nach einem Brand 1241 zur Zeit der Gotik erweitert: Lange Jahre war Sanct Bendts die alte Grabkirche dänischer Könige. Über zwanzig Fürsten wurden hier bestattet - darunter *Knud Lavard,* der 1131 ermordet worden war, und seine Nachkommen, die Valdemar-Könige samt ihren Familien -, bis der Dom in Roskilde Grabkirche wurde.

Wer sich für den *årets gang*, den Jahresverlauf aus der Sicht der mittseeländischen Bauern interessiert, dem sei ein Besuch des **Landbrugsmuseums** am Ole Hansens Vej 3 empfohlen. Das "praktizierende" Museum verfolgt den landwirtschaftlichen Ablauf auf einem originalen Hof aus dem Jahr 1900 (geöffnet Mo - Do 11 - 16 Uhr, Fr 11 - 15 Uhr und So 13 - 16 Uhr).

Ein paar Kilometer nach Norden müssen diejenigen fahren, die sich für Straßenbahnen interessieren. Im **Sporvejsmuseum** bei Skjoldenæsholm (Jystrup), Sjoldenæsvej 107, sind die ältesten Straßenbahnen Dänemarks ausgestellt; sie sind bis 150 Jahre alt. Viele Waggons kann man betreten; draußen fährt sogar eine Museumsstraßenbahn (geöffnet von April bis Oktober Di - Do 10 - 17 Uhr, Sa 13 - 17 Uhr, So und an Feiertagen 10 - 17 Uhr bzw. 18 Uhr. Eintritt 30/15 DKK).

## Touristeninformation

Sct. Bendtsgade 10, 4100 Ringsted, Tel. 53 61 34 00, geöffnet von Mai bis August Mo - Fr 9 - 17.30 Uhr, Sa 9 - 14 Uhr; September bis April Mo - Fr 9 - 14 Uhr.

## Übernachten

▶ **Ringsted Vandrerhjem "Amtsstuegården"**, Sct. Bendtsgade 18, Tel. 53 61 15 26, geöffnet von Mitte Januar bis Weihnachten.
▶ **Scandic Hotel Ringsted**, Nørretorv 57, Tel. 53 61 93 00, größeres, modernes Hotel im Stil der Scandic-Gruppe; gute Lage zum Stadtzentrum; insgesamt 170 Betten; zwischen Weihnachten und Neujahr geschlossen. EZ 745 DKK, DZ 845 DKK.
▶ **Camping Skovly ***, Nebs Møllevej 65, Ortved, Tel. 53 62 82 61, ca. 5 km nördlich von Ringsted; 108 Plätze, 2 Hütten und Wohnwagenvermietung; geöffnet nur von Mai bis Ende Oktober.

## Öffentlicher Verkehr

**Bahn:** Stündlich IC-Verbindung nach Roskilde, Kopenhagen sowie über

Korsør nach Odense und Fredericia. EC-Anschluß über Rødby bzw. Gedser weiter nach Deutschland. Regionalzüge u. a. nach Sorø.
**Bus:** Verbindungen zu allen größeren Orten im Umkreis.

➞ Weiter auf Route 13 geht es nach Südosten durchs rund 20 km entfernte **Haslev**. Der Ort ist das Zentrum der *Indre Mission*, einer der wichtigen religiösen Bewegungen in Dänemark. Die Anhänger der "Inneren Mission" brachen im vorigen Jahrhundert von hier zu ihren Erneuerungsversuchen ins ganze Land auf.

Der Besuch zweier Anwesen, beide im Umkreis von *Haslev* (5 km), liegt nun nahe:

## ♦ Bregentved und Gisselfeld

*Bregentved Slot* liegt im Südwesten: Das Schloß war einst das Herz der Besitztümer des Geschlechts *Moltke*, dem u. a. auch Glorup auf Fünen und Lindenborg in Nordjütland gehörten. Schloß Bregentved bekam der Oberhofmarschall *Adam Gottlob Moltke* - auf den auch die Initiative zur Errichtung von Schloß Amalienborg in Kopenhagen zurückgeht - im Jahr 1746 von seinem König *Frederik V.* geschenkt. Moltke war begeistert von Agrarreformen und wandte neue Methoden auf seinen Gütern selbst an. Die imposanten Gebäude, die heute hier auf Bregentved zu sehen sind, wurden jedoch erst 1886 bis 1891 erbaut, dies aber unter Berücksichtigung älterer Pläne aus dem 18. Jahrhundert. Der riesige Park ist teilweise für Besucher zugänglich.

Etwas südlich liegt *Schloß Gisselfeld*, das seit 1754 eine adelige Klosterstiftung ist; 1545 kam es in den Besitz von *Peder Oxe*. Der 25jährige verlegte nur zwei Jahre später das alte Gisselfeld und ließ die heute noch erhaltene Renaissanceburg mit ihrem großen Haupttrakt und den beiden kleineren Querhäusern erbauen. Ein Wassergraben umgibt wehrhaft den Komplex. Peder Oxe war einer der wichtigsten Politiker in der damaligen Zeit. Er wurde 1552 rechte Hand von Kanzler Johan Friis im Reichsrat, 1570 löste er diesen an der Regierung ab. Bis zu seinem Tod 1575 bestimmte er die Geschicke Dänemarks maßgeblich mit. Zutritt hat man in Gisselfeld nur zum 40 Hektar großen Park und den Treibhäusern.

## Fakse und Fakse Ladeplads

6.000 Einwohner

Den Namen der Stadt *Fakse* (nach alter Schreibweise "Faxe") verbinden die meisten Dänen mit zwei Dingen: mit Kalk und mit Bier. Zum einen werden seit dem Mittelalter die umfangreichen Kalkvorkommen von Fakse als Kalkbruch genutzt: **Fakse kalkbrud** (rund 2 km östlich von Fakse) ist der größte Tagebau Dänemarks. Beim Abbau des Kalks, bestehend aus Kreideschlamm und kleinen Korallen, stößt man immer wieder auf versteinerte Zeitzeugen: Etwa 500 Tierarten, darunter Seeigel, Tintenfische und Schnecken, sind schon gefunden worden und im **Fakse Museum**, Torvegade 29, ausgestellt. Der Zugang zum Kalkbruch ist möglich, aber verständlicherweise auf eigene Gefahr.

Zum anderen werden in der **Faxe Bryggeri**, Torregade 35, neben dem - inzwischen teils auch in Deutschland bekannten - *Faxe Fad*-Pilsner auch

verschiedene Sorten Limonade hergestellt.

Gut 6 km südöstlich von Fakse
legte man den Hafen *Ladeplads* zum
- wie der Name schon sagt - Verladen
des gewonnenen Kalks an, der von
hier aus dann verschifft wurde. Von
dieser alten Funktion ist heute, vor
allem im Sommer, fast nichts mehr zu
entdecken, denn inzwischen ist der
Hafen als Touristenziel mit Campingplätzen, Ferienhäusern usw. bekannt
- nicht zuletzt wegen des kilometerlangen Sandstrandes.

## Touristeninformation

*Fakse Kystens Turistforening,* 4654
Fakse Ladeplads, Tel. 53 71 60 34,
geöffnet von März bis September Mo
- Fr 9.30 - 17 Uhr, Sa 10 - 12 Uhr;
Oktober bis Februar nur Sa 10 -
12 Uhr.

## Übernachten

▸ **Fakse Vandrerhjem**, Østervej 4,
Tel. 75 12 42 58, ganzjährig geöffnet.
▸ **Samklang - ved Havet**, Klintevej 19,
Fakse Ladeplads, Tel. 53 71 60 12,
schöne Lage in Wassernähe, 18 gut
ausgestattete Zimmer, ganzjährig geöffnet, günstige Preise. EZ mit Bad
um 280 DKK, DZ 400 DKK, mit Frühstück.
▸ **Vemmetofte Strand Camping \*\*\***,
Ny Strandskov 1, Tel. 53 71 02 26,
von Wald umgebene und durch Büsche unterteilte Anlage in Strandnähe. Spielplatz, Minimarkt; auch An-
gelmöglichkeit; 290 Plätze und 2
Hütten; ganzjährig geöffnet.

## Öffentlicher Verkehr

**Bahn:** Privatbahnverbindung     über
Hårlev nach Køge. Dort Umsteigen

und mit S-Bahn oder Regionalzug
nach Kopenhagen.
**Bus:** Regelmäßig in die Städte der
Umgebung, Præstø, Vordingborg
und zur Küste nach Store Heddinge.

━▸ Die schönste Strecke von *Fakse*
bzw. *Fakse Ladeplads* nach *Store
Heddinge* führt unmittelbar am Ufer
der *Fakse Bugt* entlang, zunächst auf
den Ort *Rødvig* zu. Unterwegs kommt
man nach etwa 8 km vorbei am
**Vemmetofte Kloster**, das in mehreren Etappen zwischen dem 16. und
dem 18. Jahrhundert als adeliges
Frauenkloster entstanden ist.

Das kleine **Rødvig** ist ein hübscher Ferienort, in dem allerdings
auch noch die alte Tradition der Fischer fortlebt. Der alte *kro*, das Landgasthaus, ist über hundert Jahre alt.
Das kleine Schiffsmotorenmuseum,
Havnevej 7, zeigt die zunehmende
Beschleunigung unserer Wasserfahr-
zeuge.

Schon kurz vor Rødvig beginnt die
**Steilküste von Stevns**, zu deren
schönsten Stellen bei **Højerup** ein ca.
5 km langer Fußweg führt. Zwei Möglichkeiten, diesen Ort über die Straße
zu erreichen, bieten sich an: Entweder fährt man unmittelbar nach
Højerup - ca. 5 km - oder zuerst ins
größere *Store Heddinge*. Diesen Weg
über die Hauptstraße 261 nimmt Route 13.

# Store Heddinge

10.000 Einwohner

Dieser Ort liegt mitten auf der Halbinsel *Stevns*, dort, wo Anfang des 19.
Jahrhunderts der Dichter *Johan Ludvig Heiberg* (1791-1860) sein nationales Schauspiel "Elverhøj" (dt. Elfen-

hügel, 1828) angesiedelt hat. In diesem Singspiel wird zur Verstärkung des romantischen Kolorits der Ton der alten Volkslieder meisterhaft wieder aufgenommen. Die **Kirche** von Store Heddinge mit ihrem achtkantigen Kirchenschiff ist für Dänemark außergewöhnlich. In ihren Ursprüngen war sie eine romanische Kirche, die im 19. Jahrhundert dann umgebaut wurde. Schießscharten und Geheimgänge erinnern daran, daß sie nicht nur sakralen Zwecken diente, sondern auch zur Verteidigung erbaut wurde. Nach einer alten Sage, die man sich in Stevns noch heute erzählt, wohnt hier der *Klintekonge*, der König der Steilküste. Sein eigentliches Refugium ist jedoch nach wie vor die nahe Küste bei Højerup.

## Touristeninformation

Algade 32, 4660 Store Heddinge

## ♦ *Gjorslev*

Ein beeindruckender Anblick ist *Gut Gjorslev*, etwa 6 km nördlich von Store Heddinge, eine in Kreuzform gestaltete Anlage. Der Burgkomplex wurde im 14. Jahrhundert erbaut von *Peder Lodehat*, dem Kanzler der ersten dänischen Königin, Margrethe I. Das Gut betreibt heute Landwirtschaft. Besuchern ist nur der Zugang zum Park erlaubt.

## *Højerup und Stevns Klint*

Um zum nächsten Punkt von Route 13 zu gelangen, fährt man zum Ort *Højerup*, etwa 5 km südöstlich direkt bei Stevns Klint. Hier vermittelt

das **Stevns Museum** einen Einblick in die Geschichte der Region. Es hat eine vorzeitgeschichtliche Sammlung, stellt Trachten aus, präsentiert Wissenswertes zu Baukunst, Handel und Handwerk der Umgebung und besitzt seit kurzem auch eine Spielzeugsammlung (geöffnet von Mai bis September täglich 13 - 17 Uhr. Eintritt 10/2 DKK).

Die wirkliche Attraktion von Højerup aber ist *Stevns Klint*, die Steilküste, die geologisch aus Kreide und Kalkstein besteht. Erdgeschichtlich hängt sie mit den Kreidefelsen von Møn zusammen, die sich hier an der *Fakse Bugt* fortsetzen (oder umgekehrt). Ganz so hoch wie dort ist die Küste hier nicht, an ihrer höchsten Stelle mißt sie 41 m. Dafür ist sie insgesamt länger.

Am steilsten ist die Stelle bei der alten **Højerups Kirche**. Sie wurde einer alten Sage nach im 13. Jahrhundert von einem Schiffer erbaut, zum Dank für Errettung aus Seenot. Seitdem, so die Sage weiter, "schreitet" die Kirche an jedem Weihnachtsfest um Hahnenkammbreite vor, um sich vor dem angreifenden Meer zu schützen. Vor sechzig Jahren jedoch war das Meer dann stärker und schneller: 1928 stürzte der Chorraum hinab ins Meer. Die verbliebenen Teile der Kapelle sind heute aus Sicherungsgründen untermauert.

## *Übernachten*

▶ **Store Heddinge Vandrerhjem**, Ved Munkevænget 1, Stevns, 4660 Store, Heddinge, Tel. 53 70 20 22, für Einzelreisende geöffnet von Ende März bis Ende September.

━▶ Weiter auf Route 13 sind es noch gut 22 km bis zum nächsten Haltepunkt:

# Køge

38.000 Einwohner

Diese alte Handelsstadt ist heute fast schon eine Vorstadt von Kopenhagen. Über die Hauptstraße 151 fährt man immer an der Küste entlang und immer vorbei an Bebauung. Hier an der reizvollen *Køge Bugt*, die sich bis Kopenhagen zieht, wollten schon immer Menschen wohnen - und sie wohnen schön, betrachtet man die vielen Villen hier: Obwohl *Køge* von seiner Lage her geradezu bestimmt wäre, eine hektische, überaus moderne Stadt zu sein - die Moderne nicht nur in der Architektur integrierend, sondern auch in der Industrie wie der Chemie oder dem Hafen -, hat es viel von seinem mittelalterlichen Ambiente erhalten: Nicht nur die herrlichen Badestrände "vor der Haustür" (an denen nichts an die hier in der Bucht hart geführten Seeschlachten in den Jahren 1677 und 1710 erinnert), sondern auch Wälder ganz in der Nähe sind erhalten wie in den Anfängen, als Køge als Landeplatz der Heringsfischer entstand. Stadtrechte bekam es 1288; in restaurierten Kaufmannshöfen im Stadtkern findet sich auch heute noch das Mittelalter wieder. **Marktplatz** und **Kirkestræde** bieten eines der besterhaltenen Stadtbilder Dänemarks; zudem stehen in der **Nørregade** und der **Vestergade** einige alte, schöne Häuser.

Auch die **Kirche Skt. Nicolaj** gehört dazu, erbaut um 1300 und damit so alt wie die Stadt selbst; im Laufe des 15. Jahrhunderts wurde sie jedoch erheblich erweitert. In norddeutscher Gotik von außen, innen während der Reformationszeit reich mit neuer barocker Ausschmückung (u. a. mit einer Kanzel und einer prächtigen Altartafel aus dem Jahr 1624) versehen, so erstrahlt sie noch heute. Vom hohen Kirchturm aus verfolgte König *Christian V.* 1677 die Seeschlacht unter Admiral *Niels Juel*,

die in der Bucht ausgefochten wurde.

Viele Häuser sind nicht zu datieren, ihr Alter wird folglich nur geschätzt. Køge aber hat eine Besonderheit zu bieten: das **älteste genau datierbare Fachwerkhaus** Dänemarks. Es steht ganz nahe der Kirche in der Kirkestræde 20 und wurde 1527 ausgeführt, wie einer Inschrift auf dem Balken über der Haustür zu entnehmen ist. Zur Straßenseite verwendeten die Bauherren Klinkersteine, die übrigen Wände sind aus Ton und Lehm. Geht man die Kirkestræde hinunter bis zum Marktplatz, dem Torvet, wird man dort auf die **Statue Frederik VII.** und das **Rathaus** treffen, erbaut 1552 und angeblich das älteste in ganz Dänemark, das auch jetzt noch als Rathaus genutzt wird.

Von dort in die Nørregade gehend, gelangt man zu mehreren Museen in der Haupteinkaufsstraße. Da ist zum einen in einem Kaufmannshof (1620) in der Nørregade 1 Seelands größtes lokalgeschichtliches Museum, das **Køge Museum**. In den Fachwerkhäusern sind neben Trachten und Stickereien u. a. das Schreibpult des berühmten *N.F.S. Grundtvig* (der etwas außerhalb des Zentrums an der Køge Å auf dem kleinen Friedhof *Claras Kirkegård* neben seiner Frau begraben liegt) und eine Haarlocke des Bildhauers *Bertel Thorvaldsen* zu sehen (geöffnet von Juni bis August täglich 10 - 17 Uhr; September bis Mai werktags 14 - 17 Uhr, am Wochenende und feiertags 13 - 17 Uhr; Eintritt siehe unten; → Bildende Kunst - damals und heute, hier: Vor 1945).

Unter der Hausnummer 29 findet man die **Køge Skitsesamling**, ein spezialisiertes Museum, das versucht, die Entstehung eines Kunstwerks von der Idee bis zur Ausführung darzustellen. Hierzu zeigt es neben wechselnden auch eine feste Ausstellung mit Beispielen aus dem 20. Jahrhundert (geöffnet Di - So 11 - 17 Uhr. Eintritt 15/0 DKK für Køge Museum und Skizzensammlung).

## Touristeninformation

Vestergade 1, 4600 Køge, Tel. 53 65 58 00, geöffnet von Juni bis August Mo - Sa 9 - 17 Uhr; September bis Mai Mo - Fr 9 - 17 Uhr, Sa 10 - 13 Uhr.

## Übernachten

▸ **Køge Vandrerhjem "Lille Køge-gård"**, Vamdrupvej 1, Tel. 53 65 14 74, nettes Haus; unter Umständen ist es besser, hier zu wohnen, als in eine der überfüllten Herbergen in Kopenhagen zu gehen, denn in einer guten halben Stunde ist man per S-Bahn in der Hauptstadt; für Einzelreisende nur 1.2. bis 22.12. geöffnet.
▸ **Centralhotellet**, Vestergade 3, Tel. 53 65 06 96, kleineres Haus in guter Lage, ganzjährig geöffnet; 38 Zimmer in modernem Standard; aber nicht unbedingt luxuriös, dafür günstige Preise. EZ ohne Bad schon ab 230 DKK, DZ ab 410 DKK.
▸ **Hotel Niels Juel**, Toldbodvej 20, Tel. 56 63 18 00, Haus am Hafen mit 51 Zimmern in neuer Ausstattung, dafür höhere Preise als im Centralhotellet. EZ 740 DKK, DZ 940 DKK.
▸ **Vallø Stifts Camping \*\*\***, Strandvejen 102, Tel. 53 65 28 51, ca. 1 km von Køgen-Zentrum; vom großen, aber durch Begrünung aufgelockerten Areal sind es nur 300 m bis zum Strand. Minigolf, Einkaufsmöglichkeit etc. vorhanden. 430 Plätze, 25 Hütten; ganzjährig geöffnet.

## Essen und Trinken

Unter den vielen schönen Restaurants, teils in wirklich hübschen alten Gebäuden eingerichtet, fällt es gar nicht so leicht, sich für eins zu entscheiden. Da ist z. B. *Richters Gæstgivergaard*, Vestergade 16, in einem zweistöckigen Fachwerkhaus aus dem 16. Jahrhundert. Die guten dänischen Gerichte werden hier im Sommer auch im Innenhof seviert. Am Hafen ist *Toldboden*, eine Mischung aus Pub und Bar, wo frisches Bier und Eis ebenso wie kleinere Gerichte locken. Gleich nebenan befindet sich *Pandekagehuset*, wo es tatsächlich echte dänische Pfannkuchen, Eis und Kaffee gibt! Eines der ältesten und ausgesuchtesten Restaurants ist ebenfalls am Hafen, *Skipperkroen*. Außer dänischen stehen hier französische und indische Spezialitäten auf der Speisekarte.

## Öffentlicher Verkehr

**Bahn:** Von Køge problemlos per S-Bahn in alle Teile Seelands: nach Kopenhagen dreimal die Stunde; nach Næstved und Roskilde mit Regionalzügen stündlich; außerdem mit der Privatbahn nach Rødvig oder Fakse.
**Bus:** Nach Roskilde und Ringsted ca. jede Stunde. Zur Küste in Richtung Store Heddinge viermal täglich, an Wochenenden seltener.

━▸ Von *Køge* fährt man über die Hauptstraße 151 weiter nach Kopenhagen. Die Strecke am Strand entlang ist durchgehend bebaut; die vornehmen Villen der Vorstädte werden allmählich von städtischer Bebauung abgelöst. Nach 30 km erreicht man *Kopenhagen*.

---

## Route 14
## Der Nordwesten Seelands:
## Kopenhagen - Roskilde - Kalundborg - Korsør
## (ca. 214 km)

---

Ein gewaltiger Brückenschlag quer über Seeland von Ost nach West - so könnte man den Verlauf von Route 14 beschreiben. Ausgangspunkt ist die dänische Hauptstadt *Kopenhagen*, ganz im Osten am Øresund. Vom jetzigen Regierungssitz ist es nur ein Katzensprung - nämlich je nach gewählter Strecke etwa 40 km - bis zur Metropole über mehrere Jahrhunderte hinweg: *Roskilde*. Dort nämlich war über lange Jahre der Sitz der dänischen Könige; erst im 15. Jahrhundert zog man von hier weiter nach Osten und blieb seitdem in Kopenhagen.

Von *Roskilde* geht es immer in Wassernähe durchs "*Fjordlandet*", wie die Anrainer diese Landschaft nennen. Der Roskilde- und Isefjord liegen in Sichtweite. Über *Holbæk* und die Insel *Orø* geht es nach *Nykøbing/Sjælland*. Damit werden auch die beiden größten und bedeutendsten Städte erreicht, die in der Nähe eines der beliebtesten Feriengebiete liegen. An der Insel Sejerø und der gleichnamigen Bucht vorbei, führt diese Schleife weiter in Richtung der Fährstadt *Kalundborg*. Die Route erschließt als Rundfahrt den ganzen Nordwesten Seelands, die sogenannte Halbinsel *Odsherred*. Das wald- und seenreiche Umland von *Jyderup* läßt sie dabei quasi "links" - nämlich südlich - liegen.

Die letzten 60 km folgen dann dem Großen Belt (*Storebælt*), dann geht es fast immer geradeaus nach Süden in die Hafenstadt *Korsør*. Noch setzen hier von Halsskov die Fähren der *DSB* (der Dänischen Staatsbahnen) nach

Nyborg auf Fünen über. In wenigen Jahren aber wird diese Aufgabe schon die große Brücken- und Tunnelkonstruktion übernehmen. An Jammerland Bucht und Musholm Bucht liegen einige wunderbare Strände. Entsprechend viele der typischen Sommerhäuser stehen dafür allerdings hier zwischen *Svallerup Strand*, *Reersø* und *Stillinge Strand*.

→► Der direkte Weg von Kopenhagen nach *Roskilde* ist über die Landstraße 156 durch *Frederiksberg, Glostrup* und *Tåstrup*.

Route 14 aber führt über einen kleinen Umweg dorthin.

# Ledøje

*Ledøje* ist nicht nur wegen seiner gut erhaltenen Dorfstraße eine Besichtigung wert, sondern noch mehr wegen seiner ungewöhnlichen Kirche. Die Bauart der **Ledøje Kirke**, errichtet etwa um das Jahr 1225 und damals Teil eines größeren Burgkomplexes, der dem Geschlecht der *Hvides* gehörte, ist einmalig in Dänemark. Sie ist in zwei Etagen mit zwei voneinander unabhängigen Kirchenräumen gegliedert: Die herrschaftlichen und adligen Besucher hielten sich während des Gottesdienstes im ersten Stock auf, das "gemeine" Volk dagegen mußte mit dem Erdgeschoß vorliebnehmen. Das Obergeschoß wird heute vor allem bei Hochzeiten benutzt.

━► Über _Sengeløse_ und _Fløng_ erreicht man schließlich _Roskilde_.

# Roskilde

41.000 Einwohner

Roskilde Festival! Das jedenfalls assoziieren zehntausende Musik- und Rockfans, wenn sie das Stichwort Roskilde hören. Tatsächlich geht in der Stadt an jedem ersten Wochenende im Juli eine Veränderung vor: Es kommen aus allen europäischen Ländern nicht nur jugendliche Musikbegeisterte, die für dreieinhalb Tage die Welt hinter sich lassen. Sie alle pilgern dann zum Dyrskuepladsen (am Darupvej), denn dort findet es statt, das größte Rockfestival des Nordens. Drei Tage Musik pur, ein Sinnenrausch - genossen mit und ohne Stimulantien wie Bier und

Hasch -, dem auch schlechtes Wetter und überfüllte Zeltplätze nichts anhaben können. Endlose Schlangen vor Bier- und Toilettenwagen, ein Zusammenbruch der hygienischen Versorgung - nichts trübt die gute Laune (telefonische Auskunft über das Programm und für Reservierung von Karten unter 0045/ 33 15 62 64).

## Geschichte und Stadtrundgang

Nun aber ein Blick in die Stadtgeschichte: Bevor um 980 die königliche Residenz von Jelling in Jütland nach Roskilde verlegt wurde, weil hier _Harald Blåtand_ einen Königshof gegründet hatte, war die Stadt allein wegen ihres Hafens wichtig gewesen. An Bedeutung gewann sie aber erst als Königssitz. Hinzu kam einige Jahre später der Bischofssitz: _Knud_

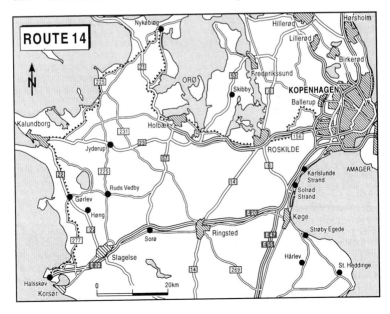

*der Große* verlegte ihn um 1020 nach Roskilde. Über mehrere Jahrhunderte vermochte Roskilde eine herausragende Stellung zu halten, bis im 15. Jahrhundert das Königshaus nach Kopenhagen zog. Als der Bischof ihm nach der Reformation folgte, begann ein Stillstand.

Geblieben ist als Symbol einstiger Macht die alles überstrahlende **Roskilde Domkirke** im Stadtzentrum. *Bischof Absalon* begann den Bau der mächtigen Ziegelkathedrale in den siebziger Jahren des 12. Jahrhunderts - es war die vierte Kirche an dieser Stelle. Bereits *Harald Blåtand* hatte hier eine Holzkirche errichtet, die um 1030 von einer aus Tuffstein abgelöst wurde. Als diese zu klein wurde, wich sie um 1075 einer dreischiffigen Tuffkirche, die Bischof *Svend Nordmand* errichten ließ. Der heutige Dom war in seinen Grundmauern Ende des 13. Jahrhunderts fertig, der Bau der Türme jedoch erst im 15. Jahrhundert abgeschlossen. Die schlanken Turmspitzen schließlich wurden sogar erst 1636 hinzugefügt.

Schon seit dem Mittelalter war der Dom königliche Grablege. Ab der Reformation wurden dann alle dänischen Könige hier beigesetzt. Diese insgesamt 39 Königsgräber liegen größtenteils in den Kapellen, die im Laufe der Jahrhunderte im Stil der jeweiligen Zeit an die Kirche angebaut wurden. Beigesetzt wurden hier u. a. die erste Königin, *Margrethe I.*, und *Christian X.* Außerhalb des Kirchenraums ruht seit 1985 der letzte König Dänemarks, *Frederik IX.*, und auch seine Nachfolger und Nachfolgerinnen werden dort begraben werden (Dom zu besichtigen von April bis Oktober wochentags und Sa 9 - 16.45 Uhr, So 12.30 - 16.45 Uhr; im Winter schließt er eine Stunde früher. Eintritt 5/2 DKK).

Hinter dem Dom steht, verbunden mit ihm durch den "Absalonsbogen",

das gelb leuchtende **Königliche Palais**. In seinem Hauptgebäude ist das **Museum for Samtidskunst** (Museum für Gegenwartskunst), das wechselnde Ausstellungen präsentiert, in den Seitenflügen findet man Dauerausstellungen und Ausstellungen aus dem Palais (geöffnet Mo - Fr 11 - 17 Uhr, Sa und So 12 - 16 Uhr. Eintritt 20/0 DKK).

Geht man von hier über den Stændertorvet, sieht man schräg gegenüber das etwas mehr als hundert Jahre **alte Rathaus**, dessen mittelalterlicher Stil architektonisch zum Dom passen mußte. Wie isoliert und vergessen steht daneben der Kirchturm von **Sct. Laurentii**: Das Schiff der Kirche (15. Jahrhundert) existiert nicht mehr, das Fundament liegt unter dem Marktplatz.

Einen genaueren Einblick in die Geschichte der Stadt bekommt man im **Roskilde Museum** in der Skt. Ols Gade 18, unweit des Königlichen Palais. Beginnend bei Fundstücken aus dem Mittelalter über die Siedlung in der Umgegend, einem Heidebauerngebiet, gibt es einen ersten Überblick. Die Aufbereitung der Ausstellung mit Wohnräumen und Interieur aus mehreren Jahrhunderten ist zwar nur von durchschnittlicher Originalität, aber trotzdem interessant (geöffnet von Juni bis August täglich 14 - 16 Uhr; September bis Mai Mo - Sa 14 - 16 und So 14 - 17 Uhr. Eintritt 10/0 DKK).

Einen der bedeutungsvollsten Funde aus den großen Tagen Roskildes sieht man aber nicht hier, sondern in der "umwerfenden" Betonarchitektur der **Vikingeskibshallen** am Strandengen, beim Hafen am Fjord. Dort hinunter sind es etwa 15 Gehminuten. Die Halle wurde gebaut, um fünf Wikingerschiffe, die 1962 in der Nähe von Skuldelev ausgegraben wurden, konservatorisch zu schützen und richtig in Szene zu setzen. (In der Fahrrinne im Roskildefjord versenkten die Wikinger ausgemusterte Schiffe,

## Die Schiffsbaukunst der Wikinger

Ein echter archäologischer Glücksfall war der Fund der fünf Wikingerschiffe, die 1962 im Roskildefjord entdeckt wurden. Sie lagen bei *Skuldelev*, der sogenannten "Pfefferrinne", einem schmalen Fjordarm, und sollten, so wußten es die Fischer noch, Reste eines Fahrzeugs sein, das Königin *Margrethe I.* um 1400 dort zur Verteidigung der Stadt Roskilde hatte versenken lassen. Doch die Wissenschaftler fanden schnell heraus, daß die Schiffe wesentlich älter sein mußten und aus der Zeit um 1000 stammen. Tatsächlich waren sie, nachdem sie mit Steinen gefüllt und versenkt worden waren, eine Sperre im Gewässer, die gegen einfallende Feinde als Verteidigung diente. Denn rasch hatten die skandinavischen Länder nach 800 unter königlichem Schutz und dank ihrer meerüberwindenden Expansionskraft einen bis dahin unbekannten Reichtum angehäuft, der ein verlockendes Ziel für Raubzüge war. So mußten sie sich schützen, zum Beispiel mit großen Wehranlagen zu Land (wie in Hedeby, dem großen Handelszentrum Schleswigs) oder mit Schiffssperren zu Wasser, wie man es in Roskilde mit der "Skuldelevsperre" tat.

Um die Schiffe von Skuldelev sicher zu bergen, bauten die Forscher eine Spundwand und legten die gesamte Sperre trocken. Was dabei an Wrackteilen zutage kam, überraschte selbst die größten Optimisten: fünf unterschiedliche Schiffstypen, die das Bild vom Wikingerschiff - das bis dahin wesentlich bestimmt war vom "Königsschiff", das 1880 bei Gokstad in Norwegen entdeckt worden war - deutlich erweiterten. Seitdem wissen wir, daß es schon um 800 besondere Handelsschiffstypen gegeben hat und später, gegen Ende der Wikingerzeit, noch sehr viel mehr Schiffstypen, je nach ihrem Zweck und Bauort sehr verschieden voneinander.

Eine nahezu repräsentative Auswahl stellen die fünf Skuldelev-Schiffe dar: zwei Handelsschiffe, zwei Kriegsschiffe und ein Fischerboot. Das knapp 30 m lange *Kriegsschiff* ist das größte. Es soll schnell und gut zu manövrieren gewesen sein, seine Besatzung konnte notfalls bis zu 100 Mann stark sein. Leider ist es nur zu einem Viertel erhalten. Das *kleine Kriegsschiff* ist etwa zur Hälfte erhalten und war 17,4 m lang, 2,6 m breit und mitschiffs 1,1 m hoch. Das Eichenschiff hatte Mast und Segel, aber auch zwölf Riemen auf jeder Seite, also wohl eine Besatzung von ca. 30 Mann.

In seinen Dimensionen stark davon unterscheidet sich das *kleine Handelsschiff.* In der Länge mißt es nur 13,8 m, in der Breite 3,4 m und in der Höhe mitschiffs 1,4 m. Es war also bauchiger, hatte vermutlich eine fünf- bis achtköpfige Besatzung und eine Nutzlast von 5 Tonnen. Das *große Handelsschiff* ist stärker und voluminöser. Seine Dimensionen sind 16,3 m mal 4,5 m mal 2 m. Aufgrund der verwendeten Hölzer wird vermutet, daß das Schiff in West- oder Südnorwegen gebaut wurde. Außerdem ist es mit seiner Segelfläche von 100 km² und einem Fassungsvermögen von 15 bis 20 Tonnen zu groß für den seichten Roskildefjord.

Das fünfte Wikingerschiff von Skuldelev diente vermutlich dem Fischfang - wie berichtet wird, gab es in damaliger Zeit ungewöhnlich große Heringsschwärme im Øresund -, denn es hatte zwar einen Mast, aber keine Vorrichtungen für Riemen. Mit seinen 11,6 m Länge, 2,5 m Breite und 1,2 m Höhe hatte es auch kein Deck.

um ihren norwegischen Gegnern die Zufahrt zu erschweren.) Außer den Schiffsrümpfen selbst sind thematische Ausstellungen über die Schiffahrt in dieser Zeit zu sehen (Museum geöffnet April bis Oktober täglich 9 - 17 Uhr; November bis März 10 - 16 Uhr. Eintritt 30/20 DKK, Familienticket 65 DKK). Siehe auch → Artikel "Die Schiffsbaukunst der Wikinger".

## Touristeninformation

*Roskilde-Egnens Touristbureau,* Gullandstræde 15, 4000 Roskilde, Tel. 42 35 27 00, geöffnet Juli bis August Mo - Fr 9 - 19 Uhr, Sa 9 - 17 Uhr und So 10 - 14 Uhr; im September Mo - Fr 9 - 17 Uhr und Sa 10 - 13 Uhr; Oktober bis März Mo - Do 9 - 17 Uhr, Fr 9 - 16 Uhr und Sa 10 - 13 Uhr.

## Übernachten

▸ **Roskilde Vandrerhjem "Hørgården"**, Hørhusene 61, Tel. 42 45 21 84, für Individualreisende nur von Anfang Mai bis Ende September geöffnet.
▸ **Hotel Prinsen**, Algade 13, Tel. 42 35 80 10, ein hübsches, älteres Haus mitten in der Stadt, alle 38 Zimmer komfortabel eingerichtet. EZ ab 695 DKK, DZ ab 795 DKK.
▸ **Scandic Hotel**, Søndre Ringvej 33, Tel. 46 32 46 32, ziemlich neues und großes Haus an der Ringstraße ums Zentrum mit moderner Ausstattung und 98 Zimmern. DZ um 800 DKK.
▸ **Roskilde Camping \*\*\***, Baunehøjvej 7-9, Tel. 46 75 70 96, 4 km nördlich vom Stadtzentrum am Fjord, recht großer Platz mit gutem Standard, 380 Plätze, 11 Hütten.

## Essen und Trinken

Um das durchzuprobieren, was Roskilde gastronomisch zu bieten hat, müßte man lange bleiben. Gut gefallen haben mir der *Rådhuskælderen* am Stændertorvet nah beim Dom, ein erstklassiges Restaurant, aber nicht ganz billig; es hat eine gemütliche Atmosphäre im Rathauskeller aus dem 14. Jahrhundert. Bei etwa 50 DKK beginnt die Speisekarte.

In einem ehemaligen, jetzt restaurierten Pfarrhaus aus dem Jahr 1860 ist das Restaurant *Håndværkeren* eingerichtet. Im freundlichen Ambiente ist im Sommer auch der Garten offen. Ein normales dänisches Menü gibt es bereits ab 40 DKK.

Auch internationale Auswahl ist reichlich da, neben Pizzerien empfiehlt sich vielleicht das spanische Restaurant *Espanôl*, Karen Odsdatters Stræde 9.

Um Marktplatz (auf dem jeden Mittwoch und Samstag tatsächlich Markt ist!) und Dom liegen viele kleinere Cafés; ein gar nicht mal so schlechtes Bistro, das kleinere und größere Gerichte zu gemäßigten Preisen anbietet, hat das Kaufhaus *S&E* in der Algade, auch wenn es von außen nicht gerade anheimelt.

## Banken

Die regulären Öffnungszeiten der Banken im Zentrum sind Montag bis Freitag von 9.30 bis 16 Uhr, am Donnerstag bis 18 Uhr. Kleinere Geldbeträge wechselt außerhalb dieser Zeiten auch das Touristenbüro.

## Wichtige Adressen und Telefonnummern

*Polizei:* Die Hauptpolizeiwache, Kornerupvænge 14, zu erreichen unter der landeseinheitlichen Notrufnummer 112, direkt aber unter Telefonnummer 42 35 14 48. Hierhin kann man sich auch bei Verlust oder Diebstahl wenden.

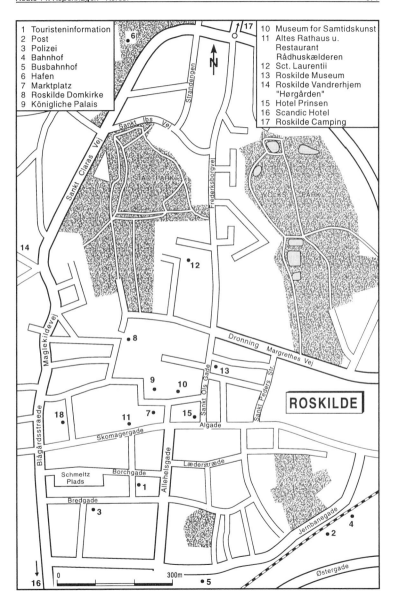

1 Touristeninformation
2 Post
3 Polizei
4 Bahnhof
5 Busbahnhof
6 Hafen
7 Marktplatz
8 Roskilde Domkirke
9 Königliche Palais

10 Museum for Samtidskunst
11 Altes Rathaus u. Restaurant Rådhuskælderen
12 Sct. Laurentii
13 Roskilde Museum
14 Roskilde Vandrerhjem "Hørgården"
15 Hotel Prinsen
16 Scandic Hotel
17 Roskilde Camping

ROSKILDE

*Arzt:* Eine Ambulanz erreicht man im Notfall im Amtskrankenhaus am Køgevej 7, Tel. 46 32 32 00.
*Ärztlicher Bereitschaftsdienst ("Lægevagten"):* zwischen 16 und 8 Uhr sowie an Wochenenden unter Telefonnummer 42 37 00 41
*Zahnärztlicher Bereitschaftsdienst:* 46 32 40 50
*Apotheken:* Zentrale Apotheken im Zentrum sind *Domapotek*, Algade 8, Tel. 42 35 40 16, und *Svaneapotek*, Skomagergade 12, Tel. 46 32 23 00.

## Öffentlicher Verkehr

**Bahn:** Die Bahnverbindungen von Roskilde sind hervorragend, so fahren stündlich *IC* nach Kopenhagen bzw. in der Gegenrichtung über Kalundborg nach Odense und Fredericia. Billiger im Nahbereich ist die Fahrt mit Regionalzügen, die nach Kopenhagen in der Regel aber auch nur stündlich verkehren.
**Bus:** Regelmäßiger Verkehr in alle Richtungen um den Fjord.

und in verschiedenen Werkstätten können sogar Kinder die Geräte und das Werkzeug ausprobieren, mit denen unsere Vorfahren umgingen. Ferner werden praktische Tätigkeiten wie Weben, Pflanzenfärben und Töpfern vorgeführt. Die "Einwohner" des Dorfes halten außerdem alte Haustierrassen ("Versuchszentrum" geöffnet Mai bis Ende September und in den dänischen Herbstferien im Oktober täglich 10 - 17 Uhr. Eintritt 45/25 DKK).

Nur 2 km vom Ort Lejre entfernt liegt der Herrenhof **Ledreborg**, das eigentlich Lejreborg hieß und unter *Frederik III.* um 1660 entstand. Am Ende der längsten Herrenhofallee Dänemarks (sie ist 7 km lang!) liegt die sehr schöne Anlage, die unter dem Ministerpräsidenten *Johan L. Holstein* in den Jahren 1741 bis 1744 entstanden ist. Das Schloß ist geschmackvoll eingerichtet und hat u. a. eine beeindruckende Gemäldesammlung aufzuweisen. Als Besucher hat man außerdem Zutritt zum 25 Hektar großen Park, der sich zur *Lejre Å* erstreckt.

## ◆ Lejre

Schon im 10. Jahrhundert war die Region um *Lejre*, etwa 10 km westlich von Roskilde, eine bedeutende Wikingerstadt. Etliche Schiffssetzungen hat es in diesem Gebiet gegeben, von denen nur eine erhalten ist.

Und so liegt jetzt das **Lejre Forsøgscenter** (historisch-archäologisches Versuchszentrum) im schönen Herthadalen auf 35 Hektar Gelände genau dort, wo das sagenumwobene Lejre war. Handwerk, Landwirtschaft, Baukunst und Natur werden hier erforscht und den Besuchern vorgestellt. Praktische Demonstrationen sind Teil des Lebens in der nachgestellten Eisenzeitstadt. Auf dem *Båldalen*, dem Platz für Vorführungen,

## Holbæk

22.000 Einwohner

*Holbæk* ist eine Stadt zwischen Vergangenheit und Gegenwart. Es nennt sich gerne "Tor zum Fjordland", dem Seenmeer aus *Isefjord* und *Roskildefjord*. Die Stadtrechte der größten Stadt hier im Nordwesten Seelands gehen ins 13. Jahrhundert zurück, als der König *Valdemar Sejren* um 1220 westlich der Stadt eine Burg erbauen ließ, zu der dann noch ein Kloster hinzukam.

So spannte sich allmählich um die heutige **Algade** ein Netz hübscher Straßen, von deren Baubestand manche großen Kaufmanns-, aber auch die niedrigeren Handwerkerhäuser erhalten sind. Mitten im alten Holbæk und auf einer seiner höchsten Stellen liegt die **Sct. Nikolai Kirke**, dort, wo einst eine alte Klosterkirche stand. *Sct. Nikolai* ist jedoch erst 1872 errichtet worden und nur einige Stücke im Inneren stammen noch aus der vormaligen Klosterkirche.

In anderen historischen Gebäuden, alle entstanden zwischen 1660 und 1867, ist Seelands größtes lokalgeschichtliches Museum beheimatet, das **Holbæk Museum** in der Klosterstræde 14-16. Es umfaßt insgesamt neun Gebäude mit 51 Ausstellungsräumen, in denen sowohl historische Wohn- als auch Ladeneinrichtungen nachgestellt sind. Auch Gegenstände aus dem Altertum und Kunstwerke aus Keramik oder Silber hat man zusammengetragen (geöffnet von Mai bis Oktober Di - So 10 - 16 Uhr, sonst nur 13 - 16 Uhr. Eintritt 15/5 DKK).

Wen es nach einem weiteren Museumsbesuch - und nach einem ganz besonderer Art - drängt, für den eignet sich das **Zone Redningskorpets Museum** im Skyttensvej 2: Es ist ein Nachbau einer alten Rettungsstation aus dem Jahr 1930, hat eine alte Garagenhalle, einen Wach- und einen Mannschaftsraum und alte Einsatzfahrzeuge (geöffnet Mo bis Fr 9 - 15 Uhr; Mai bis Oktober auch So 11 - 15 Uhr. Eintritt 20/10 DKK).

## Touristeninformation

Jernbaneplads 3, 4300 Holbæk, Tel. 53 43 11 31, geöffnet von Mai bis Mitte September Mo - Fr 9 - 17 Uhr, Sa 9 - 12 Uhr; Mitte September bis April nur Mo - Fr 9 - 17 Uhr.

## Ausflüge außerhalb

Besonders schön sind Spaziergänge zwischen Stadt und Fjord. Im Westen z. B. geht es direkt zum Fjord hinab und hier zum **Strandpark** mit einer alten Bockmühle und einem Springbrunnen, der seit hundert Jahren sprudelt. Grün ist es auch östlich des Stadtzentrums, wo der Strandmøllevej am Fjord entlanggeht und die Stadt mit dem Freizeitgebiet bei Dragerup verbindet. Dort liegen Campingplatz, Yachthafen und der Golfplatz (Kontakt über Hotel Strandparken, Tel. 53 43 06 16) auf dem Gelände von Kirsebærholmen.

Wem dies aber nicht genügt, für den hier noch zwei Tips für die nähere Umgebung Holbæks: In einem Wald- und Parkgebiet unweit der Stadt ist die **Holbæk Naturskole**, Ladegårdsalleen 11, angelegt worden. Im Lehrwald lassen sich ungezählte Bäume und Büsche näher betrachten. Neu ist der Kräuter- und Gewürzgarten. Zu dem Areal gehört ein Tierpark mit Hirschen, Rehen, Wildschweinen, aber auch Pfauen.

Wie in früheren Zeiten auf dem Land gearbeitet wurde, darüber erfährt man etwas 3 km vom Zentrum Holbæks in **Andelslandsbyen**, Oldvejen 25. Das Genossenschaftsdorf vermittelt mit Werkstätten, die noch in Betrieb sind, z. B. einer Schmiede und einer Meierei, ein lebendiges Bild von der damaligen Zeit (zu besuchen von März bis Oktober täglich 10 - 16 Uhr, am Wochenende bis 17 Uhr, Mi während der Hauptsaison bis 20 Uhr. Eintritt 20/10 DKK).

## Öffentlicher Verkehr

**Bahn:** Eine Privatbahn fährt hinauf nach Nykøbing/ Sjælland, die *DSB* mit *IC*- oder Regionalzügen nach Kalundborg, Roskilde und Kopenhagen. **Schiff:** Mehrmals täglich eine Fähre von Holbæk zur Insel Orø (Überfahrtdauer eine halbe Stunde, Hin- und Rückfahrt pro Person 30 DKK, für einen Pkw 86 DKK, ein Fahrrad

14 DKK; Reservierung und Informationen unter Tel. 30 23 84 03; Tickets am Kai erhältlich; → Insel Orø.)

me vom Fjord getrennt, 70 Stellplätze und 9 Hütten; ganzjährig geöffnet.

## ◆ Orø

Ein Ausflug hinüber zur kleinen Isefjord-Insel *Orø* ist schön, vor allem im Sommer. Das Eiland liegt in einer Gegend, die sich in erster Linie zum Segeln eignet: Der Fjord hat schmale Fahrrinnen, die an der Insel vorbeigehen, und sein innerer Teil, einschließlich der Bucht *Vellerup Vig*, ist ein attraktives Segelgebiet mit vielen Häfen. Die Atmosphäre in den alten Dörfern und Häfen ist angenehm, an der Küste entlang führen ortsnahe, kurze Wanderwege, die einen guten Gesamteindruck von dieser kleinen Insel geben. Fahrräder kann man bei der Touristeninformation mieten.

Einzige "Attraktion" der Insel: Im **Orø Museum**, Bygaden 56, findet sich alles lokalgeschichtlich Wissenswerte (geöffnet Juni bis August Di - Fr und So 14 - 17 Uhr. Eintritt 5/1 DKK).

### Touristeninformation

*OrøKontor,* Bygade 32, Orø, 4300 Holbæk, Tel. 53 47 08 70. Hier erhält man auch detaillierte Informationen zu Surf- und Segelmöglichkeiten sowie Übernachtungs- bzw. Ferienhausangebote.

### Übernachten

► **Orø Kro**, Bygade 57, Tel. 53 47 00 06, gut ausgestattetes Landgasthaus mit 25 Zimmern; ganzjährig geöffnet. EZ 300 DKK; DZ 510 DKK.
► **Orø Hytte-og Campingplads**, Nørre Strangevej 25, Tel. 53 47 00 55, mittelgroßer Wiesenplatz, durch Bäu-

## ◆ Durchs Landesinnere bis Jyderup

Auf der alten Landstraße 57 geht es von Holbæk zunächst nach Tveje-Merløse. Die **Tveje-Merløse Kirche** ist ein Bauwerk besonderer Art. Sie ist um etwa 1100 erbaut worden und die älteste ostdänische Kirche mit Zwillingstürmen. Beide Türme sind 20 m hoch, doch ist der nördliche schmaler und seine Kuppel kleiner. Sie sind genau wie der Dom in Roskilde aus Tuff gebaut, dagegen besteht der Rest des Gebäudes aus Feldsteinen. Die Rundbögen sind romanisch, das Chorgewölbe wurde erst im späten Mittelalter angebaut.

In Richtung Jyderup liegt an der Landstraße 23 südlich vom Ort Mørkøv der alte Herrenhof **Torbenfeldt** mit einem dreiflügeligem Hauptgebäude, mitten im See - ein lohnendes Ziel. Von hier aus sind es noch 10 km bis nach Jyderup.

## ◆ Jyderup

*Jyderup* liegt als Bahnstation zwischen Wäldern und *Skarresø*. Von hier aus lassen sich auf ausgeschilderten Wegen durch die umliegenden Wälder schöne Wanderungen oder Radtouren unternehmen, u. a. nach **Skarridsholm**, einer mittelalterlichen Wallanlage, die im *Bjergsted Skov* (= Wald) nördlich des Skarresø liegt. Im Westen schließen sich die Stokkebjerg Wälder und die Hügel von Bjergsted an, im Süden liegt der *Delhoved Skov*.

## Touristeninformation

*Tornved Turistbureau,* Holbækvej 8, 4450 Jyderup, Tel. 53 47 77 40, geöffnet zur Hauptsaison Mo - Fr 9.30 - 16.30 Uhr, Sa 10 - 12 Uhr; sonst Mo - Fr 10 - 16 Uhr, Sa 10 - 12 Uhr.

## Übernachten

▸ **Vandrerhjemmet Hjernbæk**, Tornbrinken 2, Tel. 53 46 81 81, etwa 5 km nördlich von Jyderup, für Einzelreisende nur vom 1.5. bis 1.9. geöffnet.
▸ **Bromølle Kro**, Slagelsevej 78, Jyderup, Bromølle, Tel. 53 55 00 90, eine echte Attraktion, etwa 5 km südlich von Jyderup in Bromølle, denn der *kro* gilt als Dänemarks ältester Gasthof; hier machten Reisende schon im Mittelalter Station. Einige Grundmauern stammen aus dem 12. Jahrhundert. Bis heute ist das kleine Haus reetgedeckt und hat nur 7 Zimmer. Über Weihnachten geschlossen. DZ ab 350 DKK.
▸ **Jyderup Camping \*\***, Slagelsevej, Tel. 53 27 76 60, liegt schön unmittelbar am Skarresø; 117 Plätze, 2 Hütten und Wohnwagenvermietung; geöffnet von April bis Mitte September.

━▸ Schon im nächsten Städtchen, das auf dem Weg nach *Nykøbing* liegt, ist abermals eine schöne Kirche zu bewundern. Die **Kirche von Tuse** ist zwar nur eine kleine Dorfkirche, hat in ihrem viergeteilten Gewölbe aber einmalige "teuflische" Kalkmalereien, deren Motive dem "Inferno" aus *Dantes* "Göttlicher Komödie" entliehen sind.

Im weiteren Verlauf der Strecke sind dort, wo die Landstraße 21 am Lammefjord vorbeiführt, die schützenden Dämme errichtet, mit deren Hilfe die Bauern im vorigen Jahrhundert dem Wasser etwa 5.000 Hektar Land für landwirtschaftliche Nutzung abgerungen haben. Bis dato reichte der Fjord weit ins Land hinein: bis zum Ort → Fårevejle.

# Nykøbing/ Sjælland

5.300 Einwohner

Vor kurzem konnte *Nykøbing*, die kleine Hauptstadt der Landschaft Odsherred, voller Stolz sein 550jähriges Stadtfest begehen: Damit ist es eine der ältesten Städte Seelands, das es immer in seinem "Nachnamen" führt - meist einfach als "S" abgekürzt -, zur Unterscheidung der anderen Nykøbings auf Falster und Mors. Mehrfach litt die Stadt unter Zerstörung, so daß als originales Gebäude nur die **Kirche** aus dem 13. Jahrhundert übriggeblieben ist. Gleich nebenan, in der Kirkestræde 12, liegt **Odsherred Folkemuseum**. In diesem lokalhistorischen Museum sind u. a. eine alte Bäckerei und ein Kaufmannsladen liebevoll originalgetreu rekonstruiert (geöffnet von April bis Oktober täglich 10 - 17 Uhr, sonst Mo - Fr 10 - 15 Uhr. Eintritt 10/0 DKK).

## Touristeninformation

*Odsherred Turistbureau,* Svanestræde 9, 4500 Nykøbing S, Tel. 53 41 08 88, geöffnet von Mitte Juni bis August Mo - Fr 9 - 17 Uhr, Sa 9 - 20 Uhr; September bis Mitte Juni Mo - Fr 9 - 17 Uhr, Sa 9 - 12 Uhr.

## Übernachten

▸ **Anneberg Vandrerhjem**, Egebjergvej 162, Tel. 59 93 00 62, für Individualreisende nur vom 1.2. bis 30.11. geöffnet.

## Sport und Freizeit

Bis zum Golfplatz, der *Odsherreds golfbane* zwischen Højby und Nykøbing, fährt man etwa 6 km (18-Loch-Platz).

Ebenso weit ist es zum Erlebniscenter "Sommerland Sjælland", einem 400.000 m² großen Spaßbad. Es liegt zwischen Højby und Svinninge, Gl. Nykøbingvej 169 (geöffnet in der Hauptsaison täglich 10 - 19 Uhr).

## Öffentlicher Verkehr

**Bahn:** Mit der Privatbahn hinunter nach Holbæk, etwa alle zwei Stunden. Dort weiter mit der *DSB.*
**Bus:** Regelmäßige Fahrten ins Umland und zu den Ferienzielen, so nach Rørvig und Sjællands Odde.

## ◆ Rørvig

Will man die Bedeutung dieser Region als Feriengegend er"fahren", sollte man die nähere Umgebung Nykøbings genauer erkunden. Tausende von Sommerhäusern verteilen sich an den Küsten rundum, sei es im Westen an der *Sejerø Bugt,* am Isefjord im Osten und am Kattegat bis hinauf zum äußersten Ende von *Sjællands Odde.*

Auch die Straße 225 führt durch Kolonien von Ferienhäusern nach **Rørvig**, 8 km nordöstlich am Isefjord gelegen. Auch Rørvig ist ein beliebter Ferienort. Dennoch konnte einiges an Natur gerettet werden, darunter der kleine **Süßwassersee Dybesø** im Landesinnern. Die zu Rørvig gehörende **Kirche** steht nicht im Ort selbst, sondern inmitten von Sommerhäusern etwa 2 km nordwestlich. Sie ist vor allem ein Ziel für Literaturfreunde, denn auf ihrem Friedhof ist das Grab von *Henrik Pontoppidan*

(1857-1943), dem Verfasser von "Lykke Per", der in der deutschen Übersetzung zu "Hans im Glück" wurde.

## Öffentlicher Verkehr

**Schiff:** Verbindung von Rørvig nach Hundested in Nordseeland (Überfahrtdauer ca. 25 Minuten, einfache Fahrt pro Person 26 DKK, für einen Pkw 84 DKK, ein Fahrrad 13 DKK; telefonische Buchung und Reservierung unter 42 33 71 50; Tickets auch im Reisebüro und am Hafen erhältlich).

## ◆ Sjællands Odde

Westlich von Nykøbing ragt die Landzunge *Sjællands Odde* in den Kattegat. Auf dem Weg dorthin liegt nördlich des kleinen Stenstrup die doppelte Grabstätte **Troldhøjen**. Im **Museum von Stenstrup**, Stenstrupvej 66, erfährt man ebenfalls einiges zum Altertum, aber auch zu einer berühmten Seeschlacht, die hier vor Sjællands Odde im Kattegat stattgefunden hat (geöffnet von April bis Oktober täglich 10 - 17 Uhr; November bis März Mo - Fr 10 - 15 Uhr. Eintritt 10/5 DKK).

In dieser Schlacht 1807 und 1808 kämpfte die britische gegen die dänische Flotte - und siegte. Die "Prins Christian Frederik" liegt noch am Meeresgrund, einige Wrackteile, wie Kanonen, sind jedoch geborgen worden. Auf dem Friedhof der **Odden Kirche** im Dorf Overby wurden in einem Gemeinschaftsgrab 64 damals Gefallene bestattet. Die Kirche selbst ist ein hübscher gotischer Bau, errichtet im 14. Jahrhundert

Bis zur äußersten Landspitze nach **Gniben** wird es immer steiniger; dort ist Militärgelände, und ein Weg führt hinaus zum Strand; zuvor kommt man bei **Yderby** am Hafen vorbei, von dem die Fähren hinüber nach Jütland fahren.

## Öffentlicher Verkehr

**Schiff:** Fähre von Sjællands Odde nach Ebeltoft (Überfahrtdauer ca. 100 Minuten; telefonische Auskunft und Buchung unter 89 52 52 52; Tickets auch im Reisebüro und am Hafen erhältlich; nähere Informationen zur Überfahrt → Ebeltoft).

→► Weiter auf Route 14 geht es rund 30 km über die Hauptstraße 225 am Ufer der *Sejerø Bugt* entlang zum Hafenstädtchen *Havnsø*. Unterwegs kommt man vorbei am Fundort des berühmten **Solvogn**, des Sonnenwagens aus der Bronzezeit, der 1902 im Moor von Trundholm gefunden wurde. Zu sehen ist hier nun nichts mehr - außer einem Gedenkstein. Das kostbare Original wird vom Nationalmuseum in Kopenhagen gehütet.

In **Fårevejle Kirkeby** liegt die Kirche erhöht auf einem Hügel. Sie stand schon so geschützt hier, bevor man den bis hierhin reichenden Lammefjord im vorigen Jahrhundert eindämmte und trockenlegte. In der Kirche liegt die Mumie (heute jedoch in einem geschlossenen Sarg und nicht mehr wie früher zu sehen) des *Earl of Bothwell*. Der schottische Adlige war einer der mächtigsten Männer seines Landes und heiratete 1567 sogar die Königin Maria Stuart. Doch der Widerstand des Hofes zwang ihn ins Exil. 1578 starb er in dänischem Gewahrsam.

Fährt man 5 km weiter, trifft man auf **Schloß Dragsholm**. Das heute als Hotel und Restaurant genutzte Gebäude wurde 1697 gebaut, doch stand ein erstes Schloß hier schon seit dem 14. Jahrhundert; als Festung aber wurde es oft angegriffen und zerstört, zuletzt und endgültig während der "Schwedischen Kriege" 1658 und 1660. Zutritt besteht zur Schloßkirche, die aus dem Jahr 1731 stammt, zum Verlies und Teilen des Haupttraktes.

Bei Starreklinte bietet sich die Möglichkeit zu einem Abstecher nach *Jyderup*, ca. 25 km südlich.

## ◆ Sejerø

Vom kleinen Ort *Havnsø* aus geht eine Fähre hinüber zur Insel *Sejerø*, einem noch fast unentdeckten Kleinod. Die Insel ist vor allem für einen reichen Vogelbestand bekannt. Sie ist besonders ruhig und auf Gäste kaum eingestellt, nur einen kleinen *kro* gibt es, einen Campingplatz (\*\*) (Tel. 53 49 01 38) und eine Jugendherberge, die allerdings auch nur zur Hauptsaison von Juni bis August geöffnet ist (ihre Adresse: Sejerøbyvej 4, 4592 Sejerø, Tel. 53 49 02 90).

## Öffentlicher Verkehr

**Schiff:** Fähre von Havnsø nach Sejerø (Überfahrtdauer 1 Stunde; Hin- und Rückfahrt pro Person 62 DKK, für einen Pkw 172 DKK, ein Fahrrad 17 DKK; telefonische Auskunft und Reservierung unter 53 49 00 18).

## Kalundborg

15.500 Einwohner

Geschützt im Inneren des Fjords angelegt, hatte *Kalundborg* immer den Vorteil, über einen eisfreien Hafen zu verfügen. Diese Stellung hat es konsequent genutzt, und so ist der Hafen heute von landesweiter Bedeutung. Die Hafensilhouette ist von der Ölraffinerie *Statoil* und dem Kraftwerk *Asnæsværket* bestimmt; beide haben einen eigenen Hafen. Dann gibt es auch hier einen Fischerei- sowie einen Yachthafen. Mindestens ebenso wichtig jedoch ist Kalundborg als Fährhafen, von dem man nach Århus und Juelsminde in Jütland und zur Insel Samsø übersetzen kann (→ Öffentliche Verkehrsmittel).

Fast könnte man angesichts dieser Neuerungen vergessen, daß die Stadt einen mittelalterlichen Ursprung als Festung hat. Ihr Zentrum ist die ungewöhnliche **Vor Frue Kirke**, deren fünf Türme - die vier Ecktürme sind achteckig, der Mittelturm ist viereckig und ruht auf vier Granitsäulen im Kirchenschiff - das Stadtbild nachhaltig bestimmen. Um das Jahr 1170 entstand die Kirche, angeregt von *Esbern Snare*, dem Bruder Bischof Absalons. Im Grundriß hat sie die Form eines gleichschenkligen, sogenannten griechischen Kreuzes. Das ist ein für Dänemark einmaliger Baustil, der, wie der Name andeutet, der sakralen Architektur Osteuropas entlehnt ist.

Auch um das Gotteshaus herum erinnert viel - wenn auch nicht alles, denn natürlich wird auch neu und modern gebaut - an diese Zeit des Spätmittelalters: Auf dem Weg zum Marktplatz, dem **Torvet**, findet man in der **Adelgade** einige hübsche Fachwerkhäuser, wie z. B. den **Bispegården** (Adelgade 6), einst Wohnung für den Bischof, wenn er in der Stadt weilte, jetzt **Kunstmuseum** (geöffnet täglich 10 - 17 Uhr. Eintritt frei). Auch der **Lindegården** aus dem 17. Jahrhundert (ebenfalls Museum, vorwiegend zur Geschichte von Stadt und Umland) ist ansehnlich hergerichtet (geöffnet von Mai bis August außer Mo täglich 11 - 16 Uhr, sonst nur an Wochenenden und Feiertagen außer Weihnachten. Eintritt 10/5 DKK). Dann am **Markt** selbst sehenswert ist das **Gamle Rådhus**, das alte Rathaus. In einem anderen Haus am Marktplatz, dem **Gyths Gård**, wurde die dänisch-norwegische Schriftstellerin *Sigrid Undset* geboren. Mit manchen anderen Literatur-Nobelpreisträgern teilt sie aber das Schicksal, heute so gut wie vergessen zu sein. In der Nachbarstraße **Præstegade** sind das älteste zweigeschossige gotische **Bürgerhaus** des Landes und die ehemalige **Lateinschule** zu finden.

In einem früheren Kloster, dem **Kålund Kloster** (erbaut 1752), ist nun das neue Rathaus untergebracht.

Nicht weit entfernt von der Innenstadt, etwas südlich vom "Ansnæsværket" und wie im Kontrast dazu, steht auf der Halbinsel Asnæs **Schloß Lerchenborg**. Der großräumige Hof ist eine der ausgeprägtesten Barockensembles im Land, die General *Christian Lerche* zwischen 1743 und 1753 streng symmetrisch anlegen ließ. Dazu gehört ein herrlicher, großzügiger Park. Ihm wurde erst 1987 ein Springbrunnen hinzugefügt. Rittersaal und andere Gemächer im Hauptflügel sind zugänglich, ebenso ein Gedenkzimmer für *H.C. Andersen,* der 1862 hier zu Besuch war, im Südflügel. Heute dürfen lediglich Gruppen mit mindestens 20 Personen - von Mai bis September - nach Absprache das Gebäude besichtigen (telefonische Anmeldung unter 53 51 05 00. Eintritt 40/15 DKK).

## Touristeninformation

Volden 12, 4400 Kalundborg, Tel. 53 51 09 15, geöffnet von Mitte Juni bis August Mo - Sa 9 - 17 Uhr; September bis Mitte Juni Mo - Fr 9 - 16, Sa 9 - 12 Uhr.

## Übernachten

▶ **Kalundborg Vandrerhjem**, Stadion Allé, Tel. 59 56 13 66, ganzjährig geöffnet.

▸ **Ole Lunds Gård**, Kordilgade 1-3, Tel. 53 51 01 65, stadtnahes Hotel mit insgesamt 17 Zimmern und akzeptabler Ausstattung; mäßige Preise. EZ mit Bad ab 430 DKK, DZ ab 640 DKK.
▸ **Ellinglund Camping \*\***, Lundemarken 64 A, Tel. 53 51 20 39, in geringem Abstand zum Zentrum (ca. 1 km), 60 recht abgeschirmte Plätze, viel Grün; 2 Hütten und Wohnwagenvermietung; geöffnet von Anfang April bis Mitte September.

## Öffentlicher Verkehr

**Bahn:** *IC*-Verbindung im Stundentakt über Roskilde nach Kopenhagen. Regionalzüge in gleicher Richtung mit mehr Haltepunkten. Nach Århus mit der *DSB*-Fähre.
**Bus:** Nach Havnsø an der Küste im Norden etwa alle zwei Stunden, Halbinsel Rosnæs fast stündlich, an Wochenenden seltener.
**Schiff:** Fährverbindungen von Kalundborg nach:
- Århus (Genaueres siehe auch dort): Dauer 3 Stunden und 10 Minuten, zwei- bis sechsmal täglich; telefonische Buchung und Reservierung unter 33 14 88 80; Tickets auch am Hafen und im Reisebüro erhältlich)
- Juelsminde (Überfahrtdauer 3 Stunden, zwei- bis fünfmal täglich, einfache Fahrt pro Person 70 DKK, für einen Pkw mit Insassen 250 DKK; telefonische Buchung und Reservierung unter 75 69 48 00).
- Samsø (Überfahrtdauer 2 Stunden, einfache Fahrt pro Person 59 DKK, für einen Pkw mit Insassen 280 DKK; telefonische Buchung und Reservierung unter 59 56 08 81).

━▸ Von *Kalundborg* aus verläuft Route 14 nun in südlicher Richtung. Sie folgt dabei der Landstraße 22, vorbei an herrlichen Sandstränden von *Bastrup Sønderstrand* und *Svalle-*

*rung Strand* zur Rechten (auch Fischen ist hier gut möglich).

# Gørlev

6.000 Einwohner

Der Ort ist zwar nicht sonderlich groß, hat aber Züge eines Industrieortes, dominiert vor allem von der Zuckerfabrik. Einen Ruf über die Region hinaus aber hat Gørlev wegen einer anderen Besonderheit: Im Waffenhaus der Dorfkirche stehen zwei Runensteine aus der Wikingzeit, der eine mit dem vermutlich ältesten in Dänemark erhaltenen Runenalphabet. Ein weiteres Kuriosum: In Gørlev gibt es Dänemarks einziges **Comicmuseum** (*Tegneseriemuseum*).

## Touristeninformation

*Gørlev Turisbureau*, Algade 14, 4281 Gørlev, Tel. 58 85 55 59

# ◆ Reersø

Vor Gørlev liegt eine kleine Insel im Storebælt, an der man nicht einfach vorbeifahren sollte. Um den alten Fischerhafen des Eilandes hat sich ein wunderhübsches, kleines Dorf erhalten, dessen Atmosphäre beeindruckend ist: Übermehr als 200 Jahre haben die Bauern hier, die Fischfang und Landwirtschaft lebten, dicht an dicht gebaut. Fast alle Fachwerkhäuser sind mit Reed gedeckt und mit Gras oder Moos bewachsen. In einem von ihnen findet sich das kleine **Heimatmuseum**.

Ein schöner Badestrand liegt im Norden von Reersø; der Westen der Insel ist zum großen Teil eine karge Steilküste.

➡► Von *Gørlev* aus sind es nurmehr rund 30 km bis zum Zielpunkt dieser Route, *Korsør*. Hierzu geht über die Hauptstraße 277 über *Kirke Helsinge* nach *Korsør* (wahlweise auch direkt am *Stillinge Strand* vorbei durch scheinbar endlose Siedlungen von Ferienhäusern). Dann sind es noch einmal gut 10 km, die die Straße 277 durch *Næsby ved Stranden* (Næsby am Strand) weiter nach Süden verläuft. Unmittelbar hinter der Autobahn E 20 dreht man westlich nach Tjæreby. Und von dort geht es am Binnengewässer *Korsør Nor* vorbei zur Fährhafenstadt *Korsør*, dem Endpunkt dieser Route.

---

## Route 15
## Die nordöstliche Spitze Seelands:
## Kopenhagen - Helsingør - Frederikssund - Roskilde
## (ca. 130 km)

---

Dicht besiedelt wie keine andere Region des Landes ist der Norden Seelands. Ob das der Grund dafür ist, warum die Dänen sprachlich unterscheiden und sagen, sie wohnen "*på* Sjælland" (nämlich *auf* Seeland, die übliche Präposition bei Inseln), aber "*i* Nordsjælland", also *in* Nordseeland? Gemeint ist damit alles im Großraum Kopenhagen, also die Städte im Dreieck von *Roskilde, Kopenhagen* und *Helsingør*.

Die Statistik bestätigt im übrigen den Eindruck des Urbanen, hier, wo alles von der Nähe zur Hauptstadt bestimmt ist: Gut und gerne 40 % aller Einwohner des Landes leben hier, nämlich fast 2 Millionen Menschen (genau: 1,8 Millionen) auf etwa 2.860 km². Im Durchschnitt sind das ca. 600 Einwohner je Quadratmeter - was verglichen mit z. B. Deutschland immer noch wenig ist.

Durch diese schöne Landschaft (und Stadtlandschaft) Dänemarks verläuft Route 15. Sie verbindet das sogenannte "*Fjordlandet*", die Gewässer von *Isefjord* und *Roskildefjord*, mit Kopenhagen und dem alten einst waldreichen äußersten Nordzipfel der Insel, den die Könige früherer Jahrhunderte zu ihrem bevorzugten "Ausflugsziel" erklärt hatten.

Das nordseeländische Fjordland, in dem *Roskilde* (→ Route 14) liegt, ist das alte Land der Wikinger. Sein östlicher Teil grenzt nämlich an die frühere Route der Wikinger und erstreckt sich von *Roskilde* im Süden über *Frederikssund* nach *Frederiksværk* im Norden (die beide am Schluß dieser Rundfahrt stehen).

Aufgrund der Vorlieben von Königinnen und Königen war Nordseeland damals bevorzugtes Jagdgebiet. Die Mächtigen schätzten die großen Waldgebiete und sanften Hügel nicht nur wegen ihrer Schönheit, sondern auch des dort zahlreichen Wildes wegen. Natürlich war auch die Nähe zur Hauptstadt für die Wahl dieser "Jagdgründe" entscheidend, die durch das Kattegat im Westen, den Kattegat im Norden und den Øresund im Osten auf drei Seiten von Wasser umgeben sind. Schon vor tausend Jahren betrachteten die Könige diese Region als "ihr" Gebiet, und im 13. Jahrhundert ging König *Erik Menved* beim heutigen Schloß *Jægerspris* spazieren. Eine andere Königsburg ließ sich *Valdemar IV., Atterdag* am Gurre Sø im 14. Jahrhundert bauen; doch dort ist heute nun nur noch die Ruine der Burg zu sehen, in der er 1375 starb.

Andere Könige, darunter *Christian IV.*, der sich so richtig erst in der Architektur Kopenhagens verewigt hat, wurden in dieser Gegend geboren. Sein Vater, *Frederik II.*, liebte das Land in und um *Hillerød* so sehr, daß auch er eine Jagdunterkunft dort schaffen ließ. Seinem Vater zu Ehren baute Christian (für ihn und sich) das pompöse Schloß *Frederiksborg*, das auch in unseren Tagen noch Sommerresidenz der Königsfamilie ist. Spuren durch tausend Jahre also, die überall zu sehen sind.

━▸ Zunächst fährt aus der Kopenhagener Altstadt nach Norden über die Dag Hammerskjölds Allé, Østerbrogade, die dann in den Strandvejen übergeht. Der alte **Strandvejen** übrigens ist von altersher eine der wichtigsten Landstraßen im Land; daneben gab es noch einige, nur den Königen vorbehaltene sogenannte "Königsstraßen", die die Schlösser Nordseelands miteinander verbanden. Hier wird die Straße Teil des Umgehungsringes *O 2*; und vorbei am Werksgelände von Tuborg folgt nach dem Stadtteil Hellerup bald **Charlottenlund**, das zwei Sehenswürdigkeiten aufzuweisen hat. Einmal **Charlottenlund Slot**, ein Schloß, das von der - oder besser - für *Charlotte Amalie*, die Schwester König Christian VI., Mitte des 18. Jahrhunderts erbaut wurde. Seit einigen Jahren wird es als Forschungszentrum von *Danmarks Fiskeri- og Havundersøgelser*, Fischerei- und Meeruntersuchungen, genutzt. Hier in **Danmarks Akvarium** an der Jægersborg Allé sind 3.000 Süß- und Salzwasserfische aus der ganzen Welt in großen, weitgehend naturgetreuen Aquarien zu beobachten (geöffnet von März bis Oktober täglich 10 - 18 Uhr; November bis Februar Mo - Fr 10 - 16 Uhr und Sa und So 10 - 17 Uhr. Eintritt 45/25 DKK).

Immer weiter auf dem Strandvejen - der hier die Landstraße 152 ist - und vorbei an *Skovshoved* mit seinem kleinen Segelhafen, ist Kopenhagens (Familien-) Ausflugsziel Nummer eins nicht zu verfehlen.

## Dyrehavsbakken

Inmitten eines Buchenwalds in Klampenborg liegt die Attraktion, die in jedem Frühjahr von neuem Zehntausende Kopenhagener anzieht: der *Dyrehavsbakken*, kurz und liebevoll nur *Bakken* ("der Hügel") genannt. Wenn der Name fällt, ist sicher: Bald ist wieder Wochenende, und es geht hinein ins Vergnügen. König *Frederik III.* begann, den weitläufigen Wald und Park anzulegen. Richtig angefangen hat alles, als der König dem Volk den Zutritt zu seinem Tierpark *Jægersborg Dyrehave* mit seinem

großen Bestand an Dam- und Rot-
wild und dem reichen Vogelleben er-
laubte. Durch den Park führte auch
der Wallfahrtsweg zu *Kirchen Piils
Kilde* (Quelle). Um die Quelle schlu-
gen dann allmählich allerlei Gaukler
zur Unterhaltung und Bewirtung der
Besucher ihre Zelte auf. Um 1830
wurden die Zelte auf den Hügel östlich der Quelle verlegt, und auf diese
Weise entstand im schönen alten
Wald *Bakken* der älteste Vergnügungspark der Welt!

Mehr als hundert Vergnügungsge-
räte, Tombolas und Spielstätten stehen heute bereit. Und wer essen oder
trinken will, kann dies in einem von 30
Restaurants oder Imbißbuden tun.
(*Bakken* öffnet im Sommer von
Ende März bis Ende August seine
Pforten, dann aber täglich von 14 bis
24 Uhr. Der Eintritt ist frei, einzelne
Fahrten etc. müssen aber bezahlt
werden. Telefonische Auskunft unter
31 63 73 00).

━► Gleich hinter *Klampenborg* hat,
trotz seiner Nähe zur Großstadt, der
alte Fischerort **Tårbæk** etwas von
seinem alten Reiz erhalten können.
Zu spüren ist dies am Hafen und bei
der alten "Waldkirche" unter dem Via-
dukt. Lange Zeit lag Tårbæk ganz
versteckt abseits vom Strandvejen
und der Küsteneisenbahn, ehe es um
die Jahrhundertwende von den reicheren Bürgern Kopenhagens (aber
auch Künstlern wie dem Schriftsteller
*Holger Drachmann*, 1846-1908) als
bevorzugtes Wohngebiet entdeckt
wurde, nicht nur, weil das Ausflugsziel *Bakken* um die Ecke liegt. Viele
der herrschaftlichen Villen mit Blick
auf den Øresund stehen unverändert
am Strandvejen.

Linkerhand liegt auch **Eremitagen**,
das königliche Jagdschloß, das auf
Veranlassung *Christians VI.* im vornehmen Rokokostil errichtet wurde.
1736 war es fertiggestellt. Es wird nur

bei königlichen Jagden benutzt; es
diente nie zu Wohnzwecken.

## Rungsted

Gerechnet von Kopenhagen-Zentrum
sind es gut 25 km in einen der Wall-
fahrtsorte von Liebhabern der dänischen Literatur: *Rungsted*, auf halber
Strecke von Charlottenlund nach Helsingør. Am Strandvejen 11 steht nämlich das Gut **Rungstedlund**, wo das
**Karen Blixen Museum** eingerichtet
ist. Hier ist ihr Elternhaus, in dem *Karen Blixen* (1885-1962) als Kind und
später nach ihrer Rückkehr aus Afrika
wieder von 1931 bis zu ihrem Tod
wohnte (→ Dänische Literatur heute
und früher, hier: Dänische Literatur ist
"in"). 1991 wurden ihre Wohnräume,
in denen sie die meisten ihrer Bücher
schrieb, zum Museum umfunktioniert,
so daß auch die Privaträume zu besichtigen sind, die seit ihrem Tod unverändert blieben. Im ehemaligen
Stall ist außerdem eine Ausstellung
über Leben und Wirken der Schriftstellerin zu sehen. Ein Café und ein
Bücherkiosk gibt es ebenfalls. Zutritt
haben Besucher auch zum 15 Hektar
großen Park mit einem Vogelschutzgebiet. In der nordöstlichsten Ecke
der Parkanlage ist Karen Blixen beigesetzt (geöffnet von Mai bis September täglich 10 - 17 Uhr; Oktober
bis April Mi - Fr 13 - 16 Uhr, Sa und
So 11 - 16 Uhr. Eintritt 30/0 DKK.)

## ♦ Hørsholm

Ca. 6 km von Rungsted liegt *Hørs-
holm*, dessen Schloßplatz und Kirche
bemerkenswert sind. Zwischen 1733
und 1744 errichtete Christian VI. hier
das großzügige **Schloß Hirschholm**.
Es diente als königliche Sommerresi-

denz. Dieses Schloß war im Sommer 1771 der Rahmen für die Romanze zwischen der jungen Königin *Carolin Mathilde,* Gemahlin von *Christian VII.,* und dem königlichen Leibarzt *J.F. Struensee.* Nach Struensees Fall wollte niemand mehr etwas vom Schloß wissen, das darum 1812 abgerissen wurde. Übriggeblieben sind nur die gelben Wirtschaftsgebäude und der hübsch angelegte Schloßplatz, an dem 1823 die neoklassische Gemeindekirche errichtet wurde. In den alten Wirtschaftsräumen ist jetzt das **Jagt- og Skovbrugsmuseum** untergebracht, u. a. mit Waffen, Trophäen und Ausstellungen über die dänische Forstwirtschaft (geöffnet Di bis Fr 10 - 16 Uhr, Sa 12 - 16 Uhr und So 10 - 16 Uhr. Eintritt 20/0 DKK).

─▸ Auf der weiteren Fahrt in Richtung Norden folgt nun zunächst Nivå, dessen Strandwiesen an der Bucht Raum für vielfältige Fauna bilden. Auf dem alten Herrenhof **Nivågaard,** Gamle Strandvej 2, ist eine hier kaum vermutete, einmalige Gemäldesammlung zu entdecken. Ab 1903 begann der damalige Besitzer Nivågaards, Johannes Hage, italienische und holländische Renaissancekunst und Werke der dänischen Romantik, des sogenannten "Goldenen Zeitalters" der dänischen Malerei, zu sammeln. Zusätzlich zu diesem festen Bestand bietet die *Nivågaard Malerisamling* ständig wechselnde Ausstellungen (geöffnet Di bis Fr 12 - 16 Uhr, Sa und So 11 - 17 Uhr. Eintritt 25/0 DKK).

## *Humlebæk*

Kaum jemand kennt es nicht, denn dank seiner einzigartigen Architektur und Lage ist **Louisiana** weltweit ein Begriff. Das **Museum für moderne Kunst**, das am alten Strandvej (Gamle Strandvej 13) liegt, ist einzigartig und immer noch jung: Erst 1958 wurde es in unkonventioneller Architektur erbaut und immer wieder vorsichtig erweitert, zuletzt 1991. Einmalig ist, wie die Ausstellungsräume in den großen, alten Park unmittelbar an der Øresundküste eingefügt sind. Drinnen und draußen verschwimmen, gehen nahtlos ineinander über: Die Skulpturen im Park harmonieren mit den Innenräumen, die Kunstwerke drinnen werden scheinbar in die Naturumgebung aufgenommen. Louisiana findet nicht nur für seine ständigen und wechselnden Ausstellungen, sondern auch für seine Filme und Konzerte Anerkennung. All diese Aktivitäten ziehen jedes Jahr um die 600.000 Besucher an - besonders an den Feiertagen und im Sommer kann es schon einmal recht voll werden.

Unter den bekanntesten Künstlern in der festen Ausstellung zu internationaler Kunst seit 1950 sind unzählige große Namen: So stehen im Park u. a. drei runde Skulpturen zum Thema "Liegende Figuren" von *Henry Moore,* entstanden zwischen 1963 und 1974. Am Hang hinunter zum Wasser sind das sogenannte "Mobile" und "Almost Snowplow" zu sehen, beide von *Alexander Calder.*

Zur Ausstellung im Innenraum gehören Werke dänischer Künstler wie *Richard Mortensen* und *Asger Jorn,* aber auch Weltberühmtheiten wie *Picasso, Alberto Giacometti, Andy Warhol* oder *Hans Arp.*

Für einen Besuch im Louisiana sollte man sich mindestens zwei bis drei Stunden Zeit nehmen. Besonders im Frühjahr und Sommer sind Spaziergänge durch den Park reizvoll. Abschließend läßt sich bei Tee oder Kaffee in der Cafeteria die Ruhe der "künstlerischen Umgebung" genießen - mit Blick auf das Wasser des Øresund! Das Louisiana hat auch ein

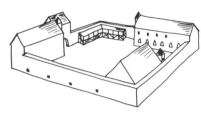

Burg Flynderborg - Vorgängerin
von Schloß Kronborg

Das Wahrzeichen von Helsingør:
Schloß Kronborg

sogenanntes "Kinderhaus", u. a. mit
Märchenraum, Werkstatt, Kino, Unter-
richtsräumen und Kindercafé. An Wochenenden und in den Ferien gibt es
auch Puppentheater, Workshops und
ähnliches. Die genaue Adresse: *Louisiana - Museum for moderne kunst,*
Gamle Strandvej 12, Humlebæk (geöffnet täglich 10 - 17 Uhr, Mi 10 - 22
Uhr. Eintritt 45 DKK, bei Sonderausstellungen eventuell mehr). Vom klei-

nen Bahnhof gibt es drei Abfahrten in
der Stunde nach Kopenhagen.

## Helsingør

44.000 Einwohner

*Helsingør* wurde schon im Jahr 1231
als ein Ort mit Stadtrechten erwähnt,
doch besiedelt war diese Stelle schon
vor weit über tausend Jahren. Zunächst lebte die Stadt vom Fähr-
verkehr nach Schweden und vom Heringsfang. Ab 1420 aber brachte der
Øresundzoll vier Jahrhunderte lang
Reichtum in die Stadt, die sich im
Schatten der ersten Burg, *Flynderborg*, entwickelte. Aus der Burg
machte *Erik von Pommern* das *Kro-
gen Slot*, welches wiederum zu jenem
weltberühmten **Kronborg** wuchs, das
heute Wahrzeichen von Helsingør ist
und sich weithin sichtbar zum Sund
zeigt. So berühmt wurde es allerdings
nicht aus eigener Kraft, sondern
durch tatkräftige Unterstützung eines
großen Dramatikers: *William Shake-
speare* siedelte den Stoff seines
"Hamlet" hier an.

Das einzigartige Renaissanceschloß ließ *Frederik II.* 1585 fertig-
stellen. Kurze Zeit darauf, 1620, zer-
störte ein Brand vollständig das Innere des Schlosses, mit Ausnahme
der Kirche. Doch nur neun Jahre vergingen, bis *Christian IV.* es wieder
aufbauen ließ. Zu den "inneren Werten" des Schlosses gehören u. a. der
größte Rittersaal Nordeuropas, die
königlichen Gemächer und die Kirche, deren Interieur noch das originale aus dem Jahr 1585 ist. In den
Kasematten sitzt die Statue des
schlafenden dänischen Nationalhel-
den *Holger Danske*, der der Sage
nach erwacht, um Dänemark zu verteidigen, wenn das Land in Not ist.

Auf Kronborg befindet sich seit
1915 auch das *Handels- og Søfartsmuseum,* das die geschichtliche Ent-

wicklung der dänischen Seefahrt und des Schiffsbaus ansprechend schildert und daneben Exponate aus den ehemaligen dänischen Kolonien zeigt (Schloß geöffnet täglich 10.30 - 17 Uhr. Eintritt 20/0 DKK).

Das Bild der alten Stadtmitte Helsingørs ist ohne Frage außergewöhnlich. Anstrengungen in Denkmalschutz und behutsamen Restaurierungsarbeiten zeigen Resultate, und es ist ein Vergnügen, durch die alten Straßen und Gassen zu bummeln. Allen voran zu nennen sind **Stengade** und **Strandgade**, wo eine ganze Reihe hochkarätiger Gebäude aus dem Mittelalter und der Renaissance zu sehen ist. Zu ihnen gehören *Stephan Hansens Gård,* Strandgade 95, ein Rokokobauwerk aus dem Jahr 1760, daneben *Claessens Palæ* aus dem Jahr 1790 (Hausnummer 93) und die alte Apotheke *Gamle Apotek.*

In der Stengade liegt das Rathaus (aus der Mitte des 18. Jahrhunderts) und unweit davon die **Skt. Olai Kirke**, der Dom von Helsingør. Seine Geschichte reicht bis ungefähr ins Jahr 1200 zurück. Jahrhundertelang wurde an der Kirche gebaut; erst 1559 war sie schließlich vollendet. Der hoch aufragende Altaraufsatz stammt aus dem Jahr 1662.

Geht man durch die St. Annagade, kommt man zur **Sct. Mariæ Kirke** und zum **Karmeliterkloster**. Das Kloster, das 1517 fertiggestellt war, ist das am besten erhaltene Kloster Skandinaviens überhaupt. Der Barockkomponist *Dietrich Buxtehude* war 1660 bis 1668 Organist der Kirche. In den Gebäuden, errichtet in mehreren Phasen zwischen 1516 und 1630, war auch das Armenhaus der Stadt untergebracht. Nun befindet sich im Westflügel des Klosters eine Abteilung des **Helsingør Bymuseum**, des Stadtmuseums. Sie befaßt sich mit alten Handwerken.

Der andere Teil des Museums liegt etwas abseits der Innenstadt im Norden, in **Schloß Marienlyst**. Ursprünglich errichtet als Lusthaus, wurde es um 1760 zu einem kleinen Schloß umgebaut (Stadtmuseum geöffnet täglich 13 - 16 Uhr, Marienlyst täglich 12 - 17 Uhr. Eintritt 20/0 DKK).

Technikfreaks sind im **Danmarks Tekniske Museum**, Nordre Strandvej 23, richtig, das die technische Entwicklung von Industrie und Verkehr dokumentiert. So sieht man Dänemarks älteste Eisenbahnen, Straßenbahnen, Fahrräder und Motorräder. Ein ganzer Raum ist dem Physiker *Hans Christian Ørsted* gewidmet, den die ausgestellte Kompaßnadel zum Nachdenken über ein mögliches Vorhandensein des Elektromagnetismus brachte (geöffnet täglich 10 - 17 Uhr). Das kleinere Verkehrsmuseum befindet sich im Ole Rømers Vej 15.

## Touristeninformation

Havnepladsen 1, 3000 Helsingør, Tel. 49 21 13 33, geöffnet von Mai bis August Mo - Sa 10 - 24 Uhr, sonst Mo - Sa 10.30 - 23 Uhr.

## Übernachten

▸ **Helsingør Vandrerhjem "Villa Moltke"**, Nordre Strandvej 24, Tel. 49 21 16 40, nur von Februar bis November geöffnet.

▸ **Hotel Marienlyst**, Nordre Strandvej 2, Tel. 49 21 40 00, größerer Hotelkomplex, dessen 237 Zimmer, Suiten und Ferienappartements fast alle Blick auf den Øresund haben. Pro Person ab 465 DKK.

▸ **Grønnehave Camping \*\***, Campingvej 9, Tel. 49 21 58 56, liegt rund 1 km vom Zentrum, nah am Meer, mit guter Bademöglichkeit; 100 Stellplätze; einige Wohnwagen zu mieten; ganzjährig geöffnet.

## ◆ *Gilleleje*

Ein Stück vom alten Badeleben der Jahrhundertwende existiert immer noch im Ort *Gilleleje*, ganz im Norden von Seeland und 25 km von Helsingør.

Der Bade- und Fischerort - dessen Kirche die ehemalige **Seemannskirche** aus der Zeit um 1540 ist - mit einem kleinen, hübschen Hafen ist umgeben von den Hügeln des *Nakkehoved* nach Osten und dem *Gilbjerghoved* nach Westen. Dort steht auch ein Gedenkstein für den Philosophen *Søren Kierkegaard*, der sich oft und gerne hier aufhielt.

Der Ortsgeschichte entsprechend, hat das **Gilleleje Museum**, Rostgårdsvej 2, den lokalgeschichtlichen Schwerpunkt auf die Abteilung zur Fischerei gelegt. Doch es gibt noch andere Sehenswürdigkeiten, darunter ein Klassenzimmer aus dem Jahr 1900 (geöffnet von Mitte Juni bis Mitte September außer Mo täglich 14 - 17 Uhr. Eintritt 15/0 DKK). Zum Museum gehören auch ein Fischerhaus, Schiffshallen und eine Fischereiausstellung in der Hovedgade 49, die zu denselben Zeiten wie Gilleleje Museum geöffnet sind.

### *Touristeninformation*

Gilleleje Hovedgade 6 F, 3250 Gilleleje, Tel. 48 30 01 74, geöffnet von Mitte Juni bis August Mo - Sa 10 - 18 Uhr; September bis Mitte Juni Mo - Fr 9 - 16 Uhr, Sa 9 - 12 Uhr.

→► Schöner als die direkte Route von *Helsingør* über die Landstraße 6 nach *Fredensborg*, ist die Nebenstrecke via *Gurre* (Ruinen von Schloß Gurre) und *Tikøb*, auch wenn es dann mehr als die sonst gut 10 km sind.

Schloß Fredensborg

# Fredensborg

Das Schloß wurde unter _Frederik IV._ 1722 in italienischem Stil erbaut und ist seitdem das Lieblingsschloß aller Königsfamilien. Der König hatte sich sichtlich durch seine Italienreisen anregen lassen, als er das Bauvorhaben mit dem großen Kuppelsaal in Angriff nehmen ließ. Die vier Eckpavillons stammen aus der späteren Zeit _Frederiks V._ Sein endgültiges Aussehen erhielt das Schloß jedoch erst unter dem nächsten Frederik, nämlich zwischen 1774 und 1776 unter Frederik VI. Das Schloß kam zu internationaler Berühmtheit, als _Christian IX._ in der zweiten Hälfte des vorigen Jahrhunderts im Sommer alle gekrönten Häupter Europas auf Fredensborg versammelte, was ihm den "Ehrentitel" "Schwiegervater Europas" einbrachte. Auch das jetzige Herrscherpaar, Königin _Margrethe_ und Prinz _Henrik_, halten sich gern hier auf, besonders im Frühjahr und im Herbst. Deshalb ist Schloß Fredensborg nur im Juli, wenn die Königsfamilie auf Marselisborg in → Århus residiert, für die Öffentlichkeit zugänglich. Dann finden jede halbe Stunde zwischen 13 und 17 Uhr Führungen statt.

Der Schloßpark wurde 1760 von dem französischen Baumeister _Nicolas-Henri Jardin_ angelegt. Im Park steht das eigenartige Monument "Nordmandsdalen" mit 69 mannshohen Statuen norwegischer und färöischer Fischer, ausgeführt nach Ideen von König Frederik V. Zutritt zum Park ist möglich, wohingegen der "Marmorgarten" der Königsfamilie vorbehalten ist, wenn sie sich auf Fredensborg aufhält.

## Touristeninformation

_Fredensborg-Humlebæk Turistforening,_ Postboks 54, 3480 Fredensborg, eingerichtet im Vandrerhjem, Østrupvej 3, Tel. 42 28 03 15; geöffnet von Mai bis August Mo - So 8 - 23 Uhr; September bis April Mo - So 14 - 23 Uhr.

→▸ Den nächsten Ort auf der Route durch Nordseeland erreicht man nach ca. 10 km.

# Hillerød

26.000 Einwohner

Als _Frederik II._ im Jahr 1560 den damaligen Adelshof **Hillerødsholm** übernahm, bestand die "Stadt" gerade einmal aus sieben Höfen und

---

### Eine besondere Auszeichnung - der Elefantenorden

Der Elefantenorden ist Dänemarks ältester Orden, der nur an die Mitglieder der königlichen Familie und an ausländische Staatsoberhäupter verliehen wird (mit einigen Ausnahmen, wie z. B. den Physiknobelpreisträger Niels Bohr). Eingeführt wurde diese Auszeichnung in den siebziger Jahren des 15. Jahrhunderts von _Christian I.,_ der den Orden auch vom Papst sanktionieren ließ.

Der Orden soll die dänische Version des Hosenbandordens bzw. des Goldenen Vlieses sein. Über die Vergabe entscheidet ein Ordenskapitel.

Der Orden ist weiß-emailliert. Auf ihm ist ein Goldelefant abgebildet, auf dessen Rücken ein Turm steht; im Nacken sitzt ein Mohr. Auf der einen Seite des Abzeichens befindet sich ein Kreuz, auf der anderen das Monogramm des aktuellen Monarchen.

Blick in die prunkvoll
gestaltete Schloßkirche

vier Häusern. Nur wenige Jahre später, 1569, verlieh Frederik der Ansiedlung dann schon die Privilegien,
und ihr Aufschwung begann gleichzeitig mit dem Bau von Schloß Frederiksborg, das der Stadt Schutz bieten
sollte. Bis heute ist die Verbindung im
Stadtbild zu erkennen, denn die
Hauptstraße verbindet den Marktplatz
mit **Frederiksborg Slot**.

Grund für die Überlegungen zum
Bau eines Schlosses waren die herrlichen Jagdmöglichkeiten in Nordseeland, die Frederik II. zum Aufkauf von
Adelsgütern in dieser Gegend veran-
laßten. Darunter war auch das alte
Hillerødsholm. Von seinen Bauten
stehen heute noch die beiden runden
Türme auf der vorderen Insel; sie tragen die Jahreszahl 1562. Der eigentliche Baumeister von Frederiksborg
war Christian IV., der im Schloß 1577
geboren wurde und dann im ersten
Viertel des 17. Jahrhunderts das ein-

zigartige Renaissanceschloß, das
sich mit allen anderen europäischen
messen kann, errichten ließ. Als letztes wurde der Geheimgang nach Westen fertig, der über den Graben zu
den Audienzgemächern führt. Am
eindrucksvollsten ist zweifellos die
überreich ausgeschmückte **Schloßkirche** mit der ältesten Orgel Dänemarks, der Compenius-Orgel. Sie
stammt aus dem Jahr 1610. Die Galerie ist heute Ordenskapelle der "Ritter
des Dannebrog" und der "Ritter des
Elefantenorden" (→ Artikel "Eine besondere Auszeichnung - der Elefantenorden"). Das Schloß ist nationalhi-
storisches Museum. Im Mittelpunkt
der Weltöffentlichkeit stand Frederiksborg zuletzt im November 1995.
Hier in der Schloßkirche heirateten
der dänische Prinz *Joachim* und
seine aus Hongkong stammende
Frau *Alexandra*.

Teil der Gesamtanlage ist *Frederiksborg Slotspark*, der nach 1720 in
französischem Stil angelegt wurde.
Im Park liegt versteckt das kleine
Lustschloß *Badstuen*, und im Sommer
fährt die Liliputfähre "Frederiksborg"
die - so wird gesagt - "schönste See-
meile Dänemarks" rund um das
Schloß.

### Touristeninformation

Slotsgade 52, 3400 Hillerød, Tel.
42 26 28 52, geöffnet von Juni bis
August Mo - Fr 9 - 16 Uhr, Sa 10 -
13 Uhr, September bis Mai Mo - Fr 9 -
16 Uhr, Sa 10 - 13 Uhr.

### ◆ Grib Skov

Nördlich von Hillerørd, an den Esrum-
See angrenzend, konkurriert der
Wald **Grib Skov** mit dem von *Rold
Skov* in Nordjütland um den Titel als
Dänemarks größter Wald. Seine Ge-

samtfläche beträgt 5.700 Hektar - viel für dänische Verhältnisse! Jahrhundertelang war der Wald königliches Jagdrevier, zog jedoch auch Ruhesuchende an, allen voran *Søren Kierkegaard*, der hier oft in selbstgewählter Einsamkeit wanderte.

→► Noch einmal 25 km sind es nach:

# Frederiksværk

11.500 Einwohner

Die Stadt bekam ihren Namen nach *Frederik V.* Lange war sie unbedeutend, bis der Generalmajor *Johan Frederik Classen* hier 1756 ein Pulverwerk und eine Kanonenfabrik gründete und damit Frederiksværk durch die erste industrielle Produktion zur ersten Industriestadt Dänemarks

machte. Seit langem ist die Kanonenfabrik abgelöst von einem friedlicheren Stahlwalzwerk, das seit 1942 existiert. Doch das alte Gebäude der Kanonenfabrik, das **Gjethus**, steht noch und ist jetzt Kulturhaus.

Am Marktplatz von Frederiksværk steht das **Fabriks- og Egnsmuseum "Krudtværksmuseet"**: Unter anderem zeigt es eine Gedenkstube für J.F. Classen und schildert die Industriegeschichte der Stadt (geöffnet während der Ferien und Hauptsaison von Juni bis Mitte September täglich 12 - 16 Uhr; sonst nur Sa und So 13 - 16 Uhr. Eintritt 10/0 DKK).

## Touristeninformation

*Frederiksværk Turistcenter*, Nørregade 1, 3300 Frederiksværk, Tel. 42 12 30 01, geöffnet von Mitte Juni bis Ende August 9 - 17 Uhr, Sa 9 - 13 Uhr; sonst Mo - Fr 9.30 - 16 Uhr und Sa 9 - 13 Uhr.

Schloß Frederiksborg

## Frederikssund

14.000 Einwohner

Wieder war es ein *Frederik*, dieses
Mal der III., der dem Ort am Fjord den
Namen gab. Ursprünglich nur Anlan-
deplatz für *Slangerup* weiter östlich im
Landesinneren, entwickelte sich *Frederikssund* immer weiter und erhielt
1809 schließlich sogar Stadtrechte.
Anziehend ist es heute weniger wegen seines städtebaulichen Zustands
- da gibt es wahrlich hübschere Orte -
als wegen eines echten Spektakels:
Im Sommer werden nämlich drei Wochen lang von Mitte Juni bis Anfang
Juli die bekannten **Wikingerspiele**
inszeniert. Als Schauplatz dazu dient
die Freilichtbühne auf **Kalvø**, etwas
südlich vom Hafen: Diese Tradition
begründeten die Frederikssunder
1951, als 700 von ihnen beschlossen,
sich von Stund an nicht mehr zu ra-
sieren und in "natürlicher" Pracht im
Jahr darauf das erste Wikingerspiel
aufzuführen. Für das Stück, das jedes
Jahr einem neuen dramatischen Verlauf folgt und heute immer 250 Darsteller hat, können beim Touristenbüro Karten gebucht werden.

Sehr lohnt ein Besuch des **J.F.
Willumsens Museum**, Jenriksvej 4,
etwa 10 Gehminuten nördlich der Innenstadt. Es wurde 1957 eingerichtet,
um an den bekannten dänischen
Künstler (1863-1958) zu erinnern, der
auf dem Museumsgelände begraben
liegt. Zu seinen Lebzeiten hatte er allerdings mit Frederikssund nichts zu
tun; die Stadt war lediglich diejenige,
die sich als einzige verpflichten
wollte, für eine Schenkung des
Künstlers einen entsprechenden Rahmen durch einen Museumsneubau zu
schaffen. Und man muß sagen: Es
hat sich gelohnt! Die Bandbreite von
*Willumsens* künstlerischem Schaffen
war enorm, die Motive und Arbeits-
techniken vielfältig: von Ölgemälden
bis zum Marmorrelief. Besonders bekannt sind die beiden Gemälde "Zwei

gehende Frauen. Bretagne" und das
"Badende Kinder am Strand von Skagen", das im großen Ausstellungssaal
hängt. Hier steht auch die riesige
Marmorskulptur "Das große Relief",
das Willumsen von 1893 bis zur Voll-
endung 1928 über drei Jahrzehnte
beschäftigte. Eigentlich war das Mon-
strum für eine Bar in Chicago bestimmt - doch bis dahin haben es die
beiden Titanen, um die sich die anderen Figuren symbolisch gruppieren,
nie geschafft (geöffnet von April bis
September täglich 10 - 16 Uhr; Oktober bis März täglich 13 - 16 Uhr, So
10 - 16 Uhr. Eintritt 20/10 DKK).

### Touristeninformation

Jernbanegade 24, 3600 Frederikssund, Tel. 42 31 06 85, geöffnet von
Juni bis August Mo - Sa 10 - 18 Uhr;
September bis Mai Mo - Fr 10 -
17 Uhr und Sa 10 - 13 Uhr.

–► Verläßt man *Frederikssund* via
Brücke über den *Roskildefjord* nach
*Hornsherred* im Westen, stößt man
auf der gegenüberliegenden Seite
zunächst auf das **Heimatmuseum
Færgegården**, Færgelundsvej 1. Es
ist ein 150 Jahre altes Fährhaus, das
nach dem Brückenbau zweckentfremdet wurde und jetzt Heimatmuseum für die Gemeinden Frederikssund, Skibby und Jærgerspris ist. Die
Lage des Hofs zwischen Garten, Feldern und Wald ist schön, die Sammlungen eher von durchschnittlicher
Qualität. Ausnahme: Vier bemerkenswerte archäologische Funde, vier
Steine mit je einem bronzezeitlichen
Felsenbild, das eine Hand darstellt.
Ansonsten ist lokale Heimarbeit zu
sehen, daneben Arbeiten, die russische Kriegsgefangene, die hier in Jægerspris waren, 1945 angefertigt haben (die Öffnungszeiten sind unter
42 31 06 85 oder bei der Touristeninformation Frederikssund zu erfahren).

Vom *Færgegården* kommt man dann nach wenigen Kilometern zum Endpunkt von Route 15.

## Jægerspris Slot

Unter dem Namen *Abrahamstrup* ist der Ort mindestens seit 1318 nachgewiesen. Bis zum Ende des vorigen Jahrhunderts war er im Besitz der dänischen Könige. Drei Jahrhunderte lang - von König *Hans* (im 15. Jahrhundert) bis *Frederik V.* (1745) - haben die Könige an *Jægerspris* gebaut. Als *Frederik VII.* 1848 König wurde, machte er Jægerspris - bis dahin eigentlich nur Jagdschloß - zur eigentlichen königlichen Sommerresidenz. Zusammen mit seiner bürgerlichen Gattin *Louise Rasmussen,* die den Titel einer Lehnsgräfin von *Danner* erhielt, machte er das Schloß zum Rahmen für ein gemütliches Familienleben in übermöblierten Stuben, die nach dem zeitgenössischen bürgerlichen Geschmack eingerichtet waren. Die Gräfin vermachte nach dem Tod des Königs 1863 das Schloß einer Stiftung für "hilflose und verlassene Menschen, insbesondere aus der armen Bevölkerung". Im Zeitraum von 1876 bis 1886 wurde zu diesem Zweck eine Reihe zusätzlicher Gebäude errichtet. Heute kann man die Gedenkräume im Schloß, einen Schaukasten mit Schatz- und Goldfunden sowie das Kinderheimmuseum besichtigen. Im Park stehen zwischen unzähligen Rhododendronbüschen Gedenksäulen und in einem Grabhügel der Sarkophag der Gräfin Danner (geöffnet von Mai bis September außer Mo täglich 10 - 12 Uhr und 13 - 17 Uhr; April bis Oktober nur So und feiertags 10 - 12 Uhr und 13 - 17 Uhr. Eintritt 20/10 DKK).

—▸ Fährt man von *Frederikssund* über die Hauptstraße 211 nach Südosten, kommt man zunächst nach *Ølstykke*. Ab hier geht es über die Landstraße 6 - vorbei an den Sommerhaussiedlungen und dem kleinen Yachthafen von *Jyllinge* am *Roskildefjord* - geradewegs nach Süden, so daß nach nicht einmal 20 km der Endpunkt von Route 15 erreicht ist: *Roskilde* (→ Route 14).

## Route 16
## Rund um Bornholm
## (ca. 120 km)

Wenn sich *ein* Bild von Bornholm eingeprägt hat und als typisch gilt, dann ist es das der Rundkirche. Doch hat die Insel nicht nur deren eine, sondern vier. Alle sind sie ungefähr 700 bis 800 Jahre alt und erinnern in ihrer massiven Bauweise an die Zeit, als Kirchen nicht nur Gotteshäuser waren, sondern darüber hinaus Festung und Schutz sein mußten. Die größte der vier ist die *Østerlarskirke*; die *Nylarskirke*, *Olskirke* und vor allem die *Nykirke* sind kleiner. Von letzterer vermutet man, daß auch sie größer konzipiert, dann aber nicht vollendet werden konnte. Gestützt auf einen runden, starken Mittelpfeiler schwebt über dem runden Kirchenraum das Dach, wobei die Dächer aller Kirchen später hinzugefügt wurden; die äuße-

Rundkirchen sind für Bornholm typisch

ren Stützpfeiler dienten dabei als statische Hilfe. Eine bauliche Ergänzung sind auch die freistehenden Glokkentürme. Der wehrhafte Charakter zeigt sich in den dicken Außenmauern und kleinen Fenstern; die oberen Etagen waren Lager für Nahrungsmittel und Wertgegenstände wie auch Schutzraum bei Angriffen.

Weitab vom dänischen Festland, ist Bornholm völlig verschieden von allem, was Dänemark sonst ausmacht. Gerade das aber macht die Insel so interessant und anziehend, denn hier findet man fast alles auf einmal: Sie ist felsig wie sonst nur Norwegen und dank der vielen Sonnenstunden hell wie der Süden. Weil es grundsätzlich wärmer ist als auf dem dänischen Festland, ist die Reisesaison auch um einige Wochen länger, sowohl im Frühling wie im Spätsommer. Schon ab Mai oder Juni, nur von wenigen Touristen ge-

stört, sind herrliche Ausflüge (vor allem mit dem Rad) durch die blühende Natur möglich.

Wie die Festlandsdänen nutzen auch die Bornholmer ihre Insel reichlich für die Landwirtschaft. Viel Platz für Äcker ist allerdings nicht, denn Bornholm ist lediglich 588 km² groß. Seine Küstenlinie mißt exakt 141,4 km, und die Gesamteinwohnerzahl betrug 1995 etwas mehr als 45.000. Diese Zahl hat auch für die Touristen große Bedeutung: Um die Natur zu schonen und den Charakter der Insel zu bewahren, sollten nämlich nie mehr Urlauber dort sein als Einwohner! Eine solche "schützende" Regelung wünscht man auch einigen anderen Stellen unserer Welt.

Auf Bornholm ist die landschaftliche Vielfalt besonders groß: Der Norden und die Mitte der Insel sind meist felsig, wie zwischen Sandvig und Gudhjem bei den *Helligdommen*; dort ragen Granitfelsen aus dem Meer. Im Inselinneren überwiegen Wälder, Felder und Heide, doch sind auch hier wie im Wald von *Almindingen* Felsen im Boden zu sehen. Geologisch setzen sich die Felsen unterirdisch bis nach Südschweden fort; wie sonst wäre diese Felsenlandschaft zu erklären, die in den *Paradisbakker* Dänemarks einzige Wasserfälle hat?

Jahrhundertelang stritten sich Schweden und Dänen um die Insel, und nicht nur die Rundkirchen sind Zeugnisse dieser unruhigen Zeiten, auch die größte nordeuropäische Burgruine, *Hammerhus*, an der Nordwestspitze Bornholms berichtet davon. Daß die Bornholmer bis heute von beiden Ländern beeinflußt werden, kommt am deutlichsten in der Sprache zum Ausdruck: "Bornholmsk" ist von der Hochsprache "Rigsdansk" um einiges entfernt; die schwedischen Einflüsse sind nicht zu überhören.

Grabhügel und Runensteine findet man auf ganz Bornholm. Auf einer

Lichtung bei *Bodilsker* stehen 60 Bautasteine, in *Louisenlund* nahe bei *Østermarie* sind es 50 solcher Gedenksteine, die im Altertum zum Andenken an Verstorbene errichtet wurden.

Neben den Rundkirchen ist Bornholm bekannt für seine Orte mit alten Fachwerkhäusern und - natürlich - für die Räuchereien der Heringsfänger. Schon von weitem sind deren charakteristische Kamine zu sehen, die unten breit sind und sich nach oben hin verjüngen. Dieses Bild ergibt sich, ganz gleich, ob man auf *Hasle, Arnager, Allinge, Gudhjem, Svaneke* oder *Neksø* (das ist neue Schreibweise, die alte - "Nexø" - findet man auch noch oft) zufährt. Und wirklich sollte man nicht zögern, wenn man ein Hinweisschild "Røget sild" (Geräucherter Hering) entdeckt, denn es gibt auf Bornholm kaum etwas Genußvolleres, als draußen zu sitzen und den frischen Fisch zu genießen. Sein einmaliger Geschmack entsteht, weil er über Erlenholz zweieinhalb Stunden geräuchert wird, bis er goldgelb ist. Ob man dazu einen Aquavit, ein Bier oder nur ein Mineralwasser ("Danskvand") trinkt, ist eigentlich gleich.

Für Sonnenanbeter und Wasserratten sind der flache Westen (Balka-Strand) und Süden das Richtige. Die Südspitze von *Dueodde* hat breite und lange Sandstrände, ist aber auch touristisch voll erschlossen. Dennoch bieten sie immer noch Platz genug für erholsame Ferien. Gleich nach der Ankunft in Rønne stellt sich dem Bornholm-Besucher, der die Insel ganz kennenlernen möchte, die (salopp formuliert) einfache Frage: Links herum oder rechts herum? Fahre ich zuerst nach Süden und dann nach Norden oder umgekehrt?

Route 16 verläuft zuerst in den Norden, führt von Rønne nach Allinge-Sandvig, von dort die Nordküste entlang über Neksø nach Dueodde.

Der Grund dafür ist einfach und vor allem für Radfahrer von Bedeutung: Wer den Norden zuerst besucht, hat die anstrengendsten Strecken, die durch felsige Ufergegenden auf und ab führen, hinter sich, wenn er sich an den "Südstränden" um Dueodde erholt. Aber natürlich läßt sich Bornholm genausogut in entgegengesetzter Richtung umrunden!

Ausgangspunkt ist in beiden Fällen *Rønne.*

## Allgemeine Informationen zu Bornholm

### Anreise

**Fähre:** Tickets für die Fähren nach Bornholm bekommt man am Hafen oder im Reisebüro. Wer spezielle Auskünfte oder eine Reservierung wünscht, kann das auch telefonisch unter den jeweils bei den Verbindungen angegebenen Rufnummern.

---

### *Ein Rad wie neu - das "Pedersen-Cykel"*

Fahrräder gehören zum Straßenbild in Dänemark - das wußte schon Tucholsky. So viele fahren und stehen herum, daß man nicht mehr auf einzelne achtet. Und doch ist da eines, bei dem man immer wieder stutzt. Sei es, weil ein aufrecht sitzender Radler vorbeifährt oder das ungewöhnlich hoch aufragende Rad an einer Hauswand steht.

Zuerst fällt der Sattel auf, an Drahtseilen und einem Lederriemen aufgehängt, wie schwebend. Dann der nach oben strebende Rahmen, dessen Rohre sich im Lenker zu treffen scheinen. Ein neues Modell, ein modernes Design, avantgardistisch. Darauf einmal fahren.

Neu? Modern? Denkste: Im September 1893 (in Worten: achtzehnhundertdreiundneunzig!) beantragte der Däne *Mikael Pedersen* das Patent für dieses Fahrrad, das seitdem nur unwesentlich technisch verbessert werden mußte. Pedersen war ein einfallsreicher Konstrukteur und Erfinder; er war noch nicht einmal Mitte zwanzig, da hatte er mit einer Milchzentrifuge, die bei der Butterherstellung eingesetzt wurde, schon reichlich Geld verdient.

Bleibend aber sollte "sein" Fahrrad werden, das in den Jahren 1897 bis 1914 in einigen zehntausend Exemplaren gebaut wurde. Es war nicht nur schön anzusehen, sondern praktisch: leicht und äußerst stabil. Zudem war das Fahren ein Genuß dank des federnden Sattels. Damit aber noch nicht genug, erfand Pedersen gleich eine Drei-Gang-Nabenschaltung dazu.

Heute fahren in Europa einige tausend Nachbauten dieses berühmten "Pedersen-Cykel", des Pedersen-Fahrrads, die nicht nur in Dänemark und Großbritannien (dorthin war Mikael Pedersen gegangen, weil das Klima technikfreundlicher war als zu Hause), sondern auch in Deutschland hergestellt werden.

---

- Kopenhagen - Rønne: einmal täglich, Dauer der Überfahrt ca. 7 Stunden, Preis pro Person Hin- und Rückfahrt ca. 350 DKK, für einen Pkw mit Fahrer 1.064 DKK (Tel. 33 13 18 66).

- Saßnitz (Rügen) - Rønne: ein- bis zweimal täglich, Dauer ca. 3,5 Stunden. Preis Hin- und Rückfahrt für Pkw inkl. 5 Personen ca. 250 DM, an Wochenenden in der Hauptsaison bis 405 DM (Tel. in Dänemark 56 48 00 01, in Deutschland 3832/ 92 24 55).

- Mukran (Rügen) - Rønne: zwei- bis fünfmal pro Woche, Preis Hin- und Rückfahrt für Pkw inkl. Fahrer ca. 300 DM (Tel. in Dänemark 56 95 18 66 oder in Deutschland 3839/ 23 52 26).

- Vom jütischen Festland nach Bornholm mit "Lion Ferry" über Schweden

(in Dänemark Tel. 86 32 03 00).

**Bahn:** Eine Zugfahrt von Berlin nach Saßnitz kostet für Hin- und Rückfahrt 84 DM, von Hamburg aus 164 DM, ab Köln 330 DM, ab München 508 DM, jeweils erster Klasse; hinzu kommt die Fährpassage von Saßnitz nach Rønne für 32 DM (Hochsaison).

**Bus:** Verbindung Berlin - Bornholm: Im Sommer besteht wöchentlich eine direkte Busverbindung mit *BAT* (*Bornholms Amts Trafikselskab*) zwischen Berlin und der Insel. Der Linienbus fährt ab Berlin Zentraler Omnibus Bahnhof (ZOB), Am Funkturm. Fahrkarten u. a. beim *Skandinavischen Reisebüro,* Kurfürstendamm 206, oder *DER Reisebüro,* am ZOB, Masuren Allee 4-6. Telefonische Auskunft auch bei *BAT* in Rønne, Tel. 0045/ 56 95 21 21.

**Flug:** Von Kopenhagen nach Rønne - und umgekehrt - bestehen bis zu achtmal täglich Flugverbindungen. Der Flugplatz südlich von Rønne ist unter Rufnummer 56 95 11 11, der in Kopenhagen für Reservierungen unter Telefonnummer 32 32 68 28 zu erreichen. Im Sommer gibt es zusätzlich Charterflüge von Hamburg, Düsseldorf und Berlin.

## Öffentlicher Verkehr auf Bornholm

Die Busgesellschaft *Bornholms Amts Trafikselskab* (*BAT*) verbindet stündlich alle großen Orte der Insel miteinander, so daß alle sehenswerten Punkte ohne Schwierigkeiten und Zeitverluste zu erreichen sind. Angebunden sind auch alle Flug- und Fährankunfts- bzw. Abfahrtsstellen. Kostengünstiger als Einzelfahrschei-

ne sind die "RaBATkarten", 1- und 5-Tageskarten oder Wochenkarten. Fahrräder können mitgenommen werden.

Im Sommer macht *BAT* außerdem zwei besondere Angebote: Der *Kunsthandwerkerbus* besucht die Handwerksbetriebe Bornholms, der *Grüne Bus* fährt zu sehenswerten Landschafts- und Naturschutzgebieten.

Informationen und Fahrkarten erhält man im *Røde Pakhus*, Snellemark 30, Rønne, Tel. 56 95 21 21. Dort befindet sich auch eine Gepäckaufbewahrung.

## Fahrradverleih und Radfahren

Auch wer sein eigenes nicht mit nach Bornholm bringen möchte, braucht auf ein Zweirad nicht zu verzichten. Gute, teils ganz neue Fahrräder in verschiedenen Ausführungen (Moun-

Das "Pedersen-Cykel"

tain- oder Citybikes, Tandems, auch Kinderanhänger) sind in allen größeren Orten ab ca. 50 DKK pro Tag zu mieten. Je länger die Leihdauer, desto größer der Rabatt. Der Wochenpreis liegt zwischen 200 und 350 DKK, beim Tandem um 500 DKK.

Zwei Verleiher in Rønne sind: *Bornholms Cykeludlejning,* Nordre Kystvej, Tel. 56 95 13 59, und *Cykel-Centret,* Søndergade 7, Tel. 56 95 95 71. In Allinge gibt es *Nordbornholms Cykelforretning,* Pilegade 1, Tel. 56 48 02 91.

Auf Bornholm produziert man auch das Pedersen-Fahrrad (→ Artikel "Ein Rad wie neu - das Pedersen-Cykel"), und zwar in der *Cykelfabrikken - Bornholms mindste* (dt. Bornholms kleinste Fahrradfabrik), I/S Christiania Smedie, Dammegårdsvej 22, Klemensker, Tel. 56 96 67 00 (geöffnet Mo bis Fr 10 - 16 Uhr).

Das Radwegenetz auf Bornholm ist ungefähr 200 km lang. Oft führen die ausgeschilderten Strecken (originell gekennzeichnet durch alte, gelb angemalte Räder, die an Kreuzungen stehen) weitab vom Autoverkehr über alte Feld- und Wirtschaftswege, stillgelegte Eisenbahnlinien und alte Rettungswege mitten durch schönste Natur. Spezielle Radwegekarten sind im Handel erhältlich, zudem gibt das "Land Bornholm" eine informative Broschüre "Cykelveje på Bornholm" (Radwege auf Bornholm) heraus. Das Heft verzeichnet nicht nur acht schöne Routen durch alle Gegenden der Insel, sondern auch nützliche Adressen wie Fahrradvermieter und -händler, so daß man bei einer Panne Hilfe nicht lange zu suchen braucht. Übernachtungsadressen (Jugendherbergen und Campingplätze) runden die Informationen ab. Erhältlich ist das Heft bei allen Touristenbüros und den Fährgesellschaften (Preis um die 10 DM).

## Autovermietung

Pkw in verschiedenen Klassen vermieten *Avis* in Rønne, Snellemark 19, und am Flugplatz (Tel. 56 95 22 08), wo auch *Hertz* eine Niederlassung unterhält, Sygehusvej 2, Tel. 56 95 77 74.

## Sport und Freizeit

Die Adresse, an die sich Angler wenden sollten, ist *Bornholms Velkomstcenter* in Rønne (Tel. 56 95 95 00), das über Angelplätze, Bootsvermietung, Hochseeangeln etc. Auskunft gibt.

Für Freunde des Windsurfing ist die *Surfschule* am Balka-Strand an der Ostküste Anlaufstelle. In der Hochsaison von Juni bis Mitte September bietet sie wöchentliche Kurse an; außerdem kann man Bretter mieten (Tel. 30 24 79 92).

Für alle Golfer gibt es in einem Radius von rund 20 km drei Plätze. Der älteste Platz ist der *Rønne Golfplatz,* etwa 3 km außerhalb der Stadt in einem Hügelgelände mit Wald und Heide. Im Süden der Insel liegt der *Dueodde Golfplatz,* ebenfalls ein 18-Loch-Platz, ganz in der Nähe der Badestrände. Der nördlichste Platz ist beim Rø-Sportflugplatz zu finden. Auf einem abwechslungsreichen Areal aus Heide, Felsen und Bächen verteilen sich die 18 Bahnen.

## Übernachten

**Private Zimmervermittlung:** Preisgünstige Ein- oder Mehrbettzimmer sind bei allen örtlichen Touristenbüros zu erfragen. Fast immer ohne Risiko ist es auch, einfach einem der vielen Schilder "*Værelse til leje*" - "Zimmer frei" am Straßenrand zu folgen. Dann spart man auch die Vermittlungsgebühr.

**Ferienhausvermietung:** Wie überall in Dänemark sind natürlich auch auf Bornholm die lokalen Touristenbüros gerne bereit, ein Ferienhaus zu finden. Generell ist dies die preiswerteste Art, ein Haus zu mieten. Zudem bieten alle großen Vermittler in ihren Katalogen Häuser auf der Insel an. Andere Adressen vor Ort sind:

▸ *Bornholms Sommerhus - Udlejning*, Sverigesvej 2, 3770 Allinge, Tel. 56 48 05 70.
▸ *Team Bornholm,* Sygehusvej 2, 3700 Rønne, Tel. 56 95 34 66.
▸ *Novasol,* Storegade 93, Tel. 56 95 08 10, bei *Bornholms Turistbureau* in Rønne; einer der großen Vermieter.

**Camping:** Wie im übrigen Dänemark darf man auch auf Bornholm nicht außerhalb der Campingplätze campen: Weder Zelt, Wohnwagen noch Wohnmobil dürfen auf öffentlichem Gelände zum Übernachten benutzt werden. Die Strafen können drakonisch sein.

**Ferien auf dem Bauernhof:** Zwei Adressen für diejenigen, die auf einem echten dänischen Bauernhof Ferien machen wollen:
▸ *Frigård,* Brogård/ Blåholtgård, Blåholtvej 2, 3770 Allinge, Tel. 56 48 00 18
▸ *Landbrug og Aktiv Turisme,* Ravnsgårdsvejen 1, 3720 Åkirkeby, Tel. 56 97 48 44

## Wichtige Telefonnummern

*Notruf:* 112; Rettungsdienst *Falck* Tel. 56 95 18 08
*Ärztlicher Bereitschaftsdienst:* Tel. 56 95 50 54

## Rønne

Schon von ferne zeichnet sich am Horizont die Silhouette dieser Stadt ab, in die man bei der Schiffsanreise nach Bornholm zuerst gelangt. Unter den Hafen- und Industrieanlagen scheinen die niedrigeren, oft roten Häuser geduckt. Zwar ist *Rønne* nicht riesig, doch mit 14.500 Einwohnern immerhin die größte Stadt auf Bornholm. Es ist die wichtigste Hafenstadt wegen der vielen Fährverbindungen und der hier liegenden Fangkutter, aber auch als Industriestadt bedeutend, denn es haben sich Stein- und Keramikindustrie angesiedelt. Von diesem Ort aus wurde schon im Mittelalter reger Handel getrieben, zumeist mit norddeutschen Regionen. Leider wurde die historische Stadt gegen Ende des Zweiten Weltkriegs noch von russischen Schiffen unter Beschuß genommen. Schuld daran war die deutsche Kommandantur, die auch nach der offiziellen Kapitulation noch Widerstand zu leisten versuchte. Darunter mußten natürlich die Rønner leiden, deren Heimatstadt einiges von ihrem typischen Bild einbüßte.

Viele Häuser rund um die **Kirche Skt. Nicolaj** (13. Jahrhundert) wurden zerstört; glücklicherweise blieben jedoch manche erhalten, andere wurden wieder aufgebaut. An erster Stelle der historischen Gebäude ist das **Kastell** zu nennen, das als markanter, runder Turm vor den Toren Rønnes (Strandpromenade) mit 3,5 m dicken Wänden seit 1650 Feinden wehrt. Viele Gebäude in Rønne sind aus Steinen der nahen Burgruine von Hammerhus entstanden. Dazu gehören der **Hovedvagten** in der Søndergade, errichtet um 1745, oder das alte **Amtsmannshaus** in der Storegade.

In der Skt. Mortensgade 29 befindet sich **Bornholms Museum,** in dem u. a. Exponate zu Urgeschichte, Völkerkunde, Bornholmer Uhren und Werke Bornholmer Künstler zu sehen sind (geöffnet Mai bis Oktober außer So täglich 10 - 16 Uhr; November bis April Di, Do und So 14 - 17 Uhr. Eintritt 25/5 DKK).

## Touristeninformation

*Bornholms Velkomstcenter,* Nordre Kystvej 3, 3700 Rønne, Tel. 56 95 95 00, geöffnet im Sommer Di - Do 7 - 23.30 Uhr, Mo und Fr - So 6 - 0.30 Uhr; im Winter Mo - Fr 9 - 16, Sa 12 - 15 Uhr.

## Übernachten

▸ **Rønne Vandrerhjem**, Arsenalvej 12, Tel. 56 95 13 40, recht zentral ge-

legen, für Einzelreisende geöffnet von April bis Oktober.

▸ **Rønne Vandrerhjem**, Galløken, Arsenalvej 12, Tel. 56 95 13 49, liegt nicht weit vom Zentrum, für Einzelreisende nur von März bis November geöffnet.

▸ **Hotel Fredensborg**, Strandvejen 116, Tel. 56 95 44 44, liegt am südlichen Rand von Rønne mit Blick aufs Meer, mit 126 Zimmern; ganzjährig geöffnet. EZ ab 700 DKK.

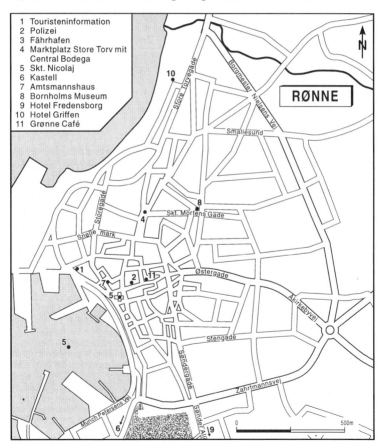

1 Touristeninformation
2 Polizei
3 Fährhafen
4 Marktplatz Store Torv mit
   Central Bodega
5 Skt. Nicolaj
6 Kastell
7 Amtsmannshaus
8 Bornholms Museum
9 Hotel Fredensborg
10 Hotel Griffen
11 Grønne Café

▸ **Hotel Griffen**, Kredsen 1, Tel. 56 95 51 11, nördlich vom Zentrum, großer Komplex mit 280 Betten; ganzjährig geöffnet. EZ ab 350 DKK.

➡▸ Etwas mehr als 10 km sind es über die Landstraße 159 ins nördliche _Hasle_.

## Essen und Trinken

Obwohl Rønne nicht das eigentliche Ferienzentrum Bornholms ist, ist die Atmosphäre in der Stadt offen. So etwas wie eine "Szene" fürs Ausgehen findet sich rund um den Marktplatz Store Torv, denn hier liegen viele Cafés. Unweit z. B. auch _Central Bodega_, Tornegade 6, wo man, wie in anderen Restaurants auch, im Sommer draußen sitzen kann. Moderner, gleichwohl ebenfalls mit zivilen Preisen ist _Grønne Café_, Østergade 40.

## Öffentlicher Verkehr

→ Allgemeine Informationen zu Bornholm

## Hasle

Der kleine Ort erweist sich als äußerst geschichtsträchtig. _Halse_ liegt an der alten Quelle _Guldhullet_, die einmal Opferplatz und heiliger Ort war. Abergläubisch waren die Bornholmer auch noch zu Zeiten der "Heiligen Anna", einer alten Frau, die als "Weise" auf der ganzen Insel berühmt war. Nach ihr ist die alte Schanze an der Grenze vom Stein- zum Sandstrand benannt, _Sancta Anna_.

Die **Kirche** von Hasle entstand im 14. Jahrhundert. Sie ist aus Feldstein gebaut, mit einem kleinen Fachwerkturm. Sie besitzt das älteste Altarbild der Insel, auf dem der Künstler 1450

Von Rønne lohnt sich ein Ausflug nach Christiansø.

die Leidensgeschichte Christi dar-
stellte. Die Kanzel im Renaissancestil
zeigt ebenfalls Motive aus dem Leben
Christi. Ob sie tatsächlich, wie eine
Vermutung besagt, ursprünglich in
der Kapelle von Sct. Magarete in der
Burg Hammerhus gestanden hat, ist
nicht sicher. Auf dem Friedhof findet
man einen Runenstein, den **Mare-
vadsten**, und Gedenksteine, die an
die Befreiung Bornholms von der
schwedischen Besetzung im Jahr
1658 erinnern.

Geht man östlich auf dem **Kærlig-
hedsstien** gelangt man zum *Rubinsø*,
wo im Zweiten Weltkrieg Kohle gewonnen wurde. An seiner tiefsten
Stelle ist der See etwa 50 m tief.

An jedem zweiten Wochenende im
Juli ist Halse nicht wiederzuerkennen:
Dann finden sich zum *Siljafest*, dem
größten Fest auf Bornholm, regelmäßig um die 15.000 Gäste ein.

### Übernachten

▸ **Hasle Vandrerhjem**, Fælledvej 28,
3790 Hasle, Tel. 56 96 41 75, nur von
Mai bis September geöffnet.
▸ **Pension Svalhaj**, Simblegards-
vej 28, Tel. 56 96 40 18, kleine, gemütliche Unterkunft, geöffnet von Mai
bis September; preisgünstig. EZ
150 DKK.
▸ **Hasle Camping "Friheden"** ***,
Fælledvej 30, Tel. 56 96 42 02, liegt
südlich des Ortes, etwas Wald, nicht
weit bis zum Badestrand. Etwa 160
Plätze, 4 Hütten, auch Wohnwagenvermietung; Laden und Minigolf.
(→ Allgemeine Informationen zu
Bornholm)

**Tip:** Unbedingt in einer der zahlreichen *røgerier* frisch geräucherten Hering probieren! In der *Hasle Røge-
rierne*, Sdr. Bæk 16-20, befindet sich
ein nostalgisches, kleines Räuche-
reimuseum, das die Arbeit vor hundert Jahren vorstellt (freier Eintritt).

━▸ Mit dem Pkw geht es auch hinter
*Hasle* weiter über die Straße 159, bis
nach etwa 13 km die alte Festung
*Hammerhus* kommt. Mit dem Fahrrad
ist die Strecke direkt an der Küste
entlang schöner, allerdings auch anstrengender zu fahren, denn sie folgt
dem Auf und Ab der Landschaft.

## Hammerhus

Die Ausmaße der großen Festung
erahnt noch jeder, der den Weg hinauf zur Burg auf den Klippen macht.
Sie thront hoch über dem Meer auf
dem 80 m hohen Felsen *Hammeren*.
Initiator des Baus war der Erzbischof
von Lund (heute Südschweden), der
um das Jahr 1250 den Bau anregte.
Durch mehr als vier Jahrhunderte
wohnten hier abwechselnd Erzbi-
schöfe und Könige, bis das kleine,
nördlich vor Bornholm liegende *Christiansø* (zu dem man z. B. von Allinge
aus einen Schiffsausflug unternehmen kann) ebenfalls zur Festung
ausgebaut wurde - und Hammerhus
seine Vormachtstellung nahm. Es
dauerte nicht lange, und 1742 entschied der König, Hammerhus abzu-
reißen. Über 80 Jahre diente die
Ruine als Steinbruch für die Bewohner der umliegenden Orte (so manches Haus in Rønne und Hasle war
schon einmal Burg), ehe sie 1822 geschützt wurde. Die Phantasie so
mancher Schatzsucher hat Hammerhus angeregt, und wirklich fand man
1967 in einer der Burgmauern einen
kostbaren Goldschatz!

## Sandvig und Allinge

Sie gelten als die "Zwillingsstadt" (al-
phabetisch korrekt dann immer als
"Allinge-Sandvig"). Und wenn man auf
der Küstenstraße fährt, wird man

auch keine Unterbrechung entdekken. Lediglich die Ortsschilder weisen darauf hin, daß man von einem Ort in den anderen gelangt, und nur wenige der rund 2.200 Einwohner legen Wert auf eine Unterscheidung.

Wegen seiner guten Lage am vielleicht eindrucksvollsten Küstenabschnitt der Insel ist hier ein Zentrum des Bornholmer Tourismus, wo sich nicht weniger als die Hälfte der gesamten Hotelkapazität der Insel konzentriert. Die alte Seebad-Atmosphäre um die Jahrhundertwende hat ein wenig am Hafen von Allinge überlebt; das unmittelbar dort gelegene Badehotel *Strandhotellet* zeugt von diesen großen Zeiten.

Es ist keine Frage, daß Allinge Mittelpunkt der beiden Orte ist. Mit seinem alten Rathaus, der Kirche (vor der ein Runenstein aus der Zeit um 1100 steht) und dem Hafen, der in die Felsen gesprengt wurde, spielt sich im Sommer hier das Leben ab.

Zum Baden lädt die Bucht von *Sandvig* ein, mit dem *Østersøbad*, das Schwimmöglichkeiten draußen und drinnen bietet. Auch Tennisplätze sind zu mieten.

Die Fähre "Christiansøfarten" geht hinüber zur Insel Christiansø. Die Überfahrt dauert ca. 1 Stunde (Auskünfte und Reservierung unter Telefonnummer 56 48 51 76).

## Touristeninformation

*Nordbornholms Turistbureau,* Kirkegade 6, 3770 Allinge, Tel. 56 48 00 01, geöffnet in der Hauptsaison Mo bis Fr 9 - 17 Uhr, Sa 9 - 14 Uhr, So 10 - 12 Uhr, sonst Mo bis Fr 9 - 16.30 und Sa 10 - 12 Uhr.

## Übernachten

▶ **Sandvig Vandrerhjem "Sjøljan"**, Hammerhusvej 94, Tel. 56 48 03 62, geöffnet von Juni bis September.

Ruine der Festung Hammerhus

▸ **Strandhotellet**, Strandpromenaden 7, Sandvig, Tel. 56 48 03 14, altes, aber renoviertes Badehotel aus dem Jahr 1895, 92 Betten, von den besten Zimmern geht der Blick direkt zum Hafen von Sandvig. EZ ab ca. 300 DKK, DZ bis 850 DKK.

▸ **Hotel Allinge**, Storegade 5, Tel. 56 48 00 25, liegt mitten in Allinge, 21 Zimmer. DZ ab ca. 300 DKK, auch preisgünstige Einzelzimmer.

▸ **Sandvig Familiecamping \*\*\***, Sandlinien 5, Sandvig, Tel. 56 48 04 47, wohl der schönste Platz im nördlichen Bornholm, ruhig und in einem der schönsten Naturgebiete der Insel, nur 200 m bis zum Wasser; 200 Plätze; geöffnet von Mai bis September.

(→ Allgemeine Informationen zu Bornholm)

## Essen und Trinken

Auch in Allinge gibt es eine Räucherei, Severigesvej 5. Ansonsten ist die Auswahl an Restaurants groß, auch an Cafés.

**Tip:** *Gamle Tehus* in Sandvig ist ein kleines, anheimelndes Teehaus mit vielen Sorten guten Tees auf der Karte.

## Sport und Freizeit

Da an der Nordküste Bornholms Felsen dominieren, ist der kleine Sandstrand in Sandvig im Sommer voll belegt, aber trotzdem schön. Gleich daneben befindet sich ein Wellenbad.

## ◆ Christiansø

Das Eiland ist die größte Insel aus der Gruppe der *Ertholmene*. Sie heißt so,

weil *Christian V.* im Jahr 1684 eine große Festung aus Granit hier bauen ließ. So entstand einer der ersten Flottenstützpunkte überhaupt, und bis heute steht die Insel ebenso wie das mit ihr nur über eine Fußgängerbrücke verbundene *Frederiksø* unter direkter Verwaltung des dänischen Verteidigungsministeriums. Fern von den Hauptströmen des Tourismus kann man hier abschalten und eine herrliche Natur mit einer außergewöhnlichen Vegetation genießen. Im trockenen, warmen Klima gedeihen Feigen-, Walnuß- und sogar Maulbeerbäume. Viele Seevögel nisten hier, darunter Möwen und Enten. All dies ist nur erhalten, weil die *Ertholmene* insgesamt unter Schutz stehen; Neu- oder Umbauten sind untersagt, um den möglichst ursprünglichen Zustand zu erhalten. Für Touristen ist auf den 17 km östlich vor Bornholm liegenden Inseln mit 120 Bewohnern darum auch sehr wenig Platz. Der Campingplatz ist klein und die Zahl der Gästezimmer an einer Hand abzuzählen.

Ausflugsfähren fahren nach *Christiansø* ab *Allinge*, *Gudhjem* und *Svaneke*; die Überfahrt dauert etwa eine Stunde.

## Übernachten

▸ **Christiansø Gæstgiveri**, Tel. 56 46 20 15, 8 Zimmer, nur von Mai bis Ende September geöffnet, Übernachtung ab ca. 300 DKK.

→▸ Auf etwas mehr als halbem Weg zwischen *Sandvig* und *Gudhjem* liegen an der Landstraße 158 die **Heiligdomen**, steile Felsen, die ins Meer abfallen und zu denen ein Fußweg hinunterführt. Der Name "Heiligtumsfelsen" rührt vermutlich von einer Quelle her, deren Wasser in alter Zeit heilende Kraft zugesprochen wurde.

Seit 1993 ist **Bornholms Kunst-museum** in seinem neuen Gebäude unmittelbar an den *Helligdommen* beheimatet (bis dahin war es Teil von Bornholms Museum in Rønne). Nun ist in der herrlichen Umgebung mehr Raum zur Präsentation der recht umfangreichen Sammlung von Kunst und Kunsthandwerk aus der Region - nach Kopenhagen die zweitgrößte kunstgewerbliche Sammlung Dänemarks. Schwerpunkt ist das Jahrhundert zwischen 1850 und 1950 mit der sogenannten "Bornholmerschule" und Namen wie *Edvard Weie, Olaf Rude* oder *Oluf Høst*. Ältere Kunst ist jedoch auch zu sehen; die gezeigten Keramik- und Glasarbeiten weisen auf die lange künstlerische Tradition hin (Museum geöffnet von April bis Oktober Mo - Sa 10 - 17 Uhr, So 13 - 17 Uhr und von November bis März Di, Do und So 14 - 17 Uhr. Eintritt 25/0 DKK).

# Gudhjem

*Gudhjem* ist mit seinen steilen Sträßchen, die alle auf den alten Fischerhafen (in dem heute jedoch mehr Freizeitschiffe liegen) zulaufen, der schönste Ort auf Bornholm. Weil das aber die meisten Besucher glauben, ist es an schönen Sommertagen schon fast unangenehm voll. Gudhjem liegt am Fuß von Granitfelsen, und von der **Bokul** (50 m hoch) hat man eine schöne Aussicht.

Mit einem Ausflugsschiff besteht auch die Möglichkeit, zu den → *Helligdommen* zu fahren.

Der alte Bauernhof **Melstedgård**, Melstedvej 25 (in Richtung Svaneke), ist inzwischen ein Freilichtmuseum mit landwirtschaftsgeschichtlicher Ausstellung und Gärten aus alten Zeiten.

Außerdem geht eine Fähre von hier nach *Christiansø*.

## Touristeninformation

Åbogade 9, 3760 Gudhjem, Tel. 56 48 52 10, geöffnet im Juli und August Mo - Fr 9 - 17, Sa 9 - 14, So 10 - 12 Uhr, sonst Mo - Fr 13 - 17 Uhr.

## Übernachten

▶ **Gudhjem Vandrerhjem**, Ejner Mikkelsensvej 14, Tel. 56 48 50 35, ganzjährig, in altem Fachwerkhaus, aber modern eingerichtet.
▶ **Feriegården**, Brøddegade 14, Tel. 56 48 50 66, ist sicher nicht die nobelste, aber eine der preisgünstigsten Übernachtungsmöglichkeiten; mit 90 Betten, ganzjährig geöffnet. EZ schon ab ca. 100 DKK.
▶ **Camping "Sletten" \*\***, Melsted Langgade 45, Tel. 56 48 42 30, schön an der Küste gelegen, nur 500 Meter bis zum Hafen; rund 120 Plätze, dazu Vermietung von Wohnwagen und Zelten; geöffnet von Mai bis September.
(→ Allgemeine Informationen zu Bornholm)

## Essen und Trinken

Natürlich lädt auch hier eine Räucherei zum Essen ein, die *Gudhjem Røgeri*, Ejnar Mikkelsensvej 9. Daneben gibt es jedoch eine große Zahl Restaurants, einige mit schönem Blick auf den Hafen.

## Öffentlicher Verkehr

→ Allgemeine Informationen zu Bornholm

━▸ Nach *Gudhjem* verläßt Route 16 vorübergehend die Küstenstrecke und führt ins Landesinnere nach *Østerlars*, 6 km südlich von Gudhjem.

## Østerlars

Die **Rundkirche** von *Østerlars* ist die größte und auch schönste der vier Rundkirchen auf Bornholm. Wie die anderen ist die Anfang des 13. Jahrhunderts erbaute Kirche gleichzeitig als Verteidigungswerk konzipiert. Wächtergänge, die sich über drei Ebenen erstrecken, zeugen davon. Die einmaligen Kalkmalereien reichen in ihren Motiven von der "Kreuzigung" bis zur "Auferstehung". Der freistehende Glockenturm wurde im 16. oder 17. Jahrhundert hinzugefügt, ebenso die sieben Strebepfeiler.

In der Sommersaison ist die Kirche werktags zwischen 9 und 17 Uhr zu besichtigen.

## ♦ Almindingen

Der Wald, an den sich im Osten die *Paradisbakker* anschließen, liegt ziemlich genau zwischen Østerlars und Åkirkeby. Der drittgrößte Wald Dänemarks bedeckt auf 24 km² das Innere Bornholms - früher einmal war fast die ganze Insel so bewaldet. Anfang des letzten Jahrhunderts wurde das bis dahin fast unzugängliche Gebiet allmählich erschlossen. In ihrer Variation von Wald- und Felsenlandschaft, dazwischen immer wieder kleineren Seen, ist diese Natur in Dänemark einzigartig. Wo gibt es hierzulande schon ein Echo? Das **Ekkodalen** (Echotal) mit seinen fast senkrechten Felsen, die 30 Meter tief abfallen, ist sicher eine der bekanntesten Stellen in *Almindingen*. Ausgeschilderte Punkte sind zudem **Dronningestolen**, **Jomfrubjerget** und **Rytterknægten**, der mit 162 m der höchste Punkt Bornholms ist. Am Borgesø liegt die Ruine von **Lilleborg**, nach Hammerhus im Mittelalter die größte Festung der Insel.

━▸ Durch **Østermarie**, dessen Kirche und Runensteine einen Stop lohnen, geht es dann nach weiteren 8 km in den Seeort *Svaneke*. Dabei kommt man am **Freizeitpark Brændegårdshaven** vorbei, der vor allem für Familien interessant ist, denn er bietet vor allem Kindern viele Vergnügungsmöglichkeiten. Vom Frühjahr bis zum Herbst (April bis September) ist geöffnet; ein Schwimmbad, eine Galerie und schöne Gartenanlagen stehen zur Verfügung.

## Svaneke

*Svaneke* ist die kleinste, eigenständige Stadt der Insel und hat nur etwas mehr als 1.000 Einwohner. Fast versteckt liegt es an der Nordwestspitze Bornholms; drei Klippen schirmen es zum Meer ab. Von der ältesten **Bockmühle** Dänemarks (eine Windmühle, "aufgebockt" auf einem Holzgestell), die 1634 auf dem *Møllebakken* (Mühlhügel) erbaut wurde, sieht man Hafen wie Stadt und versteht, warum Svaneke 1975 die "Europäische Goldmedaille" für Stadterhaltung bekam: Der anheimelnden Stimmung der engen Sträßchen und ihrer hübschen Fachwerkhäuser mit den Gärtchen läßt sich nicht widerstehen. Heute ist das alles denkmalgeschützt. Zusammen mit der Felsenküste und dem Hafen entsteht so ein fast südländisches Ambiente, das den für diese Breiten ungewöhnlich vielen Sonnenstunden wesentlich zu verdanken ist. Sogar Südfrüchte wie Feigen oder Walnüsse können hier reifen.

Auch von Svaneke besteht eine Überfahrtmöglichkeit nach *Christiansø* (telefonische Auskunft beim Bootsunternehmer unter Rufnummer 56 49 64 32).

## Touristeninformation

Postgade 15, 3740 Svaneke, Tel. 56 40 63 50

## Übernachten

▸ **Svaneke Vandrerhjem**, Reberbanevej 9, Tel. 56 49 62 42, Zimmer für 2 bis 6 Personen, Gemeinschaftsküche; geöffnet für Einzelreisende nur April bis Oktober.
▸ **Hotel Siemensens Gaard**, Havnebryggen 9, Tel. 56 49 61 49, mitten im Ort direkt am Hafen; 50 moderne Zimmer in einem umgebauten Kaufmannshof aus dem 17. Jahrhundert. DZ ab ca. 500 DKK.
▸ **Hotel Munken**, Storegade 12, Tel. 56 49 61 12, eine große Anlage am Rand des Ortes, dafür recht preisgünstig. DZ ab ca. 400 DKK.
▸ **Møllebakkens Familie Camping \*\*\***, Møllebakken 8, Tel. 56 49 63 63, am Rand von Svaneke, nahe der Mühle; nur 200 m zum Strand, 70 Plätze, auch Vermietung von Wohnwagen, Zelten und 3 Hütten, Fahrradverleih; geöffnet von Mai bis September.
(→ Allgemeine Informationen zu Bornholm)

## Essen und Trinken

Von typisch "bornholmsk" (große Räucherei im Norden des Orts) über französisch und italienisch reicht das internationale Angebot. Die meisten Restaurants konzentrieren sich um den Hafen. Ein gemütliches Keller-Café hat *Siemens Gaard* (→ Übernachten), wo man im Sommer auch draußen sitzen kann. Einige hübsche Cafés gibt es am Marktplatz.

## Öffentlicher Verkehr

→ Allgemeine Informationen zu Bornholm

# Neksø

Das Städtchen hat zwar nicht mehr als 3.600 Einwohner, ist damit aber trotzdem schon der zweitgrößte Ort auf Bornholm. Nach der dänischen Rechtschreibreform buchstabiert sich "Neksø" mit "ks"; die immer noch oft zu findende alte Schreibweise dagegen lautet "Nexø". Fast scheint sich der der alte Ortskern zu ducken, so als wollte er mit dem großen Fischereihafen, der erst 1964 in Betrieb genommen wurde und einer der wichtigsten in der Ostseeregion ist, nicht konkurrieren.

Natürlich ist die Grundlage allen Wirtschaftens hier der Fisch, der in den Weiterverarbeitungsfabriken sofort verbrauchsfertig gemacht wird. Auch eine Werft gibt es noch. Als zweites wirtschaftliches Standbein ist der Sandstein zu nennen, der im Norden von Neksø abgebaut wird.

Wie Rønne, so mußte auch Neksø im letzten Krieg leiden: Am 8. August 1945 wurde es von russischen Truppen bombardiert - ein großer Einschnitt in der Geschichte von Neksø, denn die meisten Häuser wurden ganz oder teilweise zerstört.

Einen "Sohn der Stadt" kennt man weit über das kleine Neksø hinaus, und zwar nicht nur - wenn auch dort besonders gut - in den ehemals sozialistischen Staaten, wie der ehemaligen DDR: *Martin Andersen Nexø*, geboren 1889. Den Nachnamen "Nexø" fügte er bewußt hinzu, als Hinweis auf seine Herkunft. Vom Anfang bis in die Mitte unseres Jahrhunderts war Andersen Nexø als überzeugter Anhänger des Sozialimus für seine im Arbeitermilieu angesiedelten Romane bekannt. Heute gerät er, der 1954 in Dresden starb, allmählich in Vergessenheit. Aus dieser riß ihn vor wenigen Jahren aber nachdrücklich die Verfilmung von "Pelle der Eroberer" (von Bille August), dem ersten, auf Bornholm spielenden Teil der Tetralogie über das Landarbeiterkind Pelle. "Ditte Menschenkind" konnte gleichfalls weit über Dänemark hinaus Bedeutung erlangen. Ein kleines, fast unscheinbares Museum, die **Mindestue**, ist in dem Haus eingerichtet, in dem Andersen Nexø seine Kindheit und Jugend verbrachte. In der Ferskesøstræde 36 liegen noch immer ausländische Ausgaben seiner Werke aus, aber vornehmlich solche, die in den ehemals kommunistischen Ländern herausgegeben wurden. Eine etwas unzeitgemäße Auswahl! Allerdings vermittelt schon das ärmliche Äußere bloß dieses Hauses einen guten Eindruck davon, unter welch harten Bedingungen die Bornholmer noch vor weniger als hundert Jahren lebten (eingeschränkte Öffnungszeiten, Di bis Sa 13 - 16 Uhr. Eintritt 15/8 DKK).

### Touristeninformation

*Neksø-Dueodde Turistbureau*, Åsen 4, 3730 Neksø, Tel. 56 79 32 00.

### ◆ Im Westen von Neksø

Etwa 5 km westlich von Neksø liegen die **Paradisbakker**, die "Paradieshü-

gel". Das Naturschutzgebiet ist durch schmale Täler und Wälder bestimmt. Die Täler sind sehr fruchtbar, in manchen - z. B. dem Grydedal oder Majdal - liegen auch Seen. Von den hohen Felsen bei Gamleborg ist die flache Landschaft von Südbornholm gut zu überblicken. In der Eisenzeit (zwischen 400 und 700 n. Chr.) war Gamleborg für die Bornholmer Fluchtstätte und darum von einem Wall aus Feldstein und Erde geschützt.

Weiter westlich liegen die beiden kommunalen Wälder, **Pedersker Plantage** und **Povlsker Plantage**. Sie sind Reste der alten Hochheide, die auf dem unfruchtbaren Granitgebiet wuchs. Auf einem offenen Platz mitten in der *Povlsker Plantage* steht der **Kragesten**, einer der vielen Bautasteine auf Bornholm aus der Bronze- und Steinzeit.

➡ Von *Neksø* geht Route 16 über *Snogebæk* bis ans Südende von Bornholm.

## Dueodde

*Dueodde* ist der südlichste Punkt Bornholms: Ein breiter Nadelwald grenzt das Binnenland von den Dünen und dem herrlichen, breiten Sandstrand ab. Leider ist diese schöne auch die "touristischste" Gegend der Insel. Ferienhaussiedlungen sind hier geballt, an der Busstation gibt es Souvenirläden. Dennoch kann, wer etwas weiter am Strand entlang geht, als es die meisten Badegäste tun, fast allein und ungestört bleiben.

Vom Leuchtturm, dem **Dueodde Fyr**, der mit 15 m der höchste auf der Insel ist (der alte Turm wurde aufgegeben), ist bei gutem Wetter eine hervorragende Aussicht möglich. Im Frühjahr und Herbst ziehen große Vogelschwärme vorbei, auf ihrem Weg von Süden nach Norden und zurück.

## Übernachten

Weil Dueodde eine der schönsten Feriengegenden Bornholms ist, gibt es hier außer Ferienhäusern eine Jugendherberge und mehrere Campingplätze. Für alle ist ebenso wie für die Hotels eine rechtzeitige Buchung für die Hauptsaison erforderlich.

▸ **Dueodde Vandrerhjem**, Skrokkegårdsvejen 17, Dueodde, 3730 Neksø, Tel. 56 48 81 19, Jugendherberge mit schlichter, aber ausreichender Ausstattung; geöffnet zwischen April und September. Angeschlossen ein Drei-Sterne-Campingplatz, ebenfalls unmittelbar am Strand gelegen; 120 Plätze, außerdem Vermietung von Wohnwagen und Zimmern.

▸ **Hotel Bornholm**, Pilegårdsvejen 1, Tel. 56 48 83 83, nah zum Strand, 27 Zimmer und 23 Appartements; geöffnet nur in der Saison von April bis Oktober. EZ ab ca. 400 DKK, DZ ab 700 DKK.

▸ **Dueodde Badehotel**, Sirenevej 2, Tel. 56 48 86 49, im Wald und strandnah gelegen; 220 Betten, 48 Appartements; geöffnet nur in der Saison von Ende April bis Ende September. EZ ab 300 DKK, Appartement pro Woche über 5.000 DKK.

▸ **Bornholms Familie-Camping \*\*\***, Krogegårdsvej 2, Tel. 56 48 81 50, etwa 150 Plätze, auch Wohnwagen- und Zimmervermietung; ideal auch für Surfer, weil unmittelbar am Strand gelegen. Sauna, Solarium und Tennisplätze; geöffnet von Mitte Mai bis

Mitte September.
(→ Allgemeine Informationen zu Bornholm)

# Åkirkeby

*Åkirkeby* ist die älteste Stadt der Insel. Und ein Blick auf die Landkarte zeigt: Es ist die einzige größere Stadt im Inselinnern. Åkirkeby ist auf einem Granitplateau angelegt und war in seinen Anfängen ganz von Wald umgeben. Die **Å Kirche** ist die größte der Insel: Noch anzusehen ist dem merkwürdigen Doppelturm, daß er nicht nur dazu gedacht war, die Gläubigen auf sich aufmerksam zu machen, sondern auch Feinden zu wehren. Besonders schön sind im Kircheninnern das Taufbecken (ca. 1170) und die elf Reliefs, die aus dem Leben Jesu erzählen.

## Touristeninformation

Jernbanegade 1, 3720 Åkirkeby, Tel. 56 97 45 20

━▸ Von *Åkirkeby* sind es jetzt nur noch 16 km, bevor die Rundtour in Rønne schließt. Es geht durch Nylars und an der **Nylars Kirche** vorbei. Sie ist die jüngste und besterhaltene der vier Bornholmer Rundkirchen. Wie die anderen ist sie in romanischem Stil gebaut. Die Außenmauern zeugen deutlich von Beschuß, denn man mußte sich wendischer Seeräuber erwehren. Sehenswerte Kalkmalereien schmücken das Kircheninnere, im Waffenhaus stehen zwei Runensteine.

# Anhang

---

## Kleiner Sprachführer

---

# Æ, Ø und Å werden weiterleben

Lange hat der Kampf gedauert - und fast hätte die ISO, die Internationale Standardisierungorganisation, sogar gesiegt: Denn wäre es nach ihr gegangen, hätten die dänischen Buchstaben æ/ Æ, ø/ Ø und å/ Å (wie andere Sonderzeichen anderer Sprachen auch) vom Bildschirm verschwinden müssen. Denn um den Bildschirm, nämlich den Computermonitor und die Kompatibilität ging es dabei, weil viele ausländische Hersteller von Computer-Software sich immer wieder mit diesen merkwürdigen Buchstaben schwertaten. Angepaßt an die Zweckmäßigkeiten der Moderne waren somit 800 dänischer Schrifttradition Geschichte geworden.

Doch nach heftigen Protesten auch der anderen nordischen Länder, die ja auch diese "Sonderzeichen" benutzen, ist die Zukunft der Buchstaben nun aber glücklich gesichert worden. Dank des internationalen ISO-Standards 10646 werden Æ, Ø und Å, die in dieser Reihenfolge am Ende des dänischen Alphabets stehen, weiterleben.

Ausgesprochen werden die dänischen Buchstaben

| | |
|---|---|
| æ und Æ | kurz: wie "ä" in G**ä**ste |
| | lang: wie "ä" in z**äh**men |
| ø und Ø | kurz: wie "ö" in Z**ö**lle |
| | lang: wie "ö" in H**öh**le |
| å und Å | kurz: wie "o" in J**o**ch |
| | lang: wie "o" in D**o**se |

### Begrüßung, Vorstellung, Zustimmung bzw. Ablehnung

Hallo! - *Hej!*
Guten Morgen - *God morgen!*
Guten Tag - *Goddag!*
Guten Abend - *God aften!*
Tschüs! - *Hej, hej!*
Auf Wiedersehen! - *Farvel!*
Ich komme aus ... - *Jeg kommer fra ...*
- (Bundesrepublik) Deutschland
  - *(Forbundsrepubbliken) Tyskland*
- Österreich - *Østrig*
- Schweiz - *Schweizen*
Bitte! (wenn man etwas gibt)
  - *Værsgo'!*
Danke! - *Tak!*
Entschuldigung! - *Undskyld!*
Ich heiße ... - *Jeg hedder ...*
Wie heißt (heißen) Du (Sie)? - *Hvad*
*hedder du (De)?*
ja - *ja*
nein - *nej*
sehr gut - *meget godt*
Wie bitte? - *Undskyld?*

### Fürs kleine Gespräch

Wie geht's? - *Hvordan går det?*
Woher kommst du? - *Hvor kommer du fra?*
Machst du Ferien? - *Er du på ferie?*
Ich spreche nur etwas/ kein Dänisch.
  - *Jeg taler kun lidt/ ikke dansk.*
Ich verstehe nicht, was du sagst.
  - *Jeg forstår ikke hvad du siger.*
Was ist das? - *Hvad er det?*
Ich bin ... Jahre alt. - *Jeg er ... år gammel.*
Bis bald! - *Vi ses!*

## Zeitangaben

Morgen - *morgen*
Mittag - *middag*
Nachmittag - *eftermiddag*
Abend - *aften*
am Abend - *om aftenen*
am Morgen - *om morgenen*
gestern - *i går*
heute - *i dag*
Jahr - *år*
Monat - *måned*
Tag - *dag*
täglich - *hver dag*
Stunde - *time*
stündlich - *hver time*
Woche - *uge*

Montag - *mandag*
Dienstag - *tirsdag*
Mittwoch - *onsdag*
Donnerstag - *torsdag*
Freitag - *fredag*
Samstag - *lørdag*
Sonntag - *søndag*

Januar - *januar*
Februar - *feburar*
März - *marts*
April - *april*
Mai - *maj*
Juni - *juni*
Juli - *juli*
August - *august*
September - *september*
Oktober - *oktober*
November - *november*
Dezember - *december*

## Geld

Bank - *bank*
Geld - *penge*
Deutsche Mark - *tyske Mark*
Österreichische Schilling - *østrigske skilling*
Schweizer Franken - *franker*
Dänische Kronen - *danske kroner*
(Wechsel- )Kurs - *kurs*
Gebühr - *gebyr*
wechseln - *veskle*

abheben - *hæve*
einbezahlen - *indbetale*
Kann man hier Geld wechseln? - *Kan man veksle penge her?*
Wo ist eine Bank? - *Hvor kan jeg finde en bank her?*
Ich möchte 100 DM in DKK tauschen. - *Jeg vil gerne veksle hundrede DM i danske kroner.*

## Post

Briefmarke - *frimærke*
Brief(nach ...) - *brev (til ...)*
(Post-)Karte - *(post-)kort*
postlagernd - *poste restante*
Post - *Post*
Telefongespräch - *telefonsamtale*
Telefon - *telefon*
Telefonkarte - *telekort*
Ich möchte nach ... anrufen. - *Jeg skal ringe til ...*
Wo ist eine Telefonzelle? - *Hvor er der en telefonboks?*

## Zahlen

eins - *en/ et*
zwei - *to*
drei - *tre*
vier - *fire*
fünf - *fem*
sechs - *seks*
sieben - *syv*
acht - *otte*
neun - *ni*
zehn - *ti*
elf - *elleve*
zwölf - *tolv*
dreizehn - *tretten*
vierzehn - *fjorten*
fünfzehn - *femten*
sechzehn - *seksten*
siebzehn - *sytten*
achtzehn - *atten*
neunzehn - *nitten*
zwanzig - *tyve*
einundzwanzig - *enogtyve*
zweiundzwanzig - *toogtyve*

dreißig - _tredive_
vierzig - _fyrre_
fünfzig - _halvtreds_
sechzig - _tres_
siebzig - _halvfjerds_
achtzig - _firs_
neuzig - _halvfems_
hundert - _hundrede_

erste - _første_
zweite - _anden_
dritte - _tredje_
vierte - _fjerde_
fünfte - _femte_


## Zeitangaben

Es ist ein, zwei ... Uhr. - _Klokken er et, to ..._
Es ist halb zwölf. - _Klokken er halv tolv._
Es ist viertel vor ... - _Klokken er kvart i ..._
Es ist viertel nach ... - _Klokken er kvart over ..._
vormittags - _om formiddagen_
nachmittags - _om eftermiddagen_
abends - _om aftenen_
heute - _idag_
gestern - _i går_
morgen - _i morgen_
nächste Woche - _i næste uge_


## Wegbeschreibung

geradeaus - _lige ud_
nach links - _til venstre_
nach rechts - _til højre_
links - _venstre_
rechts - _højre_
Karte - _kort_
Stadtplan - _kort over byen_


## Gebäude und Einrichtungen

Bahnhof - _station, banegård_
Burg - _borg_

Ferienhaus - _sommerhus, feriehus_
Festung - _fæstning_
Haus - _hus_
Herrenhof - _herregård_
Hütte - _hytte_
Jugendherberge - _vandrerhjem_
Kirche - _kirke_
Landgasthaus - _kro_
Markt(platz) - _torvet_
Museum - _museum_
Rathaus - _rådhus_
Ruine - _ruin_
Schloß - _slot_
Schwimmbad - _svømmehal_
Stadtmuseum - _bymuseum_
Ich suche die Touristeninformation. - _Hvor kan jeg finde touristinformationen?_
Hast du einen Stadtplan? - _Har du et kort over byen?_
Wann ist ... geöffnet? - _Hvornår har ... åbent?_


## Essen und Trinken

Kannst du mir ein Restaurant/ Café empfehlen? - _Kan du anbefale mig en restaurant/ café?_
Muß man dort einen Tisch bestellen? - _Skal man reservere et bord dér?_
Ist dieser Platz frei? - _Er denne plads fri?_
Bitte, die Speisekarte. - _Må vi bede om spisekortet?_
Wir möchten bestellen. - _Vi vil gerne bestille._
Wir möchten zahlen. - _Vi vil gerne betale._
Rechnung - _regning_
Vorspeise - _forret_
Hauptspeise - _hovedret_
Nachspeise - _dessert_
Frühstück - _morgenmad_
Mittagessen - _frokost/ middag_
Abendessen - _aftensmad/ middag_
Weiß-/ Rotwein - _hvid-/ rødvin_
Bier - _øl_
Wasser - _danskvand_
Gabel - _gaffel_
Messer - _kniv_

Löffel - *ske*
Glas - *glas*
Tasse - *kop*
Teller - *tallerken*
Fischgericht - *fiskeret*
Fleischgericht - *kødret*
vegetarisch - *vegetarsk*
gebraten - *stegt*
gegrillt - *grillet, grillstegt*
gekocht - *kogt*

## Geographische Begriffe

Altstadt - *indre by*
Bach (Aue) - *å*
Berg - *bjerg*
Brücke - *bro*
Dorf - *landsby*
Dünen - *klitter*
Ebbe - *ebbe*
Fluß - *flod*
Flut - *flod*
Hügel - *bakke*
Meer - *hav*
Platz - *plads*
See - *sø*
Stadt - *by*
Stadtteil - *kvarter*
Steilküste - *klint*
Strand - *strand*
Straße - *gade* oder *vej*

## Einkaufen

Kaufhaus - *varehus, stormagasin*
Laden - *forretning, butik*
Supermarkt - *supermarked*
kaufen - *købe*
verkaufen - *sælge*
bezahlen - *betale*
bar - *kontant*
mit Scheck... - *med cheque*
Wo finde ich...? - *Hvor kan jeg finde...?*

## Sport, Freizeit, Kultur

Was läuft heute abend im Kino/ Theater? - *Hvad går der i biografen/ i teatret i aften?*

Gibt es heute ein Konzert? - *Er der koncert idag?*
Wann beginnt ...? - *Hvornår begynder ...?*
Wo ist hier eine Kneipe/ Diskothek? - *Er der et værtshus/ en diskotek her?*
Kann man hier baden/ angeln? - *Kan man bade/ fiske her?*
Ist der Strand sandig/ steinig? - *Er stranden sandet/ stenagtig?*
Wie ist das Wasser? - *Hvordan er vandet?*
Surfen - *surfning*
Golfplatz - *golfbane*
angeln - *fiske*
schwimmen - *svømme*
Ich möchte ein Fahrrad mieten. - *Jeg vil gerne leje en cykel.*
Damenrad - *damecykel*
Herrenrad - *herrecykel*
Gänge - *gear*
Tauchen - *dykning*
Reiten - *ridning*
Rudern - *roning*
Tennis - *tennis*
Tischtennis - *bordtennis*
Wasserski - *vandski*

## Krankheit

Apotheke - *apotek*
Arzt - *læge*
Augenarzt - *øjenlæge*
Chirurg - *kirurg*
Frauenarzt - *gynækolog*
Hals-, Nasen-, Ohrenarzt - *hals-specialist*
Hautarzt - *hudlæge*
Krankenhaus - *sygehus, hospital*
Krankenschein - *sygesikringsbevis*
Orthopäde - *ortopæd*
Impfung - *vaccination*
Wo ist der nächste Arzt? - *Hvor er den nærmeste læge?*
Ich bin krank. - *Jeg er syge.*
Ich habe Schmerzen. - *Jeg har ondt.*
Ich habe mich verletzt. - *Jeg har såret mig.*
Ich habe eine Erkältung/ Grippe. - *Jeg har influenca.*

Können Sie mir etwas gegen ...
verschreiben? - *Kan De ordinere
mig medicin mod ...?*
Bandage - *bandage*
Bauchschmerzen - *ondt i maven*
Durchfall - *diarré*
Erkältung - *forkølelse*
Fieber - *feber*
Heuschnupfen - *høfeber*
Kopfschmerzen - *ondt i hovedet*
Prellung - *kontusion*
Zahnschmerzen - *tandpine*

Fieberthermometer - *lægetermometer*
Gips - *gipsbandage*
Pflaster - *plaster*
Salbe - *salve*
Schlafmittel - *sovemiddel*
Schmerzmittel - *smertestillende
middel*
Tabletten - *tabletter*

## Öffentliche Verkehrsmittel

Abfahrt - *afgang*
Ankunft - *ankomst*
(Auto-)Fähre - *færge*
Bahnhof - *banegård, station*
Bus - *bus*
Busbahnhof - *rutebilstation*
Fahrkarte - *billet*
Flughafen - *lufthavn*
Flugzeug - *fly*
Hafen - *havn*
Schiff - *skib*
Schließfach - *bagageboks*
Taxi - *taxa*
Zug - *tog*

umsteigen - *skifte*

## Panne, Unfall

Polizei - *politi*
Polizeibeamter - *politibetjent*
Unfall - *ulykke*
Polizei anrufen - ... *ringe efter politiet*
Krankenwagen - *ambulance*
Wo ist die nächste Werkstatt? - *Hvor
er det nærmeste værksted?*
Können Sie es reparieren? - *Kan De
reparere det?*
Wie lange dauert es? - *Hvor længe
varer det?*
Kann ich hier warten? - *Kan jeg vente
her?*
Wann kann ich das Auto abholen?
- *Hvornår kan jeg hente bilen?*
Was kostet das? - *Hvad koster det?*

## Wetter

Wetterbericht - *vejrudsigten*
Das Wetter ist heute gut/ schlecht.
- *Vejret idag er godt/ dårligt.*
Wie wird das Wetter heute/ morgen?
- *Hvordan bliver vejret idag/ i
morgen?*
warm - *varm*
kalt - *kold*
Nebel - *tåge*
Regen - *regn*
Schnee - *sne*
Sonne - *sol*

## Flugpreisliste

Die folgende Übersicht gibt Auskunft über Flüge nach Kopenhagen. Die Angaben hierzu wurden uns freundlicherweise von *Travel Overland*, Barerstr. 90, 80799 München, Tel. 089/ 27 27 60, Fax 272 57 22 (Anrufe werden automatisch weitergeleitet) zur Verfügung gestellt. Dort und in anderen Reisebüros erhält man auch detaillierte Auskünfte über Flüge nach Schweden.

*Preise* sind für Hin- und Rückflug angegeben, und zwar in der billigsten Klasse *(economic class)*.

*Kinderermäßigungen* sind bei allen Veranstaltern oder Fluggesellschaften gleich. Kinder unter zwei Jahren haben keinen Anspruch auf einen Sitzplatz und zahlen deshalb nur ein Minimum des vollen Preises. Kinder von zwei bis zwölf Jahren haben Anspruch auf einen Sitzplatz.

### Nach Kopenhagen

| Airline | Abflugort | Gültig-keit | Preis | Ermäßigung Kind - 2 J. | Kind - 12 J. | Flugtag |
|---|---|---|---|---|---|---|
| **SAS** | Frankfurt | 7-90 Tage | 593,- | 90% | 50% | tgl. |
| | München | 7-90 Tage | 721,- | 90% | 50% | tgl. |
| | Hamburg | 7-90 Tage | 335,- | 90% | 50% | tgl. |
| | Stuttgart | 7-90 Tage | 666,- | 90% | 50% | tgl. |
| | Düsseldorf | 7-90 Tage | 542,- | 90% | 50% | tgl. |
| | Berlin | 7-90 Tage | 412,- | 90% | 50% | tgl. |
| | München | 7-90 Tage | 510,-* | - | - | tgl. |
| **Sabena** | Basel, Zürich u. Stuttgart | 7-90 Tage | 473,- bis 563,- | 90% | 50%- | tgl. |
| **Air France** | München, Wien, Berlin u. Hamburg | 360 Tage | 575,-* | - | - | tgl. |
| **Lufthansa** | Düsseldorf | 6-180 Tage | ab 319,-* | - | - | tgl. |
| | Frankfurt | 6-180 Tage | ab 354,-* | - | - | tgl. |
| | München | 6-180 Tage | ab 422,-* | - | - | tgl. |
| | Köln | 6-180 Tage | ab 578,-* | - | - | tgl. |

* Jugendtarif: für alle unter 25 Jahren und Studenten bis einschließlich 29 Jahren
Stand der Tabelle: Februar 1996. Alle Angaben leider ohne Gewähr.

**Anschlußflüge** von Kopenhagen nach:
Odense oder Rønne ca. 154,- DM, Ålborg ca. 194,- DM, Billund ca. 176,- DM, Esbjerg ca. 182,-DM, Sonderborg ca. 170,- DM

# Ortsregister

## Verzeichnis Kopenhagen

## Sachregister

## Personenregister

## Dankeschön

Ganz besonderer Dank geht an
*Stefanie Czechowsky* für den Rundgang in Århus, denn dieser Teil der Route 6
stammt von ihr,
*Michael Jakob* und *Ralf Weiner* für Bilder und gemeinsame Reisen,
das *Dänische Fremdenverkehrsamt,* Hamburg, und *Danmarks Turistråd,* Kopenhagen, für die hervorragende Unterstützung mit Informationen und Bildern,
die *Touristenzentralen* der dänischen *Ämter* für Material in Fülle,
den *Touristenbüros* und ihren Mitarbeiter und Mitarbeiterinnen vor Ort für ihre
wertvollen Tips,
die *Pressestelle der Königlich Dänischen Botschaft,* Bonn,
*meine Eltern,*
*Freunde und Bekannte* in Dänemark - denn was sagt mehr über dieses Land
als seine Menschen?

## Bildnachweis

**Umschlag**
*Dänisches Fremdenverkehrsbüro:* Meerjungfrau, Rapsfeld mit
Flaggen, Mädchen, Dünenlandschaft, Marktplatz

**Schwarzweißbilder**
*Ålborg Touristeninformation:* S. 220, 229
*Århus Touristeninformation:* S. 253
*Dänische Botschaft:* S. 46, 47
*Dänisches Fremdenverkehrsbüro:* S. 13, 69, 89, 94, 95, 115,
133, 135, 147, 233, 272, 307, 320, 344, 353, 384, 386, 388, 389, 401
*Hanser Verlag:* S. 59
*Ralf Weiner:* S. 392, 399

**Farbbilder**
*Dänisches Fremdenverkehrsbüro:* S. 1, 2/3, 4, 5, 6/7, 8, 9, 10,
11, 12, 13, 14/15, 17, 19 oben, 22 oben, 28/29, 30 oben, 31, 32
*Michael Jakob:* S. 20 oben, 21
*Ribe Turistråd:* S. 25 unten
*Storebæltsbroen A/S:* S. 24
*Storstrøms Turistråd:* S. 22 oben, 23, 25 oben
*Ralf Weiner:* S. 26, 27

*Christoph Schumann:* alle übrigen Fotos

## Verzeichnis der Karten und Pläne

**Karten in den Klappen**
vorne: Dänemark Straßenübersicht
hinten: Dänemark Routenübersicht

# Entfernungen in Kilometer

Den Entfernungen zwischen Jütland (Jylland) und Seeland (Sjælland) wird die Streckenführung über Fünen (Fyn) zugrunde gelegt.

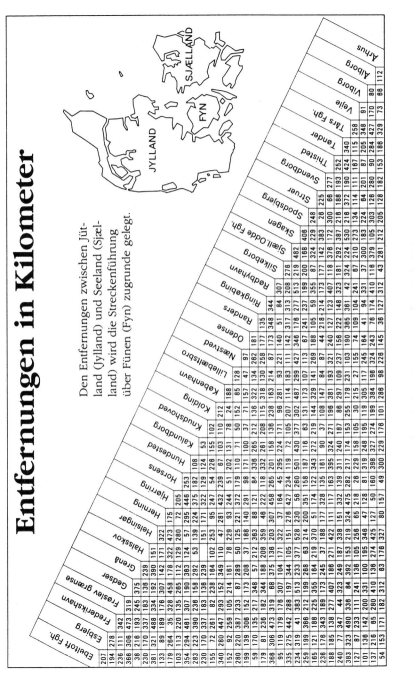

# Kalender 1996

| Wo | Januar<br>1 2 3 4 5 | Februar<br>6 7 8 9 | März<br>10 11 12 13 | April<br>14 15 16 17 18 |
|----|---------------------|--------------------|---------------------|-------------------------|
| Mo | 1 8 15 22 29 | 5 12 19 26 | 4 11 18 25 | 1 8 15 22 29 |
| Di | 2 9 16 23 30 | 6 13 20 27 | 5 12 19 26 | 2 9 16 23 30 |
| Mi | 3 10 17 24 31 | 7 14 21 28 | 6 13 20 27 | 3 10 17 24 |
| Do | 4 11 18 25 | 1 8 15 22 29 | 7 14 21 28 | 4 11 18 25 |
| Fr | 5 12 19 26 | 2 9 16 23 | 1 8 15 22 29 | 5 12 19 26 |
| Sa | 6 13 20 27 | 3 10 17 24 | 2 9 16 23 30 | 6 13 20 27 |
| So | 7 14 21 28 | 4 11 18 25 | 3 10 17 24 31 | 7 14 21 28 |

| Wo | Mai<br>19 20 21 22 | Juni<br>23 24 25 26 | Juli<br>27 28 29 30 31 | August<br>32 33 34 35 |
|----|--------------------|---------------------|------------------------|-----------------------|
| Mo | 6 13 20 27 | 3 10 17 24 | 1 8 15 22 29 | 5 12 19 26 |
| Di | 7 14 21 28 | 4 11 18 25 | 2 9 16 23 30 | 6 13 20 27 |
| Mi | 1 8 15 22 29 | 5 12 19 26 | 3 10 17 24 31 | 7 14 21 28 |
| Do | 2 9 16 23 30 | 6 13 20 27 | 4 11 18 25 | 1 8 15 22 29 |
| Fr | 3 10 17 24 31 | 7 14 21 28 | 5 12 19 26 | 2 9 16 23 30 |
| Sa | 4 11 18 25 | 1 8 15 22 29 | 6 13 20 27 | 3 10 17 24 31 |
| So | 5 12 19 26 | 2 9 16 23 30 | 7 14 21 28 | 4 11 18 25 |

| Wo | September<br>36 37 38 39 40 | Oktober<br>41 42 43 44 | November<br>45 46 47 48 | Dezember<br>49 50 51 52 1 |
|----|-----------------------------|------------------------|-------------------------|---------------------------|
| Mo | 2 9 16 23 30 | 7 14 21 28 | 4 11 18 25 | 2 9 16 23 30 |
| Di | 3 10 17 24 | 1 8 15 22 29 | 5 12 19 26 | 3 10 17 24 31 |
| Mi | 4 11 18 25 | 2 9 16 23 30 | 6 13 20 27 | 4 11 18 25 |
| Do | 5 12 19 26 | 3 10 17 24 31 | 7 14 21 28 | 5 12 19 26 |
| Fr | 6 13 20 27 | 4 11 18 25 | 1 8 15 22 29 | 6 13 20 27 |
| Sa | 7 14 21 28 | 5 12 19 26 | 2 9 16 23 30 | 7 14 21 28 |
| So | 1 8 15 22 29 | 6 13 20 27 | 3 10 17 24 | 1 8 15 22 29 |

# Kalender 1997

| Wo | Januar<br>1 2 3 4 5 | Februar<br>6 7 8 9 | März<br>10 11 12 13 14 | April<br>15 16 17 18 |
|----|---------------------|--------------------|------------------------|----------------------|
| Mo | 6 13 20 27 | 3 10 17 24 | 3 10 17 24 31 | 7 14 21 28 |
| Di | 7 14 21 28 | 4 11 18 25 | 4 11 18 25 | 1 8 15 22 29 |
| Mi | 1 8 15 22 29 | 5 12 19 26 | 5 12 19 26 | 2 9 16 23 30 |
| Do | 2 9 16 23 30 | 6 13 20 27 | 6 13 20 27 | 3 10 17 24 |
| Fr | 3 10 17 24 31 | 7 14 21 28 | 7 14 21 28 | 4 11 18 25 |
| Sa | 4 11 18 25 | 1 8 15 22 | 1 8 15 22 29 | 5 12 19 26 |
| So | 5 12 19 26 | 2 9 16 23 | 2 9 16 23 30 | 6 13 20 27 |

| Wo | Mai<br>19 20 21 22 | Juni<br>23 24 25 26 27 | Juli<br>28 29 30 31 | August<br>32 33 34 35 |
|----|--------------------|------------------------|---------------------|-----------------------|
| Mo | 5 12 19 26 | 2 9 16 23 30 | 7 14 21 28 | 4 11 18 25 |
| Di | 6 13 20 27 | 3 10 17 24 | 1 8 15 22 29 | 5 12 19 26 |
| Mi | 7 14 21 28 | 4 11 18 25 | 2 9 16 23 30 | 6 13 20 27 |
| Do | 1 8 15 22 29 | 5 12 19 26 | 3 10 17 24 31 | 7 14 21 28 |
| Fr | 2 9 16 23 30 | 6 13 20 27 | 4 11 18 25 | 1 8 15 22 29 |
| Sa | 3 10 17 24 31 | 7 14 21 28 | 5 12 19 26 | 2 9 16 23 30 |
| So | 4 11 18 25 | 1 8 15 22 29 | 6 13 20 27 | 3 10 17 24 31 |

| Wo | September<br>36 37 38 39 40 | Oktober<br>41 42 43 44 | November<br>45 46 47 48 | Dezember<br>49 50 51 52 1 |
|----|-----------------------------|------------------------|-------------------------|---------------------------|
| Mo | 1 8 15 22 29 | 6 13 20 27 | 3 10 17 24 | 1 8 15 22 29 |
| Di | 2 9 16 23 30 | 7 14 21 28 | 4 11 18 25 | 2 9 16 23 30 |
| Mi | 3 10 17 24 | 1 8 15 22 29 | 5 12 19 26 | 3 10 17 24 31 |
| Do | 4 11 18 25 | 2 9 16 23 30 | 6 13 20 27 | 4 11 18 25 |
| Fr | 5 12 19 26 | 3 10 17 24 31 | 7 14 21 28 | 5 12 19 26 |
| Sa | 6 13 20 27 | 4 11 18 25 | 1 8 15 22 29 | 6 13 20 27 |
| So | 7 14 21 28 | 5 12 19 26 | 2 9 16 23 30 | 7 14 21 28 |

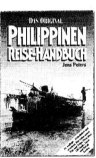

# REISE KNOW-HOW

REISE KNOW-HOW Bücher werden von Autoren geschrieben, die Freude am Reisen haben und viel persönliche Erfahrung einbringen. Sie helfen dem Leser, die eigene Reise bewußt zu gestalten und zu genießen. Wichtig ist uns, daß der Inhalt nicht nur im reisepraktischen Teil „Hand und Fuß" hat, sondern daß er in angemessener Weise auf Land und Leute eingeht. Die Reihe REISE KNOW-HOW soll dazu beitragen, Menschen anderer Kulturkreise näher zu kommen, ihre Eigenarten und die Probleme besser zu verstehen. Wir achten darauf, daß jeder einzelne Band gemeinsam gesetzten Qualitätsmerkmalen entspricht. Um in einer Welt rascher Veränderungen laufend aktualisieren zu können, drucken wir bewußt kleine Auflagen.

## SACHBÜCHER:

Die Sachbücher vermitteln KNOW-HOW rund ums Reisen: Wie bereite ich eine Motorrad- oder Fahrradtour vor? Welche goldenen Regeln helfen mir, unterwegs gesund zu bleiben? Wie komme ich zu besseren Reisefotos? Wie sollte eine Sahara-Tour vorbereitet werden? In der Sachbuchreihe von REISE KNOW-HOW geben erfahrene Vielreiser Antworten auf diese Fragen und helfen mit praktischen, auch für Laien verständlichen Anleitungen bei der Reiseplanung.

## Welt

## REISE STORY:

Reise-Erlebnisse für nachdenkliche Genießer bringen die Berichte der REISE KNOW-HOW REISE STORY. Sensibel und spannend führen sie durch die fremden Kulturbereiche und bieten zugleich Sachinformationen. Sie sind eine Hilfe bei der Reiseplanung und ein Lesevergnügen für jeden Fernwehgeplagten.

## STADTFÜHRER:

Die Bücher der Reihe REISE KNOW-HOW CITY führen in bewährter Qualität durch die Metropolen der Welt. Neben den ausführlichen praktischen Informationen über Hotels, Restaurants, Shopping und Kneipen findet der Leser auch alles Wissenswerte über Sehenswürdigkeiten, Kultur und „Subkultur" sowie Adressen und Termine, die besonders für Geschäftsreisende wichtig sind.

## Europa

## Europa

**P R O G R A M M**

### Rad & Bike:

Reise Know-How Rad & Bike
sind Radführer von lohnens-
werten Reiseländern bzw. Rad-
reise-Stories von außergewöhnlichen Radtouren durch außer-
europäische Länder und Konti-
nente. Die Autoren sind entweder bekannte Biketouren-Profis
oder „Newcomer", die mit ihrem
Bike in kaum bekannte Länder
und Regionen vorstießen. Wer
immer eine Fern-Biketour plant -
oder nur davon träumt - kommt
an unseren Rad & Bike-Bänden
nicht vorbei!

B E R S I C H T